US MARINES

TOM CLANCY

US MARINES

Die legendäre Elitetruppe
Ihre Ausstattung · Ihre Aufgaben
Ihre Ausrüstung

Aus dem Amerikanischen
von Heinz-W. Hermes

WILHELM HEYNE VERLAG
MÜNCHEN

Alle in diesem Buch dargelegten Ansichten und Meinungen geben die des Autors wieder und müssen nicht unbedingt mit denen anderer Personen oder Institutionen, Streitkräfte oder Regierungen irgendeines Landes übereinstimmen.

3. Auflage

Die Originalausgabe erschien unter dem Titel:
MARINE
A Guided Tour of a Marine Expeditionary Unit
bei Berkley Books, New York
Copyright © 1996 by Jack Ryan Limited Partnership
Copyright © 1998 der deutschen Ausgabe
by Wilhelm Heyne Verlag GmbH & Co. KG, München
Satz: Leingärtner, Nabburg
Druck und Bindung: RMO-Druck, München
ISBN 3-453-14260-8

Printed in Germany

Für Air Force Captain Scott O'Grady:

Ein »runtergeholter« und dem Untergang geweihter Flieger, dessen Glaube an Gott, sein Land, seine Truppe und an sich selbst schließlich mit der Hilfe von ein paar Marines dazu führte, daß er sicher zu uns nach Hause zurückkehren konnte. Gottes Segen ihm und den Mitgliedern der 24th MEU(SOC), die uns wieder einmal vorgeführt haben, daß wir stolz darauf sein können, Amerikaner zu sein.

Inhalt

Danksagungen	9
Vorwort	13
Einführung: Marines – Teil der amerikanischen Seele	19
Marine 101: Das Ethos	25
Der Kriegerfürst des Corps: Interview mit General Charles Krulak	57
Die Verwandlung: Marines werden gemacht	91
Tragbare Waffen	119
Handwerkszeug	159
Der Weg zur 'Gator-Navy	247
Besichtigung bei der 26th MEU(SOC)	339
Vorbereitungen: 26th MEU(SOC) Ausbildung und Operationen	383
Die MEU(SOC) in der realen Welt	435
Schlußwort: Ein Corps für fünfhundert Jahre	513
Glossar	517
Bibliographie	540

Danksagungen

Nun ist der schönste Moment beim Schreiben eines Buches gekommen: all den Menschen Dank zu sagen, die dazu beigetragen haben, es überhaupt möglich zu machen. Beginnen wir also mit meinem langjährigen Partner, Rechercheur und Freund John D. Gresham. Einmal mehr reiste er kreuz und quer durch die Lande, von Fort Worth in Texas bis nach Rota in Spanien, um die Stories zusammenzutragen und Fakten auszugraben, die dieses Buch erst zu etwas Besonderem machten. Aber das vielleicht wichtigste von allem war, daß er seine Versprechen gegenüber unseren Partnern in Industrie und Militär einhielt, was zu den Dingen gehört, die Bücher wie dieses überhaupt erst möglich machen. Erneut wurden wir vom Herausgeber dieser Serie, Professor Martin H. Greenberg, mit klugen Ratschlägen und dessen ganzer Erfahrung beschenkt. Auch Laura Alpher verdient mehr als ein bloßes Kompliment für die wunderbaren Zeichnungen, die so viel zu diesem Buch beigetragen haben. Auch Tony Koltz und Mike Markowitz dürfen nicht vergessen werden, deren unermüdliche Hilfe so willkommen und auch wichtig war. Wieder einmal geht unser Dank an Cindi Woodrum, Diana Patin und Roselind Greenberg, die uns jederzeit unterstützt haben.

Bücher wie dieses wären einfach undenkbar ohne die Hilfe seitens hochrangiger Militärs in Führungspositionen, und darin macht das hier vorliegende keine Ausnahme. Unser erster Dank geht an General Charles »Chuck« Krulak, den 31st Commandant des Marine Corps. Ebenfalls Dank an seinen hart arbeitenden PAO Major Betsey Arends. Eine weitere Gruppe, vielleicht weniger bekannt, aber deswegen für unsere Bemühungen keineswegs von geringerer Bedeutung, setzte sich aus den verschiedenen Presseoffizieren (PAOs) und Protokollorganisationen im USMC zusammen, die unsere zahllosen Bitten um Besuchserlaubnisse und Vermittlung von Informationen bearbeiteten. Ganz oben auf dieser Liste stehen Brigadier General Terry Murray, Lieutenant Colonel Patricia Messer und Lieutenant Mike Neumann aus dem Pressestab des Hauptquartiers. Gemeinsam mit ihnen waren Major General Paul Wilkerson, Captain Whitney Mason und Lieutenant Scott Gordon wie auch eine Menge anderer Personen intensiv darum bemüht, daß ihre Erzählungen von uns richtig verstanden wurden. In Quantico schafften es Colonel Mick Nance und Gunner Bill Wright, unseren Besuch dort unten trotz der unglaublichen Hitze im Jahr 1995 sowohl lebendig als auch unvergeßlich zu gestalten. Am NAVSEA erzählten uns Captain George Brown, Barbara A. Jyachosky, Sue Fili, Captain Manrin Gauthier, Captain Stan Harris, Colonel Al DeSantis, George Pickins, Paul Smith und Gene Shoults alles, was mit der Verschiffung zusammenhängt. Auf der anderen Seite, bei den Nachrichtendiensten, waren es wieder einmal Jeff Harris und Major Pat Wilkerson bei der NRO, das Fotolabor von Russ Eggnor bei der CHINFO, Lieutenant Colonel Jim Vosler und Penny Chesnut von der DMA und Dwight Williams von der DARO, die uns halfen. Unzählige hilfreiche Marines demonstrierten uns ihre Fähigkeiten. Dank euch allen.

Nur draußen bei den Einheiten kann man die wirklichen Geschichten erleben, und jenes Jahr bedeutete für uns ein Füllhorn an Erfahrungen und neuen Freunden. Bei der 26th MEU(SOC) gab es den unglaublichen Colonel Jim Battaglini, der schon so eine Art nationalen Vermögenswert darstellt, zusammen mit so denkwürdigen Persönlichkeiten wie Colonel »Fletch« Fergeson, Sergeant Major Bill Creech, Gunnery Sergeant Tim Schearer und Major Dennis Arnellio. Drüben beim BLT 2/6 gab es dann noch Lieutenant Colonel John Allen, Offizier und Gentleman aus Virginia in einem. HMM-264 stand unter dem Kommando des ebenso harschen wie klugen Lieutenant Colonel »Peso« Kerrick und MSSG-26 unter dem des fähigen Lieutenant Colonel Donald K. Cooper. Dank auch an Brigadier General Marty Berndt und Lieutenant Colonel Chris Gunter, welche die Abenteuer des Jahres 1995 mit uns teilten. Allen anderen Marines in all ihren Stützpunkten rufen wir: »Ooh-rah«[1] zusammen mit unserem herzlichsten Dank zu für ihre Bemühungen, die Wälle der Freiheit zu verteidigen.

Auch draußen bei der Flotte gab es jede Menge wunderbarer Menschen. Ganz besonders wollen wir Captain C. C. Buchanan danken, der für uns PHIBRON 4 zu einem hervorragenden Ort machte, an dem wir lernen und arbeiten konnten. Die Captains Ray Duffey und Stan Greenawalt machten zusammen mit ihrer unglaublichen Mannschaft die USS *Wasp* zu einem Zuhause fern der Heimat. Captain John M. Carter von der USS *Shreveport* und Commander T. E. McKnight von der USS *Whidbey Island* gebührt ebenfalls unser Dank für die Bereitschaft, mit uns das Brot zu brechen und ihre Zeit inmitten ihrer Mannschaften mit uns zu teilen. Drüben am Mittelmeer waren es Commander Mike John, Lieutenant Commander Bill Fennik, Ensign Dan Hetledge und viele andere, die unsere Reise nach Spanien zu etwas Besonderem machten.

Auch ist es uns wieder ein Bedürfnis, unseren Gesprächspartnern in der Industrie zu danken, ohne die alle hier wiedergegebenen Angaben über die vielen Flugzeuge, Waffen und Systeme niemals ans Licht gekommen wären. Bei den Flugzeugherstellern waren es Barbara Anderson, Robert Linder, Lon Nordeen, Gary Hakinson, Mary Ann Brett und David Wessing bei McDonnell Douglas; Joe Stout, Karen Hagar, Jeff Rhodes, James Higginbotham und Doug McCurrah bei Lockheed Martin; Russ Rummnay, Pat Rever und Paige Eaton bei Bell Textron und schließlich Bill Tuttle und Foster Morgan bei Sikorsky. Wir schlossen und erneuerten auch bei den verschiedenen Flugkörper-, Panzerungs- und Systemherstellern viele

---

1 Ooh-rah = (gebrülltes) Hurra. Im folgenden sind alle Anmerkungen, sofern nicht extra gekennzeichnet, Anmerkungen des Übersetzers, die dem besseren Verständnis der amerikanischen Bezeichnungen und Begriffe dienen.

Freundschaften. Dazu gehörten: die unvergleichliche Vicki Fendlason und Tony Geishanuser bei Texas Instruments; Larry Ernst bei General Atomics; Glenn Hillen, Bill West, Kearny Bothwell und Cheryl Wiencek bei Hughes; Tommy Wilson, Adrien Poirier, Edward Ludford, Dave McClain und Dennis Hughes bei Loral; Eric O'Berg und William D. Eves bei Delco; Jim McIngvale, Steve Davis und viele andere bei Litton Ingalls; Karl G. Oskoian bei General Dynamics; Madeleine Orr Geiser und Bill Highlander bei United Defense; Lee Westfield und Ms. Kathleen Louder bei Right Away Foods; Rhonda Restau bei Oregon Freeze Dry; Paige Sutkamp bei der Wornick Company; Russ Logan bei Beretta; Art Dalton und Brian Berger bei Colt; Ronney Barrett bei Barrett Firearms; und schließlich, aber sicherlich nicht am unwichtigsten, Ed Rodemsky bei Trimble, der uns wieder einmal auf den neusten Stand brachte, was das GPS-System anging.

Auch diesmal sprechen wir unseren Dank den Leuten in New York aus. Das gilt besonders für Robert Gottlieb, Debra Goldstein und Matt Bialer bei William Morris. Bei Berkley Books gilt unsere Dankbarkeit einmal mehr unserem Lektor John Talbot, ebenso wie David Shanks, Patti Benford und Kim Waltemyer. Freunden im Ruhestand, wie Jim Myatt und Robin Higgins, gilt unser Dank für das, was sie dem Corps und unserem Land gegeben haben. Dank auch an unsere Kumpel von der Presse, darunter Gidget Fuentes, Lisa Burgess und Chris Plant. Und all denjenigen noch einmal unseren Dank, die uns an ihren Abenteuern teilhaben ließen und uns Ignoranten vorgeführt haben, wie die Dinge wirklich ablaufen. All unseren Freunden und uns Nahestehenden müssen wir erneut dankbar sein, daß sie für uns da waren, als wir es nicht erwidern konnten. Gottes Schutz und Segen möge auf euch allen ruhen.

Vorwort

Am 5. Januar 1991 endete für den amerikanischen Botschafter Bishop und 281 Botschaftsangehörige die dritte Nacht, in der sie kaum Schlaf gefunden hatten, und ein weiterer Tag der Anspannung stand ihm und seinen Mitgefangenen in Mogadischu, der Hauptstadt Somalias, bevor. Nach ihrem Hilferuf und zwei abgebrochenen Rettungsversuchen durch andere Nationen blickten die in diesem kriegsgebeutelten Land Zurückgebliebenen in eine unsichere Zukunft. Gemeinsam harrten sie, ohne Berücksichtigung von Stellung und Rang, auf dem belagerten Botschaftsgelände aus, das unmittelbar davorstand, überrannt zu werden.

466 Seemeilen, also rund 860 km, von diesem Ort entfernt hoben an Bord der USS *Trenton* (LPD-14) zwei CH-53E *Super Stallion* Hubschrauber mit 46 Marines und neun Navy SEALs vom Flugdeck ab und flogen in die arabische Nacht. Ihre Aufgabe – die amerikanische Botschaft in Mogadischu zu evakuieren. Nach einem Flug von 17 Stunden und zwei Betankungen in der Luft flogen die »Chopper« in einer Höhe von nur 25 Fuß, was weniger als acht Meter sind, über die nichtsahnende Stadt und landeten um 0710 (10 Minuten nach 7 Uhr morgens) auf dem Gelände der Botschaft – gerade in dem Moment, als die Rebellen mit der Erstürmung der Schutzwälle begannen. Innerhalb weniger Minuten hatten die Marines die Botschaft gesichert. Kurz darauf waren die Hubschrauber bereits wieder mit 61 Evakuierten an Bord in der Luft. Weniger als 24 Stunden später war das Ausfliegen sämtlicher 281 Geiseln erfolgreich abgeschlossen. Die Amphibious Readiness Group mit ihrer eingeschifften Marine Expeditionary Unit (Special Operations Capable) – ARG/MEU(SOC) – hieß ihre zwar erschöpften, aber erfolgreichen Krieger zurück an Bord willkommen und dampfte ganz still und leise über den Horizont.

Vier Jahre später und vier Ozeane entfernt begann in der Unwegsamkeit Nord-Bosniens für einen erschöpften Captain der U.S. Air Force der sechste Tag seines Kampfes ums Überleben. Zu Hause wartete eine ganze Nation auf Neuigkeiten über den ersten Landsmann, der im Rahmen dieses Konflikts während der Unterstützung von NATO- und UN[2]-Operationen abgeschossen worden war. Außer Sichtweite, etwa 87 Seemeilen (161 km) entfernt, startete wiederum eine MEU(SOC) ihre Tactical Rescue of Aircraft and Personnel (TRAP) genannte Aktion, diesmal von Bord der USS *Kearsarge* (LHD-3). Noch vor der Morgendämmerung des 8. Juni 1995, in einer Zeitspanne, die weniger als zwei Stunden gedauert hatte, waren 43 Marines an Bord von zwei Hubschraubern gegangen und in den über der Adria heraufdämmernden Morgen gestartet. In Begleitung von *Cobra-*

---

2 United Nations; dt. VN = Vereinte Nationen

Kampfhubschraubern und zwei *Harrier*-Senkrechtstartern flogen sie in Richtung Osten über die mit Flugkörperstellungen gespickten Höhenzüge, um einen müden, aber überaus erleichterten Captain Scott O'Grady an Bord zu nehmen, bevor er den Serben in die Hände fallen konnte, die ihn verfolgt hatten und nur zu gern gefangengenommen hätten.

Innerhalb eines Zeitraums von weniger als 24 Stunden war der gerettete Pilot bereits auf dem Weg zu seinem Ausgangsstützpunkt Aviono und von dort schließlich direkt zum Weißen Haus. Die Marines an Bord ihres Schiffes reinigten ihre Waffen und warteten ihre Hubschrauber und Ausrüstung. Dann ruhten sie sich aus, während ihre Schiffe auf dem Weg zu einer neuen Bereitschaftsübung ganz leise über den Horizont dampften. All das gehörte letzten Endes zu den Aufgaben, die sie im Rahmen ihres vorgesehenen 180tägigen Dienstes auf See zu lösen bereit sein mußten. In beiden Geschichten waren die Helden der Stunde die United States Marines. Seit mehr als 220 Jahren haben die Marines immer am äußersten Rand der Einsatzfähigkeit Amerikas ihren Dienst versehen – an den fernen Grenzen der Freiheit. Diese Marines bilden das Rückgrat der ARG/MEU(SOC)-Teams und sind die Truppen der Wahl für unsere Befehlshaber vor Ort, wenn es um Präsenz in vorderster Linie oder Reaktionen auf Krisen geht. Sobald amerikanische Interessen bedroht werden, sind die Marines die ersten, eine Antwort auf die Herausforderung zu geben.

Die Marines und MEU(SOC)s sind *keine* Kommandoeinheiten. Es handelt sich bei ihnen um vielseitig verwendbare Truppen, deren Angehörige etliche Monate intensiver Spezialqualifizierung, Spezialausbildung und Sonderübungen erfolgreich absolviert haben. Erst danach dürfen sie, wenn ihr Land sie dazu auffordert, ganz vorn eingesetzt werden – wobei es nicht selten recht gefährlich zugeht. Sie sind die Kriegerkaste Amerikas: immer da, wenn man sie braucht, und jederzeit bereit, das »zu tun, was getan werden muß«. Ihr einziger Wunsch besteht darin, ihrem Vaterland zu dienen, und sie lieben die überaus starke Kameradschaft, die aus Opferbereitschaft und Entbehrungen erwächst.

All das haben Marines nun mit einer seltenen Konsequenz und unglaublichem Erfolg seit mehr als 220 Jahren unter Beweis gestellt. Seit ihrer Einführung im November 1775, als unsere Gründerväter »... beschlossen, daß zwei Bataillone von Marines ausgehoben ... [und] ... insbesondere darauf achtgegeben werden sollte, daß keine Person in diesen Bataillonen ein Offizierspatent erhalten oder angeworben werden soll, die nicht entweder ein guter Seemann oder zumindest vertraut mit nautischen Vorgängen ist, um unter den besonderen Bedingungen, die auf See herrschen, dienen zu können ...«, haben Marines ununterbrochen ihre Bereitschaft und Verwendbarkeit bewiesen. Bei ihrer Antrittsvorstellung im Rahmen des karibischen Überfalls im März 1776 eroberten die Marines britische Kanonen und Schießpulver für die Unterstützung der Kontinentalarmee. Seit dieser Zeit waren sie die Kämpfer erster Wahl für Marine-Landungsunternehmen und blieben es auch: allzeit bereit für die Ausführung einer großen Bandbreite von entscheidenden Missionen »von See her«. Bei unzähligen Gelegenheiten hat das Navy/Marines-Team schnell und erfolgreich auf Befehle des Präsidenten, des Kongresses oder Militärs reagiert, die von »angreifen, einnehmen und zerstören, wie vorgefunden« über »Pflicht wie gegebenenfalls befohlen erfüllen« bis hin zu »angemessene Unterstützung leisten« reichen konnten. Ein 220 Jahre altes Vermächtnis aus Bereitschaft, Teamwork und Mut ist das Resultat. Generationen von Marines haben immer und immer wieder den Nachweis für den Wahrheitsgehalt sowohl für den Wahlspruch des Marine Corps, »Semper Fidelis« (»Allzeit treu«), und die Berechtigung des Rufes erbracht, den sie sich bei Iwo Jima erworben hatten, wo »ungewöhnliche Tapferkeit als ganz normale Tugend« galt.

Seit den »Bananen-Kriegen« der 20er und 30er Jahre in Haiti, Santo Domingo und Nicaragua hat das Marine Corps eine neue Generation biegsamer und kampfgestählter Kämpfer hervorgebracht. Sie waren nun gleichermaßen bewandert in amphibischen Landungsoperationen und Langstreckenpatrouillen in Dschungelgebieten wie auch in Straßenkämpfen und der Niederschlagung von Unruhen unter der Zivilbevölkerung. Ihr Markenzeichen war Bereitschaft, Vielseitigkeit und tödlicher Ernst bei der Erfüllung der ihnen zugewiesenen Mission. Diese Marines kamen schnell, überraschend und von der Seeseite her. Sie reisten mit leichtem Gepäck und kämpften ebenso hart wie ausdauernd. Dieser Ruf eilte ihnen sowohl bei aktuellen wie auch potentiellen Gegnern voraus. Aus diesen »Zwischenkriegs-Erfahrungen« entwickelten sich die Ausbildungsrichtlinien und Trainingsprogramme, welche das Marine Corps für die mehr als 40 folgenden Jahre vorantreiben sollte. Das Ergebnis war das *Tentative Manual for Landing Operations*[3] aus dem Jahre 1933 und das *Small Wars Manual*[4] von 1939. Aus der Weiterentwicklung dieser Operationspraktiken an Orten wie China und der Karibik entstand das Konzept, in dessen Rahmen dem United States Marine Corps eine einzigartige Rolle in der nationalen Verteidigung der Vereinigten Staaten von Amerika zufiel. Unabhängig davon, daß es sich bei ihnen um eine amphibische Truppe handelte, wurden die Marines zu Amerikas Alarmbereitschaftstruppe erster Wahl.

Als es sich als ziemlich sicher abzuzeichnen begann, daß es zum Zweiten Weltkrieg kommen würde, wuchs unsere Corps-Größe auf das mehr als Fünffache an, und das Vermächtnis von Bereitschaft und Vielseitigkeit wurde auf die amerikanische Jugend eines neuen Zeitalters übertragen. Lieutenant Colonel Merritt »Red Mike« Edsons 1st Raider Battalion führte am 7. August 1942 die Landung auf Tulagi durch, und damit machten die Marines im Rahmen ihrer Ausbildung und Tradition einen weiteren großen Schritt nach vorn. Gleiches vollzog sich am selben Tag beim 1st Parachute Battalion auf Gavutu. Nur einen Tag später griff Lieutenant Colonel Evans Carlsons 2nd Raider Battalion die Insel Makin an und schmiedete damit seine Marines im Feuer derselben Esse. Jede einzelne dieser neuen Einheiten verfügte als Rohmaterial über die Energie eines

---

3 *Vorläufiges Handbuch für Landungsoperationen*
4 *Handbuch für regional begrenzte Kampfhandlungen*

»Standard-Marine« und wurde dann durch eine spezielle und konzentrierte Ausbildung, das Zusammenwachsen innerhalb der Einheit und die Klarheit in der Zweckbestimmung in ihrer Motivation gesteigert. Diese Einheiten waren nur deshalb etwas Besonderes, weil sie eben aus ganz besonderen Kämpfern bestanden: Marines, die in der Lage und bereit waren, außergewöhnliche Aufgaben zu übernehmen, weil für sie das Vertrauen in sich, ihre Kommandeure und ihre Ausbildung bar jeden Zweifels war.

Weil die Lektionen aus der Mitte des 20. Jahrhunderts so hart erarbeitet worden waren, überstand diese Art der Ausbildung beim Marine Corps auch den Vietnamkrieg und hielt sich noch bis gut in die 70er Jahre hinein. Mit ausgedehnten Investitionen in die Ausbildung für Dschungel- und Anti-Guerilla-Gefechtsführung einerseits und Gefechtsführung im Gebirge und arktischen Gebieten andererseits verfeinerte das Marine Corps Schritt für Schritt seinen im Wachstum befindlichen Körper mit Kapazitäten für Special Operations, also auch für Kommandoeinsätze. Dazu gehörten unter anderem per Hubschrauberabsetzung durchgeführte Verstärkungseinsätze wie *Sparrow Hawk* und *Bald Eagle*, amphibische und Überfälle von Flußläufen aus, Hecken- und Scharfschützeneinsätze wie auch Non-Combatant Evacuation Operations (NEO) und TRAPs. Was möglicherweise im Bereich der Richtlinien fehlte, wurde durch kampferprobtes, taktisches Können und bestens geschliffene Operationsabläufe mehr als wettgemacht. Völlig unabhängig davon, um welche Art von Einsatz es sich auch handeln mochte, seien es weiträumige und in die Tiefe feindlicher Gebiete führende Aufklärungspatrouillen oder direkte Angriffsaktionen wie Hinterhalte und Scharfschützeneinsätze, die Marines hatten den wohlverdienten Ruf, als Kämpfer mutig, ausgebufft und fähig zu sein.

Nach dem Vietnamkrieg konzentrierte sich das amerikanische Militär wieder voll auf den kalten Krieg, und das Marine Corps kehrte zu seiner historischen Rolle als amphibische Bereitschaftstruppe des Landes zurück. Im pazifischen Raum evakuierte das USMC Saigon und Phnom Penh, enterte die *Mayaguez* und rettete Opfer von Hurrikans. Von der Karibik bis zum Mittelmeer führten Marine Amphibious Units (MAU) friedenssichernde Maßnahmen und NEOs in Zypern, Grenada und Beirut durch. Auf der ganzen Welt planten und exerzierten MAUs unzählige andere Eventualfälle durch. Von 1983 bis Anfang 1985 wurden die so gewonnenen Erkenntnisse durch die Aktivierung einer neuen Marine Amphibious Unit/Special Operations Capable – MAU(SOC) – umgesetzt. Diese 2000 Marines starke Einheit wurde um ein Battalion Landing Team (BLT) herum gebildet, das sich aus Marineinfanterie als Ground Combat Element (GCE), einem Geschwader aus verschiedenen Hubschraubertypen als Aviation Combat Element (ACE)und einer MAU Service Support Group (MSSG) als Combat Service Support Element (CSSE) zusammensetzte. Dieses Dreigespann zusammen mit dem »elterlichen« Command Element (CE) der MAU bildet die »Speerspitze« der amerikanischen Außenpolitik.

Die sechs designierten MAU(SOC)s, drei an jeder Küste, wurden ausgebildet, beurteilt und in ihrer Funktionalität für die Durchführung von insgesamt 18 wichtigen und eigenständigen Operationen bestätigt. Etliche davon sind amphibischer Natur, wie beispielsweise die seit Jahren beim Marine Corps bewährten amphibischen Landungsoperationen. Andere wiederum sind Missionen im Rahmen von Sofortreaktionen, wie Rettungs- und Evakuierungseinsätze. Wieder andere sind mehr gefechtsorientierte seegestützte Kommandoeinsätze. Dazu gehören auch Sicherungseinsätze, Verstärkungsoperationen, spezielle Zerstörungseinsätze und Militäraktionen in Stadtgebieten. Eine weitere Aufgabenstellung liegt im Bereich der sogenannten »Stabilisierungsmaßnahmen« wie beispielsweise Verwaltungsoperationen, in deren Rahmen medizinische und zahnmedizinische und/oder technische Hilfe geleistet wird, und mobile Ausbildergruppen, die Grundkenntnisse im Waffengebrauch, in der Bewegung unter Feuer und bei Instandhaltungsaufgaben vermitteln. Aufklärung und Gegenaufklärung sowie taktische Täuschungsoperationen sind Bestandteil eines weiteren Teilbereichs möglicher Missionen.

Integraler Bestandteil des MAU(SOC)-Konzepts war die simultane Entwicklung der Marine Special Purpose Force (MSPF). Diese aus der eigenen Truppengattung stammende, einsatzorientierte und bestens ausgebildete schnelle Eingreiftruppe ist in der Lage, an sämtlichen der eben erwähnten Einsatzprofile teilzunehmen, besonders dann, wenn es sich um TRAP, Zerstörungen und vergleichbare Einsätze handelt. Ihre eigentliche Aufgabe besteht aber in Geiselbefreiungen unter extremen Umständen. Genau wie ihr Elternteil, die MAU, war auch die MSPF eigentlich nie so geplant, daß sie einmal eine Special Force werden sollte. Vielmehr hatte man sich ihren Aufgabenbereich so vorgestellt, daß sie den Marines die Spezialausbildung und lebensnotwendige Ausrüstung für deren Einsätze verschaffen sollte. Dadurch sollten sie diese Einheit jederzeit einsatzbereit halten, damit diese, wann immer erforderlich, dem Ruf ihres Landes Folge leisten konnten, wenn es unter bestimmten Voraussetzungen eine Einheit benötigte, die schnell eingreifen und denken konnte.

Seit vor mehr als einem Jahrzehnt das SOC-Programm ausformuliert wurde und man die Bezeichnung von amphibischer Einheit (MAU) zu Expeditionseinheit (MEU) änderte, um besser die Natur ihrer Aufgabenstellung und ihre schnelle Reaktionsfähigkeit widerzuspiegeln, haben die ARG/MEU(SOC)s eine immer tiefere, einzigartige und lebenswichtige Nische in das amerikanische Verteidigungs-Establishment gegraben. Die nackte Tatsache ist, daß jede einzelne MEU(SOC) jedes einzelne ihrer 18 möglichen Einsatzprofile innerhalb von sechs Stunden nach einem Alarm zur Durchführung bringen kann. Die Soldaten sind so ausgebildet – und ziehen es sogar vor –, sämtliche Missionen bei Nacht oder zumindest bei eingeschränkter Sicht von einem Punkt aus zu beginnen, der hinter dem Horizont liegt, und dabei mit engstmöglicher Kommunikation in der Durchführung vorzugehen. Diese Operationscharakteristika machen die MEU(SOC) zur scharfen Klinge in Sachen Nachtflug- und Nachtgefechtstechnik. Mit der inzwischen bewährten Abfolge bei der Planung von

Sofortreaktionen und durch die jahrelange aufwendige Entwicklung von festgelegten Operationsabläufen und Durchführungs-Checklisten bleibt das MEU(SOC)-Programm auch weiterhin die Schneide der Gefechtsausbildung und Kampfvorbereitung bei den Marines.

Über einen Zeitraum von nunmehr fast 41 Jahren war es mir eine große Ehre und ein Privileg, ein United States Marine zu sein. Während der meisten Zeit war ich stark an der Verwirklichung und Verfeinerung der MEU(SOC)-Fähigkeiten beteiligt, die gerade eben erst angefangen hatten, Konturen zu bekommen. Insgesamt gesehen waren einige meiner stolzesten Augenblicke für die tapferen Krieger reserviert, die selbstlos auf die häufigen, fanfarengleichen Rufe ihrer Nation reagierten, als es wieder einmal hieß: »Schickt die Marines!« Die Geschichte des MEU(SOC)-Programms wurde mit ihrem Schweiß und ihrem Blut geschrieben. Es ist eine Geschichte, die einmal mehr beweist, daß besondere Männer mit einer speziellen Ausbildung, gehärtet in den Essen von Disziplin und Opferbereitschaft, die, routiniert als Team vorgehend, selbst dann noch ungewöhnliche Erfolge erzielen können, wenn sie Missionen erfüllen müssen, deren Herausforderungen nur als außergewöhnlich eingestuft werden können.

Tom Clancys engagierte Arbeit über die MEU(SOC)s fängt viel von dieser Geschichte und dem Geist ein, der diese Einheiten beseelt. Das Buch gibt dem Leser eine Lupe an die Hand, durch die er die Marines von heute eingehend betrachten kann, wobei er ihre Ausbildung, die Anforderungen, denen sie sich gegenübergestellt sehen, und somit ihr ungeheures Vertrauen, gepaart mit der ausgeprägten Kameradschaft, welche die Männer immer noch zusammenschweißt, besser nachvollziehen kann. Ich kann nur empfehlen, dieses Buch zu lesen. Es bestätigt einmal mehr meine schon lange bestehende Überzeugung, daß die Marines die eigentlichen Krieger Amerikas sind, »... die wenigen und die stolzen«. So hatte ich hier, wenn auch nur für einen kurzen Augenblick, erneut die Ehre, einen Blick auf die Geschichte der couragierten Leistungen unserer Kämpfer von den Marines zu werfen. Alle Marines und Seeleute, welche die Marine Expeditionary Force wirklich erst die Fähigkeit für Special Operations gegeben haben, bitte ich um eines: Paßt auf euch auf, kümmert euch umeinander, und beherzigt unseren Wahlspruch – Semper Fidelis!

Al Gray, Marine General,
United States Marine Corps
29th Commandant of the Marine Corps

Einführung:
Marines –
Teil der amerikanischen Seele

Ich möchte eine Frage stellen: Besteht eigentlich irgendeine Notwendigkeit dafür, erst noch etwas über die Frauen und Männer des United States Marine Corps *erfahren* zu müssen? Ist es nicht vielmehr so, daß sie ein angeborener Bestandteil unserer Identität als Amerikaner sind wie Baseball und die berühmte gedeckte Apfeltorte, die *apple pie?* Nun, vielleicht nicht ganz, aber wie dem auch sei, die Marines sind noch älter als Baseball, tatsächlich sogar wesentlich älter. Der allgemeinen Ansicht nach wird der Geburtstag Amerikas auf den 4. Juli 1776 festgeschrieben, als in Philadelphia die Unterzeichnung der Unabhängigkeitserklärung durch den Kontinentalkongreß erfolgte. Interessanterweise gab es die Marines schon vorher. *Ihr* institutioneller Geburtstag ist der 10. November 1775, wodurch sie, zeitlich gesehen, bereits volle acht Monate vor den Vereinigten Staaten von Amerika existierten. Dennoch *ist* und bleibt die Geschichte Amerikas auch die Geschichte des Marine Corps, und dieses Corps war immer für uns da.

Vielleicht ist es in erster Linie die Vorstellung von Marines, die einen feindlichen Strand stürmen, die das unauslöschliche Bild dieses Corps prägte. Ihre amphibische Tradition nahm mit dem erfolgreichen Angriff auf Nassau auf den Bahamas (die Inselgruppe haben wir später zurückgegeben) während des Unabhängigkeitskriegs ihren Anfang. Seit dieser Zeit standen das Corps und seine Mitglieder immer wieder mitten im Geschehen, wenn sich Welt- und amerikanische Geschichte trafen. Später bestand unsere erste Dokumentation nationaler Kampfkraft in Übersee in der Bekämpfung von Berberpiraten im Mittelmeer. Es war Lieutenant Presley O'Bannon von den Marines, der an der »Küste von Tripolis« die Stadt Derna erfolgreich angriff und das Schwert der Mamelucken eroberte, das heute noch Bestandteil der Uniformapplikationen der Marines ist. Marines waren auch daran beteiligt, unsere Flagge über Kalifornien wehen zu lassen. Wieder waren es Marines, die es schafften, John Brown bei Harpers Ferry gefangenzunehmen, während sie unter dem Kommando von zwei Offizieren aus Virginia standen – Colonel Robert E. Lee und Captain J. E. B. Stuart. Als der Erste Weltkrieg begann, beeindruckten sie 1918 die Franzosen derart, daß sie den Wald (den Belleau-Forst), der durch sie erobert wurde, im Gedenken an diese Truppe umbenannten und ihm deren Namen gaben. Im Zweiten Weltkrieg waren die Marines Bestandteil der ersten großen Bodenkämpfe Amerikas, als wir auf der dampfenden Insel Guadalcanal im Rahmen der Operation Watchtower (Unternehmen Wachturm) offensiv gegen Japan vorzugehen begannen. Während des Koreakriegs verankerten Marines die Sperrzone um Pusan und entfachten anschließend durch ihre dramatische Landung bei Inchon den Krieg in Korea erst richtig. Fast überall, wo sich unser Land während der letzten 22 Jahrzehnte engagiert hat, waren es die Marines, die als erste an die Tür klopften – oder sie meistens einfach eintraten! Marines haben uns sogar in den Weltraum geführt. Der erste Amerikaner in einer Umlaufbahn um die Erde – Lieutenant Colonel John H. Glenn junior (inzwischen Altsenator von Ohio) – war ein Flieger vom Marine Corps. Die kommen offensichtlich ganz schön rum.

Die Marines genießen weltweite Reputation. Ganz gleich, ob es sich dabei um Furcht oder Respekt handelt – wahrscheinlich ein wenig von beidem –, die Menschen auf der ganzen Welt wissen haargenau, wer die U.S. Marines sind. Damals, im Jahre 1990, sah ich beim Royal Tournament in London, wie herzlich die Band des U.S. Marine Corps willkommen geheißen wurde, so daß ich fast den Eindruck hatte, die Briten wären der Ansicht, es handelte sich um die eigenen Leute. Ohne Zweifel besitzen die Marines einen ausgeprägten Sinn für Public Relations, der sich allerdings ausschließlich darauf konzentriert, den Menschen bewußt zu machen, wer die Marines sind und was sie geleistet haben. Die 82nd Airborne der Army, die stolze »All American«-Division mit ihren charakteristischen Hosen und unverwechselbaren Springerabzeichen, nennt sich selbst die »Ehrengarde Amerikas«. Aber schauen wir doch einmal, wer draußen vor dem Weißen Haus in Washington steht: Marines. Wahrscheinlich gibt es auf der ganzen Welt kaum ein leichter wahrzunehmendes Symbol unseres Landes – vielleicht mit Ausnahme des Sternenbanners selbst – als einen Marine in Ausgehuniform. Was das bedeutet? Nun, es heißt, daß die Marines Amerika sind. Das Corps ist eine Organisation, in der Legenden und Tatsachen bis zu einem Punkt miteinander verwoben sind, wo man nicht anders kann, als alles zu glauben, und das ganz einfach deshalb, weil es wirklich der Wahrheit entspricht, ihr sehr nahe kommt oder schon bald dazu werden wird. Schauen wir doch einmal in die jüngste Vergangenheit: Wer rettete in dem Science-fiction-Film *Independence Day* die Welt vor der Zerstörung? Ein Kampfflugzeugpilot der Marines (vom Schauspieler Will Smith gekonnt dargestellt). Natürlich, wer sonst?

Das United States Marine Corps ist das SWAT-Team Amerikas. Wenn es irgendwo Ärger gibt, sind sie im allgemeinen die ersten vor Ort. Das hängt auch mit ihrer lebenslangen Partnerschaft mit der U.S. Navy zusammen. Fast jedes Land der Erde ist auf irgendeine Art und Weise von See her zu erreichen, und durch die Navy können die Marines wie ein Geist aus der Flasche erscheinen, wenn sie von ihren Schiffen, die weit hinter dem Horizont liegen, per Hubschrauber innerhalb von Minuten und nur auf ein Telefonat des Präsidenten hin Kampfkraft an den Ort des Geschehens liefern können. Warum? Nun, da gibt es eine Menge möglicher Gründe. Um amerikanische Bürger zu retten. Um Katastrophenhilfe zu leisten. Um eine gefährliche Situation zu stabilisieren. Um mit der Invasion eines Landes zu beginnen, damit es von der Tyrannei eines Diktators befreit werden kann.

Um praktisch *alles* zu tun, weil es eben in der Natur des Marine Corps liegt, ein gleichzeitig ebenso scharfes wie flexibles Instrument nationaler Politik zu sein, hinter dem auch noch eine Menge Gewicht und Kraft steht.

Gewicht? Flexibilität? Das scheinen auf den ersten Blick nicht unbedingt Attribute zu sein, mit denen man die »Devil Dogs«[5] des Corps so ohne weiteres versehen würde. Damit läge man dann allerdings völlig falsch. Das Marine Corps ist nur als Paket zu haben. Die Struktur der Marine Air-Ground Task Force (MAGTF) ist die Grundlage der Gefechtsstrukturen jeder Einheit des Corps und führt dazu, daß man praktisch jede nur denkbare Art von Kampfkraft zur Verfügung gestellt bekommen kann. Das werden natürlich in erster Linie Schützen sein – weil eben *jeder* Marine nun einmal ein Schütze ist. Das ist aber nur die Basis, denn das MAGTF-Truppenkontingent umfaßt genauso auch Panzerfahrer, Artilleristen, Hubschrauber- und Flugzeugpiloten, die alle die gleiche Uniform tragen, die gleichen Ausbildungszentren besuchten, die gleichen Standardprüfungen durchliefen und die gleiche Sprache sprechen. Ihre Waffenbrüder von der Navy stellen ihnen freundlicherweise ihre Transporter, die notwendige Logistik und das Sanitätskorps zur Verfügung – und auch massive Luft- und Feuerunterstützung, sollte auch diese einmal notwendig werden. Das Ergebnis ist, daß das U.S. Marine Corps wahrscheinlich, Mann für Mann, die gefährlichste Truppe auf unserem Planeten ist.

Gewicht? Flexibilität? Aber wie sieht es mit der Cleverneß aus? Irgendwann im Laufe seiner Geschichte scheint das Corps sich einmal den Ruf eingehandelt zu haben, es setze sich aus einfältigen »Holzköpfen« zusammen. Ich kann versichern, daß es sich dabei um eine völlig falsche Vorstellung handelt. Die Marines gehörten immer schon zu den innovativsten Militärkräften der Welt. Bedenke man nur einmal folgendes: Im 20. Jahrhundert gab es insgesamt fünf grundlegende Neuerungen im Bodenkampf. Dabei handelt es sich um:

- *Panzerblitz* (**Armored Assault**) (Panzerangriff): Die Verwendung schwerer Schützenformationen wurde Anfang der 30er Jahre durch Heinz Guderian von der deutschen Reichswehr systematisiert. Das war der Startschuß für die Entwicklung großer Panzerformationen, die im Zweiten Weltkrieg zu den Speerspitzen der Feldzüge in ganz Europa wurden. Seit dieser Zeit sind die Panzereinheiten die scharfe Schneide von Bodenstreitkräften auf der ganzen Welt geworden.
- **Airborne Assault** (Fallschirmjägerangriff): Der Gedanke, leichte Infanterie per Fallschirm im Rücken eines Feindes abzusetzen, geht schon auf Benjamin Franklin und damit auf das ausklingende 18. Jahrhundert zurück – er beabsichtigte noch Ballons einzusetzen, um diese Truppen zu transportieren. Der Gedanke wurde 1918 von General Billy Mitchell wieder aufgegriffen, obwohl es dann doch zuerst die Deutschen waren,

---

5 eigtl. »Höllenhunde«, doch dürfte »Teufelskerle« der entsprechende Begriff im Deutschen sein

die 1940 eine praktische Umsetzung im Kampf gegen Frankreich und die Niederlande verwirklichten. Nicht sehr viel später sollten sämtliche größeren Mächte, die am Zweiten Weltkrieg beteiligt waren, auch Fallschirmjägerangriffe praktizieren.

Aber was ist mit den drei anderen?

- **Amphibischer Angriff:** Dieses spezielle Konzept resultiert aus dem Fiasko, das die Briten während des Ersten Weltkriegs bei Gallipoli erlebten. Nach dem Krieg nahmen sich zwei Colonels der Marines die Sache noch einmal vor, studierten sie, diagnostizierten die Fehler dieses Feldzugs und fanden dabei sowohl eine Erfolgsformel als auch eine Mission für das Corps. Diese Art des Vorgehens wird auch (bei den Briten) *Combined Operations* genannt und wurde damals praktisch über Nacht zu einem Erfolgsrezept. Das Kochbuch dazu hatte aber das U.S. Marine Corps geschrieben.
- **Close Air Support (CAS):** Die Verwendung von Flugzeugen für die Luft-Nahunterstützung von Bodentruppen ist eine weitere Innovation, die von den Marines kommt. Sie wurde in den 20er Jahren während der »Bananenkriege« praktiziert und perfektioniert. CAS führte zu einem Punkt, an dem sich kein amerikanischer Soldat mehr ohne Flugzeuge über ihm – vorzugsweise mit Piloten der Marines am Steuerknüppel – komplett bekleidet fühlte.
- **Airmobile (Helicopter) Assault:** Die technische Perfektion eines Luftlandeunternehmens wurde als Konzept nach dem Koreakrieg erstmalig von den Marines (sie nannten es *vertical envelopment*, also Vertikalumfassung) verwendet. Auf diese Weise konnten Schützen und ihre Unterstützungseinheiten in Form geschlossener Verbände zu entscheidenden Punkten hinter den feindlichen Frontlinien gebracht werden. So etwas ist nicht nur sicherer, sondern auch effektiver, als mit Fallschirmen vom Himmel zu fallen. Mit entsprechender Unterstützung durch Kampfhubschrauber gehören die Luftlande-Einheiten von heute zu den beweglichsten und bestbewaffneten der Welt.

Kurz gesagt, der Spielstand bei der taktischen Innovation zwischen dem U.S. Marine Corps und dem Rest der Welt steht 3:2. Und man bedenke dabei, all das kommt von der kleinsten Truppe in Uniform – allerdings nur in bezug auf Größe und Budget gesehen. Und da will uns einer klarmachen, die Marines seien doof? Natürlich, etwa so doof wie ein Fuchs.

In diesem Buch werde ich eine Tour zur »marinigsten« Einheit der Marines unternehmen, über die das Corps heute noch verfügt: zu einer Marine Expeditionary Unit/Special Operations Capable – MEU(SOC). Das Corps hat in die insgesamt sieben zur Zeit noch bestehenden MEU(SOC)s den größten Teil seiner amphibischen und Luftlandekapazitäten gesteckt. Diese MAGTF-Pakete in Bataillonsgröße werden in Krisengebiete auf der ganzen Welt vorausgeschickt. Dadurch verfügen sowohl die Regierung als auch Kommandeure vor Ort über eine »Türeintret-Fähigkeit« (*Forced Entry* ist allerdings der von der Führung des Marine Corps bevorzugte Begriff), die sich genau dort befindet, wo sie gebraucht wird. Wir werden einen Blick auf die 26th MEU(SOC) werfen. Das ist eine von drei solcher Einheiten, die ihren Bereitschaftsdienst an der Ostküste versehen und sich darin untereinander nach dem Rotationsprinzip abwechseln. Ich glaube, daß man mit fortschreitender Lektüre dieses Buchs in der Lage sein wird, ein Gefühl für die Menschen und die Ausrüstung zu entwickeln, welche die 26th im speziellen und das Corps im allgemeinen charakterisieren. Hat man alles durchgelesen, wird man wesentlich besser verstehen können, weshalb ich an die Marines glaube: an ihre Missionen, ihre Menschen und ihre Traditionen. Amerikas »911[6]-Kraft«.

---

6 911 ist die amerikaweite Notrufnummer, ähnlich unserer 110 oder 112.

Marine 101: Das Ethos

From the halls of Montezuma to the shores of Tripoli,
We will fight our country's battles in the air, on land and sea.
First to fight for right and freedom, and to keep our honor clean,
We are proud to claim the title of United States Marines.[7]
                                            – Hymne des Marine Corps

»Marine«. Wenn man dieses Wort einem Amerikaner gegenüber ausspricht, kann man auf jeden Fall mit einer starken Reaktion rechnen. Diese Wort erzeugt im Bewußtsein eines jeden Amerikaners ein lebendiges Bild – vielleicht John Wayne in *The Sands of Iwo Jima* (dt. *Du warst unser Kamerad/Todeskommando*) oder Jack Nicholson in *A Few Good Men* (dt. *Eine Frage der Ehre*). Auch außerhalb der Vereinigten Staaten kann man ähnlich starke Reaktionen erleben, sowohl positiver wie auch negativer Natur. Ähnlich anderen amerikanischen Ikonen wie Harley-Davidson, Disney und FedEx ist das United States Marine Corps (USMC) als funktionierende Institution bekannt. Wenn die Welt den Präsidenten der Vereinigten Staaten mit Problemen konfrontiert, sind es nicht selten die Marines, die ausgeschickt werden, sie zu lösen.

Dieses Buch wird sich in erster Linie auf einen der Grundbausteine des heutigen Marine Corps konzentrieren, die Marine Expeditionary Unit/Special Operations Capable oder kurz: MEU(SOC). Dabei handelt sich um eine Rapid-Response Unit[8], die Patrouillendienst in einer Welt voller Gefahren versieht, immer in Erwartung, daß der Präsident der Vereinigten Staaten zum Telefon greift und die Notrufnummer wählt und mit diesem Anruf eine bewaffnete Intervention auslöst. Im Augenblick unterhält das USMC sieben MEU(SOC)s: drei an jeder Küste unseres Landes und eine in Okinawa. Jeweils zwei oder drei dieser Einheiten sind ständig an Bord ihrer Schiffe und in vorgeschobenen Bereichen präsent. Jede MEU(SOC) ist eine in sich geschlossene Wasser-/Luft-/Boden-Task Force, die ohne weiteres sofort ein ganzes Schützenbataillon Marines (das sind mehr als tausend Mann) an jede beliebige Küste werfen kann. Jahrzehntelang haben MEUs den Präsidenten der Vereinigten Staaten von Amerika die Möglichkeit verschafft, Kampfkraft von der Seeseite her vorzutragen. Die MEUs (damals noch als Marine Amphibious

---

7 Von den Hallen Montezumas bis zu den Stränden von Tripolis werden wir die Schlachten unserer Nation in der Luft, zu Lande und zu Wasser schlagen. Die Ersten im Kampf um Recht und Freiheit und in der Wahrung unserer Ehre, sind wir stolz darauf, United States Marines zu sein.
8 Schnell- bzw. Sofortreaktionstruppe

Marines bei einer Übung in Camp Lejeune, North Carolina. Regelmäßige Übungen sind mit ein Grund, weshalb diese Marineinfanterie heute zu den besten Infanterie-Kampfeinheiten der Welt gehört.
JOHN D. GRESHAM

Units = MAUs bezeichnet) öffneten 1983 den Weg nach Grenada und Beirut, und sie waren mit bei den ersten Kräften, die nach Saudi-Arabien geschickt wurden, als sich 1990 die Golfkrise entwickelte. Sie waren da, als 1992 die ersten Hilfs- und friedenssichernden Kräfte nach Somalia gingen, und als zwei Jahre später die Evakuierung begann, waren sie wieder dabei. Auch jetzt, in diesem Augenblick, sind die MEUs irgendwo da draußen, üben und halten sich bereit für den Fall, daß sie gebraucht werden.

Dieses Buch führt praktisch ins Innere solcher Einheiten und verschafft dabei auch gleichzeitig einen Durchblick durch die innere Struktur des USMC in seiner Gesamtheit. Wenn man erst einmal die Menschen in einer MEU kennengelernt und ihre Ausrüstung näher in Augenschein genommen hat, wird man schnell feststellen, weshalb diese Einheiten als unersetzlicher Aktivposten der Vereinigten Staaten angesehen werden. Ein Aktivposten, der heute einen wesentlich höheren Stellenwert besitzt als noch vor fünf Jahren. Man wird verstehen lernen, wie diese Einheiten arbeiten, wem sie sich widmen und welche persönlichen Opfer hier gebracht werden. Das sind wirklich die Menschen, die an den Bastionen der Freiheit Wache stehen, während wir restlichen sicher zu Hause schlafen.

Der Rahmen des Marine Corps: Sein Ethos

In meinen vorausgegangenen Büchern *Armored Cavalry* und *Fighter Wing* war das jeweils erste Kapitel der Betrachtung komplizierter Technik gewidmet, die diesen speziellen Waffengattungen ihre besondere Kampfkraft verschafft. In diesem Buch liegen die Dinge allerdings etwas anders. Das ist in erster Linie darauf zurückzuführen, daß der größte Teil der bei den Marines verwendeten Technik in Grundzügen auf die der anderen drei Teilstreitkräfte zurückgreift. Tatsächlich sieht es so aus, daß, vielleicht mit Ausnahme der Amphibienfahrzeuge und der Flugzeuge der V/STOL-

Bauweise (Vertical/Short-TakeOff-and-Landing), absolut jeder Ausrüstungsgegenstand, der bei den Marines verwendet wird, entweder von oder für die Army, Navy oder Air Force entwickelt wurde und dann dort praktisch eingekauft wird. Angefangen von Gewehren und Uniformen bis hin zu Bomben und Lenkflugkörpern: Die Marines wissen ganz genau, wie sie das Beste aus dem ihnen zugeteilten Anteil am Verteidigungshaushalt machen können.

Jetzt könnte man sich vielleicht die Frage stellen, wozu wir die Marines eigentlich brauchen, wenn alles, was sie tun, lediglich darin besteht, anderer Leute Ausrüstung zu verwenden und deren Klamotten zu tragen. Nun, die Antwort lautet, daß die Marines einfach mehr sind als nur die bloße Summe ihrer Ausrüstung. Sie sind etwas Besonderes. Sie nehmen die Teile, die sie bekommen, bearbeiten sie in der ihnen eigenen, einzigartig innovativen Art und Weise... und hauchen ihnen damit ihre unverwechselbare Magie ein. Es sind mehr als nur die Waffen, die eine militärische Einheit ausmachen. Da ist zunächst einmal der Charakter des Personals: die Stärke, Erfahrung, das Wissen und die Fähigkeit, mitten im Horror eines Gefechtsfeldes zusammenarbeiten und alles ertragen zu können. Man kann diese nahezu undefinierbare Qualität fast körperlich spüren. Und diese Qualität ist die eigentliche Geheimwaffe der Marines. Ihre Schneide. Diese Qualität ist ihr *Ethos*.

Ethos ist die Veranlagung, der Charakter oder die Haltung einer bestimmten Menschengruppe, die sie von anderen unterscheidet. Es ist, kurz gesagt, ein Sammlung von Gütesiegeln, die diese Gruppe zu ihren Zielen führt. Das Corps verfügt über ein solches Ethos, und es ist *einzigartig*. Es verdeutlicht, zusammen mit einer Reihe anderer Kriterien, weshalb der Ruf der Marines durchaus in der Lage ist, einen potentiellen Gegner stärker das Fürchten zu lehren als die Gewalt, die die Marines im Gefecht tatsächlich entwickeln können. Jetzt könnte man vielleicht zu der Ansicht gelangen, daß ich hier einfach ins sprichwörtlich kalte Wasser gesprungen bin, indem ich ein abstraktes Konzept wie das Ethos in Relation zu Waffentechniken wie Panzerfahrzeuge und Stealth-Kampfflugzeuge gesetzt habe. Aber der *Force Multiplier*-Effekt[9] auf einem Gefechtsfeld ist durchaus vergleichbar, wenn man eine passende Erklärung sucht – eine Art übergeordnetes Kräftemessen zwischen unseren Kräften und denen eines möglichen Gegners. Ein solches Konzept quantitativ messen zu wollen würde etwas von dem Versuch an sich haben, eine bestimmte Menge Rauch mitten aus der Luft herauszugreifen. Einfach hinzugehen und zu behaupten, daß »x« Prozent Ausbildung oder »y« Prozent Richtlinien beziehungsweise Lehrmeinung die Ursachen wären, würde bedeuten, daß all das, was die Marines zu derart hervorragenden Kämpfern macht, zur Belanglosigkeit herabgewürdigt wird. Außerdem wäre es wahrscheinlich auch noch völlig falsch. Das ist der Grund, weshalb ich die Ansicht vertrete, daß es durchaus angebracht ist, einmal zu erkunden, was einen Marine bezie-

---

9 Kampfkraft-Vervielfältigungseffekt

hungsweise jeden Marine so sehr von einem Panzerfahrer der Army oder einem Fighterpiloten der Air Force unterscheidet.

Kaum ein Marine wird in der Lage sein, eine umfassende Erklärung für diese mystische Kraft des Marine-Ethos zu liefern, das sich als Kombination so vieler unterschiedlicher gemeinsamer Wertvorstellungen und Erfahrungen darstellt. Das dürfte auch auf etwas zurückzuführen sein, was für alle Marines gilt: sich wie Brüder und Schwestern in einer großen Familie zu fühlen. Ja wirklich, genau das ist die Art, wie sie miteinander umgehen: als Brüder und Schwestern der Familie mit dem Namen Marine. Die Marines sind innerhalb der Streitkräfte der USA als Soldaten einzigartig. Sie alle müssen dieselben Prüfungen bestehen, bei denen es absolut keine Rolle spielt, ob sie Offiziere oder einfache Soldaten sind. Das allein ist schon ein krasser Gegensatz zu den anderen Truppengattungen, in denen eine strenge Trennung zwischen Offizieren und Mannschaften besteht. Dort gibt es vollkommen gegeneinander abgegrenzte Laufbahnen, fachliche Verantwortlichkeitsbereiche und sogar Leistungsstandards und Verhaltensvorschriften, die eifersüchtig aufrechterhalten werden. Im Corps ist jeder ein Marine!

Das bedeutet, daß die Führung des Corps hart dafür arbeitet, jedem einzelnen Marine eine normale Basis aus Grundkenntnissen, Fähigkeiten und Wertvorstellungen zu vermitteln. Auf die kann sich ein Marine dann stützen, wenn er und seine Kameraden sich mit der emotionalen Feuerprobe eines Gefechts konfrontiert sehen. So hat beispielsweise absolut jeder Marine, angefangen von den Wachen am Tor einer amerikanischen Botschaft bis hin zum Kommandanten des Corps, einmal pro Jahr einen körperlichen Fitneß-Test zu absolvieren (Laufen und verschiedene andere Übungen), oder er wird ausgetrommelt[10]. Darüber hinaus muß jeder Marine als Schütze jederzeit voll mit dem M16A2 Sturmgewehr Kaliber 5,56 mm qualifiziert sein und die Offiziere darüber hinaus auch noch mit der M9 Pistole Kaliber 9 mm. Man könnte jetzt vielleicht glauben, diese Standards wären belanglos, aber spätestens dann, wenn einmal der Ruf erschallt: »Feindliche Pioniere an den Drahtsperren!«, und er auch einem selbst gilt, wird man sich wünschen, daß jedermann, von den Köchen bis zu den Piloten der Kampfflugzeuge, bewaffnet und bereit ist, Schulter an Schulter mit einem zu kämpfen. So erledigt nun einmal das Marine Corps die Dinge – und das seit über 220 Jahren.

Zusammen mit den normalen Standards und Kenntnissen teilen alle Marines ein gemeinsames Erbe. Das ist mehr als nur trockene Geschichte, weil die Führung des Corps davon überzeugt ist, daß Marines wissen müssen, daß sie zu einem Team mit Vergangenheit, Gegenwart und Zukunft gehören. Was sie heute machen, tun sie auf der Basis von Lektionen, die in der Vergangenheit gelernt werden mußten, genau wie auch die Zukunft auf einem soliden Fundament von Erfahrungen der Gegenwart aufbauen soll. Für die Marines ist ihre reichhaltige Vergangenheit eine

---

10 alter Ausdruck beim Militär für: »mit Schimpf und Schande davongejagt werden«

lebendige und immer gegenwärtige Realität. Bei den Marines – und damit stehen sie allein unter den Waffengattungen – wird von den neuen Rekruten und Offiziersanwärtern verlangt, daß sie mit dem Studium der Geschichte ihres Corps anfangen, sobald sie die Ausbildung begonnen haben. Sie alle lernen die wichtigen Meilensteine kennen, die den Charakter des Marine Corps und dessen Ethos definiert haben.

Bei einer über 22 Jahrzehnte umfassenden Geschichte der Marines gibt es eine Menge zu lernen, und darin kommen einige charakteristische Momente vor, denen eine besondere Bedeutung zukommt. Diese Meilensteine – einige davon liegen zeitlich noch vor dem Entstehen der Vereinigten Staaten von Amerika – bilden die historische Struktur, die dieses Ethos zusammenhält. Werfen wir einmal einen Blick darauf.

Der Anfang: Tun Tavern im Jahre 1775

Wenn man das Ethos des Marine Corps wirklich verstehen will, dürfte es recht hilfreich sein, ganz am Anfang zu beginnen. Das Marine Corps wurde am 10. November 1775 durch den zweiten Kontinentalkongreß geschaffen und diente der neuen Continental Navy in der gleichen Form, wie die Royal Marines ihre Rolle auf den Schiffen der Royal Navy spielten. Die Royal Marines waren (und sind) harte Soldaten, die Meutereien unterdrückten und Disziplin bei den von *Press-Gangs* »schanghaiten« (also im Grunde gekidnappten) Seeleuten durchsetzten, die schweren Kanonen bemannten und dem Kapitän des Schiffes eine Einheit professioneller Soldaten verschafften, mit der er feindliche Schiffe entern oder eine Landungsoperation an einer feindlichen Küste durchführen konnte. Diese Missionen waren die Wurzeln in der Geschichte der Royal Marines, und die Führer des Kontinentalkongresses vertraten die Ansicht, daß ihre neue Navy ebenfalls Marineinfanteristen haben sollte.

Kaum vier Wochen nach ihrer legislativen Schaffung war die erste Einheit Marines bereits in Philadelphia ausgehoben, und das fand eben in einer Kneipe namens »Tun Tavern« statt. Am Anfang lief alles noch recht ruhig ab: Gerade eben einmal hundert Rekruten aus Rhode Island standen unter dem Kommando eines Captain namens Samuel Nicholas, seines Zeichens Wirtshausbesitzer aus Philadelphia und Quäker. Diese ersten Rekruten waren alles Freiwillige (und legten damit den Grundstein zu einer Tradition, die bis in das Corps von heute reicht). Ihr erstes Gefecht fand im März 1775 statt. An Bord von acht kleinen Schiffen segelten sie zu den Bahamas und eroberten ein kleines britisches Fort in der Nähe von Nassau, wobei sie Schießpulver und einige Versorgungsgüter beschlagnahmten. Später, während des Unabhängigkeitskriegs, kämpften die Marines bei verschiedenen Gefechten in ihren charakteristischen grünen Röcken und halfen beispielsweise George Washington bei der Überquerung des Delaware und John Paul Jones auf der *Bonhomme Richard* während des berühmt gewordenen Seegefechts, die britische Fregatte *Serapis* zu nehmen.

Aus diesen eher bescheidenen Anfängen hat sich das Marine Corps mit all seinen Traditionen, so wie wir es heute kennen, entwickelt. In allen Diensträngen werden Sie in erster Linie Freiwillige vorfinden, und die Missionen sind von ihrem Aufbau her (beispielsweise durch die Zusammenarbeit mit der Navy oder anderen Truppengattungen) kombinierter Natur und haben einen eindeutigen Expeditionscharakter. Der aber vielleicht wichtigste Punkt zu dem Zeitpunkt, als die Pflicht zum ersten Mal rief, war der, daß die Marines unter den ersten voll organisierten Kräften der neuen Nation waren, die in ein Gefecht zogen. Diese Tradition *First to Fight*, also die *Ersten am Feind* zu sein, ist das Primärcharakteristikum der Marines, auf das man bei der Suche danach stößt, wie ihre Geschichte Teil ihres Ethos werden konnte.

Die Hallen Montezumas ... und die Strände von Tripolis

Im Anschluß an den Unabhängigkeitskrieg hatte man die Marines für eine gewisse Zeit abgemustert. Mit der Wiederbelebung der United States Navy und ihrer »großen Fregatten« wie der USS *Constitution* und der USS *Constellation* erlebten sie nun ihre Wiedergeburt. Und wieder einmal gingen Marines an Bord, um die Navy in ihrer Aufgabe zu unterstützen, die Schiffahrt und die Interessen Amerikas zu schützen. Als sich das 18. Jahrhundert seinem Ende näherte, verlagerten sich die amerikanischen Interessen und nahmen einen mehr globalen Charakter an. Diese Interessen mußten dann ebenfalls von der Navy und den Marines durchgesetzt und anschließend geschützt werden.

Damals führte das Marine Corps eine Reihe von Operationen durch, die später als der »Krieg gegen die Berberpiraten« bekannt wurden und durch die die Rolle der Marines für die folgenden zwei Jahrhunderte festgeschrieben werden sollte. Es waren insgesamt vier Banditenstaaten entlang der nordafrikanischen Küste (der sogenannten »Berberküste«) – Algerien, Tunesien, Marokko und Tripolis –, die sich den größten Teil ihrer Einkünfte durch Überfälle auf Handelsschiffe, die das Mittelmeer befuhren, und Löse- und Schutzgelderpressung von deren Besatzungen verschafften. Eine gewisse Zeitlang zahlte auch die US-Regierung diese Gelder, wie es auch andere Länder schon seit Jahren taten. Aber so um das Jahr 1803 herum hatten die britische und die amerikanische Regierung es gründlich satt und schickten Kriegsschiffgeschwader aus, die diesen Banditen zur See das Handwerk legen sollten. Mehr als 400 Marines und andere Soldaten wurden für diese Anstrengungen eingesetzt, die dann zur Inspiration für eine Zeile in der Hymne der Marines wurde: ...*to the shores of Tripoli*[11]. Unter diesen frühen Leistungen war auch die Zerstörung der zuvor von

---

11 *Anmerkung des Autors:* Am Mittelmeer gibt es zwei Häfen mit dem Namen Tripolis. Im Lied der Marines ist der Hafen von Tripolis in Libyen gemeint, der nicht mit dem im Libanon verwechselt werden sollte.

den Piraten als Prise genommenen amerikanischen Fregatte *Philadelphia*. Später, im Jahre 1805, fand eine Expedition gegen Tripolis statt, die aus acht Marines und einer kleinen Streitmacht arabischer Söldner bestand, die gemeinsam 600 Meilen durch die Wüste marschierten, um dann die Stadt Derna zu stürmen. Der Berberkrieg war die erste militärische Operation Amerikas in Übersee, und die Marines befanden sich immer dort, wo am meisten los war.

In den 40er Jahren des vorigen Jahrhunderts begannen die noch jungen Vereinigten Staaten von Amerika damit, erstmals richtig ihre Muskeln spielen zu lassen, und gaben der Verlockung nach, die von den dünnbesiedelten und scheinbar grenzenlosen mexikanischen Gebieten im Südwesten ausging. Präsident James Polk traf die Entscheidung, diesen Traum von mehr Land Wirklichkeit werden zu lassen, und organisierte die Eroberung von Texas und Kalifornien. Im Anschluß an die Annexion von Texas, die im Juli 1845 erfolgt war, schickte er den First Lieutenant der Marines Archibald Gillespie in einer verdeckten Mission mit speziellen Instruktionen für die Übernahme auch dieses mexikanischen Territoriums zum US-Konsul nach Monterey in Kalifornien. Dort traf sich Gillespie dann mit dem berühmten Entdecker John C. Fremont, der ein Jahr später an der Spitze der Rebellion in Kalifornien stand[12].

In der Zwischenzeit hatten die Vereinigten Staaten Mexiko den Krieg erklärt. Zu General Winfield Scotts Invasionsstreitkräften gehörte auch ein Bataillon Marines in einer Stärke von etwa 300 Mann unter dem Kommando von Brevet Captain[13] Alvin Edson. Durch ihre Landung im mexikanischen Hafen Vera Cruz im März 1847, die von speziell für solche Einsätze konstruierten Landungsbooten aus erfolgte (die ersten rein zweckbestimmt als Landungsboote gebauten Wasserfahrzeuge), unterstützten sie die Eroberung des Hafens, die nach kaum mehr als zwei Wochen abgeschlossen war. Sie führten auch eine Reihe von Küstenüberfällen durch, um weitere mexikanische Truppen entlang der Küste zu binden. Später, verstärkt durch zusätzlich herangeführte Marines, marschierten die kombinierten Kräfte von Army und Marines gemeinsam auf die mexikanische Hauptstadt und nahmen am abschließenden

---

12 *Anmerkung des Autors:* 1846 strömten amerikanische Siedler nach Kalifornien, wo sich schon bald herausstellte, daß sie den winzigen mexikanischen Garnisonen an Feuerkraft überlegen waren. Fremont führte diese Siedler in der *Bear Flag Revolt* an, und binnen kürzester Zeit war Kalifornien ein scheinbar unabhängiger Staat. Das ist der Grund, weshalb in der Flagge Kaliforniens immer noch die Inschrift: *California Republic* zu finden ist. Später, während des Mexikanischen Kriegs, eroberte das Pazifikgeschwader der U.S. Navy unter Commodore John D. Sloat die Städte entlang der kalifornischen Küste, wobei er vor Ort Unterstützung durch die Kräfte Fremonts erhielt. Offiziell trat Kalifornien den Vereinigten Staaten von Amerika im Jahre 1850 als 31. Staat bei.

13 Der Zusatz »Brevet« vor dem Rang Captain weist darauf hin, daß der Inhaber zum Hauptmann ernannt wurde, es sich also um keinen Captain handelt, der diesen Rang über die normale Laufbahn erreicht hat.

Angriff im Rahmen der Schlacht von Chapultepec (13. September 1847) teil[14]. Der Sieg über die Festung Chapultepec, die berühmten »Hallen des Montezuma«, führte zur Eroberung von Mexico City und wurde so zu einem Teil der Überlieferungen der Marines. Von den scharlachroten Biesen an den Uniformhosen der Marines erzählt man sich, daß sie ein Symbol der Erinnerung an das im Mexikanischen Krieg vergossene Blut sein sollen.

Während die Marines auch noch an anderen Aktionen teilnahmen, angefangen bei der Niederschlagung von Arbeiterunruhen bis zum Einsatz im »Krieg von 1812« und dem amerikanischen Bürgerkrieg, waren es doch die beiden eben genannten Konflikte, die letzten Endes die Rollen und Aufgaben des Corps im ersten Jahrhundert seines Bestehens definierten. Am bemerkenswertesten dürfte aber die Tatsache sein, daß die Marines Schulter an Schulter mit ihren Waffenbrüdern von Army und Navy fochten und damit die Urform der Gefechtsführung zusammengesetzter Waffengattungen praktizierte, wie sie so typisch für Operationen des Militärs von heute geworden ist. Das Ethos war geboren und nahm langsam Gestalt an.

Kriegertradition: Die Musik von John Philip Sousa

Man muß nicht unbedingt beim Militär sein, um zu wissen, daß jede Organisation ihren eigenen Charakter beziehungsweise ihre eigene Kultur besitzt. Menschengruppen neigen spontan dazu, Kulturen zu schaffen. Bei IBM waren es die konservativen Anzüge, John D. Watsons Motto »Denke!« auf jedem Schreibtisch und ein etwas einfältiger Firmensong. Bei anderen Organisationen, wie beispielsweise den Jesuiten oder den Baltimore Orioles, werden diejenigen, die dazugehören, durch eine Kultur, die sich in ihrer Tradition, ihren Ritualen und kollektiven Erinnerungen artikuliert, gestärkt. Angestellte oder Mitglieder einer Organisation verwenden die Symbole ihrer Kultur, um sich und ihre Rolle der Welt gegenüber abzugrenzen.

Die Musik ist ein wichtiger Bestandteil in der Tradition der Marines. Obwohl das Corps bereits im letzten Jahrhundert eine Band aufgestellt hatte, die bei feierlichen Ereignissen in und um Washington herum aufspielte, unterschied sie sich kaum von anderen Militärkapellen der damaligen Zeit (die in erster Linie laut und meistens unmelodisch spielten). Das ging so bis 1880, als Colonel Charles McCawley (der 8th Commandant) den Komponisten und Musiker John Philip Sousa zum Leiter der Band des Marine Corps ernannte. Sousa war der eigentliche Schöpfer der militär-

---

14 *Anmerkung des Autors:* Dort kämpften sie Seite an Seite mit den *Brave Rifles* des 3rd Cavalry Regiment, dem Vorläufer des modernen 3rd Armored Cavalry Regiment, das wir in meinem Buch *Armored Cavalry: Die verbundenen amerikanischen Panzereinheiten* näher in Augenschein genommen haben.

musikalischen Tradition des Corps und machte sie populär. Mit seinem Schaffen revolutionierte er auch gleichzeitig die gesamte Marschmusik und sämtliche Kapellen, die sie spielten. Zu seinen Kompositionen gehören Titel wie »Semper Fidelis« (1888), der »Washington Post March« (1889), »King Cotton« (1897) und schließlich auch der populärste von allen »Stars and Stripes Forever« (1897). Er leitete die Band der Marines über ein gutes Dutzend Jahre und ging mit ihr auf Tourneen, die nicht nur durch das ganze Land führten, sondern auch rund um die Welt gingen. Die Wirkung war ebenso tief wie nachhaltig.

Da Sousa und seine Musik in seiner Zeit ähnlich populär waren wie Glenn Miller oder die Beatles in unserer, kann man die Leistungen seiner Band in dieser Zeit etwa auf die gleiche Stufe mit den Rekrutierungs-Werbesendungen an die Adresse junger Menschen von heute stellen. Darüber hinaus hinterließen in einer Zeit des weltweiten Imperialismus die leuchtenden Uniformen der Band, die Exerzierpräzision und die inspirierende Qualität ihrer Musik einen positiven Eindruck des Marine Corps im Bewußtsein der Öffentlichkeit. Der aber vielleicht tiefgreifendste Dienst, den Sousa dem Corps erwiesen hat, dürfte allerdings wohl der gewesen sein, daß er das besondere Verhältnis zwischen den Marines und dem Präsidenten der Vereinigten Staaten von Amerika schmiedete. Als persönliche Kapelle des obersten Befehlshabers spielt die Marine Band oft im Weißen Haus und bei anderen offiziellen Anlässen. Schon zu der Zeit, als Sousa 1892 die Marines verließ, um eine eigene Band zu gründen, hatten seine Musik und seine Tätigkeit eine immerwährende Verbindung zwischen dem Amt des Präsidenten und dem Marine Corps geschaffen. Man kann das leicht selbst feststellen, wenn man sieht, daß der Hubschrauber des Präsidenten von den Marines gestellt wird, wenn man eine amerikanische Botschaft betritt und dort als Torwachen Marines stehen sieht und daß, wo auch immer die Navy ihre Atomwaffen lagert, Marines dort den Wachdienst versehen. Und Sousas Musik war das Bindeglied, das zu diesem besonderen Verhältnis führte.

Der Erste Weltkrieg: Das Corps in der Schmiede

Über den Zeitraum fast eines ganzen Jahrhunderts war das Marine Corps eigentlich nicht mehr als ein kleiner Teilbereich der amerikanischen Militärstruktur. Vor dem Ersten Weltkrieg belief sich seine Stärke auf 511 Offiziere und 13 213 Mannschaften und machte es damit lediglich zu einer Splittergruppe in der Gesamtstärke von Army und Navy. Der Eintritt der USA in den Ersten Weltkrieg bedeutete, daß die eher bescheidenen Friedensstreitkräfte innerhalb kürzester Zeit explosionsartig anzuwachsen hatten. Unter diesen Anstrengungen wuchs auch das Marine Corps enorm schnell. Durch das Hinzukommen eines neuen Ausbildungszentrums auf Parris Island in South Carolina konnte das Marine Corps auf eine Kriegsstärke von 2462 Offizieren und 72 639 Mannschaften anwachsen. Dazu gehörte auch eine kleine Anzahl (277) der ersten Frauen, die bei

Marines stürmen im Zweiten Weltkrieg den Strand einer von Japanern besetzten Insel.
OFFIZIELLES FOTO DER U.S. NAVY

den Marines rekrutiert wurden, um im Hintergrund Dienst zu machen, während die Männer ins Gefecht zogen. Ebenfalls in diesem Krieg tauchten erstmalig Flieger (130) in den Reihen der Marines auf – eine völlig neue Art von Kriegern im Corps. Im Ersten Weltkrieg schickten die Marines die größten Kontingente (bis zu 8500 Mann) ihrer bisherigen Geschichte in die Gefechte an die Westfront. Auf dem schnellsten Weg in den Kessel geworfen, kämpften sie in den Wäldern von Belleau, in Soissons und St. Mihiel und waren auch in der Maas-Argonne-Offensive dabei. Diese Siege wurden teuer bezahlt, denn die Brigade der Marines hatte insgesamt 11 968 Opfer zu beklagen, davon 2461 Gefallene. Im Anschluß an den Krieg nahmen die Marines an der Besetzung Deutschlands teil und hielten bis zum Juli 1919 die Wache am Rhein, um dann endlich nach Hause zurückkehren zu können. Nach der Siegesparade, die sie zusammen mit dem Rest der 2nd U.S. Division vor Präsident Wilson abhielten, wurden sie aus dem Kriegsdienst entlassen.

Bei allem Tribut hinterließ der Erste Weltkrieg für das Marine Corps aber auch einige positive Erkenntnisse: Zum ersten Mal in der Geschichte war es dem Corps gestattet worden, eigenständig Kampfeinheiten aufzustellen und einzusetzen, die etwa gleich groß wie die bei der Army waren. Das Marine Corps demonstrierte eindrücklich, daß seine Ausbildung und Lehrsystematik zu wesentlich effektiveren und aggressiveren Infanteristen im Kampf führte, als sie bei irgendeiner anderen Armee an der Westfront zu finden gewesen waren. Man experimentierte mit neuen Ideen wie der Integration von Frauen ins Corps und der Verwendung von Luftmacht zur Unterstützung der Marines am Boden. Absolut jede Art von Herausforderung, denen sich Marines heute gegenübergestellt sehen, wurde bereits im Ersten Weltkrieg entdeckt und angenommen – dazu gehörte beispielsweise auch der Schrecken des Giftgaseinsatzes. Das wichtigste von allem aber war, daß man den Marines gestattet hatte zu wachsen und sie endlich dem Land beweisen konnten, was ein größeres Corps wirklich leisten konnte. All das sollte es den Marines leichter machen, sich weiter zu vergrößern, um der Herausforderung gerecht werden zu können, die zu einem prägenden Moment für sie werden sollte – der Pazifikfeldzug während des Zweiten Weltkriegs.

Die »kleinen Kriege«

Nach dem großen Krieg kehrte das Corps zu seinen Friedensroutinen zurück, versah seinen Dienst an Bord von Kriegsschiffen und erfüllte einige friedenssichernde Missionen in China und auf den Philippinen. Das war die Ära der »kleinen Kriege«, in der es einige Interventionen gab – meist in Zentralamerika und einigen karibischen Staaten –, die der Durchsetzung der amerikanischen Außenpolitik dienten. Diese »Kanonenboot-Diplomatie« war eine typisch amerikanische Mischung aus verkörperter Gier (um die Regionalwirtschaft zu beherrschen) und hochherzigen Absichten (zur Rettung der einheimischen Bevölkerung vor Despotismus oder Anarchie). Die Speerspitze dieser Interventionen waren wieder einmal die Marines, die den Weg ebneten und die meisten Opfer hinnehmen mußten.

Sogar schon vor dem Ersten Weltkrieg hatten die Marines an der Niederwerfung philippinischer Rebellen und der Niederschlagung des Boxeraufstands in China (beide Ereignisse fanden 1899 statt) teilgenommen. Während der Regierungen Taft und Wilson führten die Marines Interventionen in Nicaragua (1912 bis 1913), Haiti (1915 bis 1935) und der Dominikanischen Republik (1912 bis 1924) durch. Sie stellten den Frieden in der Kanalzone Panamas (1901 bis 1914), auf Kuba (1912 bis 1924) und in Vera Cruz in Mexiko (1914) wieder her und überwachten in den angegebenen Zeiträumen auch dessen Einhaltung. Durch diese Aktionen wurden die Marines zu Experten in der Gefechtsführung gegen Aufständische, was man heute auch gern als »Anti-Guerilla-Kriegsführung« bezeichnet. Sie schrieben auch ein Buch unter dem Titel *The Small Wars Manual* (1939). Dieses »Handbuch für die Führung regional begrenzter Kampfhandlungen« hat sich heute bereits den Status eines militärischen Klassikers erworben, der zwar viel bewundert, aber außerhalb des Corps kaum gelesen wird.

Die kleinen Kriege machten die Marines zu anerkannten Experten in der Führung unkonventioneller Gefechte – und schrieben damit die Tradition der Spezialoperationen und Kommandoeinsätze fort, die bis zur Zeit der Berberkriege im frühen 19. Jahrhundert zurückverfolgt werden konnten. Diese Tradition verschaffte dem Corps eine solide Grundlage an Erfahrungen, die es ihrerseits ermöglichten, daß vergleichbare Missionen auch im Zweiten Weltkrieg, in der Nachkriegszeit und sogar noch heute erfolgreich durchgezogen werden konnten. Tatsächlich sieht es sogar so aus, daß eben die Nichtbeachtung der Lektionen aus *The Small Wars Manual* zum Fehlschlagen der US-Politik in Vietnam und zu Mißerfolgen bei verschiedenen anderen Kampfhandlungen mit Aufständischen in der Dritten Welt beitrug, die in den nachfolgenden Jahren stattfanden. Diese

Lektionen enthielten unter anderem auch Hinweise auf die Wichtigkeit der Gewährleistung von Sicherheit für die einheimische Bevölkerung (die sogenannte *Civic Action*, das heißt Verantwortung gegenüber Staatsbürgern) und auf die Notwendigkeit, Schwächen des Feindes (im Bereich Finanzen und Logistik) eindeutig herauszukristallisieren. Dabei wurde der letztgenannte Aspekt in seinem Schwergewicht sogar noch höher bewertet als die Erkenntnisse über die Stärken (wie Gefechte kleiner Einheiten in schwierigem Gelände) des Gegners. Ungeachtet der oben angeführten Fehlschläge verfügen die Marines aber nach wie vor über die ureigenen Kenntnisse, wie solche Operationen geplant und durchgeführt werden können. Diese Erkenntnisse werden auch heute noch im Rahmen der Ausbildung und bei Operationen der MEU(SOC) auf der ganzen Welt zur Anwendung gebracht. Bei den Marines wird *The Small Wars Manual* immer noch gelesen und angewendet. Ich kann das beurteilen. Erst kürzlich erhielt ich ein druckfrisches Exemplar.

1942: Die Ersten am Feind

In den Jahren vor dem Ausbruch des Zweiten Weltkriegs sahen sich die Marines wieder einmal am Rande eines sich entwickelnden Konflikts. Ziemlich unerwartet waren die Marines plötzlich mitten zwischen die kriegführenden Parteien geraten, als 1932 in Schanghai die Kampfhandlungen zwischen China und Japan ausbrachen. Andere Vorfälle, in die die Marines in China verstrickt wurden, folgten praktisch auf dem Fuße. Als der Zweite Weltkrieg 1941 schließlich auch die Vereinigten Staaten von Amerika erfaßte, befand sich das Corps vom ersten Tag an immer dort, wo die heißesten Kämpfe stattfanden. Mehr als hundert Marines starben beim Überfall auf Pearl Harbor, und etliche tausend sollten noch in den anschließenden Wochen und Monaten fallen. Anfangs dienten Einheiten der Marines als Garnisonstruppen zur Verteidigung in abgeschiedenen Außenposten. Die winzige Truppe von Marines, die auf Guam stationiert war, kapitulierte am 10. Dezember, während die Midway-Garnison noch von zwei japanischen Zerstörern mit Artillerie bombardiert wurde. Überall in Ostasien kämpften Marines in diesen ersten Tagen des großen Kriegs im Pazifik ums nackte Überleben, gewöhnlich mit viel zuwenig Männern und Ausrüstung, um für die heranstürmenden japanischen Streitkräfte mehr als nur eine Stolperschwelle zu sein, die kaum in der Lage war, die Geschwindigkeit des Vormarsches spürbar herabzusetzen.

Doch, eine Ausnahme gab es – das winzige Wake-Atoll. Dort schaffte es das Inselverteidigungsbataillon der Marines, zu dem auch eine Handvoll Kampfflugzeuge zählte, wiederholt japanische Angriffe zu überstehen. Aber schließlich wurden auch sie am 23. Dezember 1941 überrollt. An diesem Tag hatten die Verteidiger der Insel Wake mehr als zwei Wochen lang eine vielfach überlegene Kraft aus japanischen Schiffen und Truppen aufgehalten und waren für das ganze Land durch ihre tapfere Gesinnung und ihre Opferbereitschaft immer wieder ein Leitbild. Unglücklicherweise setzte die Führung der Navy in Pearl Harbor in ihrem Bemühen, das zu schützen, was von der angeschlagenen Pazifikflotte noch übriggeblieben war, einen Entlastungseinsatz für Wake ab. Die zwangsläufige Folge war, daß die Insel und ihre Verteidiger ohne die notwendige Unterstützung den Feinden in die Hände fiel. Dadurch wurde das langjährige gegenseitige Vertrauen zwischen Marines und Navy nachhaltig geschädigt. Eine Erinnerung blieb, welche die Marines auch immer noch wurmt und die Seeleute bis heute beschämt.

Die Navy sollte jedoch schon bald Gelegenheit bekommen, die Dinge mit ihren Verwandten, den Marines, wieder ins rechte Lot zu bringen. Im Frühling 1942 war es endlich soweit, daß die Navy und Marines durch die Schlacht von Midway die japanische Expansionsflut erstmals zurückdrängen konnten. Die Marineflieger von den Flugzeugträgern löschten ihre japanischen Gegenspieler aus, und diesmal blieben sie auch vor Ort, um die Marines zu unterstützen. Das Resultat war, daß Midway trotz heftigster Luftangriffe der Japaner gehalten werden konnte, wenngleich die Flieger der Marines einen hohen Preis dafür zahlen mußten. Sie wurden praktisch dezimiert, weil sie die inzwischen völlig veralteten, »abgelegten« Flugzeuge der Navy flogen. Die Führung des Corps schwor, daß beim nächsten Mal, wenn die Marines in den Kampf ziehen müßten, die Soldaten erstklassig ausgerüstet sein würden, sie über gescheite Flugzeuge verfügen und Unterstützung durch die Navy haben würden. Darauf brauchten sie nicht lange zu warten.

Auf den Solomonen-Inseln hatte der Nachrichtendienst der Alliierten inzwischen herausbekommen, daß die Japaner ein Flugfeld auf der Insel Guadalcanal einrichteten, das zu einer Gefahr für die alliierten Versorgungslinien nach Australien werden würde und deshalb unbedingt ausgeschaltet werden mußte. Glücklicherweise begann sich nun die schon vor dem Krieg eingeleitete Erweiterung des Corps auszuzahlen, denn jetzt befand sich eine Streitmacht in Divisionsgröße im Pazifik, um diesen Job zu übernehmen. Im August 1942 watete die 1st Marine Division gleichzeitig über die Strände von Guadalcanal und des benachbarten Tulagi an Land und eroberte den Flugplatz. Damit begann einer der brutalsten Feldzüge des Zweiten Weltkriegs. Während der jetzt folgenden sechs Monate lieferten sich die alliierten und japanischen Boden-, See- und Luftstreitkräfte einen gnadenlosen Vernichtungskampf im Dschungel, am Himmel und im Seegebiet um Guadalcanal. Als alles vorbei war, hatten die Marines wieder einmal eine Schlüsselrolle bei der Erringung eines entscheidenden, wenn auch teuer bezahlten Sieges gespielt. 2799 Marines waren verwundet worden, und 1152 hatten ihr Leben lassen müssen. Die Fliegerei der Marines hatte dazu beigetragen, die Japaner vom Himmel über Guadalcanal zu fegen. Auch sie mußten einen hohen Tribut entrichten: 127 Piloten der Marines wurden verwundet, 55 starben und 85 galten als vermißt. Als aber die Arbeit getan war, hatten die Marines und ihre Partner von der Navy es geschafft, die Flut der Japaner kaum ein Jahr nach Pearl Harbor zur Ebbe werden zu lassen. Für die Marines bedeutete es eine Bestätigung ihres Schlachtrufes »*First to Fight*«. Sie waren die ersten alliierten Bodenkräfte, die mit der Offensive gegen die Achsenmächte des Zweiten Weltkriegs begannen, eine Tatsache, auf die sie auch heute noch stolz sein können.

Zentralpazifik: Gewinn von Stützpunkten durch Weitblick

Schon ganz am Anfang des 20. Jahrhunderts hatten die Japaner nach ihrem Sieg über das zaristische Rußland ihren Traum von der Erweiterung ihres Imperiums nach China, Ostasien und auf die Inselwelt des Pazifiks geträumt. Dieser Traum war jedoch nicht unbemerkt geblieben. Bereits vor Beginn des Ersten Weltkriegs hatten sowohl die Vereinigten Staaten wie auch Großbritannien Eventualpläne für einen Krieg gegen Japan vorbereitet, wobei die amerikanische Version der berühmte *War Plan Orange* war. Die US-Planung basierte auf einem langen Marsch quer über den Zentralpazifik, wobei die Marinestreitkräfte der beiden Nationen möglicherweise die Sache in einer großen Entscheidungsschlacht austragen würden. Die Eroberung und das Halten der Inselstützpunkte, die man zu dieser Aktion notwendigerweise brauchte, wäre dann eine Aufgabe, die den Marines zufallen würde, weil sie schon seit Jahrzehnten die Probleme der amphibischen Gefechtsführung studiert hatten.

Unter den zahlreichen Marines, die intensiv über amphibische Operationen nachdachten, befand sich auch Commandant Lejeune, der 1922 erklärt hatte, daß es von geradezu lebenswichtiger Bedeutung sei, »über ein Marine Corps zu verfügen, das in der Lage und fähig ist, offensive Landungsoperationen gegen feindliche Marinestützpunkte durchzuführen«. In den 30er Jahren hatte das Corps gewaltige Fortschritte gemacht, wozu auch die Veröffentlichung des *Tentative Landing Operations Manual* gehörte. Dieses »vorläufige« Handbuch für Landungsoperationen wurde zu einer Art Bibel für die ersten amphibischen Übungen. Die Marines arbeiteten hart daran, die neuen Techniken in den Griff zu bekommen, die ihnen die Möglichkeit verschafften, ihre neuen Missionen zu erfüllen. Landungsboote, Feuerleitgeräte für Artilleriebeschuß durch die Navy und Funkausrüstung für die Befehlsübermittlung waren die Schlüssel für neue Aufgabenstellungen. Es sieht mittlerweile so aus, als wären die ersten Flieger der Welt, die Präzisionsabwürfe von Flugzeugbomben perfektionierten, Piloten der Marines gewesen, als sie die Sturzflugtechnik entwickelten. Deutsche Offiziere beobachteten in den 30er Jahren diese Sturzbomber-Vorführungen der Marines, was zur Übernahme dieser Technik durch die Stukas der Luftwaffe führte.

Es war allerdings im Zentralpazifik, wo das Marine Corps ihre *Amphibious Assault Doctrine*, also die Richtlinien für den amphibischen Angriff, schmiedete und wo diese zu einem festen Bestandteil ihrer fortdauernden Tradition gemacht wurden. In einem »Inselsprung«-Feldzug führten die Marines mit der Navy eine Reihe von Landungsoperationen durch, um genau die Stützpunkte zu nehmen, die bereits im ursprünglichen *War Plan Orange* bezeichnet worden waren. Der Zug quer über den Zentralpazifik begann Ende 1943 auf dem Tarawa-Atoll der Gilbert-Inseln. Obwohl fast alles schiefging, was nur schiefgehen konnte (falsche Gezeitenplanung, schlechte Kommunikation und unzulängliche Artillerieunterstützung durch die Navy, um nur einige Punkte zu erwähnen), konnte die Hauptinsel Betio in nur 76 blutigen Stunden genommen werden. Trotz des hohen Preises, den Marines und Navy in Soldatenopfern entrichten mußten (1113 Gefallene und 2290 Verwundete), lernte man viel dazu, und die Lektionen, für die man auf Betio noch in Blut hatte zahlen müssen, retteten später auf den anderen Inseln vielen Marines das Leben. Im Anschluß an Tarawa nahm das Marine/Navy-Team Anfang 1944 in einem raschen Feldzug die Atolle der Marschall-Inseln. Indem sie die Atolle Kwajalein und Eniwetok eroberten, umgingen sie die anderen Inseln der Kette, die von den Japanern besetzt waren.

Der nächste Feldzug sollte dann zu der Entscheidungsschlacht werden, die beide Seiten fast ein halbes Jahrhundert lang geplant hatten: der Vorstoß zu den Marianen und die daraus folgende Schlacht im Philippinenbecken. Unter dem Kommando des legendären Generals Holland M. »Howlin' Mad« Smith nahmen die zusammengeführten Marine/Navy-Streitkräfte im Frühling 1944 Saipan, Guam und Tinian. Die Sache war binnen weniger Wochen erledigt. Dadurch verfügten die Amerikaner endlich über Stützpunkte, von denen aus sie ihre strategischen B-29 Bomber gegen Japan starten lassen konnten. Die Inseln des japanischen Kaiserreichs waren jetzt weniger als 1500 nautische Meilen[15], also weniger als 2700 km, entfernt. Von diesen Stützpunkten aus konnte der Krieg ins japanische Mutterland getragen werden, und ein intensiver Feldzug unter Verwendung von Brandbomben und Luftminen nahm seinen Anfang. Unter diesen Stützpunkten war auch die Air Base, von der aus der Bomber startete, der die Atombombe an Bord hatte, die den Krieg schließlich beenden sollte.

Wesentlich stärker als alle anderen Truppengattungen fand das Marine Corps im Zweiten Weltkrieg eine Bestätigung für seine Mission und entwickelte dabei die geeigneten Techniken und Fähigkeiten, um seine schwierige Aufgabe bewältigen zu können: den amphibischen Angriff. Das stand in einem krassen Gegensatz zur Einstellung der Army Air Force, die einzig und allein in der strategischen Bombardierung den Schlüssel zu einem Sieg sah[16], und der Navy, die meinte, nur die Kanonen ihrer Schlachtschiffe könnten den Krieg gewinnen[17]. Das Corps war in der

---

15 Seemeilen (sm)
16 *Anmerkung des Autors:* Luftmachtbesessene vertraten damals die Ansicht, daß Präzisionsbombardierungen bei Tageslicht unter Verwendung des top-secret Norden-Bombenzielgerätes die deutschen Kriegsanstrengungen sehr schnell lähmen würden. Es stellte sich jedoch bald heraus, daß die Präzisionsbombardierungen mit einer derartigen Einstufung ihrer Bedeutung schlicht überschätzt und die meisten auf Deutschland abgeworfenen Bomben verschwendet worden waren.
17 *Anmerkung des Autors:* Die Unterseeboote der U.S. Navy versenkten bereits im ersten Jahr des Zweiten Weltkriegs trotz des Handikaps geradezu skandalös unzuverlässiger Torpedos weit mehr feindlichen Schiffsraum als die verhätschelten und wahnsinnig teuren Schlachtschiffe.

Lage zu verstehen, daß ein Krieg eine Sache der verbundenen beziehungsweise kombinierten Operationen ist – nach dem Motto: »Wenn wir gewinnen wollen, brauchen wir dazu sämtliche Truppengattungen« –, und diese Weitsicht hat sich auch noch über das Kriegsende hinaus bis weit in die Nachkriegszeit bestätigt. Immer schon Neuerer gewesen, waren die Marines auch nach dem Ende des Zweiten Weltkriegs wieder führend bei der Entwicklung von Hubschraubern, Luftkissen-Landungsfahrzeugen und anderer Technik.

Iwo Jima: Der Augenblick der Bestimmung

Im Anschluß an die gegen Ende des Jahres 1944 hauptsächlich von der Army geleitete Invasion der Philippinen waren die Marines bereit, ihren Vormarsch auf Inseln des japanischen Mutterlandes zu beginnen. Es war auch eine fast zwingende Notwendigkeit, dazu bereit zu sein, da feststand, daß die nächste Schlacht im Pazifik zur schwersten überhaupt werden würde: Iwo Jima. Diese kleine Insel in der Bonin-Inselgruppe in der Form eines Schweinekoteletts (gerade einmal acht Quadratmeilen groß) liegt nur 670 sm / 1241 km vor Japan und stellte ein lebenswichtiges Verbindungsglied auf dem Weg ins japanische Mutterland dar. Im Februar 1945 erreichten 71 245 Marines die Vulkanaschenstrände von Iwo Jima. Dort hatten sich 21 000 Japaner eingegraben, die entschlossen waren, bis in den Tod zu kämpfen. Und genau das taten sie dann auch. Im Laufe des nächsten Monats lagen die Verluste bei Navy und Marines bei fast 27 000 Soldaten, und absolut jeder Japaner auf der Insel wurde getötet. Die Leben der Amerikaner waren allerdings nicht völlig sinnlos geopfert worden, denn noch bevor die Kämpfe zu Ende waren, retteten die von amerikanischen Kräften eroberte Start-/Landebahnen der Insel bereits das Leben vieler B-29-Bomberbesatzungen.

Marines gehen am 19. Februar 1945 auf einem Brückenkopf auf Iwo Jima in Deckung, bevor sie weiter ins Landesinnere vorrücken. Iwo Jima war die größte aller amphibischen Operationen des U.S. Marine Corps im Zweiten Weltkrieg.
Offizielles Foto der U.S. Navy

All diese trockenen Fakten mögen ja ganz schön und richtig sein, aber hinter ihnen steckt etwas Tieferes: Die Schlacht von Iwo Jima war *der* bestimmende Augenblick in der Geschichte des Corps. Iwo Jima galt als die uneinnehmbare Festung schlechthin, sollte es überhaupt jemals eine gegeben haben, die diese Bezeichnung verdient hätte, und wesentlich stärker als alles entlang Hitlers vielgepriesenem *Atlantikwall*. Die Japaner hatten mehr als ein Jahr mit der Befestigung der Insel verbracht und dabei mehr als 17 Kilometer Tunnelgänge gegraben. Die meisten davon mit Spaten und Schaufel! Für die japanische Führung war es völlig klar, daß ein Verlust der Insel bedeuten würde, daß danach die eigene Inselwelt sogar in der Reichweite der amerikanischen P-51 *Mustang* Kampfflugzeuge läge. Für die Marines sollte Iwo Jima die letzte Invasion sein, die ausschließlich vom Marine Corps durchgeführt wurde. Deshalb war sie so wichtig: einerseits für die Kriegsanstrengungen Amerikas und andererseits auch für das Image des Corps. Iwo Jima war *ihre* Insel, und das bedeutete für sie, daß sie sie nehmen wollten und würden – koste es, was es wolle. Ihr Wunsch ging in Erfüllung.

Von dem Augenblick an, da sie ihren Fuß auf den schwarzen Sand der Strände setzten, wurde Iwo Jima zum Inbegriff der Hölle im Albtraum eines jeden Marines. Tod und Schrecken lauerten hinter jedem Felsen und in jeder Höhle. Aber so unnachgiebig die Japaner und ihre Festung auch sein mochten, die Marines und die sie von draußen auf See aus unterstützende Navy waren noch unnachgiebiger. Zentimeter für Zentimeter, Felsen für Felsen säuberten die Marines die Insel. Und während sie das taten, schrieben sie eine einzigartige Seite in der Geschichte des amerikanischen Militärs. Direkt vor den Augen der Kriegspresse gingen Einheiten der Marines gegen die selbstmörderischen Kräfte Japans vor und schluckten alles, was ihnen entgegengeworfen wurde. 24 Marines wurden allein auf Iwo mit der *Medal of Honor*[18] ausgezeichnet. Das waren mehr als bei irgendeiner anderen Schlacht in der Geschichte.

Letzten Endes war es Iwo Jima, was dem Corps und Amerika das bekannteste und andauerndste Bild des Zweiten Weltkriegs verschaffte: Marines, wie sie gerade den Flaggenmast mit dem wehenden Sternenbanner auf dem Gipfel des Berges Suribachi aufrichten. Als die Flagge am 23. Februar 1945 um genau 10.20 Uhr aufgerichtet war, drehte sich der damalige Marineminister James Forrestal, der alles von einem der Schiffe auf See aus beobachtete, zum neben ihm stehenden General Holland »Howlin' Mad« Smith um und sagte: »General, das Hissen dieser Flagge bedeutet, daß es das Marine Corps für die nächsten 500 Jahre geben wird.« Im Gedenken an diesen Augenblick der Bestimmung für das Marine Corps steht heute ein großartiges Denkmal in Rosslyn, Virginia, oberhalb des Potomac River. Mehr als jeder andere Aspekt im Ethos der Marines

---

18 *Anmerkung des Autors*: Zwölf der Ehrenmedaillen wurden postum verliehen. Einige Ärzte der Navy, die zusammen mit Einheiten der Marines auf Iwo Jima im Einsatz waren, bekamen ebenfalls die *Medal of Honor* verliehen.

Das prägende Moment für das Corps: das Aufrichten der amerikanischen Flagge durch Marines auf dem Gipfel des Berges Suribachi am 23. Februar 1945. Es heißt, daß der damalige Marineminister James Forrestal den Satz: »Das Hissen dieser Flagge bedeutet, daß es das Marine Corps für die nächsten 500 Jahre geben wird« gesagt haben soll.
OFFIZIELLES FOTO DES U.S. MARINE CORPS
VIA ASSOCIATED PRESS

zeigt der unbezähmbare Geist des Corps, der auf Iwo Jima so anschaulich dokumentiert wurde, mit wem man es zu tun hat. Das heißt auch, daß es absolut nichts gibt, was die Marines nicht versuchen würden, wenn sie den Befehl erhalten, eine bestimmte Aufgabe zu erledigen, und ihnen kein Preis zu hoch sein wird, den sie dafür zahlen müssen, die Mission zu vollbringen. Viel später, am Chosin Reservoir, in Khe San und den Kasernen von Beirut weckten die Marines die Erinnerung an den Geist von Iwo Jima. Sie gruben sich ein, erfüllten ihre Mission und stellten nicht in Frage, was von ihnen erwartet wurde. *Das* ist die Definition des Ethos der Marines.

»Schickt die Marines!«

Im Anschluß an den Krieg durchlief das Corps, genau wie alle anderen Truppengattungen, eine Phase des Abbaus bezüglich seiner Truppenstärke. Was übrigblieb, war eigentlich nur eine leere Hülle zweier Divisionen: die 1st in Camp Pendleton, Kalifornien, und die 2nd in Camp Lejeune, North Carolina. 1950 brach der Koreakrieg aus und erforderte eine sehr schnelle Reaktion der Marines. Kaum hatte Präsident Truman verfügt, daß Bodentruppen den belagerten Südkoreanern zur Hilfeleistung geschickt werden sollten, waren die Marines auch schon bei den ersten, die als Verstärkungskräfte am Ort der Kampfhandlungen eintrafen. Unglücklicherweise ergab es sich, daß die Marines, nach einer brillanten gemeinsamen Landungsoperation mit Kräften der Army bei Inchon (am 15. September 1950) und dem Vormarsch auf den Fluß Yalu, sich anschließend der erbärmlichen Routine von Stellungskämpfen in Schützengräben beugen mußten. Die nächsten 22 Monate verbrachten sie damit, als Infanterie-»Standbein« neben anderen Kräften der VN zu kämpfen. Dieser Mißbrauch einzigartiger amphibischer Fähigkeiten der Marines hinterließ einen tiefen Eindruck auf die Führung des Corps, die entschied, daß so etwas nie wieder passieren dürfe. Ihre Reaktion auf die Probleme in Korea bestand in einer völlig neuen Organisationsrichtlinie: der Marine Air-Ground Task Force (MAGTF). Der Grundgedanke war der, Luft-, Boden- und logistische Elemente der Marines als integriertes Team zusammenzuschweißen. Auf diese Weise würden sich die Marines am Boden nicht mehr auf die Air Force stützen müssen, wenn es um CAS, und auf die Army, wenn es um Versorgung ging. Nur so war es möglich, eigene Taktiken und Richtlinien zu gestalten. Ein halbes Jahrhundert später zogen die Marines schließlich nur noch als MAGTFs ins Gefecht.

Die Wahl Dwight D. Eisenhowers zum Präsidenten brachte neue Würdigungen der Fähigkeiten der Marines mit sich. Eisenhower und seine Nachfolger im Amt begannen mit der Tradition einer Entsendung höchst mobiler MAGTFs zur Friedenssicherung oder als eine modernisierte Ausführung der »Kanonenboot-Diplomatie« in Krisenherden auf der ganzen Welt. Einige Einsätze, wie beispielsweise 1958 die Landungsoperation in Beirut, waren äußerst erfolgreich. Andere wiederum, wie die Operation in der Dominikanischen Republik im Jahre 1965, wurden – zumindest einer weitverbreiteten Ansicht nach – als hemmende Fehler angesehen. Direkte Interventionen des US-Militärs, die 1964 in Vietnam mit einer Serie von Landungsoperationen begannen, sollten die Regierung Südvietnams stützen. Marines waren im Jahr 1975 vom ersten bis zum letzten Tag in Vietnam im Einsatz und normalerweise dem Kommandobereich des I. Corps im Nordsektor Südvietnams unterstellt.

Für das Corps bedeutete die Neigung der Präsidenten, »Marines zu schicken«, ganz einfach eine Festigung ihres *First to Fight*-Rufs, dabei aber auch gleichzeitig eine Bestätigung der dem MAGTF-Konzept innewohnenden Flexibilität. Die Bereitschaft, sich als Erste und schnell in Bewegung zu setzen und darüber hinaus jederzeit und zu allem bereit zu sein, ist Teil des Ethos der Marines – wenn man etwas richtig gemacht haben will, überträgt man diese Aufgabe dem Corps!

Ribbon Creek: Neue Selbstdefinition des Corps

Die Nachkriegsjahre waren recht anstrengend für die Marines, denn sie wurden sehr oft zur Unterstützung von US-Interessen in Übersee eingesetzt. Mit dem Einsetzen des kalten Kriegs versuchte sich das Corps auf seine Rolle in der Verteidigungsmission Amerikas vorzubereiten. Das war auch der Grund, weshalb die Marines in Nevada Tests auf atomar verseuchten Gefechtsfeldern durchführten und neue Ausrüstungen und Taktiken einführten. All das resultierte aus der generellen Ansicht, daß es Zeit wurde, aus dem Corps eine Hightech-Kraft zu machen, die auch bereit war, auf einem nuklearen Gefechtsfeld zu kämpfen. Dann passierte die Tragödie von Ribbon Creek. 1956 befahl ein betrunkener Ausbilder im Rekrutierungsdepot von Parris Island in South Carolina einer Gruppe von 74 Rekruten einen Marsch durch den Gezeitensumpf Ribbon Creek. Es gab sechs Tote. Diese Tragödie löste eine totale Reform der Rekrutenausbildung bei den Marines aus.

Ribbon Creek führte zu einer massiven Reaktion in Kongreß und Öffentlichkeit, die auf eine ehrliche Besorgnis um das Wohlergehen des einzelnen Marines und des Corps in seiner Gesamtheit zurückzuführen war. Es stand völlig außer Frage, daß die Amerikaner daran interessiert waren, daß das Corps auch weiterhin ein Spiegelbild ihrer Wertvorstellungen und Ideale blieb. Das Resultat war, daß aufgrund einer Untersuchung, wie sie ihre Ausbildung der Marines durchgeführt hatten, etliche hundert Ausbilder ihrer Pflichten entbunden wurden. Darüber hinaus führte Ribbon Creek zu einer nachhaltigen Wandlung in der Art und Weise, wie das Corps seine Rekruten beurteilte und ausbildete. Diese Verlagerung verschaffte der Einstellung, daß alle Marines Brüder und Schwestern ihrer Kameraden seien, neue Kraft und Bedeutung. Sogar noch heute beeinflußt die Erinnerung an Ribbon Creek den Umgang mit neuen Rekruten – sie werden immer noch nicht mit Samthandschuhen angefaßt, aber ihre persönliche Sicherheit und Würde wird respektiert. Auch das ist ein Teil dessen, wie das Marine-Ethos verstanden werden will: sich um die Brüder und Schwestern zu kümmern.

Von *Desert One* zu *Desert Storm*

Im November 1975 feierte das Corps seinen 200. Geburtstag – und kämpfte wieder einmal im Kongreß ums Überleben. Dieses Mal waren die Themen: die Truppenstärke und die Frage nach der Fähigkeit der Marines, sich auf einem modernen Gefechtsfeld behaupten zu können. Die 80er und 90er Jahre stellten unzweideutig unter Beweis, daß sie diese Fähigkeit besaßen. Zwischenzeitlich hatten zwei Ereignisse, die in dieser Zeit stattfanden, aber fundamentale Auswirkungen auf das Corps gezeitigt. Das erste war die fehlgeschlagene Geiselbefreiung aus der amerikanischen Botschaft im Iran, an der auch Hubschrauberpiloten der Marines teilgenommen hatten. Das Resultat dieses Desasters war ein *ziemlich* kritischer Blick auf die gemeinsame Gefechtsführung, der 1986 schließlich zum *Goldwater-Nichols-Reform-Act* führte. Das zweite war die Schaffung der Rapid Deployment Joint Task Force (RDJTF), die zum Einsatz im Mittleren Osten vorgesehen war. Zunächst noch unter dem Kommando von Lieutenant General Paul X. Kelley (der spätere 28th Commandant des USMC), war sie weder besonders schnell noch sonderlich gut in der Lage einzugreifen und kaum als Force, also als Kraft oder gar Macht, zu bezeichnen. Aber es war ein erster Schritt auf dem Weg zur Schaffung des U.S. Central Command – genau der Kraft, die sich später in *Desert Storm* als siegreich erweisen sollte.

Die Wahl von Präsident Reagan im Jahr 1981 führte zu einem neuerlichen Anwachsen aller Truppengattungen und damit auch des Marine Corps. Programme, wie der CH-53E *Super Stallion* Transporthubschrauber und der AV-8B *Harrier II* Jagdbomber, die unter der Regierung Carter beinahe verhungert wären, wurden jetzt auf volle Produktion budgetiert. Die Amphibienfahrzeuge der Navy, deren Zahl unmittelbar zuvor noch auf 67 Einheiten reduziert worden war, wurde ebenfalls wieder aufgestockt. Die nächsten paar Jahre waren gute Jahre für das Corps, mit einem ständigen Fluß an neuer Ausrüstung, Personal und Richtlinien. Einer der Schlüssel dabei war die Entwicklung der Maritime Prepositioning Force (MPF). Dabei handelt es sich um eine Gruppe von bereits vorher in Position gebrachten Schiffen (MPS), die Ausrüstung und Versorgung für eine Expeditionsbrigade (in einer Stärke von 16 500 Mann) der Marines an Bord haben, was etwa dem Bedarf für einen Monat im Feld entspricht. Die MPS erlaubt auf eine sich aufschaukelnde Krise so eine schnelle Reaktion durch eine Einheit der Marines, die über eine durchaus ernstzunehmende Beißkraft verfügt. Die andere große Entwicklung war die Schaffung der MEU(SOC). Von General Alfred Gray (dem späteren 29th Commandant) ins Leben gerufen, war die MEU(SOC) die Antwort auf den Terrorismus der 80er Jahre. Sie mußten in der Lage sein, innerhalb von Stunden und nicht erst nach Tagen oder Wochen plötzlich auftretende Situationen in den Griff zu bekommen. Das war die Art von Truppe, mit der die Marines in die letzten Tage des kalten Kriegs gingen und mit der sie den Beginn der neuen Weltordnung ab 1990 erlebten.

Als der Irak seine Invasion Kuwaits startete, wurde die 7th Marine Expeditionary Brigade (MEB) sofort von ihrem Heimatstützpunkt Twentynine Palms in Kalifornien nach Saudi-Arabien verlegt. Dort fanden sie im Hafen von Al-Jubayl schon ihre Ausrüstung und die Versorgungsgüter vor, die auf den MPS schon von Diego Garcia vorausgeschickt worden waren. Mit einem Teil dieser Versorgungsgüter konnte sogar auch noch eine sehr früh eingetroffene Brigade des 82nd Airborne Division ebenfalls versorgt werden. Zum Zeitpunkt, als der Bodenkrieg unmittelbar bevorstand, war die Stärke der Marines an der Küste auf volle zwei Divisionen angewachsen. Hinzu kam ein Air Wing (Luft-Kampfgeschwader) mit 450 Maschinen und zwei Gefechtsunterstützungsgruppen. Alles zusammen mehr als 7000 Marines und Seeleute.

Als der Bodenkampf dann am 24. Februar 1991 begann, rückten zwei Divisionen Marines in Richtung Norden auf Kuwait vor, während andere Einheiten des Corps draußen auf See im Persischen Golf sehr stark beschäftigt waren. Dort bedrohten die zusammengeführten 4th und 5th Marine Expeditionary Brigades mit 17 000 Soldaten an Bord von 39 amphibischen Transportern die Küste Kuwaits mit einem Angriff. Das hatte den Effekt, daß sieben komplette irakische Divisionen dort »eingefroren« werden mußten, um eine Invasion abzuwehren, die niemals stattfinden sollte. In der Zwischenzeit spielten Elemente der 4th MEB im Januar 1991 eine waghalsige Rolle bei der Befreiung der amerikanischen Botschaft in Mogadischu, Somalia, während sie gleichzeitig auf ihr Stich-

Eine AV-8B *Harrier II* des Marine Corps überfliegt während des Golfkriegs 1991 brennende Ölfelder in Kuwait. Eine zwei Divisionen starke Marine Expeditionary Force befreite den größten Teil Kuwaits, einschließlich der Hauptstadt.

OFFIZIELLES FOTO DER U.S. NAVY

wort für den Auftritt in *Desert Storm* warteten. Unter Rückgriff auf die Betankung in der Luft evakuierten sie mit CH-53Es das ganze Botschaftspersonal und weitere Zivilisten aus der kriegsgebeutelten Stadt.

Es war schon eine hektische Zeit! Aber eigentlich ist sie das auch heute noch. Seit 1991 sind die Marines überall dort hingegangen, wo amerikanische Interessen im Spiel waren – Friedenssicherung in Somalia, Katastrophenhilfe in Florida, Unruhen in Kalifornien oder die Rettung abgeschossener Piloten in Bosnien. Der Schlüssel zur Flexibilität der Marines ist ihr ausgeprägter Sinn für die von ihnen übernommenen Rollen und die ihnen übertragenen Aufgaben. Durch ein klares Erkennen dessen, wer sie sind, wo sie waren, was sie getan haben und was zu tun sie in der Zukunft in der Lage sein werden, werden die Marines Amerikas Stoßtruppe erster Wahl bleiben, eben die »Ersten am Feind«. Das ist das Ethos der Marines.

Sturm von See: Die Mission des Marine Corps

In Buch IV von Julius Caesars *Der Gallische Krieg* wird seine amphibische Invasion Britanniens mit zwei römischen Legionen aus dem Jahr 55 vor Christi Geburt beschrieben. Die dort zu findenden Details dürften jedem Marine recht bekannt vorkommen, der schon einmal unter Einsatzbedingungen an einem Strand abgesetzt wurde. Die Marines sind durchaus in der Lage, eine Vielzahl von Missionen zu erfüllen, aber der Sturm auf einen Strand von der Seeseite her ist wohl die Rolle, mit der man das Corps am stärksten identifiziert. Weitere Aufgaben der Marines sind der Wachdienst an US-Botschaften und die Sicherung von diplomatischem Personal in Übersee, der Hubschraubertransport des Präsidenten und hochrangiger Regierungsmitglieder und der Sicherheitsdienst für »spezielle« (d. h. nukleare) Waffen und ihre Depots. Marines haben sich auch bei friedenssichernden Maßnahmen in Somalia und Haiti, durch die Beilegung von Unruhen in Los Angeles, durch den Sicherheitsdienst während der Olympischen Spiele von 1984 in Los Angeles und bei der Katastrophenhilfe praktisch überall dort, wo ein Erdbeben, ein Hurrikan oder sonst eine Naturkatastrophe zugeschlagen hat, hervorgetan. Frage man doch nur einmal einen Marine persönlich um seine Meinung, was er für die Aufgabe seines Corps halte. Ich garantiere, daß er mit einem eiskalten Blick, einem Straffen der Schultern und der respektvollen Erklärung antworten wird, daß »die Marines in erster und letzter Konsequenz Schützen sind, ganz gleich, wie die Besonderheiten ihrer speziellen Aufgaben auch immer sein mögen«. Das sollte man im Hinterkopf behalten, wenn wir uns später mit den *wirklichen* Rollen und Aufgaben des Corps beschäftigen.

Sämtliche der eben aufgeführten Missionen sind ohne Zweifel wichtig, aber eine feindliche Küstenlinie zu überwinden und Gefechte zu gewinnen ist das, was die Rolle des Marine Corps in der Welt von heute definiert. Nach Ende des kalten Kriegs und von *Desert Storm* veröffentlichte die Navy ein Weißbuch mit dem Titel *From the Sea*, das die amerikanische Seemacht für das 21. Jahrhundert neu definierte. *From the Sea* und eine revidierte Fassung unter dem Titel *Forward from the Sea* waren umstritten. Die Navy war von ihrer traditionellen »Blue water«-Gefechtsrolle abgerückt[19], nachdem die Bedrohung durch die sowjetische Marine nun gegenstandslos geworden war. Ohne eine reale militärische Gefahr durch Hochseeflotten am Horizont sahen die Befehlshaber der Navy die Rollen und Aufgaben ihrer Einheiten auf See in immer stärkerem Maß an Operationen in den Litoral-, d. h. Küstengebieten der Welt gebunden. Solche Litoralzonen – speziell im Mittleren Osten, im Indischen Ozean und in Asien – dürften mit einiger Wahrscheinlichkeit die Bereiche mit dem höchsten Konfliktpotential der kommenden Jahre und Jahrzehnte sein. Der größte Teil der Zentren mit der höchsten Bevölkerungsdichte der Welt liegt hier, zusammen mit enormen Industrie-, Energie- und Mineralressourcen. Schon seit Ende des Zweiten Weltkriegs haben die meisten Operationen der U.S. Navy in Litoralgebieten, speziell im Persischen Golf, dem Golf von Tonkin und im Mittelmeer stattgefunden.

---

19 *Anmerkung des Autors:* Man beachte bitte folgende Tatsache: Der Begriff »Blue water« wird bei der Navy so verstanden, daß es sich dabei um sämtliche Operationen handelt, die sich auf, über oder unter der Oberfläche der Ozeane jenseits der Kontinentalplatte (namentlich definiert als 200 Faden, also 1200 Fuß beziehungsweise 600 m Tiefenkonturlinie) abspielen. »Blue water« kann auch als der Bereich angesehen werden, der außerhalb der Reichweite einer direkten Wirkung landegestützter feindlicher Luftmacht liegt.

Die Mentalität der Marineverbände ist so tief in der Orientierung auf Gefechte auf hoher See verwurzelt, daß einige Marinefachleute sich sogar dazu verstiegen haben, die Zuwendung der Navy auf die Küstengebiete in Frage zu stellen. Aber nichtsdestoweniger und ob man die Richtlinie in *Forward from the Sea* nun akzeptiert oder nicht, die Marines sehen sie einfach als weitere Bestätigung ihrer ureigenen Grundaufgabe als Amerikas seegestützte Angriffskraft. Jetzt, nach 220 Jahren, ist diese Mission schließlich doch noch zu einem Bestandteil der offiziellen Richtlinien bei der U.S. Navy geworden. Sie hat sogar erst kürzlich die Überprüfung eines Ausschusses des Department of Defense (DoD = Verteidigungsministerium) überstanden, der sich ausschließlich mit Rollen- und Aufgabenverteilung bei den Streitkräften befaßte. Der Ausschuß beließ die Truppenstruktur im Marine Corps nach monatelangen Prüfungen gänzlich unverändert.

Ohne Zweifel besteht die erste Aufgabe des Marine Corps auch heute noch in der Erhaltung von drei aktiven Abteilungen bei den Flugzeuggeschwadern als schnelle Eingreiftruppe zum Einsatz in Krisenherden auf der ganzen Welt. Diese Truppen können andere alliierte Kräfte unterstützen, die bereits vor Ort sind, oder eine neue Flanke von der Seeseite her öffnen. Das ist genau das, was in Korea 1950, in den 60er und 70er Jahren in Vietnam, 1990 bei *Desert Shield* und schließlich 1991 bei *Desert Storm* ablief. In allen Fällen massierten die Marines durch ihr Eintreffen die verbundenen Operationen mit der U.S. Army. Obwohl diese Missionen nicht unbedingt zu den Lieblingskindern der Führung im Hauptquartier des Marine Corps gehören, sind sie durch die Truppenreduzierungsmaßnahmen bei der Army zu einer lebenswichtigen Angelegenheit geworden. Die drei aktiven Divisionen der Marines repräsentieren heute bereits 25 Prozent der Bodenstreitkräfte der Vereinigten Staaten von Amerika. Das bedeutet, daß jeder größere Einsatz in Übersee mit einiger Wahrscheinlichkeit eines oder mehrere dieser kraftvollen Division-Air Wing Teams einschließt.

Eine weitere Aufgabe ist die Bedarfsdeckung für Einheiten der Marines ab Regimentsgröße (bis zu 15000 Marines). Marines können auf vorbeschickte Depots an Land (beispielsweise in Norwegen) zurückgreifen oder auf solche, die auf Schiffen der Maritime Prepositioned Squadrons (MPSRON) im Mittelmeer, im Hafen Agana auf Guam oder in Diego Garcia im Indischen Ozean untergebracht wurden. Diese Lagerbestände umfassen sämtliche Arten von Waffen, Ausrüstung und Versorgungsgütern, die man benötigt, um eine Einheit einen Monat lang im Feld stehen haben zu können, ohne in diesem Zeitraum Nachschub nachführen zu müssen. Der Vorteil dieses Systems liegt in der Geschwindigkeit, weil die einzige Sache, die angeliefert werden muß, die Marines selbst sind, und die kommen an Bord von Flugzeugen des Air Mobility Command (AMC), der Civil Reserve Air Fleet (CRAF) oder werden von gecharterten Maschinen zum Einsatzort gebracht.

Sobald die Marines am Schauplatz eintreffen, werden die bereits vorher von den Schiffen an Ort und Stelle gebrachten Vorräte entladen, an die Einheiten ausgegeben, und schon können diese eingesetzt werden. Das bedeutet also, daß eine gefechtsbereite Kraft Marines in einem Krisengebiet innerhalb weniger Tage den Dienst antreten kann, wie es auch während der Operation *Desert Shield* unter Beweis gestellt wurde. Das ganze Schema macht es allerdings erforderlich, daß ein befreundetes Land bereit sein muß, die Erlaubnis zur Einlagerung der vorgeschickten Versorgungsgüter auf dessen Grund und Boden zu erteilen (wie es beispielsweise bei Kuwait und Norwegen der Fall ist), oder zumindest Hafenkapazitäten für die Entladung der schweren Schiffe eines MPSRON freizusetzen. Obwohl dieses sogenannte Prepositioning Concept zwar bei allen Gelegenheiten, bei denen es bislang verwendet wurde, funktioniert hat (1990, 1994 und 1995 im Persischen Golf), gibt es keinerlei Garantie dafür, daß auch bei künftigen Konflikten, die in anderen Teilen der Welt ausbrechen, ähnlich günstig gelegene Einrichtungen verfügbar sind. Glücklicherweise sind aber die Marines und ihre Waffenbrüder von der Navy durchaus in der Lage, auch mit sich daraus ergebenden Problemen umzugehen. Dann verfallen sie einfach wieder in die traditionellen Vorgehensweisen, stürmen über den Strand und nehmen sich, was sie brauchen.

Marines sind im Grunde immer noch die altmodischen Stoßtrupps, die nach wie vor über all die Fähigkeiten verfügen, die erforderlich sind, um von See kommend bereits die ersten Gefechte eines Kriegs zu gewinnen. Trotz der massiven Kürzungen in der Struktur der Streitkräfte, die zwischen 1990 und 1995 stattfanden, büßte das Marine Corps unter dem Strich lediglich 11 Prozent seiner Gesamttruppenstärke ein. Das dürfte in erster Linie darauf zurückzuführen sein, daß seine Missionen vom Kongreß, der die Gelder kontrolliert, sehr wohl verstanden und richtig eingeschätzt werden. Große Anteile der amphibischen Fähigkeiten, die das Corps in den 80er Jahren aufgebaut hatte, wurden beibehalten, und die Möglichkeit, eine »Tür einzutreten«, gehört nach wie vor zu den Optionen der politischen Macher in den USA. Der Navy wurden ausreichende Seetransportkapazitäten bewahrt, um 1,25 Divisionen der Marines transportieren und anlanden zu können – allerdings nicht alle Mann auf einmal oder am selben Ort. Folglich ist ein erheblicher Zeitaufwand erforderlich, eine beträchtliche Landungskraft aus amphibischen Schiffen und Marines zusammenzustellen, obwohl es nach wie vor möglich ist. Um mit diesem Problem fertigzuwerden, haben Navy und Marine Corps die Strategie entwickelt, kleinere vorgeschobene Amphibious Ready Groups (ARG) in potentiellen Spannungsgebieten zu stationieren. Dadurch kann ein Landungstrupp in Bataillonsgröße (jeweils 1500 bis 2000 Marines stark) – oder sogar mehrere davon – überall auf der Welt binnen weniger Tage, eventuell sogar einiger Stunden, präsent sein.

Jedes dieser Battalion Landing Teams (BLT) bildet zusammen mit einer Hubschrauberstaffel und einer Kampfunterstützungsgruppe eine MEU(SOC). Die MEU(SOC) bedeutet für die amphibische Gefechtsführung das gleiche wie eine Aircraft Carrier Battle Group (CVBG) für die

Luftmacht in der Seekriegsführung. Sie stellt den amerikanischen Politikern eine Option zur Verfügung, mit der sie eine feindliche Küste bedrohen, ein lebenswichtiges feindliches Ziel, wie einen Hafen oder Flugplatz, erobern oder zerstören oder Angriffe und Rettungsaktionen durchführen können. Nur die Marines selbst können mit Unterstützung der Navy eine Landungstruppe monatelang vor einer feindlichen Küste praktisch »in der Schwebe halten« und dann blitzschnell zuschlagen.

Im Gegensatz zu den schwer gepanzerten Verbänden der U.S. Army sind die Marines im Grunde Infanterieformationen, deren Füße das Mobilitätsmedium sind, nachdem sie den Boden an einer Küste berührt haben. Mit persönlichen Waffen wohl ausgerüstet, neigen sie dazu, nur wenig andersgeartete Ausrüstung in der Art schwerer Artillerie und gepanzerter Fahrzeuge mitführen zu wollen. Ihr Offensivpotential und ihre Mobilität macht infolgedessen die rasche Nachführung von Artillerie, Panzern und Transportern zu ihrer Unterstützung erforderlich. Für die MEU(SOC)-Einheiten auf dem Wasser kommt eine solche Erweiterung allerdings nicht in Frage. Ihre Strategie basiert auf Heimlichkeit *(stealth)*, Beweglichkeit und Trickreichtum. Sobald sie am Ort des Geschehens eingetroffen sind, erreichen sie entweder ihr Ziel schnell und verschwinden wieder, oder sie graben sich ein. In letzterem Fall halten sie dann die Stellung, bis sie entweder durch andere – eigene oder verbündete – Kräfte abgelöst oder verstärkt werden.

Es kann durchaus sein, daß die Einheiten der Marines, nachdem sie einmal trockenen Boden unter den Füßen haben, vielleicht nicht ganz so beweglich sind wie ihre Gegenstücke von der Army. Dafür verfügen sie aber über eine Fülle von Möglichkeiten, die man bei der Army nicht hat, um einen bestimmten Küstenabschnitt zu erreichen. Sie können das entweder per Hubschrauber, mit amphibischen Panzerfahrzeugen oder mit den konventionellen und Luftkissen-Landungsfahrzeugen bewerkstelligen. Darüber hinaus kann eine MEU(SOC) auch Einheiten an Land setzen, indem sie auf sämtliche der eben genannten Möglichkeiten gleichzeitig zugreift, sollten Wetter- und Seegangsbedingungen dies zulassen. Des weiteren kann ein Feind, falls erforderlich, auch an mehreren, unter Umständen weit auseinanderliegenden Plätzen zur selben Zeit angegriffen werden. Eine derartige Operationsmobilität wirkt lähmend auf feindliche Aktivitäten und sichert den Marines nicht selten ein erhebliches Überraschungsmoment.

Marines haben ihre ganz eigene Form der *Maneuver Warfare*[20] entwickelt. Sie springen auf oder über dem Wasser auf ihr Ziel zu, um operative Beweglichkeit zu erzielen, treffen einen Feind an seinen Schwachstellen und verwirren feindliche Befehlsketten beziehungsweise bringen die Kommandostrukturen des Gegners durcheinander. Wann immer möglich, vermeiden sie Stellungsgefechte und ziehen ein Schockvorgehen vor, um den Gegner zu zwingen, entweder zu fliehen oder sich zu ergeben. Der

---

20 bewegliche Gefechtsführung

Schlüssel zu alldem liegt in einer intensiven Ausbildung und Praxis aller Marines bis hinunter auf das Niveau der Gruppe. So etwas erfordert Intelligenz und Initiative von jedem einzelnen Marine, vom kommandierenden Offizier bis hinab zum jüngsten Soldaten. Weit entfernt vom Image der »doofen Holzköpfe«, gehören die von See eingesetzten Marines der heutigen Zeit zu den intelligentesten, motiviertesten und in ihrer Einstellung positivsten jungen Menschen, die man antreffen kann. Sie müssen auch so sein, aber es laufen leider nie genug davon herum.

Die menschlichen Ressourcen sind für die Marines heutzutage recht dünn geworden. Anhand des folgenden Zahlenbeispiels kann man das vielleicht besser nachvollziehen. Zwischen Oktober 1993 und Oktober 1994 wurden die Marines unter anderem bei folgenden Gelegenheiten eingesetzt:

- **Oktober 1993** – Die 22nd MEU(SOC), die zusammen mit der USS *America* Carrier Battle Group auf der USS *Guadalcanal* operierte, wurde von der Adria, wo sie Operationen im Bereich des früheren Jugoslawien unterstützte, nach Somalia verlegt, wo sie Einheiten an Land setzte, um die Friedenssicherung zu gewährleisten und sich um die Linderung der Hungersnot zu bemühen.
- **April 1994** – Die 11th MEU(SOC) an Bord der USS *Peleliu* wurde von Operationen vor Somalia abgezogen und in küstennahe Gewässer vor Mombasa verlegt, um im Bürgerkrieg Ruandas die Hungersnot lindern zu helfen und Nichtkombattanten zu evakuieren.
- **August 1994** – Die 15th MEU(SOC) an Bord der USS *Tripoli* wird in diesem Monat im Rahmen von Unterstützungsoperationen für Mombasa zu humanitärer Hilfeleistung nach Entebbe in Uganda und nach Ruanda geschickt, um den Opfern des dortigen Bürgerkriegs zu helfen.
- **Oktober 1994** – Noch einmal die 15th MEU(SOC) von der USS *Tripoli*. Dieses Mal dampfte sie zusammen mit der USS *George Washington* Carrier Battle Group von der Adria zum Persischen Golf, um bei der Abschreckung des Irak zu helfen, der zwei Elite-Panzereinheiten der Republikanischen Garden in das Gebiet von Basra verlegt hatte.

Diese Bewegungen stellten allerdings nur knapp die Hälfte aller MEU-Einsätze in dem hier als Beispiel angeführten Zeitraum von zwölf Monaten dar. Was das heißen soll? Wenn man mit der Marineinfanterie irgendwo hingeschickt wird, hat man mehr als nur eine kleine Chance, Bekanntschaft mit irgendeiner Art von Krisensituation zu schließen. Das geht dem größten Teil der heute im Einsatz befindlichen Marines so.

Das Rüstzeug: Einheiten der Marines

Das Marine Corps ist die einzige Truppengattung des amerikanischen Militärs, dessen Größe und Struktur im United States Code (US-Gesetzbuch) ausformuliert ist, und zwar im Gesetz 416 des 82. Kongresses

(1952)²¹. In diesem Gesetz heißt es, daß das Corps aus mindestens drei Bodenkampfeinheiten in Divisionsgröße und drei Marine Air Wings (MAW) bestehen muß. Die 1st und 2nd Division haben jeweils etwa 18 000 Marines. Die 3rd Division hingegen, deren Einheiten über den Bereich zwischen Hawaii und Okinawa verteilt sind, liegt in ihrer Stärke unterhalb tausend Mann. Jedes MAW verfügt über 250 Flugzeuge (Fighter, Jagdflugzeuge, Hubschrauber usw.). Neben den reinen Gefechtsverbänden gibt es natürlich auch noch Logistik- und Kampfunterstützungseinheiten, um die Versorgung und Instandsetzung sicherzustellen. Das »Korsett« des ganzen Marine Corps wird von einem nicht unerheblichen Teil der U.S. Navy geliefert, welcher die Pflicht hat, die Marines zu transportieren und sie bei den ihnen übertragenen Aufgaben zu unterstützen.

Die Gesamtstärke der aktiven Truppe (Stand 1996) beläuft sich bei den Marines auf 174 000 Mann, die auf drei Divisionen und drei MAWs sowie verschiedene Unterstützungseinheiten verteilt sind. Zur Reserve des Marine Corps gehören noch einmal rund 108 500 Männer und Frauen, die auf Reserveeinheiten im ganzen Land verteilt sind. Diese Reserveeinheiten werden dazu verwendet, die aktiven Einheiten im Falle eines Einsatzes zu verstärken. Zu jeder Division gehört ein Artillerieregiment und zwei bis drei Regimental Landing Teams (RLT), die ihrerseits wieder in verschiedene Battalion Landing Teams (BLT) zerfallen. Jedes RLT führt normalerweise je drei BLTs in einer Stärke von tausend Mann. Also fehlen einem Divisionskommandeur bei den Marines im Vergleich zu den anderen Truppengattungen gewöhnlich ein bis zwei Bataillone. Darüber hinaus werden aber nicht selten andere Einheiten an die Marines abgestellt und deren Kommandeuren unterstellt, wenn es um die Unterstützung friedenssichernder und humanitärer Maßnahmen geht.

Deshalb ist es nicht besonders realistisch, wenn man das Corps lediglich für drei monolithische Blöcke in Divisionsgröße hält. Während *Desert Storm* stand die größte nur aus Marines bestehende Bodenkampftruppe unter Waffen, von der überhaupt vorstellbar ist, daß sie an einem einzigen Ort zusammengezogen werden könnte, und zwar waren dies die beiden Divisionen der 1st Marine Expeditionary Force (MEF) unter dem Kommando von General Walter Boomer. Zusätzlich wurde fast jede Einheit der Marines auf der ganzen Welt soweit wie irgend vertretbar »ausgehöhlt«, um die MEF im Kampf zu unterstützen. Das heißt also, falls der inzwischen verstorbene Kim Il Sung damals die Absicht gehabt hätte, Südkorea zu erobern, dann wäre seine beste Chance im Januar 1991 gewesen, denn zu diesem Zeitpunkt standen die meisten der einsatzfähigen US-Streitkräfte dem Irak gegenüber!

---

21 *Anmerkung des Autors:* Diese Festschreibung in einem Gesetz erfolgte, damit kein künftiger Präsident oder Verteidigungsminister das Corps auflösen oder per Exekutiverlaß oder Reorganisation der Regierung zu einer symbolischen Kraft verkümmern lassen konnte. Präsident Harry S. Truman war nicht gerade ein Freund des Marine Corps. Der Kongreß in diesen Jahren wiederum nicht gerade ein Freund Präsident Trumans!

Der Grundbaustein für die Operationen der Marines ist das BLT, ein Schützenbataillon in einer Stärke von etwas über 900 Mann, das es durch zugeordnete beziehungsweise unterstellte Einheiten auf eine Gesamtstärke von 1200 bis 1300 Marines bringen kann. Ein solches BLT dürfte die kleinste Einheit sein, die das Corps in ein Krisengebiet entsenden würde. Es steht unter dem Kommando eines Lieutenant Colonel. Ein aufgabenorientiertes Team, das selbst anderen Einheiten unterstellt werden oder solche unterstellt bekommen kann, sollte eine Mission dies erforderlich machen. Beispielsweise kann sich ein Basis-BLT mit drei Schützenkompanien aus Marines dadurch zusätzliche »Gefechtsmuskeln« verschaffen, indem es ein Platoon von vier M1A1 Panzern oder eine Kompanie leicht gepanzerter Radfahrzeuge, sogenannte LAVs (Light Armored Vehicles), anfordert und sich unterstellen läßt. Zu einem BLT gehört normalerweise ein Aufklärungszug und ein Scharfschützen-Platoon, um dem Kommandeur und seinem Stab nachrichtendienstliche bzw. Aufklärungsinformationen zu verschaffen. Amphibische Schlepper- (Sattelzüge/Traktoren) und Schlauchboot-Kompanien können ebenfalls unterstellt werden, was aber immer stark von der jeweiligen Aufgabenstellung abhängt, die von einem BLT zu bewältigen ist. Man neigt im Grunde dazu, die Einheiten der Marines für spezifische Einsatzprofile nach Maß zu schneidern, und so etwas ist auch durchaus möglich, da sie äußerst flexibel sind, und das nicht nur in bezug auf ihre Organisation, sondern auch auf ihre Ausrüstung.

Die Marine Air-Ground Task Force (MAGTF)

Was man auch immer einer Einheit der Marines an Aufgaben übertragen wird, sie wird grundsätzlich als Teil einer Marine Air-Ground Task Force (MAGTF) operieren. Die MAGTF ist die Grundeinheit der Marines für Eingreifeinsätze und Teil des Konzepts von Kernoperationen, nach denen das Corps inzwischen seit mehr als einem halben Jahrhundert vorgeht. Sie ist eine Kombination aus einer schweren Infanterie-Bodenkampfkomponente – praktisch alles von einem BLT bis hin zu einigen Divisionen – und unterstützender schwerer Artillerie und anderen schweren Waffen. Auf jeden Fall gehört eine Luftkomponente dazu – alles, angefangen von einer verstärkten Helicopter Squadron (in diesem Fall Hubschrauberstaffel) und Kampfflugzeugen bis hin zu einigen kompletten Marine Air Wings (MAW). Die gesamte MAGTF verfügt über Logistiktruppen und Versorgungselemente, die den Nachschub und die Instandsetzung gewährleisten. All das wird zu einem einzigen homogenen Team zusammengeschweißt und steht unter dem Kommando eines hochrangigen Offiziers der Marines, der zumindest Colonel, meist aber ein Lieutenant General sein dürfte.

MAGTFs kommen in einer Vielzahl von Formen und Größen daher. Das hängt immer davon ab, welcher Art und welchen Umfangs die Verpflichtungen sind, die der Präsident der Vereinigten Staaten von Ame-

Marines besteigen gerade einen CH-53E *Super Stallion* Hubschrauber an Bord der USS *Wasp* (LHD-1). Die Marines operieren grundsätzlich in sogenannten Marine Air-Ground Task Forces (MAGTF), üblicherweise in verbundenen Operationen mit der U.S. Navy oder anderen Truppengattungen. *JOHN D. GRESHAM*

rika eingegangen ist. Während der Anfangsphase der Operation *Desert Shield* beispielsweise, die der irakischen Invasion Kuwaits im August 1990 folgte, entsandte das Marine Corps seine 7th Marine Expeditionary Brigade (MEB) von deren Stützpunkt in Twenty-nine Palms, Kalifornien. Zur 7th MEB gehörten vier Infanteriebataillone, ein leichtes Panzergrenadierbataillon, Gefechtsunterstützungseinheiten in Brigadegröße und eine verstärkte Marine Air Group (MAG). Bereits im November hatte sich die Größe der Brigade vervierfacht und war ebenfalls dem Hauptquartier der 1st Marine Expeditionary Force (MEF) unterstellt worden. Zum Schluß stand all das dann unter der Führung dieses Hauptquartiers. Dazu gehörte die gesamte 1st Marine Division aus Camp Pendleton in Kalifornien, das 3rd Marine Air Wing aus El Toro, ebenfalls Kalifornien, die 1st Force Service Support Group (FSSG) und andere Verstärkungen, die sowohl aus den aktiven wie auch den Reserveeinheiten der Marines auf der ganzen Welt beigezogen wurden. Als der Bodenkrieg im Februar 1991 begann, traten bei der 1st MEF über 70000 Marines zum Appell an. Während des ganzen Golfkriegs waren dann die Kräfte der Marines mit sämtlichen Komponenten, die für den Kampf erforderlich sind, voll zu einer MAGTF integriert. In diesem speziellen Fall standen die Marines unter dem Oberbefehl von Lieutenant General Boomer, der seinerseits direkt General Schwarzkopf, dem Commander-in-Chief (CinC) des Central Command (CENTCOM) unterstellt war. Weitere 17000 Marines der 4th und 5th MEBs schwammen auf ihren Schiffen im Golf und wurden dem Kommando der 7. Flotte der Navy unterstellt.

Obwohl die MEFs in Divisionsgröße während der letzten fünf Jahre die meisten Schlagzeilen für das Corps gemacht haben, sind es doch die kleineren MEUs in Bataillonsstärke, die den größten Teil der alltäglichen Arbeit verrichten. Ihre hohe Beweglichkeit an Bord der Schiffe ihrer Amphibious Ready Groups (ARG) und ihre Fähigkeit, sich außerordentlich schnell auf die ihnen übertragenen Aufgaben einstellen zu können, machen sie bei den Politikern in Washington sehr beliebt. Das ist auch mit ein Grund dafür, weshalb in Zeiten massiver Haushaltskürzungen im Rüstungsbereich die Bewilligung einer siebten Einheit der *Wasp*-Klasse – ein taktisches amphibisches Vielzweck-Landungsschiff – fast ohne wahrgenommen zu werden durch den Kongreß segelte und genehmigt wurde.

Amerika braucht die Fähigkeiten der Marines und ihrer MEUs. Sie verschaffen die Zeit für ein weiteres geplantes Vorgehen und Entscheidungsfindungen, die von Luftlande-Divisionen und schweren Bomberverbänden einfach nicht freigesetzt werden kann. Marines der 24th MEU(SOC) konnten innerhalb eines Zeitraums von kaum zwanzig Minuten in Bereitschaft versetzt werden und mehr als eine Woche lang in diesem Zustand bleiben, um U.S. Air Force Captain Scott O'Grady aus Bosnien zu retten, wo er mit seiner Maschine von einer Surface-to-Air-Missile (SAM) abgeschossen worden war. Präsenz ist wichtig. Die Vorstellung von 1500 Marines, die vor der Küste sitzen und zu allem bereit sind, hat zweifellos einen sedierenden Einfluß auf die Absichten eines potentiellen Aggressors. Es läßt ihn einhalten, nachdenken und dann erst die Entscheidung: »Nun... es muß ja vielleicht nicht gerade heute sein« treffen. Es gibt wohl keinen Diktator, Kriegsherrn oder internationalen Rowdy, der sonderlich daran interessiert wäre, daß ihm 1500 schwerbewaffnete, bestens ausgebildete und vor allen Dingen ungebetene Gäste plötzlich ins Haus fallen, um seine Einstellung zu bestimmten Absichten neu zu justieren. Das ist letzten Endes der Grund, weshalb wir die Marines auf See brauchen.

In den Kapiteln, die nun folgen, werde ich versuchen, ein Gefühl für die »Schrauben und Muttern« (also die praktischen Grundlagen) einer MEU(SOC), ihre Menschen, Ausrüstung und Organisation zu vermitteln. Wir werden die Gelegenheit haben, mit dem Marine an der Spitze des Corps zu sprechen und erfahren, wie ein junger Mensch zu einem Mitglied der »Brüder und Schwestern« wird. Darüber hinaus werden wir einen Blick auf die Ausrüstung werfen können, wie sie von den Marines auf See verwendet wird, und auch einige Zeit mit einer der MEU(SOC) verbringen, die dabei mitwirkt, die Präsenz der Vereinigten Staaten von Amerika an vorderster Front aufrechtzuerhalten. Wenn wir all das hinter uns haben, glaube ich, daß man ein Gefühl dafür entwickelt hat, wie die Marines ihre lebenswichtigen Jobs erledigen und warum sie mit einigem Stolz ihr Motto »Semper Fi!« (»Allzeit treu!«) bellen können, wenn sie gefragt werden, wie die Dinge in *ihrer* Welt laufen.

Der Kriegerfürst des Corps: Interview mit General Charles Krulak

Das Marine Corps setzt ganz besonderes Vertrauen in solche Offiziere, die sich durch die Dienstränge hochgedient haben. Jeder wird mit Verantwortungsbereichen und Verpflichtungen konfrontiert, die nicht selten weit über das Maß hinausgehen, mit dem sich ihre Gegenstücke bei den anderen Truppengattungen auseinanderzusetzen haben. Alle paar Jahre übernimmt einer dieser Offiziere nach einem Leben voll des Engagements und der Verpflichtungen für das Corps und seine Menschen eine Treuhänderschaft, die sogar noch umfangreicher ist, und trägt dann einen Titel, der mit keinem irgendeines anderen Offiziers beim Militär vergleichbar ist: *Commandant*. Allein diese Bezeichnung klingt schon wie die fleischgewordene Verantwortung, und sie trifft den Nagel auf den Kopf. Die Position des Commandant of the Marine Corps wird traditionell immer an Führungspersönlichkeiten mit einzigartigen Fähigkeiten verliehen. Wenn man einmal einen näheren Blick auf die Liste derer wirft, die diese Position bereits innehatten, ist es so, als würde man einer Verkörperung von Geschichte, Zielstrebigkeit und Ethos des Corps gegenüberstehen. Es gibt Höhen und Tiefen auf dieser Liste, wie es sie in der Geschichte einer jeden großen Organisation zwangsläufig geben muß. Viele Männer, die auf dieser Liste stehen, waren nicht einmal Generäle – bis zum Ende des amerikanischen Bürgerkriegs gab es noch nicht einmal Stabsoffiziere bei den Marines. Aber jeder einzelne der Commandants spiegelte die Kultur und die Zielrichtung des Corps wider, denn es ist seine Führung, die während seiner Amtszeit und unter Umständen auch noch darüber hinaus das Schrittmaß für die Marines vorgeben soll und auch vorgibt.

Nun sollte man allerdings nicht unerwähnt lassen, daß die Marines während der vergangenen Jahre Glück gehabt haben, was das Vorhandensein einer beseelten Führung zur rechten Zeit angeht. Besonders seit Beginn der 80er Jahre hatte das Corps eine ununterbrochene Reihe wirklich großartiger Commandants. Jeder einzelne davon war mit signifikanten Gaben und Stärken gesegnet. Nacheinander machten sie das Corps zu dieser höchst einsatzbereiten und fähigen Truppe, die es heute repräsentiert. Sie übernahmen eine Truppe, die durch die Erfahrungen in Vietnam niedergeschlagen und demoralisiert war, und machten aus ihr eine Organisation, in die Amerikaner als auch gleichermaßen ihre Alliierten Vertrauen setzen und die von unseren Feinden gefürchtet wird. Der bis dato zurückgelegte Weg beginnt eigentlich in den 70er Jahren, als der 26th Commandant, General Louis H. Wilson, dem Corps klarmachte, daß es bereit sein müsse, in den Spiegel zu sehen, wenn es seine Probleme lösen wolle, die ihm der Vietnamkrieg beschert habe. Ihm folgte später General Paul X. Kelley als 28th Commandant, der während der frühen 80er Jahre die Materialbestände des Corps wieder aufbaute. General Kelley selbst war zuvor erster Kommandeur der Rapid Deployment Joint Task Force (die als Vorgänger des augenblicklichen CENTCOM angesehen werden kann), und jetzt fiel ihm die Aufgabe zu, Mittel für die Beschaffung von Ausrüstungs-, Rüstungs- und Versorgungsgütern bereitzustellen, die das Marine Corps möglicherweise brauchte, um später am Persischen Golf, in Somalia und sonstwo erfolgreich sein zu können. Sein Nachfolger im Amt wurde General Alfred M. Gray und damit 29th Commandant of the Corps. General Gray, der »Warfighter«, hatte eine Stimme wie der Geist von »Chesty« Puller (heiser und mit einem ganz eindeutigen Südstaatenakzent) und wird allzeit als der Commandant in Erinnerung bleiben, der den Begriff Kampf wieder zur Kernmission des Corps erklärte. Er verwirklichte seine Vorstellungen, indem er in seinen Richtlinien wieder stärker die Grundelemente der Gefechtsführung und die professionelle militärische Ausbildung betonte und zur Durchführung all dessen gleichzeitig ein Programm für neue Handbücher ins Leben rief. Seine weise Voraussicht wurde schon bald durch die Leistungen der Marines im Feldeinsatz bestätigt, ganz besonders in den Jahren 1990 und 1991 am Persischen Golf. Des weiteren demonstrierte er seine kreative Macht auch bei der Entwicklung und Gestaltung einer Einheit, mit der wir uns später noch näher befassen werden: der Marine Expeditionary Unit/Special Operations Capable, MEU(SOC). Im Anschluß an General Gray wurde General Carl E. Mundy junior der 30th Commandant of the Corps. Seine größten Leistungen bestanden in der Wiederbelebung der Vorrangstellung der Marines bei Operationen zusammengeführter Truppengattungen und der Sicherung einer Stärke der aktiven Einheiten des Corps von 174 000 Mann (die Gesamtzahl einschließlich Reservisten liegt bei 216 000) während der *Bottom-Up Review* von 1993, bei der, wie der Name schon andeutet, wirklich alles für diese Revision auf den Kopf gestellt wurde. Sein spezieller Erfolg in diesem Zusammenhang ist um so beeindruckender, wenn man weiß, daß sämtliche anderen Teilstreitkräfte während dieser Zeit massiver Kürzungen im Bundeshaushalt – die ja zu einer Art Kennzeichen der 90er Jahre wurden – wesentlich drastischere Einschnitte hinnehmen mußten.

Anfang 1995 neigte sich die Amtszeit General Mundys als Commandant ihrem Ende entgegen, und es gab im Corps Riesenspekulationen darüber, wer wohl sein Nachfolger werden würde. Eine ganze Reihe ausgezeichneter Anwärter bot sich an, aber ein Name wurde als Favorit gehandelt, ein Name, der mit einer Mischung aus Hoffnung und Hochachtung geflüstert wurde. Dann endlich im Februar 1995, zum fünfzigsten Jahrestag der Schlacht von Iwo Jima, kam die Ankündigung vom Weißen Haus, daß genau dieser Mann, General Charles »Chuck« Krulak, der Sohn eines der berühmtesten Marines des Corps, nominiert worden war. Jetzt hatte er einen Job, von dem einige behaupten, Krulak sei nicht nur dafür qualifiziert, sondern er sei praktisch nur dafür geboren worden. Ein Kriegerfürst

Links: General Charles Krulak, 31st Commandant of the U.S. Marine Corps
OFFIZIELLES FOTO DES U.S. MARINE CORPS

Rechts: General Krulak bei Vorbereitungen zu Übungen in Camp Lejeune, North Carolina
OFFIZIELLES FOTO DES U.S. MARINE CORPS

des Marine Corps war gekommen, um einen Posten zu übernehmen, dem schon sein Vater kaum drei Jahrzehnte zuvor so verlockend nahe gekommen war. Die Geschichte dieser beiden Männer, die außergewöhnlichste Vater-Sohn-Kombination in der Geschichte des Marine Corps, ist es wert, daß man sich etwas näher mit ihr befaßt. Deshalb werden wir genau das jetzt auch tun.

Vater und Sohn: Die Krulaks

Man schrieb das Jahr 1934, als Victor »Brute« Krulak an der Naval Academy graduierte, um ein Marine zu werden (der Spitzname »die Bestie« stammte noch aus seiner Zeit als Coxswain[22] in Annapolis), und es ist zweifelhaft, ob er damals schon geahnt hat, daß er damit den Startschuß zu einer Art Familienodyssee gab. Selbst Veteran der Vorkriegstruppe als »China Marine« und Teilnehmer am Zweiten Weltkrieg, am Koreakrieg und am Vietnamkrieg, ist er in vielfacher Hinsicht ein lebendiges Symbol für das Corps – seinem früheren Kommandeur und Mentor, dem legendären General Lemuel C. Shepherd junior nicht ganz unähnlich. Es war Brute Krulak, der die Fotos von japanischen Landungsbooten in China aufnahm und auf die Beschaffung erster US-Landungsfahrzeuge drängte, die für die amphibischen Operationen der Marines im Zweiten Weltkrieg von so entscheidender Bedeutung werden sollten. Er sollte auch persönlich die ersten amphibischen Schlepper kommandieren und einige richtungsweisende Gutachten über Taktiken und Richtlinien schreiben, die auch heute kaum an Bedeutung verloren haben. Später führte dann der ältere Krulak im Zweiten Weltkrieg die Marines bei einigen Überfällen und Angriffen auf die zahllosen Inseln, die sich in der Gewalt der Japaner

---

22 Steuermann = höchstrangiger Mann an Bord eines Schiffs, der keinen Offiziersrang bekleidet

befanden. Nach dem Krieg, als Full Colonel, nahm er Einfluß auf die Entwicklung der ersten Vertikalangriffs-Experimente unter Verwendung von Hubschraubern. Er spielte auch eine Schlüsselrolle bei der Gestaltung des Security Act von 1947, durch den das Marine Corps zu einer eigenständigen Truppengattung wurde. Darüber hinaus förderte er die Schaffung des Public Law 416 (Gesetz des öffentlichen Rechts). In diesem Gesetz wurde die Größe des Marine Corps auf mindestens drei Kampfdivisionen und drei Luftgeschwader festgeschrieben. Außerdem verschaffte es dem Commandant of the Marine Corps zumindest dann einen ebenbürtigen Status gegenüber den Mitgliedern der Joint Chiefs of Staff (Vereinigte Stabschefs), sobald es um Angelegenheiten ging, die das Marine Corps unmittelbar betrafen.

Die Laufbahn des älteren Krulak ging auch in den 60er Jahren weiter. In dieser Zeit galt er allgemein als einer der führenden Experten des Landes, was die Guerilla-Kriegsführung anging. Anfang 1964, inzwischen Major General (zwei Sterne), war er an der Planung von Überfällen beteiligt, die nach Nordvietnam hinein erfolgten, lange bevor das offizielle Engagement der USA begann. Später wurde er zum Lieutenant General befördert und bekam das Kommando über die Fleet Marine Forces, Pacific (FMFPAC), wo er während vieler dieser unglücklichen Anstrengungen in Vietnam das Kommando über die Marines vor Ort hatte. Einmal kam er auch dem Posten des Commandant of the Marine Corps ganz nahe. Aber obwohl man ihm gegenüber schon Versprechungen abgegeben hatte, wurde verwirrenderweise dann doch ein anderer Offizier der Marines ernannt. Seit dieser Zeit hat er weiter an seinem Buch über das Corps unter dem Titel *First to Fight* weitergeschrieben. Es wird schon jetzt von vielen als klassische Arbeit über die Marines und deren Gefechtsführung angesehen. Ungeachtet seiner vielen persönlichen Leistungen kann es aber durchaus sein, daß einmal die Leistungen und Errungenschaften seines Sohnes als seine große, weitreichende Spende an das Marine Corps vermerkt werden. Als Chuck Krulak zu den Marines kam, machte Brute Krulak damit der Institution ein einzigartiges Geschenk: einen Krieger, um den man sich in Zeiten der Not schart. Sprechen wir jetzt mit Chuck Krulak selbst einmal darüber:

Tom Clancy: Wann stand für Sie zum ersten Mal fest, daß Sie ein Marine werden wollten?
General Krulak: Diese Entscheidung, ein Marine zu werden, traf ich schon im Alter zwischen acht und zehn Jahren. Das war der Zeitabschnitt, als sich mein Vater in Korea befand, und die Zeit kurz nach seiner Rückkehr. Damals war er sehr stark in die Auseinandersetzungen eingebunden, die zum Ziel hatten, das Marine Corps zu retten, und die 1947 schließlich im Abänderungsantrag zum National Security Act endeten. Ich konnte einfach nicht umhin, von seinen und den Anstrengungen der anderen hochrangigen Offiziere und Politiker [die in die nachfolgenden Debatten der Legislative verstrickt waren] beeindruckt zu sein. Sie alle gingen in dieser wahnsinnig wichtigen Zeit in der

Geschichte des Marine Corps in unserem Haus aus und ein. Alle hatten sich zusammengetan, um enorme Anstrengungen zu unternehmen, deren Resultate sich im Corps von heute widerspiegeln.

Tom Clancy: Hatten Sie damals eigentlich eine Vorstellung davon, wer Ihr Vater war und welch wichtige Rolle er für die Geschichte des Marine Corps spielte?

General Krulak: Zu dieser Zeit habe ich das alles noch nicht richtig verstanden. Erst während des Gerangels um den National Security Act – während der zweiten Legislaturperiode des 82. Kongresses – wußte ich, daß er etwas wirklich Wichtiges tat. Er war selten zu Hause, und meine Mutter erzählte mir nur, daß er »wichtige Arbeit« zu erledigen hatte. Es dauerte jetzt allerdings nicht mehr lange, bis ich erkannte, wie entscheidend diese Ereignisse waren und welche Schlüsselfunktion sie für das Marine Corps besaßen.

Tom Clancy: Sprechen wir doch einmal über Ihre eigene Laufbahn. Sie begann auf der Naval Academy. In welchen Jahren waren Sie dort?

General Krulak: Von 1960 bis 1964. In meiner Klasse [64er Absolventen] waren einige ganz besondere Menschen. Der augenblickliche Commander-in-Chief des U.S. Pacific Command [Admiral Joe Preuher] war mein Klassenkamerad, genauso wie der Marineminister John Dalton und noch eine ganze Gruppe anderer Admiräle der Navy, die auch heute noch im aktiven Dienst sind. Es war also eine ganz besondere Klasse. Wenn ich *besonders* sage, so ist das in dem Sinn zu verstehen, was uns allen und den Navy-Truppen seit unserer Graduierung alles widerfahren ist.

Im Anschluß an die Graduierung auf der Naval Academy und dem Erhalt des Patents als 2nd Lieutenant ging General Krulak nach Südvietnam, um dort seinen Dienst anzutreten. Die dort gemachten Erfahrungen wurden zu einem Schlüsselmoment für den jungen Krulak, das er wohl am besten in seinen eigenen Worten beschreiben kann.

Tom Clancy: In welchen Einheiten dienten Sie in Vietnam?

General Krulak: Unmittelbar nach Beendigung der *Basic School* (Grundausbildung) kam ich als Platoon Commander (Zugführer) der Golf [G[23]] Company des 2nd Battalion der First Marines (kurz 2/1) zur 1st Marine Division. Bereits kurz nach meinem Eintreffen in Camp Pendleton brach der Krieg aus, und ich wurde mit dem 2/1 in den Einsatz geschickt. Insgesamt verbrachte ich dreizehn Monate in Vietnam und war zum Zeitpunkt meiner Rückkehr Kompaniechef der Golf Company.

Tom Clancy: Viele Menschen kamen damals mit sehr intensiven Erinnerungen aus Südostasien zurück. Galt das auch für Sie? Wie beeinflußten Ihre persönlichen Erfahrungen in Vietnam Ihre anschließenden Handlungen?

---

23 Beim Buchstabieren im internationalen Sprechfunkverkehr ist der Buchstabe »G« = »Golf«.

General Krulak: Ich glaube, das ist eine sehr entscheidende Frage, denn der damalige Krieg hatte definitiv einen sehr starken Einfluß auf die militärische Führung von heute. Ich glaube fest daran, daß wir heute über eine Gruppe von Idealisten auf der obersten Ebene der militärischen Führung verfügen – ganz gleich, ob Sie dabei an den inzwischen pensionierten Colin Powell, einen John Shalikashvili oder Tony Zinni [dem augenblicklichen Kommandeur der I MEF] denken. Ich spreche hier über die Leute, die aus diesem Krieg kamen, und ganz besonders über diejenigen, die dort mehrere Dienstzeiten absolvierten. Sie kamen mit der felsenfesten Ansicht zurück, daß es an der Zeit war, die Gründe, weshalb man in einen Krieg geschickt wird, erheblich klarer definieren zu lassen. Unmittelbar danach mußten wir mit den Nachwirkungen dieses Kriegs fertig werden. Dazu gehörten auch die Rassenprobleme und das Gerangel um die Truppenstärke, wodurch die Entscheidung für eine kontinuierliche Laufbahn beim Militär recht schwierig wurde. Für einen Offizier, der ein Platoon oder eine Kompanie in Vietnam kommandiert hatte, jetzt nach Hause kam, dort mit den institutionellen Problemen konfrontiert wurde und dennoch weiter auf der Karriereleiter aufsteigen wollte, hieß es über etliche, sehr tief verwurzelte Wertvorstellungen verfügen zu müssen. Damit war gleichzeitig auch die Verpflichtung für die nächste Zeit verbunden, daß einige Dinge in den kommenden Jahren grundlegend anders gehandhabt werden mußten. Es spielt eigentlich keine Rolle, wie man das alles zu beschreiben versucht, ich denke, daß es in jedem von uns eine Art Prüfstein gibt, auf den wir zurückgreifen, wenn die Dinge einmal kaum noch zu ertragen sind. Er hat uns geholfen, wenn wir daran zurückdachten, was in Vietnam passiert war und welche Versprechen wir uns gegeben hatten, nämlich daß wir beim nächsten Mal alles anders machen wollten. Ich kann mich entsinnen, daß wir teilweise bereits während des Kriegs klar erkannt hatten, daß man manches hätte besser machen können. Es waren für uns harte Zeiten, in denen wir nur noch Halt an unseren Gewehren und unserem Ethos fanden.

Tom Clancy: Sie leisteten zwei Dienstzeiten in Vietnam ab. Erzählen Sie uns bitte etwas darüber.

General Krulak: 1965 ging ich mit der 1st Marine Division im Rahmen der Operation Harvest Moon [eines der ersten Unternehmen der Marines in Vietnam] nach Vietnam und blieb dann auch noch das ganze Jahr 1966 dort. 1969 kam ich mit der 3rd Marine Division wieder nach Vietnam zurück und verbrachte die ganze Zeit im Nordsektor (I Corps). Während der zweiten Dienstzeit liefen dann schon die »Vietnamisierung« und einzelne Truppenabzugsphasen des Kriegs. Das alles bedeutete für mich mehr als nur eine Liste von Operationen, Daten und Orten, es bedeutete für meinen Erfahrungsschatz, daß ich durch diese Dinge als Offizier geformt wurde und vieles, was ich über das Corps und die Marines lernte, auf diese Zeit zurückgeht. Die wichtigste Lektion von allen, die ich in Vietnam lernte, war aber die, daß Marines sich um Marines kümmern. Ich sah das immer und immer wieder: junge Marines, zurück bei ihren Frauen und Kindern, die jedes erdenkliche Recht darauf hatten, die Nummer eins zu sein und ins normale Leben zurückzukehren, und dennoch wieder zurückgingen wie ein Mann, um ihr Leben erneut für ihre Kameraden von den Marines aufs Spiel zu setzen. Unabhängig davon, was im übergeordneten Sinn auch in diesem Krieg geschah, das, was ich hier an der Basis mit meinen Marines erlebte, hatte eine nachhaltige Wirkung auf mich.

Im Anschluß an den Vietnamkrieg begann für Chuck Krulak die normale Laufbahn als Offizier bei den Marines. Das bedeutet ganz einfach, daß er die unterschiedlichsten Dinge tat. Einige davon waren durchaus »normale« Jobs für einen Marine, während andere schon den Beigeschmack dessen besaßen, was man heute unter der »Joint«-Bezeichnung führt.

Tom Clancy: Wo dienten Sie nach Vietnam?
General Krulak: Ich ging als Ausbilder zurück an die Marine-Akademie und nahm dabei ein tiefes persönliches Gefühl für unser Ethos mit. Es dämmerte mir damals schon, daß diese Zeit [als Midshipman in Annapolis] eine äußerst kritische Periode im Leben eines jeden neuen Offiziers der Navy oder Marines darstellt. Das ist die Zeit, in der die jungen Leute ihre Wertvorstellungen – die mehr als alles andere bedeuten – entwickeln müssen, und so nahm ich die mir übertragene Verantwortung sehr ernst.

Von dort aus wurde ich nach Kalifornien versetzt, wo ich das Kommando über die Marine Barracks (Kasernen) der Naval Air Station [NAS] in North Island übernahm. Nach diesem Kommando ging ich zum Studium ans Army Command and General Staff College [Fort Leavenworth, Kansas]. Von dort meldete ich mich bei der 3rd Marine Division zurück und diente als Operations Officer [S-3] des 2nd Battalion des 9th Marine Regiment [2/9]. Anschließend wechselte ich zum Stab der Marines in Washington und arbeitete dort in der Personalabteilung. Dieser Tätigkeit folgte ein Studium am National War College [Fort McNair, Washington, D.C.]. Anschließend schickte man mich nach Hawaii, und ich diente dort zunächst als Planungsoffizier der Fleet Marine Forces Pacific, später als Executive Officer des 3rd Marine Regiment und schließlich als Kommandeur des 3rd Battalion der 3rd Marines [3/3]. Danach wurde ich abkommandiert, um mich mit dem Prepositioning Ship Program vom Stab der 1st Marine Expeditionary Brigade [MEB] zu befassen, und wurde schließlich Einsatzoffizier der Brigade [G-3].

Der nächste Abschnitt meiner Laufbahn führte mich zurück nach North Virginia. Dort verbrachte ich die Jahre mit den größten Herausforderungen meines Lebens als militärischer Berater von Mr. Don Latham, dem damaligen Unterstaatssekretär des Verteidigungsministeriums für C^3 I [Command, Control, Communications and Intelligence]. Ich war leitender Offizier für das Gefechtsführungssystem bei der Strategic Defense Initiative. Es war einfach unglaublich, in ein System integriert zu sein, das ohne Zweifel die Schneide des Schwerts darstellte.

Von dort führte mein Weg ins Weiße Haus. Hier erlebte ich das letzte Jahr der Präsidentschaft Ronald Reagans [1988] und das erste Jahr der Regierung Bush als stellvertretender Direktor des White House Office. Im Anschluß an meine Tour im Weißen Haus war ich stellvertretender Divisionskommandeur der 2nd Marine Division in Camp Lejeune, North Carolina. Danach übernahm ich das Kommando der 2nd Force Service Support Group.

Wie fast die Hälfte des Marine Corps fand sich auch der jüngere Krulak, inzwischen selbst General, im Herbst und Winter des Jahres 1990 und Frühjahr 1991 im Sand Saudi-Arabiens wieder. Obwohl selbst zum Marineinfanteristen ausgebildet, mußte er sich jetzt mit einer völlig anders gearteten Aufgabe auseinandersetzen – dem Dienst als Logistiker. Als Kommandeur der 2nd Force Service Support Group [FSSG] war es sein Job, mehr als 90 000 Marines, die in die Operationen *Desert Shield* und *Desert Storm* eingebunden waren, zu versorgen und zu verpflegen.

Tom Clancy: Erzählen Sie uns etwas über Ihre Arbeit während *Desert Shield* und *Desert Storm* in der Funktion als Chef der 2nd FSSG in Südwestasien.

General Krulak: Ursprünglich hatte MARCENT [Marine Component, United States Central Command] geplant, die Truppen nach dem Rotationsprinzip ins Kriegsgebiet zu schicken. Gegen diese Absicht wurde jedoch ein Veto eingelegt. Statt also die bereits am Kriegsschauplatz anwesenden Truppen auszutauschen, gingen wir hin und verstärkten sie auf etwa das Doppelte ihrer normalen (Soll-)Stärke. So traten dann die 2nd Marine Division, das 2nd Aircraft Wing und meine Kampfunterstützungsorganisation als erste Komponenten der 1st MEF [zusammengestellt aus der an der Westküste stationierten 1st Marine Division, dem 3rd Aircraft Wing und dem 1st FSSG] an. Aus den beiden Combat Service Support Groups [1st und 2nd FSSG] bildeten wir ein Direct Support Command, das die Soldaten des Marine Corps an der Front unmittelbar unterstützte, und ein General Support Command, das für den Betrieb der Häfen zuständig sein und den Transport der Versorgungsgüter ins Kampfgebiet regeln sollte. Der damals noch im Rang eines Brigadier General stehende Jim Brabham kommandierte die General Support Unit und ich die Direct Support Unit, die praktisch das 2nd FSSG war. Meine Aufgabe bestand darin, die Versorgung für zwei volle Divisionen Marines, ein massiv verstärktes Marine Aircraft Wing [das an der Westküste stationierte 3rd MAW, das durch das 2nd MAW von der Ostküste verstärkt worden war], die »Tiger«-Brigade [von der 2nd Armored (Panzer) Division] und meine eigenen Truppen vom 2nd FSSG sicherzustellen.

Nach dem Krieg wurde ich MARCENT Forward. Diese Funktion eines Kommandeurs von vorgeschobenen Elementen der Marines unter dem Befehl des CENTCOM brachte mir das Kommando über die Vorausabteilungen der Marines ein, denen CENTCOM die Verantwortung für die Organisation der Wiedereinrichtung der Maritime Prepositioning Ships übertragen hatte. Eine fast entmutigende Aufgabe, kann ich Ihnen sagen, denn wir mußten die gesamte Ausrüstung, die sich im Laufe des Kriegs über Hunderte von Quadratkilometern Wüste verteilt hatte, wieder einsammeln, zum Hafen von Al-Jubayl in Saudi-Arabien bringen und dort auf den wartenden Schiffen verstauen.

Tom Clancy: Die meiste Zeit Ihrer Laufbahn waren Sie Offizier bei der Infanterie. Können Sie uns Ihre Gedanken über die Auswirkungen darlegen, welche die Logistik auf den Erfolg eines Kriegs hat?

General Krulak: Ich gewann den Eindruck, daß der Erfolg der Marines in Südwestasien als ein Sieg in die Geschichte eingehen wird, der sein Fundament in der Logistik hatte. Ich weiß, das sind ganz schön harte Worte für einen Karriereoffizier von der Infanterie. Aber bereits vom ersten Tag von *Desert Shield* an war alles eine Operation, die sich außerordentlich stark auf die Logistik stützte. Gerade einmal fünf Tage, nachdem die Invasion Kuwaits durch den Irak gelaufen war, beorderte man das fünf Schiffe starke Maritime Prepositioning Squadron [MPSRON] 2 nach Saudi-Arabien. Schon am nächsten Tag wurden weitere drei Schiffe vom MPSRON 3 in die Region befohlen. Vom Augenblick des ersten Einsatzbefehls am 7. August bis zur letzten Entladung von Schiffen, die am 7. September stattfand, schafften die MPSRONs Versorgungsgüter, Ausrüstungsgegenstände und Verpflegung für über 53000 Marines und Seeleute heran, die für einen Zeitraum von dreißig Tagen ausreichen mußten. Dabei wurde nicht nur unter Beweis gestellt, daß es einen echten Bedarf für die MPS gab, sondern gleichzeitig auch der Grundstein für den unglaublichen Logistikaufwand gelegt, der in der Zeit darauf folgte.

Betrachtet man den Bodenkrieg isoliert, kann man eine Menge über das Räumen von Minenfeldern und die »linken Haken«, die während des Kriegs geschlagen wurden, zu lesen und zu hören bekommen. Aber die Marines darauf vorzubereiten, diesen Angriff mit Aussicht auf Erfolg zu schaffen, war ein logistischer Albtraum. Der einzige Grund, weshalb dem logistischen Teil des Kriegs nicht die Anerkennung zuteil wurde, die ihm eigentlich zugestanden hätte, dürfte darin zu finden sein, daß der Bodenkampf als Ganzes so außerordentlich erfolgreich war. Die Schwierigkeiten, die in der Versorgung und Unterhaltung einer derart großen Streitkraft stecken, sind unglaublich, standen aber eigentlich nie wirklich in Frage, weil der Krieg so schnell vorüber war. Dadurch blieben Anschlußprobleme des Nachschubs außen vor. Hätte der Krieg länger gedauert, hätte die Angelegenheit wahrscheinlich ganz anders ausgesehen. Die Lektionen, die wir damals lernten, waren ebenso zahlreich wie vielfältig. Wir brauchten täglich allein rund 2000 Tonnen Munition, nur um MARCENT während des Bodenkampfes ausreichend versorgen zu können.

Für mich hat der Golfkrieg ganz klar die Richtigkeit der Maxime: »Amateure studieren Taktiken, Profis die Logistik« unter Beweis gestellt. Das gehört zu denen großartigen Dingen bei der MAGTF: Sie verfügt über eigenständige logistische und taktische Kapazitäten. Sie können absolut alles auf Abruf bekommen. Ob Sie jetzt eine komplette MEF [eine Marine Division / Aircraft Wing / FSSG] oder eine MEU(SOC) anfordern, diese Einheiten verfügen auf jeden Fall schon einmal über eigene Versorgungsstützpunkte, die nicht im Laufe von Operationen einfach leergesaugt werden. Sie nehmen das, was sie brauchen, mit, so daß Einsätze über eine bestimmte Zeit relativ problemlos durchgestanden werden können [normalerweise 15 bis 30 Tage], ohne daß die Anforderung von Nachschub oder Verstärkung eine gewisse Dringlichkeit bekommt. So sieht der »Expeditionsteil« des Marine Corps heute aus. Wir verfügen über Ressourcen auf See, die sich an Bord der amphibischen Schiffe und Schiffen der MPS-Flotte befinden, und können auf diese Weise Truppen an Land versorgen, ohne irgend jemanden erst um die Erlaubnis, Truppen anlanden zu dürfen, bitten zu müssen.

Nach seiner Rückkehr aus dem Krieg wartete auf Brigadier General Krulak noch eine Pflicht, die ebenso schmerzlich wie wichtig war: der Truppenabbau und die Neustrukturierung des Marine Corps, die der Situation in einer Welt nach dem kalten Krieg gerecht wurde. Im Rahmen des sogenannten *Base Force*-Konzepts wurden bei sämtlichen Teilstreitkräften die Truppenstärken exzessiv reduziert, Einheiten aufgelöst und Kapazitäten eliminiert. General Krulaks Aufgabe bestand nun darin, die Bemühungen für die Umsetzung dieser Vorgaben für das Marine Corps so zu koordinieren und zu leiten, daß es dabei zu keinem Zeitpunkt in Gefahr geriet, zerstört oder in seinen lebenswichtigen Fähigkeiten beschnitten zu werden.

Tom Clancy: Was geschah, als Sie aus dem Golfkrieg nach Hause kamen?
General Krulak: Als General Mundy das Amt des 30th Commandant übernahm, machte er mich zum Leiter der Personal Management Division (Personalamt) beim Stab in Washington. Ich übernahm diesen Posten allerdings erst offiziell, nachdem er eine Besprechung mit all seinen »Dreisternen« [Lieutenant Generals] außerhalb des Stützpunkts abgehalten hatte. Die Besprechung führte unter anderem zu der Entscheidung, eine Force Structure Planning Group [FSPG] zu bilden, die den eigentlichen Plan für die Reduzierung des Corps auf die bewilligte Stärke [Base Force] von 159 000 Mann entwickeln sollte. Im Grunde hieß das für uns, das bestehende alte Corps zu nehmen und daraus ein völlig neues Corps aufzubauen. Also hatte die Studiengruppe das ganze Jahr damit zu tun, dieses Thema auszuarbeiten. Als alles soweit stand, zogen wir aus, um unter der Leitung von General Mundy mitsamt seinem ganzen persönlichen Einsatz unseren Plan dem Kongreß und den restlichen Teilstreitkräften schmackhaft zu machen. Das Kernproblem bestand in erster Linie darin, daß der Force Structure Planning Group [FSPG] bei einem Blick auf die nationale Militärstrategie und die damit

verbundene Rolle des Marine Corps sehr schnell klar geworden war, daß keine Chance bestand, die Bedürfnisse der Nation mit einer Truppenstärke von 159 000 Marines erfüllen zu können. Unsere Arbeit führte vielmehr zu dem Resultat, daß der tatsächliche Bedarf bei 177 000 Mann lag, wovon 174 000 Marines aktiven Dienst versehen sollten. Diese Zahl wurde dann auch durch die »Bottom-up«-Revision des Verteidigungsministeriums bestätigt.

Im Oktober 1992 wurde ich dann zum Lieutenant General befördert und nach Quantico versetzt, um die Leitung des Marine Corps Combat Development Command (CDC) zu übernehmen. Ich hatte dieses Kommando, das sich mit der Formalisierung und Einführung neu entwickelter Techniken der Gefechtsführung beim Marine Corps beschäftigte, zwei Jahre inne. Dieser Gefechtsentwicklungsprozeß war das Geisteskind von General Gray. Von dort aus ging ich zurück nach Hawaii und übernahm genau das Kommando, das mein Vater als letztes innegehabt hatte, die Marine Force Pacific.

Den Fußstapfen seines Vaters folgen und die Einheiten der Marines im Pazifik kommandieren zu dürfen war für Chuck Krulak eine große Ehre. Aber es sollte, wie wir bald hören werden, noch einiges mehr auf den jungen Dreisterne-General zukommen.

Tom Clancy: Was ging Ihnen durch den Kopf, als Sie erfuhren, daß man über Sie als den 31st Commandant of the Marine Corps nachdachte?
General Krulak: Mein erster Gedanke war: »Tauge ich denn überhaupt für diesen Job?« Ich fragte mich, ob ich auch wirklich der richtige Mann für diese Aufgabe wäre, weil doch so viele hervorragende Männer mit im Rennen waren. General Mundy und [Marine-]Minister Dalton interviewten jeden Drei- und Viersterne-General im Marine Corps, und jeder einzelne war qualifiziert genug, das Corps zu führen. Wir haben ausgezeichnete Generäle, und Minister Dalton stellte sicher, daß jeder seinen Auftritt vor dem Ausschuß bekam. Sein persönlicher Einsatz während des gesamten Ablaufs war in der Geschichte der Marineminister ohnegleichen. Mein zweiter Gedanke galt meiner Frau Zandi und den Belastungen, denen sie ausgesetzt sein würde. Mein dritter Gedanke ging schließlich dahin, daß ich eigentlich schon eine phantastische Aufgabe als kommandierender General der Marine Forces Pacific hatte. Aber was immer auch geschehen mochte, ich würde mich auch weiterhin allen Herausforderungen stellen.
Tom Clancy: Haben Sie in dieser Zeit irgendwann einmal darüber nachgedacht, wie nahe Ihr eigener Vater daran war, selbst zum Commandant of the Marine Corps ernannt zu werden?
General Krulak: Nein. Obwohl es ihm wahrscheinlich im Kopf herumgegangen sein dürfte, denn schließlich ist es eine Tatsache, daß er einer Ernennung näher war, als die meisten Marines überhaupt wußten. Tatsächlich hatte man ihm damals nämlich bereits mitgeteilt, daß er den Job hatte, und dann hat er ihn doch nicht bekommen. Was lag näher, als

daß er jetzt Gedanken hegte, daß es vielleicht eine geschichtliche Neuauflage geben könnte, aber ich beruhigte ihn und sagte: »Hör auf, dir Gedanken darüber zu machen, denn *ich* mache mir deswegen keine Sorgen.« Für mich war das alles überhaupt kein Problem. Ich war nicht scharf auf den Job. Meiner Ansicht nach ist das letzte, was man sich in einer Organisation mit einem derart tief verwurzelten Ethos wünscht, einer, der alles daransetzt oder sich in Positur wirft, nur um Commandant zu werden. Das ist eine Frage der Persönlichkeit, und darauf aus zu sein ist sicherlich eine falsche Motivation. Diese Aufgabe ist so hart, so anspruchsvoll, daß jeder Kommandeur bei der Truppe, der sich nicht dafür entscheidet, es allein aus dem einen Grund zu tun, nämlich dem, den wir als »das Richtige tun« bezeichnen, vom gleichen Augenblick an ein echtes Problem in diesem Job haben wird.

Tom Clancy: Der Tag kam, und Sie erfuhren, daß Sie als 31st Commandant of the Marine Corps nominiert waren. Wie fühlten Sie sich?

General Krulak: Eine phänomenale Erfahrung. Die Nachricht erreichte mich, als ich in einem Flugzeug saß, das 5000 Meter über dem Suribachi auf Iwo Jima seine Kreise zog. General Mundy, seine Frau, meine Frau und ich waren gerade auf dem Weg, an den Feierlichkeiten zum fünfzigsten Jahrestag der Invasion der Insel teilzunehmen. Ein Funker reichte General Mundy ein kleines gelbes Formblatt, auf dem Nachrichten notiert werden. Er warf einen Blick darauf und zog anschließend meine Frau zu sich hinüber, damit sie auch einen Blick darauf werfen konnte. Sie blickte auf das Papier und schrie auf. Dann reichte er es mir herüber und sagte: »Der Präsident der Vereinigten Staaten von Amerika hat heute deine Nominierung als 31st Commandant of the Marine Corps unterzeichnet und an den Kongreß weitergeleitet.« Es war ein schier unglaubliches Gefühl. Ich durchlebte jede Art von Empfindung, die Sie sich vorstellen können. Im Klartext: von einem Hochgefühl über: »Mein Gott, was läuft hier eigentlich?«, dann eine Art von Erleichterung und schließlich sogar Angst.

Die eigentliche Ankündigung war aber dann absolut unvergeßlich. Wir waren auf dem Gipfel des Suribachi – und damit praktisch auf der Spitze einiger der ruhmvollsten Seiten in der Geschichte des Marine Corps –, als Minister Dalton den versammelten Würdenträgern, von denen nicht wenige noch zu den Überlebenden des großen Kampfes zählten, der damals hier stattgefunden hatte, nun offiziell meine Ernennung verkündete. Der Secretary of the Navy erzählte mir, daß meine Ernennung zum Commandant an exakt derselben Stelle stattfinde, wo fünfzig Jahre zuvor der damalige Marineminister James Forrestal zu General Holland M. »Howlin' Mad« Smith im Angesicht des aufgerichteten Flaggenmastes mit dem Sternenbanner sagte: »Das Hissen dieser Flagge bedeutet, daß es das Marine Corps für die nächsten 500 Jahre geben wird.«

Ich wurde vom Gefühl überwältigt. Es gibt hier nämlich auch noch einen familiären Zusammenhang: Holland M. Smith war *mein* Patenonkel. Jetzt, ein halbes Jahrhundert später, stehe ich auf dem selben

Flecken Erde, auf dem mein Patenonkel damals gestanden hatte, und Minister Dalton teilt dem Patensohn dieses Mannes mit, daß er der Commandant sein wird, der das Marine Corps ins 21. Jahrhundert führt. Es war schon ein sehr gefühlsgeladener Augenblick. Ich mußte sofort an meinen Vater denken. Er und meine Mutter waren wahnsinnig aufgeregt und glücklich und freuten sich für mich. Ich hatte fast den Eindruck, daß es ihnen noch mehr bedeutete als mir.

Tom Clancy: Haben Sie eine Vorstellung davon, was die Tatsache, daß man Sie zum Commandant gemacht hatte, für die Marines im Corps bedeutet hat?

General Krulak: Nein. Ich habe oft genug betont, daß man praktisch jeden aus einer ganzen Reihe von Offizieren hätte nehmen können, die über die Fähigkeiten verfügen, diesen Job zu übernehmen. Es gab jede Menge großartiger Generäle, die es auch hätten machen können. Ich persönlich tendiere nämlich zu der Ansicht, daß ein Kommando den Offizier prägt und nicht umgekehrt.

Tom Clancy: Während der 80er und 90er Jahre konnte man den Eindruck gewinnen, daß das Marine Corps mit einer ganzen Serie wirklich hervorragender Commandants gesegnet war. Können Sie uns Ihre persönlichen Gedanken zu einigen von ihnen darlegen?

General Krulak: Eigentlich müssen Sie sogar noch weiter, nämlich bis in die 70er Jahre, zurückgehen, wenn Sie über großartige Commandants reden. Genaugenommen war es eigentlich in dieser Zeit, daß wir damit begannen, Vorgehensweisen umzusetzen, die uns die qualitative Stärke gaben, mit all der Ausrüstung umzugehen und die Operationen durchzuführen, die uns in den 80er Jahren so erfolgreich werden ließen.

General Louis H. Wilson [26th Commandant of the Marine Corps]

General Wilson übernahm ein Corps, das von Personalproblemen gebeutelt wurde, die im Zusammenhang mit der Ära nach dem Vietnamkrieg standen [Rassenspannungen, ein hoher Prozentsatz an Desertionen und Disziplinarstrafen, Rekrutierungsprobleme usw.], und nahm diese Aufgaben mit der gleichen Wildheit in Angriff, die er auch schon im Kampf unter Beweis gestellt hatte. Er war es, der im wahrsten Sinne des Wortes einen Gezeitenwechsel in der Stärke des Corps herbeiführte. Er war so fest entschlossen, die Qualität des Personals im Corps zu verbessern, daß er feierlich versprach, er selbst werde bis an den Punkt gehen, wo »nur noch zwei Marines da sind, wenn die genau so sind, daß sie unseren Wünschen und Vorstellungen entsprechen«. Ich nenne das gern die »Wilson-Doktrin«, denn mit ihr begann die Revolution, die letzten Endes dafür verantwortlich zeichnet, daß genau die Qualität von Marines verwirklicht wurde, die wir heute im Corps haben.

General Robert H. Barrow [27th Commandant of the Marine Corps]

General Barrow machte auf der Basis der Personalplanungsinitiativen General Wilsons weiter. Er fuhr fort, die Qualitätsschrauben noch weiter anzuziehen. Das führte dazu, daß bereits 1983 mehr als 90 Prozent der

Rekruten Highschool-Absolventen waren. Außerdem startete er seine ganz persönliche »Anti-Drogen-Kampagne« und legte Vorgehensweisen fest, die der Toleranz, die im Corps gegenüber Problemalkoholikern bestand, ein Ende setzte. Der Prozentsatz bei der mißbräuchlichen Verwendung von Drogen und Alkohol ging von 48 Prozent im Jahr 1980 auf weniger als 10 Prozent im Jahr 1985 zurück. Dadurch stand das Corps im Ruf, eine Institution zu sein, die sich aus den besten Männern und Frauen zusammensetzte, die unser Land zu bieten habe.

General Paul X. Kelley [28th Commandant of the Marine Corps]
General Kelleys Vorstellungen davon, welche Art von Ausrüstung wir brauchten, und seine Bereitschaft, mit Zähnen und Klauen für die Sicherung eines Budgets zu kämpfen, das eine Modernisierung des Corps ermöglichte, sind sein Vermächtnis. Wir reden oft über das kämpferische Ethos, mit dem wir in Südwestasien in die Wüste gezogen sind, sollten dabei aber nicht vergessen, daß er der Commandant war, der uns die Qualität und die Geräte verschaffte, die es uns erst ermöglichten, auf einem Gefechtsfeld zu kämpfen und auch zu gewinnen. General Kelley ist eine Art unbesungener Held des Corps. Verrückterweise besteht rund fünfzehn Jahre danach eine meiner größten Herausforderungen ausgerechnet in der Modernisierung dieser Ausrüstung, aber es ist eine Ausrüstung, für die er während seiner Amtszeit als Commandant erst einmal hat hart kämpfen müssen, und nun besteht *meine* Aufgabe darin, um ihre anstehende Modernisierung zu kämpfen.

General Alfred M. Gray [29th Commandant of the Marine Corps]
General Gray etablierte im Marine Corps eine brillante Denkweise, die es möglich machte, auch über den Zaun des gegenwärtigen Moments hinauszusehen. Er erkannte, daß es notwendig geworden war, unsere Art zu denken, zu trainieren und auszubilden, »auf Vordermann« zu bringen. Er verfeinerte unsere Vorstellungen der *Maneuver Warfare*, wodurch wir damals, als wir in die Operationen *Desert Shield* und *Desert Storm* zogen, die Minenfelder nicht mehr als unüberwindliche Hindernisse ansahen. Wir suchten nur nach Lücken, räumten, wo notwendig, und rückten weiter vor. Er war es, der uns die Richtlinien verschaffte, nach denen wir diese Aufgaben erledigen konnten, und seitdem auch noch einige Aufgaben mehr. Ein ganz, ganz großer Mann und ein wirklichkeitsverbundener Denker. Jeder, der ihn kennenlernte, sah in ihm einen rauhen, unbeugsamen Haudegen; in Wirklichkeit war er – und ist er – biegsam wie eine Gerte.

General Carl E. Mundy [30th Commandant of the Marine Corps]
General Mundy war ein freundlicher, wunderbarer Mann, der aber ganz genau wußte, wie man kämpft. Einige Leuten hatten Zweifel, ob er es schaffen würde, das Überleben des Corps in der Ära der Reduzierungsmaßnahmen nach dem kalten Krieg zu verteidigen und zu sichern. Er erwies sich dabei als wahre Bulldogge. Seine Führungsqualitäten im

Kampf um die endgültige Truppenstärke von 174000 Marines war schon außergewöhnlich. Man wird General Mundy ganz sicher als einen Mann mit großem moralischem Mut und tiefer Zuneigung zum Corps, gepaart mit inniger Liebe für sein Land, in Erinnerung behalten. Er artikulierte das Ethos unseres Corps ebenso verständlich wie jeder andere Commandant. General Mundy und seine Frau Linda machten deutlich, daß für das Marine Corps der Begriff Familie mehr als nur ein Wort bedeutet und was es heißt, daß Marines sich umeinander kümmern.

Als General Krulak Mitte 1995 das Kommando übernahm, erbte er ein Marine Corps, dessen Stärke in den meisten Bereichen gesichert war, das sich jedoch einer Menge neuer Herausforderungen gegenübergestellt sah: veraltete Ausrüstung, Personaldebatten und grundlegende Fragen über die Rolle des Corps auf dem Weg ins 21. Jahrhundert. Er packte den Stier bei den Hörnern, übernahm die Führung und setzte sofort seine ganze Kraft dafür ein, seine einzigartigen Vorstellungen über die Struktur der Marines zu verwirklichen. Er veröffentlichte seine inzwischen berühmt gewordene *Commandant's Planning Guidance* (Planungsleitlinie des Commandant), damit sich alle Marines darüber im klaren sein konnten, was sich ihr neuer Boss für sie ausgedacht hatte. Außerdem öffnete er neue Kanäle für eine direkte Kommunikation zur Darlegung von Ideen, einschließlich eines direkten Zugangs zu ihm per Internet. Wir wollen direkt aus seinem Mund etwas mehr über seine Gedanken erfahren.

Tom Clancy: Was waren Ihre persönlichen Ideen in den ersten Tagen (Sommer und Herbst 1995) Ihrer Amtszeit als Commandant?
General Krulak: Ich hatte das ziemlich sichere Gefühl, daß ich etwa ein Jahr vom Beginn meiner Amtszeit als Commandant an gerechnet, zur Verfügung hatte, um Kurs und Geschwindigkeit für all das vorzugeben,

General Charles »Chuck« Krulak *(rechts)* mit dem Autor während eines Besuchs im Büro des Kommandanten im Pentagon

JOHN D. GRESHAM

von dem ich der Ansicht war, daß es zur Erledigung anstand. Die nachfolgenden drei Jahre wären dann dazu da, es durchzuziehen. Inzwischen haben wir etliche vorrangige Projekte und Initiativen auf den Weg und auch die nötige Bewegung hineingebracht. Während der kommenden drei Jahre werden wir weiterhin damit beschäftigt sein, bei den Dingen, die wir für wichtig halten, Kurs- und Tempokorrekturen durchzuführen. Ich habe mich darum bemüht, uns mit einigen klar umrissenen, definitiven Zielen in Bewegung zu bringen und dabei sicherzustellen, daß jeder, der in unsere Pläne eingebunden ist, von vornherein genau wußte, auf was er vorbereitet sein mußte, um dann davon ausgehend aktiv werden zu können. Das ist praktisch genau das, was ich auch im *Commandant's Planning Guidance* niedergelegt habe: jeden einzelnen wissen zu lassen, was meine Ideen waren und sind, dann an Bord zu kommen und die Verantwortung mitzutragen!

Tom Clancy: Okay. Sprechen wir jetzt einmal über einige der Dinge, an denen Sie innerhalb des Corps arbeiten. Zunächst einmal hätten wir gern Ihre Ansicht über den Stand der Truppe gehört, die Sie übernommen haben. Im Augenblick beläuft sich die endgültige Stärke auf 174 000 Mann im aktiven Dienst. Werden Sie in der Lage sein, das beizubehalten?

General Krulak: Nun, ich glaube, daß sie [die endgültige Stärke des Marine Corps] schon sehr bald unter Beschuß geraten wird. Eigentlich ist sie es schon. Die Regierung [von Präsident Bill Clinton] ist an die Truppenstärkenvorgaben gebunden, die 1993 durch die *Bottom-Up Review* festgelegt wurden. Unsere größten Schwierigkeiten im Haushalt haben wir aber mit dem Verteidigungsministerium. Ein Teil dieses Problems liegt sicherlich darin begründet, daß das DoD über mehr Infrastruktur [Stützpunkte und Basen] verfügt, als es Geld zu deren Unterhaltung hat. Ich befürchte, daß man von dort einigen Druck machen wird, alle Teilstreitkräfte zu reduzieren, und zwar sowohl, was den Abbau von Personal, als auch was den der Infrastruktur angeht, um auf diese Weise Geld für die Modernisierung des Militärs freizusetzen. Für das Land würde ein Abbau des Marine Corps einen sehr schweren Fehler darstellen. Das Marine Corps war zu keiner Zeit eine Kraft des kalten Kriegs. Unsere Aufgabe erfuhr mit dem Ende des kalten Kriegs dementsprechend auch keine grundlegende Änderung. Also gibt es logischerweise auch keinen Grund für weitergehende und tiefgreifende Änderungen im Marine Corps. Das gilt grundsätzlich auch für alles andere, was mit dem Niedergang der Sowjetunion zusammenhängt. Womit wir unser Land, genau wie die anderen Teilstreitkräfte, die auf die Gegebenheiten der Zeit nach dem kalten Krieg angepaßt wurden, unterstützen können, ist, eine »Risikoausgleichs«-Kraft zu sein. Wir verschaffen unserem Land die Möglichkeit, Risiken einzugehen – wodurch wiederum die Möglichkeit besteht, den Rest der militärischen Kräfte rasch abzubauen und dennoch gleichzeitig über eine Organisation zu verfügen, die zu schnellen Reaktionen fähig ist. Wir sind immer dann am meisten bereit, wenn es das Land am wenigsten ist. Man geht ganz einfach nicht hin und baut die einzige Kraft ab, die diesem Land die Fähigkeit zu einer Reaktion verschafft, während zur selben Zeit Risiken eingegangen werden, die mit dem schnellen Truppenabbau nach dem kalten Krieg einhergehen.

Tom Clancy: Meines Wissens hat es einige Neidreaktionen bei den anderen Teilstreitkräften darüber gegeben, daß Sie so erfolgreich einen relativ hohen Prozentsatz der Truppenstärke auch noch nach dem Ende des kalten Kriegs verteidigen konnten. Würden Sie uns bitte Ihre Erkenntnisse darlegen, was es mit dem Abbauprozeß in Relation zum Marine Corps auf sich hat?

General Krulak: Was General Mundy und das Marine Corps völlig richtig gemacht haben, ist die *Force Structure Planning Group* zu schaffen, über die ich schon vorhin gesprochen habe, und einen Plan zu entwerfen, der auch wirklich Sinn machte. Es war schon eine wahnsinnig harte Anstrengung, die nationale militärische Strategie zu analysieren und dann unsere Kapazitäten mit dieser Strategie in Einklang zu bringen. Das Resultat dieser Bemühungen bestand in der Erkenntnis, daß der Bedarf für ein Marine Corps in einer Gesamtstärke von 177 000 Mann im aktiven Dienst bestand, von denen wir dann effektiv 174 000 bewilligt bekamen. Wenn die Leute jetzt behaupten, daß wir unsere Stärke nicht beschnitten bekamen, haben sie einfach die Fakten außer acht gelassen. Sie haben dabei dann völlig übersehen, daß wir von 198 000 aktiven Marines auf 174 000 reduziert haben. Wir beschnitten unsere Panzerkapazität um 50 Prozent und unsere Kampfflugzeugstärke um 33 Prozent. Wir verloren rund ein Drittel unserer Artillerie und bei den Gefechts-Unterstützungs-Einheiten auch noch sechs unserer Marine Expeditionary Brigade Headquarters-(Stabs-)Einheiten.

Was wirklich nicht ganz ungefährlich ist, ist die Tatsache, daß die meisten Kürzungen im Bereich unserer »Muskeln« – unserer Kampfkraft – stattfanden, denn als Truppe sind wir auch so bereits von ziemlich magerer Statur. Als wir unseren Bedarf auf 177 000 Mann festlegten, handelte es sich dabei um harte Zahlen ohne irgendein Polster, die wir dann trotzdem noch einmal herabsetzen mußten. Jetzt haben Sie den Punkt, weshalb ich fest entschlossen bin, unsere endgültige Stärke auf jeden Fall bei 174 000 zu halten. Indem ich das sage, bedeutet es allerdings nicht, daß ich an dieser Zahl festklebe, denn unsere heutige Herausforderung besteht darin zu bestimmen, was wir brauchen, um die Gefechte des 21. Jahrhunderts führen und auch gewinnen zu können. Das ist mein eigentliches und großes Problem: ins 21. Jahrhundert zu kommen und den besten Nutzen aus der uns zur Verfügung stehenden Technik und dem Personalstamm herauszuholen und dabei gleichzeitig der Nation das zu geben, was sie jeweils braucht.

Eine der größten Herausforderungen, denen sich General Krulak zur Zeit stellen muß, ist es, den Zufluß neuer Rekruten zum Marine Corps aufrechtzuerhalten. Die Kombination aus dem Interesse der Öffentlichkeit an den Truppenreduzierungen beim Militär und den nur noch eingeschränkt verfügbaren Mitteln für die Rekrutierung hat diese Aufgabe immer schwieriger gemacht. Hören wir einmal, welche Gedanken der Commandant sich über dieses gravierende Problem gemacht hat.

Tom Clancy: Könnten Sie uns bitte ein wenig über das Rohmaterial des Marine Corps – seine Rekruten –, die Rekrutierungsbeauftragten und den Rekrutierungsprozeß selbst sagen? Was denken Sie über die Rekrutierungsprobleme, mit denen sich das Corps zwangsläufig herumschlagen muß, wenn Sie auch weiterhin nur auf wirklich qualifizierte Männer und Frauen zurückgreifen wollen?

General Krulak: Zunächst einmal sollten Sie wissen, daß meine Hochachtung und Zuneigung für die Rekrutierungsbeauftragten praktisch grenzenlos ist. Als ehemaliger Leiter der *Personnel Management and Personnel Procurement Division* (Personalführungs- und Personalbeschaffungsabteilung) im Stab des Marine Corps gehörte auch die Rekrutierung zu meinem Verantwortungsbereich. Also habe ich aus dieser Zeit noch ein recht gutes Gespür für den Rekrutierungsprozeß als solchen. Wir haben phantastische Rekrutierungsbeauftragte, und sie leisten hervorragende Arbeit.

Aber nichtsdestoweniger haben wir auch einen Haufen Probleme. Da wäre zunächst einmal die Tatsache, daß noch lange nicht alle Amerikaner wissen, daß wir ständig neue Leute anwerben. Sie sehen nur die Truppenreduzierungen, lesen etwas über Einschränkungen bei den Rüstungsausgaben und fragen sich, weshalb sie ihren Söhnen oder Töchtern erlauben sollten, dem Corps beizutreten. Sie sehen auf Dauer kaum irgendwelche Karrieremöglichkeiten im heutigen Militärdienst. Durch die verschiedensten Umfragen über die Einstellung der Jugend wissen wir, daß die jungen Amerikaner einfach nicht wissen, daß wir neue Leute einstellen.

Also besteht eine meiner vordringlichsten Aufgaben darin, unsere Werbekampagnen für die Rekrutierung zu verstärken. Das verschlingt eine Menge Geld. Gleichzeitig müssen wir aber auch unsere Zielgruppe mit unserer Botschaft erreichen. Diese Botschaft ist Bestandteil unserer neuen Werbung unter dem Titel *Transformation* (Verwandlung).

Transformation symbolisiert genau das, was das Marine Corps für unser Land leistet: Wir nehmen die Jugend Amerikas, also das, was Sie als »Rohmaterial« bezeichnet haben, und verwandeln sie in Marines. Wir impfen ihnen unsere elementaren Wertvorstellungen ein: Ehre, Mut und Engagement. Wir bringen ihnen bei, die Führer des Corps von morgen und die Führer ihres Landes von übermorgen zu sein. Wir wissen sehr wohl, daß wir heute eine ganz andere Art von Amerikanern anwerben. Sie kommen aus anderen Gesellschaftsschichten und haben andersgeartete Wertvorstellungen als die, welche bislang als Kennzeichen des Wertsystems im Corps galten. Wir verwandeln sie, und diese Verwandlung ist von immerwährender Dauer. Das ist sehr wichtig für unser Land und die Jugend unseres Landes. Die jungen Leute müssen allerdings begreifen, daß wir das für sie tun, und genau das ist der Punkt, an dem die Werbung ins Spiel kommt.

Ich bin nicht bereit, die Qualität der Quantität zu opfern, und ich glaube fest daran, daß die »Wilson-Doktrin« der richtige erste Schritt in diese Richtung war. Ähnlich wie General Wilson, so sind auch wir willens, die reinen Zahlen zu opfern, um das Beste aus unserer Jugend zu machen. Anschließend werden wir sie für alle Zeiten verwandeln ... in Marines und, was weit wichtiger ist, produktive Bürger unserer großen Nation.

Tom Clancy: Nun zu einer anderen Personalangelegenheit. Können Sie uns ein wenig darüber erzählen, wie sich die Rolle der Frau im Marine Corps gewandelt hat?

General Krulak: Unsere Frauen haben einen enormen Beitrag für das Corps geleistet. Im Rahmen von *Desert Shield* und *Desert Storm* hatte ich 201 Frauen unter meinem Kommando, und ich wäre ohne sie nicht kampffähig gewesen. Als Marines waren sie einfach erstklassig. Jetzt muß man in der Funktion des Commandant allerdings in erster Linie Kampfeinheiten für die regionalen Oberkommandierenden ausbilden, ausrüsten und bereitstellen. Auch das muß ich berücksichtigen, wenn wir die richtige Ausrüstung auswählen und beschaffen und die richtigen Leute ausbilden wollen, die den Job erledigen müssen, den unser Land zu tun von uns erwartet. Dabei gehört es ebenfalls in meinen Verantwortungsbereich, sicherzustellen, daß wir den größten Nutzen aus unseren Ressourcen ziehen. Ich bin nicht der Ansicht, daß ich eine Maximierung der Nutzung eben dieser Ressourcen des Marine Corps dadurch herbeiführen kann, indem ich Frauen in Schützenzüge stecke oder grundsätzlich auch bei Einheiten einsetze, die in direkte Bodenkämpfe verwickelt sind.

Ein Kennzeichen der 90er Jahre war, daß die US-Streitkräfte kleiner wurden, was gleichzeitig zur Folge hatte, daß sie wesentlich stärker beschäftigt wurden. Höhere OpTempos (Operational Tempos = Operationsgeschwindigkeiten) haben zu einigen bemerkenswerten Schwierigkeiten geführt – so auch bei den Marines. General Krulak war gezwungen, sich mit etlichen besonderen Problemen auseinanderzusetzen. Das galt gleichermaßen für den Bereich Moral wie für einige recht überraschende Fragen, die sich bei der Lebensqualität auftaten. Hören wir uns einmal an, was er dazu zu sagen hat:

Tom Clancy: Die Moral scheint beim Militär immer zu den Kernfragen zu zählen. Können Sie uns etwas über die Herausforderungen erzählen, die für Sie damit verbunden waren?

General Krulak: Zunächst einmal muß ich feststellen, daß ich mich 1995 nicht mehr mit der Art von Moralproblemen konfrontiert sah, mit denen wir es noch in der Vergangenheit zu tun hatten. Die Probleme der Moral bei der Truppe waren 1995 im Vergleich zu denen, mit denen wir beispielsweise noch in den 70er Jahren zu kämpfen hatten, winzig. Aber wie dem auch sei, eine der ersten Sachen, die ich für die Moral tat, war die, jedem einzelnen Marine zu zeigen, daß ihr Commandant sich um sie als Individuum kümmert. Was das heißt? Nun, als mich beispielsweise Kongreßmitglieder fragten, was sie für mich tun könnten, als ich bei ihnen zur Vorstellung nach meinem Amtsantritt vorbeischaute, bat ich um zusätzliche zehn bis 20 Millionen Dollar für Dinge wie Regenbekleidung und Stiefel anstelle von Geld für weitere Amphibien-, Flug- und Fahrzeuge. Als man mich fragte: »Wovon reden Sie eigentlich?«, sagte ich: »Was ich meinen Marines verschaffen will, ist eine Feldausrüstung, die etwas neuer im Design ist als die aus dem Koreakrieg!« Ich glaube, die dachten alle, ich wäre etwas »von der Rolle«, aber mein Grundgedanke war der, daß das erste, was die Marines von ihrem neuen Commandant zu sehen bekämen, neue Stiefel, Regenbekleidung und das neue und belastbarere Ausrüstungssystem einschließlich Rucksack sein sollte.

Mit Ausnahme des »Wald«-Designs bei den Kampfanzügen entsprechen die Feldjacken, die wir heute verwenden, immer noch denen, die von den Marines in den 50er Jahren getragen wurden. Die Sportler laufen heute in Schuhen herum, die sich auf dem neuesten Stand der Technik befinden, und unsere sind im Vergleich dazu fürchterlich. Unsere Regenschutzkleidung besteht aus Gummi, das in keiner Weise atmungsaktiv ist, was automatisch dazu führt, daß die Marines praktisch auf der Innenseite genauso naß sind wie auf der Außenseite. Wenn heutzutage der Schlafsack eines Marine naß wird, wiegt er mehr als 18 kg, und wir verwenden Zelte, deren Konstruktion noch aus dem Zweiten Weltkrieg stammt.

Jeder redet darüber, daß er sich um die »Lebensqualität« Sorgen macht, aber was allgemein völlig übersehen wird, ist die Tatsache, daß der überwiegende Teil der Infanteristen sein Leben im Feld verbringt. Wenn sie bei der Flotte sind, verbringen die meisten Marines mehr Zeit im Freien als zu Hause. Das gilt ganz besonders für die Marines im Außeneinsatz, also den MEU(SOC)s. Wir haben jede Menge Geld für den Bau neuer Kasernen und Einrichtungen ausgegeben, nicht aber für die Grundausstattung mit Kleidung durch Ausrüstung, die unsere Marines zum Überleben benötigen und ein Mindestmaß an Bequemlichkeit im Feldeinsatz bieten.

Zweitens handelt es sich hier um einen Bestandteil meines Verständnisses von Führung. Ich bin nicht besonders anspruchsvoll. Deshalb ist es auch das letzte, was ich erwarte, wenn ich irgendwo einen Besuch bei der Truppe mache, daß man Unmengen Vorbereitungen trifft und Fanfarengeschmetter meinen Besuch verkündet. Nun, sicherlich gibt es genug Leute, die mit dieser Anschauung nicht übereinstimmen und die Ansicht vertreten, daß der Besuch vom Commandant eine Angelegenheit ist, bei der man keine Mühen und keinen Aufwand scheuen dürfe, aber das ist deren Meinung, und meine ist die, daß das alles an den Mannschaften der Marines hängenbleibt, die besser ihre Zeit dazu verwenden sollten, wirkliche Marines zu sein, als sich auf meinen Besuch vorzubereiten. Also bemühe ich mich darum, ohne jede Vorankündigung einzufliegen, und das schließt von vornherein exzessive Vorbereitungsarbeiten aus, was mir wiederum die Möglichkeit verschafft, meine Marines so zu erleben, wie sie sind. Ich will, daß sie wissen, ihr Commandant ist gekommen, um sie selbst zu sehen. Inzwischen wissen sie das, und ich erfahre bei meinen Besuchen eine Menge aus Gesprächen mit den Truppen.

Bei meinen Diskussionen mit Marines höre ich oft auch einiges über das, was ich die ganz normalen Dinge der Truppenmoral nenne [Kasernen, Freizeiteinrichtungen usw.], und wir arbeiten bereits an den daraus resultierenden Erkenntnissen. Worauf ich mich allerdings wesentlich stärker konzentriere, sind mehr die tiefer sitzenden, inneren Angelegenheiten wie der Stolz auf die Organisation, und sicherzustellen, daß unsere Befehlshaber über das verfügen, was John A. Lejeune [13th Commandant of the Marine Corps] einmal eine »selbstaufopfernde Liebe für das Marine Corps« nannte. Das sind die Dinge, die wir immer positiv beeinflussen können, unbehelligt von irgendwelchen Budgets, also sind diese Bereiche zwangsläufig auch die, auf die wir uns konzentrieren müssen. Ich kann Ihnen heute schon soviel sagen, daß Marines ohne Ansehen des Ranges auf diese Art von Annäherung positiv reagieren. Sie müssen ganz einfach wissen, daß man sie fair behandelt und daß keiner ihrer Vorgesetzten ihnen übel mitspielen kann, indem er ihre Karriere aufgrund eines Fehlers ruiniert.

Gleichzeitig muß ein Marine allerdings auch glasklar erkennen, daß wir niemals Lügereien, Schwindeleien oder Diebstähle tolerieren werden. Als Krieger müssen wir die Dimensionen physischen Mutes verstehen lernen. Es gibt einfach keine größeren Förderer des Friedens als diejenigen, die geschworen haben, ihr Leben einzusetzen, sollte es einmal Krieg geben. Wie dem auch sei, unser Beruf fordert von uns auch den moralischen Mut, die Charakterstärke und die Integrität, genau das zu tun, was richtig ist.

Obwohl der neue Commandant eine sehr starke Bindung an die Geschichte und Traditionen hat, verfügt er aber auch über ein ausgeprägtes Verständnis für die moderne Technik, die seine Marines unterstützen kann. Insbesondere hat er die Wege des E-Mail und Internet geöffnet, um dem Corps einen direkten kommunikativen Zugang zu ihm zu ermöglichen. Lassen wir ihn uns auch darüber etwas erzählen:

Tom Clancy: Eine Ihrer bislang größten Initiativen bestand bislang in der Öffnung von Kommunikationskanälen zu Ihnen für alle Marines gleich welchen Ranges. Um das durchziehen zu können, haben Sie sogar eine eigene Homepage im Internet eingerichtet. Würden Sie uns bitte etwas über das neue Kommunikationssystem erzählen, das Sie auf diese Weise zu Ihren Marines eingerichtet haben?

General Krulak: Es ist absolut phänomenal! Einige unserer besten Ideen und Initiativen kamen durch Eingaben zustande, die Lance Corporals und Corporals gemacht haben, Leute also, die 24 Stunden täglich mit den Soldaten des Marine Corps arbeiten, leben, essen und schlafen. Ich bin der festen Überzeugung, daß kein Commandant auf Dauer das Marine Corps ohne »Input« seitens der Marines selbst effektiv leiten kann. Auf diese Weise können sie jetzt per E-Mail oder durch den Internet-Zugang ihre Vorschläge direkt an mich schicken, und sie machen auch Gebrauch davon. Es liegt natürlich in meinem Interesse, ihre Vorschläge zu fokussieren und den drei für mich wichtigsten Fragen zuzuordnen: »Was machen wir im Augenblick, was wir nicht machen sollten?«, »Was machen wir im Augenblick nicht, was wir machen sollten?« und »Was machen wir im Augenblick, was wir besser machen könnten, und wie können wir es besser machen?«

Sie geben uns Antworten auf diese Fragen, und einige tiefergreifende Änderungen im Corps von heute gehen auf ihre Vorschläge zurück. Wir haben bereits... oder sind zumindest gerade dabei, Überlegungen anzustellen, Änderungen in der Ausbildung, im Laufbahnsystem und in unserem Leistungsförderungssystem herbeizuführen. Diese Veränderungen werden vom Lance Corporal bis hin zum Colonel vorangetrieben, die mir ihre Notizen und Gedanken zukommen lassen. Man muß die Qualität dessen, was sie von sich geben, einmal gesehen haben, um ermessen zu können, wie intelligent diese Soldaten wirklich sind und wie sehr sie sich Gedanken um die Verbesserung des Corps machen. Das alles ist für alle Beteiligten wirklich motivierend!

Eine der schwierigsten Aufgaben für General Krulak und das Marine Corps auf ihrem Weg ins 21. Jahrhundert ist die absolute Notwendigkeit, eine Modernisierung ihrer Ausrüstung in einer Zeit durchzuführen, in der nur sehr eingeschränkte Geldmittel und sehr wenig Unterstützung in und aus Washington für die Verwirklichung verfügbar sind. Mit dem gegenwärtigen Modernisierungsbudget (für Ersatz- und neue Ausrüstung genauso wie für anstehende Nachrüstungen und Umbauten), das einen fast historisch zu nennenden Tiefstand erreicht hat, steht der Commandant vor immensen Schwierigkeiten. Hören wir jetzt, welche Gedanken er sich darüber gemacht hat:

Tom Clancy: Könnten Sie jetzt bitte etwas über das Budget sagen, das dem Marine Corps für Modernisierungsmaßnahmen zur Verfügung steht? Augenscheinlich schlagen Sie sich im Vergleich zu den anderen Teilstreitkräften mit einem absurd geringen Betrag herum. Wie schätzen Sie persönlich hier die Aussichten ein?

General Krulak: Also, zunächst einmal muß ich zum besseren Verständnis in Sachen Budget ein paar Anmerkungen vorausschicken. Beschaffungs- und Modernisierungsmaßnahmen für einige Ausrüstungen [Fliegerei bei den Marines, amphibische Transporte, Landungsfahrzeuge] werden vom Department of the Navy (Marineministerium) festgelegt. Das Defizit, auf das Sie sich hier beziehen, hat mit dem zu tun, was wir als »grüne Dollars« bezeichnen, also den Geldern, die ganz speziell für Beschaffungsmaßnahmen des Marine Corps vorgesehen sind. Das ist der Hintergrund. Das Marine Corps benötigt ein »grünes«

Modernisierungsbudget in einer Größenordnung zwischen einer und 1,2 Milliarden US-Dollar. Die Beschaffung dieser Summe ist eines meiner größten Anliegen. Im Haushaltsjahr 1995 konnten wir über 474 Millionen US-Dollar verfügen, und das ist weniger als die Hälfte des Durchschnitts seit Bestehen des Corps. Die Folge ist, daß wir uns vor die Wahl zwischen Bereitschaft und Modernisierung gestellt sehen. Beides gleichzeitig zu gewährleisten ist mit den zur Verfügung stehenden Mitteln einfach nicht möglich. Wenn man uns nicht bald ein Budget in der benötigten Größenordnung bewilligt, bekommen wir wirklich Probleme.

Genaugenommen stecken wir auch jetzt schon in Schwierigkeiten. Wir fahren beispielsweise mit 5-Tonner-Lkws herum, die bald 20 Jahre alt sind. Ihr Wagen ist bestimmt nicht so alt, aber wir schicken Marines mit so alten Kisten ins Gefecht. Unsere amphibischen Kampffahrzeuge [AAV-7] sind 20 bis 25 Jahre alt. Auch bei der Fliegerei gibt es Probleme. Wir fliegen beispielsweise immer noch die mittelschweren Transporthubschrauber vom Typ CH-46, die sich, während wir hier sitzen, ihrem vierten Jahrzehnt im Dienst nähern! Wir haben wirklich echte Modernisierungsprobleme, die wir sowohl als Truppe wie auch als Staat in den Griff bekommen müssen.

Tom Clancy: Nach dieser Einführung möchte ich Sie bitten, einige der Modernisierungsprogramme vorzustellen, die eine gewisse Schlüsselfunktion haben, und diese aus Ihrer persönlichen Sicht zu kommentieren. Erzählen Sie mir doch beispielsweise etwas über den V-22.

General Krulak: Der V-22 ist gleichermaßen wichtig für die Marines wie für das ganze Land. Wir sollten ihn bald bekommen, und zwar schneller, als sich das irgend jemand zur Zeit vorstellen kann. Sobald die anderen Teilstreitkräfte einmal erkannt haben, welche Vorteile die Schwenk- beziehungsweise Kipprotor-Technik mit sich bringt, glaube ich, daß sie mit uns gemeinsam die Beschaffung dieses Flugzeugs vorantreiben werden. Die Maschine verfügt im Vertikalflug über die Vorteile eines Hubschraubers, während sie im Bereich Geschwindigkeit und Reichweite fast an ein Festflügel-Flugzeug herankommt. Stellen Sie sich nur einmal vor, wie nützlich ein solches Flugzeug beispielsweise in Somalia, Burundi oder Bosnien gewesen wäre. Im Augenblick rechnen wir damit, das erste Geschwader V-22 so um das Jahr 2001 zu bekommen, aber ich würde mir wünschen, ich könnte im Gegensatz zu den derzeitig geplanten Beschaffungszahlen von 14 Maschinen jährlich, zwei bis drei Geschwader [24 bis 36 Flugwerke] pro Jahr kaufen. Um es noch einmal zu betonen, ich bin fest davon überzeugt, daß die Menschen es einmal erkennen und verstehen werden, wie unglaublich leistungsfähig diese Maschine wirklich ist, und dann wird es auch kein Problem mehr sein, sie in ausreichenden Mengen beschaffen zu dürfen.

Tom Clancy: Wie sieht es mit der Überarbeitung der *Harrier* aus?

General Krulak: Die überarbeitete *Harrier* wird unser »Überbrückungsflugzeug« sein, bis die Joint Advanced Strike Technology [JAST] und die damit verbundenen Programme hinsichtlich des Joint Strike Fighter [JSF] uns die ASTOVL-Technik (Advanced Short Takeoff, Vertical Landing – eine Variante des JSF) bringen. Mit der modernisierten Version AV-8B *Harrier II Plus* haben wir ein außerordentlich gutes Flugzeug, das über bemerkenswert verbesserte Fähigkeiten im Vergleich zu den früheren Versionen dieser Maschine verfügt. Eigentlich handelt es sich dank des Überarbeitungsprogramms um ein völlig neues Flugzeug. Es ist allerdings nicht das Flugzeug, das wir uns für das 21. Jahrhundert wünschen. Das ist und bleibt das ASTOVL-Kampfflugzeug. Unser Wunsch für das Marine Corps besteht heute – in aller Bescheidenheit – in einem einzigen Kampfflugzeug, nämlich der ASTOVL-Version des JSF. Kombinieren Sie das mit den Fähigkeiten des V-22, des Schwerlasthubschraubers CH-53E, unserer leichten Kampf- und Transporthubschrauber und unserer Versorgungsflugzeuge, und schon haben wir ein Flugzeug für die Marines, das einem Kommandeur einer Kampftruppe unglaubliche Kapazitäten verschafft.

Es wird enorme Einsparungen möglich machen, wenn wir die Leistungsfähigkeit sämtlicher Marines, die zur Zeit noch mit den verschiedensten Flugwerken arbeiten müssen, auf nur mehr ein äußerst leistungsfähiges und belastbares Flugzeuggeschwader mit wesentlich weniger unterschiedlichen Flugzeugtypen kanalisieren könnten. Dabei würden wir auch die Wirtschaftlichkeit der Produktion signifikant verbessern und gleichzeitig auch die Operationsqualität. Des weiteren könnten wir die für die Instandsetzungen nötige Zeit verkürzen. Wenn man also von Modernisierung spricht, muß man über das Heute und Morgen hinausdenken und bereits das Übermorgen im Auge haben. Auf diese Weise gehen wir bei den Marines Dinge an. Alle sind von der AV-8B *Harrier II Plus* begeistert, und obwohl ich selbst auch die Ansicht vertrete, daß sie großartig und durchaus in der Lage ist, unseren heutigen Ansprüchen zu genügen, ist sie dennoch lediglich eine Brücke zum ASTOVL-Kampfflugzeug der Zukunft.

Tom Clancy: Erzählen Sie mir etwas über das Advanced Amphibious Assault Vehicle (AAAV).

General Krulak: Das AAAV ist für unsere Zukunft von ähnlicher Bedeutung wie der V-22. 70 Prozent der Weltbevölkerung lebt in Küstengebieten, die zusammengefaßt auf eine Länge von insgesamt 480 Kilometern kommen. Das Ende des kalten Kriegs läutete eine neue Ära globaler Instabilität ein, in der regionale Auseinandersetzungen die Hauptrolle spielen. Obwohl wir keineswegs punktgenau vorhersagen können, wo eine Krise entstehen wird, haben wir dennoch eine gute Chance, daß man auf sie von See aus reagieren kann. Wenn wir also, als Nation gesehen, vorgeschobene Kräfte dazu verwenden, Instabilitäten auf der ganzen Welt wirkungsvoll managen wollen, brauchen wir das AAAV. Dieses *weiterentwickelte amphibische Kampffahrzeug* kann sehr schnell in Gewässern operieren, die in einigermaßen sicherer Entfernung [bis zu etwa 46 km] vom Schauplatz – man nennt so etwas »Stand-off-Distance« – liegen, wobei es keine Rolle spielt, ob der Ort des Geschehens selbst sich an Land oder noch in den Küstengewässern befindet. Dieses bewaffnete Fahrzeug kann Marines, Ausrüstung und Waffen transportieren und ist wegen seines Überdruck-Schutzsystems in der Lage, seine Aufgabe bei jeder Art von Gefechtssituation, sei sie atomarer, biologischer oder chemischer (NBC = nuclear, biological, chemical) Natur, zu erfüllen. Darüber hinaus verschafft es uns die Möglichkeit, gepanzerte Einheiten eines Feindes mit überlegener Beweglichkeit und Feuerkraft anzugreifen, und das bedeutet gleichzeitig auch unglaubliche Flexibilität auf einer Vielzahl von Gefechtsumfeldern und unter den verschiedensten Bedingungen.

Ship-to-shore-Einsätze (vom Schiff ans Ufer) stellen keineswegs die Endphase eines Vorgehens dar, sondern sind vielmehr erst der Anfang. Erst wenn man trockenen Boden unter den Füßen hat, kann man die notwendigen Bewegungen einleiten und Gefechte beginnen. Im Augenblick haben wir kein System, mit dem sich Marines bewegen können, das es in bezug auf die Panzerung mit einem M1A1 aufnehmen könnte. Es ist einfach ausgeschlossen, daß Sie eine effektiv motorisierte Kraft bereitstellen können, wenn die Transportfahrzeuge Ihrer Soldaten in der Technik nicht Ihren Panzern und Aufklärungsfahrzeugen ebenbürtig sind. Diese Kapazitäten setzt das AAAV für uns frei.

Tom Clancy: Was ist mit dem *Predator*- und *Javelin*-System?

General Krulak: Wir brauchen dringend eine solide *Fire-and-Forget*-Kapazität bei unseren Panzerabwehrwaffen. Die beiden von Ihnen genannten Systeme werden uns in die Zukunft begleiten. Aber ähnlich, wie auch beim AV-8B *Harrier II Plus* sehe ich im *Predator* und *Javelin* in erster Linie »Überbrückungssysteme«, die uns als Übergang zu den wirklich »brillanten« Nachfolgeversionen der *Fire-and-Forget*-Panzerabwehrtechnik dienen sollen.

Tom Clancy: Wie paßt die Lightweight 155 mm *Howitzer* (LW 155 = leichte 155-mm-Haubitze) ins Zukunftsbild?

General Krulak: Wir brauchen eine wirklich leichte 155-mm-Haubitze. Das augenblicklich verwendete Haubitzengeschütz auf Lafette ist einfach zu schwer. Die LW 155 wird dem Kommandeur einer MAGTF bei der Ausführung seiner Aufgabe eine wesentlich größere operationelle und taktische Flexibilität verschaffen. Dabei wird aber sowohl die augenblickliche Reichweite der M198 von 30 Kilometern wie auch deren Tödlichkeit beibehalten. Die erheblich vergrößerte Mobilität ist jedoch für die artilleristischen *Ship-to-shore*-Bewegungen eine signifikante Verbesserung, und dadurch werden Überlebensfähigkeit, Reaktionsgeschwindigkeit und Wirksamkeit der Artillerieeinheiten bei der Unterstützung von Bodenkämpfen heraufgesetzt. Wir brauchen dieses System, und wir sind bereits auf der Suche nach einem Vertragsnehmer, der diese Aufgabe übernehmen kann.

Tom Clancy: Sie haben jetzt eine Menge über Technik gesprochen. Wie schätzen Sie die Rolle ein, die das GPS (Global Positioning System) in Zukunft spielen wird[24]?

---

24 *Anmerkung des Autors:* Eine ausführlichere Beschreibung des Global Positioning Systems erfolgt im Abschnitt »Navigation« ab Seite 162.

General Krulak: Ich würde mir wünschen, daß bis zum Ende meiner Amtszeit absolut jeder Marine mit einem GPS-Empfänger ausgerüstet ist. Allerdings glaube ich, daß ein Gerät pro Gruppenführer doch die realistischere Annahme sein dürfte. Dieser Ausrüstungsgegenstand würde dabei helfen, eine Menge von Problemen zu lösen, mit denen sich die Kräfte im Bodeneinsatz in der Vergangenheit herumschlagen mußten. GPS-Empfänger werden unsere Möglichkeiten bei der Bestimmung der Position unserer Einheiten als auch der eines Feindes erheblich vereinfachen und verbessern – also ein besseres Ausgangsbild eines Gefechtsfeldes liefern.

Tom Clancy: Die Kommunikation auf einem Gefechtsfeld war und ist stets von entscheidender Bedeutung. Was zeichnet sich in diesem Bereich für Sie am Horizont ab?

General Krulak: Meine Vorstellung geht dahin, daß jeder einzelne Marine – unter dem Aspekt der Kommunikation gesehen – voll in sämtliche Stabsebenen, in die höheren wie auch in die jeweils darunterliegenden, integriert sein soll. Nehmen Sie einen Laptop(-Computer), der mit einem GPS-Empfänger gekoppelt ist, und Sie bekommen eine Echtzeitdarstellung sämtlicher Positionen von befreundeten Kräften, feindlichen und vieles mehr. Nur dadurch, daß er mit seinem Finger auf den Bildschirm seines Computers tippt, verfügt dieser »digitalisierte Marine« über die Fähigkeit, artilleristische Feuerunterstützung anzufordern und einen Feind jederzeit mit tödlicher Genauigkeit beschießen zu lassen.

Die Technik existiert bereits. Was wir jetzt noch durchdenken müssen, ist die Auswirkung, die sie auf die Kampfweise selbst haben wird, nach der wir dann in Zukunft auch vorzugehen haben. In dem Augenblick, in dem man ein solches System einem Gruppenführer an die Hand gibt, sieht man sich einem völlig andersgearteten Gefechtsfeld-Szenario gegenübergestellt. Die eigentliche Herausforderung liegt nun darin, hieraus die größtmöglichen Vorteile zu ziehen und eine Technik auf breiter Basis einzuführen, die sämtliche der bestehenden Paradigmen der Kampfführung verändern wird, in denen wir heute noch denken. In *Desert Storm* sagten wir noch: »Wenn man ein Ziel auf dem Gefechtsfeld erkennen kann, dann kann man es auch vernichten.« Blickt man jedoch zehn Jahre weiter in die Zukunft, dürfte diese Aussage allerdings mehr in die Richtung: »Wenn man ein Ziel aufspüren kann, dann kann man es auch schon vernichten!« gehen. Wir sollten langsam anfangen, ernsthaft über die Auswirkungen nachzudenken, die damit verbunden sind. Wir müssen in Betracht ziehen, wie dadurch sowohl die Größenordnungen als auch die verschiedenen Arten von Informationen beeinflußt werden, die wir auf einem Gefechtsfeld erhalten. Genauso müssen wir auch überlegen, wie wir auf einem derartigen Gefechtsfeld überleben können – einem Gefechtsfeld, auf dem bereits die Erfassung eines Feindes dessen Tod bedeutet.

Eine weitere Herausforderung, der sich General Krulak und sein Gegenstück bei der Navy, der Chief of Naval Operations, stellen müssen, ist die Notwendigkeit einer kompletten Verbesserung der Flotte von amphibischen Schiffen der Navy. Jetzt, wo diese Aufgabe etwa zur Hälfte erledigt ist (etwa 18 der geplanten 36 Schiffe wurden bis Ende 1995 ausgeliefert), wollen wir uns einmal anhören, wie der Commandant über die Vollendung dieses Jobs denkt.

Tom Clancy: Sprechen wir einmal über die U.S. Navy – also praktisch Ihre andere Hälfte. Gerade im Moment plant die Navy die Komplettierung einer Flotte von insgesamt 36 amphibischen Kampfschiffen auf dem neuesten Stand der Technik (LHA/LHD/LSD/LPD). Diese sollen dann zu insgesamt zwölf Amphibious Ready Groups (ARG) formiert werden. Sie sind als Ersatz für die augenblicklich bestehende Flotte von fast 50 Schiffen dieser Art, über die wir im Augenblick verfügen, vorgesehen. Reichen diese 36 Schiffe und zwölf ARGs aus, Ihren Anforderungen zu genügen, und sind es überhaupt die richtigen Schiffe für Ihre Aufgabenstellung?

General Krulak: Wir müssen in der Lage sein, drei Marine Expeditionary Brigades [MEBs sind aufgabenorientiert und können in ihrer Stärke von 12000 bis 16000 Marines reichen] zu transportieren. Dazu sind 36 Schiffe einfach zu wenig. Der Kongreß hat die Notwendigkeit größerer amphibischer Transportkapazitäten eingesehen und die erforderlichen Mittel zusätzlich bewilligt. Ich glaube, daß der Bedarf an angemessener amphibischer Transportkapazität Anfang des 21. Jahrhunderts noch offensichtlicher wird, wenn man berücksichtigt, daß sich dann acht der zehn wichtigsten Wirtschaftsstrukturen am Rand des Pazifischen und Indischen Ozeans befinden werden. In einem solchen Szenario werden vorgeschobene amphibische und Marine-Landungskräfte entscheidend für die Erhaltung unserer Fähigkeit sein, regulierend auf Instabilitäten in diesen Bereichen einwirken zu können. Ich bin der Ansicht, daß das ARG-Konzept im Zusammenspiel mit einer MEU(SOC) den heutigen Bedürfnissen etwa gerecht wird, aber wir werden mit Sicherheit in den Jahren 2005 und 2010 völlig andere Kapazitäten benötigen, wenn es darum geht, unsere nationalen Interessen beispielsweise in Küstengebieten des Indischen oder Pazifischen Ozeans zu vertreten. Wenn man etwa glaubt, daß 20 B2A Stealth-Bomber mit 16 Gleitbomben jeder für sich bereits eine Präsenz darstellen, ganz gleich ob nur scheinbarer Natur oder nicht, kennt man die Menschen in Asien schlecht. Wenn man wirklich erreichen will, daß die Asiaten die Anwesenheit amerikanischer Kräfte auch spüren, muß man sie die graugestrichenen Bordwände amerikanischer Kriegsschiffe sehen und befühlen lassen. Die USA können im Pazifik und weiten Gebieten Asiens nicht bestehen, wenn alles, was wir aufbieten, aus einem regionalen Commander-in-Chief [CinC] besteht, der in einem VC-20 *Gulfstream* VIP-Jet herumfliegt und Pressekonferenzen abhält, bei denen er mitteilt, daß US-Streitkräfte vor Ort sind, wenn sie sich zu dem Zeitpunkt, an dem er das verkündet, in Wirklichkeit noch Monate oder mehr vom Ort des Geschehens entfernt aufhalten!

Also, wie will man Gebiete abdecken, die derart immense Ausdehnungen besitzen? Man deckt sie mit Marines ab, die sich an Bord von

Schiffen der Navy befinden – Schiffen wie der erst kürzlich in Dienst gestellten USS *Carter Hall* [LSD-50]. Dabei handelt es sich um ein Landing Ship Dock von fast 900 Fuß Länge [ca. 270 m] und nicht um eins der alten LST. Ich behaupte, daß wir die alten Typen gänzlich ausmustern sollten und die 36 Kriegsschiffe, amphibische Schiffe, wie sie jetzt produziert werden, an deren Stelle verwenden sollten! Wir sollten die bauen und ausrüsten und dann nur mit ihnen die MEU(SOC) des 21. Jahrhunderts schaffen. Man schickt zwar immer noch eine ARG los, aber mit drei der leistungsfähigsten amphibischen Schiffe, die es auf der Welt gibt. Jedes einzelne könnte eine »Mini- MEU(SOC)« an Bord haben und damit in der Lage sein, die riesigen Entfernungen abzudecken, die im 21. Jahrhundert überschaubar gemacht werden müssen. Sie werden dann Dinge wie Video-Telekonferenzschaltungen über Datenverbindungen im Befehls- und Führungsbereich nutzen und sich nur persönlich zusammensetzen, wenn sie ihre gesamte Kraft auf einen Eventualfall lenken und konzentrieren müssen.

Was ich also im Beschaffungsprogramm von heute sehe, ist die Möglichkeit, 36 Miniatur-ARGs einzusetzen, die jede für sich aus einem Schiff besteht, das seinerseits eine Mini-MEU(SOC) an Bord hat.

Tom Clancy: Können Sie uns ein bißchen darüber erzählen, wie Sie sich mit den derzeitigen Programmen für den Bau von Amphibienschiffen fühlen?

General Krulak: Über Amphibische Kampfschiffe. Die Schiffe der *Wasp*-Klasse verschaffen uns große Fähigkeiten. Das gilt speziell für die Möglichkeit, die uns diese Schiffe bieten, unsere Befehls- und Führungstechnik zu verbessern und durch sie wirkungsvoll in absolut jedes andere Befehls- und Führungssystem eingebunden werden zu können. Allein das macht sie für uns schon zu einem enorm leistungsfähigen System. Auf diese Weise kann man genau die Operationen durchführen, die ich vorhin für solche ARGs beschrieben habe, die auf mehreren Schiffen untergebracht werden und die dadurch sowohl zu Katastrophen- oder humanitären Hilfeleistungen oder als Hauptquartier einer Joint Task Force [JTF] eingesetzt werden können. Wir brauchen wirklich das siebte [LHD-7], und es kann durchaus sein, daß der Druck sich so weit steigert, daß wir auf unserem Weg ins 21. Jahrhundert auch noch ein achtes bauen müssen, wenn wir uns all den möglichen Instabilitäten stellen müssen, die ich auf uns zukommen sehe. Der Wunsch nach Aufrechterhaltung von Stabilität wird in Zukunft bestimmt noch größer sein als heute. Erste Zeichen können Sie schon jetzt am langsamen Zuwachs der Kräfte über ihren derzeitigen Stand hinaus feststellen.

Die Dock Landing Ships der USS *Whidbey Island/Harpers Ferry*-Klasse [LSD-41/49] erfüllen ihre Aufgabe auch ganz gut. Ähnlich wie bei den LHDs ist es möglich, daß gegen Anfang des 21. Jahrhunderts auch einige dieser Einheiten zusätzlich gebaut werden müssen, sollten sich die weltweiten Instabilitäten weiter ausdehnen.

Zusätzlich verfügen wir noch über die Kampfschiffe der LPD-17-Klasse. Da dürften wir in Bälde das große Los gezogen haben. Noch im vergangenen Jahr waren sie nur ein paar große »Papierschiffe«, und schon heute sind sie auf dem besten Weg, Wirklichkeit zu werden. Die Planungen laufen auf einen Bau von insgesamt zwölf Einheiten innerhalb des ersten Jahrzehnts des 21. Jahrhunderts hinaus. Das erste Schiff soll dann, wenn alles wie geplant läuft, im Jahr 2001 fertig sein. Diese erste Einheit müssen wir schon so bald haben, weil wir mit ihr schnellstmöglich hinaus auf See müssen, um feststellen zu können, wie die nachfolgenden Schiffe dieser Baureihe auszusehen haben. Ich will auf jeden Fall verhindern, daß die Produktion dieses ersten Schiffs durch den Einbau immer »ausgereifterer« Systeme verlangsamt wird und preislich dadurch möglicherweise aus dem Ruder läuft. Ich kann ziemlich sicher garantieren, daß die nachfolgenden Einheiten sich von der ersten erheblich unterscheiden werden, aber jetzt geht es erst einmal darum, das erste Schiff fertigzustellen. Außerdem möchte ich, daß die Werften sie mit größtmöglicher Produktionsgeschwindigkeit bauen – je eher wir über die Schiffe verfügen können, desto besser. Aber im Moment sollte ich endlich einmal dieses erste Schiff bekommen!

Über Landungsboote. Das Landing Craft, Air Cushioned [LCAC] verschafft uns enorme Fähigkeiten, obwohl ich mir schon wünschen würde, daß man sie etwas kleiner bauen würde. Die könnten wir dann mit den *Fire-and-Forget*-Waffen ausrüsten und zusammen mit den AAAVs einsetzen, und sie wären relativ immun gegen die von Minen ausgehende Gefahr. Im Augenblick brauchen wir sie allerdings noch, um nachgeführte Ausrüstung an Land bringen zu können.

Tom Clancy: Wie ist der aktuelle Stand der Dinge beim Maritime Prepositioning Program?

General Krulak: Die MPSRONs sind auf der Siegerstraße, dem Programm geht es heute gut. Aber wie bei allen anderen Sachen, so müssen wir auch hier im Augen behalten, was wir für MPSRONs im 21. Jahrhundert zu erwarten haben. Das ist eine der Aufgaben, die ich in meinem *Planning Guidance* festgelegt habe: zu überprüfen, ob die augenblickliche Form des MPSRON wirklich der richtige Weg ist, auf dem wir ins 21. Jahrhundert gehen sollen.

Ich habe irgendwie das Gefühl, daß sich die Zustände etwas ändern könnten. Es gab einmal eine Zeit, als wir (die USA und Großbritannien) die instabilen Situationen auf der Welt durch ein System von Bekohlungsstützpunkten managen konnten, die wir dazu verwendeten, die Kriegsschiffe der damaligen Zeit mit neuem Brennstoff zu versorgen. Vielleicht sollten wir auch Admiral Bill Owens [der kürzlich in den Ruhestand getretene stellvertretende Vorsitzende der Joint Chiefs of Staff] Konzept der mobilen Stützpunkte einmal näher ins Auge fassen. Dabei handelt es sich um aus eigener Kraft angetriebene schwimmende/fliegende Logistikbasen, die in Krisengebiete verlegt werden können und einem so die Möglichkeit verschaffen, einen ziemlich großen Versorgungsstützpunkt unmittelbar vor der Küste eines Kampfgebietes vor Anker gehen zu lassen. Wir müssen allerdings auch weiterhin beobachten, wie sich ein Konzept im gegenwärtig genutzten

MPSRON-Schema bewährt, das nur der Beförderung von Ausrüstung und Versorgungsgütern dient und nicht in der Lage ist, als Basisstützpunkt von Operationen zu dienen.

Es gibt allerdings noch eine weitere signifikante Herausforderung, der sich General Krulak stellen muß: die extrem hohen Operationsgeschwindigkeiten (OpTempo). Das betrifft zwar sämtliche Teilstreitkräfte des amerikanischen Militärs gleichermaßen, das U.S. Marine Corps aber ganz besonders. Da man davon ausgehen kann, daß die erforderlichen Operationsgeschwindigkeiten in den kommenden Jahren noch höher liegen dürften, verschaffen uns seine Gedanken auch hier einen gewissen Einblick.

Tom Clancy: Sprechen wir nun einmal über OpTempos, wie sie in den letzten paar Jahren beim amerikanischen Militär im allgemeinen und beim Marine Corps im besonderen unterhalten wurden und welchen Stellenwert die Operationsgeschwindigkeit als Kriterium besonders heute, im Licht der allgemeinen Kürzungen bei den Rüstungsausgaben, einnimmt. Können Sie uns ein wenig darüber und über die damit verbundenen Auswirkungen auf das Corps erzählen?

General Krulak: Marines operieren. Marines werden eingesetzt. Das ist das, wozu wir da sind. Das ist auch genau das, was unser Land von uns und unseren Schiffskameraden der Navy erwartet. Die Operationsgeschwindigkeiten sind auf dem besten Wege, langfristige Auswirkungen auf unsere Soldaten zu haben, was eine beschleunigte Lösung der Modernisierungsprobleme, die mit sehr großer Geschwindigkeit auf uns zukommen, notwendig macht. Wir verschleißen unsere Ausrüstung – wobei wir schon über die normalen Belastungsgrenzen und die geplante Lebensdauer der Ausrüstung selbst hinausgehen –, und das alles geht schneller als vorgesehen. Darüber hinaus haben wir bereits Instandhaltungsprobleme vor Augen, die man heute schon als Resultat der Verzögerungen und Rückstellungen bei der Instandhaltung erkennen kann. Die Frage der Mittel ist ein weiteres Problem. Aufgrund der Tatsache, daß in den seltensten Fällen Gelder genau dann zur Verfügung stehen, wenn sie gerade gebraucht werden, stehen wir immer wieder vor dem Problem der verpaßten Gelegenheiten, wenn es um die Verlängerung der Lebensdauer unserer Ausrüstung geht. Der derzeitige Grad von OpTempos kostet uns Ausbildungszeit und beschränkt unsere Entscheidungsmöglichkeiten dahingehend, wann und wie wir unsere Sachen reparieren, was wiederum dazu führen muß, daß wir auf dem besten Wege sind, mit den geplanten Mitteln für die Instandsetzung »aus dem Tritt« zu kommen.

Aber unabhängig davon gibt es auch menschliche Kosten, die durch die hohen OpTempos verursacht werden. Schon jetzt gibt es bei den Familien Probleme und Verschleißerscheinungen beim Personal. Was allerdings sehr in Erstaunen versetzt, ist die Tatsache, daß die einzelnen Marines ihre Arbeit immer noch lieben, weil für sie immer noch die Gründe, weshalb sie zum Marine Corps gekommen sind und was sie dort leisten wollten, an erster Stelle stehen. Die Ehefrauen und Familienangehörigen haben damit zu kämpfen, aber die Marines sind geradezu darin vernarrt, hart zu arbeiten! Für uns steckt schon ein gewisses Maß an Zwiespältigkeit darin, dieses Gleichgewicht auch in Zukunft aufrechtzuerhalten.

Das Kronjuwel des heutigen Marine Corps ist seine Truppe von sieben MEU(SOC)s. Diese kompakten, äußerst mobilen Einheiten sind der Schlüssel zur Fähigkeit der Vereinigten Staaten von Amerika, die »Tür« an einer feindlichen Küstenlinie »eintreten zu können«, sollte dies einmal erforderlich sein. General Krulaks Ansichten über diese Kräfte sind sehr wichtig, denn sie stellen das letzte verbliebene Rudiment seiner einst so starken amphibischen Kapazitäten dar.

Tom Clancy: Kommen wir zu den MEU(SOC)s. Inzwischen verfügen Sie über sieben davon, aber wird das eine Zahl sein, die auch in Zukunft ausreicht?

General Krulak: Ich glaube, sieben sind eben genug, um den Job heute bewältigen zu können, obwohl ich der Ansicht bin, daß dieses Kontingent für die Jahre ab 2005 beziehungsweise 2010 nicht mehr ausreichen wird. Was wir auf jeden Fall machen werden, ist, die Zahl von MEU(SOC)s, über die wir im Augenblick verfügen, auf den verschiedenen amphibischen Ebenen zu optimieren. Wenn Sie beispielsweise einen V-22 nehmen, der zwischen 20 und 25 vollbewaffnete Marines transportieren kann, im Gegensatz zu den acht bis zwölf Mann, die der augenblicklich verwendete CH-64 *Sea Knight* schafft, so wird dadurch die Fähigkeit verbessert, mit möglichen Gefahren fertig zu werden. Darüber hinaus kann man einige V-22 von den LPD-17 abladen lassen und so die Mini-MEU(SOC)s schaffen, über die wir vorhin gesprochen haben.

Wir dürfen nicht in unserer bisherigen Denkweise verharren. Wir sind gezwungen, Fähigkeiten in die MEU(SOC)s zu packen, die es ihnen ermöglichen, genau die Missionen zu erfüllen, für die sie da sind. Das müssen wir allerdings so hinbekommen, daß es auf dem geringstmöglichen Raum verwirklicht wird, der uns an Bord der Schiffe zur Verfügung steht. Ich habe vorhin schon den »digitalisierten Marine« erwähnt, der innerhalb weniger Sekunden ein absolut zielgenaues Vernichtungsfeuer anfordern und überallhin lenken kann. Dabei müssen wir berücksichtigen, welche Art von Kapazitäten diese Art von Marine für unsere Gefechtsfähigkeit bringt. Ich habe heute noch keine Vorstellungen von den damit verbundenen Implikationen, aber weiß eines ganz genau, nämlich daß ich lieber bald eine Antwort darauf finden sollte, damit das Marine Corps im 21. Jahrhundert seine wichtige Stellung nicht einbüßt.

In meinem *Planning Guidance* habe ich die Einrichtung des *Warfighting Lab* (Entwicklungszentrum für Gefechtsführungsmodelle) in Quantico verfügt, das sich mit dieser Art von Fragen beschäftigen soll. Da wir verschiedene Modelle entwickelt haben, wie wir Gefechte führen, Marines ausbilden oder ausrüsten sollen, wird man dort diese Aspekte unter der Konzeptbezeichnung *Sea Dragon* testen. Wegen der neuen Technik, die den Marines und Seeleuten des 21. Jahrhunderts zur Verfügung stehen wird, wird man in etwa zehn Jahren eine MAGTF vorfinden, die über weit größere Fähigkeiten verfügen und mehr Boden besetzt halten kann als die gegenwärtige MEU(SOC). Es könnte sein, daß die Größe dieser Einheiten weit mehr von der Technik und der Leistungsfähigkeit der einzelnen Schiffstypen bestimmt wird als von irgend etwas sonst. Die Frage ist und bleibt im Augenblick aber, welche Anzahl von Systemen wir wirklich für eine Expeditions-MAGTF auf einem modernen Gefechtsfeld benötigen. Brauchen wir beispielsweise einen M1-Panzer oder eher ein beweglicheres Fahrzeug mit den *Fire-and-Forget*-Panzerablenkwaffen? Brauchen wir eher ein leichtes Kettenfahrzeug, oder tut es auch ein Abkömmling des derzeitigen Light Armored Vehicle [LAV] mit Radantrieb?

Das sind die Fragen, mit denen sich das *Warfighting Lab* und *Sea Dragon* in erster Linie befassen sollen. Während wir bereits in den Zeitraum um das Jahr 2010 zu schauen versuchen, überprüfen wir auch noch etliche andere Dinge – die Ausrüstung, die Gefechtsunterstützung, ach, eigentlich alles. Glauben Sie ernsthaft, daß das United States Marine Corps in zehn Jahren noch genauso aussehen wird wie heute? Ich bestimmt nicht!

Zum Abschluß unseres Gesprächs mit dem 31st Commandant of the Marine Corps ließ uns General Krulak noch ein wenig an seinen Visionen für die Zukunft teilhaben. Diese Vorstellungen gelten sowohl für die Rollen und Aufgaben der Truppe wie auch das Ethos des Corps im allgemeinen.

Tom Clancy: Können Sie uns etwas über die Missionen erzählen, die das Marine Corps in zehn bis 20 Jahren zu erledigen haben wird?
General Krulak: In erster Linie sehe ich uns als Erstreaktionskraft für Krisensituationen, gleich welcher Art, seien es größere regionale Eventualfälle oder Katastropheneinsätze. Einige der militärischen Kräfte sind derart spezialisiert, daß man sie mit Scheibenwischern vergleichen kann, die entweder nur rechteckige oder ausschließlich runde Scheiben freimachen können. Ich sag' Ihnen was: Wir wischen alle Arten von Scheiben! Sie sagen mir ganz einfach, was Sie vorhaben, und ich stelle Ihnen die Truppe zusammen, die Sie dazu brauchen. Wir sind derzeit eindeutig die flexibelste militärische Kraft der Welt. Sobald Sie uns mit den Kapazitäten unserer Schwester-Waffengattung, der U.S. Navy, koppeln, bieten wir Ihnen eine absolut einmalige Sammlung von Fähigkeiten.
Tom Clancy: Haben Sie ein gutes Gefühl bei dem, was Sie im Marine Corps von heute und in dem von morgen sehen?
General Krulak: Absolut. Die Fähigkeiten, die dem Marine Corps innewohnen, wurden geschaffen, um unserem Land von Nutzen und Wert

zu sein. Es ist schon interessant, wenn man feststellt, daß wir die Dinge heute eigentlich nicht wesentlich anders erledigen als zu Zeiten des kalten Kriegs oder während *Desert Storm*. Wir machen alles ein bißchen öfter, aber wir haben dabei unsere Vorstellungen nicht wesentlich geändert. Das Marine Corps, das ich übernommen habe, hat im Prinzip nur zwei Aufgabe für sein Land erfüllt. Erstens: Wir *machen* Marines, und die sind danach sowohl von der Seele als auch von der Einstellung her völlig andere Menschen. Zweitens: Wir gewinnen Gefechte. Wir gewinnen nicht unbedingt ganz allein größere Kriege; das ist mehr ein Job für die U.S. Army. Wir waren aber immer diejenigen, die die ersten Gefechte für sich entschieden haben. Sobald wir damit aufhören, eine der beiden vorgenannten Aufgaben zu erfüllen, wird es uns nicht mehr geben. Das ist der Grund, weshalb ich mich voll und ganz darauf konzentriere, Marines zu machen und Gefechte zu gewinnen. Die Vereinigten Staaten von Amerika brauchen die Marines.

* * *

Bei Veröffentlichung dieses Buches wird General Krulak bereits den größten Teil seiner Amtszeit als Commandant of the Marine Corps hinter sich haben. Seine Ziele und Vorstellungen werden überprüft worden, die ersten greifbaren Ergebnisse seiner Initiativen zu sehen sein und seine Programme die ersten Lebenszeichen von sich gegeben haben. Dennoch wird es wahrscheinlich die Persönlichkeit und der Charakter sein, die zum prägenden Aspekt seiner Zeit als Commandant werden. Er hat das Corps an seine Wurzeln zurückgeführt und ihm den Weg zurück zu den Qualitäten gezeigt, die stets ausschlaggebend für die spezielle Bedeutung waren, die das Marine Corps für die Vereinigten Staaten besaß. Er ist wirklich ein Kriegerfürst des Marine Corps und wird eine wichtige Kraft auf dem Weg des Corps ins 21. Jahrhundert sein. Trotz aller Knappheit der Mittel und der in der Geschichte beispiellosen Kürzungen, die das Marine Corps zu erdulden hat, wird es immer Marines geben. Setzen wir unser Vertrauen in den Sohn von Brute Krulak: Er wird dieses Versprechen halten.

Die Verwandlung: Marines werden gemacht

Marine human material was not one whit better than that of the human society from which it came. But it had been hammered into form in a different forge.
— Aus *This Kind of War* von T. R. Fehrenbach[25]

Im Jahre 1996 waren die United States Marines ein kleines Elitekorps von gerade einmal 195 000 Frauen und Männern. Jeder einzelne, unerheblich ob Offizier oder Mannschaft, teilt als Marine ein kollektives Bewußtsein mit seinen Kameraden. Sie alle stehen den gleichen physischen und mentalen Herausforderungen gegenüber und müssen sich den gleichen Prüfungen ihrer Fähigkeiten und Ausdauer stellen und sie bestehen. Ein Marine zu werden ist etwa das gleiche, wie eine Medaille bei den Olympischen Spielen zu gewinnen. Es spielt absolut keine Rolle, was man vorher im Leben gemacht hat, in dem Augenblick, da man das *Boot Camp* (die Grundausbildung) absolviert hat und sich das Abzeichen dieser Truppe annäht, ist man für den Rest seines Lebens ein Marine. Jahrelang hatte das Corps immer wieder Mitglieder, deren Existenz es lieber verdrängen würde: Lee Harvey Oswald und die Idioten, die 1995 ein junges Mädchen in Okinawa vergewaltigten, kommen einem da schnell in den Sinn. Auf der anderen Seite können Marines wie Art Buchwald, Ed McMahon, Jim Lehrer und Senator John Glenn als Beispiele wirklicher Erfolge herangezogen werden.

Aus welchem Stoff müssen denn nun die Personen gemacht sein, die das Corps gerne als Rekruten sehen würde? Die Antwort auf diese Frage erhält man, wenn man sich einmal die Marines anschaut, die in der ganzen Welt als Repräsentanten Amerikas herumgeschickt werden und die nicht selten in einem Konflikt die ersten sind, wenn es ans Kämpfen geht. Wünscht sich die Führung der Marines Automaten, die gedanken- und widerspruchslos Befehle eines Vorgesetzten ausführen? Oder liegt ihre Wunschvorstellung mehr bei rastlosen, intelligenten jungen Menschen, die Fragen stellen und nach neuen Lösungen für alte Probleme suchen? Die Rekruten von heute müssen beides sein: körperlich fit und geistig beweglich. Sie müssen in einem Team arbeiten können, aber gleichzeitig

---

25 Das Menschenmaterial der Marineinfanterie ist nicht einen Deut besser als das der menschlichen Gesellschaft, aus der es stammt. Allerdings wurde es in einer völlig anderen Esse in seine Form geschmiedet.

auch in der Lage sein, einen kühlen Kopf zu behalten, wenn sie in streßgeladenen Situationen auf sich allein gestellt sind. Gerade darum geht es im nun folgenden Kapitel: Wie findet man Jahr für Jahr immer wieder solche Menschen?

The Big Green Machine[26]: Das Corps von heute

Sie dienen in jedem Land, zu dem die Vereinigten Staaten von Amerika diplomatische Beziehungen unterhalten; und auch in einigen, bei denen dies nicht der Fall ist! Ihre Laufbahn-Spezifikationen beinhalten praktisch alles Erdenkliche, angefangen von hochrangigen Kommandeuren und Führungspersönlichkeiten über Piloten und Maschinisten bis hin zum Computertechniker. Das erste, was man feststellt, wenn man die Welt der Marines betritt, ist, daß alle körperlich enorm fit sind, ein bißchen die Art von »Hard-Bodies«, die man im Fitneß-Studio antreffen würde. Das ist einerseits ein Resultat der Ausbildung, andererseits aber auch Auflage, denn jeder Marine (einschließlich Commandant) hat einmal pro Jahr einen rigorosen körperlichen Belastungstest zu absolvieren, der unter der Bezeichnung Physical Fitness Test (PFT) läuft. Er setzt sich aus einem Dreimeilen-Lauf (knapp 5 km) mit Zeitvorgabe und einem bestimmten Maß an Aufschwung- und Klimmzugübungen zusammen. Dieser PFT ist eine der Anforderungen, die festlegen, ob jemand noch ein Marine ist oder nicht. Jeden Tag sieht man, ganz gleich ob es regnet oder die Sonne scheint, Männer wie Frauen in Sweatshirts um die Mittagszeit herum im Riverfront-Park in der Nähe des Pentagon joggen. Sie laufen eigentlich schneller, als daß man das noch als Joggen bezeichnen könnte. Etliche davon sind Marines. Wenn einer tagaus, tagein im Büro sitzt und sich von einer Diät ernährt, die aus Donuts und Kaffee besteht, wird er es kaum schaffen, einen PFT zu bestehen, und die Konsequenz, bei diesem Test zu versagen, ist quasi die Einladung, das Corps zu verlassen. Das scheint ein wenig heftig, aber es bedeutet auch, daß die Marines unter dem Strich zum physisch fittesten Personal der militärischen Dienste gezählt werden dürfen. Darüber hinaus wird von jedem Marine erwartet, daß er sein Können am M16A2 Sturmgewehr Kaliber 5,56 mm und anderen Standardwaffen ständig trainiert und zu verbessern sucht. Für die Stabsunteroffiziere und Offiziere schließt dies auch noch Leistungsnachweise für die M9 Pistole Kaliber 9 mm ein. Ein Versagen bei der Aufrechterhaltung der Waffenqualifikation bedeutet ebenfalls die Entlassung. Mehr als 220 Jahre lang war jeder Marine als Schütze qualifiziert, und es sieht nicht so aus, als würde sich im heutigen Corps viel daran ändern.

Etwas anderes, über das man bei der näheren Beschäftigung mit dem Marine Corps recht bald stolpern wird, ist die erstaunlich geringe Zahl von Offizieren im Vergleich zu deren Zahl in den anderen Teilstreitkräften.

---

26 Die »große grüne Maschine« ist gleichzeitig auch der Spitzname der U.S. Army.

Das Marine Corps betraut seine Unteroffiziers- und Mannschaftsdienstgrade traditionell mit wesentlich größeren Verantwortungsbereichen, als dies bei den anderen Truppengattungen üblich ist, und das spiegelt sich natürlich im »Kopf/Schwanz«-Verhältnis (Offiziere/Mannschaften) wider. Dieses Verhältnis hat bei der Navy beispielsweise einen Wert von eins zu sechs, bei der Army von eins zu fünf, und die Air Force kann mit dem kostenintensivsten Verhältnis von eins zu vier aufwarten, während die Marines pro Offizier auf 8,7 Mannschaften kommen. Darüber hinaus liegt einer der Vorteile des dargestellten Verhältnisses auch in seiner Auswirkung auf die Moral und Selbstachtung der Mannschaften, aber es gibt sogar noch weitere, durchaus bemerkenswerte Effekte. Person für Person ist das Marine Corps außergewöhnlich preiswert zu betreiben und instand zu halten, da Mannschaften nun einmal weniger Sold und Zulagen bekommen als eine vergleichbare Anzahl von Offizieren. Folglich überträgt das Corps einen erheblichen Teil der Befehls- und Führungsverantwortung auf seine Unteroffiziere. Das wiederum bedeutet, daß die Mannschaften bei den Marines ihre Befehle von Sergeants bekommen, die irgendwann einmal genau dasselbe wie sie waren: einfache Rekruten auf dem Weg zum *Boot Camp*.

Marines haben auch einen ausgeprägten Sinn für ihre Persönlichkeit und ihre Rolle in der Welt. Frage man doch einmal irgendeinen Marine, und sie oder er wird kein Problem damit haben, einem die komplette Befehlskette, beginnend bei ihm/ihr selbst bis hinauf zum Präsidenten der Vereinigten Staaten von Amerika, zu nennen. die Antwort hat keineswegs mit Dressur à la: »Wie bringe ich meinem Hund bei, daß er Männchen macht« zu tun. Sie ist Ausdruck dafür, daß jeder Marine seinen Platz in der Welt kennt. Das wiederum spiegelt sich auch in sehr selbstbewußtem Auftreten wider. Wesentlich wichtiger aber ist, daß man den Marines zutraut, gute und richtige Entscheidungen zu treffen, Befehle zu befolgen und Aufgaben auf die bestmögliche Art und Weise zu erledigen. Wenn man schon einmal für eine große Firma gearbeitet hat, in der es zahlreiche Angehörige des mittleren Managements über einem gab und in der das Gefühl für Selbstbestätigung nicht vorhanden war, kann man sich vielleicht die erfrischende Klarheit besser vorstellen, die die Marines über ihre individuelle Stellung und ihre Aufgabenbereiche empfinden.

In *Atom U-Boot, Armored Cavalry* und *Fighter Wing* habe ich die Offizierslaufbahnen vor Augen geführt. Das vorliegende Kapitel ist etwas anders aufgebaut: Es wird die Laufbahn für diejenigen aufzeigen, die das eigentliche Rückgrat des Marine Corps bilden – die NCOs (Non-Commissioned Officers = Unteroffiziere). Man wird in erster Linie kennenlernen, wie ein junger Mann oder eine junge Frau seinen/ihren Weg durch die Dienstränge geht, um den legendären Rang eines *Gunnery Sergeant* oder kurz *Gunny* zu erreichen. Diese Bezeichnung – mehr Titel als Rang – geht noch auf die Zeit zurück, als man Schiffe aus Holz baute und es die Aufgabe der Marines war, die Kanonen der Navy zu laden und abzufeuern. Heute sind die *Gunnery Sergeants* so etwas wie der institutionelle

»Klebstoff«, der das Corps zusammenhält, indem sie die Traditionen bewahren, um den neuen Rekruten und Offizieren klarzumachen, daß es die *Gunnies* sind, die im Corps wirklich das Sagen haben. Also beobachten wir die Entstehung eines *Gunny*, um zu erfahren, was es mit einer Laufbahn beim Corps auf sich hat.

Die Goldsuche: Anwerbung für das Corps

Das Rohmaterial für die Schaffung von Marines wird von den örtlichen Rekrutierungsbüros des Marine Corps geliefert. Diese unscheinbaren kleinen Büros – einige davon liegen in den preiswerten oberen Etagen an den Durchgangsstraßen durch alle möglichen Ortschaften in ganz Amerika – sind die Räumlichkeiten, in denen sich das Corps selbst darstellt, um neue Rekruten zu finden, die dann zur Ausbildung geschickt werden sollen. Um etwas mehr darüber zu erfahren, habe ich einen Samstagvormittag in der Marine Recruiting Station in Fairfax Country, Virginia, verbracht. Etwas westlich von Washington gelegen, deckt diese Station einen großen Teil von North Virginia ab. Ein schwieriger Platz für Anwerber. Mit einem mittleren Familieneinkommen von etwas mehr als 70 000 Dollar pro Jahr zählt diese Region zu den wohlhabendsten Vorortgebieten Amerikas. Das macht die Anwerbung von Marines schwer. Sehr schwer. Leiter des Büros in Fairfax ist Gunnery Sergeant James Hazzard, dem die beiden Staff Sergeants Warren Foster und Ray Price zur Seite stehen. Ihre Kenntnisse reichen von Artillerieoperationen bis hin zur Instandhaltung und -setzung von Hubschraubern. Gunny Hazzard untersteht noch ein angegliedertes Rekrutierungsbüro mit zwei weiteren Staff Sergeants in Sterling, Virginia, das dann die Loundoun County und die gesamte Westseite des Staates Virginia abdeckt. Sein Einzugsbereich dehnt sich also von den Hightech-Zentren der US-Geheimdienstgesellschaft (CIA, NRO usw.) in Langley und Chantilly bis zu den Ranchen der Pferdezüchter und den Kornfeldern von Leesburg aus.

Es ist ein riesiges Gebiet mit wachsender Bevölkerung und solider wirtschaftlicher Grundlage. Die demographischen Erhebungen weisen eine solide weiße, konservativ protestantische Mehrheit aus, die von einem Querschnitt durch alle nur denkbaren Rassen-, ethnischen und religiösen Gruppierungen ergänzt wird. Etwa 70 Prozent aller Highschool-Absolventen gehen nach dem Abschluß auf direktem Weg zum College. Solchen Jugendlichen sind die Vorzüge einer Soldatenlaufbahn bei den Marines kaum schmackhaft zu machen. Selbst in der Vielzahl ethnischer Gruppen dieses Gebiets ist die Rekrutierung ein schweres Unterfangen. Nimmt man nur einmal die Gemeinschaft der Amerikaner asiatischer Herkunft als Beispiel. Hier ist es ein Diktat der Tradition, daß die Eltern beim jeweils ältesten Sohn voraussetzen, daß er die Schule besucht und dann zurückkehrt, um den Familienbetrieb zu übernehmen und eventuell auch die Rolle des Familienoberhaupts zu spielen. Eine alte konfuzianische Weisheit besagt: »Guten Stahl verwendet man nicht für Nägel und gute Männer nicht als Soldaten.« Diese Einstellung macht den Anwerbern die Suche nach – wenn auch nur wenigen – guten Männern schwer.

Das Marine Corps Recruiting Command hat eine eigentlich recht bescheidene »Mission« (der Begriff »Quote« wird nicht mehr so gern verwendet) von zwei Rekruten pro Monat und pro Rekrutierungsbeauftragten vorgegeben. Das sind aber immerhin noch 120 Rekruten jährlich. Eine ganze Menge für zwei kleine Büros mit einer Besetzung von gerade einmal fünf Mann. Die Aufgabenstellung für die jeweiligen Rekrutierungsbüros greift auf eine Zahl zurück, die man als Qualified Military Applicants (QMAs = qualifizierte Bewerber für den militärischen Dienst) bezeichnet. Sie basiert auf der Anzahl von Bewerbern, die historisch gesehen bislang aus dem jeweiligen Gebiet angeworben werden konnte. Der Spitzenreiter der Anwerber bei den Marines im Jahr 1995 schaffte in Quincy, Illinois, einer Stadt des Mittelwestens, im Durchschnitt 5,5 Bewerber pro Monat. Jetzt kann man vielleicht ermessen, welche Probleme die Rekrutierungsbeauftragten in Fairfax tatsächlich haben.

Wie schafft es Gunny Hazzard und sein Team von Anwerbern also, dennoch Soldaten für die Marines an einem Ort wie Virginia anzuwerben? Nun, zunächst einmal haben sie die besten wandelnden Litfaßsäulen der Welt zur Verfügung: sich selbst. Als »Markenname« erfreut sich das Marine Corps eines starken und positiven öffentlichen Images. Wenn man dieser Tage einen Bericht über die Marines in den Medien zu sehen bekommt, ist dieser gewöhnlich positiv. Die Rettung des Air Force Captains Scott O'Grady aus Bosnien, die Evakuierung der UN-Friedenstruppen aus Somalia und die Hilfe bei der Befreiung der Hauptstadt Kuwaits von den Irakern sind die typischen Stories über Marines, die man in den Abendnachrichten zu sehen bekommt. Vor diesem Hintergrund wird jeder Marine dazu angehalten, seine/ihre Ausgehuniform zu jeder nur denkbaren Gelegenheit anzulegen – bei Terminen, Schulbesuchen und sogar dann, wenn sie nur eben um die Ecke müssen, um Lebensmittel einzukaufen oder die Bügelwäsche abzuholen. Nicht selten kommen künftige Rekruten nur mit der Bitte ins Büro, ihnen einmal zu erzählen, wie es ist, ein Marine zu sein.

Ein anderes Werkzeug ist das Fernsehen. Da die Marines über das geringste Pro-Kopf-Werbebudget aller Teilstreitkräfte verfügen, müssen sie sorgsam damit umgehen. Ihre Werbespots im Fernsehen haben schon *Peabodies*[27] gewonnen und sind so konzipiert, daß sie einen dauerhaften und positiven Eindruck bei einer sorgfältig ausgewählten Zielgruppe von Highschool-Absolventen und Männern und Frauen im Collegealter hinterlassen. Jeder Spot hat eine geplante Laufzeit von vier Jahren und wird zu Schlüsselzeiten ausgestrahlt, um eine Maximierung der Zuschauerzahlen zu erreichen. »Haben Sie den Mut, ein Marine zu sein?« ist ein klassisches Beispiel.

---

27 Der *Peabody Award* gilt als »Oscar« (Academy Award der Filmindustrie) für Werbesendungen.

Ein großer Teil des Anwerbungsbudgets wird für Sendezeiten während der Sportübertragungen in der Football-Saison (sie liegt zu Beginn der neuen Schuljahre) und vor den Basketball-Endspielen (sie finden in der Zeit statt, in der gewöhnlich die Entscheidungen für die Zeit nach dem Examen getroffen werden) ausgegeben. Ein neuer Werbespot mit dem Titel *Transformation* (Verwandlung) wurde erstmalig am 9. Oktober 1995 während des *Monday Night Football*[28] ausgestrahlt. Unter Verwendung ausgeklügelter Computeranimation und des sogenannten »Morphing«[29] werden hier die mentalen und physischen Herausforderungen dargestellt, die überwunden werden müssen, um aus einem jungen Zivilisten einen Marine werden zu lassen.

Zusätzlich zum Fernsehen machen die Marines auch vorsichtigen Gebrauch von Illustriertenwerbung, Werbung auf Plakatwänden und Wurfsendungen, alles in der Hoffnung, daß junge Frauen und Männer sich dazu durchringen, einmal ein Gespräch mit jemandem wie Gunny Hazzard zu führen. Weitere Hilfsmittel sind das Auftreten bei Tagen der offenen Tür an Schulen, auf Jahrmärkten und an Flugtagen und sogar das »Cold Calling«[30] bei Jugendlichen, die durch Freunde, Eltern und Berater an Schulen empfohlen wurden.

Es ist eine harte und manchmal auch entmutigende Arbeit. Unmittelbar nach *Desert Storm* mußten die US-Streitkräfte fast einmal Bewerber wieder nach Hause schicken, weil so viele junge Menschen gern Mitglieder in einer Siegermannschaft werden wollten. Aber die Zeiten haben sich seitdem wieder geändert. Kaum fünf Jahre nach dem Sieg am Persischen Golf müssen alle Truppengattungen inzwischen Klimmzüge veranstalten, um den Mindestbestand an Rekruten zu sichern, den man nun einmal braucht, um die Streitkräfte zu erhalten. Um alles noch ein wenig schwieriger zu machen, haben die Marines erst kürzlich die Vorgaben noch weiter verschärft, die von neuen Rekruten erfüllt werden müssen, um überhaupt angenommen zu werden. Das ist der Grund, weshalb im Moment neun von zehn möglichen Bewerbern die Qualifikation nicht schaffen und deshalb abgewiesen werden. Die Gründe dafür reichen von Drogenproblemen über Gesetzesverstöße bis hin zum Fehlen eines Highschool-Abschlusses. Bei all der hochtechnisierten Ausrüstung, die man heute für eine moderne Kampftruppe benötigt, ist jemand, der die Highschool vorzeitig verlassen oder nur ein GED-Zertifikat[31] hat, nicht mit den als ausreichend eingestuften Voraussetzungen ausgestattet. Das wiederum bedeutet, daß die Rekrutierungsbeauftragten des Marine Corps, die bis-

---

28 entspricht etwa in ihrem Stellenwert unseren Fernsehsendungen *Sportschau* und/oder *ran*
29 ebenfalls eine Art der grafischen Computeranimation, bei der zwei völlig unterschiedliche Bilder fließend ineinander überführt werden
30 In Deutschland und dem Begriff »Kalt-« bzw. »Stumpf-Akquisition« bekannt: der nicht verabredete Anruf bei einem potentiellen Interessenten zwecks Abschlußmotivation.
31 etwa Hauptschulabschluß

lang rund 200 Bewerbungsgespräche führen mußten, um nur einen geeigneten Rekruten zu finden, das nach der Verschärfung der Auswahlkriterien inzwischen 250mal tun müssen, mit steigender Tendenz. Gunny Hazzard erzählte mir, daß in seinem Verantwortungsbereich die Zahlen sogar zwischen 300 und 400 liegen.

Der Qualifikations-/Musterungs-Prozeß für einen Rekruten schließt eine Reihe von Tests ein – medizinische, psychologische und hinsichtlich der Allgemeinbildung, um nur einige zu nennen. Schließlich spielt auch die persönliche Situation des Kandidaten eine Rolle. Das Leben beim Militär ist teilweise ganz schön hart, kann aber trotz allem für einen potentiellen Rekruten so aussehen, als würde es durchaus einen Weg darstellen, aus einer unhaltbaren beziehungsweise zerrütteten Familiensituation oder einer zerbrochenen Beziehung herauszukommen. Der Rekrutierungsbeauftragte muß nun herausfinden, welches Motiv den potentiellen Rekruten bewegt, dem Corps beitreten zu wollen, und ob das Corps wirklich eine Verwendung für ihn oder sie hat. Die Marines sind überraschend tolerant, wenn es um verjährte Gesetzesverstöße (solange diese nicht über geringfügige Vergehen in der Art von Verkehrsvergehen hinausgehen) oder bewältigte Drogen- oder Alkoholprobleme geht. Der Anwerber wird zum Betreuer und stellt sich selbst als großer Bruder dar, der Hintergrundinformationen sammelt, um es dem Corps zu ermöglichen, alle kleineren Vergehen aus der Welt zu schaffen. Einige der besten Marines kamen aus solchen »Problemsituationen« und haben sich solcher Sonderbemühungen mehr als wert erwiesen.

Es sollte allerdings festgehalten werden, daß nicht jeder, der in einem Rekrutierungsbüro wie dem in Fairfax durch die Tür spaziert, ein Jugendlicher in Schwierigkeiten ist oder einer, der zu Hause und in der Schule Probleme hat. Einer der Rekrutierungsbeauftragten, mit dem ich sprach, hat dem noch etwas stärkeren Nachdruck verliehen und es mit einer kürzlich geschehenen Erfolgsstory untermauert. Er näherte sich gerade dem Ende eines ziemlich schlechten Monats, in dem er nur einen einzigen QMA angeworben hatte. Als er gerade auf dem Weg vom Büro zu seinem Vorgesetzten war, um sich seinen Rüffel wegen der schlechten Monatsmission abzuholen, da passierte es. Plötzlich sah er, wie ein junger Mann sich zögernd der Tür des Büros näherte. Er sah aus, als wäre er dem Werbeplakat der Marines entsprungen: korrekt geschnittenes Haar, jeder Knopf da, wo er hingehörte, eine durchtrainierte Figur. Der Anwerber, noch im festen Glauben, einen Marine vor sich zu haben, fragte ihn respektvoll, zu welcher Einheit er gehöre. Zu seiner nicht geringen Überraschung teilte ihm der junge Mann mit, er sei gekommen, um den Marines beizutreten; das sei schon sein Wunsch gewesen, als er noch ein kleiner Junge war! Der Rekrutierungsbeauftragte dankte Gott für sein Glück und nahm den jungen Mann mit hinein, nur um dort festzustellen, daß dieser auch noch über ausgezeichnete Zeugnisse aus der Schule verfügte, nicht mehr als einen Strafzettel wegen einer Geschwindigkeitsüberschreitung kassiert hatte und fast perfekte Ergebnisse bei den Qualifikationstests vorweisen konnte. Der junge Mann wurde verpflichtet und saß bereits am nächsten Morgen im Bus, der ihn zur Grundausbildung brachte. Wie man sich vielleicht vorstellen kann, vergab ihm sein Vorgesetzter, daß er diesen Monat die Vorgaben nicht erreicht hatte, denn schließlich hatte er dem Corps ein weiteres Goldstück verschafft, aus dem es einen Krieger schmieden konnte.

Gehen wir einmal davon aus, daß ein junger Mensch sich für das Marine Corps entschieden hat und auch dafür qualifizieren konnte. Normalerweise gibt es dann allerdings noch ein paar weitere Hürden, die vom Rekrutierungsbeauftragten genommen werden müssen, und die können nicht selten die ganze Chose noch kippen. Da wären zunächst einmal die Eltern. Trotz des allgemein guten Rufs, den die Marines genießen, fällt es einigen Eltern doch schwer zu akzeptieren, daß ihr Sohn oder ihre Tochter mit dem Gedanken spielt, dem Corps beizutreten. Viele Eltern der Generation aus den 60er und 70er Jahren haben eine tiefverwurzelte Aversion gegen alles Militärische, eine Aversion, die ihren Ursprung im Vietnamkrieg haben dürfte. Anderen wiederum gefällt es überhaupt nicht, daß ihr Kind das College »aufgibt«, nur um als gemeiner Soldat zum Militär zu gehen. Sie sehen darin eine Karriereentscheidung der »Unterklasse«. Was sich ebenfalls in den Hinterköpfen von Eltern abspielt, ist die Befürchtung, daß ihr Kind weit weg von zu Hause getötet oder zum Krüppel gemacht werden könnte. Schnell findet sich der Anwerber dann in der Rolle eines Familienberaters wieder, der den Eltern klarmachen muß, daß das Marine Corps mitnichten der Sumpf ist, in dem sich der Abschaum der amerikanischen Gesellschaft sammelt. Es kommt keineswegs selten vor, daß die Rekrutierungsbeauftragten diese Runde im Anwerbungsspiel verlieren.

Trotz all dieser Probleme »gewinnen« Gunny Hazzard und sein Team aber auch ihren Teil. Gerade in der Woche vor unserem Besuch hatten sie drei weibliche QMAs angeworben, was schon ein ziemliches Erfolgserlebnis für ein Rekrutierungsbüro ist. Und bereits eine Woche später sollte ihr Büro weitere vier, diesmal männliche Bewerber verpflichten. Gunny Hazzard gestand mir ganz offen, daß keineswegs jeder Monat so gut laufe. Ähnlich wie Geschäftsleute fangen die Rekrutierungsbeauftragten der Marines jeden Monat wieder bei Null an und werden ausschließlich nach ihren aktuellen und nicht nach in der Vergangenheit erzielten Erfolgen beurteilt.

Sobald ein Rekrut gemustert und der ganze Papierkrieg erledigt ist, besteht der nächste Schritt darin festzulegen, wann es weitergeht und er die Reise zu einem der beiden Marine Corps Recruit Depots (MCRD = Ausbildungslager des Marine Corps) antreten soll. Im MCRD San Diego, in der Nähe von Point Loma, das im Hafenbereich von San Diego in Kalifornien liegt, findet die Grundausbildung für sämtliche männlichen Rekruten statt, die aus den Gebieten westlich des Mississippi einschließlich Alaska, Hawaii und dem pazifischen Raum (Guam, Samoa usw.) kommen. Die Leute im Corps bezeichnen die Rekruten, die dort ausgebildet werden, gern als »Hollywood Marines«. Das hat aber nur mit der Nähe des MCRDs zu dieser Filmmetropole zu tun. Das andere MCRD, das auf Parris Island in South Carolina, führt die Grundausbildung für männliche

Rekruten durch, die aus den Gebieten östlich des Mississippi kommen. Auch sämtliche weiblichen Rekruten des Corps landen hier, um ihre Grundausbildung zu durchlaufen.

Die Wartezeit bei Reservierungen für die Grundausbildung ist heutzutage ziemlich kurz – es sei denn, man ist ein weiblicher Rekrut. Da es lediglich ein einziges Ausbildungsbataillon für Frauen gibt, das in Parris Island stationiert ist, und dieses nur eine bestimmte Zahl von Rekruten pro Jahr ausbilden kann. Ist die Zeit gekommen, zu der neue Rekruten zur Ausbildung einbestellt werden, bringt man sie zunächst zu einer sogenannten Military Enlistment Processing Station (MEPS[32]), von der aus sie dann die Weiterfahrt zum für sie/ihn vorgesehen MCRD antreten. Für die mittelatlantische Region ist die MEPS in Baltimore zuständig, und die Rekruten werden von ihren Anwerbern dorthin begleitet. Nach einer körperlichen Eingangsuntersuchung werden sie vereidigt und dann zum Flughafen gefahren, um das Flugzeug nach Charleston in South Carolina zu besteigen. Von dort geht es per Bus weiter, mit dem sie zu ihrem neuen Zuhause für die kommenden etwa sechs Monate gebracht werden, und das ist das MCRD auf Parris Island. Besuchen wir doch einmal dieses Eingangstor zum Corps und schauen uns an, was diesem Ort einen so besonderen Platz in den Herzen der Marines reserviert.

Die Insel: Parris Island und die Grundausbildung

Tief in den Palmen- und Kiefernhainen der Gezeitengebiete von South Carolina kann man immer noch einen Landstrich finden, der so aussieht, als hätte er sich seit dem 19. Jahrhundert kaum verändert. Wenn man dort eintrifft, könnte man jeden Eid darauf ablegen, daß man schon einmal dort gewesen ist, und man hätte noch nicht einmal ganz unrecht damit. Das hier ist der Landstrich, in dem die Romane von Pat Conroy spielen. Tatsächlich liegen auch die Drehorte für die Filme *The Great Santini* (dt. *Der große Santini*) und *The Big Chill* (dt. *Der große Frust*) hier ganz in der Nähe, und zwar in und um die Stadt Beaufort. Das Gebiet nennt sich Port Royal Sound, besitzt einen der schönsten natürlichen Häfen zwischen Virginia und Florida und ist gleichzeitig die Heimat einiger Stützpunkte des Marine Corps. Am nördlichen Ende der Meerenge befindet sich die Marine Corps Air Station Beaufort, die Heimat der Marine Air Group Thirty One (MAG-31), die die F/A-18 *Hornet* Jagdbomber fliegt. Gegenüber von Hilton Head mit seinen wunderschönen Golfplätzen und Urlaubsorten liegt unser Ziel, das Marine Corps Recruit Depot Parris Island.

Um die Insel Parris haben, lange bevor der Unabhängigkeitskrieg begann, schon französische, spanische und englische Truppen gekämpft. Während des Bürgerkriegs wurde die Insel 1861 von den Unionstruppen

---

32 eine zentrale Sammelstelle des Militärs, von der gemusterte Soldaten zu den Ausbildungseinheiten weitergeleitet werden

erobert und war damit einer der ersten Bereiche konföderierten Territoriums. Während des ganzen Bürgerkriegs diente dann der phantastische natürliche Hafen, den die Meerenge darstellt, als Ausgangspunkt für Blockade- und amphibische Operationen der Unionstruppen entlang der Südostküste. Noch später, während des spanisch-amerikanischen Kriegs, diente der Sound als Truppensammelplatz und Marinestützpunkt. Das alte steinerne Trockendock in der Nähe des Hauptquartiers des kommandierenden Generals ist ein stummer Zeuge vergangener Marineaktivität. Parris Island wurde während der Mobilmachung vor dem Zweiten Weltkrieg zu einem MCRD, weil man Platz für die enorme Erweiterung des Corps brauchte, die in dieser Zeit erfolgte. Das ganzjährig milde Klima macht die Insel zu einem idealen Übungsgelände, obwohl es im Sommer teilweise ganz schön feucht und tropisch werden kann. Eine der unabänderlichen Konsequenzen dieses Klimas ist die verschwenderische Fülle gefräßiger Insekten, die man eigentlich gesehen (und gefühlt!) haben muß, um es wirklich glauben zu können, was sich da abspielt. Trotzdem wird das Gebiet wegen seiner Nähe zu Charleston im Norden und durch das Fehlen ziviler Entwicklungsprojekte wahrscheinlich noch lange Jahre Übungsgelände der Marines bleiben, auf jeden Fall aber länger, als die kalifornische Siedlungspolitik ihrerseits brauchen wird, um das MRCD aus San Diego zu verdrängen.

Die Einrichtungen auf Parris Island sind eine Mischung aus Alt und Neu. Neu sind die Kantinengebäude und die Schieß-Simulationsbahnen, alt die Landebahnen für die Weltkrieg-II-Bomber direkt nebenan. Selbst in unseren Tagen schmaler Budgets geht die Modernisierung und der Neubau von Kasernen hier weiter. Parris Island genießt eine gewisse Einmaligkeit unter den Stützpunkten der Marines an der Ostküste, da es absolut keine Truppen der aktiven Fleet Marines hat. An erster, letzter und eigentlich jeder Stelle widmet man sich auf Parris Island einer einzigen Mission: aus dem Rohmaterial »Zivilist« Marines zu machen. Dreh- und Angelpunkt in diesem Prozeß ist das Recruit Training Regiment (RTR = Ausbildungsregiment), das gegen Ende 1995 unter dem Kommando von Colonel D. O. Hendricks stand. Sein ranghöchster Unteroffizier war zu dieser Zeit Sergeant Major P. J. Holding, Veteran eines mehr als 20jährigen Dienstes im Corps. Das RTR besteht aus einem Versorgungsbataillon und vier Ausbildungsbataillonen – drei für männliche Rekruten, während das vierte für die weiblichen Rekruten reserviert ist. Der ständige Personalbestand auf Parris Island in den Bereichen Ausbildung und Versorgung beläuft sich auf mehr als 7000 Mann, zu denen etwa 4800 Rekruten hinzugerechnet werden müssen. Das bedeutet, daß es sich hier um einen sehr geschäftigen Ort handelt, und man kann die Energie fast körperlich spüren, sobald man den Stützpunkt betritt.

Den ersten Eindruck von Parris Island erhalten die neuen Rekruten schon im Bus auf dem letzten Abschnitt ihrer Fahrt aus Charleston. Das MRCD liegt extrem isoliert, und die alleinige Verbindung zum Rest der Welt besteht aus einem einzigen Damm, über den der zweispurige Zubringer führt. Davon abgesehen ist das gesamte Gelände von Watt,

Sümpfen und dem Sound umgeben. Das ist gut für die Sicherheit, und außerdem sind »UA-Ausflüge« (Unauthorized Absence = unerlaubtes Entfernen von der Truppe) – das ist der im Moment gebräuchliche Begriff für das früher verwendete AWOL (Absence WithOut Leave) – so gut wie unmöglich. Trotzdem erntet man nur ein leichtes Lächeln von der Führung des Corps, wenn man darauf zu sprechen kommt, daß die neuen Rekruten offenbar immer mitten in der Nacht, meist so gegen zwei Uhr morgens, ankommen. Als Erklärung erhält man dann diese Aussage, das verstärke bei den neuen Rekruten noch den Eindruck, völlig von ihrer Vergangenheit und dem Rest der Welt abgeschnitten worden zu sein, und fokussiere sie dadurch sehr stark auf das, was auf sie in den nun folgenden Monaten zukomme. Die Busse halten immer vor dem »Annahme«-Gebäude. Dort werden die Rekruten auf ein Stück Straße abgeladen, das mit einer Linie aus gelben Fußabdrücken markiert ist. Jeder Rekrut muß sich dann auf einem Paar dieser Fußstapfen aufstellen, und schon ist er oder sie Teil der ersten Wandlung auf dem Weg, ein Marine zu werden. Es ist ein irgendwie bewegender, unvergeßlicher Augenblick. Während der gesamten Zeit der nun folgenden Monate der Grundausbildung werden die neuen Rekruten diesen Ort wahrscheinlich nicht wieder zu Gesicht bekommen. Aber man kann den Eindruck gewinnen, daß sie später immer wieder den Weg zu dem Platz finden, wo ihre persönliche Reise ins Marine Corps eigentlich begann. Von diesen gelben Fußabdrücken aus marschieren sie dann in das Annahmegebäude, um eine kurze Einweisung zu erhalten.

Den Rest der Nacht verbringen sie mit Papierkram, dem Haareschneiden und Fragen der Ausrüstung, bevor sie dann endgültig zu einem Kasernengebäude gebracht werden, wo sie sich ein wenig ausruhen können. Die Rekruten müssen sämtliche persönlichen Gegenstände (Zivilkleidung, CD-/Kassettenabspielgeräte, selbst Kämme usw.) abgeben, die quittiert und eingelagert werden. Sie erhalten sie zurück, wenn sie entweder die Grundausbildung abgeschlossen haben oder diese vorzeitig beenden. Auch diese Maßnahme zeitigt einen gewissen Effekt auf das Gefühl der Abtrennung vom bisherigen Leben und macht es den diebisch Veranlagten unter den Rekruten noch schwerer, das Camp zu verlassen. Dann kommt die »Stunde der Wahrheit«, in der jedem neuen Rekruten die Frage gestellt wird – und das wirklich zum allerletzten Mal –, ob er oder sie wirklich hier sein will und ob es irgend etwas gibt, was bislang nicht erwähnt wurde, was sie daran hindern könnte, ein Marine zu werden. Das ist insofern wichtig, da jede Unwahrheit, die nach diesem Zeitpunkt noch festgestellt wird, den sofortigen Ausschluß aus dem Marine Corps bedeuten kann. Das Eingeständnis einer früheren Verfehlung bedeutet aber, daß man sich beim Corps um eine Bereinigung bemüht und dies keine weiteren Auswirkungen auf die Laufbahn haben wird. Die nun folgenden Tage vergehen mit weiteren Tests, physischen Untersuchungen, einem ersten Belastungstest und Terminen mit verschiedenen Beratern. Diese Tätigkeiten dienen dazu, den Ausbilderstab des RTR auf irgendwelche physischen oder psychischen Probleme aufmerksam zu machen, die zu Komplikationen mit einzelnen Rekruten führen könnten. Für den Fall, daß eine Verletzung oder körperliche Behinderung festgestellt wird, hält der RTR-Stab den Rekruten bis zu einem abschließenden Ergebnis zurück und versucht ihn oder sie zu einem späteren Zeitpunkt wieder in den Ausbildungsablauf zu integrieren.

Die anderen Untersuchungen können eine ernstere Wendung nehmen. Viele junge Menschen unserer Gesellschaft kommen aus zerrütteten Familienverhältnissen oder anderen, teilweise verheerend zu nennenden persönlichen Situationen. Es kann durchaus sein, daß es gerade diese Menschen sind, die sich dazu entscheiden, zum Militär zu gehen, weil sie in einem solchen Schritt einen Ausweg aus ihren Problemen sehen. Obwohl das Corps seine Rolle in erster Linie darin sieht, »Marines zu schaffen und Kriege zu gewinnen«, bemüht es sich aber auch darum, ein schützender und positiv besetzter Ort zu sein, an dem qualifizierten jungen Frauen und Männern ein sauberer Start ins Leben gelingen kann. Das ist der Grund, weshalb das RTR-Personal, wenn es auf einen jungen Rekruten mit Problemen stößt, versucht, diese mit ihm oder ihr durchzuarbeiten und zu bewältigen, statt diesen Menschen gleich zurück in den Mülleimer der Gesellschaft zu stoßen. Derartige Beispiele für das Eingreifen von Angehörigen des RTR-Stabes kann man praktisch während der gesamten Ausbildung immer wieder beobachten. Von Zeit zu Zeit müssen sie sich sogar direkt – wirklich körperlich – zwischen die Rekruten und gefährliche Situationen stellen. Dann gibt es wieder Zeiten, in denen sie jungen Rekruten »beistehen« oder ihnen einen »Schubs« geben müssen, wenn sie einmal »vor der unüberwindlichen Mauer« angekommen sind, die anscheinend allen Rekruten irgendwann im Laufe ihrer Ausbildung einmal im Wege steht. Ähnlich wie den Marathonläufern geht es auch den Rekruten häufig so, daß sie einen Punkt erreichen, an dem ihnen das Ziel unerreichbar erscheint, aber mit ein wenig Hilfe und Unterstützung plötzlich wieder greifbar und klar erkennbar wird. Andere Eingriffe können jedoch ungleich gefährlicher sein wie beispielsweise in solchen Situationen, in denen man einem Rekruten auf dem Übungsgelände beispringen muß, wenn der vielleicht falsch mit einer Handgranate umgeht. Jeder verlorene Rekrut schmerzt, und der RTR-Stab arbeitet wirklich sehr hart, um sicherzustellen, daß es so viele wie möglich schaffen, hier durchzukommen. Auf anderer Ebene kümmert sich das Korps der Geistlichen von der U.S. Navy um das seelische Wohlergehen der Rekruten wie auch um das des Stabes und seiner Familien. Durch ein Programm mit Laienpredigern schaffen es diese Geistlichen, wirklich jede Art religiöser Tradition und Glaubensrichtung abzudecken. Sie stellen für die Rekruten ein lebenswichtiges Bindeglied zur Welt dar, die sie hinter sich gelassen haben, und dienen im Falle eines familiären Notstandes gleichzeitig auch als Verbindungsleute zum Roten Kreuz.

Im Anschluß an diese Orientierungsphase werden die Rekruten in eines der vier Ausbildungsbataillone versetzt. Dort wiederum werden Platoons (Züge) zusammengestellt, die zwischen 70 und 80 Mann stark sind. Drei oder vier dieser Züge ergeben dann eine *Series*, die als Grundeinheit inner-

Rekruten der Marines auf der »Vertrauensbahn« von Parris Island. Diese Serie von Hindernissen ist darauf ausgelegt, die körperliche Fitneß und geistige Belastbarkeit bei der Überwindung dieser speziell gestalteten Hindernisse zu fördern.

JOHN D. GRESHAM

halb des Bataillons fungiert. Zwei *Series* ergeben eine *Company*, vier *Companies* ein Bataillon[33]. Jede *Series* steht unter dem Kommando eines Lieutenant oder Captain, mit einem Gunnery Sergeant als höchstrangigen NCO. Innerhalb eines jeden Platoons gibt es ein Team von vier sogenannten *Drill-Instructors*, deren Aufgabe in der Überwachung der Ausbildung und des körperlichen Wohlbefindens der Rekruten besteht. Der legendäre Drill Instructor (DI) der Marines wird im Corps fast genauso verehrt wie von der Öffentlichkeit mißverstanden. Die DIs gibt es in zwei »Geschmacksrichtungen«: die höherrangigen (Senior DI) mit ihren unverwechselbaren schwarzen Patent-Ledergürteln und die in den darunterliegenden Diensträngen (Junior DI) mit ihren grünen Textilkoppeln. Die Senior DIs sind die Supervisoren, die jeden einzelnen Platoon und die anderen Sergeants betreuen.

Ganz entgegen der landläufigen Ansicht, daß die Grundausbildung ein Programm, das aus sadistischen Foltern besteht und die DIs bescheuerte Tyrannen sind, stellt sich die Realität verblüffend anders dar. Die Kommandeure und DIs der *Series* sind ausgesuchte Freiwillige, deren Aufgabe darin besteht, möglichst viele Rekruten erfolgreich und dabei

---

33 Die hier angegebenen Zahlen sind in ihrer Größenordnung nicht ohne weiteres auf die in ihren Bezeichnungen (mit Ausnahme der »Series«) ähnlichen Abteilungen in Deutschland übertragbar!

sicher durch die Grundausbildung zu schleusen. Zugegeben, das war nicht immer die im Corps vollzogenen Praxis, und der Vorfall von 1956 am Ribbon Creek auf Parris Island spukt nach wie vor in den Hinterköpfen der DIs herum. Sie wachen über ihre Rekruten wie die Falkenmütter über ihre Jungen. Das soll aber nun nicht heißen, daß das Marine Recruit Training etwa leicht oder sogar ein Spaß wäre. Eigentlich ist es genau darauf ausgelegt, weder das eine noch das andere zu sein. Diese Grundausbildung ist ein maßgeschneiderter Ablauf aus Geschicklichkeits-, physischem, geistigem und allgemeinbildendem Training, das darauf abzielt, die Rekruten an die Grenzen ihrer persönlichen Leistungsfähigkeit zu treiben und sie dort für einen langen Zeitraum zu halten.

Während der Grundausbildung arbeiten die DIs hart dafür, diesen Druck aufrechtzuerhalten, ohne deshalb auch nur einen Rekruten zu verlieren, der an sich durchaus in der Lage wäre, die Herausforderung, ein Marine zu werden, auch zu bewältigen. Es ist schon ein sehr harter Job. In dem Augenblick, da die neuen Rekruten in ihre Ausbildungskompanien kommen, wird dort schon ein DI auf sie warten, der einen Überblick über ihr ganzes weiteres Leben hat. Im Klartext bedeutet das für einen Drill Instructor, einen Zeitplan aufzustellen, der es ihm ermöglicht, 24 Stunden jedes einzelnen Tages der Grundausbildung überwachen zu können. Im Durchschnitt ist der Tag eines DIs 18 Stunden lang, wobei die Forderung nach ständiger Wachsamkeit zu den Mindestvoraussetzungen zählt. Ausgebrannt zu sein ist ein durchaus verbreitetes Problem bei den DIs und Kommandeuren der *Series*, und ein Rotationsprogramm aus ständigen Wechseln zwischen Ausbildungs- und Nicht-Ausbildungkommandos innerhalb des RTR ist eine kleine Erleichterung bei der Bewältigung ihres Zweijahresturnus in dieser Aufgabe. Diese Wechsel dienen so der Aufrechterhaltung der Konzentration auf die Aufgabenstellung selbst.

Der Begriff »positive Kontrolle« wird dazu verwendet, die Art und Weise zu beschreiben, in der die DIs über die einzelnen Rekruten wachen. Diese positive Kontrolle wurde geschaffen, um die Rekruten sicher und gehorsam zu halten, und wird durch eine Kombination aus physischer Präsenz und dem, was die Marines gern als »Kommandoton« bezeichnen, praktiziert. Die physische Präsenz ist eine Funktion des Auftretens, also tragen die DIs eine makellose Uniform mit der berühmten Kampfjacke der Marines darüber (die auch als »Smokey Bear« bekannt ist). Aber eigentlich bringt es letzten Endes der Kommandoton. Ähnlich wie der berühmte »Rebellenschrei« im Bürgerkrieg ist er eigentlich nicht zu beschreiben, aber man wird ihn erkennen, sobald man ihn einmal gehört hat. Jeder DI und Kommandeur der *Series* hat ihn, und einige Leute behaupten, daß er jedem Befehl, jedem Kommentar und jeder Bemerkung, die an die Adresse von neuen Rekruten gehen, einen Klang verleiht, als käme er von Gottvater persönlich. Die DIs benötigen diesen Kommandoton auch, denn die Tage, in denen Rekruten physisch gequält und verbal verletzt wurden, sind vorbei. Heute verwenden die DIs Worte in der gleichen Weise wie ein Chirurg, der einen Tumor entfernt, das Skalpell. Für einen 18- bis 19jährigen Rekruten erscheint es so, als würde er dadurch emotional in Stücke geschnitten. Einer meiner Führer, der Presseoffizier Captain Whitney Mason, hatte gerade einen Turnus als *Series*-Kommandeur auf Parris Island hinter sich, und sie gestand mir, daß auch sie diesen »Ton« immer dann anschlagen würde, wenn es die Situation erfordere. Es gab mehr als einen Marine, mit dem ich mich unterhalten habe, der mir davon berichtete, daß in der Hitze eines Gefechts, wenn er vor Angst geschlottert und sich sprichwörtlich in die Hose gepinkelt habe, urplötzlich laut und deutlich die Lektionen wieder in seinem Bewußtsein hochgekommen seien, die er Jahre zuvor von einem speziellen DI verpaßt bekommen habe. Das sei es dann gewesen, was ihm letztlich in diesem Augenblick das Leben gerettet habe.

Aber zurück zu den neuen Rekruten. Es ist einiges mit ihnen während der Test- und Umwandlungsperiode passiert. Bereits während ihrer ersten Tage auf Parris Island haben sie sich sehr rasch von dem Wesen verabschiedet, das sie noch im Zivilleben ausmachte. Das lief praktisch parallel zum Verpassen der obligatorischen »Buzz Cut«-Frisur (1-mm-»Mecki«-Haarschnitt) für die männlichen Rekruten (die weiblichen Rekruten erfreuen sich etwas längerer Haare und einiger erlaubter Frisuren) und der Ausstattung mit Uniformen und sonstiger Grundausrüstung. Außerdem haben sie unmittelbar vor der Versetzung in ihren Ausbildungszug das wichtigste Werkzeug eines Schützen der Marines empfangen: ein M16A2 Gewehr. Es wird während der gesamten Grundausbildung ihr ständiger Begleiter bleiben, und sie werden lernen, besser als jeder andere Krieger auf der Welt, damit umzugehen.

Wenn die Zeit gekommen ist, erstmalig ihren DI zu treffen, passiert dies im Rahmen einer einzigartigen Zeremonie, die als »Pickup Briefing« (also etwa »Aufnahme-Besprechung«) bezeichnet wird. Die neuen Rekruten marschieren zu ihren Platoon-Kasernen (auch als *Squad Bay*, Ausbildungskaserne, bezeichnet) und räumen dort ihre Ausrüstung ein. Sobald das geschehen ist, setzen sich die etwa 70 Rekruten im Schneidersitz auf den Boden und warten auf das Erscheinen ihres DI. Los geht die ganze Sache dann mit dem Erscheinen des Kompaniechefs, dem ein hochrangiger DI mit seinem unverwechselbaren schwarzen Koppel folgt. Sie stellen sich den Rekruten als die Marines vor, die während der nun folgenden Monate deren Leben in ihren Händen halten. Die Ansprachen sind irgendwie bezwingend und fast einschüchternd. Sieht man sich dabei die Rekruten genauer an, wird man feststellen, daß sie keineswegs nur eingeschüchtert, sondern tatsächlich sogar ängstlich wirken – wie sie es auch sein sollten. Wenn man einen DI zum ersten Mal in voller Montur und mit vollem Kommandoton erlebt, ist das etwas, was man wohl niemals wieder vergessen wird. Die DIs sprechen kurz über das, was die Rekruten zu erwarten haben und wie die Dinge im Platoon laufen, wobei sie besondere Betonung auf die Sicherheitsaspekte und das »Umeinander-Kümmern« legen. Dann nehmen die Dinge ihren Lauf. Die Rekruten müssen in Linie vor ihren hohen Stockbetten antreten, und der DI beginnt mit seinem Drill. Der erste Befehl lautet, in die Seesäcke und Stiefelkisten zu tauchen und schnellstmöglich bestimmte Ausrüstungs- oder Kleidungsstücke herauszusuchen. Anschließend erfolgt der erste Drill am M16. Der Grundgedanke dabei ist der, sie zu einer schnellen Reaktion auf die Befehle des DI zu bringen und das Vertrauen aufzubauen, das man nun einmal braucht, damit die Grundausbildung effektiv sein kann. Auf diese Weise kann schrittweise und sicher zu schwierigeren und gefährlicheren Ausbildungsabschnitten, speziell denen, bei denen Feuerwaffen im Spiel sind, übergegangen werden.

Das Marine Recruit Training wird in verschiedenen Phasen vollzogen, die sich über einen Zeitraum von etwa drei Monaten hinziehen (bei den weiblichen Rekruten sind es ein paar Tage mehr). Das Ganze fängt mit der sogenannten »Forming Phase« an, die wir gerade kennengelernt haben. Sie dauert drei bis vier Tage und ist darauf ausgelegt, den Rekruten die Grundlagen des Lebens in der Gruppe beizubringen und ihnen das »Grünwerden« zu zeigen, wie es manche nennen. In dieser Zeit finden auch die Einzelgespräche zwischen den DIs und den Rekruten statt, damit man einander intensiver kennenlernt und der DI so die Möglichkeit bekommt, Rekruten besser individuell durch die Grundausbildung leiten zu können. Außerdem ist dies die letzte Möglichkeit, zu prüfen, ob es irgendwelche persönliche Probleme gibt, die eine Weiterleitung an professionelle Berater oder das medizinische Personal notwendig erscheinen lassen. Anschließend findet unter den vier DIs eine Aufgabeneinteilung für die Überwachung des Platoons statt, wobei einer immer die nächtlichen »Feuerwachen« im »Gruppenlagerraum« übernimmt. Nach festgelegtem Plan müssen auch die Rekruten diese Feuerwache mitgehen, was für sie gleichzeitig eine gute Übung ist, sich an die besondere Natur des 24-Stunden-Tages im Militärleben zu gewöhnen. Obwohl die Erfahrung bei diesen Wachdiensten von lebenswichtiger Bedeutung ist, da Kampfsituationen es nicht gerade selten erforderlich machen, lange Zeit ohne Schlaf auskommen zu müssen, ist man jedoch sehr bemüht sicherzustellen, daß die Rekruten ausreichend Ruhezeit bekommen. Normalerweise gehen täglich um neun Uhr abends die Lichter aus und um fünf Uhr morgens wieder an.

Der Forming Phase folgt die Phase I, die etwa drei Wochen dauert. Sie ist in erster Linie eine reine Orientierungsphase, in der die Rekruten festgelegten Tages-Dienstplänen unterworfen sind. Der Tagesablauf sieht intensives Physical Training (PT = Körperertüchtigung), Formalausbildung, klassenweise Einführungen in die allgemeine militärwissenschaftliche Thematik und das Sammeln von ersten Erfahrungen auf dem Hindernisparcours vor. Dieser Hinderniskurs soll das Selbstvertrauen der Rekruten bilden und stärken und ist eine Kombination aus verschiedenen Sperren, die überklettert, übersprungen oder unterkrochen werden müssen. Diesen Parcours müssen die Rekruten mehrere Male während der Grundausbildung absolvieren, und im Laufe der Zeit sind sie in der Lage, ihn sogar mit geschlossenen Augen zurückzulegen. Auch das tägliche PT ist lebenswichtig, da man beim Corps ein bestimmtes Minimum körperlicher Fitneß benötigt, um auch nur die Grundaufgabenstellung erfüllen zu können. Obwohl die meisten der Rekruten bereits ganz gut in Form sind,

Ein Rekrut der Marines, bewaffnet mit einem M16A2 Sturmgewehr, bewegt sich auf der Gefechtsbahn von Parris Island. Der Ausbilder im Hintergrund überwacht die Sicherheit und Leistung des Rekruten.
JOHN D. GRESHAM

macht das PT sie noch besser, und es ist ganz hilfreich dabei, ihnen eine geregelte Lebensweise einzupflanzen. Es ist immer leichter, wenn diese Übungsroutinen so früh wie möglich zu einem festen Bestandteil des Lebens werden. Kommt einem diese Erkenntnis zu spät, muß er den Preis dafür zahlen.

Die Rekruten werden auch in verschiedenen allgemeinbildenden Themen unterrichtet. Es mag vielleicht sein, daß die Öffentlichkeit die Ansicht vertritt, daß das Corps nicht gerade ein Sammelbecken für geistige Schwergewichtler ist, aber Offiziere anderer Truppengattungen, die in den zusammengeführten Stäben Dienst taten, werden bestätigen können, daß Marines zu den größten Denkern des heutigen Militärwesens gehören. Die Themenkreise in der Ausbildung reichen von Basistaktiken bis hin zur Geschichte des Marine Corps. Das Corps ist nun einmal der felsenfesten Überzeugung, daß kluge Rekruten gute Marines werden. Das Klischee vom ignoranten »Holzkopf« hat längst ausgedient. Das ungeheure Ausmaß an Aufgaben und Ausrüstung, mit der sich schon ein Marine auseinandersetzen muß, der gerade erst die Grundausbildung durchläuft, läßt einem schon den Kopf schwirren. Als Nation erwarten wir eine Menge von unseren Marines, und die müssen schon sehr gut ausgebildet sein, wenn sie diesem Anspruch genügen wollen.

Der Fortschritt der Rekruten wird während der ganzen Zeit, die sie in der *Squad Bay* (Ausbildungskaserne) verbringen, genauestens aufgezeichnet. Trotz aller Bemühungen von Rekrutierungsbeauftragten wie Gunny Hazzard, die jungen Leute physisch wie psychisch vorzubereiten, werden die meisten Rekruten während der ersten drei Wochen der Grundausbildung »ausgewaschen« und gehen dem Corps verloren. Es ist schon eine harte Angelegenheit, wenn man einen jungen Menschen von Parris Island aus nach Hause schicken muß, und das Corps unternimmt alles nur Mögliche, den Zermürbungseffekt zu minimieren. Ziehen sich Rekruten beispielsweise bei der Ausbildungen Verletzungen zu, so gibt man ihnen, wo möglich, genügend Zeit für die Rekonvaleszenz. Fällt ein Rekrut im

Weibliche Rekruten warten darauf, daß sie auf dem Granaten-Übungsgelände auf Parris Island an die Reihe kommen. Weibliche Marines müssen sich in sämtlichen Waffen qualifizieren und dieselben Parcours durchlaufen wie ihre männlichen Gegenstücke.
JOHN D. GRESHAM

Bereich der Bildung oder Geschicklichkeit zurück, bekommt er Nachhilfe, um den Anschluß wiederzufinden und mit dem Rest des Platoons weiterhin Schritt halten zu können. Alles in allem wachen die DIs rund um die Uhr über ihre Rekruten, um sicher sein zu können, daß alles mit ihnen in Ordnung geht.

Die Gefechtsausbildung beginnt in Phase II. Dieser Abschnitt dauert für die männlichen Rekruten sechs und für die weiblichen sieben Wochen. In dieser Zeit üben sie die Treffsicherheit mit dem M16A2 und sammeln ihre ersten Erfahrungen auf der *Rifle Range* (Schießplatz). Beim Corps wird die Treffsicherheit sehr ernst genommen. Wenn man nicht dazu in der Lage ist, konstante Trefferquoten innerhalb der normalen Reichweite des M16 zu erzielen, wird man *niemals* ein Marine. In Phase II werden die allgemeinen militärischen Kenntnisse aus Phase I überprüft, und der Rekrut muß zum ersten Mal den *Physical Fitness Test* (PFT) bestehen. Ähnlich wie die Fertigkeiten mit dem M16 ist auch der erfolgreiche Abschluß des PFT Voraussetzung dafür, als Marine bestätigt zu werden. Ebenfalls in Phase II machen die Rekruten ihre ersten Erfahrungen mit den erst kürzlich fertiggestellten Wasser-Übungseinrichtungen auf Parris Island. Ein verblüffend hoher Anteil an Rekruten hat noch nie in seinem Leben einen Swimmingpool, einen See oder gar das Meer zu Gesicht bekommen, und diese jungen Menschen müssen erst einmal schwimmen lernen, wenn sie bei der amphibischen Truppe dienen wollen. In den Schwimmeinrichtungen lernen die Rekruten, wie man im Wasser treibt und sich bewegt, selbst wenn man voll mit Gewehr, Uniform, Stiefeln und Sturmgepäck beladen ist. Diese Ausbildung schließt auch ein paar Sprünge von Sprungbrettern ein, die einige der jungen Rekruten ganz schön nerven können, wenn ihre bislang einzige Erfahrung mit Wasser aus einem geöffneten Feuerwehrhydranten ihrer Heimatstadt bestand.

Am Ende dieser Phase steht die Angriffsausbildung, die so immens wichtig ist, wenn man ein Marine-Krieger werden will. Dazu gehören elementare Kampf- und Angriffsübungen für kleine Einheiten genauso wie die traditionelle Ausbildung in den »Schlagtechniken« der Marines (Grundlagenkenntnisse im Nahkampf ohne Waffe) und der Umgang mit den *Pugil Sticks* (das sind lange, gepolsterte Schlagstöcke). Dieser Teil der Ausbildung konfrontiert die werdenden Marines mit der unangenehmen Tatsache, daß zum Leben als Marine unter Umständen gehören kann, andere Menschen körperlich angreifen und sie gegebenenfalls auch töten zu müssen. Das ist nur mit taktischer (Angriffs-)Ausbildung allein nicht zu bewerkstelligen, denn erst durch die Praxis lernen die neuen Marines ihre Kraft im Kampf richtig einzuteilen und einzusetzen.

Oben habe ich erwähnt, daß die weiblichen Rekruten eine Woche länger in Phase II verbringen als ihre männlichen Kameraden. Ich glaube, jetzt ist der richtige Zeitpunkt gekommen, etwas weiter auszuholen. Seit dem Ende des Ersten Weltkriegs haben Frauen die Kraft des Corps verstärkt, indem sie Männer entlasteten, damit sich diese ihren Kampfaufgaben widmen konnten. Ähnlich wie auch die anderen Truppengattungen im US-Militär, so hat auch das U.S. Marine Corps Schritt für Schritt weitere Möglichkeiten für Frauen eröffnet. Heute steht von sämtlichen MOS-Codes (Military Occupational Speciality; Klassifikationskode, um den Spezialisierungsgrad hinsichtlich Fertigkeiten und möglichen Einsatzgebieten anzugeben) den Frauen bei den Marines der Zugang zu etwa 93 Prozent davon offen. Dazu gehören unter anderem auch Fliegerjobs, also das Führen von Kampfflugzeugen und -hubschraubern. Wirft man aber einen genaueren Blick auf die für Frauen seitens des Verteidigungsministeriums offiziell festgelegte Definition von »Kampf«, so wird man schnell feststellen, daß sie nach wie vor durch die Streichung der dazugehörigen MOS von direkter Gefechtstätigkeit ausgeschlossen sind. Das aber sind nun leider genau die Spezialisierungsgrade, von denen höherrangige Befehlshaber immer noch die Ansicht vertreten, daß sie von ausschlaggebender Bedeutung für Beförderungen sein sollten. Dazu gehören unter anderem Infanterie, Panzer und andere Bodenkampfpositionen. Die staatlicherseits vertretene Begründung läuft darauf hinaus, daß Frauen zu geringe Belastungstoleranzen aufweisen: Man ist der Meinung, daß es den Frauen an der nötigen Härte und dem nötigen Durchhaltevermögen mangelt, um in einer Kampfsituation bestehen zu können. Aber hier zeichnete sich schon ein Wandel in der Einstellung ab, als General Krulak kürzlich die Beschränkungen für die Artillerie und einige andere Kampf-MOS lockerte.

Inzwischen ist es aber so, daß trotz aller Einschränkungen für Frauen, was deren Einsatzmöglichkeiten bei Fronteinheiten der Bodenkampftruppen angeht, das Corps die Ausbildungs- und Bereitschaftsstandards für sämtliche Marines festgeschrieben hat, und *jeder* Marine hat gefechtsbereit zu sein, wo auch immer und wann auch immer. Ergo bekommen auch die weiblichen Rekruten eine Gefechtsausbildung. Allerdings unterscheidet sich der Ausbildungsdienstplan bei den weiblichen Rekruten in Details von dem ihrer männlichen Kameraden. An erster Stelle steht dabei die rein räumliche Trennung. Die weiblichen Rekruten haben ihre eigene Kaserne und ihren Ausbildungsbereich in einem anderen Teil von

Parris Island und gehören einer eigenen Einheit, nämlich dem 4th Recruit Training Battalion, an. Die Einrichtungen des 4th RTB machen einige, wenn auch geringfügige Konzessionen an angeblich rein weibliche Erfordernisse (Intimsphäre und ähnliches). Die *Squad Bays* sind im großen und ganzen, sowohl was ihre Aufteilung als auch ihre Ausrüstung angeht, genauso ausgestattet wie die ihrer männlichen Gegenstücke. Einige der XOs (Executive Officers) und Sergeant Majors im 4th Battalion sind männlich, aber es gibt keinen einzigen männlichen DI oder *Series*-Kommandeur.

Allerdings gibt es einen signifikanten Unterschied bei der Ausbildung männlicher und weiblicher Rekruten, der eine sehr unschöne Realität unserer Gesellschaft widerspiegelt: Ein außerordentlich hoher Prozentsatz der Frauen, die sich zum Corps melden, berichten über zuvor erlittenen körperlichen oder sexuellen Mißbrauch oder daß sie belästigt oder vergewaltigt worden sind, bevor sie zur Grundausbildung kamen. Obwohl die Führung des Marine Corps mit diesem Thema sehr diskret umgeht, ist die Arbeit, die von dort aus im Interesse der Frauen geleistet wird, ebenso spezifisch wie wirkungsvoll. Das 4th Battalion verfügt über eine eigene Psychiaterin, die auf Abruf bereit steht, um im Fall des Auftretens von psychischen Problemen Hilfestellung bei deren Bewältigung zu leisten. Darüber hinaus gibt es auch noch eine klinisch zugelassene Sozialarbeiterin am Beaufort Naval Hospital, auf die bei Bedarf ebenfalls zurückgegriffen werden kann. Obwohl nur rund sieben Prozent der weiblichen Rekruten bei den Bewerbungsgesprächen über die oben genannten Schikanen berichten, stellt sich bei den später ablaufenden, intensiveren Befragungen zu Beginn der Grundausbildung immer wieder heraus, daß der tatsächliche Prozentsatz eher bei 50 Prozent anzusiedeln ist. Jetzt könnte man vielleicht die Ansicht vertreten, daß Menschen, die solche Erfahrungen haben machen müssen, nicht in verantwortungsvolle Positionen (wie eben ein Marine zu werden) gehörten, aber das Corps schätzt die Sache da völlig anders ein. Die Führung des Marine Corps sieht in jeder Person, die geistig, moralisch und körperlich qualifiziert ist und die Grundausbildung erfolgreich absolviert hat, jemanden, der es wert ist, dabeizusein – als Mitglied ihrer großen Familie. Außerdem hat man bei den Marines die Erfahrung gemacht, daß gerade diese Frauen Überlebenskünstler sind und damit genau die Art von Menschen, die es schaffen können, erfolgreich in die von Männern dominierte Kultur des Marine Corps einzudringen. Das beginnt sich bereits heute auszuzahlen. Lagen die Prozentzahlen der Frauen, die in der Anfangsphase der Grundausbildung ausstiegen, anfangs noch um 50 Prozent höher als bei den Männern, ist diese Rate in den letzten Jahren rapide zurückgegangen. Als Bonus kommt noch hinzu, daß die Zahl der weiblichen Marines, die sich für weitere Dienstzeiten wiederverpflichten, im Augenblick sogar höher liegt als bei den Männern.

Weibliche Rekruten tun auf Parris Island absolut dasselbe wie ihre männlichen Kameraden. Dabei wird jedoch gleichzeitig der im allgemeinen geringeren Körperkraft und kleineren Körpergröße von Frauen (im

Vergleich zu Männern) Rechnung getragen. So sind zum Beispiel auf dem Hindernisparcours einige (keineswegs alle) Hindernisse etwas niedriger aufgelegt. Für Frauen ist es jedoch genauso schwierig, diese zu überwinden, wie für die Männer diejenigen auf ihrem Kurs. Ich sollte allerdings nicht zu erwähnen versäumen, daß das Corps ständig damit beschäftigt ist, die Ausbildungspläne sowohl bei den männlichen als auch den weiblichen Rekruten zu überarbeiten, um herauszufinden, wo Verbesserungen und/oder Ergänzungen gemacht werden müssen. So hat der Commandant beispielsweise erst kürzlich die Vorgaben beim Langstreckenlauf im Rahmen des PFT für Männer und Frauen gleichgeschaltet, eine Änderung, von der viele Kommandeure meinten, es sei eine längst überfällige Maßnahme gewesen.

Haben die männlichen Rekruten die Grundausbildung abgeschlossen, gehen sie zur *School of Infantry* (Infanterieausbildungszentrum) in Camp Lejeune, North Carolina, wo sie mit den Grundlagen von Infanterietaktiken vertraut gemacht werden und den Umgang mit schweren Waffen lernen. Das Corps fordert den erfolgreichen Abschluß (Graduierung) der School of Infantry als Zugangsvoraussetzung für den Einsatz eines Marine bei einer Bodenkampfeinheit. Bedingt durch die per Kongreßmandat über das DoD ausgesprochenen Verbote, den Einsatz von Frauen in Bodenkampfeinheiten betreffend, bekommen die weiblichen Rekruten lediglich einen abgekürzten Lehrgang in schweren Waffen und Infanterietaktik, der noch in Parris Island abgehalten wird und über den Zeitraum von einer Woche an die Grundausbildung angehängt wird. Damit sollte geklärt sein, weshalb weibliche Rekruten schon lange vor ihren männlichen Kameraden mit Maschinengewehren schießen und die Grundlagen der Infanterietaktik praktizieren!

Für alle erscheint die Phase III der Grundausbildung als bester Teil der ganzen Ausbildung. Hat ein Rekrut Phase III erreicht, ist er oder sie »über den Berg«, und die DIs arbeiten hart daran, daß auch noch der letzte Rekrut den Kurs schafft. Über eine Dauer von zwei Wochen werden in Phase III die letzten Prüfungen abgelegt und der »Feinschliff« abgeschlossen. Die letzten Ergebnisse von PFTs, Trefferquoten und andere Drills werden notiert und die Ergebnisse auf den letzten Stand gebracht. Gleichzeitig laufen letzte Inspektionen und Drills, und die Abschlußzeremonie wird geprobt. Eine berauschende Zeit für die jungen Rekruten. Manchmal wird es auch neuen Ausbildungskompanien beziehungsweise -Platoons erlaubt hinüberzumarschieren, um einen Blick auf die Phase-III-Einheiten zu werfen, damit die Neulinge sehen können, daß es wirklich möglich ist, ein Marine zu werden!

Die Abschlußwoche geht wie im Fluge vorbei. Eltern, Freundinnen und liebe Angehörige sind zu Besuch gekommen. Oft sieht man sich jetzt zum ersten Mal wieder, seit die Rekruten sich in die Hände der Rekrutierungsbeauftragten gegeben haben. Die Eltern sind meist enorm stolz auf das, was ihre Söhne oder Töchter geschafft haben. Die Körper ihrer Kinder sind gestählt, die Uniformen makel- und das Benehmen tadellos. Es ist schon eine wunderbare Sache, wenn Eltern sehen können, daß eine Tochter oder

Das offizielle Siegel des United States Marine Corps. Adler, Globus und Anker in der Mitte bilden gemeinsam das offizielle Emblem des Corps.
Jack Ryan Enterprises, Ltd., von Laura Alpher

ein Sohn sie als Kind verlassen hat und als junge Frau oder junger Mann zurückkommt. Am Tag vor dem Abschluß gibt es für jeden Platoon ein kleines Ritual – man nennt es die »Siegelzeremonie« – auf dem Exerzierplatz. In Formation angetreten, verleihen die DIs den Rekruten für ihre Uniformmützen das Abzeichen des USMC mit Adler, Globus und Anker. Von diesem Moment an werden sie für den Rest ihres Lebens, ganz gleich was sie nach der Ausbildung auch tun oder werden, in dem befriedigenden Bewußtsein leben können, daß sie es in ihrem Dasein einmal geschafft haben, den Ansprüchen zu genügen, die man nachweisen muß, um ein Marine sein zu können.

Am darauffolgenden Morgen gibt es für die eben graduierte *Company* eine große Zeremonie mit Parade auf dem Exerzierplatz. Den besten Rekruten und Scharfschützen jedes Platoons werden Auszeichnungen verliehen, und dann kommt das, worauf ihre Lieben die ganze Zeit gewartet haben: die Abschlußparade. Schließlich ist der offizielle Teil vorüber, und man sollte das alles einmal erlebt haben, um würdigen zu können, daß sich hier etwas ganz Besonderes im Leben von etlichen hundert junger Leute abgespielt hat. Umarmungen und Küsse. Feste Händedrücke und Blicke. Aber das vielleicht beeindruckendste ist, wie die neuen Marines sich anstrengen, um den Familienmitgliedern und Freunden *ihren* DI vorzustellen. »Danke, daß Sie mich durchs Boot Camp gebracht haben« sind oft gehörte Worte, die von den ehemaligen Rekruten an die Adresse ihrer DIs gerichtet werden. Oft bedanken sich auch die Eltern noch beim Ausbilderstab – weil er ihre Kinder zu etwas Besserem, etwas anderem oder beidem gemacht hat. Ich kann nur empfehlen, einem solchen Augenblick einmal beizuwohnen und sich nicht zu scheuen, dabei ein paar Tränen zu zerdrücken. Ich habe es jedenfalls getan.

Der Schule nächster Teil: Gefechtsausbildung und die Zeit danach

Nach der Graduierung haben die neuen Marines kurz Zeit zum Atemholen, um sich dann zurückzumelden und den Dienst beim nächsten Lehrgang fortzusetzen. Für die männlichen Rekruten findet dieser üblicherweise in der *School of Infantry* in Camp Lejeune statt. Dort bringt man ihnen die Handhabung schwerer Waffen, des Abbruch- und des Schanzwerkzeugs bei. Sie üben die Angriffstechniken kleiner Einheiten und andere Fertigkeiten, die man im Bodenkampf benötigt. Jeder einzelne männliche Marine im Corps muß diesen Lehrgang absolvieren, wobei es keine Rolle spielt, ob er später vielleicht Besatzungsmitglied eines Hubschraubers oder Presseoffizier im Pentagon wird. Hier geht es fast genauso mörderisch zur Sache wie in der Grundausbildung, und diese Spezialausbildung ist praktisch das Fundament des kämpferischen Ethos, das jeden Marine zu einem Schützen macht. Von dort aus werden die Soldaten zu ihren MOS-Ausbildungsstätten versetzt und folgen damit ihren weiblichen Kameraden, die diese Ausbildung bereits zuvor, während des letzten Teils ihrer Grundausbildung, absolviert haben. Das heißt also, daß die weiblichen Rekruten nach der Grundausbildung auf direktem Weg zur MOS-Spezialausbildung gehen und von dort die Kommandierung zu ihrer ersten Einheit bekommen.

Lehrgänge sind eine durchaus gängige Erfahrung in der Laufbahn eines Marine, wobei es keineswegs selten ist, daß einige Offiziere und Unteroffiziere im Laufe ihrer teilweise mehr als 20jährigen Dienstzeit beim Corps etliche Dutzend solcher Lehrgänge absolviert haben. Die Dauer der Lehrgänge kann (in Abhängigkeit vom Thema) zwischen zwei Wochen und einem Jahr liegen. Die *Intelligence Training School* (Aufklärungs- / Nachrichtendienst-Ausbildung) in Dam Neck, Virginia, dauert beispielsweise ein ganzes Jahr, und es wird die Ansicht vertreten, daß es sich dabei um eine der qualitativ besten Ausbildungen beim gesamten Militär handelt.

Rekruten der Marines sind hier nach dem Abschluß der Grundausbildung auf dem Exerzierplatz von Parris Island angetreten. Sie verfügen jetzt über alle notwendigen Grundkenntnisse eines Marine und sind bereit, zu den nächsten Lehrgängen abkommandiert zu werden.

JOHN D. GRESHAM

Wenn sie ihren ersten MOS-Lehrgang abgeschlossen haben, stehen angeworbene Marines im Rang eines Private First Class (E-2) oder Lance Corporal (E-3). Normalerweise ist das der Zeitpunkt, an dem ein Marine seine erste Kommandierung zu einer Kampfeinheit wie beispielsweise einem *Rifle Platoon* (Schützenzug) bekommt. 30 Monate bis vier Jahre, nachdem sie Lance Corporal geworden sind, werden die Marines grundsätzlich zum Corporal (E-4) befördert und setzen sie die Laufbahn in der von ihnen gewählten MOS mit wachsendem Verantwortungsbereich und weiteren Lehrgängen fort.

Es besteht allerdings auch die Möglichkeit, in andere Dienstbereiche zu wechseln, wodurch ein Marine seine Laufbahn ausgewogener und farbiger gestalten kann. Weil das Konzept der »Laufbahnsteigerung« oder »kombinierter Posten« darauf ausgelegt ist, an den Mannschaftsdienstgraden festzuhalten, versucht das Corps den Marines die Gelegenheit zu geben, die unterschiedlichsten Sparten auszuprobieren und auf diese Weise ihren Horizont zu erweitern. Dazu kann beispielsweise eine Kommandierung zum Wachpersonal einer Botschaft oder des Generalstabs zählen. Die Marines haben aber auch die Möglichkeit, weiterführende Schulen zu besuchen, etwas, zu dem das Corps alle seine Mitglieder ermutigt, zumindest den Versuch dazu zu unternehmen. Eine überraschend hohe Anzahl von Mannschaftsdienstgraden der Marines versuchen sogar, auf einen Hochschulabschluß zu studieren. Die Marines bieten verschiedene Wege an, durch die eine höhere Schulbildung für die unteren Dienstgrade erleichtert wird: Einige bekommen das Studium an einer (zivilen) Universität bezahlt, und einige wenige, die ausgewählt wurden, die Chance auf ein Offizierspatent zu erhalten, schickt man zur Naval Academy in Annapolis, Maryland. Tatsächlich sieht es sogar so aus, daß das USMC prozentual gesehen wesentlich mehr Offiziere aus den Mannschaftsdienstgraden rekrutiert als alle anderen Truppengattungen des amerikanischen Militärs. Förderung von innen (das ist das »Eigengewächs-Programm«) ist ein zentraler Wesenszug des Corps, und diese Zugänge zu einem Aufstieg tragen eine Menge zur Moral der angeworbenen Marines bei.

Der Weg zum *Gunny* ... und die Zeit danach

Irgendwann kommt im Leben eines Marines der Punkt, an dem er oder sie darüber nachzudenken beginnt, daß das Corps mehr als nur ein Job inklusive Gehaltsscheck sein kann; es wird zu einer Karrieremöglichkeit. Das passiert spätestens dann, wenn sich ein Marine langsam, aber sicher dem Rang eines Gunnery Sergeant (E-7) oder kurz: *Gunny* nähert. Ein Corporal braucht so zwischen vier und sechs Jahren in seiner Laufbahn, um Sergeant (E-5) zu werden. Hat man das geschafft, wächst der Verantwortungsbereich sprunghaft an und damit auch die Arbeitsbelastung. Allerdings ist die Beförderung zum Staff Sergeant (E-6), die meist wiederum vier bis sechs Jahre später erfolgt, im Leben eines Marine ein noch größerer Schritt nach vorn, weil es bedeutet, daß er oder sie sich damit selbst zu dem institutionellen »Leim« gemacht hat, der das Corps zusammenhält. Er bedeutet aber auch gleichzeitig jede Menge harter Arbeit und nötiger Ausdauer und ein gewisses Maß an Toleranz für die Verhaltensweisen und Ansichten all derer, die weniger erfahren sind als man selbst. Als Staff Sergeant wird man mit einiger Wahrscheinlichkeit irgendwann einmal einen der gefürchtetsten Dienste in diesem Rang übernehmen: die Obhut über einen frischgebackenen 2nd Lieutenant, aus dem man einen brauchbaren Offizier machen soll. Außerdem wird man so etwas wie ein Elternersatz für die jungen Marines sein, die einem zur Betreuung übergeben wurden. Ein Staff-NCO hat niemals das Kommando über eine Einheit (das ist der Verantwortungsbereich von Offizieren), aber ein guter Stabsunteroffizier ist als Berater und Partner für die Offiziere, welche die Führungsschicht des Corps repräsentieren, mit Gold nicht aufzuwiegen. Gute Offiziere sind unwillkürlich immer auf der Suche nach dieser Art von Hilfe.

An diesem Punkt angelangt, betrachtet man einen Marine als Manager der mittleren Stufe und Führer, der den Überblick über die Schützengruppen, Panzer, andere Fahrzeuge und Flugzeuge hat. Danach ist der Weg zum *Gunny* frei. Erneut sind es vier bis sechs Jahre, die ins Land gehen müssen, bis die Beförderung ausgesprochen werden kann, aber ist es dann endlich soweit, bedeutet es die Einordnung in eine völlig andere Kategorie des Corps. Zusammen mit dem fast sagenhaften Titel, der mit der Beförderung verbunden ist, hat ein *Gunny* zu sein die Bedeutung, daß man den Respekt sämtlicher Offiziere aller Dienstgrade genießt und schon etwas an Ehrfurcht Grenzendes von den jüngeren Marines entgegengebracht bekommt. Man wird zu einer Art Hüter des »Stammeswissens«, das die Tradition der Marines am Leben erhält und von Generation zu Generation weitervererbt wird. Darüber hinaus bedeutet es auch, daß man jetzt die Aussicht auf eine über 20jährige Laufbahn hat, verbunden mit allen Vorteilen eines gesicherten Ruhestandes und einer entsprechenden Pension. Man glaube es mir, wenn ich sage, daß jeder *Gunny*, den ich kennengelernt habe, diesen Titel auch wirklich verdient hat. Um das besser nachvollziehen zu können, sollte man auch bedenken, daß die meisten der Offiziere, mit denen ich bei den Marines gesprochen habe, mir gegenüber mehr als einmal die Meinung vertraten, daß ein *Gunny* zu sein der *beste* Job im Corps ist und die größte Bandbreite an Verantwortung und Pflichten in sich vereint.

Wenn Marines es bis E-7 geschafft haben und sie den Wunsch haben, die Laufbahn beim USMC weiterzuverfolgen, dürfte dies sicherlich eine gute Entscheidung sein. Der nächste Schritt führt dann zum Master Sergeant (E-8). Vorher liegt aber eine »Straßengabelung«, an der ein Weg weiter zum Master Gunnery Sergeant (E-9) führt, einer Laufbahn, die zu mehr Möglichkeiten und Verantwortung im technischen Bereich führt. Der andere Weg führt zur Kommandoseite der Unteroffiziersränge und damit zum 1st Sergeant (der praktisch dem deutschen »Spieß« entspricht, ebenfalls E-8). Üblicherweise ist ein First Sergeant der höchstrangige Unteroffizier einer *Company* oder einer damit vergleichbaren Einheit. Auf den First Sergeant folgt der hochgeachtete Rang eines Sergeant Major (E-9). Diese extrem seltenen Vögel sind die rechte Hand des Kommandeurs einer MEU, eines Regiments, einer Division und des Corps selbst. Auf dem absoluten Gipfel der Stabsunteroffizierspyramide steht der Sergeant Major of the Marine Corps. Diesen Posten hat zur Zeit der Niederschrift dieses Buches Sergeant Major Lewis Lee inne, ein Veteran mit mehr als 30 Dienstjahren auf dem Buckel. Sergeant Major Lee hat sein Büro ganz in der Nähe von dem General Krulaks. Der Commandant wird jederzeit gern bestätigen, daß aus diesem Büro die »Stimme der Mannschaften im Corps« zu hören ist. Schließlich besteht auch noch die Möglichkeit einer direkten Bestallung als Warrant Officer (umgangssprachlich »Gunner«) für die Soldaten aus den Mannschaftsdienstgraden, die über besondere Fähigkeiten verfügen, obwohl so etwas beim USMC eher selten vorkommt.

Das Holz, aus dem die Führung der Marines geschnitzt ist: Offiziere

Obwohl es ein paar geringfügige Unterschiede gibt, sind die Laufbahnen des kleinen Kaders von Offizieren mit Patent, welche die Basis der Führung dieser mehr als 220 Jahre alten Institution darstellen, im Grunde die gleichen wie diejenigen die ich in *Armored Cavalry* für die Army und *Fighter Wing* für die Air Force beschrieben habe. Im Gegensatz zu den anderen Truppengattungen ziehen die Marines aber nur wenige ihrer Offiziere aus der truppenspezifischen Akademie ihrer Mutterstreitkraft. Nur sehr wenige der frischgebackenen 2nd Lieutenants (O-1) sind tatsächlich Absolventen der U.S. Naval Academy aus Annapolis in Maryland. (Prozentual kommen wesentlich mehr 2nd Lieutenants der Army und Air Force aus West Point und der Air Force Academy). Jahr für Jahr entscheidet sich ein bestimmter Teil von Annapolis-Absolventen für eine Laufbahn bei den Marines und erhält auch sofort ein Patent vom Corps. Diese kleine Gruppe (nie mehr als 175 Leute) kann aber nur eine kleine Lücke im Bedarf des Corps füllen – es werden jährlich mehr als 1500 Offiziere benötigt. Die meisten der anderen Offiziere, die das Corps hervorbringt, werden direkt von den Hochschulen im ganzen Land angeworben. Ganz gleich, ob sie Absolventen des Reserve Officer Trainings Corps (ROTC) sind oder direkt von den Hochschulen kommen, alle müssen zur institutionellen Heimstätte der Marines-Offiziere, der *USMC Officer Candidate School* (OCS) nach Quantico in Virginia. Nach Quantico fährt man nur ein paar Dutzend Meilen von Washington aus in Richtung Süden am Potomac entlang und kommt dann an den Ort, an dem das Corps den größten Teil seiner Offiziere »macht«. Interessanterweise wünschen sich einige der Befehlshaber in Quantico, daß das Corps auch von Akademie-Absolventen verlangen würde, die OCS zu durchlaufen, damit sämtliche Offiziere der Marines über eine identische Ausbildungserfahrung verfügen. Die zehnwöchige Grundausbildung an der OCS ist der Grundausbildung auf Parris Island sehr ähnlich. Allerdings liegt hier die Betonung stärker auf Führung und den Grundkenntnissen der

Befehls- und Führungsabläufe wie Funkverkehr, Landnavigation und Anforderung von Artillerie- und Luftunterstützung. Die Ausbildung selbst ist aber körperlich fast ebenso anstrengend, die Stunden können genauso lang werden, und die Prüfungen stellen hier eine ebenso große Herausforderung dar, wie bei den angeworbenen Marines. Wenn man das nicht glaubt, sollte man nur einmal einen Offiziersanwärter (das ist die äquivalente Bezeichnung, die man bei den Offizieren für Rekruten verwendet) dabei beobachten, wenn er einen besonders wahnsinnigen Hindernisparcours – den Combat Obstacle Course – absolviert, der nicht umsonst den Spitznamen »Quigly« bekommen hat. Das Ganze geht in einem mit Schlick und Schlamm gefüllten Graben los, der in einen kleinen Bach mündet. Von dort aus geht es weiter durch dichten Wald zu Steigungen, die erklommen werden müssen, und denen sich ein steiler Hügel anschließt, von dem man wieder herabsteigen muß. Das ist aber noch nicht alles, denn jetzt kommen noch andere Hindernisse, an deren Ende das Robben unter Feuer aus leichten Maschinengewehren (keine Angst, die Ausbilder verwenden Platzpatronen) angesagt ist. Allein der Anblick einer schlammbedeckten Gruppe von Offiziersanwärtern, die sich einen Bach hinunterbewegt, der einem die Knochen gefrieren läßt, ist schon schlimm genug. Wenn man dann aber noch mitansehen muß, wie die Ausbilder nur wenige Meter vor den Männern hergehen und den Abschnitt von giftigen Wasserschlangen säubern, die in diesem Gebiet herumlungern, bekommt man eine vage Vorstellung davon, wie groß der Wunsch dieser jungen Offiziersanwärter sein muß, später einmal ausgerechnet Marines anzuführen. Sie lernen auf diese Weise sehr schnell, daß man ihnen eines der wertvollsten Besitztümer des USMC anvertrauen wird, nämlich dessen junge Frauen und Männer. Während ihrer ganzen Zeit in der OCS werden sie auch hier von den allgegenwärtigen *Gunnies* angeleitet.

Nach der OCS folgt ein weiterer Ausbildungslehrgang, ebenfalls in Quantico, der unter der Bezeichnung *Basic School* (Grundschule bzw. Grundlagenausbildung) läuft. Hier lernen die Anwärter die Kunst der Führung eines Schützenzugs. In diesem Ausbildungsabschnitt werden sie nicht nur im Gebrauch von Waffen und Taktiken unterwiesen, sondern lernen auch mit dem unvermeidlichen Papierkrieg umzugehen, der entsteht, wenn man irgendeine Art von Bürokratie zufriedenstellen muß. Künftige Infanterieoffiziere müssen außerdem auch noch in Camp Lejeune die 26 Wochen dauernde *School of Infantry* absolvieren. Von dort aus geht es dann hinaus ins Corps und zu seinen MOS-Ausbildungen und schließlich zu ihrem ersten Kommando. Ähnlich wie bei den angeworbenen Marines, die sie dann führen sollen, gibt es einen gemeinsamen Leitfaden: Was auch immer ihre Erstspezialisierung sein mag (Pilot, Logistikoffizier usw.), sie sind alle in erster Linie Schützen. Sie alle beherrschen den Bodenkampf. Dadurch unterscheidet sich das USMC ganz erheblich von den anderen Truppengattungen des amerikanischen Militärs. Das ist aber auch ein Grund mehr, weshalb die Regierung mehr Vertrauen in die Marines setzt als in jede andere militärische Kraft, wenn es um die Bewältigung irgendeiner Aufgabe geht. Man kann den Marines vertrauen!

Zwei Offiziersanwärter der Marines robben durch den »Quigly«-Bach in Quantico, Virginia. Dieser Kurs ist so konzipiert, daß die Offiziere der Marines lernen, wie sie Wasserhindernisse leise überwinden und dabei dennoch ihre Waffen trocken und feuerbereit halten können.
JOHN D. GRESHAM

Aus jungen Männern und Frauen Marines zu machen ist ein hartes Brot, und General Krulak wird bestätigen, daß das Corps diese Aufgabe nur seinen besten Mitgliedern überträgt. Angefangen von den Rekrutierungsbeauftragten, wie *Gunny* Hazzard im Büro in Fairfax, über Kommandeure der *Series*, wie Captain Whitney Mason auf Parris Island, bis hin zu den Ausbildern an der *Basic Warrior School*, für jeden bedeutet die Formung neuer Marines den härtesten Job, den man sich vorstellen kann. Es ist ein endloser Prozeß, der nicht zum Stillstand kommen darf, wenn man nicht riskieren will, daß das Überleben des Corps gefährdet wird. Das Corps ist und bleibt also in guten Händen.

Als ich das Rekrutierungsbüro in Fairfax besuchte, führte mich *Gunny* Hazzard in einen besonderen Winkel. Auf einer völlig überfüllten Pinnwand hingen Dutzende von Briefen, Schnappschüssen und Ansichtskarten von jungen Marines, die er und seine Kollegen nach Parris Island geschickt hatten. Jeder Brief, den ich zu sehen bekam, war eine Botschaft tiefempfundener Dankbarkeit seitens des jungen Marine an seinen Anwerber dafür, daß dieser ihm den Weg zu einem neuen Leben gezeigt hatte. Das ist der Lohn eines Rekrutierungsbeauftragten, der Rückschläge hinnehmen muß und es scheinbar nie schafft, seine Vorgaben zu erfüllen. Oder anders, nämlich wie *Gunny* Hazzard es formulierte: »Das ist es, was das Corps charakterisiert: junge Menschen zu finden und ihnen den Weg zu einem Leben in Dienst und Ehre zu zeigen.«

Tragbare Waffen

THIS IS MY RIFLE. There are many like it but this one is mine. My rifle is my best friend. It is my life. I must master it as I master my life.

My rifle, without me, is useless. Without my rifle, I am useless. I must fire my rifle true. I must shoot straighter than any enemy who is trying to kill me. I must shoot him before he shoots me. I will ...

My rifle and myself know that what counts in this war is not the rounds we fire, the noise of our burst, nor the smoke we make. We know that it is the hits that counts. We will hit ...

My rifle is human, even as I, because it is my life. Thus, I will learn it as a brother. I will learn its weakness, its strength, its parts, its accessories, its sights and its barrel. I will keep my rifle clean and ready, even as I am clean and ready. We will become part of each other. We will ...

Before God I swear this creed. My rifle and myself are the defenders of my country. We are the masters of our enemy. We are the saviors of my life.

So be it, until victory is America's and there is no enemy, but Peace.

– *My Rifle: Glaubensbekenntnis eines United States Marine*
von Major General William H. Rupertus, USMC[34]

Das Ethos des Marine Corps spiegelt sich nicht in seiner Waffentechnik wider, sondern im Charakter und der Moral des einzelnen Marines, der im Angesicht eines Feindes sein Gewehr in Händen hält. Damals, in den 70er Jahren, als die Marines knapp an Anti-Tank Guided Missiles (ATGM = Panzerabwehr-Lenkwaffen) waren, gab es einmal einen Offizier bei den Marines, der eine Ausbildungsgruppe in der Taktik zur Panzerab-

---

34 Das ist mein Gewehr. Es gibt viele von seiner Art, aber dies hier ist meines. Mein Gewehr ist mein bester Freund. Es ist mein Leben. Ich muß es meistern, so wie ich mein Leben meistern muß. Mein Gewehr ist nutzlos ohne mich. Ohne mein Gewehr bin ich nutzlos. Mit meinem Gewehr muß ich genau schießen. Ich muß genauer schießen als jeder Feind, der versucht, mich zu töten. Ich muß ihn erschießen, bevor er mich erschießt. Das werde ich ...

wehr unterwies. Als man den Ausbilder fragte, was denn nun eigentlich die beste Waffe gegen schwer gepanzerte feindliche Fahrzeuge sei, zeigte er ein Dia mit dem Abzeichen des Marine Corps und sagte: »Gentlemen, genau das ist Ihre beste Waffe.« Allein die Tatsache, ein Marine zu sein, war ihre beste Waffe. Sie selbst waren es.

Obwohl wesentlich besser ausgerüstet als noch vor einem Vierteljahrhundert, geht das heutige Marine Corps immer noch hin, nimmt sich jeden jungen Mann und jede junge Frau einzeln vor und verwandelt sie in tödliche Kämpfer. Außerdem wird den Marines beigebracht, daß sie sich mit einiger Wahrscheinlichkeit in Situationen wiederfinden können, in denen sie selbständig denken und handeln müssen, was ein großes Verantwortungsbewußtsein erfordert. Auf sich allein gestellt operieren, Entscheidungen treffen und das Gesetz des Handelns bestimmen sind Dinge, welche ihrerseits wiederum die amerikanische Politik bestimmen. Ein kürzlich herausgekommenes Plakat zeigt einen Scharfschützen der Marines in voller Tarnung mit dem Untertitel »Smart Weapon« (clevere Waffe).

Die Stammesältesten:
Das USMC *Weapons Training Battalion*

Wir werden jetzt einige Zeit damit zubringen, etwas über die Waffen zu erfahren, mit denen die Marines ins Gefecht ziehen. Wir werden uns mit einem »Outfit« beschäftigen, das vom Gedanken getragen ist, daß selbst in einer Welt, die voll von Lasern gelenkten Bomben und Flugkörpern ist, immer noch Bedarf für wohlgezielte Schüsse aus einer Waffe besteht, die sich in den Händen eines Menschen befindet. Der Ort des Geschehens ist der Stützpunkt des Marine Corps in Quantico, Virginia, und die Einheit, die wir dort besuchen werden, ist das Waffen-Ausbildungsbataillon (Weapons Training Battalion – WTB) des Marine Corps. Im Reservat von Quantico, das etwas abseits der Interstate 95 liegt, steht eine kleine Ansammlung von Gebäuden, die zumeist noch aus der Zeit des Zweiten Weltkriegs stammen. Das ist die Heimat des Weapons Training Battalion, der wichtigsten Schüt-

---

Mein Gewehr und ich wissen ganz genau, daß das, was zählt in einem Krieg, weder die Zahl der Patronen ist, die wir verfeuern, noch das Krachen unserer Schüsse, noch der Pulverqualm, den wir erzeugen. Wir wissen, daß es einzig und allein die Treffer sind, die zählen. Wir werden treffen...

Mein Gewehr ist menschlich, geradeso wie ich, weil es mein Leben ist. Deshalb will ich es wie einen Bruder kennenlernen. Ich werde seine Schwächen, seine Stärken, seine Bestandteile, sein Zubehör, sein Visier und seinen Lauf kennenlernen. Ich werde meine Gewehr sauber und bereit halten, genau so, wie ich mich selbst sauber und bereit halte. Wir werden zu einem Teil des anderen werden. Das werden wir...

Mit diesem Glaubensbekenntnis schwöre ich vor Gott: Mein Gewehr und ich sind die Verteidiger meines Landes. Wir sind die Bezwinger unserer Feinde. Wir sind die Bewahrer meines Lebens.

So sei es, bis der Sieg Amerikas errungen ist und es keine Feinde, sondern nur noch Frieden gibt.

Ein Marine hält bei einer Übung in Camp Lejeune mit seinem M16A2 Sturmgewehr die Stellung. Das USMC legt immer noch sehr großen Wert darauf, daß jeder einzelne Marine mit seinen persönlichen Waffen als Grundbaustein des Corps verstanden wird.

JOHN D. GRESHAM

zen-(besser: Schieß-)Einheit des U.S. Marine Corps. 1952 eingerichtet, also unmittelbar nachdem der Albtraum des Koreakriegs gezeigt hatte, wie sehr das Marine Corps seine Schießkünste verbessern mußte, betreibt das Bataillon heute 16 unterschiedliche Schießplätze, etliche Ausbildungsräume, Munitionslade- und -verpackungsmaschinen und eine komplett ausgerüstete Waffenschmiede mit angeschlossener Maschinenwerkstatt. Hier bildet das Corps die besten Schützen des ganzen amerikanischen Militärs aus und erhält sich dabei gleichzeitig die Fähigkeit, Feuerwaffen zu bauen, instand zu halten und umzubauen. Wenn man so ein Waffenenthusiast ist wie ich – dann findet man hier den Himmel der Feuerwaffen vor.

Colonel Mick Nance ist Kommandeur des Weapons Battalion. Er würde nicht zögern, das als den besten Job im gesamten Corps zu bezeichnen. Er wird von Sergeant Major F. W. Fenwick, dem Command-NCO des Bataillons, unterstützt. Diese Einheit ist für das Corps die Wissensquelle für alles, was das Thema Schießen angeht, vom Abfeuern aller Arten tragbarer Waffen bis hin zur Verwendung von Breschenwerkzeug. Die Schießkunst des Corps zu bewahren und zu verbessern ist keine geringe Aufgabe, und Colonel Nances Marines arbeiten hart daran. Zu ihren Aufgaben gehört es unter anderem:

- sämtliche Ausbildungsgänge für die Scharfschützen und Ausbildung an kleinen Waffen für das USMC schriftlich niederzulegen und durchzuführen,
- das Marine Marksmanship Training Program (Scharfschützen-Ausbildungsprogramm für Marines) durchzuführen und die allgemeinen Qualifikationsleistungsvorgaben für das ganze Corps zu führen und in einer Datenbank zu pflegen,
- jeden einzelnen Offiziersanwärter, der von der Offiziersschule (auf der anderen Seite des Stützpunkts Quantico) kommt, zum Scharfschützen auszubilden; es kommen sowohl Männer als auch Frauen in gemischten Kompanien, um hier die Geschicklichkeit an der Waffe zu erlernen,

- Soldaten der Marines der verschiedenen MOS-Codes auszubilden und zu qualifizieren, soweit diese im Zusammenhang mit Treffsicherheit und kleinen Waffen stehen,
- an jedweder Art von praktischem Test und der Entwicklung neuer kleiner Waffen, Munition, Breschen- und Zerstörungssystemen teilzunehmen, die vom Corps eingeführt werden,
- das Training und die Ausrüstung für die Teams bei Wettbewerben des Marine Corps im Gewehr- und Pistolenschießen zu unterstützen,
- eine Einrichtung für das Laden und Verpacken von Munition zu betreiben; jedes Jahr lädt diese Einrichtung über 100 000 Schuß Munition für die Schützenteams der Marines,
- Spezialwaffen, Zerstörungs- und Breschenwerkzeug für die einzigartigen Aufgabengebiete der Marines zu entwickeln,
- die Vielzahl von Feuerwaffen des Marine Corps, einschließlich der M1911 MEU(SOC)-Pistole Kaliber .45, herzustellen, zu modifizieren, auszugeben und zu warten,
- den »High-Risk Personnel«[35]-Anti-Terrorkurs für Diplomaten und anderes Personal mit Auslandsposten in Übersee durchzuführen,
- die Waffenarsenale und Munitionsdepots für FBI, CIA, DEA und andere Organisationen instand zu halten, die den Komplex von Quantico mit nutzen.

Das Weapons Training Battalion verfügt über einen Kader trainierten und erfahrenen Personals. Wie Stammesälteste, so haben auch hier die Frauen und Männer des Bataillons ebenso tiefschürfende wie weitgefächerte Kenntnisse, wobei es unerheblich ist, ob sie sich diese in einem Klassenzimmer, an einer Werkbank oder auf einem Gefechtsfeld angeeignet haben.

Betrachten wir einmal die Scharfschützenausbildung für einen jungen Offizier in Quantico. Der Lehrgang sieht etwa folgendermaßen aus:

Phase I Einweisung: Offiziersanwärter werden mit dem M16A2 Sturmgewehr vertraut gemacht, wobei besonderes Schwergewicht auf Reinigung, Instandhaltung, das Zielen über Kimme und Korn (man nennt so etwas das Visier in »Null-Lage« bringen) gelegt wird. Es werden sowohl theoretische Grundkenntnisse über das Schießen selbst vermittelt als auch einige Praxis in den Simulatoren der Schießstände, in denen modifizierte Waffen verwendet werden, die mit komprimierten Gasen arbeiten.

Phase II Schießen auf bekannte Entfernung: Das ist praktisch die erste realistische Phase der Ausbildung auf dem Schießplatz und

---

35 Unter »High-Risk Personnel« versteht man in erster Linie sämtliche Personen von Rang, die im öffentlichen Leben stehen und die der Gefahr ausgesetzt sind, Opfer eines Attentats oder einer erpresserischen Entführung zu werden.

Ausbilder der Marines auf dem »High-Risk«-Ausbildungsgelände in Quantico. Dieser Parcours dient dazu, Diplomaten und anderen gefährdeten VIPs im Freien anzuwendende Defensivtechniken zu vermitteln
JOHN D. GRESHAM

gehört bereits zur Qualifikation im Schießen auf bekannte Entfernungen und unbewegliche Ziele in unterschiedlichen Stellungen mit scharfer Munition. Im Laufe dieses Abschnitts werden die verschiedenen Griffarten, das richtige Einziehen der Waffe vor dem Schuß, die Verwendung des Visiers und die Kompensation von Seitenwind, Überhöhungen und Witterungsbedingungen vermittelt und testiert.

Phase III   Schießausbildung auf unbekannte Entfernung: Das sogenannte »Ironman«[36]-Training. Das ist der wirklich harte Teil der Ausbildung, bei dem mit scharfer Munition über unbekannte Entfernungen auf bewegliche Ziele geschossen wird. Der Offiziersanwärter muß dabei blitzschnell die Entfernung und den Grad der Fortbewegung eines »aufspringenden« Ziels abschätzen. Jeder Kandidat erhält zwei Magazine mit insgesamt 35 Patronen und muß damit mindestens 29 der Ziele treffen. Ein Ergebnis von 25 Treffern gilt noch als gut; 16 ist schlecht.

Bei der Vermittlung von Grundprinzipien wird auf eine Mischung gesetzt, in der die Fertigkeiten in verschiedenen Ausbildungsabschnitten trainiert werden. Zunächst erfolgt die Ausbildung am Simulator (Phase I), auf der dann die wirkliche dynamische Ausbildung aufbaut (Phase II) und in der Übereinstimmung mit der Realität (Phase III) ihren Abschluß findet. Auf diese Weise schaffen die Marines Kämpfer mit dem Gewehr, die eine Stellung einnehmen und halten und einen Feind dazu motivieren können, es sich zweimal zu überlegen, ob dieser versuchen soll, die Stellung zurückzuerobern.

---

36 Der Ironman oder »Eisenmann« ist der Ritter des Mittelalters in voller Rüstung.

Ein Marine mit einem Ausbilder auf dem Schießplatz von Quantico. Auf diesem neuen Gelände werden computergesteuerte Ziele für die Ausbildung im Gefechtsschießen verwendet.
John D. Gresham

Die Marines in diesem Bataillon geben ein hart erarbeitetes Wissen weiter. Sie geben es den neuen Generationen ihres Gewerbes auf den Weg nach oben im Corps mit. Einige der Ausbildungen (durch die jeweiligen MOS-Nummern bezeichnet), die hier durchgeführt werden, habe ich einmal aufgelistet:

- **MOS 8531 – Schießplatztrainer/Ausbilder:** Dieser Lehrgang qualifiziert einen rekrutierten, also angeworbenen Marine für den sicheren Betrieb eines Schießstandes und die Unterweisung von Rekruten und Offiziersanwärtern nach den derzeit gültigen Richtlinien und erforderlichen Kenntnissen.
- **MOS 8532 – Ausbilder an kleinen Waffen:** Eine weiterführende Variante des 8531-Kurses, bei dem das Schwergewicht der Ausbildung auf zusätzlichen Fertigkeiten und Kenntnissen über einen breiteren Bereich von Waffen und Umfeldbedingungen liegt. In erster Linie eine Anschluß- und Perfektionsausbildung. Man kann davon ausgehen, daß jede MEU(SOC) über einen oder mehrere solcher Ausbilder verfügt.
- **MOS 9925 – Range Officer:** Seine Aufgabe besteht in der Aufsicht und Verwaltung der offiziellen Ausbildung und der Schießplätze des Corps. Es können immer nur 32 Marines gleichzeitig diese Funktion innehaben.
- **MOS 0306 – Infanteriewaffen-Offizier:** Die Offiziersvariante des 8532-Kurses. Mit ziemlicher Sicherheit gehört zu jeder MEU(SOC) oder dem entsprechenden Regiment ein solcher Offizier.
- **MOS 8541 – Späher/Scharfschütze:** Dieser berühmte, achtwöchige Kurs macht einen Marine zum tödlichsten Schützen im US-Arsenal, eben zu einem 8541-Späher/Scharfschützen. Bei einer Durchfallquote

von 40 Prozent ist er einer der härtesten Kurse im ganzen amerikanischen Militär. Hat ein Marine diesen Kurs erst einmal erfolgreich absolviert, besitzt er die Qualifikation für die Verwendung in einem Späher-/Scharfschützenzug einer MEU(SOC) oder anderen Einheit.
- **MOS 8542 – Fortgeschrittenenkurs für Späher/Scharfschützen:** Dieser fünfwöchige Kurs im Anschluß an den 8541er vermittelt weitergehende Kenntnisse in Führung, Verfolgung, Navigation, Schieß- und Waffenkunde.
- **MOS 2112 – Waffenschmied:** Das ist der vielleicht traditionsreichste Kurs im ganzen Lehrplan des Weapons Training Battalion. Er wurde geschaffen, um aus einem Marine einen äußerst qualifizierten Mechaniker und Waffenschmied zu machen. Meist findet man einen 2112er pro MEU(SOC), pro Regiment oder größerem Ausbildungslager des Corps. Es ist mehr als nur ein Kursus, es ist im Grunde eine Art von Lehre. Die ersten sechs Monate werden darauf verwendet, die »Lehrlinge« darin auszubilden, eigene Waffen und Werk- und Spannzeuge zu bauen. Anschließend lernen sie alles vom Schweißen gebrochener Teile bis hin zum Drehen von Zügen in Gewehrläufe.

Marines sind nicht darauf beschränkt, nur einen der MOS-Kurse zu wählen und sich darin zu qualifizieren, die ich oben beschrieben habe. Während der Laufbahn eines angeworbenen Marine kann dieser sich für beliebig viele MOS-Codes qualifizieren, was ähnlich wie bei einem Pfadfinder abläuft, der während seiner ganzen Pfadfinderzeit Auszeichnungen sammelt. Das Corps schätzt Waffenkenntnisse sehr hoch ein und ermuntert die Marines auch, diese Kurse erfolgreich abzulegen, wird doch auf diese Weise sichergestellt, daß die individuelle Treffsicherheit als lebendiger Teil des Ethos der Marines erhalten bleibt.

Das Weapons Training Battalion ist gleichermaßen Waffenarsenal wie Ausbildungsstätte. Dabei ruht sich das Bataillon aber keineswegs auf seinen Lorbeeren aus. Allein im Jahr 1995 wurden unter anderem die beweglichen Ziele auf den Qualifikationsparcours in Quantico eingeführt, die Möglichkeit zum Schießen aus den ABC-Schutzanzügen verbessert und ein neuer Lehrplan für Nachtgefechte entwickelt. Colonel Nance und seine Marines bereiten sich schon jetzt auf das 21. Jahrhundert vor. Für die kommenden zehn Jahre rechnen sie mit einem neuen Sturmgewehr, einer neuen Kampf-Schrotflinte, neuen Munitionstypen und damit, andere neue Systeme zu spezifizieren, zu testen, sie einzuführen und daran auszubilden.

Schußwaffen

Ein römischer Zenturio beurteilte seine Legionäre nach ihrem Können mit dem Schwert und dem Speer. Dschingis Khan bewertete seine Krieger anhand der Geschicklichkeit im Bogenschießen vom Rücken ihrer Pferde aus. Die Piloten der Air Force schätzen ihr Können gegenseitig an der Qualität ihres »Händchens« am Knüppel ab. Unter den Kampffliegern der Navy wird der Qualitätsstandard daran gemessen, wie gut sie bei der Landung auf einem Flugzeugträger sind, wenn es darum geht, das ideale (dritte) Seil mit dem Fanghaken ihrer Maschine zu greifen. Jeder Marine ist ein Schütze, und das Maß aller Dinge bei einem Schützen ist seine Treffsicherheit – definitionsgemäß: die Fähigkeit, eine Waffe dazu zu bringen, eine Metallkugel so über eine bestimmte Entfernung zu schleudern, daß sie ein Ziel genau trifft. Zufälligerweise mag ich diese Art der Beurteilung von Menschen, da es sich hierbei um die Einschätzung einer Fähigkeit handelt, die niemandem in die Wiege gelegt wurde. Die Geschicklichkeit beim Schießen muß erlernt werden. Im Gegensatz zu Baseball oder anderen Sportarten, die auf die gleichen angeborenen Reflexe zurückgreifen, wie sie zum Schleudern eines Steins oder dem Schwingen eines Astes erforderlich sind, gibt es kein natürliches Äquivalent zum Abfeuern einer Schußwaffe. Dieses gut zu können erfordert Behendigkeit und Präzision, die – genau wie Belastbarkeit und Risikobereitschaft – größer ist, als sie die Natur allein einem jemals geben könnte. Schießfertigkeiten sind auch keineswegs geschlechtsspezifisch. Die Kraft, die man im Oberkörper braucht, soweit sie zum treffsicheren Schießen benötigt wird, kann als minimal angesehen werden. Trotz kulturell bedingter Traditionen und gesetzlicher Auflagen, die sie von direkten Kampfhandlungen ausschließen, können Frauen lernen, genausogut und treffsicher zu schießen wie Männer. Einige der erfolgreichsten Heckenschützen im Zweiten Weltkrieg bei den Russen waren Frauen, und auch heute zeigt sich bei Olympischen Spielen immer wieder, daß Frauen bei Schießwettbewerben den Männern völlig ebenbürtig sein können.

Innerhalb des Marine Corps wird die Fähigkeit, ein Stückchen Metall auf ein Ziel abzufeuern, als allgemeines Gut vermittelt. Jeder Offizier und jeder angeworbene Rekrut, der die OCS oder Basic School absolviert, lernt den Umgang mit einer Vielzahl von Schußwaffen, mit denen er sich dann qualifizieren muß. Ohne akzeptable Ergebnisse bei der Treffsicherheit ist es ausgeschlossen, die Ausbildung erfolgreich abzuschließen, und damit ist auch automatisch ein Verbleiben im Corps unmöglich geworden. Das Gewicht, das beim Corps auf das Können beim Schießen gelegt wird, verschafft dem USMC eine ganze Reihe von Vorteilen, die sowohl offensichtlicher als auch verborgener Natur sein können. Der augenscheinlichste dürfte der sein, daß unsere Feinde eine gewisse Abneigung entwickelt haben, Marines im Gefecht Auge in Auge gegenüberzustehen. Lange bevor die ersten Schüsse des Golfkriegs fielen, befürchteten viele irakische Soldaten von den Marines, die ihnen gegenüberstanden, vernichtet zu werden, was zur Folge hatte, daß sie sich, kaum daß der Bodenkampf begonnen hatte, ihnen auch schon ergaben. Die weit praktischere Auswirkung besteht darin, daß die Marines, die gezieltes Feuer liefern können, weit weniger Munition verbrauchen und dadurch den Druck auf die ohnehin ständig an der Überlastungsgrenze lebenden Versorgungseinheiten etwas zu entlasten helfen.

Was jetzt folgt, ist ein Blick auf die tragbaren (kleinen) Waffen der Marines von heute und morgen. Mit dem schwereren Zeugs werden wir uns später befassen, aber zunächst geht es einmal um die Art von Waffen, die einen Marine zu einem Marine machen.

M16A2 Sturmgewehr

Das M16A2 ist die Standardwaffe der Kampfeinheiten bei den Marines. Die Grundlagen der Treffsicherheit werden mit diesem Gewehr gelegt und weiterentwickelt, und jeder Marine im Corps, vom jüngsten Private bis hin zum Commandant, ist in der Lage, das M16A2 mit großer Genauigkeit abzufeuern. Das M16 hat seinen Ursprung in den deutschen Sturmgewehren, wie den MP44[37], die während des Zweiten Weltkriegs entwickelt wurden. Ein MP44 vereinte in sich die Präzision des halbautomatischen Karabiners mit der Feuerkraft eines vollautomatischen leichten Maschinengewehrs beziehungsweise einer Maschinenpistole. Das Sturmgewehr ermöglichte es den Truppen, eine große Feuerkraft mit akzeptabler Genauigkeit zu produzieren und dabei immer noch über die Mobilität einer leichten Infanterie zu verfügen.

In der Nachkriegszeit entwickelten viele Armeen ihre eigenen Sturmgewehre (heute auch unter dem Begriff *Combat Rifle* bekannt), allerdings mit unterschiedlichem Erfolg. Das russische AK-47, eine Konstruktion des legendären Michail Kalaschnikow, war es schließlich, die den Standard für die modernen Sturmgewehre setzte. Auf billige Massenproduktion hin konstruiert, konnte das AK-47 als Halbautomatik (Einzelfeuer) oder Vollautomatik (Abzug betätigen, und es erfolgt ein Kugelhagel) verwendet werden. Da es einfach, robust und leicht herzustellen war, wurde es während des kalten Kriegs zu einer Art Symbol der »Volksbefreiungsbewegungen« in der Dritten Welt. In den 50er Jahren hinkten die Armeen des Westens in der Entwicklung von Sturmgewehren hinter der russischen Konstruktion her, holten aber ab Anfang der 60er Jahre wieder auf. Als erste konnten die belgische Fabrique Nationale (FN) und die deutsche Firma Heckler & Koch (H&K) mit Erfolgen aufwarten und mit Sturmgewehren vom Kaliber 7,62 mm auf dem Grundkonzept des Modells AK-47 in Produktion gehen. Zu der Zeit hing Amerika immer noch den anderen hinterher. Da die U.S. Army Unsummen in die Entwicklung eines neuen halbautomatischen Gewehrs, des M14 Kaliber 7,62 mm, gesteckt hatte, wies sie eine Experimentalwaffe von FN, das T-48, ab. Das M14 konnte vollständig bei den Produktionsbetrieben hergestellt werden, die schon das Garand M-1 während des Zweiten Weltkriegs produziert hatten, während das T-48 tiefgreifende Umbauten der industriellen Werkzeuge für die Herstellung notwendig gemacht hätte.

Gegen Ende der 60er Jahre verfügte die NATO (North Atlantic Treaty Organization) einen neuen Standard für eine kleinere und leichtere Patrone, die bei den künftigen tragbaren Waffen Verwendung finden sollte, und machte es dadurch möglich, daß Infanteristen bei gleicher Gewichtsbelastung mehr Munition mitführen konnten. Obwohl diese Hochgeschwindigkeitsmunition vom Kaliber 5,56 mm eine tödliche Ziel-

---

[37] Die Abkürzung »MP« steht für Maschinenpistole, das MP44 ist demnach nicht im eigentlichen Sinne ein Sturmgewehr.

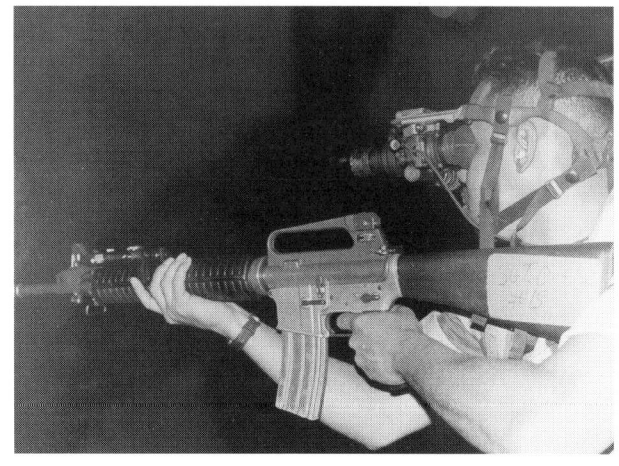

Ein Marine der 26th MEU(SOC) gibt im Hangarraum der USS *Wasp* (LHD-1) Probeschüsse aus einem M16A2 ab. Er trägt das neue AN/PVS-7B Nachtsichtgerät, und das PAC-4C Nachtzielgerät ist oben auf dem Lauf des Gewehres angebracht.
U.S. MARINE CORPS

ballistik (das ist die Energie des Aufschlags auf ein Ziel, für die die Ingenieure einen etwas schaurigen Fachbegriff, nämlich »Verletzungsballistik«, verwenden) hatte, gab es beim US-Militär zunächst starken Widerstand gegen die Umstellung auf eine neue Waffe, die dann diese Patronen verschießen konnte. Was schließlich den Ausschlag für eine Meinungsänderung beim amerikanischen Militär gab, war das Armalite AR-15, ein automatisches Gewehr, das der geniale Erfinder Eugene Stoner gegen Ende der 50er Jahre konstruiert hatte. Leichter und dabei einfacher abzufeuern als das M14, war das AR-15 eine wirklich revolutionäre Waffe. Es setzte eine derartige Bewegung in Gang, daß die Colt Manufacturing Company of Hartfort in Connecticut einen Lizenzvertrag schloß und das Gewehr unter der Bezeichnung CAR-15 produzierte. Nachrichten- und militärische Dienste der Regierung wie die Sicherheitspolizei der Air Force, der Secret Service und das FBI kauften das Gewehr im Rahmen ziviler Beschaffungsmaßnahmen. Die Popularität des CAR-15 übte einen so großen Druck auf Army und Marines aus, daß auch sie sich endlich genötigt sahen, die Waffe ebenfalls einzuführen. So um das Jahr 1966 herum produzierte Colt dann eine spezielle Army-Version, das M16, die sehr schnell bei den Einheiten von Army und Marine Corps eingeführt wurde. Und das war ein Fehler.

Ausgerechnet die ersten Einheiten, die mit der neuen Waffe ausgerüstet wurden, waren diejenigen, die bereits in die Dschungelkämpfe des Kriegs in Südostasien verstrickt waren. Das M16 hatte dort einen ausgesprochen schlechten Start und wurde von Truppen fast ebenso gehaßt wie geliebt. Auf der positiven Seite stand, daß das Gewehr 0,55 kg leichter war als das M14 und die Soldaten deshalb mehr Munition mitnehmen konnten. Außerdem fanden die Soldaten es toll, ihr »persönliches Maschinengewehr« zu haben, und entwickelten die Gewohnheit, zum eigenen Schutz vollautomatisches Unterdrückungsfeuer in den engbegrenzten Umfeldern des vietnamesischen Dschungels einzusetzen. Das war es dann aber auch schon mit den erfreulichen Aspekten – und auch sie galten nur dann, wenn alles funktionierte. Denn es gab etliche Schattenseiten: Kaum hatten die Truppen auf die neue Waffe umgestellt, mußten sie auch schon feststellen, daß das M16 ein Ausbund an Ladehemmungen und Versagern war, ganz besonders in den schlammigen Niederungen Südvietnams. Das war keineswegs nur eine kleine Unannehmlichkeit. Im Gefecht ist eine versagende oder hemmende Waffe fast immer gleichbedeutend mit dem Tod des Schützen. Es entstanden Gerüchte, daß dies völlig normal bei dieser Waffe sei. Damit war der Startschuß für einen der übelsten Beschaffungsskandale in der Geschichte des amerikanischen Militärs gefallen.

Untersuchungsausschüsse des Kongresses fanden später heraus, daß die Zuverlässigkeitsprobleme sowohl darauf zurückzuführen waren, wie die Army das CAR-15 zum M16 umgebaut hatte, als auch auf die Tatsache, daß versäumt wurde, die Truppen sorgfältig auf die Instandhaltung und -setzung des Gewehrs hin auszubilden. Entgegen der von Stoner vorgeschriebenen und von Colt spezifizierten Parameter war die Army einfach hingegangen und hatte für das M16 eine »niedriger als empfohlene« Menge bei den Treibladungen der 5,56-mm-Patronen verwendet. Das führte zwangsläufig zu Versagern und der Bildung von Rost im Inneren der Waffe. Außerdem gab es Zuverlässigkeitsprobleme bei den Zündhütchen (das ist die kleine Sprengkapsel, auf die der Schlagbolzen schlägt). Wie sich herausstellte, hatte sich die Army auch bei der Herstellung einiger Waffenteile mit geringeren Qualitätsstandards als vorgegeben einverstanden erklärt. Schließlich war man auch noch wegen Engpässen bei den Reinigungsgeräten und Waffenölen tatsächlich hingegangen und hatte zumindest einigen Einheiten im Feld erzählt, das M16 sei eine »selbstreinigende Waffe«, was natürlich völliger Blödsinn war. In Wirklichkeit ist das M16 ein Präzisionsgerät, das kontinuierlich gewartet und gereinigt werden will. Als Resultat dieser Mißwirtschaft und der unbeholfenen Einführung der Waffe durch die Army war der Ruf des M16 ernsthaft geschädigt. Für eine gewisse Zeit wurden die Marines in Südostasien wieder mit ihren alten M14 ausgerüstet, bis die Army es endlich schaffte, das M16 in den Griff zu bekommen.

In der Zwischenzeit ersetzte man dort die bisherige, unzulängliche Treibladung durch sauber abbrennendes Pulver und begann auch mit der Produktion zuverlässigerer Zündhütchen. Darüber hinaus beauftragte die Army die Firma Colt mit der Modifizierung des M16 in die M16A1-Konfiguration, die eine verchromte Kammer (zur Unterbindung von Rostbildung) und eine straffere Feder bekommen sollte, um die Feuergeschwindigkeit der Automatik gleichzeitig herabzusetzen und zu stabilisieren. Auch der Auswurfmechanismus wurde abgeändert, damit die leeren Patronenhülsen keine Ladehemmungen mehr auslösen konnten. Schließlich wurde auch noch ein intensives Ausbildungsprogramm für die Truppen im Feld in Gang gesetzt, in dessen Rahmen die Soldaten lernen sollten, wie sie ihr M16 richtig reinigten, ölten und instand hielten. Die Folge all dessen war, daß die Zuverlässigkeit des M16 dramatisch verbessert wurde und damit gleichzeitig auch die Einstellung der Soldaten und Marines zu der von ihnen verwendeten Waffe positiver wurde. Irgendwann im Laufe der späten 60er und 70er Jahre wurde das M16A1 langsam sowohl bei der Army als auch bei den Marines und etlichen verbündeten Nationen zum Standard-Sturmgewehr. Nachdem die Kinderkrankheiten überwunden waren, erwarb sich das M16A1 einen guten Ruf, was seine Leistung und Zuverlässigkeit anging. Vielleicht hat es nicht ganz den Glanz eines Sturmgewehrs in der Art des H&K-91 oder des israelischen *Galil*, aber das M16A1 erfüllte in den mageren Jahren nach dem Vietnamkrieg seinen Zweck.

Gegen Ende der 70er Jahre begann die Army dann mit einer tiefgreifenden Modernisierung des M16. Ganz an der Spitze der Wunschliste stand ein verbesserter vorderer Handgriff, ein besseres Visier und ein automatischer Feuerstoßbegrenzer, um Munition zu sparen. 1983 vorgestellt, wird das M16A2 heute bei sämtlichen Truppengattungen des US-Militärs verwendet. Folgende Leistungsmerkmale kamen bei der A2-Version hinzu beziehungsweise wurden verbessert:

- ein schwerer, stabilerer Lauf, der eine Verbesserung der Präzision bei gleichzeitig geringeren Abnutzungserscheinungen mit sich brachte, außerdem wurden die Züge des Laufs auf die neue M855/SS 109 5,56-mm-Munition nach dem NATO-Standard hin optimiert, die bei der M249 *Squad Automatic Weapon*[38] (SAW) verwendet wird; es kann allerdings nach wie vor auch die ältere M193 5,56-mm-Munition verwendet werden, ohne daß deswegen Veränderungen an der Waffe erforderlich wären,
- ein auf drei Schuß ausgelegter Feuerstoßbegrenzer, der »automatisches (Dauer-)Feuer« unterbindet und lediglich drei Schuß pro Abzugbetätigung zuläßt,
- ein Mündungsdämpfer, der so konstruiert wurde, daß die Laufdehnung und -biegung während des Feuerstoßes reduziert wird,
- ein Plastikhandgriff in runder Form, der ein festeres und gleichzeitig leichteres Zugreifen ermöglicht,
- ein Kolben aus Plastik, der sowohl härter als auch leichter ist als beim A1-Modell,
- eine verbesserte Visiereinrichtung, bei der an der Kimme sowohl die Entfernung als auch die Seitenabweichung eingestellt werden können,
- eine verbesserte und leichter zu justierende Anordnung des oberen Verschlußgehäuses, um zu verhindern, daß linkshändigen Schützen leere Patronenhülsen direkt ins Gesicht ausgeworfen werden,
- eine angepaßte Fassung für das neue Gefechtsbajonett.

---

38 Der Begriff *Squad Automatic Weapon* läßt sich nicht direkt ins Deutsche übersetzen. *Automatische Waffe für die Verwendung in Schützengruppen* kommt dem Sinn noch am nächsten, ist jedoch in der Terminologie des deutschen Militärs nicht gebräuchlich.

Mit einem Preis von 624 Dollar ist das M16A2 tatsächlich schon eine Art Sonderangebot für die amerikanischen Steuerzahler, wie sich durch *Desert Storm* eindeutig herausstellte.

Wenn man ein M16A2 zum ersten Mal in die Hand nimmt, überkommt einen augenblicklich das Gefühl, es mit einem ernstzunehmenden Stück Mechanik zu tun zu haben. Bei einem Gewicht von knapp 4 kg liegt das M16A2 gut in der Hand – ausgezeichnet ausbalanciert und tödlich. Es ist genau 39,6 Zoll, also 100,5 cm, lang und besteht aus insgesamt vier Hauptbestandteilen:

- unteres Verschlußgehäuse und Kolben
- 5,56-mm-Bolzenträger
- obereres Verschlußgehäuse und Visiereinrichtung
- Lauf und vorderer Griff.

Diese vier Hauptkomponenten lassen sich sehr schnell zur Reinigung und Wartung zerlegen. Die notwendigen Handgriffe lernt man schnell und kann sie schon recht bald auch in der Dunkelheit und sogar mit verbundenen Augen durchführen. Ein M16A2 sauberzuhalten ist von absolut lebenswichtiger Bedeutung, da seine einzelnen Bestandteile sehr paßgenau sind und jede Art von Sand oder Schmutz leicht zu Ladehemmungen führen oder ein völliges Versagen der Waffe bewirken kann. Das Marine Corps ist sehr großzügig, wenn es um die Versorgung mit Reinigungssets, -Pads und CLP-Waffenöl geht. Einen gefechtserfahrenen Marine wird man immer daran erkennen können, daß er derjenige in einer Gruppe ist, der seine Waffe immer zuerst reinigt und ölt, bevor er etwas anderes tut, sogar noch bevor er ißt oder schlafen geht.

Die 5,56-mm-Munition wird aus einem wiederverwendbaren Federdruckmagazin zugeführt, das in den Boden des unteren Verschlußgehäuse-/Kolbenteils eingeführt wird. Heute sind Magazine von 30 Schuß der Standard, aber es werden nach wie vor auch noch die 20-Schuß-Magazine verwendet. Normalerweise haben Marines irgendwo zwischen zehn und 16 dieser Magazine dabei, obwohl die Gefechtswesten der Marines nur für sechs voll munitionierte 30-Schuß-Magazine Platz bieten. Um ein leergeschossenes Magazin wieder zu füllen, besorgt man sich einige 5,56-mm-Patronen (*Ball Rounds* genannt) und schiebt sie systematisch eine nach der anderen in das Magazin ein, wobei man allerdings darauf achten sollte, daß die Patronen dabei nicht zerkratzt oder die Federn überdehnt werden. Jetzt braucht man nur noch das Magazin in das Unterteil des M16A2 einzurasten und ist abmarschbereit.

Das Abfeuern eines M16A2 ist denkbar einfach. Wenn man feuerbereit ist, zieht man den T-förmigen Repetierhebel zurück, um die erste Patrone in die Kammer gleiten zu lassen. Ist das getan, legt man den Sicherungshebel aus der Position »Gesichert« entweder auf »Halb-« oder auf »Vollautomatik«. Von diesem Zeitpunkt an hat man eine scharfe Waffe in den Händen, bei der sich eine Patrone in der Kammer befindet. Jetzt heißt es nur noch das Ziel aufnehmen und den Abzug betätigen. In der Stellung

»Halbautomatik« (die man auch als »Einzelfeuer« bezeichnet) wird nach jeder Betätigung des Abzugs nur jeweils ein Schuß ausgelöst. Wählt man dagegen »Vollautomatik« (früher »Dauerfeuer« genannt), löst jeder Druck des Fingers auf den Abzug einen Feuerstoß von drei Geschossen aus. Dieser Feuerstoßbegrenzer wurde entwickelt, nachdem die Entwickler der Army herausgefunden hatten, daß die Treffergenauigkeit rapide sinkt, wenn mehr als drei Schuß auf einmal abgegeben werden. Darüber hinaus führte die Neigung der Soldaten, den Abzug in »*Rock and Roll*«-Gefechten gedrückt zu halten, zu enormer Munitionsverschwendung. Ist ein Magazin einmal leergeschossen, braucht man nur den Freigabeknopf zu drücken, um das aufgebrauchte Magazin herausfallen zu lassen und ein frisches an dessen Stelle einzurasten, und schon kann man weiterfeuern.

Nun, das Feuern ist eine Sache, ein Ziel aber auch zu treffen eine ganz andere. Das Marine Corps ist immer schon sehr stolz auf seine Scharfschützentradition gewesen und setzt diese Tradition heute mit dem M16A2 fort. Zwei Neuerungen an der Waffe haben deren Treffsicherheit weiter erhöht. Die erste ist ein gerippter, röhrenförmiger vorderer Griff (der den »Mattel-Spielzeug«-Griff der Vorgängermodelle ersetzt hat). Die zweite ist eine neue Visiereinrichtung mit leichter justierbarer Kimme, die es einfacher macht, die Projektile tatsächlich ins Ziel zu bringen. Man braucht wirklich einfach nur noch eine Art Wählscheibe auf die gewünschte Entfernung einzustellen, Kimme und Korn in Linie zu bringen und den Abzug zu drücken. Wenn man Wind und/oder Temperatureinflüsse richtig berücksichtigt hat (das bringt man einem schon bei), dürften die Geschosse mit schöner Regelmäßigkeit das Ziel treffen. Das Corps setzt voraus, daß Marines fähig sein sollten, Ziele mit großer Genauigkeit (also 50 Prozent und mehr der abgefeuerten Projektile sollten auch Treffer sein) über 200, 300 und 500 Yards, also 183, 275 und 458 Meter (Zirkawerte), aus einer Vielzahl von Stellungen und Haltungen zu treffen. Nur so zum Vergleich: Die U.S. Army qualifiziert ihre Rekruten in der Grundausbildung ausschließlich über 100 Yards. Man glaube mir: Ein Ziel über 100 Yards, also kaum mehr als 90 Meter, zu treffen ist ein Kinderspiel. Obwohl man bei den Marines die Rekruten auch in Dauerfeuer und Drei-Schuß-Feuerstößen ausbildet, liegt das Schwergewicht ohne Zweifel auf der Einzelfeuerausbildung. Wirtschaftlicher Munitionseinsatz ist der Schlüsselfaktor. Feuert man im Feuerstoßmodus, neigt die Mündung als Folge des Rückstoßes zum Steigen, weshalb im allgemeinen nur die ersten beiden Kugeln im Ziel liegen. Ein Weg, dies zu vermeiden, liegt darin, die Waffe gegen einen Baum oder Felsen zu legen und damit etwas zu stabilisieren.

Wahrscheinlich ist das M16A2 heute das Sturmgewehr mit der größten Präzision für den allgemeinen Einsatz bei den Streitkräften. Tatsächlich ist sogar das Scharfschützenteam der Army für seine Wettbewerbe vom M14 auf ein modifiziertes M16 umgestiegen. Eine heute ebenfalls produzierte Variante ist der M4 Kurzlauf-Karabiner mit beiklappbarem Kolben. Diese Waffe ist leistungsmäßig dem M16A2 ebenbürtig, dabei aber leichter und kleiner, und wird bei Fahrzeug- und Hubschrauberbesatzungen der

Unterstützungs- und Versorgungseinheiten verwendet, wo Gewicht und Platzbedarf begrenzende Faktoren sind. Der kürzere Lauf verursacht einen lauteren Knall und führt zu einer geringfügig anderen Balance. Die Marines beschaffen zur Zeit mehr als 10000 dieser handlichen kleinen Waffen von Colt. Man denkt auch über neue Munition nach wie beispielsweise die Wolframkern-Geschosse im Kaliber 5,56 mm mit panzerbrechender Wirkung, die in Schweden hergestellt werden. 1996 begann das M16 sein drittes Jahrzehnt als Sturmgewehr erster Wahl bei den amerikanischen Streitkräften. Ständige Verbesserungen und neue Ausführungen werden die Tödlichkeit dieser Waffe auch noch bis ins 21. Jahrhundert hinein gewährleisten.

Eine weitere wichtige Entwicklung sind die Nachtzielgeräte, die dem M16 größere Leistungsfähigkeit bei Nacht und schlechtem Wetter verleihen. Die Marines haben bereits die AN/PVS-4 *Light-Intensification Sights* (restlichtverstärkende Visiere) für das M16, entwickeln und führen aber sehr rasch neue Systeme ein. So wird beispielsweise beim neuen Nachtgefechts-/Scharfschützen-Zielgerät PAC-4C ein spezieller Schulterriemen und das Laserpunktverfahren mit einem roten Markierungspunkt verwendet. Wonach die Marines (und dort speziell die Aufklärungs- und Spähtrupps) allerdings wirklich verlangen, ist ein Wärmebildgerät. Das Corps hat bereits ein Wärmebildgerät von der Ein-Mann-Version der *Stinger* Surface-to-Air-Missile (SAM) übernommen, obwohl es sich dabei um ein unförmiges und teures Gerät handelt, das die Batterien in kürzester Zeit leersaugt. Sowohl das Marine Corps als auch die Army testen zur Zeit das *NiteSight*, ein Miniatur-Wärmebildgerät von Texas Instruments (TI). Klein und leichtgewichtig, zieht es erheblich weniger elektrische Energie als die bisherigen IR-Bildgeräte. Der Schlüssel dürfte aber letzten Endes in einem Bildgerät in der Art der TI-Konstruktion liegen. Im Gegensatz zu den meisten anderen Wärmebildgeräten muß es nicht mehr auf weit unter 0 °Celsius gekühlt werden. Da es bereits bei 21 °Celsius funktioniert, konnten sowohl seine Größe als auch sein Preis erheblich reduziert werden. Bei TI bestehen bereits Pläne, das *NiteSight* auch für Motorfahrzeuge und kommerziell genutzte Flugzeuge anzupassen.

Die MP-5N Maschinenpistole

Okay, ich bekenne: Als ich das Weapons Battalion besuchte, lief mir sprichwörtlich das Wasser im Munde zusammen, als ich *sie* auf dem Schießplatz erblickte und mit so vielen Magazinen, gefüllt mit 9-mm-Patronen, übergeben bekam, wie ich nur verschießen wollte. *Sie* ist die Heckler & Koch (H&K) Maschinenpistole-5 Navy-Ausführung (daher die Bezeichnung MP-5N), und sie ist die tollste Maschinenpistole der Welt. Wenn jemand Spaß am Schießen hat, ist die MP-5 sicherlich *die* Traumwaffe. Wenn man bedenkt, daß eine Maschinenpistole eigentlich dafür konstruiert wurde, Kugeln in einen bestimmten Bereich zu streuen, ist diese hier leichtgewichtig, tödlich und für eine Maschinenpistole überraschend genau. Die MP-5N ist eine Weiterentwicklung der deutschen Maschinenpistolen, die bereits im Zweiten Weltkrieg von ihren Gegnern ebenso gefürchtet wie respektiert wurden. Diese ersten Maschinenpistolen, von den Soldaten der Alliierten Streitkräfte als »*Burp Guns*«, also »Rülpskanonen«, bezeichnet, wogen wenig, waren in ihrer Bauweise einfach und besonders in Straßenkämpfen oder Gefechten in Gebäuden absolut tödlich. Seit dem Ende des Zweiten Weltkriegs haben etliche Firmen in den unterschiedlichsten Ländern versucht, selbst Maschinenpistolen herzustellen, allerdings mit sehr unterschiedlichen Erfolgen. Die amerikanische M-9 *Grease Gun* (»Fettpresse«) war wahnsinnig ungenau und alles andere als zuverlässig. Die kleine israelische Uzi ist weltweit ein Bestseller und wird gern von den Leibwächtern bedeutender Personen verwendet, da man die Uzi ausgezeichnet unter dem Jackett verbergen kann. Nichtsdestoweniger, die tollste Maschinenpistole wird bei Heckler & Koch hergestellt und heißt MP-5N.

Beim Marine Corps schaffte man die MP-5N für die Art von Kampfhandlungen an, die dort unter der Bezeichnung *Close-Quarters Battles* (CQB) laufen. Diese auf engem Raum ausgetragenen Gefechte sind typische Aktionen der MEU(SOC)s, Aufklärungs- und Sicherheitskräfte und etlicher anderer USMC SWAT-Gruppen (Special Weapons and Tactics), die immer wieder gern auf diese Waffe zurückgreifen. Die Vorgaben sind denkbar simpel: nahe an einen Gegner herankommen und dann mit höchstmöglicher Genauigkeit eine 9-mm-Kugel durch ein Ziel zu jagen, bevor der andere Typ einem die gleiche »Gefälligkeit« erweisen kann. Inzwischen wurde die MP-5N von fast allen Kräften auf der ganzen Welt übernommen, die es mit Gesetzesdurchsetzung und Kommandoeinsätzen zu tun haben. Alle Eliteeinheiten im Bereich Geiselbefreiung (wie die SEALs, Delta Force, die deutsche GSG-9 und der SAS) haben genauso wie die SWAT-Teams der Polizei (FBI-Geiselbefreiungeinheiten, die deutsche Polizei, die Special Branch von New Scotland Yard usw.) die MP-5 zu *ihrer* Nahkampfwaffe erkoren. Die MP-5N ist einfach gut. Also, dann wollen wir einmal selbst ein paar Schüsse abfeuern und feststellen, warum das so ist.

Schon in dem Augenblick, da man eine MP-5N in die Hand nimmt, kann man praktisch die deutsche Qualitätsarbeit und Ingenieurskunst fühlen (ein vergleichbares Gefühl hat man, wenn man eine Mercedes-Limousine fährt). Wie von den sozusagen besten Waffeningenieuren der Welt nicht anders zu erwarten, ist alles an einer MP-5N funktionell, obwohl sie insgesamt gesehen dabei auch noch komfortabel und elegant wirkt. Die Basiswaffe ist mit beigeklapptem Kolben nur 49 cm lang (im ausgeklappten Zustand sind es dann 66 cm) und wiegt etwa 3,5 kg, was bereits das vollgeladene 30-Schuß-Magazin einschließt. Darüber hinaus gibt es noch die Möglichkeit, ein Punktlicht (für Nachtgefechte) und einen Mündungs-/Schalldämpfer (der die Waffe insgesamt noch einmal etwa 30 cm länger macht) aufzusetzen.

Bei der MP-5N wird die gleiche NATO-Standardmunition Kaliber 9 mm verwendet wie bei der M9 Beretta und vielen anderen automatischen Pistolen. Die Munition verfügt über ausgezeichnete Stopping Power (Auf-

Ein Ausbilder in Quantico hält eine MP-5N Maschinenpistole. Diese Waffe wird von den Marines im Rahmen von sogenannten *Close-Quarters Combat*-Situationen eingesetzt. JOHN D. GRESHAM

haltekraft) auf kurze Entfernung (unter 200 Meter), und sie ist nahezu auf der ganzen Welt erhältlich. Der Ladevorgang einer MP-5N ist vom Ablauf her fast identisch mit dem beim M16A2. Man steckt ein 30-Schuß-Magazin in das untere Verschlußgehäuse, bis man ein zufriedenstellendes »Klicken« spürt (und hört). Dann zieht man den Spannhebel (beziehungsweise -schieber) und lädt damit durch. Schließlich legt man noch den Sicherungshebel von »Gesichert« auf »Einzelfeuer« oder »Automatik« um, zielt und feuert. Mit typisch deutscher Gründlichkeit hat man bei H&K entsprechende Symbole auf beiden Seiten der Waffe eingestanzt, wodurch sie sozusagen »idiotensicher« ist!

Einzelfeuer ist sogar noch leichter durchführbar als mit dem M16A2, und die Waffe hat so gut wie keinen Rückschlag. Solange man sich in einer Entfernung von weniger als 100 Metern vom Ziel befindet, braucht man es nur über Kimme und Korn anzuvisieren und kann sicher sein, es auch zu treffen. Sogar Automatik-(Dauer-)Feuer ist *viel* einfacher als bei vergleichbaren Waffen. Das Steigen des Laufs im Feuerstoß, das für automatische Waffen so typisch ist, wird man bei der MP-5N (fast) völlig vermissen, wodurch es beinahe zu einem Kinderspiel wird, die Waffe auf das Ziel fixiert zu halten. Wirklich etwas ganz anderes als bei einem schweren Maschinengewehr! Sie ist einfach unvergleichlich, und nichts, mit dem ich je gefeuert habe, ist mit dem Erlebnis vergleichbar, Dauerfeuer aus einer MP-5N abgegeben zu haben. Während ich nachlud (einfach die Arretierung lösen und ein neues Magazin einschieben), trat Colonel Nance hinter mich und sagte: »Machen Sie ruhig weiter, solch eine Gelegenheit würde ich auch nicht verpassen wollen!« Kaum hatte er das gesagt, kam ich auch schon seiner Aufforderung nach und hatte in weniger als 2,3 Sekunden das nächste 30-Schuß-Magazin verschossen. Erstaunlicherweise traf ich mit rund der Hälfte der Geschosse das Ziel, das etwa 100 Meter von mir entfernt aufgestellt worden war. Während ich schoß, konnte ich deutlich den Schlag des Bolzens und das Nachspringen der Patronen hören, wogegen die eigentliche Zündung der 9-mm-Patronen kaum zu hören war. Für mich war das ein absurder Eindruck, bis ich feststellte, daß all das ein Resultat des hervorragenden Mündungs-/Schalldämpfers war, den man auf die Mündung der MP-5N geschraubt hatte. Es ist schon irre, wenn man fast 800 Schuß pro Minute abfeuert und kaum etwas davon hört!

Augenblicklich gibt es keine Pläne, die MP-5N abzulösen. Für die CQB-Rolle ist sie eine fast perfekte Waffe und wird es mit einiger Wahrscheinlichkeit auch in den kommenden Jahren bleiben. Wenn man wirklich einmal wissen will, was der Begriff Schußwaffenperfektion bedeutet, sollte man versuchen, »Zeit am Trigger (Abzug)« an einer MP-5N zu ergattern. Man wird ganz sicher nicht enttäuscht sein.

M40A1 Scharfschützengewehr

Jahrzehntelang waren die Marines berühmt für ihr Scharfschützenprogramm. Scharf- oder Heckenschützenausbildung – um feindliche Anführer kampfunfähig zu machen oder zu töten – ist ein integraler Bestandteil eines Infanteriegefechts. Seit der Zeit, als die ersten Marines ins Rigg ihrer Segelschiffe kletterten, um die Decks feindlicher Fregatten mit Musketenfeuer zu beharken, hat das Corps sehr viel Wert auf präzises Schießen gelegt. Aber die Historiker des Marine Corps erzählten uns, daß der eigentliche Beginn einer systematischen Verlagerung des Schwergewichts in der Ausbildung auf die Treffsicherheit durch den Einfluß von Commandant Heywood zustande kam und damit erst auf den Beginn des 20. Jahrhunderts datiert werden muß. Der Mann der

Ein Scharfschütze der Marines führt ein M40A1 Scharfschützengewehr vor. Diese Waffe wird von Soldaten der Marines verwendet, die eine Spezialausbildung für das Scharfschießen über große Entfernungen erhalten. *JOHN D. GRESHAM*

ersten Stunde wiederum, diese Neuorientierung umzusetzen, war Captain William Harllee.

Die Scharfschützenfähigkeit, so wie sie sich heute darstellt, beruht auf dem M40A1 Scharfschützengewehr. Es wurde erstmalig in den 70er Jahren eingeführt, ist ein Karabiner mit schwerem Lauf und verschießt *Match Grade*-Geschosse vom Kaliber 7,62 mm über Entfernungen von 914 Meter. Das alles mit einer Genauigkeit, die groß genug ist, um auf Maximalentfernung noch den Kopf eines mannsgroßen Ziels genau dort zu treffen, wohin man gezielt hat. Hergestellt wird das M40A1 von den Waffentechnikern des *Weapons Training Battalion* in Quantico, die dazu auf Teile zurückgreifen, die dort am Lager gehalten werden. Grundlage ist der Remington Karabiner Modell 700, der durch verschiedene ergänzende Maßnahmen, die ich nachfolgend aufgelistet habe, in fast unglaublichem Grad »präzisiert« wird:

- ein zivil speziell für Wettbewerbe hergestellter schwerer Lauf,
- ein Schaft mit Schaftkappe aus Fiberglas von McMillan; jeder einzelne Schaft wird in Quantico in einem speziellen Heißluftofen für die Bearbeitung von Fiberglas nachbearbeitet, um die Genauigkeit der Anpassung zu verbessern,
- ein modifiziertes Bodenstück und ein modifizierter Abzugsbügel sowie ein leichtgängiger Abzug,
- ein Unertl-Zielfernrohr mit zehnfacher Vergrößerung,
- ein Magazin mit fünf Schuß.

Durch diese Merkmale ist das M40A1 in der Lage, mit einer Genauigkeit zu schießen, die unter einer Bogenminute liegt. Nur zum Verständnis: Dieser Wert ist kleiner als 1/60 Grad. Das wiederum bedeutet einen Fehler von unter 25 cm über eine Entfernung von 914 Metern! Wenn sie sich ein bißchen anstrengen, schaffen es Colonel Nance und seine Waffenschmiede und -techniker aber, diesen Wert im Durchschnitt auch noch auf weniger als ein Drittel zu senken. Ein nicht unerheblicher Teil der Technik, die das M40A1 so genau macht, ist auf die Bemühungen der Wettbewerbsmannschaft des Scharfschützenteams der Marines zurückzuführen, die ähnliche Gewehre und massiv modifizierte M14 bei ihren Ausscheidungswettbewerben mit den Scharfschützenteams der Army, Navy, Coast Guard (Küstenwache), des Secret Service, der DEA und des FBI verwenden.

Scharfschießen ist eine Kunst der besonderen Art, und nur gut schießen zu können reicht nicht aus, die Späher-/Scharf- beziehungsweise Heckenschützenausbildung zu bestehen. Landnavigation, Ortung und Tarnung sind fast genauso wichtig, deren Abhandlung aber leider den Rahmen dieses Buches sprengen würde. Ich habe selbst einmal mit dem M40A1 geschossen, nur um diese geheimnisvolle Schießkunst besser verstehen zu können. Als feste Regel gilt, daß Heckenschützen immer paarweise vorgehen und meist in ausgestreckter Stellung, also vornehmlich im Liegen, schießen. Dabei ist immer ein Heckenschütze als Schütze »am (Zielfern-)Rohr«, während der andere durch ein M49 Ortungsfernglas Ziele akquiriert und die taktische Situation im Auge behält. Etwa alle halbe Stunde wechseln die beiden sich in ihren Rollen ab, um sonst unvermeidlichen Ermüdungserscheinungen beim Schützen vorzubeugen.

Der erste Trick, ein Ziel über große Entfernungen zu treffen, besteht darin, das M40A1 gut und sicher einzuziehen. Das bedeutet, daß man den Kolben des Karabiners (mit einer speziellen Polsterauflage am Schulterstück) ganz fest gegen die rechte Achsel drücken muß. Dann legt man sich den Trageriemen fest um den anderen Arm, wobei der linke Arm dazu benutzt wird, das Gewehr entlang der Handauflage zu greifen und auszubalancieren. Wenn der Trageriemen einem in der linken Hand schon fast das Blut abgesperrt hat und die Schulterstütze anfängt, sich durch die rechte Achsel zu bohren, erst dann hat man ein M40A1 fest genug eingezogen, um überhaupt erst einmal mit dem Zielen selbst anfangen zu können. Jetzt legt man die Augenbraue gegen das Okular des Unertl-Zielfernrohrs mit zehnfacher Vergrößerung[39] und arbeitet mit dem darin angebrachten Fadenkreuz. Bei 600 Yards, also etwa 550 Metern, ist ein Ziel mit einem Fleck (tödlicher Trefferbereich) von etwa 45 cm kaum mehr als ein schwarzer Punkt, der einen wilden Tanz im Zielfernrohr veranstaltet. Man hat aber recht schnell heraus, daß das sowohl die Folge der eigenen Atmung als auch des Pulsschlags ist: Erfahrene Scharfschützen beherrschen die Kunst, beides beim Schießen zu beeinflussen. Sobald man den Fleck des Ziels ausreichend gut anvisiert hat, drückt man ganz leicht und ruhig auf den Abzug, und schon meint man, daß die Welt einem direkt ins Gesicht explodiert. Der Rückstoß eines M40A1 ist dem eines Schrotgewehrs würdig, und das Geräusch ist etwa so, als würde jemand direkt neben jemandes Kopf mit einer Ochsenpeitsche knallen. In weniger als einer Sekunde ist die Kugel im Ziel, und der ganze Vorgang geht von vorn los. Man schaut am besten auf hochgeworfene Grashalme oder Staubwölkchen, um die Stärke des Seitenwindes einzuschätzen, damit man das Zielfernrohr passend zum Querwind einstellen kann, und orientiert sich an hitzebedingten Aufwinden, um aus dieser Einschätzung dann noch den »Loft«, also das »Aufsteigen«, der Kugel zu kompensieren. Ist das erledigt, lädt man durch, wobei beim Zurückgleiten des Schlagbolzens auch gleich die leere Patronenhülse ausgeworfen wird, und schiebt den Repetierhebel anschließend wieder nach vorn, um eine frische Patrone in die Kammer gleiten zu lassen. Das allerdings verblüffendste von allem war für mich, daß ich nach nur wenigen Gewöhnungsschüssen und einiger Hilfestellung seitens eines von Colonel Nances Scharfschützenausbildern anfing, mein Ziel über eine Entfernung von knapp 600 Metern mit einiger Regelmäßigkeit zu treffen! Das ist, einmal anders ausgedrückt, eine Entfernung von mehr als einem halben Kilometer! Die Wirkung, die es auf einen hat, wenn man über eine solche Entfernung ein Ziel mit einer Handwaffe getroffen hat, muß man selbst erlebt haben, um es wirklich nachfühlen zu können, beschreiben kann man sie jedenfalls nicht.

---

39 Angesichts des unten beschriebenen Rückschlags eines M40A1 ist dies nur als Hilfestellung während des Zielvorgangs zu verstehen.

Bevor jetzt jemand allerdings allzusehr von meinen Leistungen beeindruckt ist, sollte man bedenken, daß die Späher/Scharfschützen bei den Marines absolut dasselbe über die doppelte Entfernung schaffen müssen, und zwar mit einem einzigen Schuß (das ist nämlich alles, was ein Heckenschütze unter normalen Umständen als Chance erhält!) und ohne die Gelegenheit, in aller Ruhe irgendwelche Kompensationen durchzuführen. All das passiert dann auch noch bei Einsätzen, die sich über mehrere Tage hinziehen können, bei jedem Wetter stattfinden und gegen Feinde gerichtet sind, die ihrerseits danach trachten, einen wie einen verdammten Halunken abzuknallen! Es ist schon eine seltsame Art, seinen Lebensunterhalt zu verdienen, und die Männer hier sind dementsprechend recht seltsame Vögel. Für einen Feind gilt aber ein M40A1 in den Händen eines geschickten Spähers/Scharfschützen der Marines als äußerst höllische Waffe, die sogar nicht selten mehr gefürchtet wird als ein Bomber, der Napalmkanister an Bord hat! Es flößt einem schon Furcht ein, von einem anderen Mann gejagt zu werden, und das wiederum macht den *eigenen* Job als Heckenschütze noch schwerer, als er ohnehin schon ist. Auf der anderen Seite ist es aber gerade die überwältigende psychologische Wirkung der Scharfschützen, die einem eine mögliche Erklärung dafür liefert, weshalb das Corps derartig viel in die Aufrechterhaltung dieser Fähigkeiten investiert.

Barrett M82A1A Kaliber .50 Spezial-Scharfschützengewehr

Wenn man diese Waffe zum ersten Mal sieht, wirkt sie auf einen böse, etwa wie eine Gottesanbeterin, kurz bevor sie eine Blattlaus überfällt. Sie allein könnte der Star in einem Action-/Abenteuerfilm sein, bei dem Stallone und Schwarzenegger die notwendigen Nebenrollen spielen würden. Ich spreche hier vom Barrett M82A1A Kaliber .50 *Special-Purpose Sniper Rifle*, wie die offizielle Bezeichnung lautet. Sie ist mit Sicherheit eine der ungewöhnlichsten Waffen im Arsenal der tragbaren Waffen der Marines. Das M82A1A wurde konstruiert, um die Rolle des M40A1 Scharfschützengewehrs dann zu übernehmen, wenn größere Entfernungen und größere Durchschlagskraft gefragt sind. Das Barrett verfeuert die gleiche Munition wie das M-2 Browning Maschinengewehr, nämlich das Kaliber 0,5 Zoll. Sollte man jemals mit einem M-2 Maschinengewehr geschossen haben, wird man sich sicherlich daran erinnern, daß das Ding auskeilt wie ein Muli und man es sehr gut festhalten oder auf einem Dreibein aufsetzen muß, das man zuvor sicher im Boden verankert hat. Die komplette M-2 Maschinengewehr/Dreibein-Kombination wiegt etliche hundert Pfund, nicht gerade die beste Empfehlung für eine Scharfschützenwaffe. Aber nichtsdestoweniger, Scharfschützen des U.S. Marine Corps wie der schon legendäre Staff Sergeant Carlos Hathcock (93 bestätigte Ausschaltungen in Vietnam) befestigten nicht selten einfach die speziellen Scharfschützen-Zielfernrohre auf dem Standard-M2 und schafften Treffer über Entfernungen von mehr als 1,5 Kilometern.

Das sensationelle Barrett M82A1A Scharfschützengewehr. Es verfeuert die gleichen Geschosse wie das M2 Maschinengewehr Kaliber .50 und wird für das Schießen über extreme Entfernungen verwendet.
JOHN D. GRESHAM

Die Wurzeln des M82A1A gehen auf den Krieg mit den Aufständischen in Afghanistan in den 80er Jahren zurück. Die Vereinigten Staaten von Amerika – in erster Linie durch die CIA vertreten – hatten sich damals mit den Mudschaheddin-Rebellen gegen sowjetische Kräfte in Afghanistan verbündet. Damals wurde sogar ganz bewußt die Meldung, daß eine Lieferung von *Stinger*-Flugabwehrraketen als Hilfeleistung an die Rebellen erfolgt war, mit denen diese sich gegen die Kampfhubschrauber und -flugzeuge zur Wehr setzen konnten, durch die Medien geschleust. Die Mudschaheddin baten aber auch um eine Langstrecken-Scharfschützenwaffe mit panzerbrechenden Eigenschaften. (Das Vorgehen als Heckenschützen kann als traditionelle Kunst der afghanischen Gebirgsstämme angesehen werden.) Die Antwort auf das Gesuch bestand in einer Waffe vom Reißbrett Ronney Barretts aus Murfreesboro in Tennessee. Barrett, der schon seit etlichen Jahren einen guten Ruf als Hersteller handgefertigter Waffen genoß, konstruierte ein System von Federn, um den Rückstoß des Maschinengewehrs Kaliber .50 zu dämpfen. Indem er die Rückstoßenergie über einen längeren Bereich in seiner Wirkdauer spreizte, konnte er durch diese Federn die Belastung sowohl der Waffe als auch der Schützen senken. Barrett baute eine Waffe, die, in verschiedene Bestandteile zerlegt und auf einige manngerechte Pakete verteilt, auch noch gut transportiert werden konnte. Die CIA kaufte eine Anzahl dieser schweren Scharfschützengewehre für die afghanischen Mudschaheddin, die damit dann die sowjetischen Truppen terrorisierten. Die Leistungen des Barrett in Afghanistan waren derart beeindruckend, daß das Marine Corps es nach Tests schließlich unter der Typenbezeichnung M82A1A als Scharfschützengewehr übernahm. Heute wird das M82A1A (das bei Barrett Firearms Manufacturing hergestellt wird) in erster Linie von Einheiten der Marine Force Reconnaissance im Einsatz verwendet, wobei immer eine aus drei Mann bestehende Gruppe zu einer Waffe gehört. Jedes Teammitglied trägt einen Teil der Waffe (oberes Verschlußstück, unteres Verschlußstück und Zielfernrohr plus Munition). In bestimmten Abständen wechselt man sich im Team dann in der Funktion des Schützen und der Beobachter ab.

Das halbautomatische M82A1A ist insgesamt 145 cm lang und wiegt dabei unmunitioniert 14,7 kg. Es verschießt Kugeln vom Kaliber 0,5 Zoll (Raufoss Grade A, DoDIC A606) gegen Ziele, die unter der Bezeichnung »Ausrüstungsgröße« (wie zum Beispiel Jeeps und Zelte) laufen, über Entfernungen von bis zu 1,8 km. Ein Scharfschützenteam mit einem Barrett kann also durchaus losziehen und sinnvolle Ziele über Entfernungen von mehr als 1,5 Kilometer beschießen und auch treffen. Im Laufe der Operation *Desert Storm* schalteten M82A1A-Gruppen Dinge wie Artillerie-Beobachtungsradare und Kommunikationseinrichtungen aus, wodurch sie dem irakischen Befehls- und Führungssystem ein Fegefeuer bescherten. Im Grunde ist das M82A1A nichts anderes als ein Maschinengewehr Kaliber .50, das man per Federhalterung in ein Aluminiumgehäuse gepackt hat. Diese »Gewehr-in-der-Dose«-Konstruktion ermöglicht es einem Scharfschützen, die Waffe sicher und bequem mit großer Genauigkeit abzufeuern. Ein zusammenlegbares Zweibein und eine spezielle Schaftkappe sind ganz hilfreich, den Rückstoß abzufangen. Tatsächlich sind die Spitzenwerte der Rückstoßbelastung niedriger als beim M40. Alles zusammengenommen zeichnen dafür das Federungssystem, das Zweibein und ein hochwirksamer Mündungsdämpfer (die dem Barrett ein fast insektenartiges Erscheinungsbild verleihen) verantwortlich. Oben auf das M82A1A wird ein Unertl-Zielfernrohr mit zehnfacher Vergrößerung montiert, das auf die Raufoss-Munition Kaliber 0,5 Zoll abgestimmt ist. Die Kammer des M82A1A ist so konzipiert, daß sie auch die 12,7-mm-NATO-Standardmunition aufnehmen kann, aber im Augenblick wird ausschließlich Raufoss .50 ausgegeben. Das Barrett hat ein 10-Schuß-Kastenmagazin, das die Patronen durch das Gehäuse des unteren Verschlußstücks in die Kammer führt. Ähnlich wie beim M40 werden auch mit diesem Gewehr nur Einzelschüsse abgegeben, nach denen die Teams dann ihre Waffe möglichst schnell zerlegen, die verschiedenen Teilstücke in speziell angefertigten Rucksäcken verstauen und das Angriffsgebiet schnellstmöglich verlassen.

Das Schießen fällt mit einem Barrett etwa genauso leicht wie mit einer MP-5N. Man schiebt von unten ein Magazin in die Waffe, zieht den Spannhebel durch, visiert (wobei man Wind und andere Faktoren berücksichtigen muß) und betätigt den Abzug. Die Waffe bricht mit einem unverwechselbaren »Krack« los und stößt eigentlich verblüffend sacht gegen die Schulter zurück. Sie ist schon ziemlich komfortabel. Ähnlich wie beim M40A1 liegt auch hier der Schlüssel zum genauen Schießen in Ruhe und Geduld. Das Barrett M82A1A ist eine einzigartige und hochspezialisierte Waffe. Es versetzt die Scharfschützen der Marines in die Lage, feindliche Einheiten zu stören und ihnen das Leben im Bereich hinter den eigenen Linien zur Hölle zu machen. Das wiederum schädigt die Moral der gegnerischen Truppen und lähmt deren Führung. Ganz anders als die hochdramatischen Videos, die von den Kameras der lasergelenkten Bomben auf ihrem Flug ins Ziel geliefert werden, dürfte man dieser Waffe kaum einmal in einer Übertragung von CNN begegnen. Ihre Wirkung jedoch kann durchaus ähnlich verheerend sein.

Beretta M9/Model 92F Combat Pistol

Es gibt kaum ein Ausrüstungsteil für einen kämpfenden Soldaten, das persönlicher wäre als eine Faustfeuerwaffe. Nicht jeder Soldat braucht eine, aber für diejenigen, bei denen es der Fall ist, hält das Marine Corps eine Seitenwaffe bereit: die Beretta M9/Model 92F Combat Pistol. Sie wurde ausgewählt, um den Klassiker zu ersetzen, der über ein halbes Jahrhundert lang aus dem militärischen Dienst nicht wegzudenken war: der M1911A1 Colt Kaliber .45. Damit wurde die Beretta automatisch zu einer Art Blitzableiter der Kritik. Zu ihren Kritikern gehörten unter anderem die Befürworter des alten .45ers und natürlich alle Kongreß-Lobbyisten von Handwaffenproduzenten, die sich ebenfalls um die Ausschreibung beworben und die gegen die M9/92F verloren hatten. Aber man kann sagen, was man will, die M9/92F verfügt über hervorragende Konstruktionsmerkmale und ist eine ausgezeichnete Handwaffe. Wollen wir sie doch einmal näher in Augenschein nehmen.

Über einen Zeitraum von fast fünfhundert Jahren hat die Familie Beretta Feuerwaffen für Sportschützen und Soldaten hergestellt (ein Kunde dieses Hauses war beispielsweise die *Grande Armée* Napoleons). Heute produziert man bei Beretta in erster Linie Schrotflinten und automatische Pistolen, und die gehören zum Besten, was man für Geld kaufen kann. 1985 entschied man sich für diese italienische Firma, als es um die Versorgung des amerikanischen Militärs mit einer verbreiteten, keinesfalls speziell entwickelten (also praktisch eine »von der Stange«) Handwaffe ging, die zur 9-mm-NATO-Standardmunition kompatibel sein sollte. Eine äußerst attraktive Herausforderung für Waffenhersteller – ging es hier doch schließlich um einen langjährigen Vertrag über die Lieferung von mehr als 500 000 Pistolen –, was dazu führte, daß nach der Auftragsvergabe alle Mitbewerber, die leer ausgegangen waren, lange Gesichter

Die Beretta M9/92F 9-mm-Pistole. Sie ist die Standard-Seitenwaffe bei den Marines.
JOHN D. GRESHAM

machten und jede sich bietende Gelegenheit wahrnahmen, gegen diese Waffe zu »schießen«, sobald auch nur das kleinste Problem auftauchte.

Eine häufig vorgetragene Beschwerde war die, daß man sich zum Kauf einer ausländischen Waffe entschieden hatte und auf diese Weise Arbeitsplätze in Amerika gefährden würde. In Wirklichkeit wurde der Arbeitsplatzsicherung aber allein schon dadurch Rechnung getragen, daß der Vertrag vorsah, die Produktion habe in einer Fabrik auf amerikanischem Boden stattzufinden (Beretta hat eine Produktionsstätte in Maryland). Aber auch die Konstruktion selbst hatte einige wirkliche Probleme, da sie, wie jede andere Konstruktion auch, eben erst ihre Kinderkrankheiten überwinden mußte. So passierte es beispielsweise bei Belastungstests, daß bei einigen der Testwaffen manchmal die Schlitten brachen. Es stellte sich bald heraus, daß die Ursache hierfür in einer extrem starren Verschraubung lag, die einfach zu große Spannung auf die Waffe ausübte (als man das erkannt hatte, war es relativ einfach, die Schlitten zu verstärken). Heute, nach mehr als einem Jahrzehnt in Produktion und Einsatz, befindet sich die M9/92F in Höchstform und erfüllt fast alle Anforderungen für den Kampfeinsatz, die seitens des US-Militärs an sie gestellt werden. Jetzt will ich einmal beschreiben, wie es ist, mit einer solchen Pistole zu schießen.

Bei der M9/92F handelt es sich um eine halbautomatische sogenannte *large-frame*-Pistole mit einem Magazin für 15 Patronen. Die Waffe kann beidhändig benutzt werden, wodurch es keine Rolle spielt, ob der Schütze Rechts- oder Linkshänder ist. Die M9/92F ist mit einem Gewicht von 1,16 kg einschließlich eines vollen Magazins leichter als der alte M1911 Colt Kaliber .45, den sie ersetzt hat. Sie liegt prima in der Hand; mit meinen ziemlich großen Handflächen und langen Fingern läßt sie sich problemlos greifen. Die M9/92F verfügt über einige außergewöhnliche Sicherheitseinrichtungen, die das Risiko minimieren, daß sich ungewollt Schüsse lösen können. Dazu gehören:

- ein offener Schlitten mit einem von beiden Seiten zu betätigenden Auswurfknopf für das Magazin, um das Nachladen zu vereinfachen und dabei gleichzeitig schneller zu machen,
- ein Double-Action-Trigger (Zweiphasenabzug); wenn man den Abzugsbügel betätigt, spürt man einen Widerstand, und die Waffe löst erst aus, wenn der Finger zusätzlichen Druck aufbaut, diesen Widerstand zu überwinden,
- ein sichtbarer Schlagbolzenblock, der dem Benutzer zeigt, daß sich eine Patrone in der Kammer befindet.

Man muß also wirklich die Absicht haben, mit dieser Waffe schießen zu wollen, um sie abzufeuern. Ein einfaches Herumfingern oder ein Bedienfehler können demnach als Ursache für solche Unglücksfälle eigentlich ausgeschlossen werden, die auf die Auslösung eines unbeabsichtigten Schusses zurückzuführen sind. So etwas könnte nämlich in CQB-Situationen äußerst gefährlich werden.

Um uns den richtigen Umgang mit der M9/92F und einigen anderen Waffen anschaulich zu demonstrieren, stellte uns Colonel Nance großzügigerweise Sergeant Kenneth Becket mit seinem fachlichen Können als Ausbilder des *High Risk Personnel Training Course* in Quantico zur Verfügung. Als wir die Steigung zur Schießbahn hinaufgingen, übergab er mir eine leere M9/92F mit offenem Schlitten und leerer Kammer. Das erste, was man hier von einem erwartet, ist, daß man in die Kammer sieht, um sich davon zu überzeugen, daß sie wirklich leer ist. Danach schiebt man das Magazin in den Griff, bis es mit einem spürbaren Klicken einrastet. Jetzt nimmt man den Schlitten fest in die Hand und zieht ihn nach hinten. Dadurch gleitet die erste Patrone in die Kammer, und die Waffe ist feuerbereit.

Der Schlüssel dazu, mit einer halbautomatischen Pistole wie der M9/92F ein Ziel zu treffen, liegt darin, daß man die Waffe richtig hält beziehungsweise greift. Die Frage allerdings, wie man denn nun eine Pistole richtig hält, ist unter Schützen Gegenstand endloser Debatten, und mit einiger Sicherheit gibt es keine Art von Haltung, die man allgemeingültig als optimal bezeichnen kann. Der Griff, den man im Augenblick beim Corps beigebracht bekommt, funktioniert allerdings sehr gut. Sergeant Becket forderte mich auf, die Pistole fest in die rechte Hand zu nehmen und dann mit der linken Hand um die haltende rechte zu greifen, um auf diese Weise sicherzustellen, daß die Fläche der Greifhand möglichst komplett die Oberfläche des Pistolenkolbens bedeckt. So soll der Waffe ein unverrückbarer Halt gegeben und gleichzeitig der Bereich maximiert werden, in dem sich die Handfläche in Kontakt mit der Waffe befindet. Hat man den richtigen Griff zustande gebracht, schiebt man mit dem Daumen den Sicherungshebel in die »Off«-Position und ist feuerbereit.

Genau wie beim Schießen mit Sturm- und Scharfschützengewehren, so bringt das Marine Corps seinen Leuten auch beim Umgang mit Pistolen bei, die Visiereinrichtung zu gebrauchen, um ein gezieltes Feuer zu verwirklichen. Der Hintergedanke dabei ist nicht nur der, Munition zu sparen. Aus einem Pistolenduell geht im allgemeinen der Schütze als Sieger hervor, der zuerst trifft, und nicht der, der zuerst schießt. Die Schießtheorie des USMC für Pistolen geht von der Voraussetzung aus, daß jeder Schuß über Kimme und Korn gezielt werden muß, selbst wenn das etwas zeitaufwendiger ist. Selbst für so trainierte Schützen wie beispielsweise Polizisten ist Pistolenschießen eine schlimme Sache. Man vergesse ganz schnell, was immer wieder im Fernsehen und in den Kinofilmen dargeboten wird. Genaues Pistolenfeuer über eine Entfernung von mehr als fünf bis sechs Metern ist so gut wie undenkbar. So gibt es kümmerlich wenige Meldungen aus den letzten 20 Jahren, die besagen, daß beispielsweise bei der New Yorker Stadtpolizei *irgend etwas* mit einer Pistole getroffen worden wäre, was weiter als rund acht Meter vom Schützen entfernt gestanden hätte. Das ist wohl der Grund, weshalb die Marines ihren Pistolenschützen beibringen, die Waffe richtig festzuhalten, ganz ruhig das Ziel aufzufassen und erst dann einen Schuß zu lösen. Das wird anschließend so lange wiederholt, bis das Ziel umfällt. Dieses Vorgehen dürfte aber dann schon fast so etwas wie eine Garantie für einen Sieg, zumindest aber für das Überleben im »Showdown« einer CQB-Situation sein.

Hat man das Ziel im Visier, drückt man ganz sanft den Abzug, bis sich der Schuß löst. All diejenigen, die zum ersten Mal mit einer M9/92F schießen, könnten allerdings ein klein wenig durcheinandergebracht werden, weil diese Waffe für die Sicherung des ersten Schusses einen Double-Action-Trigger hat (dabei muß der Abzughebel über einen Nocken hinweg bewegt werden, bevor man feuern kann). Dadurch hat man das Gefühl, als würde man ewig am Abzug ziehen, bevor sich endlich der erste Schuß löst. Wenn die M9/92F dann feuert, geschieht dies weich und sauber, wobei das Geschoß eine weiße »Nachweisplatte« von etwa 15 mal 15 cm treffen muß, die in rund fünf Metern Entfernung aufgestellt ist. Sobald die erste Kugel den Lauf verlassen hat, wird der Abzug der M9/92F zur »Single-Action« (Kurzzug), was das anschließende Feuern ganz wesentlich erleichtert. Nach jedem Schuß korrigierte mich Sergeant Becket und wies mich an, neu zu zielen und meinen Griff zu überprüfen. Schon bald traf ich Schuß auf Schuß die weiße Platte. Nach dem 15. Schuß sagte er mir schließlich, daß ich nun sichern, mit dem Daumen die Magazinarretierung lösen und so schnell wie möglich ein neues Magazin einlegen solle. Zu diesem Zeitpunkt ist die Waffe immer noch durchgeladen, und alles, was man eigentlich tun muß, besteht darin zu überprüfen, ob der Sicherungshebel wieder auf »Off« steht, um dann die nächste Kugel aus dem Lauf zu jagen, genau wie vorher. Als unsere Zeit schließlich um war, sah die ehemals weiß lackierte Zielscheibe ganz schön zerkratzt und narbig aus. Ein unzweideutiger Beweis für das Ausbildungskönnen des Sergeants!

Obwohl es vergleichbar gute Waffen aus den Häusern Glock, FN und Colt gibt, mag ich die Beretta. Obwohl ich persönlich eine Single-Action-Waffe wie die 9 mm Browning *Hi-Power* bevorzuge, muß ich eingestehen, daß die Sicherheit und Zuverlässigkeit der M9/92F sie zur Waffe der Wahl für den militärischen Einsatz machen mußte. Mit minimalem Training kann ein Schütze es bereits schaffen, ein Ziel innerhalb der Wirkungsdistanz zu treffen. Außerdem paßt sie sich durch die 9-mm-NATO-Standardmunition bündig in die Logistik-Ketten fast jeder Nation ein.

Colt Kaliber .45 M1911 *MEU(SOC)*-Pistole

Beim USMC hatte man schon immer eine Beziehung der besonderen Art zur alten Halbautomatik M1911, dem Colt Kaliber .45. Seine Aufhaltekraft ist einfach legendär. Er wurde konstruiert, um anrennende, machetenschwingende aufständische Filipinos niederzukämpfen. Die ursprüngliche M1911 wurde 1925 durch die M1911A1 ersetzt, und fast alle jemals ausgegebenen Waffen dieses Typs wurden auf die neue Konfiguration nachgerüstet. Danach wurde der Colt zu einem derart festen Bestandteil der Ausrüstung, daß viele Benutzer des .45er Colts im Jahr 1985 die Entscheidung des Verteidigungsministeriums für die M9/92F schon als einen

Die *MEU(SOC)*-Pistole. Eine Spezialanfertigung auf der Basis des M1911 Colt Kaliber .45. Diese einzigartigen Handwaffen werden zum Close-Quarters Battle (CQB) an die Marines ausgegeben.
JOHN D. GRESHAM

Akt ansahen, der hart an der Grenze zum Hochverrat lag. Obwohl der *.45er* den zweifelhaften Ruf genießt, wie ein Muli auszuschlagen und die Genauigkeit einer Donnerbüchse zu besitzen, wurde er von Generationen amerikanischer Krieger geliebt, was ganz besonders für die Marines galt. Wen nimmt es da groß wunder, daß sich 1986 eine Art allgemeiner Erleichterung breitmachte, als sich das USMC dazu entschloß, wieder eine Spezialversion des Colt in Form der *MEU(SOC)*-Pistole herauszubringen. Die *MEU(SOC)* ist ein überarbeiteter und modifizierter M1911A1 Colt Kaliber .45, der als Reservewaffe an Aufklärungseinheiten ausgegeben werden sollte, die mit MP-5N ausgerüstet waren. Dieser Waffe wurde deshalb der Vorzug vor anderen Pistolen gegeben, weil sie über eine bewährte Zuverlässigkeit und die größere Tödlichkeit der .45-Geschosse verfügte, die fast doppelt so schwer wie eine 9-mm-Kugel sind. Trotz der beschränkten Stückzahl von gerade einmal 500 Waffen, die in den Inventarlisten des Corps geführt werden, garantiert allein schon die fast spirituelle Beziehung der Marines zur M1911A1 ihren Erhalt.

Die *MEU(SOC)*-Pistolen werden aus den bestehenden Lagerbeständen an M1911A1 Colt Pistolen Kaliber .45 hergestellt, von denen wir noch etliche tausend in den Regalen der Arsenale liegen haben. Die Waffenschmiede von Colonel Nances Weapons Training Battalion in Quantico nehmen sich diese Pistolen vor und unterwerfen sie einer intensiven Überarbeitung. Das läuft etwa folgendermaßen ab: Nachdem jede einzelne Waffe »bis aufs Skelett gestrippt« und festgestellt wurde, ob die Basisstruktur gesund ist, beginnt man mit den Modifikationen, die ich hier aufgelistet habe:

- dem zivilen Wettbewerbseinsatz entlehnter, Beidhand-Sicherungsmechanismus
- eine Präzisions-Lauf-/Abzugseinheit
- extra große, gummibeschichtete Sicherheitsgriffschalen
- ein abgerundeter Hahnsporn
- eine optimal profilierte Gefechts-Visiereinrichtung

- Magazine aus rostfreiem Stahl für sieben Patronen, die Wettbewerbsstandard erfüllen und mit abgerundetem Zubringer aus Plastikmaterial und einem erweiterten Bodenstück versehen sind.

Diese Verbesserungen machen die *MEU(SOC)*-Pistole »bedienerfreundlicher«. Außerdem machen sie die MEU(SOC)-Version der M1911A1 zu einer der komfortabelsten und genauesten Handwaffen, die ich je abgefeuert habe.

Ich hatte die Gelegenheit, mit einer der *MEU(SOC)*-Pistolen auf das gleiche Ziel und über dieselbe Entfernung wie mit der Beretta zu schießen. Allerdings muß ich sagen, daß ich schon vorher einige Erfahrungen mit anderen Waffen vom Kaliber .45 gemacht hatte und wußte, daß die M1911A1 schon immer ein ziemliches Biest war. Trotz meiner Statur und meines Gewichts trugen mir meine Begegnungen mit dieser Waffe grundsätzlich blaue Flecken und leichte Zermürbungserscheinungen ein, wobei die Trefferquoten im Ziel sehr zu wünschen übrig ließen. Was für ein Unterschied ist da die *MEU(SOC)*-Pistole! Unter Verwendung der gleichen Visier- und Griffhandhabung wie bei der Beretta landete ich bereits mit dem ersten Magazin ein Reihe von Treffern. Ein Single-Action-Trigger macht die Waffe beim Feuern geschmeidiger als die Beretta, und dank des stark verminderten Rückschlags ist ihre Handhabung selbst für Schützen mit kleineren Händen leicht. Wenn man sich einmal ansieht, wie die .45er-Kugeln eine Zielscheibe zurichten, kann man sich gut vorstellen, welche Wirkung sie auf ein menschliches Ziel haben müssen. Diese Waffe ist mehr als nur genau und tödlich. Es macht Spaß, mit ihr zu schießen, fast genausoviel wie mit einer MP-5N. Ich hätte den ganzen Tag damit zubringen können, unter der Anleitung von Sergeant Becket mit ihr zu schießen. Aber schließlich mußte ich sie doch, wenn auch mit einigem Bedauern, zurückgeben. Die *MEU(SOC)* ist die tollste großkalibrige Pistole, die unsereins mit Sicherheit *nie* wird kaufen können. Ich hätte aber so gern eine!

M249 Squad Automatic Weapon (SAW)

Als gegen Ende des 19. Jahrhunderts die ersten Maschinengewehre aufkamen, revolutionierten sie die Gefechtsführung. Bis zur Einführung der Panzer beherrschten Maschinengewehre die Schlachtfelder. Jahrelang hatten sich Kommandeure der Infanterie ein Maschinengewehr gewünscht, das von einem Mann getragen werden konnte, damit sie über ausreichende Feuerkraft bei Operationen auf Gruppenebene verfügten. Anfang 1916 verwendeten die Marines im Dominikanischen Feldzug noch das bei Colt in Lizenz hergestellte französische Maschinengewehr Benet-Mercie M1909, aber schon 1917 besaßen sie einige der britischen Lewis-MGs. Im Ersten Weltkrieg stieß die Vorstellung von einem leichten Maschinengewehr bei der U.S. Army auf wenig Gegenliebe, da man befürchtete, daß es zu exzessiver Munitionsverschwendung verführen würde. Statt dessen übernahm sie das berühmte M1918 Browning Automatic Rifle (BAR), das

Eine M249 Squad Automatic Weapon (SAW). Bei der SAW handelt es sich um ein vollautomatisches Maschinengewehr vom Kaliber 5,56 mm. Jeweils eine dieser Waffen wird an eine Vierergruppe eines Schützenteams der Marines ausgegeben.
JOHN D. GRESHAM

in den letzten beiden Monaten des Kriegs bei der Truppe eingeführt wurde. Diese knapp 10 kg schwere Waffe verschoß die Standardmunition vom Kaliber 7,62 mm aus einem 20-Schuß-Magazin. Obwohl dieses Magazin einen Feuerstoß auf rund 60 Schuß pro Minute begrenzte – das entspricht etwa der Hälfte eines typischen leichten, auf einem Zweibein stehenden Maschinengewehrs mit Gurtzuführung – und auch die effektive Reichweite geringer war, sprachen die Robustheit und Zuverlässigkeit für das BAR. Die Marines schätzen es so sehr, daß sie es zum Dreh- und Angelpunkt ihrer Schützengruppen machten. Unglücklicherweise hielt man aber zu lange am BAR fest. Das war ein Problem, das besonders diejenigen nur zu gut beurteilen konnten, die das verdammte Ding auf den Gefechtsfeldern mit sich herumschleppen mußten.

1957 wurde das BAR durch das M60 ersetzt, das eine ziemlich genaue Nachbildung des leichten deutschen Maschinengewehrs MG42 aus dem Zweiten Weltkrieg war. Die Army »verbesserte« die Konstruktion, was prompt zu häufigen Fehlfunktionen und Ladehemmungen bei gleichzeitig auch noch geringer Belastbarkeit und zu einer Anfälligkeit des Laufs gegen Überhitzung führte. Statt der beim M16 verwendeten 5,56-mm/.223in.-Munition benutzte man bei dieser Waffe Munition vom Kaliber 7,62 mm. Das hatte zur Folge, daß ein Zug, der mit beiden Waffen ausgerüstet war, es irgendwie zustande bringen mußte, ständig unterschiedliche Munitionstypen bereitzuhalten, was die Logistik nicht unerheblich verkomplizierte. Darüber hinaus war das M60 selbst ziemlich schwer (8,5 kg), wozu auch noch zwischen 4,5 und 9 kg Munition gerechnet werden mußten. Also war es eigentlich nicht weiter verwunderlich, daß die M60-Schützen von einer leichtgewichtigeren Waffe träumten, die sich leichter tragen und handhaben ließ und auch die gleiche Munition wie ihr M16 verschoß, wodurch unter dem Strich auch mehr Munition transportiert werden konnte.

Ende 1970 stimmten sowohl die Army als auch das Marine Corps der Beschaffung einer Waffe für ihre M60-Schützengruppen zu, die nicht erst neu entwickelt werden mußte (sondern praktisch »von der Stange« war).

Nachdem man etliche Modelle getestet hatte, fiel die Entscheidung schließlich zugunsten einer Waffe, die von der Fabrique Nationale (FN) in Belgien hergestellt wurde. Aus ihr wurde schließlich die M249 Squad Automatic Weapon (SAW), die erstmalig Mitte der 80er Jahre bei der Army und auch beim Marine Corps eingeführt wurde. Seit dieser Zeit wurde im Rahmen eines »Programms zur Verbesserung der laufenden Produktion« nach und nach Lauf, Griffe, Schaft und Visiereinrichtung modifiziert. Die M249 ist eine hübsche kleine Waffe, die eigentlich kaum größer ist als ein M16A2. Einschließlich zusammenklappbarem Zweibein und Zubehörsatz wiegt sie knapp 7 kg und ist insgesamt genau 104 cm lang. Ein Gurt erlaubt es dem Schützen, sie auch von der Schulter hängend abzufeuern, wenn gerade marschiert wird. Sie kann sowohl die 30-Schuß-Magazine mit 5,56-mm-Patronen des M16 aufnehmen als auch den 200-Schuß-Gurt, wobei letzterem im allgemeinen der Vorzug gegeben wird. Die Gurtmunition wird in einem Plastikcontainer geliefert, dessen Gewicht bei 3,1 kg liegt. Das allein stellt schon eine ganz erhebliche Verbesserung gegenüber dem M60 dar. Schließlich spielt das Gewicht, das die Schützengruppen über ein Gefechtsfeld schleppen müssen, eine wichtige Rolle. Bei den Marines wird immer eine M249 an einen von vier Mann einer Schützengruppe ausgegeben. Die drei anderen haben je ein M16A2, wovon einer wiederum auch noch einen M203 40-mm-Gewehrgranatenaufsatz (Granatpistole) trägt. Damit verfügt jeder Schützentrupp über ein Maschinengewehr, drei Sturmgewehre und einen Granatwerfer. Ziemlich viel Feuerkraft für gerade einmal vier Mann!

Bei der Vorführung, die Colonel Nance für mich abhielt, hatten die Ausbilder die Beine des zusammenklappbaren Zweibeins vorn an der M249 aufgeklappt, so daß ich im Liegen feuern konnte. Das ist nämlich nicht nur die bequemste, sondern auch die Stellung, in der man am genauesten mit einer M249 schießen kann, da so der Rückstoß auf drei Punkte (die beiden Ausleger des Zweibeins und die eigene Schulter) verteilt wird, was die Eigenbewegung der Waffe begrenzt. Ich habe oben erwähnt, daß man die Waffe entweder mit einem 30-Schuß-Magazin des M16 laden kann, das dann in das untere Verschlußstück eingesteckt wird, oder indem man einen 200-Schuß-Gurt oben in die SAW einführt. Will man einen Gurt laden, befestigt man zunächst den Plastikcontainer, in dem sich der Gurt befindet, auf der linken Seite der Waffe. Dann hebt man die Abdeckung der Gurtzuführung an und zieht den Gurt über die Patronenaufnahme, legt die erste Patrone in die Zuführung und schließt anschließend die Abdeckung wieder. Dann braucht man nur noch den Spannschieber zu ziehen, um die erste Patrone in die Kammer zu laden, den Sicherungsbügel umzulegen und den Abzug zu betätigen.

Eine SAW schafft zufriedenstellende 725 Schuß pro Minute. Während man jede Menge Kugeln auf ein Ziel feuert, sind die Eigenbewegungen der Waffe jedoch nie so heftig, daß man Gefahr läuft, die Kontrolle über sie zu verlieren. Man kann genauso leicht einzelne Schüsse, Feuerstöße oder Dauerfeuer geben, wobei man allerdings bei letztgenanntem seinen Gurt in kaum 16,5 Sekunden geleert hat. Die Genauigkeit der M249 ist im Grunde nicht schlecht. Die Visiereinrichtung ist allerdings etwas komplizierter als beim M16A2 (mit Einstellknöpfen für Elevation und Seitenabweichung). Ist sie aber erst einmal genau justiert, hilft sie einem, Kugeln mit einiger Genauigkeit in ein Ziel zu bringen, das bis zu 1000 Meter entfernt sein darf. Ich habe es beispielsweise problemlos geschafft, einen ganzen Strom von Kugeln genau in die Brust eines mannsgroßen Ziels zu bringen, das man für mich in einer Entfernung von etwa 185 Metern aufgestellt hatte. Wenn man mit einer M249 schießt, hat man durch den sehr geringen Rückstoß und die kaum nennenswerte Auswanderbewegung ein sicheres Gefühl. Das Schießen mit einer SAW ist so toll, daß es nicht allzulange dauert, bis sich das Gefühl einstellt, praktisch unverwundbar und allmächtig zu sein. Wenn jemand aber SAW-Schütze ist, muß er lernen, genau diese Gefühlswallungen zu unterdrücken, denn man ist in keiner Weise besser geschützt als irgendein anderer Infanterist, sondern lediglich besser bewaffnet. Wenn das SAW überhaupt einen Fehler hat, so ist es der, den alle Maschinengewehre haben, nämlich die Neigung, bei langen Feuerstößen Ladehemmungen zu produzieren. Das dürfte auch einer der Hauptgründe sein, weshalb man kurzen Feuerstößen den Vorzug gibt (offensichtlich spielt dabei aber auch der Wunsch, Munition zu sparen, eine nicht ganz unwesentliche Rolle). Kommt es aber einmal zu einer Hemmung, läßt sie sich bei der M249 ganz leicht beseitigen, indem man einfach die Abdeckung öffnet und die verklemmte Patrone hochzieht. Die M249 SAW ist ein ausgezeichnetes leichtes Maschinengewehr. Dadurch, daß sie die M988 5,56-mm/.233in.-Standardmunition verwendet, kann jeder Marine in einer aus vier Mann bestehenden Schützengruppe jetzt mit der gleichen Munition schießen, was die Logistik vereinfacht und gleichzeitig die Verwendbarkeit der vom Team zu transportierenden Last maximiert. Das lobe ich mir!

Das leichte Maschinengewehr M240G

Als man bei Army und Marine Corps den Entschluß gefaßt hatte, das M60 zu ersetzen, mußte dies auch noch auf anderen als nur der Schützengruppenebene erfolgen, da es schließlich noch etliche andere Aufgabenbereiche für ein mittelschweres Maschinengewehr gibt. In seiner letzten Ausführung als M60E3 wurde es sowohl als Pintle-Mounted Weapon[40] auf Fahr- und Flugzeugen (M-1 Panzern, LKWs, Hubschraubern usw.) eingesetzt als auch bei Zügen mit schweren Waffen. Für diese Einsatzbereiche hat ein 5,56-mm/.223in.-Geschoß einfach nicht die erforderliche Durchschlagskraft und Reichweite, weshalb man auch noch weiter am M60E3 festhielt, obwohl es eigentlich seine Blütezeit bereits überschritten hatte.

---

40 Eine »pintle-mounted weapon« ist im Grunde genau das, was früher auf Segelkriegsschiffen schon als »Drehbasse« im Einsatz war: eine Bettung, die es erlaubte, einer Waffe eine feste Auflage zu bieten, und gleichzeitig eine Drehbewegung um 360° und Schwenkbewegungen um die Horizontalachse zuließ.

Schließlich fanden Army und Marine Corps doch noch den optimalen Ersatz für das M60E3: das M240G. Seine Schützen lieben es wegen seiner Zuverlässigkeit und des geringen Wartungsaufwands, den es verlangt. Eigentlich ist das M240G eine vergrößerte M249 SAW, das Munition vom Kaliber 7,62 mm verschießt. Auch diese Waffe kommt von FN in Belgien und ist in der Version »G« die leichtere Ausführung der ursprünglichen Version M240. Von der Funktion her ist das M240G mit der M249 SAW identisch, vielleicht mit Ausnahme folgender Kriterien:

- Es ist länger (120,6 cm) und schwerer (11 kg) als ein M249 und – gerechterweise gesagt – auch als das M60E3. Das ist der hauptsächliche »Minuspunkt« beim M240G.
- Das M240G verfeuert die NATO-Standardmunition Kaliber 7,62 mm statt der 5,56-mm-Munition, was zu einer besseren Durchschlagskraft und Reichweite (bis zu 1,8 km) führt.
- Es hat drei vorwählbare Feuerstoßgrößen zwischen 650 und 950 Schuß/Minute.

Sieht man von diesen Unterschieden einmal ab, sind M240G und SAW identisch. Inzwischen leitet sich jedes mittelschwere Maschinengewehr im Arsenal des US-Militärs von derselben Familie ab. Wie schon sein kleinerer Bruder, erfreut sich auch das M240G großer Beliebtheit bei der Truppe, obwohl die Rekrutierungsbeauftragten der Marines seinetwegen häufig herumblödeln und behaupten, daß sie jetzt ganz gezielt nach größeren Rekruten suchen würden, die es dann auf den Gefechtsfeldern herumschleppen sollten!

Gefechts-Schrotflinten

In einem echten Nahkampf gibt es nichts Besseres als ein Schrotgewehr (vielleicht mit Ausnahme des Flammenwerfers!), wenn es um Schlagkraft geht. Bei den Marines nimmt man für die CQB-Missionen drei verschiedene Schrotflinten, die aber alle aus dem Zivilbereich kommen. Die Remington 870, die Winchester 1200 und die Mossberg 590. Sie wurden auf die Bedürfnisse des Gefechtseinsatzes modifiziert, indem man ihnen eine Aufnahmeschiene für Bajonette, einen Gurt und eine spezielle Schaftkappe zur Abschwächung des Rückschlags verpaßte. Schrotflinten werden nie als Hauptwaffe (wie das M16A2 oder MP-5N) getragen, haben aber ihren festen Platz als Sekundärwaffe im CQB. Neben ihrer offensichtlichen Mannwirkung kann man sie aber auch sehr gut gebrauchen, wenn es darum geht, einmal gewaltsam eine Tür zu öffnen (indem man einfach das Schloß oder die Scharniere herausschießt). Außerdem stellen sie ein außerordentlich »nichtletales« Mittel bei der Kontrolle von Unruhen dar. Eine neue Familie von Schrotpatronen von der Firma MK Ballistic Systems unter der Bezeichnung *Flexible Baton-12* verfeuert Projektile, die wie kleine Bohnenschalen aus Gummi aussehen. Sie liefern genügen Kraft, um einen Menschen von den

Füßen zu holen, ohne dabei ein stumpfes Trauma hervorzurufen, das häufig beim Einsatz von sogenannten »Gummi«-Kugeln die Folge ist.

Inzwischen sind Colonel Nance und sein Team mit der Entwicklung eines leistungsfähigeren Schrotgewehrs beschäftigt. Obwohl man dazu erst noch eine passende Waffe finden muß, steht heute schon soviel fest, daß sie über ein großes Magazin (von 30 oder mehr Schuß) verfügen und eine Voll-, zumindest aber Halbautomatik sein wird. Sie wird anschließend mit einiger Wahrscheinlichkeit auch von allen Institutionen auf der ganzen Welt übernommen werden, die mit der Einhaltung und Durchsetzung der Gesetze beschäftigt sind.

Waffen anderer Länder

Ganz still und heimlich macht man in Colonel Nances Weapons Training Battalion neue Marines auch mit den Waffen vertraut, denen sie auf künftigen Gefechtsfeldern gegenüberstehen oder die in ihre Hände fallen könnten. Der vordringlichste aller möglichen Gründe dafür liegt eigentlich auf der Hand: Marines im Feldeinsatz sollten in der Lage sein, eine feindliche Waffe am Klang ihres Abschußgeräusches zu erkennen, um dadurch zu wissen, wie man sich am besten ihrer Wirkung entzieht. Viele Waffen, wie beispielsweise das allgegenwärtige Sturmgewehr AK-47, haben ein äußerst signifikantes Geräuschmuster, und wenn man dieses erkennt, kann es einem dabei helfen, die Position auszumachen, von der aus die Waffe abgefeuert wurde. Darüber hinaus ist es gut zu wissen, mit welcher Waffe man es beim Feind gerade zu tun hat, denn hat man sie erkannt, weiß man auch um deren Schwächen, was einem wiederum das entscheidende Quentchen Vorteil in einem Gefecht verschaffen kann. Schließlich müssen Marines bereit sein, mit allem zu kämpfen, was sie kriegen können, sollten sie einmal verschollen, abgeschnitten oder sogar schon aufgegeben worden sein (man denke einmal an die Insel Wake und Guadalcanal). Das ist ein weiterer Grund, weshalb Marines in die Charakteristika der Waffen eingeführt werden, die andere Staaten einsetzen. Viele dieser Waffen sind zwar von ihrer Konstruktion her sehr grob, aber nichtsdestoweniger zuverlässig, wie es beim eben genannten AK-47 beispielsweise der Fall ist. In Quantico lernen die Marines mit diesen Waffen umzugehen. Die Kenntnisse, die man den Marines hier vermittelt, werden auch weiterhin ein wichtiger Bestandteil des kämpferischen Könnens beim Marine Corps sein.

Granaten, Minen, Sprengstoffe und Breschenwerkzeug

Feuerwaffen sind das Hauptwerkzeug eines Infanteristen, aber es gibt immer wieder Zeiten, in denen man mit einem Gewehr nichts ausrichten kann. Waffeningenieure stellen immer wieder die Behauptung auf, daß es keine Situation in der menschlichen Erfahrungssphäre gibt, die nicht mit einer Ladung hochexplosiven Sprengstoffs gelöst werden kann, den man zuvor in die richtige Form und Größe und mit dem richtigen Timing zur Detonation gebracht hat. Explosivwaffen haben seit der Erfindung der Granate vor einigen hundert Jahren einen hohen Stellenwert im Nahkampf. Heute können Marines eine Vielzahl der unterschiedlichsten Granaten, Minen und anderer Explosivwaffen in ihren Rucksäcken mit sich führen, und auf die wollen wir jetzt einmal einen Blick werfen.

Handgranaten

Schon kurz nachdem das Schießpulver im Mittelalter auch die westliche Welt erreicht hatte, kamen einige pfiffige Krieger auf die Idee, eine Handvoll dieses neuen Explosionsstoffs in einen Behälter zu packen, eine Zündschnur hineinzustecken, diese anzuzünden und das Ganze dann in die Richtung zu werfen, in der sich der Gegner gerade aufhielt. Das war zweifellos eine gute Idee – wenn es denn einmal funktionierte. Das Problem bestand darin, daß es eben nicht allzuoft klappte. Genaugenommen waren die ersten Granaten für ihre Anwender in jenen Tagen weit gefährlicher als für die Empfänger. Eben wegen der Unzuverlässigkeit der Sprengstoffe und der verwendeten Zünder konnte man sich nie sicher sein, ob sie überhaupt hochgingen, und wenn ja, wie groß die Detonation (der »tödliche Explosionsradius«) sein würde.

Die modernen Granaten, die heute von den Marines verwendet werden, sind die folgenden:

- **M67 Splittergranate** – Bei einem Gesamtgewicht von 0,4 kg enthält sie 184,6 g Sprengstoff der Zusammensetzung »B«. Wenn man den Stift herauszieht und den Sicherungsbügel (»Löffel« genannt) losläßt, hat man grob gerechnet eine Zeitverzögerung von vier bis fünf Sekunden bis zur Detonation. Sobald diese erfolgt, werden dabei Splitter gestreut, die in einem Radius von 15 Metern tödlich wirken. Für den Werfer bedeutet das, daß er selbst entweder in Deckung zu sein hat, wenn die Granate explodiert, oder sie so weit werfen muß, daß er sich nicht mehr im gefährlichen Bereich der Detonation befindet.
- **M7A3 Aufruhr-Handgranate** – Eine »nicht-tödliche« Waffe, dazu geschaffen, aufrührerische Massen entweder abzuschrecken oder wirkungslos zu machen. Bei einem Gesamtgewicht von 440 g besteht ihre Ladung aus CS-Pellets (Tränengas-Mikrokapseln) und einem Brandstoff, der dazu dient, die Pellets zu atomisieren und das Gas feinst zu verteilen. Sobald dieses Gas eingeatmet wird oder in Kontakt mit Schleimhäuten (Augen, Mund usw.) kommt, setzt es das Opfer binnen zehn bis 15 Sekunden außer Gefecht. Die Wirkdauer beträgt dann kaum zehn Minuten, wenn gleich danach frische Luft zugeführt und falls nötig eine Auswaschung von Augen und Mund mit sauberem Wasser erfolgt. Die Einheiten, die mit diesen Granaten arbeiten, tragen normalerweise Gasmasken, damit sie nicht selbst die Wirkung des Gases zu spüren bekommen.

- **M18 Rauch-Handgranate (verschiedene Rauchfarben)** – Die M18 wurde nicht geschaffen, um irgend jemanden zu töten oder auch nur zu verwunden. Sie dient ganz einfach der Markierung von Hubschrauber-Landezonen und Bereichen, die bei Luftangriffen durch Flugzeuge oder Hubschrauber ausgeklammert werden sollen. Bei einem Gesamtgewicht von 540 g gibt es diese Granate in vier Ausführungen: Rauch in den Farben Rot, Grün, Gelb und Violett. Jede Granate erzeugt für etwa 50 bis 90 Sekunden Rauch und reicht aus, die Bewegung von Gruppen zu kaschieren, natürlich unter der Voraussetzung, daß kein allzu starker Wind weht.

Im Bereich der bewährten Handgranatentypen wird eigentlich kaum noch geforscht und entwickelt, seit sie zuverlässig genau das tun, was sie tun sollen. Bei den Marines verfügt man über Lagerbestände von insgesamt mehr als 1 380 000 Stück sämtlicher Ausführungen, was eigentlich ziemlich deutlich zeigt, welche wichtige Rolle sie für die Feuerkraft des Corps spielen.

M203 40-mm-Granatpistole

Eins der Probleme mit den Handgranaten liegt in der Natur des Menschen (sogar der von Dan Marino[41]), der sie immer nur eine bestimmte Zeitlang und individuell weit werfen konnte. Im Ersten Weltkrieg entwickelte man für die Karabiner die Gewehrgranaten-Aufsätze, um der Infanterie das zu verschaffen, was man heute unter dem Begriff *Standoff*-Reichweite kennt, also eine möglichst große Entfernung zwischen den Schützen und den Detonationspunkt der Granate zu bringen, die er gerade abgefeuert hat. Was dabei herauskam, waren Waffen für den indirekten Beschuß, und sie waren alles andere als genau. Die Granaten mußten, ähnlich wie bei einem Mörser, in einem hohen ballistischen Bogen ihren Weg zurücklegen. Im Laufe des Vietnamkriegs führte die U.S. Army den M79 Granatwerfer ein, der schnell den Spitznamen »Bumskanone« erhielt. Diese gedrungene Waffe, die irgendwie an ein überdimensioniertes, abgesägtes Schrotgewehr erinnert, feuert ein 40-mm-Projektil, eben eine Granate, über eine Entfernung von rund 150 Metern. Über diese Distanz schafft es ein guter Bumskanonenschütze, sein Geschoß durch eine bestimmte Tür oder ein vorher bezeichnetes Fenster zu bringen. Jedes dieser 40-mm-Geschosse verfügt über die gleiche Tödlichkeit wie eine Handgranate, aber über eine bemerkenswert höhere Genauigkeit und Reichweite. Es gibt auch diese Granaten in verschiedenen Ausführungen (Rauch, Splitter, Gas, Pfeile usw.) mit den unterschiedlichsten Wirkungen.

In Vietnam wurde von den M79 ausgiebigst Gebrauch gemacht, und sie erfreuen sich nach wie vor bei allen SWAT-Teams und solchen Einheiten

---

41 Football-Spieler bei den Miami Dolphins; gilt als bester Quarterback aller Zeiten

Hier wurde eine M203 40-mm-Granatpistole an einem M4 5,56-mm-Karabiner montiert. Der M4 ist die Kurzversion des M16A2 Sturmgewehrs.

JOHN D. GRESHAM

großer Beliebtheit, die auf der ganzen Welt mit der Durchsetzung von Recht und Ordnung befaßt sind und Aufstände niederschlagen müssen. Aber ein M79 ist und bleibt eine Waffe, die ein Soldat auf dem Gefechtsfeld mit sich herumschleppen muß, die zu nichts anderem zu gebrauchen ist als eben zu diesem Zweck, für den sie gebaut wurde. Deshalb wurde die M203 Grantpistole entwickelt. Die M203 ist ein Gerät zum »Anklippen«. Es wird am unteren Endes des vorderen Verschlußstücks eines M16A2 Sturmgewehrs montiert. Ein Marine, der eine M203 angeklippt hat, kann weiterhin in vollem Umfang auf die Kapazitäten des M16A2 zurückgreifen, verfügt aber trotzdem auch noch über Möglichkeit, 40-mm-Granaten zu verschießen. Eine M203 wird geladen, indem man ihren Lauf nach vorn schiebt und dann eine Granate in die offene Kammer einführt. Anschließend wird das Rohr wieder zurückgeschoben, die Waffe verriegelt, und schon ist man feuerbereit. Alles, was man jetzt noch tun muß, ist unmittelbar vor dem Schuß die Waffe mit dem Sicherungsbügel zu entsichern, zu zielen und den Abzug der M203 zu betätigen. Der befindet sich direkt vor dem Ladeschacht für das Magazin des M16A2. Überraschenderweise ist die M203 ziemlich genau, und die Schützen schaffen es eigentlich recht gut, Granaten auch über größere Entfernungen durch Fenster oder Türen zu schießen. In jedem Schützenteam befindet sich ein Granatschütze. Die M203 ist eine tödliche kleine Waffe, die sich bei den Marines großer Beliebtheit erfreut.

Minen

Minen sind Waffen, die Geduld haben und warten können – manchmal über Jahrzehnte hinweg. Soldaten im Gefecht mögen Minen genauso, wie sie sie verabscheuen. Warum? Nun, sie mögen es, hinter einem eigenen

155

Minenfeld zu sitzen und darauf zu warten, daß der Feind dort hineinstolpert. Aber sie verabscheuen das Gefühl von Hilflosigkeit und Grauen, das einen ergreift, wenn man sich plötzlich selbst in einem Minenfeld wiederfindet und beobachten muß, wie gute Freunde von einer Sekunde zur anderen zu Krüppeln gemacht werden. Ist der Krieg vorbei, müssen die Sieger hingehen und all die verdammten Dinger einsammeln und entschärfen. Unglücklicherweise passiert das nicht immer und überall auf der Welt, und große Gebiete unglücklicher Länder wie Kambodscha, Angola und Afghanistan sind durch Millionen nicht geräumter Landminen nach wie vor unbewohnbar. Obwohl inzwischen einige europäische Staaten, die immense Gewinne durch den Verkauf von Landminen machten, damit begonnen haben, aus humanitären Gründen den weiteren Export zu verbieten, sind und bleiben Minen eine ebenso wirksame wie billige Waffe. So besteht eigentlich wenig Hoffnung, daß es zur Ausarbeitung eines international wirksamen Gesetzeswerks kommt, das die Herstellung und den Einsatz von Landminen verbietet.

Bei den Marines wird eine Vielzahl von Minen einschließlich der nachfolgend beschriebenen verwendet, die manntransportabel sind:

- **M16A1**[42] **»Bouncing Betty«** – Sie gehört zur Gruppe der sogenannten *Bounding Anti-Personnel*-Minen, also gegen Personen gerichteten »Springminen«. Tritt jemand auf einen der Zündstachel (die auf der linken Seite herausstehen, wenn die M16A1 eingegraben ist), zündet eine kleine Treibladung und jagt die Mine etwa 1,8 m in die Höhe, wo sie dann detoniert. Die M16A1 enthält 4,5 kg Sprengstoff, der durch Splitterwirkung eine Todeszone von etwa 27 m Durchmesser produziert.
- **M18A1 »Claymore«** – Diese Mine sieht aus wie eine flach gebogene Platte, in der sich in Plastiksprengstoff eingebettete Stahlkugeln befinden. Sie arbeitet mit zusammengefalteten Metallstacheln, die in den Boden gesteckt werden, und auf dem oberen Teil des Gehäuses befindet sich ein nicht zu übersehender Aufkleber mit dem Aufdruck: »Diese Seite zum Feind.« Die Funktion dieser Mine ist etwa die einer großen Schrotladung. Ist die M18A1 erst einmal plaziert, kann sie entweder über einen Stolperdraht oder aus sicherer Entfernung über einen Zündbefehl ausgelöst werden. Bei der Detonation erzeugen die 6,8 kg C-4-Sprengstoff ein 60° umgreifendes Splitter-Streusegment, wovon jeder einzelne Splitter die Größe einer Kugel aus einem Kugellager hat. Die Todeszone beträgt etwa 100 m im Durchmesser. Die Claymore wird in erster Linie bei Hinterhalten eingesetzt, kann jedoch auch die Funktion eines »stillen Wächters« übernehmen. So eingesetzt, deckt sie ein Gebiet ab, das dann nicht mehr direkt bewacht oder beschossen werden kann.

Diese *Anti-Personnel*-Minen sind sehr wirksam gegen feindliche Infanterie, und die Marines können sie in ausreichender Zahl mitschleppen, um

---

42 Nicht zu verwechseln mit der Typenbezeichnung für das alte Sturmgewehr M16A1!

mit ihnen eine wirkliche Bedrohung zu schaffen. Obwohl es auch größere Minen, wie die M15 und M18, gibt, die gegen Panzer eingesetzt werden, sind diese jedoch zu schwer, um noch von einem einzelnen Mann transportiert werden zu können.

Sprengstoffe und Breschenwerkzeuge

Zusätzlich zu den Granaten und Minen kommt es nicht selten vor, daß die Marines auch verschiedene Plastiksprengstoffe und Sprengmittel zur Zerstörung von Objekten mit sich führen. Die Sprengstoffe können dazu verwendet werden, Türen und andere Hindernisse aufzusprengen. In den meisten Fällen handelt es sich dabei um improvisierte Geräte, die auf die jeweilige Situation zugeschnitten werden. Heute ist C-4 der Sprengstoff, der die größte Rolle bei den amerikanischen Streitkräften spielt. Er hat die Konsistenz von Knetgummi beziehungsweise Modellierton, ist äußerst stark, sauber und schnell abbrennend. Ebenfalls sehr beliebt ist die sogenannte *Detonator Cord*. Die Bezeichnung ist eigentlich nicht ganz richtig, denn es handelt sich keineswegs um eine einfache Detonationsschnur, sondern vielmehr um einen kordelartig geformten Sprengstoff, der so heiß brennt, daß er sich glatt durch Metall schneiden kann. Die genannten Sprengstoffe werden gewöhnlich elektrisch und mit direkter Steuerung gezündet. Sprengstoffexperten verabscheuen normalerweise Zeitzünder, weil sie die Ansicht vertreten, dabei handele es sich ohnehin bloß um einen zusätzlichen Bestandteil, der versagen oder entschärft werden kann.

Die ständig wachsende Bedrohung durch inländischen Terrorismus hat zu durchaus berechtigten Bedenken geführt, den Leuten auch noch zu zeigen, wie man praktisch im Hobbykeller hausgemachte Sprengmittel herstellen kann. Das ist für mich Grund genug, hier nicht näher ins Detail zu gehen. Gerechterweise muß allerdings auch erwähnt werden, daß Sprengstoffe auch durchaus positive Einsatzbereiche haben und nicht ausschließlich dazu verwendet werden, Menschen zu verletzen oder zu töten. Man stelle sich einmal eine ganz normale Tür vor. Jeder Polizist wird einem bestätigen, daß das Öffnen einer Tür, hinter der sich ein Verbrecher befindet, ein guter Zeitpunkt ist, darüber nachzudenken, ob man die letzte Prämie für die Lebensversicherung bezahlt und all seine Sünden gebeichtet hat. Eine Tür auf die richtige Art und Weise schnell und sicher aufzubrechen kann also von durchaus lebenswichtiger Bedeutung sein, ganz besonders im außerordentlich verzwickten Gewerbe der Geiselbefreiung. Denke man in einem solchen Fall besser einmal an die im folgenden angesprochenen kleinen improvisierten Vorrichtungen.

Man schneide eine große Kaffeedose – oder irgendeine andere Dose, die sonst für Nahrungsmittel verwendet wird – entlang ihrer Längsachse in zwei Teile. Man erhält eine Art konkaven Container, in den man einige Windungen *Detonator Cord* und einen Zünder packt. Oberhalb der *Detonator Cord* stopfe man den verbleibenden Raum mit weichen Plastikbeuteln mit physiologischer Kochsalzlösung aus den Erste-Hilfe-Päckchen der

Sanitäter voll. Sobald das geschafft ist, wird die ganze Angelegenheit mit Packband versiegelt. Nun klebt man noch doppelseitiges Schaumklebeband über das Packband. Jetzt presse man die freie Klebeseite des Päckchens gegen die Tür, durch die man will, und trete zurück. Wenn der Zünder ausgelöst wird, treibt er die Kochsalzlösung mit einer derartigen Kraft vor sich her, daß die Tür aus den Angeln fliegt. Da die Explosion schnell und sauber erfolgt und der ganze Bereich mit der Salzlösung durchnäßt wird (nicht vergessen, es ist ja nur reines Salzwasser), besteht absolut keine Gefahr, daß es zum Ausbruch von Bränden kommt.

Die Marines lernen Dutzende solcher Tricks, um die verschiedensten Konstruktionen zu zerstören. Für einen gutausgebildeten Marine ist Sprengstoff nur ein Werkzeug unter vielen anderen, nichts anderes als eine Säge oder ein Bulldozer, mit dem man eine bestimmte Aufgabe erledigen kann. In der Kunst des Kampfes sind die Marines Weltmeister der Improvisation.

Handwerkszeug

Wir dürfen uns nicht von Selbstzufriedenheit einlullen lassen, nur weil wir in der Vergangenheit immer eine bereitstehende, wichtige und fähige Kraft waren. Was heute noch Bereitschaft, Wichtigkeit und Fähigkeit sein mag, kann schon übermorgen zur Bedeutungslosigkeit verdammt sein. Wir müssen auf Wandlungen vorbereitet sein, mit ihnen gehen und sie fördern. Wir werden unsere Bedeutung nur dann erhalten können, wenn wir festen Willens sind, uns den Herausforderungen der Zukunft zu stellen und den neuen Notwendigkeiten anzupassen.
– General Charles C. Krulak,
Commandant of the Marine Corps

Obwohl sich die Marines sehr stark darauf konzentrieren, immer noch bessere Soldaten zu produzieren und sie mit überragenden persönlichen Fähigkeiten auszustatten, schleppt das Corps auch heute noch beträchtliche Mengen an Zeugs mit sich herum. Das mag unter dem Strich pro Kopf vielleicht nicht ganz soviel sein wie bei der Panzertruppe oder bei einem Geschwader der Air Force, aber auch eine vergleichsweise kleine Einheit wie eine Marine Expeditionary Unit/Special Operations Capable – MEU(SOC) – muß unter vielen verschiedenen Umfeldvorgaben und in den unterschiedlichsten Rollen operieren können. Den einen Tag sieht man noch Berichte über eine MEU(SOC), wie sie gerade eine Botschaft evakuiert oder eine Rettungsaktion durchführt. Andertags kann die Mission aber schon aus einem Katastropheneinsatz oder einer friedenssichernden Maßnahme bestehen. Währenddessen muß eine MAGTF ständig bereit sein, die üblichen Gefechtseinsätze wie beispielsweise Hubschrauber- oder amphibische Angriffe zu leisten. Ein Battalion Landing Team (BLT) einer MEU(SOC) kann ohne weiteres rund zwei Dutzend Panzerfahrzeuge besitzen, während eine Cavalry Squadron, eine vergleichbare Einheit bei der Army, locker auf die dreifache Menge kommt. Der Unterschied ist mit dem zwischen einem Zugpferd und einem Vollblut vergleichbar. Reiten kann man sie beide, aber ein Zugpferd ist darüber hinaus auch noch fähig, einen Wagen oder Pflug zu ziehen. Die MAGTF ist eine Stoßeinheit (das Vollblut), die bei längerfristigen Operationen ohne Hilfestellung keine Chance hat, diese erfolgreich durchzustehen.

Das Geld, mit dem die Marines ihre Waffen und Ausrüstung beschaffen, kommt aus drei Quellen. Das wäre zunächst einmal das »blaue« (Navy-) Geld, mit dem Landungsfahrzeuge und amphibische Schiffe angeschafft werden, die dann von Seeleuten betrieben und instand gehalten werden. Den zweiten Teil bestreiten ebenfalls »blaue« Navy-Gelder, die jedoch für die Beschaffung »grüner« Ausrüstung für die Marines verwendet werden. Dazu gehören beispielsweise Flugzeuge, Hubschrauber, Kommunikations- und Elektronikausrüstung. Schließlich gibt es noch die »grünen« Geldmittel des Marine Corps, mit denen die Panzer, Uniformen, Raketen und dergleichen bezahlt werden. Die alleinige Kontrolle besitzen die Marines allerdings nur über die letztgenannten Gelder. Die beiden vorgenannten Quellen können nur auf Anforderung bei der Navy angezapft werden. Letzten Endes sind und bleiben die Marines eigentlich ein Haushaltsposten des Marineministeriums der Vereinigten Staaten von Amerika.

Im Haushaltsjahr 1995 (FY[43]-1995) wurde den Marines lediglich ein Budget von rund 554 Millionen »grüner« Dollar bewilligt. Selbst wenn man die »blauen« Dollar von der Marine hinzurechnet, bleibt das Beschaffungsbudget für das U.S. Marine Corps insgesamt unter einer Milliarde Dollar pro Jahr. Das Niveau der Geldmittel muß allerdings ganz erheblich angehoben werden, wenn die Beschaffung neuer Systeme wie des MV-22B *Osprey* Schwenk- beziehungsweise Kipprotor-Transportflugzeugs und des Advanced Amphibious Assault Vehicle (AAAV) in den kommenden Jahren anläuft. Das Marine Corps erfreut sich nach wie vor einer soliden Grundlage öffentlicher und regierungsseitiger Unterstützung und hält seine Lobbyisten gehörig auf Trab, um das zu bekommen, was es braucht.

Der größte Teil der Ausrüstung ist nicht für den spezifischen Einsatz bei den Marines konzipiert. Das bedeutet, daß das Corps sich auf Techniken und Systeme stützt, die für andere Truppengattungen wie Army und Air Force entwickelt wurden. Bei der Air Force könnte man beispielsweise als Schlüsseltechniken die Stealth-(Tarnkappen-)Technik, Flugwerkkonstruktionen, Strahlantriebe, Avioniken (Flugregler) und Präzisions-Gleitbomben definieren. Bei der Army weiß man praktisch alles über Panzersysteme, das Geschützwesen, Kraftfahrzeuge und deren Antriebssysteme und Befehls- und Führungsnetzwerke. Im Vergleich dazu verfügen die Marines über eine eher als geringfügig einzustufende technische Spezialisierung. Diese Spezialisierung spiegelt sich aber, so beschränkt sie auch sein mag, sehr deutlich in der Schwenkrotor-Antriebstechnik bei Flugzeugen, Hochgeschwindigkeits-Gleitrümpfen bei Booten und leichtgewichtigen, tragbaren Panzerabwehrsystemen wider. Dadurch, daß die Marines die Investitionen nutzen, die bereits von anderen Truppengattungen getätigt wurden, und diese von ihnen dann mit eigenen Investitionen in Schlüsselbereichen ergänzt werden, konnten sie zu den fähigsten Seesoldaten der Welt aufsteigen. Wenn man einmal genauer hinschaut, wird man feststellen, daß die Marines auch schon vor Ausbruch des Zweiten Weltkriegs eine führende Rolle hinsichtlich der Technik gespielt haben. Präzisionswaffeneinsätze (Gleitbomben) und Vertical Envelopment (Vertikalumfassung = Synonym für die Gefechtsführung mit Hubschraubern)

---

43 FY = *fiscal year*

sind Erfindungen des Marine Corps. Systeme wie das AAAV, der MV-22B *Osprey* und die *Predator*-Panzerabwehrwaffe könnten ebenfalls eine zukunftsweisende Bedeutung für die anderen Truppengattungen haben.

Beim Überblick über die schwere Ausrüstung des Corps werden wir uns hier allerdings nur mit den Dingen näher befassen, die spezifisch für die Marines sind. Was andere Dinge wie beispielsweise den M1A1 *Abrams* Panzer oder den TOW-Panzerabwehr-Flugkörper angeht, darf ich auf meine anderen Bücher *Armored Cavalry* und *Fighter Wing* verweisen. Im Gegensatz zu den anderen Truppengattungen sind die Marines nicht durch die Ausrüstung definiert, die sie verwenden. Sie definieren sich durch die Art und Weise, wie sie mit dem Handwerkszeug umgehen, das ihnen zur Verfügung steht, und durch die Missionen, die sie erfüllen.

Persönliche Ausrüstung und Verpflegung

Selbst die besten persönlichen Waffen haben keinen Wert für den Soldaten, wenn dieser nichts zu essen hat, keine Kleidung, keine Navigationsausrüstung und dergleichen. Viele dieser Sachen, die von den Marines verwendet werden, kommen aus den Entwicklungsabteilungen und -zentren der U.S. Army. Das dürfte auch einer der Gründe sein, weshalb Marines sich manchmal des Gefühls nicht erwehren können, daß ihr »Big Brother«, die Army, den sprichwörtlichen Daumen auf ihre Bedürfnisse hält. Das wollen wir uns einmal näher anschauen.

Kleidung und Schlafausrüstung

Die Ausgehuniformen des Marine Corps mögen vielleicht die schicksten und elegantesten im ganzen amerikanischen Militär sein, aber die Battle Dress Uniform (BDU = Kampfanzug), also der »Arbeitsanzug«, wie sie auch häufig genannt wird, ist nahezu identisch mit der, die auch in der Army verwendet wird. Kampfanzüge kommen in einer Vielzahl von Tarnfarben und Mustern daher. Dazu gehören beispielsweise die Ausführungen »Wald« (Grün- und Brauntöne), »Wüste« (beige, braun und grau) und »Stadt/Arktis« (weiß, schwarz und grau). Die letztgenannte ist dabei auch gleichermaßen gut als Winter- und Gebirgsuniform verwendbar. BDUs gibt es darüber hinaus in unterschiedlichen Stoffstärken, angefangen von leichten Webstoffen (eine Mischung aus gleichen Teilen Baumwolle und Nylon in reißfester Mischung) bis hin zu Hightech-Produkten (Gore-Tex, Supplex, Thermex und FiberFill) für kalte Witterung. Sie können auch mit wachsartigen Substanzen behandelt werden, durch die eine Absorption (Aufnahme) chemischer Wirkstoffe verhindert wird. So können die Agenzien die Kleidung nicht passieren und auf die Haut des Trägers gelangen.

Stiefel sind ein *wirkliches* Problem. Obwohl die Situation sich hier langsam verbessert, gab es beim Corps eigentlich immer viel zu minderwertige Stiefel, obwohl das Schuhwerk eine alles entscheidende Rolle spielen kann. Schließlich ist es inzwischen doch noch dazu gekommen, daß neue Stiefel für die Marines entwickelt und inzwischen auch langsam bei der Truppe ausgegeben werden. Dazu gehört unter anderem der *Dannon*-Wüstenstiefel, der bereits 1990 und 1991 am Persischen Golf recht beliebt war, wie auch ein Winter/Wasser-Stiefelsystem, das konstruiert wurde, um die Füße selbst unter härtesten Bedingungen trockenzuhalten. Der Helm ist immer noch das bewährte »Fritz«-Design der Army, obwohl inzwischen langsam auch die neuen, leichtgewichtigen Kevlar-29-Ausführungen eintreffen.

Die größte Herausforderung bei der Ausstattung der Marines mit Kleidung stellt aber zur Zeit zweifelsfrei der Bereich Kalt-/Naßwetterbekleidung dar. Rein historisch gesehen, setzen wir die Operationen von Marines immer noch mit tropischem Klima oder, wenn man die nähere Vergangenheit betrachtet, mit dem Wüstenklima des Mittleren Ostens gleich, wobei wir dann völlig außer acht lassen, daß über den Zeitraum von mehr als einem halben Jahrhundert die Operationen der Marines teilweise sogar in arktischen Regionen stattfanden. Seit der Besetzung Islands durch die USA im Jahre 1941 haben die Marines in sehr hohen Breitengraden operiert. Sogar heute noch befinden sich präpositionierte (vorher an Ort und Stelle gebrachte) Ausrüstungsgegenstände für eine komplette Brigade Marines in Bunkerkellern in Norwegen in und um die Stadt Oslo für den Fall, daß Operationen an der Nordflanke der NATO einmal notwendig werden sollten. Das Corps ist im Augenblick damit beschäftigt, seine Gebirgs- und Kaltwetterausrüstung zu modernisieren, wozu beispielsweise neue Hosen, Parkas, Fausthandschuhe, Socken, Unterwäsche und Balaklava-Mützen zählen. Es gibt auch ein neues, vierlagiges Schlafsacksystem, das aus Innen- und Außensack besteht, dessen zweischichtige Außenseite für Temperaturschutz bis minus 40 °Celsius gut ist. Zusammen mit einer speziellen Verpflegung für kalte Klimazonen macht das Kampfeinsätze in Kaltwetter- und alpinen Bereichen gleichermaßen möglich wie erträglich für die Marines.

Navigation

In den vergangenen Jahren wurde die Orientierung im Sinne der Navigation durch das NAVISTAR Global Positioning System (GPS) revolutioniert. Die Konstellation von 24 Satelliten in einem erdnahen Orbit mittlerer Entfernung (etwa 17700 km Höhe) sendet kalibrierte Signale, aus denen dreidimensionale Positionsangaben errechnet werden können. GPS-Empfänger werden in zunehmendem Maße billiger, einfacher und leichter. Empfänger dieser Art wurden zum ersten Mal während des Kriegs am Persischen Golf in den Jahren 1990/91 in großem Umfang militärisch genutzt, als mehr als 5000 solcher Systeme in Flugzeugen, Schiffen und Fahrzeugen eingesetzt wurden. Sogar kleinere Handgeräte trugen zum Sieg über den Irak bei. Bei den Marines wurde das GPS in Flugzeugen wie dem F/A-18 *Hornet* Jagdbomber und den Landungsfahrzeugen wie dem LCAC verwendet und die Handgeräte bei den Air-

Ground Liaison Control Teams (ANGLICO = Luft-Boden-Verbindungs-Führungs-Gruppen), deren Aufgabe in der Leitung von Artilleriebeschuß und Luftangriffen bestand. Das GPS verschaffte den US-Streitkräften einen enormen Vorteil auf dem Gefechtsfeld, wo die Kenntnis der genauen Uhrzeit (durch die in den Satelliten eingebaute, ultragenaue Atomzeituhr) und der eigenen Position von lebenswichtiger Bedeutung ist. Inzwischen hat sich das GPS zu einer neuen Art von Gerät entwickelt, das für jedermann von Nutzen sein kann und durch immer neue zivile und militärische Ergänzungen ständig an Attraktivität gewinnt. Während es die zivile Grundausführung auf eine dreidimensionale Genauigkeit von rund 30,5 m bringt, liegt die Genauigkeit der militärisch genutzten Geräte bei 3 bis 5 m. Durch einen Kode, der täglich neu in den Empfänger eingetippt werden muß (der sogenannte P(Y)-Code), haben sich die militärisch genutzten Signale als so präzise erwiesen, daß sie zuverlässig genug sind, um sie bei Lenkwaffen und Gleitbomben zur Steuerung verwenden zu können.

Die Marines haben das GPS mit großer Begeisterung und ebenso großer Erwartungshaltung angenommen, weil jährlich neue Systeme vorgestellt werden, in die das GPS hinsichtlich verschiedenster Anwendungsmöglichkeiten integriert wird. Da das Corps stets an neuen Techniken interessiert war und ist, die dem einzelnen Marine dabei helfen können, noch gefährlicher für einen Feind zu werden, und ihm selbst gleichzeitig größere Sicherheit verschaffen, hat man beim Marine Corps hart daran gearbeitet, die GPS-Handies mit P(Y)-Code bis hinunter auf Gruppenebene ausgeben zu können. Eine zweifelsfrei schwere Aufgabe, denn dazu ist die Beschaffung und Ausgabe von Zehntausenden dieser Empfänger erforderlich. Im Augenblick gibt es zwei Ausführungen: den Small, Lightweight GPS Receiver (SLGR) und den Portable, Lightweight GPS Receiver (PLGR). »Slugger« und »Plugger« haben etwa die Größe von Transistorradios. In

Der *Miniature Underwater GPS Receiver* (MUGR) von der Firma Trimble Navigation, der über eine Schwimmantenne verfügt, um Schwimmern und Tauchern die Möglichkeit zur Einnahme von äußerst exakten Beobachtungs- und Angriffspositionen zu geben.

JOHN D. GRESHAM

Kombination mit einem Funkgerät verschaffen sie (theoretisch) jedem Marine die Möglichkeit, unter Angabe des zu bestreichenden Gebiets mit großer Genauigkeit Artilleriefeuer und Luftangriffe anzufordern. In Kürze wird jedes USMC-Flugzeug und -Fahrzeug über einen GPS-Empfänger verfügen, wovon einige bereits in Navigations- und Feuerleitsysteme integriert sein werden. Das angestrebte Ziel ist es, jeden einzelnen Marine mit individuellen GPS-Navigationsfähigkeiten zu versehen. General Krulak spricht gern von seiner Wunschvorstellung, einen GPS-Empfänger in den Kolben eines jeden M16 einbauen zu lassen – und es ist ihm sehr ernst damit.

Ganz oben auf der Prioritätsliste steht ein neues Rettungsfunkgerät für die Flieger. Die augenblicklich noch im Einsatz befindlichen Rettungsfunkgeräte, die man den amerikanischen Kampffliegern mitgibt, verbreiten schon einen ziemlichen Verwesungsgeruch. Im Laufe von *Desert Storm* schafften es die irakischen Truppen mit ihren Geräten oft, durch einfache Funkpeilung abgeschossene Piloten gefangenzunehmen, bevor die Rettungseinheiten sie erreichen konnten. Um es kurz zu machen: Es gibt inzwischen eine modifizierte Ausführung des PRC-112-Funkgeräts unter der Bezeichnung *Hook-112*. Das *Hook-112* enthält zusätzlich einen GPS-Empfänger und den Impuls-(Burst-)Transmitter des ursprünglichen PRC-112. Das Gerät schickt nun die (durch GPS ermittelten) Koordinaten an die Rettungseinheiten, ohne dabei die Position des abgeschossenen Fliegers zu verraten. Das ist aber nur eine Übergangslösung, denn in absehbarer Zukunft wird es von einem System unter der Bezeichnung Combat Survival/Evader Locator (CSEL) abgelöst werden, in dem ein GPS-Empfänger mit einem fast nicht mehr zurückzuverfolgenden Satellitensender in einem einzigen kleinen Handgerät vereinigt ist.

Darüber hinaus wird es demnächst bei den Marines auch ein mobiles Beobachtungsgerät geben, das mit einem GPS-Empfänger als Zentraleinheit arbeitet und es den Expeditionseinheiten erleichtert, Artilleriestellungen und andere Einheiten in kritischen Positionen in Stellung gehen zu lassen. Bei Trimble entworfen und gebaut, wurden bereits 40 dieser Geräte angekauft, und weitere 203 stehen auf dem Beschaffungsplan. Darüber hinaus versorgt Trimble die Marines mit einer neuen Generation P(Y)-kodierbarer GPS-Geräte allereinfachster Ausführung, die speziell auf die Bedürfnisse von Aufklärungseinheiten zugeschnitten sind. Dieses Miniature Underwater GPS Receiver (MUGR) genannte Gerät hat etwa die Größe eines Walkman, ist nicht nur spritzwassergeschützt, sondern absolut wasserdicht, womit es tatsächlich sogar unter Wasser eingesetzt werden kann. Durch die Verwendung einer Schwimmantenne, die über eine Kabelschnur mit dem Gerät verbunden ist, verschafft dieses Gerät Aufklärungseinheiten die Möglichkeit, beispielsweise einen Strand oder einen Hafen verdeckt zu beobachten. Aber diese Systeme sind eigentlich nur die Spitze des GPS-Eisbergs. In naher Zukunft wird man bei den amerikanischen Truppen wahrscheinlich schon über »Fritz«-Helme verfügen, die mit flachen Satellitenantennen ausgerüstet sind, über die Signale nicht nur empfangen, sondern auch gesendet werden können.

Kommunikation

Ende 1996 haben die Marines endlich damit begonnen, auf die langerwarteten SINCGARS-Funkgeräte (Single Channel Ground and Airborne Radio System) der U.S. Army umzustellen. Die SINCGARS-Geräte bedienen sich der »Frequenzsprung«-Technik, die es fast unmöglich macht, Funksprüche, die über Geräte dieser Bauweise abgewickelt werden, abzuhören oder zu stören. Die 2nd MEF wird die gesamte Ausrüstung aller verfügbarer SINCGARS-Geräte für Flugzeuge, Fahrzeuge und Soldaten zwischen Ende 1996 und Ende 1997 bekommen. Die 26th MEU(SOC) wird ihre SINCGARS-Geräte auf breiter Ebene im Laufe ihres Mittelmeertörns ebenfalls 1996/97 bekommen. Die augenblicklichen SINCGARS-Ausführungen habe ich in der nachfolgenden Tabelle aufgelistet:

Version	Bezeichnung	Beschreibung
V 1	AN/PRC-119	tragbares Manngerät
V 2	AN/VRC-87	Fahrzeuggerät, kurze Reichweite/stationär
V 3	AN/VRC-88	Fahrzeuggerät, kurze Reichweite/demontierbar
V 4	AN/VRC-89	Fahrzeuggerät, große Reichweite/demontierbar
V 5	AN/VRC-90	Fahrzeuggerät, große Reichweite/stationär
V 6	AN/VRC-91	Fahrzeuggerät, eingebaut: große Reichweite/demontiert: kurze Reichweite
V 7	AN/VRC-92	Fahrzeuggerät mit doppelter Reichweite, Retransmission
V 8	AN/ARC-201	Transceiver (Sender/Empfänger) für den Lufteinsatz
noch nicht verfügbar	AN/PRC-6725E	Handy für kurze Reichweite

Bei den Marines wird eine ganze Reihe von Satelliten-Kommunikationssystemen eingesetzt, angefangen von großen stationären Geräten in den Command Posts (Befehlsständen) bis zu Rucksackausführungen für die Kommandeure in Gefechtszonen. Der Schlüssel zur militärischen Satellitenkommunikation liegt im Zugang zu den richtigen Frequenzbereichen, die normalerweise völlig überlastet und Spielball eines intensiven Wettbewerbs der Verwender sind, weil alle die Ansicht vertreten, *gleichzeitig* darauf zugreifen zu müssen. Das Verteidigungsministerium unterhält eine Anzahl von Satelliten-Kommunikationssystemen, die der Unterstützung militärischer Operationen dienen sollen. Aber das hohe Tempo, mit dem die amerikanischen Streitkräfte ihr Einsatzvolumen vergrößern mußten, hat zu einer völligen Auslastung und teilweise sogar Überlastung bereits bestehender militärischer Systeme geführt. Jeder einzelne Kommunikationssatellit verfügt nun einmal nur über eine bestimmte Anzahl von Transpondern, die Radio- und/oder Fernsehkanäle zur Verfügung stellen. Jeder Transponder wird dann entsprechend der Priorität für Kommandeure im Kampfgebiet reserviert oder sogar für die Joint Chiefs of Staff (Vereinigte Stabschefs) im Pentagon. Es gibt ganz einfach nicht genügend freie Kapazität. Die Folge ist, daß das Verteidigungsministerium inzwischen zu einem der Hauptkunden bei den kommerziell genutzten Satellitenanbietern wie INMARSAT und Hughes geworden ist und dort Sendezeit einkaufen muß. Die Marines verfügen über eine Ausrüstung, die mit den meisten Standard-Satellitenfrequenzen arbeitet. Das am weitesten verbreitete ist dabei das tragbare TACSAT-System auf UKW-Basis. Diese unter der Bezeichnung PRC-117D eingeführte Version wird von einem Soldaten, der eine Spezialausbildung in Kommunikation hat, mit Rucksackbatterie, Transceiver und angeschlossener Antenne eingesetzt. Dieses Gerät kann sowohl für Sprach- als auch Datenübermittlung verwendet werden und funktioniert im Feld einwandfrei, obwohl die Batterie saumäßig schwer ist.

Trotz der Tatsache, daß das Marine Corps heute über einen soliden und wirksamen Kommunikationsaufbau verfügt, ist die Fortentwicklung auf diesem Sektor rasant. Am Horizont tauchen bereits die ersten kommerziellen Direkt-Sende-/Empfangs-Satellitentelefonsysteme auf, und die Kommunikationsleute beim Militär geifern bereits danach, welche zu bekommen. Wenn die weltweit arbeitenden Handies erst einmal da sind, werden sie eine Revolution auf dem Telekommunikationssektor auslösen, der die augenblicklich verwendete Generation der Cellular Phones[44] wie zwei mit einer Schnur verbundene Konservendosen aussehen lassen wird. Nur ein Beispiel: Texas Instruments hat bereits eine Zweiwege-Satellitenantenne entwickelt, die nur noch ein flaches Rechteck mit einer Kantenlänge von wenigen Zentimetern ist. Da sie für ihren Betrieb nur noch winzige Energiemengen benötigt, kann sie auf dem Dach eines HMMWV oder vielleicht sogar direkt auf dem »Fritz«-Helm aus Kevlar montiert werden. Der Traum von der Einbindung jedes einzelnen Marine in ein weltweites Kommunikationsnetz ist damit in greifbare Nähe gerückt.

Verpflegung und Wasser

Marines sind durchaus in der Lage, eine Stellung ohne Treibstoff und nur mit der Munition, die sie bei sich tragen, zu halten. Ohne Verpflegung oder Wasser müßten sie aber innerhalb weniger Tage aufgeben, wenn nicht sterben. Wasser stellt im allgemeinen kein großes Problem dar, da die

---

44 Der amerikanische Begriff *Cellular Phone* steht für eine individuelle Funk-Kommunikationstechnik, die etwa mit den C-, D- und E-Netzen in Europa vergleichbar ist.

Marines sauberes Wasser gleich von den Schiffen, die sie an Land setzen, mitnehmen. Das Corps hat darüber hinaus keine Kosten gescheut, tragbare Wasserreinigungssysteme zu entwickeln, die auf der Basis der Osmoseumkehr arbeiten und die per Transportflugzeug oder präpositionierte Schiffe angeliefert werden können. Das ist auch ein Grund dafür, weshalb nicht selten andere Truppengattungen und koalierte Verbündete auf Einheiten der Marines zurückgreifen, um ihre Wasserversorgung sicherzustellen, bis die nachfolgenden eigenen Logistikeinheiten eingetroffen sind.

Mit der Verpflegung sieht es da ganz anders aus. Das Corps ist im wahrsten Sinn des Wortes eine Geisel des Verpflegungssystems der U.S. Army. Es muß nämlich seine entsprechenden Anforderungen direkt an die Logistikbereiche der Army richten. Die Variationsbreite ist dabei nicht gerade berauschend. Um einen Anfang zu machen: Es gibt die Meals Ready to Eat (MRE). Das sind schwere, langweilige, aber nahrhafte Feldrationen. Seit dem Ende von *Desert Storm* sind die MREs sogar noch etwas schwerer geworden, da die Army die Entscheidung gefällt hat, noch mehr Zeugs in die braunen Plastikpakete zu packen, anstatt den Inhalt etwas schmackhafter zu machen. Das Resultat dieser Bemühungen sieht nicht selten so aus, daß Soldaten im Feldeinsatz ihre MREs einfach wegwerfen und auf diese Weise nicht auf die notwendige Versorgung mit Nährstoffen und Kalorien kommen. Obwohl die Hersteller von MREs wie zum Beispiel die Firma Star Foods bereits bessere Produkte an der Hand haben, ist die Army zur Zeit nicht willens, diese auch anzukaufen. Man arbeitet dort allerdings an der Herausgabe von bestehenden MREs mit eindeutigen Verbesserungen und geht davon aus, diese gegen Ende des Jahres 2000 einführen zu können. Weil die MREs derart unappetitlich sind, haben sich amerikanische Friedenssicherer in Bosnien darauf verlegt, nahrhafte Snacks oder gefriergetrocknete Campingnahrung zu kaufen und aus eigener Tasche zu zahlen, und sie sind jedesmal sehr glücklich, wenn sie sich britische oder französische Rationen verschaffen können. Das französische Gegenstück zu unseren MREs enthält beispielsweise frisches Brot und Pastete!

Das Verpflegungssystem bei den Marines ist in drei Ebenen aufgeteilt. Die erste oder auch Typ-»A«-Verpflegung wird an die Truppen in einer Art vorgepackter »Mensa«-Tablett ausgegeben, wo in drei Vertiefungen Fleisch, Gemüse und Stärketräger enthalten sind, und muß nur noch in speziellen Kochern erhitzt werden. Rationen vom Typ »B« sind wirkliche Mahlzeiten, die in Feldküchen zubereitet werden und aus vor Ort beschafften Komponenten bestehen, aber auch dehydrierte/gefriergetrocknete Bestandteile enthalten können, die aus den USA angeliefert werden. Schließlich gibt es noch die sogenannten Feldrationen, also normalerweise diese eben schon erwähnten MREs. Ich sage »normalerweise« deshalb, weil die Truppen, sobald sie in kalten Klimazonen oder im Gebirge eingesetzt werden, Kalorien in geradezu unglaublichen Mengen zu verbrauchen beginnen: Verbrennt ein typischer Marine unter normalen Umweltbedingungen rund 3000 Kalorien täglich, steigt der Bedarf bei kal-

Eine Kaltwetter-Ration mit zwei gefriergetrockneten Mahlzeiten (Frühstück und Mittagessen): Hafergrütze, Suppe, Fertigmüsli, Kräcker, Kakao, Kaffee, Süßigkeiten und ein Pulvergetränk. Die Frühstücksrationen stellen einen größtmöglichen Gehalt an Zucker / Kohlenhydraten zur Verfügung.

JOHN D. GRESHAM

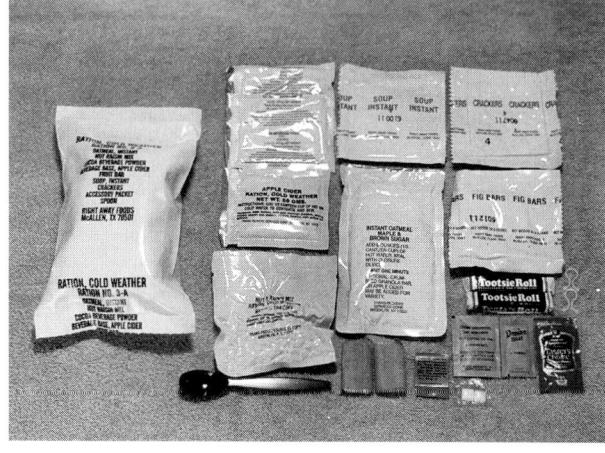

tem Wetter unter Umständen sprunghaft auf das Doppelte an. Weil nicht wenige Marines aber das meiste aus den vier MREs, die sie täglich zugeteilt bekommen, einfach wegwerfen, liegt eigentlich klar auf der Hand, daß für Kaltwetteroperationen schnellstmöglich etwas Neues herbeigeschafft werden müßte. Hier also die Kaltwetterration: Hergestellt bei der Oregon Freeze Dry, Inc. (die auch die Campingverpflegung mit dem Markennamen *Mountain House* vertreibt) und abgepackt bei Right Away Foods, nehmen diese Pakete nur den halben Platz und die Hälfte des Volumens ein, die eine vergleichbare Kost in Form von MREs beansprucht, und liefern dabei gleichzeitig einen höheren Brennwert. Die Ration setzt sich in erster Linie aus gefriergetrockneter Nahrung in einem versiegelten Plastikbeutel zusammen. Um sie verspeisen zu können, braucht man lediglich eine bestimmte Wassermenge zur Rehydrierung beizufügen. Mit ein wenig geschmolzenem Schnee und einer passenden Wärmequelle kann die Kaltwetterration eine hervorragende warme Mahlzeit bei den Feldeinheiten abgeben. Als zusätzlichen Bonus hat sie einen sehr hohen Brennwert, der bei etwa 3000 Kalorien pro ausgegebener Ration liegt, und eben ein sehr geringes Gewicht. Im Vergleich zu MREs schmecken die Kaltwetterrationen nicht einmal schlecht, was bedeutet, daß von den Soldaten auch wirklich alles aufgegessen wird.

Auf seinem Weg ins 21. Jahrhundert sieht das Marine Corps den neuen Varianten von MREs mit einiger Hoffnung entgegen, denn jetzt sollten sie so langsam von der Army geliefert werden. Man darf allerdings nicht allzusehr überrascht sein, wenn das USMC schließlich doch noch damit beginnt, eigene Rationen zu entwerfen und zu spezifizieren. Beim Commandant's Battle Lab in Quantico, Virginia, betrachtet man die Angelegenheit ausschließlich aus dem »Marines«-Blickwinkel und wird vielleicht demnächst Feldrationen mit »Expeditions«-Geschmack produzieren.

Feuerunterstützung

Einheiten der Marines sind in erster Linie Formationen auf Infanteriebasis, die auf den Feuerschutz unterstützender Einheiten angewiesen sind, um ihre Aufgaben bewältigen zu können. Feuerunterstützung muß gleichermaßen präzise wie tödlich sein, um den mit leichtem Gepäck vorrückenden Marines die Möglichkeit zu verschaffen, allen Eventualitäten, angefangen von irregulären Kräften (wie es beispielsweise in Somalia und Liberia der Fall war) bis hin zu konventionellen Militäreinheiten (wie denen am Persischen Golf), entgegentreten zu können. Ohne Feuerkraft setzen die Marines ihr Leben unnötig aufs Spiel, und die amerikanische Öffentlichkeit ist nicht bereit, vermeidbare Opfer zu akzeptieren. Daher ist es kein Wunder, daß die Marines ein ureigenes Interesse an hinreichender Feuerunterstützung haben. Fast jeder Marine kann eine Karte lesen und ein Funkgerät bedienen, um Feuerunterstützung von Schiffen, Flugzeugen oder der Artillerie anzufordern. Ein einziger Schützenzug ist bei Bedarf in der Lage, Luftunterstützung durch AV-8B *Harrier II* oder den AH-1W *Super Cobras* oder Artillerieunterstützung von einer 155-mm-Batterie beziehungsweise einem Zerstörer oder Kreuzer zu bekommen, der vor der Küste auf See steht. Im Augenblick leidet das Corps unter einem schwerwiegenden Defizit bei der Feuerunterstützung. In den fünf Jahren nach *Desert Storm* verloren die Marines und die Navy mehr als die Hälfte ihrer gesamten Feuerunterstützungsressourcen durch die Außerdienststellung von Schlachtschiffen der *Iowa*-Klasse (BB-61) und durch die Ausmusterung vieler Unterstützungsflugzeuge und Artillerieeinheiten. Das bereitet den Führungskräften beim Marine Corps und der Navy arge Sorgen.

Browning M2 Maschinengewehr Kaliber .50

Hört man einem altgedienten »Gunny« zu und weiß zunächst nicht, worüber er eigentlich spricht, könnte man meinen, hier gehe es um eine wunderschöne Frau. Das Maschinengewehr M2 ist überall der absolute Liebling unter den schweren Waffen, und das gilt sowohl für die Marines als auch für die anderen Bodentruppen. Mit diesem schweren Maschinengewehr verfügt ein Zug und eine Kompanie über eine solide Grundlage an Feuerkraft. Es zwingt einen Feind, den Kopf unten zu behalten, und konfrontiert ihn mit einer Bedrohung, die man tunlichst erst einmal ausschalten sollte. Während der Feind noch damit beschäftigt ist, dieses verfluchte Maschinengewehr zu neutralisieren, können die Marines auf seine Flanken gelangen oder direkt auf seine Position vorrücken. Ein schweres Maschinengewehr hat überhaupt keine Probleme damit, Lehmziegel- und Holzhäuser oder ungepanzerte Fahrzeuge zu Kleinholz zu machen. Das macht es zu einem *äußerst* gefährlichen Ausrüstungsteil, eines, das man unbedingt dabeihaben sollte.

Das »50 cal« wurde im Jahre 1919 erstmalig bei der Army eingeführt, also für den Ersten Weltkrieg auf jeden Fall zu spät. Im Zweiten Weltkrieg

Ein Marine bemannt ein auf einem HMMWV montiertes Browning M2 Maschinengewehr Kaliber .50.

OFFIZIELLES FOTO DES
U.S. MARINE CORPS

galt es als die Standard-Bordwaffe der amerikanischen Jagdflugzeuge, Jagdbomber und Bomber und war auch als Flugabwehrwaffe auf jeder Art von Schiff und Bodenfahrzeug weit verbreitet. Das M2 ist ein nach dem »Recoil-operated«-Prinzip funktionierendes, luftgekühltes Maschinengewehr, das es auf ein Gewicht von 38 kg bringt. »Recoil-operated« bedeutet, daß hier ein geniales Arrangement von Hebeln, Nocken und Federn dazu verwendet wird, einen Teil der Rückstoßenergie aufzufangen, die dann dazu verwendet wird, die leere Patronenhülse auszuwerfen, die nächste Patrone in die Kammer einzuführen, durchzuladen und abzufeuern. Dieser Rückstoß-/Lade-Zyklus wiederholt sich so lange, bis der Schütze den V-förmigen Abzug zwischen den beiden Handgriffen am hinteren Teil des Maschinengewehrs losläßt. Sobald der Abzug losgelassen wird, sichert ein Schnappriegel den Mechanismus in der Stellung »Bolzen gespannt«. Deshalb kann anschließend ohne erneutes Durchladen sofort weitergefeuert werden kann.

Dieses »Kaliber .50« findet man unter anderem auch im Turm des AAV7/LVTP-7 Amphibientraktors, wo er auf einer einfachen Drehbettung montiert wird. Auf einem HMMWV in der Ausführung als *Avenger*-Luftabwehrfahrzeug kommt die Waffe in eine Hightech-Koaxialbettung. Bei den Waffenzügen einer Schützenkompanie der Marines steht es im Einsatz dann feuerbereit auf einem stämmigen, 20 kg schweren Dreibein. Es sind mindestens zwei Marines erforderlich, um diese Waffe zu transportieren, wobei noch der Mann hinzugerechnet werden muß, der die Munition schleppt. Die Munition selbst ist gegurtet. Bei den Gurten werden wiederverwendbare Federclips eingesetzt, die durch den Zuführmechanismus der Waffe abgestreift werden. Daher kommt auch der Fachbegriff »Zerfallgliederketten«. Die Feuergeschwindigkeit liegt bei 550 Schuß pro Minute, und die MG-Schützen werden darauf trainiert, nur kurze Feuerstöße abzugeben, um Munition zu sparen. Die theoretische Maximalreichweite liegt bei 6,8 km, und das M2 wurde sogar für den indirekten Beschuß mit größter Überhöhung eingesetzt, wenn es darum ging, einen

»Feuervorhang« an der gegenüberliegenden Seite eines Hügels zu erzeugen. Unter typischen Gefechtsfeldbedingungen liegt die praktisch genutzte Reichweite aber meist nur bei rund 1,8 km. Die schon legendäre Tödlichkeit des M2 kommt durch die großen Treibladungen der Patronen und die überragende ballistische Ausformung der Projektile mit ihrem charakteristischen »Bootsheck« zustande. Es gibt allerdings verschiedene Arten von Munition, wozu unter anderem auch die Target-Practice (TP = Ziel-Übungsmunition), Armor-Piercing Solid-Shot (APS), Armor-Piercing Incindiary (API) und High-Explosive (HE = hochexplosiv) gehören.

Im Laufe der Jahre haben eine ganze Reihe von Firmen das M2 auf der Basis des Originalpatents von John M. Browning in Lizenz gebaut. Der augenblickliche Vertragsnehmer des US-Verteidigungsministeriums ist Saco Defense, Inc., und der Preis lag Ende 1994 bei 8118 Dollar pro Stück. Das M2 stellt eine einzigartige Kombination aus Reichweite, Tödlichkeit, Zuverlässigkeit und Einfachheit dar. Diese Kombination garantiert ihm, auch noch bis weit ins kommende Jahrhundert hinein im Dienst zu bleiben. Es sieht sogar so aus, daß der letzte MG-Schütze für das M2 vermutlich heute noch nicht einmal geboren ist.

Mk 19 40-mm-Maschinenkanone

Damals in den 60er Jahren, tief in den Sümpfen des Mekong-Deltas, wo hinter jeder Flußbiegung ein wohlverborgener und schwerbewaffneter Vietcong im Hinterhalt lauern konnte, machten die Patrouillenfahrzeuge der U.S. Navy die Erfahrung, daß das Feuer eines Maschinengewehrs vom Kaliber .50 oft ganz einfach zu schwach war, wenn es darum ging, einen Angriff vorzubereiten. Man brauchte eine Waffe, die einen wahren Strom von Explosivgranaten ausspucken konnte, um feindliche Kräfte zurückzudrängen. Um diesem Bedürfnis zu begegnen, entwickelte die Navy die Mk 19, die, offiziell zwar als »Maschinengewehr« typklassifiziert, tatsächlich aber eine Maschinenkanone war. Ganz richtig ist aber auch das nicht, denn bei ihr handelt es sich im Grunde um einen automatischen Granatwerfer. Die Mk 19 hat eine lange und problematische Entwicklungsgeschichte hinter sich. Sie erhielt den Spitznamen »Dover Dog« nach dem Arsenal in Delaware, in dem sie konstruiert wurde. Nach einer ganzen Reihe von Modifikationen hat sie sich inzwischen aber bei Army, Navy und Marine Corps bewährt. Die Mk 19 ist eigentlich eine ganz einfache Waffe, die nach dem »blowback«-Prinzip[45] arbeitet. Dabei drückt das Explosionsgas eine starke Feder zurück, und wenn diese sich nach der Komprimierung wieder ausdehnt, wird die nächste Granate geladen, die sofort abgefeuert werden kann. Die Waffe verwendet die gleiche 40-mm-Munition wie die M203 Granatpistole, die zusammen mit dem M16 Sturmgewehr verwendet wird.

Eine Mk 19 wiegt 33 kg. Sie wurde so konstruiert, daß sie auf dem gleichen

---

45 Gasdruck

Ein HMMWV auf Patrouille mit einem auf dem Dach montierten Mk 19 40-mm-Granatwerfer. Diese Waffe kann die gleiche Munition wie eine M203 Granatpistole verfeuern.
OFFIZIELLES FOTO DES U.S. MARINE CORPS

Dreibein wie das M2 Maschinengewehr Kaliber .50 stehen kann, ist aber auch im Turm des amphibischen Traktors AAV-7/LVTP-7 zu finden. Die Feuergeschwindigkeit liegt zwischen 325 und 375 Schuß pro Minute, aber die praktisch genutzte Geschwindigkeit beträgt 40 Schuß pro Minute, die in kurzen Feuerstößen abgegeben werden. Um die maximal erreichbare Reichweite von 2,2 km verwirklichen zu können, muß man die Waffe maximal überhöhen, um die Granate einen hohen ballistischen Bogen beschreiben zu lassen. Somit kann man aber, was die Genauigkeit angeht, realistische Werte getrost vergessen. Die praktische Reichweite mit flacher Flugbahn liegt daher eher bei 1500 m. Es gibt verschiedene Munitionstypen, die auch hier in Zerfallgliederketten gegurtet sind und in Munitionskisten aus Metall transportiert werden. Die HEDP-Granate (High-Explosive, Dual-Purpose = hochexplosiv/zweifach verwendbar) ist in der Lage, Panzerungen bis zu einer Stärke von 51 mm zu brechen und Metallsplitter in einem Letalradius von 5 m zu streuen. Diese verursachen auch noch im Umkreis von 15 m schwere Verwundungen. Andere Munitionstypen sind Brand-, Rauch- und Tränengasgeschosse. Normalerweise führen die Waffenzüge der Schützenkompanien eine Mk 19 mit, und auch die Schützenbataillone sind damit ausgerüstet. Ein Marine reicht aus, um die Waffe zu laden und abzufeuern, aber es ist eine Dreier-, manchmal sogar eine Vierergruppe nötig, sie und den notwendigen Vorrat an Granaten zu transportieren. Auch die Mk 19 wird bei Saco Defense hergestellt, und ihr Preis lag 1994 bei 13 758 Dollar.

Mörser

Mörser sind praktisch die persönliche Artillerie eines Kompaniechefs oder Bataillonskommandeurs. Ein Mörser ist transportabel, billig und eine einfache Waffe: nur ein Metallrohr mit einem Zweibein, einem Krageisen für die Elevationseinstellung und einer schweren Bettungsplatte. Man muß die Waffe lediglich zusammensetzen, den Mörser auf ein Ziel richten und die Mörsergranate das Rohr hinunterrutschen lassen. Auf dem Bodenstück angekommen, zündet die Granate dann durch den Aufschlag auf den Zündbolzen selbsttätig und – ab geht die Post. Nachteile eines Mörsers sind seine relativ kurze Reichweite und seine Ungenauigkeit. Aber diese uralte Waffe ist gerade dabei, neue Anerkennung zu gewinnen, was durch die Einführung der Präzisionslenkmunition ermöglicht wurde.

Bei den Marines werden zwei verschiedene Arten von Mörsern verwendet. Der M224, der bei den schweren Zügen der Schützenkompanien verwendet wird, ist eine 60-mm-Waffe mit einem Gewicht von gerade einmal 21 kg. Seine Maximalreichweite liegt bei 3,5 km. Eine gute Schützenmannschaft schafft eine Feuergeschwindigkeit von etwa 20 Schuß pro Minute. Das andere Modell ist der M252, der bei den schweren Waffenkompanien der Infanteriebataillone zu finden ist. Bei ihm handelt es sich um eine 81-mm-Waffe, die auf der Grundlage eines britischen Mörsers aus den 70ern gebaut wird und die es auf ein Gewicht von 40 kg und eine Reichweite von 5,6 km bringt. Seine Feuergeschwindigkeit kann auf 16 Schuß pro Minute gehalten werden. Es gibt eine enorme Bandbreite an Munition für die Waffen beider Kaliber. Dazu gehören sowohl Hochexplosiv- als auch Rauch- und Brandgranaten. Die Hochexplosivgeschosse können wahlweise mit Aufschlag- oder Verzögerungszünder versehen werden, wobei letzterer dann auf einer vorgegebenen Höhe auslöst und das Ziel von oben her mit Splittern übersät.

M198 155-mm-Haubitze auf Anhängerlafette

Diese dicke Kanone ist eine der eher kontrovers beurteilten Waffen im Arsenal des Marine Corps. Obwohl sie das Feldartilleriestück erster Wahl bei den Marines ist, hat die Führung des Corps das Gefühl, daß die M198 einfach zu groß und schwer ist. Außerdem beansprucht sie einfach zuviel

Eine M198 Haubitze des BLT 2/6 auf Lafette, angekuppelt und marschbereit
JOHN D. GRESHAM

Platz auf den amphibischen Transportern, und ihre Feuerposition ist zu verwundbar. Das gilt ganz besonders dann, wenn größere Mengen Bereitschaftsmunition in der Nähe der Waffe gelagert sind. Hinzu kommt auch noch, daß die M198 einen sehr hoch liegenden Schwerpunkt hat, was sie statisch gesehen recht anfällig macht. Sie neigt dazu, ab und an umzukippen, was ihre Handhabung auch nicht gerade erleichtert. Allerdings verwendet sie andererseits die weitverbreitete Standardmunition vom Kaliber 155 mm, die eine unglaubliche Tödlichkeit besitzt. Bei einem Gewicht von 7154 kg braucht man schon einen schwereren Laster (Fünftonner), um sie zu ziehen, und elf Mann Bedienpersonal für den Transport der notwendigen Munition. Sie kann auch am Geschirr hängend von einem CH-53E Hubschrauber transportiert werden. Die M198 ist in der Lage, ein Projektil über eine Entfernung von bis zu 22,4 km zu schießen, und kommt mit einem raketenunterstützten Projektil sogar auf 30 km Reichweite. Die zur Zeit 556 Kanonen im Arsenal der Marines werden voraussichtlich noch ein weiteres Jahrzehnt im Dienst stehen, bevor sie von den neuen, leichtgewichtigen Haubitzen abgelöst werden, die sich im Augenblick noch in der Entwicklungsphase befinden.

Mk 45 5-in./54 Marinegeschützturm

Seit der Einmottung der Schiffe der *Iowa*-Klasse (BB-61) ist die Artillerieunterstützungskapazität der Navy auf die ein oder zwei 127-mm-Waffen mit gezogenem Lauf beschränkt, die sich auf jedem größeren Oberflächenfahrzeug der Navy (Kreuzer, Zerstörer und einige wenige Amphibienfahrzeuge) befinden. Von der United Defense's Great Northern Division hergestellt, verfügt der Mk 45 5-in./54 über einen hohen Grad an Automatisierung und kommt auf eine Feuergeschwindigkeit von 17 Schuß pro Minute. Der Turm arbeitet normalerweise vollautomatisch, benötigt aber unter Deck für die Munitionszuführung sechs Mann Bedienpersonal der Navy. Der Mk 45 schleudert seine 31,75 kg schweren Projektile auf eine maximale Reichweite von 23,6 km. Zur Zeit befindet sich aber ein Munitionstyp in der Entwicklung, der diese Reichweite noch vergrößern wird. Die hauptsächlichen Munitionstypen sind vom Typ Hochexplosiv und Brand (weißer Phosphor). Normalerweise führt ein Schiff etliche hundert Granaten pro Kanone in seinen Magazinen mit. Dazu müssen bei größeren Task Forces noch die Munitionsversorger gerechnet werden, aus denen die verschossenen Granaten sehr schnell wieder ergänzt werden können, indem man sie per UH-64 Hubschrauber heranschafft.

Die Zukunft: Die Leichtgewicht-Haubitze und das Arsenalschiff

Die Lösung des seit dem Ende von *Desert Storm* bestehenden Problems mit den Defiziten bei der Artillerieunterstützung ist eine Herausforderung, der sich Navy und Marine Corps gemeinsam gestellt haben. Die dringendste Modernisierung der Feuerunterstützung steht bei der M198 155-mm-Haubitze an. Sechs verschiedene Industrieunternehmen haben konkurrierende Konstruktionen einer Leichtgewicht-Haubitze vorgelegt. Im Rennen sind hierbei Unternehmen wie United Defense, Lockheed Martin, Royal Ordnance und VSEL (Vickers). Über ein geringeres Gewicht hinaus steht auch noch eine größere Reichweite (was ein längeres Rohr bedeutet), eine kleinere Bedienungsmannschaft und eine größere Feuergeschwindigkeit (was eine Servo-Unterstützung des gesamten Ladevorgangs bedeutet) auf dem Wunschzettel der Marines. Mit der Auslieferung kann in den ersten Jahren des neuen Jahrhunderts gerechnet werden.

Ein weit größeres Problem ist die Feuerunterstützung von See her. Die Marines vermissen wirklich die alten Schlachtschiffe der *Iowa*-Klasse (BB-61). Es gibt nichts, was dem spektakulären Effekt gleichkommen könnte, der zu beobachten ist, wenn die riesigen 406-mm-Granaten auf ein Ziel fallen, das 40 km entfernt an einer Küstenlinie liegt. Mehr als hundert Schiffe mit 127-mm-Kanonen sind bei der U.S. Navy außer Dienst gestellt worden und haben die Artilleriekapazität von der Seeseite damit praktisch kastriert. Um diesen Abbau auszugleichen, hat der Chief of Naval Operations (Befehlshaber Marineoperationen der U.S. Navy) und frühere Deputy Chief of Joint Chiefs of Staff (stellvertretender Vorsitzender der vereinigten Stabschefs) Admiral Bill Owens die Vorstellung von einem Arsenalschiff ins Spiel gebracht. Dieses Arsenalschiff wäre in der Lage, die verlorene Feuerkraft der eingemotteten *Iowa*-Klasse (BB-61) zu ersetzen. Vom Konzept her könnte diese Art von Schiff relativ einfach und preisgünstig verwirklicht werden. Es wäre vollgepackt mit Senkrechtstartzellen für Lenkflugkörper – etwa in der Größenordnung von 732 taktischen

Zeichnung eines geplanten »Arsenalschiffs«. Dieses Schiff soll mit Senkrechtstartrohren für Flugkörper vollgepackt sein, um so ein vorbereitendes Bombardement und artilleristische Unterstützung für Marines an der Küste liefern zu können.
Offizielles Foto der U.S. Navy, Vorlage: Lockheed Martin

Lenkwaffen, einschließlich der *Tomahawk*-Marschflugkörper und vielleicht auch einer speziellen Variante des TACMS der Army. Der Effekt bestünde dann darin, daß ein solches Arsenalschiff losfahren und einen ganzen Krieg mit einer einzigen Salve gewinnen würde, um dann zum Nachladen nach Hause zu fahren und anschließend zum nächsten Krieg auszulaufen. Für die Zielansprache wäre das Schiff allerdings voll und ganz auf Sensoren, die nicht an Bord befindlich sind, angewiesen. Es hätte so gut wie keine Aufbauten und wäre komplett mit Radar Absorbing Material (RAM) beschichtet. In einigen Designstudien sind für das Schiff auch Ballasttanks vorgesehen, die geflutet werden könnten, um ihm ein extrem niedriges Freibord zu verschaffen. Damit würde es für feindliche Anti-Schiff-Flugkörper zu einem äußerst schwer zu erfassenden Ziel. Unglücklicherweise ist man noch nicht über reine Gedankenmodelle hinausgekommen, und es gibt auch einige rein praktische Probleme. Eines davon, und noch nicht einmal das schwerwiegendste, ist, daß die Navy absolut nichts unternommen hat, die TACMS-Flugkörper integrativ für den maritimen Einsatz zu modifizieren, geschweige denn auch nur zu beschaffen. Vielleicht tut man sich bei der Navy einfach sehr schwer damit, einen Flugkörper der Army an Bord eines Schiffs der Navy zu verwenden (das sogenannte »Nicht-von-uns-erfunden«-Syndrom). Lediglich die Leute von den Atom-Unterseebooten haben substantielle Arbeit mit den TACMS geleistet, was aber eher darauf zurückzuführen ist, daß man dort schon seit dem Ende des kalten Kriegs händeringend nach neuen Missionen für die »Subs« sucht. Was letzten Endes auch immer geschehen mag, Feuerunterstützung wird für die Fortsetzung der Truppeneinsätze zu Beginn des 21. Jahrhunderts zu einem Dreh- und Angelpunkt werden.

Panzer-/Luftabwehrsysteme

Cambrai, Nordfrankreich, 20. November 1917, 6.20 Uhr. In der nebeligen Morgendämmerung blickten die Soldaten der 2. Armee des deutschen Kaisers hinaus über das »Niemandsland« und erkannten mehr als 200 primitive britische Panzer, die sich auf die deutschen Stellungen zu bewegten. Die deutschen Soldaten eröffneten das Feuer aus ihren *Mauser*-Karabinern und *Maxim*-Maschinengewehren, die sie in den langen Jahren der Schützengrabenkämpfe nahezu unbesiegbar gemacht hatten. Jetzt mußten sie mit Erschrecken feststellen, daß ihre Kugeln an den Platten der Panzerung dieser Fahrzeuge glatt abprallten. Die Folge war etwas für die deutsche Infanterie höchst Ungewöhnliches: *Sie floh!*

Fast 25 Jahre später, nämlich am 5. Juli 1950, hatten Soldaten der 24th Infantry Division der Task Force Smith in der Nähe des koreanischen Osan fast fünf Stunden lang ihre Straßensperre hartnäckig gegen weit überlegene Kräfte der Invasionsarmee Nordkoreas gehalten. Die amerikanische Einheit bestand in erster Linie aus jungen Wehrpflichtigen, aber ihre Unteroffiziere waren kampferprobte Veteranen aus dem Zweiten Weltkrieg, die ihr Geschäft verstanden. Dann hörten sie plötzlich ein fernes Rumpeln, das langsam zu einem Brüllen anschwoll, als 30 russische T-34/85 Panzer die Straße herunterkamen. Die *Bazooka*[46]-Gruppen feuerten und mußten mit Erschrecken erkennen, daß ihre 70-mm-Raketen mit angeblich panzerbrechender Wirkung von den scharf abgewinkelten Panzerplatten der Tanks abgelenkt wurden. Die Folge war etwas für die amerikanische Infanterie höchst Ungewöhnliches: *Sie floh!*

Aus diesen beiden Geschichten kann eine gemeinsame Erkenntnis gewonnen werden: Panzer können es schaffen, daß sich Infanteristen in die Hosen scheißen, wenn sie keine Möglichkeit mehr sehen, jene wirksam zu bekämpfen. Um sich Panzern gegenüber zur Wehr setzen zu können, brauchen Infanteristen zwei Dinge: Mut und eine Panzerabwehrwaffe, der sie vertrauen. Eine gute Führung und Ausbildung sind der Grundstein für den Mut. Gute Waffenbauer und Techniker der Grundstein für wirksame Waffen. Die ersten Panzer waren auf dem Gefechtsfeld praktisch noch blind. Selbst die modernsten Konstruktionen (wie der M1A1 *Abrams*) sind gehandikapt, was die freie Sicht angeht. Soldaten zu Fuß können diese Schwäche sehr wirksam zu ihrem Vorteil nutzen. Während des ungarischen Aufstands in Budapest im Jahre 1956 wurden russische T-34 Panzer reihenweise von Freiheitskämpfern ausgeschaltet. Sie legten die Panzer lahm, indem sie Stahlstücke zwischen die Ketten und Laufrollen drückten und anschließend das Fahrzeug mit »Molotow-Cocktails« angriffen.

Die heutigen Panzerabwehrwaffen gliedern sich in zwei Kategorien: diejenigen, die leicht genug sind, um von einem einzigen Soldaten getragen werden zu können, und die speziellen Waffen, die eine Bedienermannschaft erforderlich machen und bei denen man im allgemeinen ein Fahrzeug braucht, um sie herumzutransportieren. Im großen und ganzen hat sich das Marine Corps immer den Richtlinien der Army angeschlossen, wenn es um Ausrüstung und Taktiken im Panzerabwehrgefecht ging, was es aber nicht davon abgehalten hat, auch einige eigene Ideen zu entwickeln. Wir wollen einen kurzen Blick auf die Panzerabwehrsysteme des Corps werfen.

AT-4

Die Marines waren schon immer bereit, auch ausländische Waffen anzunehmen, wenn sie das Beste waren, was es in der jeweiligen Sparte gab. Die AT-4 wurde beschafft, um die sehr leichte und billige 70 mm M 72 Light Anti-Tank Weapon (LAW = leichte Panzerabwehrwaffe) zu ersetzen, die in zunehmendem Maße gegen die modernen Kampfpanzer an Wirksamkeit verlor. Die AT-4 ist eine leichtgewichtige, einschüssige Wegwerfversion der »Karl Gustav«-Panzerabwehrwaffe Kaliber 84 mm, die bei FFV in Schweden produziert wird. Sie kann zwar von einem Marine allein

---

46 amerikanisches Gegenstück zur deutschen »Panzerfaust«

getragen und von der Schulter aus gestartet werden, ist aber normalerweise Ausrüstungsgegenstand der schweren Waffenzüge der Schützenkompanien und dort einer Zwei-Mann-Gruppe zugeordnet. Dabei arbeitet der zweite Marine als Beobachter und trägt die Reserve-AT-4. Der Raketenwerfer wiegt komplett 6,7 kg, ist 1 m lang und produziert eine ziemlich üble Startflamme. Die maximal wirksame Reichweite liegt bei rund 300 m, und das Hochgeschwindigkeitsprojektil durchschlägt Panzerplatten bis zu einer Stärke von 400 mm Ende 1996 lag der Stückpreis bei 1100 Dollar pro AT-4 Rakete.

SMAW

Die Shoulder Launched Multipurpose Assault Weapon (SMAW) ist der Hightech-Nachkomme der *Bazooka* aus dem Zweiten Weltkrieg – ein tragbares Raketenstartgerät einschließlich Rakete, mit dem man einen Panzer ausschalten und einen Bunker knacken kann. Diese Waffe wurde 1984 exklusiv beim Marine Corps eingeführt, weil man dort weder mit der Genauigkeit noch mit der Durchschlagskraft der M72 LAW zufrieden war, die man von der Army bezog, und alle anderen Panzerabwehrraketen zu schwer waren. Die SMAW basiert auf einer israelischen Waffe mit der Bezeichnung B-300. Das 7,5 kg schwere Startrohr aus Fiberglas ist, wenn es getragen wird, 76 cm lang. Zum Abfeuern braucht man nur eine Rakete in ihrem versiegelten Wegwerfbehälter in das Verschlußstück einrasten zu lassen, was die Waffe dann auf eine Gesamtlänge von 137 cm anwachsen läßt. Die Marines haben 1364 Stück dieser ungewöhnlichen Waffen in ihrem Arsenal, der Stückpreis liegt bei 14 000 Dollar. Mit der SMAW kann man zwei Arten von 83-mm-Raketen starten: HEDP für den Einsatz gegen leicht gepanzerte Fahrzeuge oder Gebäude und die HEAT-Version (High-

Marines der 26th MEU(SOC) machen einen SMAW-Raketenwerfer startbereit. Diese in Israel hergestellte Waffe wird zum Bunkerknacken und zur Objektzerstörung verwendet.
Offizielles Foto des U.S. Marine Corps

Explosive Anti-Tank = hochexplosiv, panzerbrechend) für die Verwendung gegen schwergepanzerte Fahrzeuge. Zwar liegt beim Einsatz gegen Panzer die Maximalreichweite bei 500 m, aber die Empfehlung sieht für die wirksame Verwendung wesentlich geringere Entfernungen vor. Die Treffergenauigkeit wird durch ein »Erfassungsgewehr« sichergestellt, das man an der Seite des Startgerätes angebracht hat. Dabei handelt es sich um eine halbautomatische Waffe vom Kaliber 9 mm britischer Herkunft, aus der spezielle Leuchtspurmunition abgefeuert wird, die in ihren ballistischen Charakteristika etwa den Flugeigenschaften der Rakete entspricht. Man legt sich die Waffe auf die Schulter, blickt durch das Visier und gibt einen »Erfassungsschuß« ab. Erst nachdem man dieses Projektil im Ziel hat aufschlagen sehen, wird die Rakete gestartet, die dann mit sehr großer Wahrscheinlichkeit ihr Ziel ebenso genau treffen wird. Das SMAW-System arbeitet derartig gut, daß sich die Army während *Desert Storm* 150 Startgeräte und rund 5000 Raketen bei den Marines »ausgeliehen« hat.

Hughes MGM-71 TOW-2 Panzerabwehrflugkörper

»TOW« steht für »Tube-launched, Optically-tracked, Wire-guided«, also: aus einem Rohr gestartet, optisch verfolgt und über einen Draht gelenkt. Diese berühmte Flugkörperfamilie kam 1970 zur Truppe und wurde seitdem im Rahmen einer ganzen Reihe von Modifikationen ständig verbessert und modernisiert. Erstmalig zum Einsatz kamen die TOWs 1972 während des Vietnamkriegs und konnten dort ihre Premierenerfolge erzielen, als sie, von Hubschraubern der U.S. Army aus gestartet, nordvietnamesische Panzer ausschalteten. Bei den Marines findet man sie in erster Linie bei den Spezialzügen für die Panzerabwehr, über die sämtliche Schwerwaffenkompanien verfügen. Dort sind ihre Startgeräte entwe-

Ein HMMWV des BLT 2/6 mit aufmontierter TOW-Panzerabwehrwaffe bei Übungen in Israel im Jahre 1995
Offizielles Foto des U.S. Marine Corps

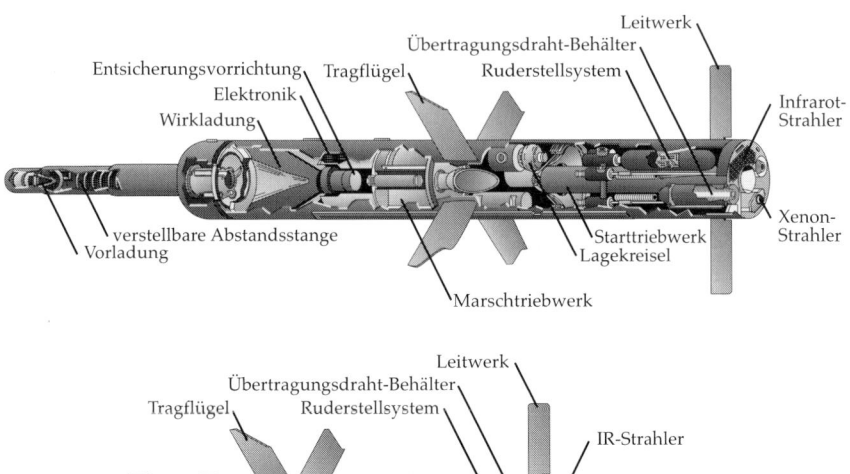
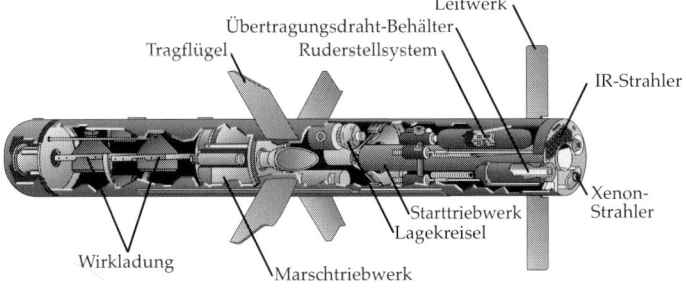

Oben: TOW-2A Panzerabwehrflugkörper von Hughes Missile Systems. Die Vorladung an der ausziehbaren Spitze unterstützt die Überwindung von Reaktivpanzerung. JACK RYAN ENTERPRISES, LTD., VON LAURA ALPHER

Unten: TOW-2B Panzerabwehrflugkörper JACK RYAN ENTERPRISES, LTD., VON LAURA ALPHER

der auf HMMWVs (mit je sechs Flugkörpern) oder den achträdrigen, speziell für die Panzerabwehr konzipierten Fahrzeugen vom Typ LAV-AT (Light Armored Vehicle/Anti-Tank, also leichte Panzerfahrzeuge zur Panzerabwehr) zu finden, die zwei Flugkörper ständig startbereit und weitere zehn in Reserve tragen.

Ein TOW-2 Flugkörper ist 115,8 cm lang und hat einen Durchmesser von etwa 15,2 cm bei einem Gewicht von 29,5 kg. Er hat vier Lenkflossen am Schwanz, die über einen Federmechanismus ausgeklappt werden, und ungefähr in der Mitte vier weitere Tragflügel, die als Stabilisierungsflächen fungieren. TOWs verfügen über zwei Raketenmotoren. Der erste und kleinere ist ein reiner Startmotor, dessen einzige Aufgabe darin besteht, den Flugkörper aus dem Startrohr und auf eine sichere Entfernung zum Schützen zu befördern, wo dann der eigentliche Haupt-(oder Marsch-)Motor zündet. Ein eher ungewöhnliches Charakteristikum bei den TOWs ist, daß sich die Abgasöffnungen an den Seiten des Flugkörpers befinden, was aber Sinn macht, weil dadurch die heißen Abgase von den Lenkdrähten fortgeleitet werden, die aus dem Heck des Flugkörpers austreten. TOW-Startgeräte passen zu einer Vielzahl von ganz unterschiedlichen Ziel- und Steuereinheiten, und im Augenblick sind die Marines dabei, das Improved Target Acquisition System (ITAS = verbessertes Zielerfassungssystem), die notwendige Modularsoftware und eine wiederaufladbare Zehnstundenbatterie zu beschaffen. Die TOW-2A haben einen sogenannten Tandem-Gefechtskopf für den Ziel-Direktbeschuß, während die TOW-2B über zwei Hohlladungen und ein Flugprofil verfügen, das für den Dachangriff (senkrechtes Herabstoßen auf die Dachpanzerung von Panzern oder gepanzerten Stellungen und Fahrzeugen) optimiert ist. Ansonsten sind die beiden Versionen identisch. Die effektive Maximalreichweite liegt bei 3,75 km.

Rockwell International AGM-114 *Hellfire*

Der *Hellfire* ist ein Langstrecken-, Hochgeschwindigkeits-, lasergelenkter Flugkörper, der bei den Marines nahezu ausschließlich von den *Cobra*-Kampfhubschraubern des Corps aus eingesetzt wird. Allerdings haben die U.S. Army und Navy auch damit herumexperimentiert, diese Flugkörper von Bodenfahrzeugen und Schiffen aus zu starten, und Schweden hat eine Küstenverteidigungsversion gekauft, die von einem tragbaren Dreibein aus gestartet werden kann. In erster Linie ist der *Hellfire* eine Panzerabwehrwaffe und verfügt deshalb über einen 9-kg-Gefechtskopf mit Tandem-Hohlladung, der tatsächlich in der Lage ist, absolut jeden vorstellbaren Panzer aus absolut jedem denkbaren Einfallswinkel zu knacken. Er kann zudem fast ebenso wirkungsvoll gegen eine Vielzahl anderer Ziele eingesetzt werden. So war beispielsweise der erste Schuß, der im Golfkrieg fiel, der Start eben eines solchen *Hellfire*, der von einem AH-64 *Apache* Kampfhubschrauber der Army aus auf Radarstellungen der irakischen Luftabwehr gestartet worden war.

Der *Hellfire* ist mit einer Länge von 1,62 m, einem Durchmesser von 21 cm und einem Gewicht von 45,35 kg ein Riesenbiest von einem Flug-

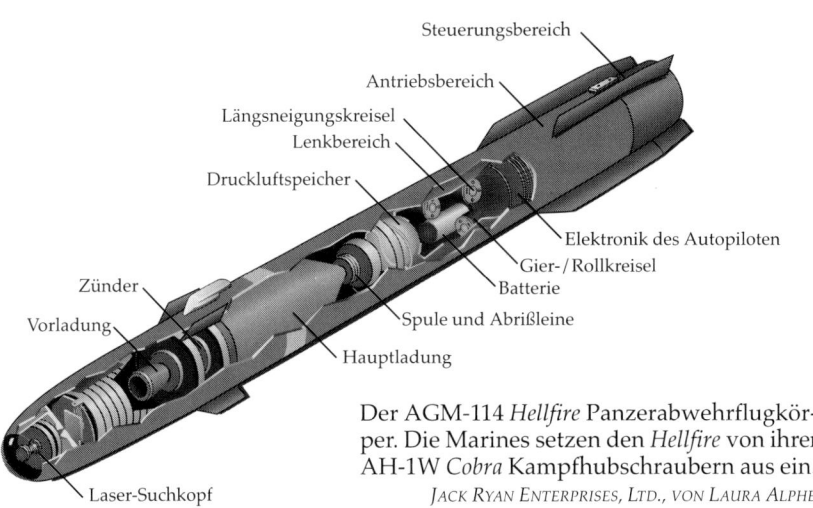

Der AGM-114 *Hellfire* Panzerabwehrflugkörper. Die Marines setzen den *Hellfire* von ihren AH-1W *Cobra* Kampfhubschraubern aus ein.

JACK RYAN ENTERPRISES, LTD., VON LAURA ALPHER

körper. Seine Maximalreichweite hängt stark von der Höhe über Grund und der Geschwindigkeit des Flugzeugs ab, von dem aus er gestartet wird. Man kann aber getrost von rund 8 km ausgehen. Der Festbrennstoff-Raketenmotor beschleunigt ihn sehr schnell auf Überschallgeschwindigkeit. Der Sucher in der Nase des *Hellfire* gleicht stark dem Typ, der auch bei den lasergelenkten Bomben verwendet wird. Er ist so programmiert, daß er beim Zielanflug einem Laserpunkt folgt, der in einem bestimmten, vorher definierten Rhythmus pulsiert. Soweit es den Flugkörper angeht, ist es ihm völlig egal, wer oder was das Ziel mit dem Laser markiert. Der *Hellfire* kann auch so programmiert werden, daß er sich nach dem Start »auf das Ziel aufschaltet« und dem Designator dadurch die Möglichkeit verschafft, praktisch bis zur letzten Flugsekunde der Rakete in seinem Versteck zu bleiben. Der *Hellfire* verfügt optional über zwei verschiedene Flugprofile: eines ist die gerade Fluglinie für den Direktbeschuß, das andere ein »Dachbodenprofil«, durch das eine größere Reichweite zustande kommt und außerdem den Vorteil bietet, ein Ziel in steilem Winkel von oben her anzugreifen, so beispielsweise die Dachpanzerung eines Panzerfahrzeuges.

Die *Apache* der Army können »selbst markieren«, die AH-1W *Cobras* der Marines verfügen aber derzeit noch nicht über die entsprechenden Laserdesignatoren. Allerdings wird 1996 bei den *Cobras* mit der Einführung des Nacht-Ziel-Systems begonnen. Bis dieses System jedoch installiert ist, stehen die *Cobras* noch vor einem ziemlich verzwickten taktischen Koordinationsproblem. Sie müssen sich auf das »Buddy-Lasing«, also die Markierung ihrer Ziele durch Kameraden am Boden verlassen. Diese Aufgabe wird zur Zeit noch von vorgeschobenen Beobachtern oder den UH-1N Hubschraubern der Marines übernommen, die mit einem der drei verbliebenen Lasermarkierungsgeräte vom Typ *Nite-Eagle* ausgerüstet sind, die aus dem fehlgeschlagenen *Aquila RPV*-System der Army gerettet werden konnten. Im Laufe von *Desert Storm* starteten *Cobras* der Marines, die man mit Panzer-Jagdeinheiten zusammengeschlossen hatte, erfolgreich insgesamt 159 *Hellfires*. Jeder *Cobra* kann in Startschienen, die an seinen Stummelflügeln montiert werden, bis zu acht *Hellfires* tragen. Gegen Ende 1994 lag der Preis pro *Hellfire* bei 35 000 Dollar.

Hughes MIM-92 *Stinger* Surface-to-Air-Missile (SAM)

Das letzte Mal, daß sich amerikanische Soldaten mit einem Feind konfrontiert sahen, der die Luftüberlegenheit besaß, war 1942 in Tunesien. Dort standen sie der deutschen Luftwaffe des Dritten Reichs und der faschistischen Regia Aeronautica Italiens gegenüber. Es muß allerdings zugestanden werden, daß im Vietnamkrieg und während *Desert Storm* die größte Bedrohung für die Bodentruppen aus der Luft in Fehlangriffen »befreundeter« Piloten bestand. Es steht aber genauso außer Frage, daß selbst die unzulänglichsten Luftstreitkräfte eines Dritte-Welt-Staats durchaus in der Lage sind, Landungstruppen der Marines besonders in den ersten, erfahrungsgemäß außerordentlich kritischen Stunden einer Operation schweren Schaden zuzufügen. Obwohl die Bodentruppen der Marines immer ein großes Vertrauen in ihre fliegenden Brüder und Schwestern setzten, daß sie ihnen den Hintern freihalten würden, hat man sich dennoch stets sehr intensiv mit der Problematik der Kurzstrecken-Luftabwehr beschäftigt. Normalerweise gehört zu jeder Expeditionseinheit der Marines ein Luftabwehrzug, der mit den MIM-92 *Stinger* SAMs (Surface-to-Air Missile = Boden-Luft-Rakete) ausgerüstet ist. Diese Waffe löste die wesentlich weniger effektive *Redeye*-Rakete aus den 60er Jahren ab. Zu einem solchen Zug gehören drei HMMWVs, deren Besatzung aus drei Mann starken *Stinger*-Teams besteht. Die *Stingers* werden bereits im Herstellungswerk in ihren Abschußrohren versiegelt und haben dadurch im eingelagerten Zustand eine sehr lange Lebensdauer. Das Startrohr wird auf eine wiederverwendbare Griffstockkonstruktion geklippt und eine (optionale) IFF-Antenne vorn an der Konstruktion angebracht. Die gesamte Einheit wiegt 15,4 kg und kann von einem Schützen auf die Schulter genommen werden. In den Griffstock hat man ein akustisches Abstimmsystem integriert, das dem Schützen mitteilt, wenn der Flugkörper auf ein Ziel »aufgeschaltet« hat. Normalerweise wird eine Gruppe über Sprechfunk von Boden-, Luft- oder Schiffs-Radarüberwachungsstationen über den Anflug eines feindlichen Flugzeuges informiert und in Alarmbereitschaft versetzt.

Der *Stinger* ist 1,5 m lang und hat einen Durchmesser von 8,25 cm bei einem Startgewicht von knapp 5,7 kg. Seine Reichweite hängt sehr stark von der Geschwindigkeit und dem Kurs des feindlichen Flugzeugs ab, doch weisen die offiziellen Spezifikationen ein Minimum von 1 km und ein Maximum von 8 km aus. Der Sucher des *Stinger* verfügt über eine Angriffsfähigkeit »für alle Gelegenheiten«. Das heißt, er benötigt keine direkte Sicht zum heißen Metall der Abgasdüse der Maschine. Seine Empfindlichkeit ist so groß, daß ihm allein die Tatsache, daß das Flugzeug wär-

Ein *Stinger* SAM-Team der Marines von der 26th MEU(SOC) auf der USS *Wasp* (LHD-1) in Alarmbereitschaft. Solche Gruppen werden sehr oft zu Wachen herangezogen, um »Lecks« in der Luftabwehr des Schiffs zu stopfen.
JOHN D. GRESHAM

Ein *Avenger* SAM-Fahrzeug der 26th MEU(SOC) 1995 in Tunesien. Bei diesem Fahrzeug wurde auf dem Chassis eines HMMWV eine Bewaffnung aus acht *Stinger* SAMs und einem Maschinengewehr Kaliber .50 montiert.
OFFIZIELLES FOTO DES U.S. MARINE CORPS

mer als der Himmel hinter der Maschine ist, zur Erfassung ausreicht. Bei Hughes Missile Systems entwickelt, enthält der Sucher auch einen reprogrammierbaren Mikroprozessor, über den Softwareänderungen schnell eingespielt werden können, um den sich schnell ändernden Gegenmaßnahmen eines Feindes begegnen zu können.

Im Haushaltsjahr 1994 lag der Preis für einen kompletten *Stinger* bei 38 000 Dollar, und das Marine Corps hatte 13 431 Stück in seinen Arsenalen. Erste Bekanntschaft mit dem Krieg schloß der *Stinger* 1982 beim British Special Air Service Regiment im britisch-argentinischen (Falklands-)Krieg. Auch die Unabhängigkeitskämpfer Afghanistans wurden im Laufe ihres langen Kriegs gegen die sowjetische Okkupation mit großen Stückzahlen von *Stingers* versorgt. Dabei erwies sich diese Waffe in den Händen zwar schlecht ausgebildeter, aber höchst motivierter Schützen als äußerst wirksam. Der *Stinger* verfügt über einen Aufschlagzünder für direkte Treffer und einen Näherungszünder, der einen knappen Fehlschuß noch in einen Erfolg verwandeln kann, indem er das Ziel durch einen Hagel von Splittern doch noch ausschaltet. Außerdem hat er auch noch einen Zeitzünder für den Selbstzerstörungsmechanismus, damit ein scharfer Flugkörper befreundeten Truppen nicht auf den Kopf fallen kann.

Die aufregendste *Stinger*-Neuentwicklung für die Marines ist aber das *Avenger*-Luftabwehrfahrzeug. Es kommt von Boeing und hat als Basis einen HMMWV. Auf das Chassis dieses Geländefahrzeugs hat man einen drehbaren Turm montiert, in dem ein FLIR, ein Laser-Entfernungsmesser, ein M2 Maschinengewehr Kaliber .50 sowie nachladbare Behälter für acht Flugkörper untergebracht wurden. Normalerweise sind jeweils zwei dieser *Avenger* einem *Stinger*-Zug einer MEU(SOC) unterstellt. Zusammen mit den drei Gruppen, die mit der tragbaren *Stinger*-Variante ausgerüstet sind, verschaffen sie einer MEU(SOC) eine rudimentäre Luftabwehrkapazität. Werden diese Kräfte noch mit einem SAM-Schutzschirm durch vor der Küste liegende Schiffe ergänzt, wozu gegebenenfalls auch noch die Luft-Luft-Kapazitäten von der MEU(SOC) unterstellten *Harrier*-Staffeln gerechnet werden können, verfügen die Marines über sehr gute Gefechtschancen gegen feindliche Luftangriffe, zumindest so lange, bis nachfolgende eigene Kräfte eintreffen, die dann ihren Job übernehmen.

Die Zukunft: Texas Instruments (TI)/Martin *Javelin*

Der *Javelin* repräsentiert eine neue Generation von präzisionsgelenkten »Schieß-und-vergiß«-Panzerabwehr-Lenkwaffen. Das gemeinsame Programm von Army und Marine Corps, das sich inzwischen schon in der Produktionsphase befindet, begann im Jahre 1989 unter dem Akronym AAWS-M (Advanced Anti-Tank Weapon System-Medium, was etwa für fortgeschrittenes, mittelschweres Panzerabwehrwaffen-System steht). 1997 werden die Marines eine erste, kleinere Zuteilung (140 Flugkörper) bekommen, gehen jedoch davon aus, daß die volle Einsatzfähigkeit dieser Waffe bei den schweren Waffenzügen, den Schützenkompanien und den schweren Waffenkompanien des Bataillons etwa um das Jahr 1999 erreicht sein wird. Die gesamte Army/Marines-Beschaffungsmaßnahme sieht einen Bedarf von 31 269 Flugkörpern und 3541 Start-/Steuereinheiten bis zum Jahr 2004 vor. Allerdings sollte man dabei nicht unberücksichtigt lassen, daß das Ausbleiben von Kriegen den hochgesteckten Zielen von Beschaffungsmaßnahmen in Zeiten ständiger Budgetkürzungen sehr geringe Überlebenschancen einräumt.

Auf den ersten Blick scheint das, was der *Javelin* da macht, eigentlich unmöglich, denn »Präzisionslenkung« macht normalerweise die Anwesenheit eines Menschen erforderlich, der voll integriert den Flug der Rakete vom Augenblick des Starts bis zum Aufschlag im Ziel überwacht. Ein gutes Beispiel hierfür ist der im Augenblick bei den Marines als tragbare Panzerabwehrwaffe verwendete und inbrünstig gehaßte M-47 *Dragon* von McDonnell Douglas, der in den 70er Jahren bei der Truppe eingeführt wurde. Der *Dragon*-Schütze muß sein Ziel in sehr unbequemer Hockstellung während der gesamten Flugdauer der Rakete, also fast zwölf Sekunden lang – die braucht der Flugkörper für etwa 1000 m –, genau im Zentrum seines Zielfernrohrs halten. Seine Steuerbefehle werden über Zwillingsdrähte aus Stahl übertragen, die sich gleichzeitig von Rollen im Flugkörper und im Startrohr abspulen. Sobald ein Feind den Blitz und den Rauch des Flugkörperstarts erkennt, wird er mit allem, dessen er habhaft werden kann, in die allgemeine Richtung des Abschußpunkts zurückfeuern. Duckt sich der *Dragon*-Schütze oder zuckt auch nur zusammen, wird sich der Flugkörper mit einiger Wahrscheinlichkeit in den Boden bohren oder harmlos über das Ziel hinwegfliegen.

Der *Javelin* regelt die Dinge da völlig anders. Da er auf einen intelligenten Wärmebildsucher zurückgreift, vereint dieser neue Flugkörper Präzisionslenkung mit der »Schieß-und-vergiß«-Alternative. Im Grunde heißt das nichts anderes, als daß sich die Software des Flugkörpers an die Wärmesignatur des Ziels »erinnert«, auf das er beim Start aufgeschaltet wurde. Die Lenkwaffe »weiß« auch, wie sie einem beweglichen Ziel folgen kann und wie sie einige trickreiche Manöver ausführen muß, um auch die letzten Millisekunden ihres »Lebens« zu überstehen. Der Flugkörper vollführt einen Steig- und anschließenden Sturzflug, um das Ziel von oben her zu treffen, wo erfahrungsgemäß die Panzerung überall am dünnsten ist. Befindet sich das Ziel im Inneren eines Gebäudes oder unter einer Art von Dachpanzerung, hat der Schütze die Möglichkeit, auf Direktbeschuß umzuschalten.

Das *Javelin*-System besteht aus zwei Komponenten: dem Raketenprojektil in einem Einweg-Startrohr und einer wiederverwendbaren Command Launch Unit (CLU = Steuer-Start-Gerät) mit einem Gewicht von knapp 6,4 kg, die in ihrem Aussehen stark an eine große Kastenkamera mit Pistolengriffen erinnert. Diese CLU rastet in ein Verbindungsstück des Startrohrs ein, und der Schütze nimmt dann die gesamte, etwa 22,2 kg schwere Einheit auf seine Schultern, aktiviert die austauschbare Batterie (die das System bis zu maximal vier Stunden mit Strom versorgen kann) und blickt durch das Okular. Bei Tageslicht arbeitet dieses wie ein Fernglas mit vierfacher Vergrößerung und bei Nacht, fliegendem Sand, Rauch,

Zwei Infanteristen starten einen von Texas Instruments / Lockheed Martin »Schieß-und-vergiß«-Panzerabwehrflugkörper vom Typ *Javelin*. Dieses tragbare System wird in den kommenden Jahren bei den Marines eingeführt werden.

TEXAS INSTRUMENTS

Nebel oder andersgearteten schlechten Sichtbedingungen als FLIR-Zielgerät (Forward Looking Infrared), das mit einer vierfachen Vergrößerung ein grün-schwarzes Wärmebild des Gefechtsfelds in Weitwinkel- und einer neunfachen Vergrößerung im Teleobjektiv-Modus erzeugt.

Der *Javelin* kann selbst aus geschlossenen Räumen heraus völlig sicher abgefeuert werden, da er beim Start keinerlei Explosionsdruckwelle produziert. Ein kleiner Startmotor (auch »Booster« genannt), der lediglich für den Zeitraum einer zehntel Sekunde brennt, treibt den Flugkörper aus dem Rohr heraus und bringt ihn auf eine sichere Entfernung zum Schützen. Erst dann zündet der Hauptraketenmotor. Die Maximalreichweite liegt bei über 2000 m. Der *Javelin* hat einen Tandem-Gefechtskopf, um reaktive oder weiträumig angebrachte Panzerung überwinden zu können. Eine kleinere Vorladung (Hohlladung) detoniert zuerst, um jede Art von Außenpanzerung beiseite zu räumen. Erst dann, allerdings nur Millisekunden später, detoniert die Hauptladung (ebenfalls eine Hohlladung), um einzudringen und das Ziel zu zerstören. Diese Waffe ist wirkungsvoll, tödlich und gleichzeitig die erste Waffe einer neuen Generation von »wunderbaren« Lenkwaffen, die beim amerikanischen Militär eingeführt werden. Beim Marine Corps ist man so scharf auf dieses neue System, daß man bereits vor seiner offiziellen Einführung bei der Truppe über ihre Verwendung als primäres Panzerabwehrsystem bei den neuen AAAV (amphibische Traktoren) nachdenkt. Leute – behaltet das Ding im Auge, es scheint ein Siegertyp zu werden!

Die Zukunft: Lockheed Marine Loral Aeronutronic *Predator*

Trotz allen Unzulänglichkeiten der alten M72 LAW, mit denen sich die Marines auseinandersetzen mußten, dürften sie diese Waffe am meisten vermissen. Leicht und kompakt, verschaffte sie ihnen – wenn auch über kurze Entfernungen – die Möglichkeit, praktisch alles zu treffen und zu zerstören, was kleiner als ein schwerer Kampfpanzer war. Darüber hinaus konnte sie von jedem Marine einer Schützengruppe getragen werden (und wurde es auch), was bedeutete, daß jede Einheit über ein ganz gut geschnürtes Bündel dieser Waffen verfügen konnte, wenn sie ins Gefecht ging. Unglücklicherweise wurde die LAW gegen Ende der 70er Jahre ausgemustert und durch schwerere, wenn auch spezialisierte Systeme wie das AT-4 ersetzt. Nichtsdestoweniger, die Marines behielten immer den Wunsch nach einem schweren »Holzknüppel« wie der LAW im Hinterkopf und setzten ein Programm in Gang, das ihnen die Ausführung dieses Knüppels für das 21. Jahrhundert verschaffen sollte. Die ursprüngliche Bezeichnung dafür lautete SRAW (Short-Range Assault Weapon = taktische Kurzstreckenwaffe). Die *Predator*-(Raubtier-)Waffe wird seit Beginn der 80er Jahre entwickelt und aller Voraussicht nach so um das Jahr 2000 herum in Dienst gestellt werden. Bei einem Gewicht von 8,6 kg und einer Länge von 89 cm wird der Flugkörper und sein Wegwerf-Startrohr kaum größer und schwerer als das Munitionsvolumen sein, das jeder Schütze

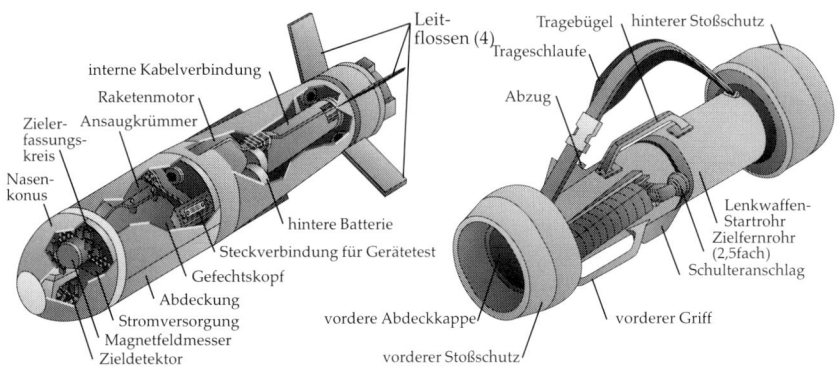

Schnittzeichnung der neuen *Predator*-Panzerabwehrwaffe, die bei Lockheed Martin Loral Missile Systems für das Marine Corps entwickelt wurde. Das Startgerät ist auf der rechten Seite abgebildet.   JACK RYAN ENTERPRISES, LTD., VON LAURA ALPHER

tragen und abfeuern kann. Wie der *Javelin*, so verfügt auch der *Predator* über einen »sanften« Startmotor, der es ermöglicht, die Waffe auch aus geschlossenen Räumen heraus sicher zu starten.

Die Kosten für dieses System wurden bewußt niedrig gehalten (gegen Ende 1996 lagen sie bei etwa 5000 Dollar pro Stück), indem man auf kostenträchtige Präzisionslenkung und Wärmebildkomponenten verzichtete. Für die angestrebte Maximalreichweite von nur 600 m reicht es völlig aus, wenn man ein paar Mikrochips und mechanische Komponenten einbaut, die dann als »Trägheits-Autopilot« fungieren. Gegen ein stationäres Ziel eingesetzt, kompensieren sie automatisch die Querwindeinflüsse, unebenes Gelände und die Schubveränderung, wenn der Raketenmotor ausbrennt. Gegen ein bewegliches Ziel (bis zu einer Geschwindigkeit von etwas über 35 km/h) erfaßt der Autopilot die Größe des Schwenks (Querbewegung), wenn der Schütze das Ziel rund eine Sekunde vor dem Start des Flugkörpers mit der Visiereinrichtung verfolgt. Die Elektronik des Autopiloten errechnet dann selbst den richtigen Vorhaltewinkel, um das Ziel abzufangen. Alles, was der Schütze also tun muß, ist, das Fadenkreuz des 2,5fach vergrößernden Zielfernrohrs auf der Mitte des Ziels zu halten und den Abzug zu betätigen. Den Rest erledigt der *Predator* dann selbst.

In seiner Nase hat der *Predator* ein höchst empfindliches »Zielerfassungsgerät«. Es ist praktisch die Kombination aus einem winzigen Laserentfernungsmesser, der ab- und seitwärts mißt, um die Kanten des Ziels zu erfassen, und einem Magnetometer[47], welches die Masse des Ziels erfaßt. Sobald die Software erkennt, daß der Flugkörper sich unmittelbar über dem Ziel befindet, löst sie die Detonation des 2,26 kg schweren Gefechtskopfs aus. Dieser setzt seinerseits einen sich in der Explosion formenden Schwermetall-Penetrator frei (ähnlich wie beim TOW-2B), der mit

---

47 Gerät zur Messung der magnetischen Feldstärke

einer Geschwindigkeit von annähernd Mach 5 hinunter durch das schwachgepanzerte Dach des Ziels schlägt. Bei Testserien, in denen alte M-48 Panzer als Ziel dienten, schlug die Ladung nicht nur durch die Dachpanzerung, sondern gleich auch noch weiter durch die Bodenplatte der Rumpfkonstruktion! Loral hat der Army auch noch eine »Direktbeschuß-Version« angeboten, die dann einen einfachen, massiven Hochexplosiv- oder Brandgefechtskopf trägt. Die Minimalreichweite, die in erster Linie durch den Sicherheitsabstand des Gefechtskopfes bestimmt wird, liegt bei nur 17 m, was diese Waffe für Hinterhalte in Wäldern oder Straßenkämpfen in Städten geradezu prädestiniert. Die Maximalgeschwindigkeit des Flugkörpers liegt bei 300 m/s und die Flugzeit für eine Strecke von rund 500 m ist kaum länger als 2,25 Sekunden. Bedingt durch die Größe und das Gewicht des *Predator*, kann voraussichtlich nur jeweils eine Waffe pro Marine mitgenommen werden, aber sie wird einer Schützengruppe auf jeden Fall ihre Tödlichkeit gegenüber Panzern und schweren Zielen zurückverleihen. Darüber hinaus garantiert das Wachstumspotential, das sowohl im *Predator* als auch im *Javelin* steckt, daß diese Systeme recht gut bis weit ins 21. Jahrhundert hinein im Einsatz bleiben werden.

Gepanzerte Kampffahrzeuge

Heute verfügt das Marine Corps über eine zwar kleine, aber nichtsdestoweniger lebenswichtige Panzertruppe, die darauf ausgelegt ist, die Schützeneinheiten zu unterstützen, die den Kern der Daseinsberechtigung des gesamten Corps darstellen. Die Panzertruppe ist eine Kraft, die sich ausschließlich darauf konzentriert, Marines im Feldeinsatz zu unterstützen und ihnen die Durchführung ihrer Missionen zu erleichtern oder überhaupt erst zu ermöglichen. Die amphibischen Traktoren werden gebraucht, um die Truppen unter dem Schutz einer Panzerung an den Strand zu bringen. Der Bestand an radgetriebenen Light Armored Vehicles (LAV = leichtes Panzerfahrzeug) dient ebenso der Überwachung und Aufklärung wie als Panzerabwehrsystem, ohne dabei selbst Panzer zu sein. Und die kleine Streitmacht von Main Battle Tanks (MBT = Kampfpanzer) stellt die Schneide für den Rest der Kräfte dar, das gilt sowohl für die offensiven wie auch defensiven Operationen. All diese Fahrzeuge sind Teil der TO&E des Corps, weil sie ganz einfach von einem modernen Gefechtsfeld nicht mehr wegzudenken sind und nicht etwa, weil sie leicht zu versorgen oder zu transportieren wären. Wahrscheinlich ist das auch der Grund, weshalb man sich im Corps die Frage stellt, ob MBTs oder andere Panzerfahrzeuge in Zukunft tatsächlich noch gebraucht werden oder nicht. Diese Frage ist zu einem Dreh- und Angelpunkt des *Sea Dragon*-Projekts geworden, das zur Zeit am Commandant's Warfighting Laboratory (Gefechtslaboratorium/-testgelände) in Quantico, Virginia, läuft und in den kommenden Jahren weiteren, sehr intensiven Studien unterworfen sein wird. Bis zu seinem Abschluß werden aber Panzerfahrzeuge weiterhin fester Bestandteil des Corps bleiben.

General Dynamics M1A1 *Abrams* Main Battle Tank

Ihre ersten Panzer »erbten« die Marines während des Zweiten Weltkriegs von der U.S. Army. Obwohl seitdem Panzer bei absolut jeder Kampfhandlung, in die Marines verwickelt waren, zum integralen Bestandteil der Ausrüstung gehörten, wurden sie jedoch nie zu einer zentralen Komponente in der Kampfkraft des Marine Corps. Sie waren stets nur zur Unterstützung der Schützeneinheiten da und wurden meist in kleinen Einheiten in der Größenordnung von Zügen oder maximal Kompanien eingesetzt.

Ein M1A1 *Abrams* Kampfpanzer des BLT 2/6 auf dem Welldeck der USS *Whidbey Island* (LSD-41). Man beachte die Öffnungen links hinten und am Heck für den Lufteinlaß und die Abgasrohre.
JOHN D. GRESHAM

Von 1960 bis zum Beginn der Golfkrise im Jahre 1990 bestand die gepanzerte Faust des Marine Corps in erster Linie aus den Varianten M-48 und M-60 des *Patton*-Panzers. Das waren die letzten amerikanischen MBTs, die auf der Technik der gegossenen Rumpf-/Turmkonstruktion gebaut worden waren, und sie dienten ehrenvoll über einen Zeitraum von fast drei Jahrzehnten. 1990 waren sie aber, besonders was die Beweglichkeit, Feuerkraft und den Panzerschutz anging, restlos überaltert. Das soll nun nicht heißen, daß sie keine willkommene Bereicherung für die Truppen darstellten, die an den Persischen Golf verlegt worden waren. Ganz im Gegenteil: Als die M-60 Panzer vom 3rd Tank Battalion der First Expeditionary Force (I MEF) von den Schiffen des Maritime Prepositioning Squadron Three (MPSRON 3) rollten, waren sie die erste wirklich schwere Panzereinheit, die am Ort des Geschehens angekommen war, um die Operation *Desert Shield* (im August 1990) zu unterstützen. Schon mit Reaktivpanzerung ausgerüstet, hielten sie die Stellung, bis endlich die M1A1 *Abrams* Kampfpanzer des damals noch im Rang eines Major General stehenden Barry McCaffrey von der 24th Mechanized Infantry Division im September eintrafen.

Während der ganzen Zeit, bis gegen Ende 1990 weitere Panzereinheiten der Army eintrafen, setzten die Marines weiterhin ihre in die Jahre gekom-

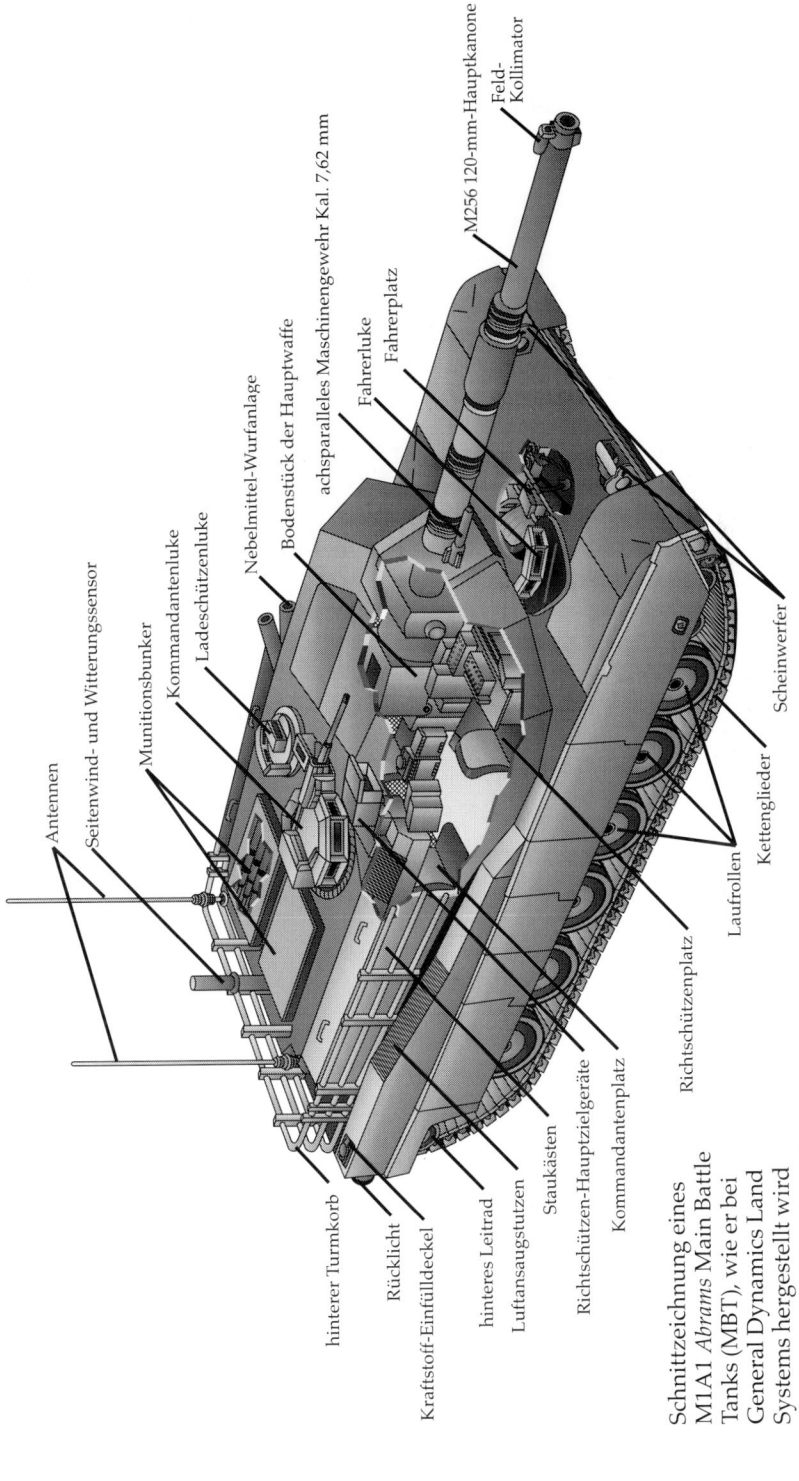

menen M-60 ein. Dennoch, man hatte die Grenzen der alten *Pattons* bei der Führungsmannschaft am CENTCOM-Hauptquartier (Central Command) nicht vergessen. Aus diesem Grund zog man die britische 7th Armored Brigade (die »Wüstenratten«) und später auch noch die »Tiger«-Brigade der 2nd Armored Division zur Verstärkung der I MEF heran, die mit moderneren Panzern und gepanzerten Kampffahrzeugen ausgerüstet waren. Als der Aufmarsch zu *Desert Storm* begann, entschied die Führung des Marine Corps, daß man schnellstens etwas gegen die Mängel bei den eigenen Panzertruppen unternehmen müsse. So kam es zu einer Vorverlegung der Einführung von M1A1 *Abrams* bei den Marines.

Die Geschichte der Einführung des M1A1 beim U.S. Marine Corps hatte eigentlich schon Ende der 80er Jahre begonnen, als man dort Kompatibilitätstests mit dem *Abrams* durchführte. Die Bedürfnisse des Marine Corps hatten weder bei der Konstruktion noch bei der Entwicklung des M1 durch das Tank and Automotive Command (TACOM) in Warren, Michigan, in irgendeiner Weise Berücksichtigung gefunden. Eigentlich haben die Marines nämlich unter normalen Umständen nichts zu melden, wenn es um die Konzeptionierung von Kampfpanzern geht, und beim M1 machte man da keine Ausnahme. Das soll aber nicht heißen, daß der M1 nun überhaupt nicht in das Bedarfsraster der Marines paßte. Das ging schon. Aber bei der Entwicklung des *Abrams* hatte man sich nicht zuletzt darauf konzentriert, daß er in den schweren C-5 *Galaxy* und C-17 *Globemaster* Transportflugzeugen transportiert werden konnte. Dabei hatte man allerdings die Möglichkeit völlig aus den Augen verloren, daß auch das Marine Corps an einer zukünftigen Nutzung Interesse anmelden könnte. Gegen Ende der 80er Jahre war die Überalterung der M-60 allerdings für die Führung des Marine Corps zu einer nicht mehr wegzudiskutierenden Tatsache geworden, und man machte sich Gedanken darüber, wie man den *Abrams* am besten beim Corps in Dienst stellen konnte.

Die massivsten Ergänzungen und Änderungen, die notwendig waren, um diesen Panzer den Bedürfnissen von Missionen der Marines anzupassen, schlossen unter anderem einen Bausatz ein, mit dem Furten durchwatet werden konnten und der dabei gleichzeitig die kontinuierliche Versorgung der Gasturbine des M1 mit wasserfreier Luft gewährleistete. Dazu mußten zusätzlich etliche hohe »Schornsteine« zur Verfügung stehen, die immer dann angebracht werden konnten, wenn *Abrams*-Panzer an Missionen beteiligt sein würden, bei denen Flußläufe oder andere Wasserhindernisse durchquert werden müßten. Gleiches galt auch, wenn sich die M1A1 bei der Anlandung von den Landungsfahrzeugen herab an einem Strand aus der Brandung freifahren müßten. So wurden Pläne vorangetrieben, welche sich die Beschaffung einer kleinen Streitmacht von (ca. 400) M1 zum Ziel gesetzt hatten, um mit ihr die MBT-Truppe der Marines bis Anfang 1990 zu modernisieren. Als 1990 die Krise am Persischen Golf ausbrach, verkürzte sich die Laufzeit dieser Pläne allerdings ganz erheblich. Da General Al Gray (damals Commandant des Marine Corps) schon im November klar war, daß eine Offensive zur Befreiung des besetzten Kuwait unumgänglich sein würde und er keine Lust hatte, seine Marines in den veralteten MBTs kämpfen zu lassen, empfahl er nachdrücklich, daß TACOM doch bitte schön seinen Marines am Golf einen angemessenen Anteil an M1A1 MBTs zuteilen möge, um zumindest einem seiner Panzerbataillone (dem 2nd) der I MEF etwas Fleisch auf die Rippen zu verschaffen. Dieses 2nd Tank Battalion focht dann im Februar 1991 seinen Weg durch die brennende Hölle der kuwaitischen Ölfelder. Seitdem sind sämtliche Panzerbataillone des Marine Corps mit M1 nachgerüstet worden. In der Zwischenzeit konnten die Marines auch genügend weitere Panzer beschaffen, um die Panzerbataillone an Bord derjenigen Schiffe zu verstärken, die zu den drei MPSRONs gehören und auf der ganzen Welt unterwegs sind. Zugegeben, die letzten Panzer waren nicht ganz so einfach loszueisen, da man sie aus den Beständen der U.S. Army abziehen mußte. Keine ganz leichte Aufgabe, wenn man bedenkt, daß die Position der Army ganz einfach darauf basiert, daß sie der Ansicht ist, selbst jede einzelne dieser riesigen Eisenbestien dringend zu benötigen und sie sich folglich jede sichert, derer sie nur habhaft werden kann. Doch sollte man gerechterweise die Verhältnismäßigkeit dabei nicht außer acht lassen, denn die Umleitung von ein paar hundert Panzern, die notwendig waren, um den Bedarf der Marines zu decken, kann im Vergleich zu den Stückzahlen, die bei der Army in Dienst stehen, eigentlich vernachlässigt werden. Auf jeden Fall konnte die Army inzwischen das eingenommene Geld aus dem *Abrams*-Programm der Marines gut verwenden, denn es floß auf direktem Weg in die Entwicklung der auf dem neuesten Stand der Technik angesiedelten M1A2, die wesentlich fortschrittlicher sind als die A1-Modelle, die man bei der Army so zähneknirschend den Marines überließ.

Das M1A1-Modell verfügt noch nicht über die fortschrittlichen Datenverbundsysteme und die fortschrittliche Elektronikausrüstung des Nachfolgemodells M1A2, hat jedoch die gleiche schwere Panzerung aus abgereichertem Uran, verschießt die gleiche Spezialmunition vom Typ M829 »Silver Bullet« und verfügt über dieselben Antriebe wie seine moderneren Brüder, die im Dienst der Army stehen. Für die Marines ist das alles kaum ein Problem, da sie im allgemeinen dazu tendieren, ihre Panzer in Zügen zu jeweils vier Panzern einzusetzen. Deshalb besteht eigentlich auch kein Bedarf für die zusätzlichen Befehls- und Führungssysteme, die in die M1A2 integriert sind. Das soll aber nicht heißen, daß sie nicht den Wunsch hegen würden, später auch einmal einige der neueren Versionen abzubekommen. Das werden sie vielleicht auch. Das neue AAAV ist so konzipiert, daß es mit den gleichen Datenverbundsystemen arbeiten soll, die auch bei anderen Fahrzeugen auf dem sogenannten »digitalen Gefechtsfeld«, das für das 21. Jahrhundert geplant ist, verwendet werden. Man darf also nicht allzu überrascht sein, wenn die Marines in absehbarer Zeit General Dynamics Land Systems dazu bewegt haben werden, ihre M1A1 auf A2 umzubauen.

Eine der interessantesten M1A1-Entwicklungen kam mit dem ersten Einsatz von M1 zusammen mit der 26th MEU(SOC) im August 1995 ins Spiel. Das war nach fünf Jahren der erste Einsatz von Panzern im Zusammenspiel mit einer amphibischen Einheit auf See und repräsentierte eine neue Art von Akzeptanz von MBTs bei all denen, die amphibische Operationen planen und ausführen. Der Kommandeur der Einheit, Colonel Jim Battaglini (den wir später noch einmal treffen werden), wollte, daß ein Zug von vier M1A1 seiner Einheit die nötige Schärfe verschaffen sollte, die man braucht, um auf dem Balkan operieren zu können. Seine Anforderung gründete auf der sorgfältigen Ausarbeitung der verschiedenen Vor- und Nachteile des *Abrams*. Auf der Habenseite standen dabei die unglaubliche Panzerung, Feuerkraft und Mobilität, die ihm vier solcher Fahrzeuge verschaffen würden. Mit ihrer höchst genauen und starken 120-mm-Glattrohrkanone verfügten diese vier Panzer über eine größere artilleristische Feuerkraft als zwei *Aegis*-Kreuzer mit ihren 127-mm-Kanonen. Nach der unglaublichen Reduzierung der unterstützenden Feuerkraft, die im Laufe der letzten fünf Jahre vollzogen wurde, war das schon ein sehr gewichtiger Grund, diese 67 Tonnen schweren Stahlmonstren mitzuschleppen. Auf der Negativseite stand eindeutig die Frage des Gewichts. Man muß bedenken, daß jeder M1A1 ein so hohes Gewicht hat, daß ein Landing Craft, Air Cushioned (LCAC = Luftkissen-Landungsfahrzeug) immer nur einen M1 transportieren kann, während ein konventionelles Landungsfahrzeug (LCU = Landing Craft, Utility) gerade einmal zwei schafft. Darüber hinaus gilt für beide Typen von Landungsfahrzeugen, daß sie die Panzer überhaupt nur bei ausgesprochen ruhiger See anlanden können, wobei auch keine zu hohe Brandung am Strand stehen darf. Schließlich muß auch noch der logistische »Schwanz« eines M1A1 berücksichtigt werden, der alles andere als zierlich ist. Ein solcher Panzer muß regelmäßig betankt werden (er frißt 4,75 l Diesel- oder JP-8-Kraftstoff pro Kilometer!), braucht jede Menge Ersatzteile und wenigstens einen M88 Bergepanzer im Gefolge. All das stellt eine beträchtliche Mehrbelastung dessen dar, was eine Amphibious Ready Group (ARG) ohnehin schon transportieren muß. Trotz alledem hatte Colonel Battaglini das sichere Gefühl, daß die gewonnenen Vorteile den Preis wert wären, und der erste Einsatz mit den Panzern wurde dann auch zu einem erfolgreichen Abschluß gebracht. Ich glaube, daß dies auf keinen Fall der letzte Einsatz war und noch weitere folgen werden. Für den Augenblick sollte man jedenfalls davon ausgehen, daß der M1A1 auch noch gut bis ins 21. Jahrhundert hinein bei den Marines im Dienst stehen wird.

Light Armored Vehicle (LAV)

Damals in den späten 70er Jahren fing man beim Marine Corps an, sich ernsthaft Sorgen über das Fehlen eines guten, allseitig verwendbaren gepanzerten Aufklärungs- und Mannschaftstransportfahrzeugs zu machen. Was man brauchte, war etwas Leichteres, Schnelleres und Beweglicheres als ein MBT in der Art des M-60 oder große Mannschaftstransportwagen wie die LVTP-7/AAV-7. Traditionellerweise mangelt es den Marines immer an Panzeraufklärereinheiten, wie sie die Army ihrerseits für ihre Operationen als absolut lebensnotwendig einschätzt, und die Vorstellung, daß riesige Kolonnen von Panzerverbänden des Warschauer Pakts gegen Ende der 70er Jahre alles überrollen könnten, bereitete der Führung des Corps große Sorgen. Man befürchtete, daß die MAGTFs ohne eine eigene Panzeraufklärungs- und Überwachungskraft überrannt werden könnten, bevor sie auch nur die Gelegenheit bekämen, sich ausreichend auf die Abwehr eines Panzerangriffs vorzubereiten. In diesem Zusammenhang begannen die Marines ein Programm zum Bau einer ganzen Familie von leichtgepanzerten Fahrzeugen, welche sie bei ihren Operationen unterstützen sollten. Die Anforderungen waren rigoros, denn es wurde festgeschrieben, daß die Konstruktion, die zum Gewinner der Ausschreibung gekürt werden sollte, nicht nur gepanzert, sondern auch in der Lage zu sein hätte, eine ausreichende Feuerkraft zu produzieren, um gepanzerte feindliche Aufklärungs- und Mannschaftstransportfahrzeuge auszuschalten. Darüber hinaus sollte das neue Fahrzeug auch noch von einem Transportflugzeugtyp zu transportieren sein, das nicht größer sein durfte als eine C-130 *Hercules*, oder als Kranlast von einem der neuen CH-53E *Super Stallion* Hubschrauber von einem Ort zum anderen geschafft werden können. Das bedeutete, daß das Gewicht des neuen LAV auf keinen Fall 16 Tonnen überschreiten durfte, was fast automatisch festlegte, daß es nur ein Rad-, auf keinen Fall aber ein Kettenfahrzeug werden konnte. Alles Vorgaben, die darauf hinausliefen, das neue Fahrzeug zu einem der wohl ungewöhnlichsten gepanzerten Fahrzeuge dieser Tage werden zu lassen: einem »Panzerauto«. Was die Panzerautos so sehr von allem anderen unterscheidet, ist die Tatsache, daß sie eine erstklassige Panzerung und Waffenbestückung haben, aber das alles auf einem Fahrgestell, das gerade einmal halb soviel wiegt wie das eines Kettenfahrzeugs. Darüber hinaus sind sie auch noch sehr schnell, wenn sie sich auf Straßen oder in problemlosem Gelände bewegen. Dieser Vorteil geht allerdings etwas verloren, sobald das Gelände unwirtlicher oder die Bodenbeschaffenheit (Schnee, Matsch o. ä.) schlechter wird. Im Ersten Weltkrieg waren Fahrzeuge dieser Art mit großem Erfolg bei Aufklärungs- und Überwachungskräften im Einsatz.

Insgesamt reichten acht Konkurrenten Gebote auf den LAV-Vertrag ein, und 1982 wurde der Gewinner bekanntgegeben. Das Siegerteam bestand dann aus Detroit Diesel/General Motors (DDGM) aus Kanada – die das Chassis bauten – und Delco Electronics (Teil von Hughes/GM), die für den Bau der Waffentürme und deren Integrierung zuständig sein sollten. Das Fahrzeug selbst basierte auf dem *Piranha* (einer Konstruktion von MOWAG aus der Schweiz), einem dieselgetriebenen, achträdrigen Fahrzeug, das dann eine M242 *Bushmaster* Kanone Kaliber 25 mm und im Turm ein M240G Maschinengewehr Kaliber 7,62 mm tragen sollte. Schnell und beweglich, sollte es außerdem in der Lage sein, sechs Marines im Heckabteil mitzunehmen, um auf diese Weise auch die Funktion als gepanzerter Mannschaftstransportwagen zu erfüllen. Obwohl in seinen Fähigkeiten sicherlich nicht mit dem M2/3 *Bradley* Infantry Fighting Vehicle (IFV) vergleichbar, das etwa zur gleichen Zeit eingeführt wurde, würde es aber einen vergleichbaren Job für gerade einmal die Hälfte der Kosten (zur

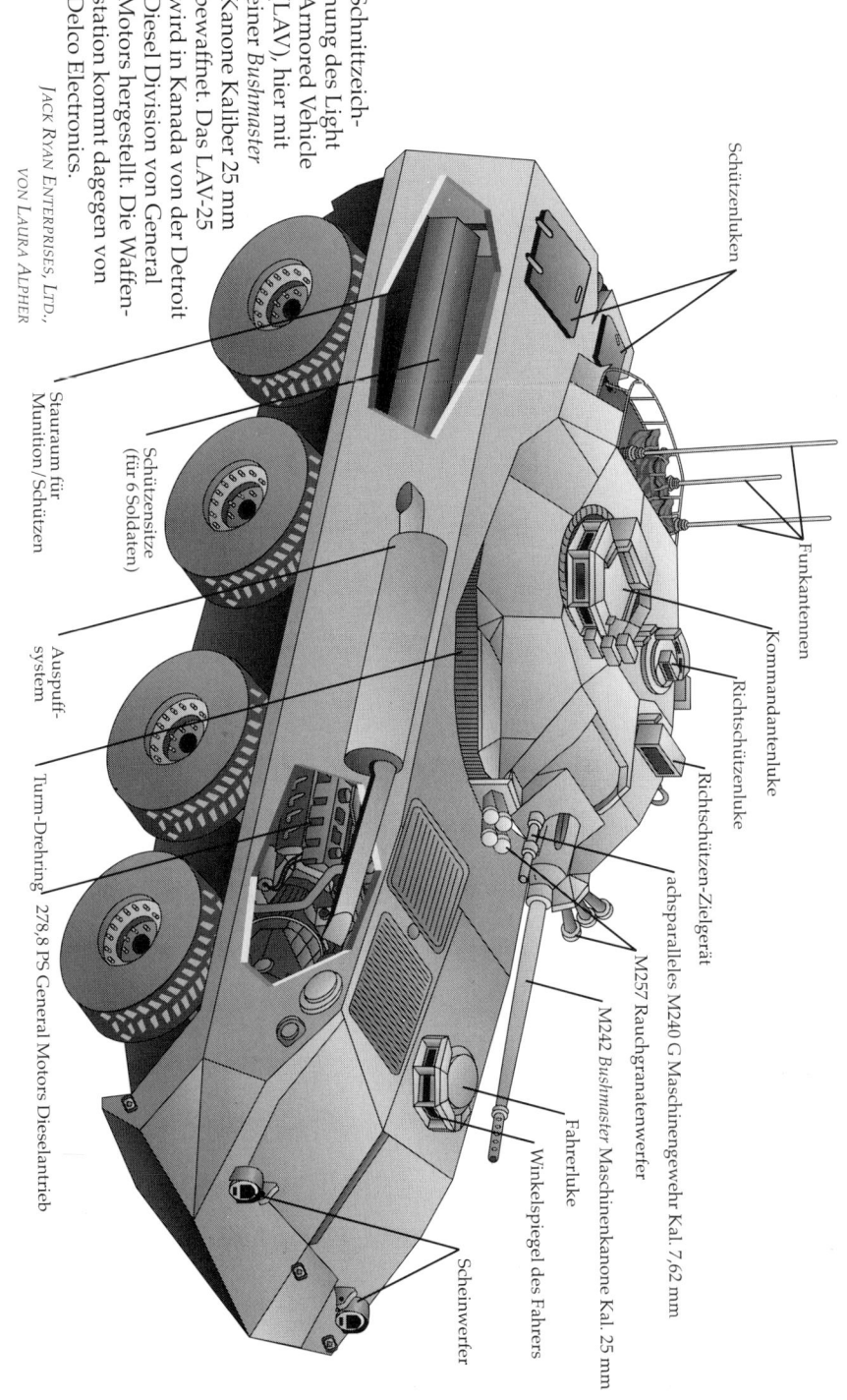

Schnittzeichnung des Light Armored Vehicle (LAV), hier mit einer *Bushmaster* Kanone Kaliber 25 mm bewaffnet. Das LAV-25 wird in Kanada von der Detroit Diesel Division von General Motors hergestellt. Die Waffenstation kommt dagegen von Delco Electronics.

*Jack Ryan Enterprises, Ltd.,
von Laura Alpher*

Schützenluken
Funkantennen
Kommandantenluke
Richtschützenluke
achsparalleles M240 G Maschinengewehr Kal. 7,62 mm
M257 Rauchgranatenwerfer
M242 *Bushmaster* Maschinenkanone Kal. 25 mm
Fahrerluke
Winkelspiegel des Fahrers
Scheinwerfer
Turm-Drehung; 278,8 PS General Motors Dieselantrieb
Auspuffsystem
Schützensitze (für 6 Soldaten)
Stauraum für Munition/Schützen

damaligen Zeit 900 000 Dollar) erledigen. Darüber hinaus würde es in einem viel weiteren Bereich einsetzbar und unter allen möglichen Umständen auch mobiler als ein *Bradley* sein. Da das LAV praktisch auf der Basis einer Konstruktion »von der Stange« aufgebaut wurde, lief die Beschaffung sehr schnell über die Bühne, und die ersten Einheiten konnten bereits Mitte der 80er Jahre an die Truppe ausgeliefert werden.

Gleich die erste Ausführung erwies sich als so erfolgreich, daß eine ganze Reihe verschiedener Varianten in das Beschaffungsprogramm aufgenommen wurden. Alle haben das gleiche DDGM-Fahrgestell und eine Stammbesatzung aus Kommandant und Kraftfahrer. Bordschützen und andere Besatzungsmitglieder werden den Erfordernissen gemäß ergänzt. Der Kraftfahrer sitzt im Fahrzeug links vorn, wo er (Panzersoldaten sind auch beim Marine Corps im Augenblick immer noch ausschließlich männlich) das Fahrzeug mit einem konventionellen Lenkrad lenkt. Andere Bedienelemente (Gas-, Bremspedal usw.) sind ebenso konventionell angeordnet, und die LAV-Familie fährt sich sehr gut. Sämtliche LAV-Modelle sind mit einem einzelnen M240G Maschinengewehr Kaliber 7,62 mm (mit 200 Schuß feuerbereit und 800 Schuß Reservemunition) auf einem Pintle (Drehkranz beziehungsweise -bettung) und acht Rauchgranatenwerfern (acht Granaten feuerbereit geladen und weitere acht als Bereitschaftsmunition in Reserve) ausgerüstet. Sie sind alle voll amphibisch (mit einer Vorbereitungszeit von gerade einmal drei Minuten), wenn es um die Durchquerung von Flüssen, Seen und anderen Wasserhindernissen geht. Den Antrieb der LAV-Familie übernimmt jeweils ein 278,8-PS-Dieselmotor von General Motors, der auf alle acht Räder wirkt (8x8). Deshalb sind die LAVs selbst über Geröll und sehr steile Strecken noch immer sehr schnelle Fahrzeuge. Spitzengeschwindigkeiten von rund 100 km/h auf solider Straßendecke sind machbar. Ein LAV schafft in ruhigem Wasser schwimmend knapp 10 km/h, was auch recht beachtlich ist. Der Panzerschutz kann eigentlich nur als »Basisausstattung« beschrieben werden. Das bedeutet, daß diese Panzerung Granatsplitter und Beschuß aus schweren Maschinengewehren und leichten Kanonen abhält, aber den Treffer eines Panzerabwehrflugkörpers oder einer Kampfpanzerkanone mit einiger Wahrscheinlichkeit nicht überstehen wird. Auf der anderen Seite verschaffen die hohe Mobilität und Beweglichkeit den LAVs die Möglichkeit, praktisch vor allem – vielleicht mit Ausnahme von Kampfhubschraubern und -flugzeugen – davonzulaufen.

Es gibt eine Vielzahl von LAV-Versionen, wozu unter anderem auch die folgenden gehören:

- **LAV-25** – Das ist die Standardversion des LAV. Seine Bewaffnung besteht aus einer M242 *Bushmaster* Kanone Kaliber 25 mm und einem M240G Maschinengewehr Kaliber 7,62 mm. Ein weiteres leichtes Maschinengewehr kann auf einem Pintle montiert werden. Der Zweimann-Turm (Kommandant und Bordschütze) birgt 210 Schuß Bereitschaftsmunition – 150 HE (High-Explosive = hochexplosiv), 60 AP (Armor-Piercing = panzerbrechend) – vom Kaliber 25 mm, und ein

Munitionsbunker für 420 Schuß befindet sich im Heckabteil, wenn keine Soldaten an Bord befördert werden. Es können aber auch 400 Schuß Munition vom Kaliber 25 mm beziehungsweise 1200 Schuß vom Kaliber 7,62 mm mitgenommen werden. Die Zieleinrichtung ist optisch und mit einem Restlichtverstärker für Nachtoperationen ausgestattet, da die Verwendung eines FLIR nicht vorgesehen ist. Der Turm selbst wird von einer völlig stabilisierten Elektrohydraulik angetrieben, so daß selbst während der Fahrt gefeuert werden kann. Insgesamt sind 401 LAVs der Version 25 bei den Marines im Einsatz.

- **LAV-AT** – Das AT steht für Anti-Tank, also Panzerabwehr. Auch dieses Modell hat das gleiche Chassis wie das LAV-25, ist aber mit einer Zweimann-»Hammerhai«-Bettung für ein Zwillingsstartgerät ausgerüstet, aus dem die TOW-Flugkörper (Tube-launched, Optically-sighted, Wire-guided) gestartet werden, die Hughes Missiles herstellt. Dafür entfällt der Kanonenturm für die *Bushmaster* 25-mm-Kanone. Außerdem wird noch ein M240G Maschinengewehr auf einem Pintle mit 400 Schuß Bereitschaftsmunition mitgeführt. Dank der aufrichtbaren »Hammerhai«-Konstruktion kann ein LAV-AT gut hinter einem Hügel versteckt bleiben, dann sein Startgerät aufrichten, zielen und seine Flugkörper starten. Zwei Flugkörper befinden sich bereits als Bereitschaftsmunition im Startgerät, und im Munitionsbunker des Heckabteils ist Platz für weitere 14. Zur Zeit sind insgesamt 95 LAV-ATs bei den Marines im Einsatz.
- **LAV-AD** – AD steht hier für Air-Defense, also Luftabwehr. Diese Variante ist das neueste Modell in der LAV-Familie. Die Waffenstation trägt zwei Viererbehälter mit *Stinger*-SAMs und hat außerdem auch noch ein 25 mm GAU-12 Dreirohr-Gatling-Maschinengewehr. Ausgerüstet mit einem FLIR-Zielsensor und einem Digitaldatenverbund zur Abstimmung, stellt dieses Fahrzeug eine erhebliche Verbesserung gegenüber dem derzeitigen *Avenger*- System auf der Basis des HMMWV dar. Derzeit beschaffen die Marines 17 dieser Fahrzeuge, wobei weitere in Aussicht gestellt sind.
- **LAV-C2**[48] – Jede Einheit braucht eine sichere Stellung, in der Kommandeure Berichte entgegennehmen und von wo aus sie Befehle erteilen können. Unglücklicherweise haben feste Befehlsstände im Kampf eine sehr geringe Lebensdauer zu erwarten. Entweder weil sie viel zu weit hinter den eigenen Linien einer vorrückenden Kraft liegen müßten, um wirklich geschützt zu sein, oder – lägen sie näher bei der Truppe – weil sie sehr schnell feindlicher Artillerie oder Luftangriffen zum Opfer fallen würden, sobald ihre Position durch die feindliche Funkpeilung ausgemacht worden ist. Das ist der Grund, weshalb man heute fast nur noch gepanzerte, bewegliche Befehlsstellen verwendet. Um diese Fähigkeiten mit den LAVs verwirklichen zu können, haben die Marines eine kleine Streitmacht von 50 Befehlsstandausführungen gekauft.

---

48 C2 steht für Command and Control = Befehls- und Führungs-...

Ein LAV-C2 (Command and Control) vom BLT2/6 der Marines ist hier gerade bei einer Operation in Tunesien im Jahr 1995 von einem LCAC angelandet worden
OFFIZIELLES FOTO DES U.S. MARINE CORPS

Bei den LAV-C2 entfallen die Waffentürme, und die Besatzungs- und Munitionsabteilungen sind zu einem einzigen Raum zusammengefaßt. Aus diesem kann zusätzlich zur Heckseite hin ein Schutzzelt ausgefahren werden, und der Innenraum selbst ist vollgepackt mit Batterien und Funkgeräten. Dazu gehören unter anderem vier komplette VHF-(UKW-)Funkgeräte, eine UHF/VHF-Kombination, ein UHF-Positionsbestimmungsgerät, ein HF-Gerät und ein einzelnes, aber tragbares UKW-Funkgerät.

- **LAV-L**- Panzereinheiten brauchen nun einmal einen Haufen Versorgungsgüter, um ihre entscheidenden Aufgaben erfüllen zu können. Da Logistikfahrzeuge bei den LAV-Einheiten unter den gleichen Beschuß geraten können wie die Kampffahrzeuge, müssen sie ähnlich gut gepanzert sein. Aus diesem Grund wurden 94 LAV-L Fahrzeuge beschafft, deren Bezeichnung »L« auf ihren logistischen Einsatzbereich hinweist. Sie basieren auf dem LAV-C, sind aber mit ihrer offenen Ladefläche, die man für die Aufnahme und Transport der Versorgungsgüter benötigt, eine Art »Pickup«-Version. Auf der Ladefläche hat man einen manuell zu bedienenden Kran installiert, der bei einer Lastkapazität von 500 kg durchaus in der Lage ist, auch schwere Gegenstände wie Paletten und Maschinen auf die Ladefläche zu hieven.
- **LAV-M** – Eine der Unzulänglichkeiten bei den Panzereinheiten der Marines besteht im völligen Fehlen einer organisch integrierten, gepanzerten Artillerieeinheit, wie sie bei der Army in Form der M109A6 *Paladin* 155-mm-Selbstfahrhaubitze im Einsatz ist. Aber wie dem auch sei, die Marines haben inzwischen in eigener Regie 50 gepanzerte Mörserträger auf der Basis des LAV entwickelt und auch schon zum Einsatz gebracht. Logischerweise steht also der Zusatz »M« bei dieser Variante

für Mortar = Mörser. Ein LAV-M trägt einen M252 Mörser vom Kaliber 81 mm und 99 Projektile für diese Waffe, wovon fünf ständig als Bereitschaftsmunition und 94 als Reserve mitgeführt werden. Als Basis hat das Marine Corps das gleiche offene Chassis verwendet wie beim LAV-C und -L, wobei der Mörser allerdings von einer Klappe über dem Heckabteil abgedeckt ist, durch deren Öffnung er feuert. Ein LAV-M führt aber zusätzlich auch noch eine Bodenplatte und ein Zweibein mit, um den M252 abprotzen und unabhängig vom Fahrzeug einsetzen zu können.

- LAV-R – Fast jede Familie von Panzerfahrzeugen bringt fast zwangsläufig auch eine Bergeversion hervor, die man dazu verwendet, um ausgefallene, beschädigte oder festsitzende Fahrzeuge »nach hinten« zu schaffen, damit sie wieder instand gesetzt werden können, und das LAV macht da keine Ausnahme. Die Marines haben 45 Fahrzeuge vom Typ »R« beschafft, wobei der ergänzende Buchstabe für »Recovery«, also Bergung steht. Jedes dieser LAV-R ist mit einem Baumkran mit einer Tragkraft von über 4000 kg, einer 13,6-t-Winde, einer ganzen Batterie von Flutlichtlampen, einem Elektroschweißgerät, einem 120/230-Volt-Generator und einem 10-kW-Hydraulikgenerator ausgerüstet. Die Stammbesatzung besteht aus dem Kraftfahrer, dem Kommandanten und dem sogenannten »Rigger«, der sowohl eine Ausbildung als Schweißer wie auch als Mechaniker für Wartungs- und Instandsetzungsaufgaben hat.

Weitere Versionen befinden sich zur Zeit noch in der Entwicklungsphase. Zu ihnen gehört unter anderen auch eine EW-Version (Electronic-Warfare = elektronische Gefechtsführung), die über eine Ansammlung von Funkpeil-, Abhör- und Störeinrichtungen verfügen wird, die man an Bord des Fahrzeugs irgendwie zusammenpferchen wird. Wetten, daß die LAV-EW-Version noch vor der Jahrtausendwende beim USMC auftauchen wird? Auch andere Länder haben verschiedene Versionen von LAVs im Einsatz. Dazu gehören beispielsweise Australien, Kanada und Saudi-Arabien.

Im Gefecht haben sich die LAVs trotz ihrer leichten Panzerung und dem Fehlen eines FLIR-Wärmebildsystems bereits den Ruf von Zuverlässigkeit und Effektivität erworben. Im Laufe von *Desert Storm* fungierten die LAVs als Panzeraufklärungseinheiten für das I MEF und bestimmten und fanden die Positionen irakischer Einheiten, angefangen vom Gefecht bei Al-Kafji bis hin zur endgültigen Befreiung der Hauptstadt Kuwait. Tragischerweise gingen die größten Verluste bei den LAVs auf das Konto des Beschusses eigener Kräfte. Ein LAV-25 wurde irrtümlicherweise von einem TOW-Flugkörper vernichtet, der von einem anderen LAV in der AT-Version gestartet worden war, ein anderes fiel dem versehentlichen Start eines AGM-65 *Maverick* Flugkörpers zum Opfer, den eine A-10A der Air Force ausgelöst hatte.

United Defense LVTP-7/AAV-7A1
(Landing Vehicle, Tracked, Personnel[49])

Es gibt wohl keine traditionellere Mission bei den Marines als die Landung an einem Strand und den anschließenden Sturm zu einem Zielobjekt ins Landesinnere. Um diese Aufgabe erfüllen zu können, bedarf es eines schon extrem spezialisierten Fahrzeugs – des amphibischen Traktors. Der amphibische Traktor ist eine abenteuerliche Mischung aus Landungsfahrzeug und Mannschaftstransportwagen, also eine eigentlich unmögliche Mixtur, wenn man genauer darüber nachdenkt. Die erste Anforderung, die ein amphibisches Landungsfahrzeug zu erfüllen hat, ist die, ein seetüchtiges Boot zu sein. Es muß selbst in rauher See noch gut steuerbar sein und darf keine Probleme haben, selbst in der Brandung eines Ozeans – bis zu einer Brandungswellenhöhe von drei Metern – sicher auf einen Strand zu fahren, ohne einzusacken oder sich festzufahren. Hinzu kommt noch, daß ein gepanzerter Mannschaftstransportwagen auch über gute Geländegängigkeit, eine akzeptable Feuerkraft für alle Eventualitäten und einen guten Schutz für die Mannschaft zumindest gegen Beschuß aus leichten Waffen und Granatsplitter verfügen muß. All diese Vorgaben stellen die Konstrukteure vor einen ganzen Berg von Widersprüchlichkeiten, den es zu überwinden gilt. Man stelle sich nur einmal folgende Situation vor: Man muß eine Maschine konstruieren, die in der Lage sein soll, einen ganzen Zug von 25 Soldaten von einem Schiff, das etliche Meilen von einem feindlichen Strand entfernt auf See liegt, zu diesem Strand zu bringen und dabei eine Mindestgeschwindigkeit von etwa 13 km/h zu erreichen. Anschließend soll diese Maschine dann, sobald sie festen Boden erreicht hat, mit 65 km/h landeinwärts weiterkrabbeln. Damit aber nicht genug: Sie soll auch noch sowohl über ausreichenden Schutz für die Besatzung als auch genügend Feuerkraft verfügen. Das, was bei einer solchen Konstruktion nur herauskommen konnte, ist weder besonders grazil noch hübsch anzuschauen. Aber es war schließlich doch eine enorme Verbesserung gegenüber den bisherigen amphibischen Kettenfahrzeugen der Marines.

Bei den Marines heißt das Ding »Amtrac«[50] (Amphibious Tractor) und ist das Produkt einer Entwicklung, die bereits in den 30er Jahren in Clearwater, Florida, ihren Anfang nahm. Donald Roebling, ein exzentrischer Millionär, war der Enkel von Washington Roebling, dem visionären Ingenieur, der die Brooklyn Bridge konstruierte und baute. Eins der Lieblingsprojekte von Roebling war der »Alligator«, ein amphibisches Kettenfahrzeug, dessen Aufgabe darin bestehen sollte, Überlebende eines Hurrikans oder abgestürzte Piloten aus den Zypressensümpfen der Everglades zu retten. Techniker in der nahegelegenen Food Machinery Company (FMC,

---

49 LVTP = Mannschafts-Landungsfahrzeug mit Kettenantrieb; AAV = Amphibious Assault Vehicle = taktisches Amphibienfahrzeug
50 in einer witzelnden Anlehnung an den Namen einer großen Eisenbahngesellschaft in Amerika

Zwei AAV-7A1 während einer Übung auf dem Weg zum Einsatzziel
UNITED DEFENSE

die damals das Zubehör für die Orangensaftdosenmaschinen bauten) halfen ihm in ihrer Freizeit beim Bau der Teile für sein Vehikel. 1938 schickten die Marines einen Offizier, der ihm eine Demonstration vor Angehörigen des Militärs empfahl, aber Roebling zeigte sich nicht interessiert. Dann kam Pearl Harbor, und Roebling änderte seine Meinung. Was aber nicht bedeutete, daß er deshalb sein schrulliges Verhalten aufgab: Er lehnte es rundweg ab, vom Staat für sein Konstruktionspatent irgendwelche Tantiemen anzunehmen, und als er feststellen mußte, daß die Kosten für den Bau eines militärischen Prototyps, den LVT-1, über 4000 Dollar unter dem Preis lagen, den das Marineministerium bewilligt hatte, insistierte er darauf, dieses Geld zurückzahlen zu dürfen!

Gegen Ende des Kriegs hatte FMC (inzwischen geschäftsführender Partner bei United Defense) mehr als 11 000 LVT *Water Buffaloes* (»Wasserbüffel«) in Dutzenden von Typen und Ausführungen gebaut. Die ersten davon kamen dann bei den Marines auf Guadalcanal im Jahre 1942 zum Einsatz. Zunächst zwar noch als reines Lastentransportfahrzeug, aber der Moment ersten Ruhms war nicht mehr fern. Er kam mit der Invasion von Tarawa im November 1943. Die Planungsstäbe hatten die Gezeiten falsch berechnet und die Schwierigkeiten unterschätzt, die damit verbunden waren, die das gesamte kleine Atoll umgebenden, sehr zerklüfteten Korallenriffe zu überwinden. Die Amtracs watschelten an Land, während die normalen Landungsfahrzeuge strandeten oder in Stücke geschossen wurden, und retteten so den Tag und die Invasion. Die Marines organisierten schließlich rund ein Dutzend von Amtrac-Bataillonen im Pazifik, und die U.S. Army stellte sogar einige für den Einsatz in Europa auf (diese bildeten beim Überqueren des im Frühling 1945 Hochwasser führenden Rheins die Speerspitzen des Angriffs). Später im Koreakrieg spielten Amtracs die Schlüsselrolle bei der Landungsoperation in Inchon.

Als die Marines 1964 nach Vietnam geschickt wurden, war der Standard-Amtrac der LVTP-5, ein Monstrum aus Stahl mit 40 Tonnen Gewicht, das 37 Mann aufnehmen konnte, vorn eine Rampenklappe hatte und von einem Benzinmotor im Heck angetrieben wurde. Es war ein gutes Landungsfahrzeug, aber für die Verhältnisse der Dschungel und Reisfelder Südostasiens einfach nicht geeignet. Die Kraftstofftanks befanden sich unter dem Fahrzeugboden, was die Fahrzeuge zu einer Todesfalle machte, wenn sie auf eine Mine liefen. Die Folge war, daß die Marines es grundsätzlich vorzogen, nicht im Inneren, sondern oben auf dem Fahrzeug befördert zu werden, und damalige Fotografen brachten häufig Bilder mit, auf denen zu sehen war, wie man die Dächer der LVTP-5 mit improvisierten »Forts« aus Sandsäcken und Kettengliederzäunen dekoriert hatte.

Noch vor der unmittelbaren Verwicklung in Vietnam kannte man bereits die Mängel des LVTP-5 sehr gut, und es standen bereits Pläne bei Fuß, diese Schwachstellen zu beseitigen. 1963 wurde das Marine Corps bei der Industrie vorstellig und verlangte die Entwicklung eines kleineren, preiswerteren Amtracs mit besserer Geländegängigkeit. Der erste Prototyp von FMC unter der Bezeichnung LVTPX-12[51] war 1967 fertig und ging nach minimalen Modifikationen 1971 als LVTP-7 in Produktion. Diese Produktionsreihe wurde 1983 endgültig eingestellt, als eine verbesserte Version unter der Typenbezeichnung LVTP-7A1 (ebenso bekannt unter der Bezeichnung Amphibious Assault Vehicle Seven – AAV-7A1) zur Truppe kam. Insgesamt wurden 995 der ursprünglichen Fahrzeuge auf den neuen AAV-7A1-Standard umgebaut und 403 Einheiten neu gebaut. LVTP-7 befinden sich auch bei der argentinischen, brasilianischen, italienischen, südkoreanischen, spanischen, thailändischen und venezolanischen Marineinfanterie im Einsatz.

Das AAV-7 ist eine riesige Dose aus zusammengeschweißten Platten einer Aluminiumlegierung, die ganz leicht zum einen Ende hin abgeflacht ist. Es ist 7,9 m lang, 3,3 m breit und hat eine Deckshöhe von 3,1 m über Grund. Die gepanzerte EAAK-Version wiegt leer 21 Tonnen. Es hat eine ziemlich klobige Waffenstation/Turm an Steuerbord und ein paar kleinere Buckel an Backbord – das sind die Luken des Platoon-Sergeants und des Kraftfahrers. Die Marines sitzen durch eine enorme, hydraulisch betriebene Rampenklappe im Heck des Fahrzeugs auf und ab oder benutzen dazu eine Luke, die an Scharnieren in die Rampenklappe eingefügt ist. Die Einrichtungen im Innenraum können nur als »spartanisch« beschrieben werden: je eine Reihe von Sitzen zu beiden Seiten und eine herausnehmbare Bank in der Mitte – das war's auch schon. Der knapp 406 PS starke Cummins-Diesel sitzt rechts vorn, wo der massive Motorblock ein gewisses Maß an Schutz für die Männer im Abteil dahinter bietet. Marines, die damit fahren, beklagen sich im allgemeinen über das schlechte Ventila-

---

51 Der Zusatz »X« bei Typenbezeichnungen weist darauf hin, daß es sich dabei um einen Prototyp für eine Ausschreibung handelt. Sind mehrere Bewerber am Start, werden die nachfolgenden Buchstaben vergeben.

tionssystem, das die Abgase der Maschine auf direktem Weg in den Mannschaftsraum zu saugen scheint. Dieseldämpfe mögen vielleicht stinken, aber Dieselkraftstoff ist nun einmal im Vergleich zu Benzin wesentlich weniger explosiv, und das kann eine Rolle spielen, wenn das Fahrzeug einmal einen Treffer abbekommen sollte. Die gleiche Maschine findet man übrigens auch in den M2/3 *Bradley* Infantry Fighting Vehicles (IFV) der Army. Die Ketten zu beiden Seiten des Fahrzeugs laufen über sechs Leitrollen und verfügen über eine Aufhängung nach dem Torsionsstabsystem. Im Wasser erfolgt der Antrieb des Fahrzeugs über Zwillings-Jetpumpen, die das Wasser oberhalb der beiden Ketten ansaugen und es mit einer Geschwindigkeit von 53 000 l/min nach hinten wieder ausspucken. Steuerdeflektoren an den Jetpumpen ermöglichen dem Fahrzeug eine Drehung auf dem sprichwörtlichen Teller, das heißt, daß der Wendekreis nicht größer ist als die Länge des Fahrzeugs selbst.

Ursprünglich hatte man vor, den mit einer Servo-Unterstützung betriebenen Ein-Mann-Turm mit einer automatischen Kanone Kaliber 20 mm aus deutscher Produktion und einem zusätzlichen, koaxial wirkenden Maschinengewehr Kaliber 7,62 mm zu bestücken. Das stellte sich aber als unpraktisch heraus, und so tragen die Türme der heutigen Produktionsreihe das klassische und zuverlässige schwere Maschinengewehr Kaliber .50 mit einer einfachen Visiereinrichtung. Rund 1000 Schuß gegurteter Munition werden in Munitionskisten zu je 200 Schuß verstaut und können vom Innenraum aus nachgeladen werden. Der verbesserte Turm im LVTP-7A1 wird jetzt statt von einer Hydraulik von einem Elektromotor angetrieben und enthält als Ergänzung für das M2 Maschinengewehr einen gedrungenen Mk 19 Automatik-Granatwerfer Kaliber 40 mm mit 96 Schuß im Gurt als Standardladung. Acht außen angebrachte Rauchgranatenwerfer sind in der Lage, innerhalb weniger Sekunden eine weite Fläche mit dichtem, die Sicht versperrendem weißem Rauch einzunebeln. Mit einem Schalter am Armaturenbrett kann man zusätzlich Diesel direkt in den Auspuffkrümmer leiten, der seinerseits dann dunklen, undurchdringlichen Rauch entwickelt, was allerdings mit einem erhöhten Kraftstoffverbrauch erkauft wird.

An Land bringt es ein AAV-7 auf eine Spitzengeschwindigkeit von 72 km/h. Es kann senkrechte Hindernisse bis zu einer Höhe vom 90 cm und Gräben bis zu einer Weite von 2,4 m überwinden. Darüber hinaus ist es in der Lage, einen durchaus beachtlichen Böschungswinkel von 60 Prozent zu erklimmen und kippt selbst bei einer Seitenneigung von 40 Prozent noch nicht um. Bei einer Marschgeschwindigkeit von 40 km/h liegt seine Reichweite bei 483 km, dann ist der Tank aber endgültig trocken. Der Kraftfahrer verfügt über ein AN/VVS-2 Nachtsichtgerät. Dabei handelt es sich um einen elektro-optischen Restlichtverstärker, auch »Starlight-Scope«[52] genannt, der selbst aus den schwächsten Lichtverhältnissen noch

---

52 Eine sehr passende Bezeichnung, die darauf hinweist, daß man mit diesem Gerät nur das »Licht der Sterne« benötigt, um in sonst völliger Dunkelheit noch etwas erkennen zu können.

das letzte Quentchen Helligkeit herausholt. Im Wasser liegt die Höchstgeschwindigkeit bei 13 km/h, was allerdings nur bei wirklich ruhiger See als realistischer Wert anzusehen ist. Das sollte nun nicht zu dem Schluß verleiten, daß die AAV-7 nur in harmlosen Gewässern einsetzbar wären. Diese Fahrzeuge sind durchaus in der Lage, auch bei höherem Seegang und in ruppigeren Brandungswellen zu operieren als jeder andere Fahrzeugtyp, der sich bei amphibischen Streitkräften auf der ganzen Welt im Einsatz befindet. Theoretisch kann ein AAV-7 bis zu sieben Stunden mit einer Geschwindigkeit von knapp 10 km/h kreuzen, aber die Richtlinien des Marine Corps schreiben in Übereinstimmung und unter der Berücksichtigung von Aspekten wie Erschöpfung, Belastung durch Steuerung und Navigation die Zeit, die für den Sturm auf einen Strand maximal verstreichen darf, auf eine Stunde fest. Eine äußerst wirksame Bilgenpumpe[53] hat die Aufgabe, das Mannschaftsabteil trocken zu halten, und das selbst auch noch bei grobem Seegang. Die Standard-Navigationsausrüstung ist knapp bemessen und besteht lediglich aus einem einfachen Magnetkompaß. Allerdings tauchen in der letzten Zeit immer mehr GPS-Empfänger in den Ausrüstungslisten auf.

Bei einem Angriff von See her besteigen die Marines ihre AAV-7 schon im Inneren einer Dockkammer (Welldeck) ihrer amphibischen Transporter, also eines LPD, LHD oder LSD. Der Transporter wird dann, sobald der letzte Soldat eingestiegen ist, seine Ballasttanks fluten, die Heckklappe öffnen und so einen »Ententeich« erzeugen, in welchem die Amtracs ins Wasser hinausschwimmen können. Dort starten sie dann ihre Wasserjets und nehmen Kurs auf den Strand. Aufgabe und Ziel der Amtracs besteht darin, ihre Passagiere so sicher und nah wie möglich ans Ziel zu bringen und dort aussteigen zu lassen, damit sie ihren Abschnitt sichern können. Anschließend können die Landungsfahrzeuge zu ihren Mutterschiffen zurückkehren, um entweder eine weitere Welle Marines oder eine Ladung Versorgungsgüter – bis zu fünf Tonnen Verpflegung, Munition und Ausrüstung – aufzunehmen. Interessanterweise »gehört« ein Amtrac mit seinem Kraftfahrer und Bordschützen einem Amphibious Tractor Battalion, während seine Passagiere, üblicherweise ein eingeschiffter Infanteriezug, einer Schützenkompanie »gehören«. Im Laufe von *Desert Storm* blieben die meisten Züge der Marines die ganzen vier Tage des Bodenkriegs ständig bei ein und demselben Amtrac, den sie dann wie einen konventionellen gepanzerten Mannschaftstransportwagen verwendeten.

Auf trockenem Boden hat ein AAV-7 schwerwiegende taktische Unzulänglichkeiten aufzuweisen, die in erster Linie auf seine enorme Größe und seinen nur geringen Panzerschutz zurückzuführen sind (in Kuwait wurden die Amtracs von LAVs und MBTs gedeckt). Auf sich allein gestellt, ist ein AAV-7 schrecklich verwundbar – speziell durch Panzerabwehrwaffen –, weil seine dünne Aluminiumpanzerung nur dafür ausgelegt ist, Schutz gegen Feuer aus kleinen Waffen und gegen herumfliegende Granatsplitter zu gewähren. Inzwischen wurde aber ein sogenanntes

---

53 Bilge = tiefster Punkt im Inneren eines Schiffsrumpfs

Enhanced Appliqué Armor Kit (EAAK = verstärkter Applikationspanzerungs-Bausatz) entwickelt, der angebolzt werden kann. Dadurch wird das Fahrzeug zwar etliche tausend Pfund schwerer, aber mit ihm kann es den Beschuß aus dem panzerbrechenden KPV Maschinengewehr Kaliber 14,5 mm sowjetischer Herkunft überstehen, das in viele der Hubschrauber und leichten Panzerfahrzeuge eingebaut ist, die eine Bedrohung für ein AAV-7 darstellen, und auch von Gruppen mit schweren Waffen verwendet wird. Eine der größten Gefahren für die Mannschaft eines gepanzerten Fahrzeugs stellt Feuer dar, das infolge der Penetration einer raketengetriebenen Granate oder panzerbrechenden Lenkwaffe im Innenraum des Fahrzeugs ausbricht. Inzwischen hat man bei den Amtracs automatische Feuerunterdrückungssysteme installiert, die in sich superschnell reagierende Infrarotsensoren mit schnell entladenden Halonflaschen kombinieren. Halon ist ein inertes Gas, das ein Feuer löscht, bevor das Feuer die Mannschaft auslöschen kann. In der Praxis verbringen Kampffahrzeuge gewöhnlich einen großen Teil ihrer Zeit im Gefecht damit, ihre Maschinen im Leerlauf touren zu lassen, um die Batterien geladen und das Funkgerät betriebsbereit zu halten, während man auf Befehle wartet. Das Standardfahrzeug verfügt über drei abhörsichere Sprechfunkgeräte. Eine spezielle Führungsversion hat allerdings sechs UKW-, ein UHF- und ein HF-Gerät an Bord, wozu noch eine Gegensprechanlage mit zehn Nebenstellen gerechnet werden muß. Es wird wohl nicht mehr allzu lange dauern, bis die neuen Funkgeräte der SINCGARS-Serie eingebaut werden, die für diese großen Fahrzeuge eine enorme Verbesserung hinsichtlich Funkreichweite und Kommunikationsqualität bedeuten. Augenblicklichen Planungen zufolge soll die derzeit im Dienst stehende Flotte von AAV-7 weitere 15 Jahre dienen, bis die zur Zeit noch in der Entwicklungsphase befindlichen Advanced Amphibious Assault Vehicles (AAAV) eingeführt werden können. Sie werden also grob gerechnet bis etwa ins Jahr 2006 die Stellung halten und ihren unbequemen, gefährlichen Job erledigen müssen.

Die Zukunft: Das Advanced Amphibious Assault Vehicle (AAAV)

In aller Stille hat ein kleines Programm ein Bürogebäude in Arlington, Virginia verlassen, das sich zur Aufgabe gesetzt hat, Ablösung für die schon lange im Dienst stehenden AAV-7 zu schaffen. Dieses Advanced Amphibious Assault Vehicle (AAAV = fortschrittliches taktisches Amphibienfahrzeug) ist auf dem besten Weg, zum modernsten gepanzerten Kampffahrzeug zu werden, das über Fähigkeiten verfügt, von denen die Marines oder irgendwelche Soldaten anderer Länder bislang noch nicht einmal zu träumen wagten. Die Geschichte beginnt in den späten 70er Jahren, als die Marines damit begannen, ihre Richtlinien für mit Macht vorgetragene amphibische Operationen neu festzulegen. Schon seit der Zeit, als »Brute« Krulak seine ersten Einheiten von amphibischen Traktoren mitnahm, um mit ihnen Testfahrten zu veranstalten, war das Ziel aller Dinge die Verwirklichung möglichst hoher Geschwindigkeiten durchs Wasser. Es hatte

Der Prototyp eines Advanced Amphibious Assault Vehicle (AAAV) bei einer Testfahrt auf dem Wasser. Die AAAVs der späteren Serienproduktion werden es schaffen, mehr als 25 Knoten bei voller Ladung und schwerer See zu fahren.
UNITED DEFENSE

schon einmal, und zwar damals in den 70er Jahren, die Totgeburt eines solchen Programms unter der Bezeichnung Landing Vehicle Assault (LVA = taktisches Landungsfahrzeug) gegeben, das sich genau das zum Ziel gesetzt hatte. Unglücklicherweise stand zur damaligen Zeit noch nicht die Technik zur Verfügung, um die hochfliegenden Anforderungen erfüllen zu können, welche in den Spezifikationen für das LVA vorgesehen waren. Also wurde das Programm 1979 wieder abgesetzt.

Nun brauchte man nicht unbedingt einen Dr.-Ing. in Systemkonstruktion gemacht zu haben, um zu erkennen, daß sich hinsichtlich der Natur der Seegefechtsführung langsam, aber stetig ein Wandel vollzog. Diese Veränderungen bedeuteten allerdings nicht automatisch, daß dadurch auch der Bedarf an einem Hochgeschwindigkeits-Landungsfahrzeug gegenstandslos geworden wäre. Ganz im Gegenteil: Durch die Gegebenheiten, wie sie sich nun darstellten, wurde sogar sehr schnell offensichtlich, wie sehr es in Wirklichkeit gebraucht wurde. Nur ein einziger Blick in die Dutzende von Fachjournalen ließ keinen Zweifel mehr darüber aufkommen, daß es eine unglaubliche Vielzahl von Waffen und Systemen gab, die inzwischen entwickelt worden waren, mit denen man Fahrzeuge an der Wasseroberfläche von Schiffen, Unterseebooten, Flugzeugen und der Küste aus angreifen konnte. Auf den Punkt gebracht hieß das, daß, je näher eine amphibische Einsatztruppe einer feindlichen Küste kam, damit auch die Gefahr, der sie sich ausgesetzt sah, proportional größer wurde. Man nehme beispielsweise nur einmal die Erfahrungen, die 1982 von den Briten im Falkland-Krieg gemacht werden mußten: In weniger als zwei Monaten amphibischer und unterstützender Operationen verlor die Royal Navy durch argentinische Luft- und Flugkörperangriffe zwei Zerstörer, zwei Fregatten, einige Landungsschiffe und einen Containerfrachter. Das waren aber nur die Totalverluste, ein Vielfaches dieser Zahl wurde beschädigt. Die Lehren daraus waren für die ganze Welt offensichtlich: Begibt man sich in den sichtbaren Bereich einer feindlichen Küste, wird das Resultat in erster Linie daraus bestehen, aus allen Waffen beschossen und mit hoher Wahrscheinlichkeit verletzt zu werden.

Die Erfahrungen aus dem Falklands-Krieg waren übel, und jedem, der sich mit solchen Szenarien auseinandersetzen mußte, war klar, daß die Zukunft nur noch schlimmer werden konnte. Man wußte, daß sich innerhalb nur weniger Jahre die Situation so darstellen würde, daß man weit vor einer feindlichen Küstenlinie bleiben und die eigenen Kräfte über eine weite Entfernung würde transportieren müssen, sollte auch weiterhin eine wirkliche Chance für größere Landungsstreitkräfte bestehen, einen solchen Einsatz zu überleben. Das war der Startschuß für die Marines und die Navy, mit der Entwicklung neuer Schiffe und Landungssysteme zu beginnen, die eben diesen für Landungsoperationen notwendig gewordenen größeren Abstand zu einer feindlichen Küstenlinie einzuhalten erlauben würden. Der Anteil der Marines in dieser Revolution der Richtlinien für die amphibische Gefechtsführung konzentrierte sich auf drei Systeme. Das erste war das LCAC, mit dem die Amphibischen in einem Abstand von mehr als 50 sm (Seemeilen), also mehr als 90 km vor einer Küstenlinie bleiben konnten. Dem LCAC folgt dann das MV-22B *Osprey* (»Fischadler«) Schwenkrotor-Transportflugzeug, das konstruiert wurde, um den CH-46E *Sea Knight* Helikopter abzulösen. Mit größerer Reichweite und Nutzlast (grob gerechnet 300 Prozent) als ein *Sea Knight,* verschafft der *Osprey* einem Schiff wie der *Wasp* (LHD-1) die Möglichkeit, mehr als 200 sm (370 km) weit draußen auf See bleiben und dennoch in kaum einer Stunde seine Ladung an Land absetzen zu können. Das letzte der drei Systeme, die eine größere Entfernung zum Strand nutzbar werden lassen, wird dann das AAAV sein.

Das Konstruktionskonzept des AAAV sieht vor, daß es Geschwindigkeiten im Wasser realisieren kann, die jenseits der 25 kn (46 km/h) liegen werden und damit dem Mutterschiff die Möglichkeit verschaffen, hinter dem von einem Strand aus sichtbaren Horizont zu bleiben. Und das ist schon einmal sehr gut. Die sich daraus ergebende Tatsache – die aber vielleicht als noch wichtiger einzustufen ist – ist die, daß das AAAV auf dem besten Weg ist, eines der besten IFVs zu werden, die jemals gebaut wurden – vielleicht sogar besser als die M2/3 *Bradley* Kampffahrzeuge der Army. Zweifellos ist das eine große Anspruchshaltung gegenüber einem System, das gerade eben erst seinen Erstvertragsnehmer (General Dynamics, Land Systems) gefunden hat. Aber um das richtig verstehen zu können, darf man nicht vergessen, wie man bei den Marines gewohnt ist, sich mit Problemen auseinanderzusetzen. Nur um etwas ins Gedächtnis zurückzurufen, was ich schon zuvor erwähnt habe: Das technologische Fundament der Marines ist sehr eng und äußerst genau auf die Missionen des Corps zugeschnitten. Nun, ist es dann noch eine Frage, daß die technischen Komponenten eines AAAV genau in diese Kategorie passen und das Marine Corps große Anteile seines harterfochtenen R&D-Budgets (Research and Development = Forschung und Entwicklung) für die AAAV-Anstrengungen einsetzt? Jetzt wird sich einem vielleicht die Frage aufdrängen, was man denn alles braucht, einem Hochleistungs-IFV die Charakteristika eines Rennbootes zu verpassen. Nun, nachfolgend findet man die Liste einiger Systeme, die man bereits entwickelt hat, um ein AAAV überhaupt erst möglich zu machen:

- **Hochgeschwindigkeitsrumpf** – Im Laufe von rund 15 Jahren wurden ganze Serien von Hochgeschwindigkeits-Gleitrümpfen entwickelt, mit denen man die Durchführbarkeit des AAAV-Konzepts überprüfte. Durch die Verwendung von drei Testmodellen in kleinerem Maßstab (die bei der AAI Corporation gebaut wurden) schuf man eine Grundkonstruktion, bei der man bereits eine einziehbare Trimmklappe am Bug verwirklichte, die ähnlich wie ein Surfbrett arbeitet. Dieses Modell wurde dann zum Ausgangspunkt für alle Weiterentwicklungen der AAAV-Konstruktion. Als »Skimming Bricks« (»Hüpfsteine in Ziegelsteingröße«) bezeichnet, bildete es eine solide Datengrundlage für die Entwicklung des eigentlichen AAAV-Rumpfes.
- **Dual Mode Propulsion System** – Das Zweibetriebsarten-Antriebssystem des künftigen AAAV wird auf einen unglaublich starken, nämlich 2636 PS leistenden Turbodiesel von MTU/Detroit Diesel zurückgreifen. Als in sich geschlossene, gekapselte Antriebseinheit wird er eine Standdauer von rund neun Jahren haben, und Ölwechsel sind nur noch alle zwei Jahre fällig! Über ein Automatikgetriebe treibt die Maschine zwei kraftvolle Jetpumpen an, die jeweils einen Durchmesser von 60 cm haben und dem AAAV bei ruhiger See eine Spitzengeschwindigkeit verschaffen werden, die in der Nähe von 70 km/h und etwas darüber liegen wird. Das Antriebssystem ist derart kraftvoll, daß die doppelten Blattsätze der Impeller ein Kantholz von 12 mal 12 cm, ohne mit der Wimper zu zucken, in Püree verwandeln würden. Sobald sich das Fahrzeug dem Strand bis auf ein paar hundert Meter genähert hat, übernimmt der Kettenantrieb den Vortrieb und verschafft dem AAAV dabei immer noch eine Gleitgeschwindigkeit von 13 km/h. Erst einmal an Land, wird ein AAAV über größere Beweglichkeit als ein M1 *Abrams* Panzer verfügen und dabei nur noch rund 811 PS der Maschine nutzen.
- **Einziehbares Kettensystem** – Soll ein AAAV hohe Geschwindigkeiten durchs Wasser erzielen, muß das Kettensystem auf irgendeine Art und Weise aus dem Wasserfluß unter dem Fahrzeug verschwinden. Um das zu verwirklichen, zieht ein AAAV sein Kettensystem ins Fahrzeug ein und fährt es erst wieder aus, sobald es sich einem Strand nähert. Das alles passiert in weniger als 20 Sekunden. Hat es festen Boden unter sich, arbeitet das Fahrzeug mit dem gleichen hydropneumatischen Aufhängungs- und Federungssystem, das auch beim M1 verwendet wird und ihm eine ausgezeichnete Beweglichkeit verschafft.
- **Panzerschutzsystem** – Das Panzerschutzsystem des AAAV wird sich aller Wahrscheinlichkeit nach all der Vorteile bedienen, die aus dem System resultieren, das derzeit unter der Bezeichnung Advanced Composite Armor (weiterentwickelte Verbundstoffpanzerung) bei United Defense entwickelt wird. Damit wird der relativ große AAAV-Kasko (8,2 m lang, 3,7 m breit und 3 m hoch) gerade einmal zwischen 30 und 36 Tonnen wiegen und immer noch einen besseren Panzerschutz haben als die

M2/3A3-Varianten des *Bradley*-IFV. Außerdem scheint es so, als würden Anstrengungen unternommen, auch die akustische, Infrarot-, optische und vielleicht sogar auch die Radarsignatur des AAAV zu reduzieren.
- **Fahrzeugelektroniksystem** – Wie auch schon der M1A2 *Abrams* und die M2/3A3 *Bradleys*, so wird auch das AAAV entsprechend ausgerüstet sein, um auf den geplanten digitalen Gefechtsfeldern des 21. Jahrhunderts bestehen zu können. Dazu werden unter anderem auch FLIR-Sicht-/Zielsysteme der zweiten Generation für den Kraftfahrer und Schützen/Kommandanten gehören. Außerdem werden die AAAV mit der gleichen Art von Fahrzeugelektronik ausgerüstet sein, die schon heute in den M1A2 und M2/3A3 eingebaut sind. Dazu gehört natürlich auch ein digitaler Datenbus mit den dazugehörigen Selbstdiagnoseroutinen, ein GPS mit Kartenplotter und ein Gefechts-Identifikationssystem, um den Beschuß durch eigene Kräfte zu verhindern. Schließlich darf auch ein digitaler Datenverbund über drei gegen Funkstörungen unempfindliche, fest eingebaute SINCGARS-Funkgeräte nicht fehlen. All das wird dann von einem Softwarepaket im Fahrzeug kontrolliert und gesteuert, das so um die 300 000 bis 500 000 Zeilen Ada-Code stark sein und via MIL STD-1553 Datenbus übertragen wird. Der Kraftfahrer wird sogar Gas, Steuerung und Bremsen über den Computer betätigen – die Marines nennen das dann das »Drive-by-Wire« System[54]!
- **Waffenbestückung** – Derzeit liegt noch keine endgültige Entscheidung über diesen Punkt vor, doch kann davon ausgegangen werden, daß die AAAVs auf jeden Fall eine M242 *Bushmaster* Maschinenkanone vom Kaliber 25 mm und ein Maschinengewehr Kaliber 7,62 mm tragen werden, wie es auch bei den M2/3 *Bradleys* und den LAV-25 der Fall ist. Es gab auch schon Pläne, die neuen Amtracs mit einer speziellen 35-mm-Kanone auszurüsten, die Spezialmunition mit Zeitzünder verschießt, aber dieses Vorhaben wurde inzwischen wieder fallengelassen. Noch nicht vom Tisch ist allerdings – wenn alles gutgeht – die Ausrüstung mit Zwillingsstartgeräten für die neuen »Schieß-und-vergiß«-Panzerabwehrwaffen vom Typ *Javelin*. Die gesamte Bewaffnung der AAAVs wird sowohl bei der Fortbewegung im Wasser als auch auf festem Boden einsetzbar sein und ist darauf ausgelegt, ihnen die nötige Feuerkraft zu verschaffen, um den Angriff anderer gepanzerter Fahrzeuge auf einem Gefechtsfeld abzuwehren, diesen im Gefecht nach Möglichkeit sogar noch überlegen zu sein.
- **Modellpalette** – Die augenblicklichen Pläne des USMC sehen die Produktion von insgesamt 1023 Stück für den Beschaffungszeitraum bis zum Jahr 2012 vor, denn das ist das Jahr, in dem die Verträge mit der Industrie auslaufen. Von dieser Gesamtstückzahl sollen dann 948 als Transportversion und 75 als mobile Befehlsstände gebaut werden. IOC

---

54 = Fahren mittels Draht. Anspielung auf die »Fly-by-Wire«-Systeme der Air-Force-Jets. Hierbei wirken die Flugkontrollen (Betätigung z. B. der Seiten-, Höhen- und Querruder) nicht mehr mechanisch, sondern elektronisch auf Stellmotoren an den Steuerflächen.

(Indienststellung) soll im Jahr 2006 sein. Es ist vorgesehen, daß die 1023 AAAVs von diesem Zeitpunkt an nach und nach den Bestand der insgesamt 1323 LVTP-7 / AAV-7 Amtracs ersetzen. Es wird keine Bergeversion geben, da man plant, ein anderes Fahrzeug (die M88-Serie der M1A1) diese Aufgabe übernehmen zu lassen. Bislang stehen die exakten Kosten pro Einheit noch nicht fest, werden aber aller Voraussicht nach irgendwo zwischen 2 und 4 Millionen Dollar liegen (und sich damit in etwa auf gleicher Höhe mit dem Preis für einen M1A2 Kampfpanzer befinden). Da steht noch ein hartes Stück Arbeit bevor, wenn es darum geht, diese Kosten zu reduzieren.

Es ist sehr wahrscheinlich, daß die neuen AAAVs die letzten gepanzerten Fahrzeuge sein werden, die für absehbare Zeit vom Marine Corps beschafft werden. Deshalb muß es von vornherein in der Lage sein, auf den für seinen Einsatz vorgesehenen Gefechtsfeldern bis weit in die erste Hälfte des 21. Jahrhunderts hinein nicht nur zu überleben, sondern sie auch beherrschen zu können. Es ist ein sehr ambitioniertes Programm, weshalb die gesamte Technik, die darin zur Anwendung gebracht wird, wohl ausgereift sein und von allen verstanden werden muß, die damit umzugehen haben.

Transportwesen

Obwohl die Einheiten der Marines, was ihre Fahrzeuge angeht, alles andere denn »schwer« sind, benötigen auch sie ihren Anteil an Lkws und anderen Transportmitteln, die für die nötige Mobilität und Versorgung sorgen. Aus diesem Grund hat sich das Corps sehr sorgfältig eine Reihe von Transportfahrzeugen ausgewählt, mit denen es seine Expeditionseinheiten unterstützen kann. Im Grunde ist es eigentlich ganz zufrieden mit dem, was zur Verfügung steht. Eine gute Auswahl der vorhandenen Transportfahrzeuge ist und bleibt jedoch für Einheiten wie eine MEU(SOC) von lebenswichtiger Bedeutung, da an Bord der amphibischen Schiffe nur stark eingeschränkter Raum verfügbar ist, wo man die Ausrüstung unterbringen kann. Es sieht so aus, daß man bei einer solchen Einheit rund 30 gepanzerte Fahrzeuge, dafür aber über 100 Lkws in den verschiedensten Ausführungen finden wird, zu denen auch noch die mit den aufgesetzten Maschinengewehren, Mörsern und Flugkörpern gerechnet werden müssen. Nachfolgend habe ich einige der wichtigsten aufgeführt:

AM General M998 High-Mobility Medium Wheeled Vehicle (HMMWV)[55]

Die überwiegende Zahl von Fahrzeugen bei der Army und beim Marine Corps leitet sich heutzutage vom Klassiker M998, dem High-Mobility

---
55 bei American Motors General hergestelltes, »höchst bewegliches, mittelgroßes Radfahrzeug«

Medium Wheeled Vehicle (HMMWV) ab. Wie die Army, so haben auch die Marines den »Hummer«[56] fest ins Herz geschlossen, und er hat sich in einer unglaublichen Vielzahl von Aufgabenstellungen bestens bewährt. Seit er vor mehr als zehn Jahren erstmals bei AM General in South Bend, Indiana, vom Band rollte, ist der HMMWV für praktisch alles, angefangen vom Krankentransport- bis hin zum Luftabwehrfahrzeug, verwendet worden. Von einem V-8-Diesel angetrieben, ist dieses Fahrzeug unverwüstlich und kann praktisch alles erklettern, was ein Mitglied einer Militäreinheit gern nehmen oder halten möchte. In diesen Tagen ist das Beschaffungsprogramm der Marines für die »Hummers« nahezu abgeschlossen, obwohl sicherlich auch noch Käufe im 21. Jahrhundert folgen werden. Der Umfang hängt dann aber stark davon ab, wie der Verschleiß die Ausmusterungen der älteren Modelle erforderlich werden läßt. Im Augenblick werden die M998 bei den Marines enorm stark belastet, und es bedarf mit einiger Sicherheit in den kommenden zehn Jahren eines Service Life-Extension Programs (SLEP = Verwendungsdauer-Verlängerungs-Programm), das dann jeweils zur Mitte der Einsatzzeit eines jeden Fahrzeugs durchgeführt werden wird. Kurz gesagt: Sollte ein Marine jemandem einmal anbieten, ihn im Auto irgendwo hin mitzunehmen, gehe man getrost davon aus, daß dies in einem HMMWV geschehen wird.

M923 5-Tonner (Lkw)

Kein Kriegsgerät erscheint weniger glanzvoll als der 5-Tonner-Lkw, aber keines ist lebenswichtiger oder verschafft einem Kommandeur andererseits mehr schlaflose Nächte. Im Zweiten Weltkrieg war das schnelle Vorstoßen von General Eisenhowers Angriffsspitzen nur durch die primitiven, zuverlässigen GM 4x6 Lastkraftwagen möglich. Auch heute noch sind die 5-Tonner in ihrer Konstruktion den Fahrzeugen aus der Ära der 40er Jahre sehr ähnlich, vielleicht mit Ausnahme der Tatsache, daß inzwischen die alten Benzin- von Dieselmotoren der neuen Generation abgelöst wurden. Unglücklicherweise sind aber auch schon die heute verwendeten 5-Tonner schon ziemlich in die Jahre gekommen. Um es einfach zu formulieren: Der Bestand an Lkws bei den Marines ist nicht nur abgenutzt, sondern insgesamt auch einfach zu klein. Bei einer Flotte von 8300 Fahrzeugen könnte man daraus vielleicht vorschnell den Schluß ziehen, das sei doch eigentlich völlig ausreichend, um dorthin zu kommen, wo man hin will. Tatsache ist aber, daß die meisten dieser Lkws fest an Maritime Prepositioning Ships (MPS), Depots und die Versorgungseinheiten im Hinterland liegender fester Stützpunkte gebunden sind.

Der Begriff »5-Tonner« beschreibt die nominelle Nutzlastkapazität, nicht das Leergewicht der Fahrzeuge, das bei etwa 9,8 Tonnen liegt. Der

---

56 Das lautmalerische Wort für HMMWV bedeutet im am. Slang soviel wie »Mordskerl« – gleichzeitig auch der warenrechtlich geschützte Name des Herstellers – und bezeichnet nicht etwa das deutsche Krustentier.

dreiachsige 5-Tonner ist 7,8 m lang und 2,5 m breit. Beide Hinterachsen werden angetrieben und haben Zwillingsreifen auf beiden Seiten. Die Kraftübertragung auf die Achsen erfolgt durch ein Fünfgang-Automatikgetriebe. Beim Motor handelt es sich um einen wassergekühlten Reihen-Sechszylinder-Diesel mit knapp über 250 PS, und die Kraftstofftanks fassen 306 l. Mit diesem Volumen schafft es der Laster, auf einer Autobahn etwa 560 km weit zu fahren, bevor der Tank leer ist. Das Bordstromnetz arbeitet mit 24 Volt und ist stark genug, nötigenfalls auch ein Funkgerät und einen SLGR-GPS-Empfänger zu betreiben, deren Einbau jetzt immer häufiger vorgenommen wird. Pioniereinheiten verfügen auch über Kipper- und Planierversionen, die natürlich ganz besonders starker Abnutzung unterworfen sind. Im Augenblick laufen schon umfassende Überarbeitungsprogramme und SLEPs, damit die Flotte von Lkws beim Marine Corps auch noch ins 21. Jahrhundert rollen kann.

Logistics Vehicle System (LVS)

In der Kategorie der schweren, geländegängigen Militärlaster hat es die Oshkosh Corporation aus Oshkosh, Wisconsin, geschafft, trotz kümmerlicher und unsicherer Budgets und äußerst eng gefaßter Vorgaben eine Produktreihe von Weltklasse-Fahrzeugen auf die Beine zu stellen. Oshkosh hat die HEMTT-Familie von allradgetriebenen 10-Tonnern für das Corps überarbeitet und daraus Fahrzeuge gemacht, die den Ansprüchen der Marines genügten. Unter der Bezeichnung Logistics Vehicle System (LVS = logistisches Transportfahrzeug-System) verschaffen diese Laster den Marine Expeditionary Units die nötige Schwerlast-Transportkapazität. Die LVS gibt es in zwei Ausführungen: der Standardvariante unter der Bezeichnung Mk 48 Front Power Unit (FPU = Frontantriebsmodul) und eine Vielzahl von Ausführungen von Spezialtrailern unter der Bezeich-

Ein Logistics Vehicle System (LVS) Transport-Lkw der Marines bei einer Übung, die 1994 in Norwegen stattfand
OFFIZIELLES FOTO DER U.S. NAVY

nung Rear Power Unit (RPU = Heckantriebsmodul). Die FPUs können mit allen Arten von RPUs über eine Viscokupplung kombiniert werden und verwandeln sich dadurch in ein flexibles 8x8-Fahrzeug. Die Mk 48 werden von einem 450 PS starken, wassergekühlten Turbodiesel angetrieben. Die geräumige und völlig geschlossene Kabine enthält zwei Sitze, je einen für Fahrer und Beifahrer, und bietet eine hervorragende Rundumsicht. Ein FPU ist bei einem Leergewicht von knapp 11,5 Tonnen 2,5 m breit und im Bereich des Kabinendachs 2,6 m hoch.

Die Kraftübertragung erfolgt beim LVS per Viergang-Automatikgetriebe, und das Fahrzeug kann auch ohne zusätzliche Spezialausrüstung Wassertiefen von bis zu 1,50 m durchwaten. Die Kraftstofftanks fassen 568 l und sind damit für eine Nominalreichweite von 725 km gut. Bei den RPUs gibt es die unterschiedlichsten Ausführungen, zu denen unter anderem auch normale Lasttrailer, Planierhänger, Kran- und Faltbrücken gehören. Die LVS-Familie ist ein entscheidendes Bindeglied in der Logistikkette, die losen Treibstoff, Munition und Versorgungsgüter von einem Brückenkopf am Strand oder einer Landungszone zu den vorgeschobenen Kampfeinheiten der Landungstruppen bringt. Das Marine Corps betreibt 1584 dieser nützlichen Transporter, die speziellen motorisierten Gefechtsunterstützungs-Transporteinheiten unterstellt sind. Eine MEU(SOC) würde normalerweise immer wenigstens zwei dieser Laster unterstellt bekommen, die dann als Dieseltankwagen geführt würden.

Fliegerei des Marine Corps

Die Fliegerei der Marines hat sich immer zwei Dinge zum Ziel gesetzt: das erste besteht darin, die Marines am Boden zu unterstützen, und das andere darin, expeditionsfähig zu bleiben, was in einem Wort die Begriffe Mobilität und Einsatzfähigkeit zusammenfaßt. Heute wird beim Marine Corps eine der ungewöhnlichsten und spezialisiertesten Luftstreitkräfte der Welt eingesetzt. Die verwendeten Flugzeuge wurden speziell unter dem Aspekt ausgewählt, Marines bei ihren Missionen zu unterstützen. Ein Flugzeug, das allerdings schon mehr als einmal Konfrontationen mit der Führung sowohl des Staates als auch anderer Teilstreitkräfte verursacht hat. Letzten Endes gingen die Marines aus solchen Kontroversen aber stets als Sieger hervor. In den 70er Jahren schoß – manches Mal im wahrsten Sinne des Wortes – die Regierung von Präsident Jimmy Carter die AV-8B *Harrier II-* und CH-53E *Super Stallion*-Programme mit der Begründung ab, sie seien weder notwendig noch besonders hilfreich. Glücklicherweise verfügte das Corps über eine eindrucksvolle Lobby im Kongreß, und die schaffte es, die Programme bis zum Dienstantritt von Ronald Reagan als Präsident der Vereinigten Staaten von Amerika am Leben zu erhalten. Heute sind die Marines gerade dabei, ein anderes Gefecht zu gewinnen, bei dem es um das mittelgroße Schwenkrotor-Flugzeug MV-22 *Osprey* geht. Dieses Programm hatte der damalige Verteidigungsminister Dick Cheney 1989 aufs Korn genommen und es tatsächlich geschafft, es abzuwürgen. Aber wie auch immer man die Sache betrachtet: Wenn die Marines etwas entdeckt haben, was sie wirklich haben wollen, werden sie alle nötigen Hebel in Bewegung setzen, um es auch zu bekommen.

McDonnell Douglas/British Aerospace AV-8B *Harrier II*

Der Namensgeber »Harrier« ist ein Greifvogel, der in Deutschland unter dem Namen »Weihe« bekannt ist. Er ist auf den britischen Inseln beheimatet und jagt Nagetiere und kleine Reptilien. Keine ganz schlechte Beschreibung für die taktische Rolle dieser einzigartigen britischen Konstruktion, die international in Lizenz gebaut wird und eine wichtige Rolle in der Fliegerei des USMC spielt. In den 50er Jahren fing Sir Sidney Camm von der Hawker Aircraft Company (er war damals bereits ein hochangesehener britischer Flugzeugkonstrukteur) damit an, Skizzen zu Papier zu bringen, die seiner Vorstellung von einem Düsenflugzeug entsprachen, das über VTOL-Fähigkeiten (Vertical Take-Off and Landing = Senkrechtstart und -landung) verfügen sollte. In jenen Jahren vertrat die britische Regierung gerade die Ansicht, daß Lenkwaffen über kurz oder lang die bemannte Fliegerei überflüssig machen würden, und zeigte kaum Interesse an seinen Ideen. Also finanzierte die Hawker Aircraft Company einen Prototyp aus eigenen Mitteln. Das Resultat, die P.1127, absolvierte dann nach einer Serie von Schwebetests »an der Longe« am 19. November 1960 seinen Jungfernflug.

Im Laufe der bis dahin vergangenen Jahre hatten Konstrukteure und Flugzeugbauingenieure eine Vielzahl von teilweise recht bizarren Lösungen für das VTOL-Problem vorgestellt. Die P.1127 griff dabei auf eine der scheinbar abwegigsten Lösungen zurück und stellte sich dennoch als Gewinner heraus. Der Schlüssel zum Ganzen steckt im *Pegasus*-Antrieb (eine Konstruktion von Dr. Stanley Hooker von der Bristol-Siddeley

Zwei AV-8B *Harrier II Plus* des VMA-542 der MCAS Cherry Point, North Carolina, bei einem Übungseinsatz über dem Atlantik. Diese Flugzeuge sind mit APG-65 Radaranlagen ausgerüstet, um AIM-120 AMRAAM-Luft-Luft-Flugkörper einsetzen zu können.
MCDONNELL DOUGLAS AERONAUTICAL SYSTEMS

Engine Company), einem Mantelstromtriebwerk ohne die sogenannte Tailpipe, weshalb Abgase des Triebwerks durch eine Anordnung von vier Düsen geleitet werden konnten, die über einen Bereich von mehr als 90° schwenkbar sind. Dieses Konzept nennt man »vektorisierten Schub«. Weisen die Düsen unmittelbar nach unten, steigt das Flugzeug auf direktem Weg nach oben; werden sie immer weiter zurück bis direkt nach achtern gedreht, zischt die Maschine schließlich in normaler Fluglage ab. Bei der Landung geht der ganze Vorgang dann umgekehrt über die Bühne. Sir Sidney hatte nämlich festgestellt, daß es, kinetisch gesehen, wesentlich einfacher ist, erst zu stoppen und dann zu landen, als erst auf dem Boden aufzusetzen und dann zu versuchen, auf kürzester Strecke zum Stehen zu kommen. Er lag damit völlig richtig. Taktisch betrachtet, braucht ein VTOL-Flugzeug keine Tausende von Metern lange, feste Startbahn; es kann praktisch von einem Parkplatz, einer Lichtung im Wald oder sogar einem Tennisplatz (dann sollte man allerdings zuvor das Netz abbauen, damit es nicht zum Teufel geht) aus starten. Im kalten Krieg hätte ein sowjetischer Überraschungsangriff an der Hauptfront der NATO wahrscheinlich dazu geführt, daß die meisten der festen Start- und Landebahnen bereits am ersten Tag zerstört worden wären. Kein Problem für eine Streitmacht von gut versteckten und weit verteilt stationierten VTOL-Kampfflugzeugen. Sie hätten weiterkämpfen und eine Art von Guerillakrieg in der Luft vom Zaun brechen können.

Der erfolgreiche Test der P.1127 führte dazu, daß Anfang 1960 vom Luftfahrtministerium insgesamt neun verbesserte Maschinen für eine Entwicklungseinheit unter der Typenklassifizierung *Kestrel* (»Turmfalke«) FGA.1 (Fighter, Ground Attack = Kampfflugzeug, Bodenangriff) in Auftrag gegeben wurde. Man lud Piloten der Royal Air Force (RAF = königlich britische Luftstreitkräfte), der U.S. Navy und Air Force (sechs der Maschinen wurden dazu zum Flugtestzentrum der Navy an den Patuxent River, Maryland, übergeführt) und der westdeutschen Luftwaffe zu Testflügen mit der *Kestrel* ein. Im Februar 1965 orderte die RAF eine erste Serie von VTOL-Kampfflugzeugen aus der Vorserienproduktion, gab ihnen den Namen *Harrier*, und am 31. August 1965 flog die neue Maschine zum ersten Mal. (In der Zwischenzeit war Hawker Siddeley in der British Aerospace aufgegangen, und Rolls-Royce hatte die Produktion der *Pegasus*-Triebwerke übernommen.)

Für die Marineflieger bei der U.S. Navy, die praktisch mit ihren großen Flugzeugträgern verheiratet waren, war die winzig kleine *Harrier* (»kein Radar, kein Nachbrenner, und schaut euch bloß mal dieses enge Cockpit an!«) im Vergleich zu ihren mächtigen, überschallschnellen McDonnell Douglas F-4 *Phantom II* wenig beeindruckend. Ganz anders da die Reaktion der USMC-Piloten. Ihnen fiel traditionsgemäß die Aufgabe zu, eine Luftunterstützung zu fliegen, die nah, wirklich sehr nah, zu sein hatte. Für sie war es Liebe auf den ersten Blick. Es gibt da die Legende von zwei Offizieren der Marines, die ganz still und heimlich (allerdings mit Rückendeckung ihrer obersten Führung) auf der Pariser Luftfahrtschau 1969 in den Pavillon von British Aerospace spazierten und dem britischen Repräsentanten mitteilten: »Wir sind gekommen, um die *Harrier* zu fliegen!« Der Rest ist Geschichte. Mit geradezu enthusiastischer Unterstützung durch den Commandant of the Corps verwendeten die Marines ihren bemerkenswerten politischen Einfluß darauf, eine Aufstockung ihres Budgets für die Beschaffung von einem Dutzend *Harriers* durchzusetzen. Diese wurden dann noch modifiziert, um die AIM-9 *Sidewinder* Luftkampf-Flugkörper tragen zu können, und erhielten die Typenklassifizierung AV-8A. Bis 1977 war der Bestand auf 110 Maschinen angewachsen, wozu auch eine TAV-8A Schulmaschine in zweisitziger Ausführung gehörte. Die Maschinen waren auf die vier taktischen Geschwader (VMA-223, -231, -542 und VMAT-203) der Marine Air Group (MAG) 32 mit Stützpunkt in Cherry Point, North Carolina, aufgeteilt. 1972 ging die erste Abteilung *Harriers* an Bord der USS *Guam* (LPH-7) in See und erwies sich als außerordentlich wirkungsvoll. Unglücklicherweise war es bis 1985 durch Unfälle zum Verlust von einer Schulmaschine und 52 Einsitzern gekommen. Wie so viele der frühen Jet-Konstruktionen, so vergab auch die *Harrier* kaum einen Pilotenfehler, und das galt ganz besonders für die kritische Phase zwischen Vertikal- und Horizontalflug.

Eine der ersten Lektionen, die man mit den frühen *Harrier*-Modellen lernen mußte, war die, daß der Vertikal*start* ebenso unwirtschaftlich wie in den meisten Fällen auch völlig unnötig war. Ein kurzer horizontaler Startanlauf sparte eine Menge Kraftstoff, ermöglichte es, größere Nutzlast zu befördern, und erleichterte den kniffligen Übergang von der vertikalen zur horizontalen Flugbewegung ganz erheblich. Bei allen militärischen Organisationen erzeugt jedes neue Konzept ein neues Akronym, so wie hier STOVL für Short Take-Off, Vertical Landing, also nicht mehr Senkrechtstart und -landung, sondern für Kurzstreckenstart/Senkrechtlandung stand. Für die zweite Generation in der Ausführung als *Sea Harrier* verfeinerten die Briten diese Technik durch die Entwicklung der »Skisprung«-Technik noch weiter. Dazu wird eine angewinkelte Rampe am Bug eines Schiffes oder am Ende eines Expeditionsflugfeldes benötigt, die der Maschine gegen Ende der Startbeschleunigung einen »Tritt« im eigentlichen Startmoment verpaßt und sie in eine sichere Fluglage mit aufgerichteter Nase bringt, sollte es einmal zum Absterben des Antriebs in dieser kritischen Phase kommen. Während des Kriegs im südlichen Atlantik stellten 1982 sowohl die *Harrier* der Royal Air Force wie auch die *Sea Harrier* der Royal Navy die Stichhaltigkeit des Konzepts selbst unter schwierigsten Gefechtsbedingungen unter Beweis. Plötzlich war die *Harrier* zum Gewinner eines Kriegs geworden. Spanien und Indien bestellten verschiedene *Harrier*-Modelle, mit denen sie von ihren kleinen Trägerkräften aus operieren konnten, und das kleine Flugzeug begann sich internationaler Anerkennung zu erfreuen.

In Kreisen der amerikanischen Marinefliegerei, in denen die Richtlinien die gleichzeitige Verwendung der Begriffe »klein« und »Flugzeugträger« in einem Satz verbieten, wurde die *Harrier* immer als eine Art Anomalie behandelt, und die Marines mußten in den späten 70er und frühen 80er Jahren eine Reihe von harten Kämpfen bestehen, um das Programm am

Eine AV-8B *Harrier II* des VMA-231, das zum HMM-264 gehört, auf dem Flugdeck der USS *Wasp* (LHD-1). Sechs dieser Vögel der MCAS aus Cherry Point, North Carolina, waren für ihren 1995/96er Törn der 26th MEU(SOC) unterstellt.   JOHN D. GRESHAM

Leben halten zu können. Aber sie taten weit mehr, als nur den Bestand zu schützen. In Zusammenarbeit mit British Aerospace brachte McDonnell Douglas eine »Großflügel«-Version der *Harrier*, die AV-8B *Harrier II*, heraus, die 1984 in Dienst gestellt wurde. Ursprünglich hatten sich die Marines der Hoffnung hingegeben, 336 dieser Maschinen beschaffen zu können, mit der sie dann sämtliche leichten taktischen Geschwader ausrüsten wollten. Bis zum Ende des Jahres 1993 waren allerdings nur 276 davon, einschließlich 17 zweisitziger TAV-8B Schulmaschinen, ausgeliefert worden. 1995 wurde dann auch noch die kleine Gesellschaft von acht jeweils 20 Maschinen starken Geschwadern zu gleichen Teilen an die Atlantik- und an die Pazifikküste verteilt. Ein in Yuma stationiertes Geschwader wurde schon häufiger in regelmäßigem Wechsel nach vorn verlegt und operierte dann von Iwakuni in Japan aus. Jedes der Geschwader stellt Abteilungen von je sechs Maschinen für einen Zeitraum von jeweils sechs Monaten für den Einsatz an Bord der amphibischen Schiffe auf der ganzen Welt zur Verfügung.

Das Schlüsselmoment bei der AV-8B stellen die neuen Verbundmaterialflügel aus Graphit-Epoxid dar, in die man die Treibstofftanks integriert hat, um so auf eine um 100 Prozent größere Reichweite als bei der AV-8A zu kommen. Eine eingebaute Sonde für die Betankung in der Luft erweitert die Reichweite gegebenenfalls sogar noch. An den vergrößerten Tragflächen finden jetzt auch sechs sogenannte »Hardpoints« (das sind feste Montagepunkte) im Gegensatz zu den vier bei der AV-8A Platz. Dadurch ist die Waffenaufnahmekapazität um 50 Prozent gestiegen. Die Lufteinflüsse des Antriebs und die Abgasauslässe wurden überarbeitet, um den Luftwiderstand zu reduzieren, und außerdem hat man ein automatisches Stabilisierungs-/Beschleunigungssystem eingebaut, das über kleine

Schnittzeichnung der McDonnell Douglas/British Aerospace/Rolls-Royce *Harrier II Plus*

JACK RYAN ENTERPRISES, LTD, VON LAURA ALPHER

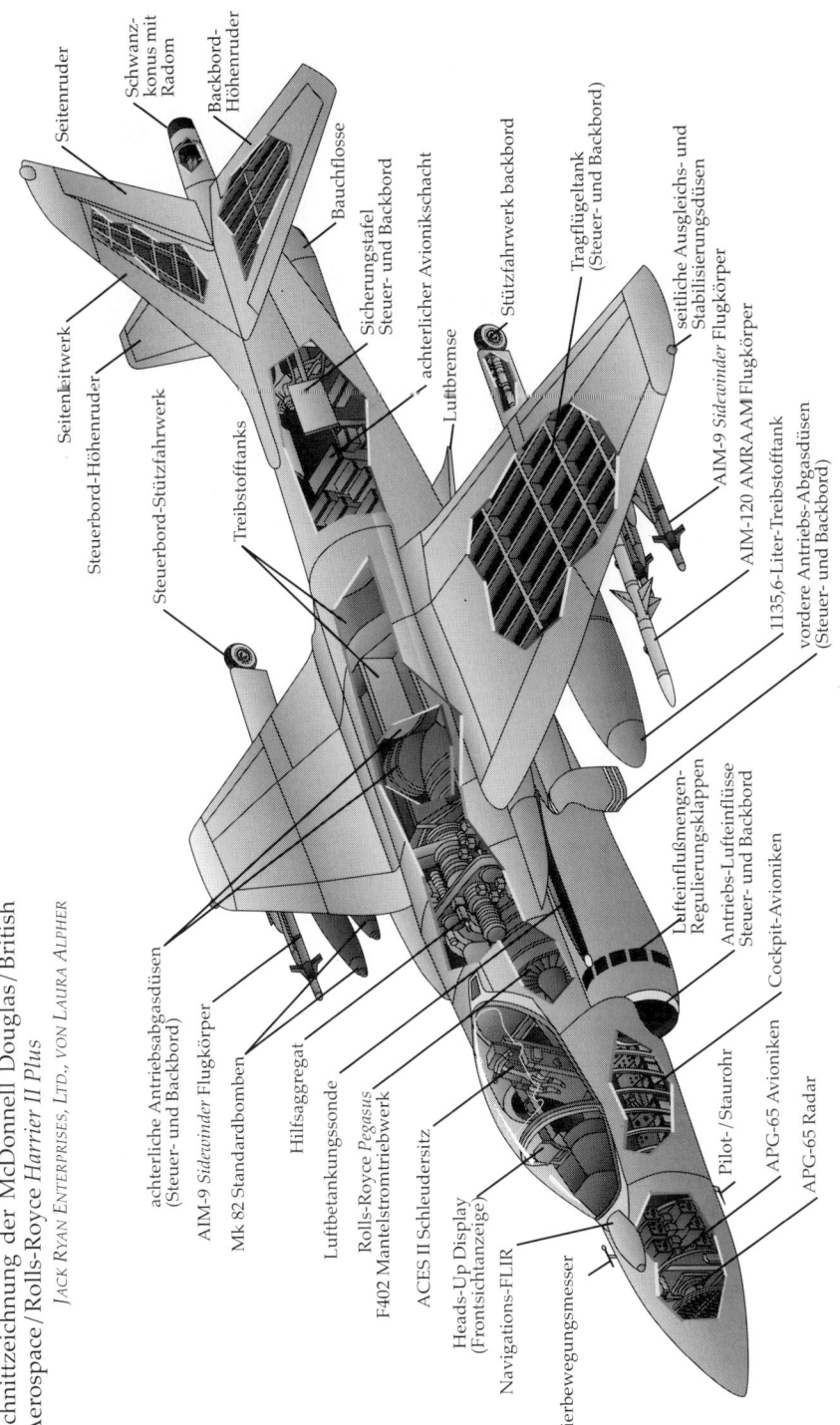

»Puffer«-Jets an der Nase, am Schwanz und an den Flügelspitzen der Maschine wirkt. Das System arbeitet mit unter hohem Druck stehender Preßluft, die vom Antrieb geliefert wird. Auch das Fahrwerk kann man getrost als ungewöhnlich bezeichnen. Es hat ein lenkbares Bugrad und ein Hauptfahrwerk mit Zwillingsreifen, die in den Rumpf eingefahren werden. Die spindeldürren Stützräder hingegen befinden sich etwa in der Mitte der Tragflächen und werden nicht eingezogen, sondern baumeln frei im Luftstrom.

Das eindeutig am wenigsten zu verwechselnde Charakteristikum der *Harrier* ist wohl der scharfe Winkel, mit dem sich die Tragflügel von ihren Wurzeln zu den Spitzen hin nach unten neigen. Luftfahrtingenieure nennen so etwas »Anhedral« (eine negative V-Stellung). Aber es macht Sinn, hilft es doch dabei, das Luftkissen unter den Tragflügeln bei VTOL-Vorgängen genau dort festzuhalten. Die Spannweite beträgt 9,25 m und ist damit klein genug, um in die Aufzüge an Bord der Schiffe zu passen. Damit kann auf die sonst notwendigen, konstruktionsbedingt komplizierten Faltflügelmechanismen verzichtet werden, die außerdem auch noch einen erheblichen Gewichtszuwachs mit sich bringen würden. Eine *Harrier* ist 14,12 m lang und hat keinen Fanghaken am Heck (weil sie ihn nicht braucht). Das Leergewicht liegt bei gerade einmal 5936 kg, macht sie damit geradezu zu einem Fliegengewicht im Vergleich zu einem F/A-18C Jagdbomber, bei dem die Anzeige der Waage erst bei 11 182 kg stehenbleibt, und der ist dann ebenfalls leer! Das maximale Startgewicht für den Senkrechtstart liegt bei 8587 kg, das für den Horizontalstart dagegen bei 14 061 kg, was einem deutlich vor Augen führt, wie hoch die Vorteile eines kurzen Anlaufs beim Start zu bewerten sind.

Das Herz der *Harrier* ist ihr schubvektorisierter *Pegasus*-Antrieb, der eigentlich für sämtliche der einzigartigen Eigenschaften der Maschine verantwortlich zeichnet. Im Laufe der Jahre haben es die Ingenieure bei Rolls-Royce geschafft, auch noch das letzte Quentchen Schubleistung aus dem *Pegasus*-Antrieb herauszukitzeln. Dazu war allerdings eine Reihe von leistungsverbessernden Maßnahmen erforderlich, die ich in der nachfolgenden Aufstellung aufgelistet habe:

Antriebs-version	Flugzeug-version	Schubkraft (in kp)
Pegasus 101	AV-8A	8.620
Pegasus 102	AV-8B	9.070
Pegasus 104	AV-8B	9.750
Pegasus 11-61 / F402-408	AV-8B Plus und Nachtjägerversion	10.800

Die Höchstgeschwindigkeit in »sauberer« Konfiguration (ohne außen angebrachte Zusätze) beträgt auf Meereshöhe 1065 km/h. Eine neue, blasenförmige Cockpitkuppel verbesserte die Sicht des Piloten sowohl zu den Seiten als auch nach hinten gewaltig. Die ursprünglich vorhandenen

ADEN-DEFA Bordkanonen vom Kaliber 30 mm (eine britisch-französische Gemeinschaftsentwicklung aus den späten 50er Jahren), die in abnehmbaren Behältern unter dem Rumpf hingen, sind inzwischen durch die eindrucksvolle General Electric GAU-12, eine fünfrohrige Gatling-Kanone Kaliber 25 mm, ersetzt worden. Auch sie ist in einem Behälter unter dem Rumpf angebracht, und in einem weiteren Behälter befindet sich noch ein Magazin mit 300 Schuß. Unter den Flügeln sind sechs feste Montagepunkte, und ein weiterer liegt in der Mittellinie des Flugwerks dazwischen. Die vier innenliegenden Montagepunkte haben die notwendigen Anschlüsse zur Aufnahme von abwerfbaren Zusatztanks, von denen jeder 1135 l Treibstoff faßt. Für den Luftkampfeinsatz können bis zu vier AIM-9 *Sidewinder* oder AIM-120 AMRAAM Air-to-Air Missiles (AAM = Luft-Luft-Flugkörper) mitgeführt werden. In bezug auf die Bewaffnung für den Bodenkampfeinsatz gelten neben den Behältern der GAU-12 Bordkanonen folgende Maximal-Nutzlasten:

- bis zu 16 Mk 82 (227 kg) Vielzweck- oder Mk 20 *Rockeye* Schüttbomben,
- bis zu sechs Mk 83 (454 kg) Vielzweck- oder CBU- 87/89/97 Schüttbomben,
- bis zu vier 70 mm *Hydra 70* Raketenbehälter (in denen sich je zehn dieser ungelenkten Raketen befinden),
- bis zu vier AGM-65 *Maverick* Luft-Boden-Flugkörper.

Der zielgenaue Abwurf ungelenkter oder lasergelenkter Waffen wird durch die Verwendung eines AN/ASB-19 Angle Rate Bombing Set (ARBS = Bomben-Abwurfwinkel-Zielgerät) sichergestellt. Zusätzlich sind die Maschinen auch noch mit den ALR-67 Radarwarnempfängern und ALE-39 Scheinzielautomaten ausgerüstet, die sich am Schwanz der Maschine befinden. In höchst bedrohlichem Umfeld würde der Montagepunkt in der Mittellinie einen ALQ-164- oder ALQ-167-Behälter für defensive Electronics Countermeasures (ECM = elektronische Gegenmaßnahmen) tragen.

Wie auch für viele andere Waffensysteme, so stellte 1991 der Krieg am Persischen Golf eine ausgezeichnete Möglichkeit für die Marines dar, sich selbst und mit ihrer *Harrier II* im Gefecht zu bewähren. Nur 17 Tage nach der Invasion Kuwaits durch den Irak im Jahre 1990 trafen schon 40 AV-8B der Marine Attack Squadrons VMA-311 und VMA-542 auf der Sheikh Isa Air Base (bei den Fliegern eher unter dem Spitznamen »Shakey's Pizza« bekannt) in Bahrain ein, nachdem sie einen mörderischen Transatlantikflug hinter sich gebracht hatten. Zu ihnen gesellten sich weitere 20 Maschinen vom VMA-311, das an Bord der USS *Nassau* (LHA-4) stationiert war. Gegen Ende August 1990 wurde das VMA-311 die saudische Küste hinauf zur King Abdul Azziz Air Base verlegt. Gegen Ende Dezember traf dann ein weiteres Geschwader ein. VMA-231 war 18 000 Meilen geflogen – das ist mehr als der halbe Umfang der Erde. Die Maschinen kamen aus Iwakuni in Japan, hatten den Pazifik, die Vereinigten Staaten von Amerika und schließlich noch den Atlantik überquert. Als der Zeitpunkt für den Beginn des Luftkampfes immer näher rückte, richtete man eine vorgeschobenen Operationsbasis in Tanajib ein, um wirklich nahe am Ort des Geschehens sein zu können. Tanajib war ein Hubschrauberlandeplatz, der nur 64 km südlich der saudisch-kuwaitischen Grenze lag. Der brettebene, 1828 m lange Runway bot zwar nur für ein Dutzend *Harriers* gleichzeitig Platz, da aber eine gut ausgebaute Straße dorthin führte, war es kein Problem, per Laster Treibstoff und Munition heranzuschaffen. Der Plan für den Luftkrieg von *Desert Storm* sah vor, die *Harriers* so lange in Reserve zu halten, bis ihr Einsatz im Rahmen der direkten Unterstützung der Marines beim Bodenkampf erforderlich werden würde. Aber schon am 17. Januar 1991 beschoß irakische Artillerie Stellungen der Marines in der Nähe der saudischen Küstenstadt Khafji, und die *Harriers* wurden herbeigerufen, um mit der Situation fertig zu werden:

> »Wir starteten vier Maschinen. Sie machten je zwei Überflüge und warfen dabei an die tausend Pfund Bomben direkt auf die Artilleriegeschütze. Wir sahen uns dann die Videoaufzeichnungen des Einsatzes an und konnten tatsächlich sehen, wie die dicken 122-mm-Kanonen einfach so nach hinten umkippten, als seien es Spielzeuge.«
> – Lieutenant Colonel Dick White, USMC, VMA-311

Durch diese Schilderung kann man sich vielleicht schon eine bessere Vorstellung vom Können der Piloten des Marine Corps machen, denn man muß bedenken, daß es sich hier um einen Angriff mit ungelenkten, also »dummen« Bomben handelte. Um irakischen SAMs und Flakfeuer zu entgehen, bemühten sich die *Harriers*, bei ihrem Angriff in Flughöhen zu bleiben, die oberhalb von 10 000 ft lagen, was dann allerdings ein punktgenaues Treffen äußerst erschwerte. Das typische Angriffsprofil sieht einen 45°-Sturz mit einer Geschwindigkeit von 960 km/h durch die Luft vor, bei dem die Auslösung der Bomben zwischen 10 000 und 7000 ft erfolgen soll. Auf dem Sturz zum Ziel sollen Düppel (Chaff = Störmittel) ausgestoßen werden, um feindliche Radargeräte zu verwirren, und Wärmescheinziele (Flares) abgeworfen werden, um die hitzesuchenden Köpfe der SAMs abzulenken. Später, gegen Ende des Kriegs, mußten die *Harriers* dann schon bis zu 340 km tief ins Landesinnere Kuwaits fliegen, um überhaupt noch Ziele zu finden, die sie angreifen konnten. Bei solchen Einsätzen griffen jeweils zwei Maschinen ein Ziel aus unterschiedlichen Richtungen an und stützten sich dabei nicht selten auf Informationen, die sie von einem vorgeschobenen Luftraumüberwacher bekamen, der in einer tieffliegenden OV-10 *Bronco* der Marines oder F/A-18 *Hornet* der Marines oder Navy saß.

In der ersten Woche des Luftkriegs führten die *Harriers* noch ein oder zwei *Sidewinder* zur Selbstverteidigung mit, doch wurden die Luftstreitkräfte des Irak derart schnell neutralisiert, daß kein einziger *Harrier*-Pilot je ein feindliches Flugzeug zu Gesicht bekam. Von 86 *Harriers*, die über Kuwait operierten, gingen fünf durch feindliche Luftabwehr vom Boden aus verloren und eine durch einen Unfall, der nichts mit den Kampfhand-

Zwei AV-8B *Harrier II* operieren im Rahmen von Übungen, die 1994 in einem norwegischen Fjord stattfanden, auf dem Flugdeck der USS *Wasp* (LHD-1).
OFFIZIELLES FOTO DER U.S. NAVY

lungen zu tun hatte. Nachdem sie die »Freuden« von Yuma in Arizona und Cherry Point in North Carolina hatten genießen können, stellte die Wüstenhitze von Saudi-Arabien für die *Harrier*-Geschwader keine große Schwierigkeit dar, und es gab bemerkenswert wenig Probleme durch den herumwehenden, puderfeinen Sand. Insgesamt flogen die *Harriers* während der Operationen *Desert Shield* und *Desert Storm* 9353 Einsätze einschließlich der 3380 Kampfeinsätze, bei denen fast 2,7 Millionen Kilo Gefechtsmaterial auf feindliche Ziele abgeworfen wurden. Während des Kriegs flogen die *Harriers* allerdings wegen der schlechten Witterungsbedingungen kaum einmal mehr als zwei Einsätze täglich.

Im Laufe von *Desert Storm* war die Einsatzfähigkeit der *Harriers* sehr stark durch ihre Rolle als Tageslicht-/Gutwetter-Kampfflugzeug eingeschränkt, da sie weder über Radar- noch über elektro-optische Präzisions-Zielsysteme verfügten. Da Kriege nun einmal weder bei Nacht noch schlechtem Wetter Auszeiten haben, stellte dies eine ernstzunehmende Einschränkung dar. Mitte 1987 hatte man damit begonnen (die ersten Auslieferungen erfolgten dann im September 1989), 60 AV-8B durch die Installation eines FLIR-Sensors und einer neuen Cockpitbeleuchtung, die mit den Nachtsichtgläsern kompatibel war, auf nachtflugtaugliche *Night-Harriers* umzurüsten. Das auf der Verkleidung oberhalb der Flugzeugnase montierte FLIR projiziert ein grün-weißes Videobild auf das Heads-Up Display (HUD) des Piloten. Ein farbiger Kartenplotter, der auf Daten zurückgreift, die auf einer CD-ROM gespeichert sind, eliminiert den Ärger, den man fast automatisch hat, wenn man im dunklen Cockpit mit Papierkarten herumfummeln muß.

Es sollte aber noch besser kommen. Mit ihren *Sea Harriers* hat die Royal Navy bereits unter Beweis gestellt, daß es möglich ist, ein Radargerät in der Nase der *Harriers* unterzubringen. Bei der *Harrier II Plus* haben sich die Ingenieure bei McDonnell Douglas nicht einfach damit zufriedengegeben, ein relativ simples Entfernungsmeß- oder Luftsuchradar zu installieren.

Sie haben das gesamte Flugwerk komplett überarbeitet, um das kraftvolle Hughes APG-65 Multi-Mode Radar unterbringen zu können, das auch bei den F/A-18 *Hornets* im Einsatz ist. Das bedeutet, daß gegen Ende 1996 die *Harrier*-Streitmacht auch die mächtigen AIM-120 AMRAAM Flugkörper in die Bestandslisten ihrer Waffenarsenale aufnehmen konnte. Damit zählt die *Harrier* zu den gefährlichsten Vögeln am Himmel. Da durch den Einbau des Radars ein Gewichtszuwachs von rund 410 kg entstand und der Rumpf wegen der Größe des Gerätes auch noch um 43 cm verlängert werden mußte, kam man nicht umhin, ein komplett neues Flugwerk zu bauen und bei der Gelegenheit auch gleich einen neuen Antrieb zu installieren. Die letzten 24 *Harrier II* aus der Produktion wurden bereits nach dem neuen *Plus*-Standard gebaut. Anschließend werden dann weitere Maschinen aus dem Bestand »überarbeitet«. Um dabei Geld zu sparen, werden die Hauptkomponenten der bestehenden AV-8B wie Oberflächen, Fahrwerk und Schleudersitze bei der Herstellung der neuen Maschinen wiederverwendet und auf diese Weise die Produktionskosten im Vergleich zu einer komplett neuen Maschine auf etwa zwei Drittel reduziert. Italien (mit 16 Flugzeugen) und Spanien (mit acht Maschinen) beteiligen sich entsprechend eines am 22. September 1992 unterzeichneten Vertrags an den Entwicklungs- und Produktionskosten für die *Harrier II Plus*.

Die *Harriers* werden bei den Marines noch bis ins 21. Jahrhundert hinein im Dienst stehen. Es ist ziemlich wahrscheinlich, daß sie dann irgendwann, so um das Jahr 2010 herum, nach und nach von einer Variante des STOVL Joint Strike Fighters (JSF) abgelöst werden, der sich im Augenblick noch in der ersten Phase der gemeinsamen Entwicklung von Air Force und Navy befindet. Aber bis dahin wird die Vielzahl von Waffenlasten und Einsatzfähigkeiten wohl noch einem enormen Wachstum unterworfen sein. Nur als Beispiel sei erwähnt, daß zur Zeit eine Ausschreibung läuft, bei der es um die Entwicklung eines Laserziel- und Markierungsbehälters für den Montagepunkt in der Flugzeugmittellinie geht, der dann endlich die *Harrier* mit der Fähigkeit versieht, auch selbst lasergelenkte Bomben und Flugkörper einsetzen zu können.

Pioneer Unmanned Aerial Vehicle (UAV)

Man bezeichnete sie bislang als »Drohnen« oder »Remote Controlled Aircraft« (R/C A = ferngesteuertes Flugzeug). Heute hat sich die Bezeichnung UAV für Unmanned Aerial Vehicle, also unbemanntes Luftfahrzeug, durchgesetzt. Durch die Verwendung dieser Bezeichnung wird im Gegensatz zu den vorgenannten eindeutig klargestellt, daß es sich hier um ein Flugzeug handelt, in dem sich kein menschlicher Pilot an Bord befindet. Die Vorstellung eines pilotenlosen Flugzeugs jagt vielen Piloten einen Schauer über den Rücken. (»Diese Maschine ist scharf auf deinen Job... und kann einen Zusammenstoß in der Luft verursachen.«) Da irgendwann einmal die Piloten zu Generälen und Admirälen befördert werden, berufen sie sich natürlich auf die erfolgreichen Abschüsse, die in der

Militärfliegerei von Piloten erzielt wurden. Wen wundert es da, daß die UAVs einen tiefverwurzelten institutionellen Widerstand zu überwinden hatten, bevor sie ein gewisses Maß an Anerkennung gewinnen konnten. Aber wie auch immer man es betrachten mag, die UAVs haben ganz offensichtliche Vorzüge aufzuweisen. Da wäre zunächst einmal, daß sie im Vergleich zu einem bemannten Flugzeug sehr klein sind und billig herzustellen. Des weiteren haben es die Fortschritte bei der Software und Miniaturisierung der Elektronik möglich gemacht, daß relativ »intelligente« Autopiloten auf den Markt kamen. Schließlich tat auch die Entwicklung miniaturisierter Videokameras in stabilisierten Halterungen (die sogenannten »Steadicams«) ein übriges, weil diese hochauflösende Bilder liefern konnten und es ihnen dabei völlig gleich war, ob dies bei Tag oder Nacht zu geschehen hatte. Ja, und da wäre noch etwas: Wenn ein Feind es wirklich einmal schafft, ein solches Gerät abzuschießen, gibt es eine absolut lausige Geisel ab.

Anfang 1996 war das *Pioneer* das einzige von U.S. Army, Navy und Marine Corps verwendete UAV. *Pioneer* selbst wurde in den 70er Jahren von Israel Aircraft Industries (IAI) entwickelt und spielte 1982 beim Luftangriff im Bekaa-Tal eine Schlüsselrolle. Bei diesem Gefecht schafften es die Verteidigungsstreitkräfte Israels, das moderne Luftabwehrsystem sowjetischer Herkunft, das der Libanon zu dieser Zeit schon besaß, restlos zu zerstören. Nach unseren eigenen bitteren Erfahrungen, die wir 1985 im Libanon machen mußten, entschied der damalige Marineminister John Lehman, daß mit sofortiger Wirkung ein Beschaffungsprogramm für UAVs, die »von der Stange« sein sollten, anzulaufen habe. Diese sollten dann an Bord der damals erst kurz zuvor reaktivierten und modernisierten Schlachtschiffe der *Iowa*-Klasse mitgeführt werden. Sie sollten dann die Funktion von Artilleriebeobachtern übernehmen, dabei auch gleich erfassen, in welchem Umfang das eigene Geschützfeuer zerstörend gewirkt hatte, und zu Aufklärungszwecken eingesetzt werden. All das war nämlich bislang im Libanon nicht möglich gewesen. Sieger dieser Ausschreibung wurde das *Pioneer*, und es wurde gegen Ende 1986 bei der

Ein *Pioneer* Unmanned Aerial Vehicle (UAV) kurz vor seinem Start vom Flugdeck eines Schiffs der U.S. Navy. Zunächst zündet ein kleiner Raketenmotor, der das Flugzeug so lange antreibt, bis der Marschantrieb diese Aufgabe übernimmt.

OFFIZIELLES FOTO DER U.S. NAVY

Flotte in Dienst gestellt. Im darauffolgenden Jahr beschafften sich die Marines einige zusätzliche *Pioneers*, die sie von den LPDs und Bodenstationen aus verwenden wollten. 1991 flogen insgesamt sechs an den Persischen Golf verlegte *Pioneer*-Einheiten im Laufe von *Desert Storm* 533 Einsätze. Eines dieser unbemannten Flugzeuge eroberte sich sogar einen einzigartigen Platz in der Luftfahrtgeschichte dadurch, daß sich ihm eine ganze irakische Einheit ergab!

Pioneer-UAVs haben eine Flügelspannweite von 5,2 m, eine Länge von 4,3 m, ein Leergewicht von gerade einmal 120 kg und ein zulässiges Startgewicht von 195 kg. Ein etwas über 26 PS starker Zweitaktmotor treibt einen hölzernen Schubpropeller an, der sich zwischen den beiden Schwanzbäumen des Geräts befindet. Der kleine Motor liefert über einen Generator (Lichtmaschine) auch den Strom für das Sensorpaket, die Flugsteuerung und den Datenverbund. Die Gipfelhöhe eines *Pioneer* liegt bei 15 000 ft (über 4500 m), allerdings fliegt es meistens auf 1000 m Höhe oder darunter. Die Höchstgeschwindigkeit liegt bei 204 km/h, obwohl sie selten genutzt wird, weil sich eine Marschgeschwindigkeit von ca. 120 km/h als ebenso sinnvoll wie ökonomisch herausgestellt hat. Die Einsatzdauer beträgt dann etwa fünf Stunden, wodurch ein Einsatzradius von rund 185 km ermöglicht wird. Der Motor konsumiert Octan-100-Treibstoff, also Flugbenzin, dem in geringer Menge Zweitaktöl beigemischt wird. Die Treibstoffkapazität des Tanks beträgt 45 l. Ein *Pioneer* kann sehr leicht in seine modularen Bestandteile zerlegt und dann in seinen recht primitiven Frachtcontainer verstaut werden, der bei den Crews nur als »Vogelkäfig« bezeichnet wird. Soll das *Pioneer* von Bord eines Schiffs aus eingesetzt werden, benötigt es die Unterstützung eines kleinen Start-Raketenmotors, der allerdings an Deck nur sehr wenig Raum beansprucht. Beim Einsatz vom Boden aus steht ein auf Lastern montierbares Druckluft-Katapult zur Verfügung. Geht der Einsatz eines von einem Schiff aus gestarteten UAV seinem Ende entgegen, kehrt das *Pioneer* zum Ausgangspunkt seiner Reise zurück. Dort wird es von einem Bergenetz – einem riesigen Volleyballnetz aus Nylon nicht ganz unähnlich –, das man am Heck des Schiff aufgeriggt hat, aufgefangen. Steht eine Landebahn zur Verfügung, kann es auch normal auf seinem starren dreirädrigen Fahrwerk starten und landen.

Die *Pioneers* können mit jeweils einem von zwei möglichen elektro-optischen Systemen ausgerüstet werden, die in weniger als einer Stunde ausgetauscht werden können. Zum sogenannten »Tagespaket« gehört eine stabilisierte, in einem Türmchen montierte Schwarzweiß-Videokamera mit Zoomeinrichtung. Eine Colorkamera, die bessere Kontrastwerte für die Farbwiedergabe liefert, ist schon Bestandteil eines Modernisierungsprogramms, aber zur Zeit noch nicht im Einsatz. Außerdem macht die Farbwiedergabe größere Kapazitäten in der Bandbreite des Datenverbundnetzes erforderlich. Zum »Nachtpaket« gehört ein hochauflösendes FLIR-System, das auf bestimmte Brennweiten zoomen und dessen Display zwischen »heiß = weiß« und »heiß = schwarz« hin- und hergeschaltet werden kann. Die Funksteuerung und der Datenverbund verwenden eine Breitbandtechnik, die außerordentlich resistent gegenüber Funkstörversuchen ist. Da ein

Pioneer aus sehr leichten Verbundmaterialien hergestellt wird, hat er nur einen sehr kleinen Radarquerschnitt. Es ist mit einem IFF-Transponder im Standardmodus 3 ausgerüstet, um befreundeten Flugzeugen einerseits seine Verfolgung zu ermöglichen, andererseits aber Zwischenfälle in der Luft weitestgehend auszuschließen. Die Systemsoftware zeigt automatisch das Datum und die Uhrzeit, die geographischen Koordinaten und die Entfernung zum Ziel an, die via Datenverbund auf die Anzeigegeräte der Basis übertragen werden. Außerdem wird auch noch eine Symbolik angezeigt, aus der die Flugrichtung und Höhe der Maschine abzulesen ist und die in ihrer Darstellung den HUDs (Heads-Up Displays) der Kampfflugzeuge zwar sehr ähnlich, doch wesentlich weniger kompliziert ist.

Vier taktische Landungsschiffe (LPDs) sind im Augenblick dafür ausgerüstet, *Pioneers* einsetzen zu können. Eine *Pioneer*-Einsatztruppe besteht aus etwa 30 Soldaten und fünf Geräten. Die Steuerstation ist ein klimatisierter Schutzraum mit jeweils einer separaten Konsole für den Flight-Operator (Flugtechniker) und den Sensor-Operator (Sensortechniker), die ihrerseits auf Anweisung eines Einsatzleiters arbeiten. Der Flight-Operator übergibt die Steuerung der Maschine für Start und Bergung an eine tragbare Steuerstation an Deck. Ein Zielverfolgungstechniker bedient die Kurs-/Ziel- und Kommunikationssysteme, für die eine Stabantenne und eine steuerbare Schüsselantenne erforderlich sind, die auf einem Schiff oder an Land auf einem leichten Laster montiert werden können. Ein Aufzeichnungstechniker bedient die Videokassettenrecorder, die ihre Signale an andere Schiffe oder Bodenstationen weiterleiten können.

Bedingt durch die bei weitem zu niedrig angesetzten Beschaffungsbudgets für Ersatzteile, hatte *Pioneer* eine Reihe von Zuverlässigkeitsproblemen zu meistern. Sind sie im Einsatz, kommt es nicht selten vor, daß die *Pioneers* kleinere Beschädigungen bei der Bergung im Fangnetz abbekommen, was eine große Geschicklichkeit bei ihrer Instandhaltung zur unabdingbaren Voraussetzung macht. Aber nichtsdestoweniger, sie haben sich als unschätzbar wertvolle Aktivposten des Landes erwiesen, und es steht außer Frage, daß weitere dieser »Luftfahrzeuge« auf den Beschaffungslisten der kommenden Jahre stehen werden. Dieses System wird auch noch bis ins 21. Jahrhundert hinein Dienst tun. Erstvertragsnehmer ist Pioneer UAV, Inc., ein Joint-venture zwischen der Israel Aircraft Industries und der in Hunt Valley, Maryland, angesiedelten AAI Corporation.

Bell Textron UH-1N *Twin Harvey*

Jeder Krieg, an dem Amerika beteiligt war, lieferte seine unverwechselbaren Ikonen, die in unserer kollektiven geschichtlichen Erinnerung immer wieder auftauchen. Im Bürgerkrieg war es die typisch geformte Feldmütze, die »Forage Cap«, und die 12pfünder »Napoleon«-Glattrohrkanone aus Bronze. Im Zweiten Weltkrieg war es der *Sherman*-Panzer und der GI-Stahlhelm, im Vietnamkrieg der »Boonie Hat« und der Bell UH-1 Helikopter. Seine offizielle Bezeichnung lautet *Iroquois* (Irokese), weil die

Ein UH-1N mit den Kennzeichnungen des HMM-264 des 26th MEU(SOC) der Marines. Die »IFOR«-Markierung weist ihn als zu einer Einheit gehörend aus, die kürzlich noch mit der Einhaltung der friedenssichernden Maßnahmen der NATO in Bosnien beauftragt war. *John D. Gresham*

Army immer schon die Ansicht vertrat, daß Hubschrauber nach Indianerstämmen benannt werden sollten. Für die Truppe ist und bleibt er aber wohl immer der »*Huey*«. Als Gewinner eines Konstruktionswettbewerbs, den die Army 1955 ausschrieb, absolvierte der UH-1 seinen Jungfernflug am 22. Oktober 1956. Mehr als 11 000 Stück sind seither auf der ganzen Welt in einem guten Dutzend der unterschiedlichsten Modelle und unzähligen Ausführungsvarianten produziert worden.

Ein wesentlicher Faktor für die Langlebigkeit eines Flugwerks besteht unter anderem in seiner Fähigkeit, immer stärkere Antriebe aufnehmen zu können. Man wird kaum männliche oder weibliche Piloten finden – die ihr Schwingen-Emblem zu Recht tragen –, die nicht überzeugt die Ansicht vertreten, daß ihre Flugzeuge über keine ausreichenden Schub oder Auftrieb verfügen würden. Die erste Produktionsserie des *Huey* hatte noch einen (an heutigen Standards gemessenen) blutarmen Turbinen-Wellenantrieb von Lycoming, der es gerade einmal auf 710 PS brachte. Die augenblickliche Version verfügt über zwei Pratt & Whitneys, von denen jede knapp über 912 PS leistet und die über eine sogenannte »Burst-Transmission« zusammengeschaltet 1308 PS abgeben.

Ursprünglich als »Angel of Mercy«, also »rettender Engel«, zum Abtransport von Verwundeten aus Gefechtsfeldern vorgesehen, erwies sich der *Huey* bald als Tausendsassa, der auch in der Lage war, Kommandeuren, vorgeschobenen Beobachtern und übersetzenden Truppen innerhalb und außerhalb »heißer« Landungszonen einen Blick aus der »Vogelperspektive« zu verschaffen. Er schleppte auch, wenn es denn einmal sein mußte, Lasten zu den Feuerstellungen auf Berggipfeln und diente als Plattform für Raketen und in seinen Türen angebrachte Maschinengewehre. Die *Hueys* sind zur Zeit die einzigen Flugzeuge, die bei allen Truppengattungen im Einsatz sind – selbst die U.S. Air Force betreibt noch eine kleine Zahl für Aufgaben wie den VIP-Transport, die Sicherung von Raketengeländen und die Versorgung abgelegener Raketensilos. Der erste *Huey*, der speziell für das Marine Corps gebaut wurde, trug die Bezeichnung UH-1E und trat im Februar 1964 bei der MAG-26 seinen Dienst an. Er war schon mit der verstärkten, knapp 1420 PS leistenden Turbine, einer Rettungswinde, verbesserter Elektronik und einer Rotorbremse (mit der man den Rotor in einer bestimmten Position für das Parken an Deck eines Schiffs arretieren konnte) ausgestattet.

Die augenblickliche Version mit der Bezeichnung UH-1N, von der insgesamt 111 Exemplare immer noch in den Inventarlisten des Corps geführt werden, wurde 1971 bei den Marines eingeführt. Zum Piloten und Copiloten kommen bei Gefechtseinsätzen noch zwei Schützen, die an den beiden Türen die Maschinengewehre vom Kaliber 7,62 mm oder .50 bemannen. Erstmission ist der Einsatz als Befehls- und Führungsplattform für die Kommandeure von MEFs und MEU(SOC)s. Dazu wird ein spezielles Kommunikationspaket in die *Hueys* der Marines eingebaut, um dem Kommandeur einer Task Force die notwendigen Möglichkeiten zu verschaffen, mit seinen Einheiten in Verbindung zu bleiben. Die Marines beziffern die im Augenblick notwendigen Modernisierungskosten auf etwa 4,7 Millionen Dollar. Die große Neuigkeit dieser Tage ist die, daß die *Hueys* in ein ähnliches Modernisierungsprogramm einbezogen werden, das auch für den AH-1W *Cobra* Kampfhubschrauber läuft. Danach, so sehen es zumindest die augenblicklichen Planungen vor, soll der UH-1N auf jeden Fall noch bis zum Jahr 2020 im Dienst bleiben, bis dann die Befehls- und Führungsversion der neuen V-22 *Ospreys* voraussichtlich so weit gediehen ist, daß sie diesen Job übernehmen kann.

Bell Textron AH-1W *Cobra* Kampfhubschrauber

> »*Es gab jede Menge Flugzeuge, aber es waren diese mickrigen Vögel, die für uns die größte Bedrohung darstellten.*«
> – Aussage eines irakischen Kriegsgefangenen bei einer Abschlußbesprechung nach *Desert Storm*

Die Iraker nannten ihn einen »mickrigen Vogel«. Die Marines haben einen anderen Namen, der auf dem gesprochenen Buchstaben der Zusatzbezeichnung basiert. Das »W« wird im Funksprechalphabet *Whiskey* gesprochen, also ist er für sie der »Whiskey Cobra«. Aber wie man ihn auch immer bezeichnen mag, er ist und bleibt eine der tödlichsten und vielseitig verwendbarsten Flugmaschinen auf einem Gefechtsfeld, eben der Bell Textron AH-1W *Cobra*. Die Ursprünge für diesen Kampfhubschrauber können bis in das Jahr 1950 zurückverfolgt werden, als die Franzosen im Laufe des langen und blutigen Kolonialkriegs in Algerien an ihren leichten *Alouette*-Hubschraubern versuchsweise 20-mm-Maschinengewehre anbrachten. In Vietnam experimentierte die U.S. Army auf ähnliche Art und Weise mit automatischen Waffen und Raketenbehältern an ihren verschiedenen *Huey*-Modellen herum. Es wurde schon bald offensichtlich, daß ein ausgeklügelteres Feuerleitsystem als das menschliche Auge nötig war, um von einem fliegenden Hubschrauber aus ein bewegliches Ziel treffen zu können.

Ein AH-1W *Cobra* Kampfhubschrauber vom HMM-264 im Tiefflug bei einer Übung in Camp Lejeune, North Carolina
JOHN D. GRESHAM

Ebenso stand außer Frage, daß die Arbeitsbelastung für einen Hubschrauber, ganz besonders dann, wenn es Leute am Boden gab, die auf ihn schossen, eine Aufteilung der Gefechtsaufgaben auf einen Piloten und Bordschützen unumgänglich machte. Als die Hubschrauberverluste stiegen, wurde es ebenso offensichtlich, daß die »Kanonenboote« eine möglichst kleine Zielfläche bieten und soviel Panzerschutz bekommen mußten, wie der oder die Antrieb(e) gerade noch heben konnten, um überleben zu können.

Das Resultat war dann der originale AH-1G *Cobra* der Army (die Heeresflieger nannten ihn kurz »die Schlange«). Er hatte noch die Antriebs-/Getriebeeinheit und den Rotor des *Huey*, die alle in ein sehr flaches Flugwerk eingebaut wurden, in dem dann der Bordschütze im vorderen Cockpit und der Pilot in einem etwas darüberliegenden zweiten Cockpit dahintersaß. Die Stummelflügel verfügten über Montagepunkte zur Aufnahme von Raketen und Maschinenkanonenbehältern, und der an der Nase montierte Turm bot Platz für ein Maschinengewehr oder einen 40-mm-Granatwerfer. Die Marines waren derart stark von diesen neuen Vögeln beeindruckt, daß sie bei der Army vorstellig wurden und um die leihweise Überlassung von 38 dieser Army *Cobras* baten, die sie dann auf schnellstem Weg in Vietnam zum Einsatz brachten. Die Erfahrungen, die von den Piloten der Marines mit diesen ersten *Cobras* gemacht wurden, liefen mehr oder weniger alle auf eine Reklamation hinaus: zu wenig Antriebskraft. Sie hielten den Einbau einer zweiten Turbine für eine unumgängliche Notwendigkeit. Außerdem brauchte man für die Operationen von einem Schiff aus eine Rotorbremse, die den Rotor in einer Position längs der Mittellinie des Rumpfs, also von vorn nach achtern arretierte, um den erforderlichen Stauraum an Bord zu reduzieren. Unter der Bezeichnung AH-1J *Sea Cobra* wurde die Maschine mit einer zusätzlichen dreirohrigen Gatling-Maschinenkanone Kaliber 20 mm bewaffnet, die man in einem Kinnturm unterbrachte. Dieser kleine Geschützturm wurde über einen Servomotor bewegt und ermöglichte es dem Bordschützen, auch noch auf Ziele zu schießen, die bis zu 110° seitlich der Nase der Maschine lagen.

Der erste *Sea Cobra* trat 1971 beim HMA-269 seinen Dienst an, und im Laufe der Zeit wurden weitere 69 Maschinen an die Marines ausgeliefert. Eine verbesserte Version unter der Bezeichnung AH-1T hatte unter anderem einen um 1,1 m verlängerten Rumpf, um größere Treibstofftanks unterbringen zu können. Außerdem verfügte er schon über die nötige Ausrüstung, um TOW-Panzerabwehrflugkörper starten zu können. Dieser Typ leitete schließlich zur endgültigen Form des *Cobra* über, der heute unter der Bezeichnung AH-1W *Super Cobra* im Einsatz ist und 1986 erstmalig den Dienst antrat. Sein Antrieb erfolgt über zwei GE T700 Turbinen, die jeweils 1713 PS leisten. Die Höchstgeschwindigkeit auf Meereshöhe liegt bei 320 km/h und die Maximalreichweite mit randvollen Innentanks bei 636 km. Der »*Whiskey Cobra*«-Hubschrauber verfügt über einen Laserentfernungsmesser und ein stabilisiertes optisches System, das man in seiner Nase untergebracht hat. Außerdem ist er mit Werfern für Düppel und Wärmescheinziele ausgerüstet und verfügt über ein sogenanntes »Black Hole«-System zur Unterdrückung der IR-Signatur. Dieses »Schwarze Loch« mischt die kühle Außenluft mit den heißen Abgasen der Turbine. Die Maschine kann mit bis zu acht TOW- oder *Hellfire*-Flugkörpern bewaffnet werden. Außerdem besteht die Möglichkeit, an den Stummelflügeln auch noch Startschienen für die AIM-9 *Sidewinder* anzubringen. All das verleiht einem *Cobra* eine Luftkampffähigkeit gegen andere Hubschrauber und sogar Kampfflugzeuge. 1996 waren bereits über 100 Exemplare der neuen Maschinen ausgeliefert. Bis zu diesem Zeitpunkt hatte man aber auch noch 42 der älteren »-1T«-Vögel modernisiert und auch auf die AH-1W-Konfiguration umgebaut. Sie stehen bei sechs Operationsgeschwadern und einer Trainingseinheit des HMT-303 in Camp Pendleton in Kalifornien im Dienst.

Im Laufe von *Desert Storm* bestand die übliche Waffenbestückung aus zwei LAU-68 Raketenbehältern an den innenliegenden und Panzerabwehrflugkörpern an den außenliegenden Pylons. Die *Cobras* der Marines spielten im Gefecht von Khafji eine Schlüsselrolle, indem sie die irakischen Panzerkräfte dezimierten. Ein Kommandeur konnte dabei völlig verblüfft beobachten, wie ein irakisches Artilleriegeschoß unmittelbar unter einem *Cobra* detonierte, der sich gerade im Schwebeflug befand. Der Helikopter schüttelte sich nur kurz und setzte seinen Einsatz fort. Trotz Sandstürmen und salziger Nebel schafften es die *Cobras*, eine Einsatzbereitschaft von 92 Prozent aufrechtzuerhalten, und lagen damit 24 Prozent über den Werten, die von den komplizierteren (und wesentlich bekannteren) AH-64A *Apaches* der Army erreicht wurden, die auch noch ununterbrochener Unterstützung durch zivile Techniker von den Vertragsnehmern bedurften.

Die augenblicklichen Modernisierungspläne für den »*Whiskey Cobra*« werden das Einsatzleben dieser Flotte bis mindestens zum Jahr 2020 verlängern. Ein angestrebtes Ziel besteht dabei in der Vereinheitlichung der Antriebe, Getriebe und anderer Systeme bei AH-1W und UH1-N, um auf diese Weise sowohl die Höhe der Kosten als auch die Größe der Ersatzteillager zu verringern. Eine Schlüsselrolle bei diesen Bemühungen werden dabei auch folgende Kriterien spielen: ein neuer Verbundmaterial-Vierblattrotor für eine bessere Beweglichkeit und niedrigere Geräusch- und

Vibrationsentwicklung, ein verbessertes Night-Targeting System (NTS = Nachtzielsystem) auf der Grundlage einer israelischen Konstruktion sowie eine Vielzahl von Verbesserungen bei den Cockpitinstrumenten zur Reduzierung der Arbeitsbelastung von Bordschützen und Piloten. Das NTS wurde konstruiert, um den Crews der *Cobras* beim Marine Corps das gleiche FLIR- und Laserdesignationssystem zu verschaffen, das auch die AH-64A *Apache* und OH-58D *Kiowa Warrior* haben. Das bedeutet, daß diese Maschinen dann endlich auch selbst Ziele für den Einsatz von *Hellfire*-Flugkörpern und sogar von lasergelenkten Paveway-Bomben markieren können. Wenn dieses Programm einmal abgeschlossen sein wird, steht zu erwarten, daß die *Cobra*-Flotte bis ins zweite Jahrzent des 21. Jahrhunderts lebens- und einsatzfähig bleibt. Bis dahin wird mit einiger Sicherheit schließlich eine Kampfversion des V-22 *Osprey* entwickelt worden sein, die dann diesen Klassiker unter den Kampfvögeln ablösen wird.

Boeing Vertol CH-46E *Sea Knight*

In den späten 40er Jahren begann eine visionäre Gruppe von jungen Offizieren bei den Marines damit, die Möglichkeiten der sich rapide entwickelnden Hubschraubertechnik für amphibische Kampfeinsätze zu erkunden. Sie nannten das neue Konzept »Vertical Envelopment«, also »senkrechte Umfassung«. Dabei sollten kleine Einsatzgruppen mit Hubschraubern das Schlüsselterrain sichern und Sperrstellungen tief hinter der feindlichen Küstenverteidigung errichten, sobald die Hauptlandungskräfte über den Strand an Land gekommen waren. So etwas hatte man schon einmal bei der Invasion im Zweiten Weltkrieg versucht. In der Normandie setzte man dazu Infanterieeinheiten per Fallschirm aus Lastenseglern ab. Aber diese völlig konfusen und verstreuten Absetzungen bei Nacht hätten beinahe in einer Katastrophe geendet. Während des Koreakriegs hatten die kleinen, noch von Kolbenmotoren angetriebenen und sehr zerbrechlichen Helikopter ihren Wert bei MEDEVAC-Operationen und der Gefechtsfeldbeobachtung für Kommandeure unter Beweis gestellt. Aber es bedurfte der Entwicklung des Turbinenantriebs für Hubschrauber, die zu Beginn der 60er Jahre ausgereift war, um den Traum der Vertikalumfassung Wirklichkeit werden zu lassen.

Da es ihr verboten war, eigene Festflügelflugzeuge zu betreiben, griff die U.S. Army begeistert bei den Hubschraubern zu und entwickelte die Richtlinien für die sogenannte Airmobile Warfare, was etwa im Sinn einer »luftmobilen Gefechtsführung« zu verstehen ist. Zweifellos eine gute, allerdings auch sehr teuere Art, einen Krieg zu führen. Eine der vielen Schätzungen spricht von mehr als 4000 amerikanischen Hubschraubern, die während des Vietnamkriegs abgeschossen wurden, während sie genau diese Airmobile Warfare praktizierten. Einer der Hubschrauber, die in Vietnam praktisch allgegenwärtig waren, war der CH-46E, das inzwischen in die Jahre gekommene Arbeitspferd der Marines. *Sea Knight*, also »Ritter zur See«, mag vielleicht die offizielle Namensgebung sein, bei den

Ein CH-46E *Sea Knight* Transporthubschrauber der Marines vom HMM-264 an Deck der USS *Wasp* (LHD-1) bei den Vorbereitungen zum Triebwerkstart. Dieser Hubschrauber, auch als »*Bullfrog*« bekannt, ist ein bereits in die Jahre gekommener Vogel, der im 21. Jahrhundert durch das Schwenkrotorflugzeug MV-22B *Osprey* abgelöst werden wird. JOHN D. GRESHAM

Marines heißt er aber »*Bullfrog*« (Ochsenfrosch). Diese Maschine wurde als mittelschwerer Hubschrauber beim HMM-265 des Marine Corps im Juni 1964 in Dienst gestellt. Insgesamt beschafften die U.S. Navy und das Marine Corps 624 Exemplare dieses Hubschraubertyps, der während des ganzen Vietnamkriegs und bei jeder Operation der Marines der Folgezeit im Einsatz war. Die Produktion lief bereits 1977 aus, aber die derzeitigen Bestandslisten weisen immer noch 242 Maschinen aus. Trotz bestmöglicher Instandhaltung und etlicher lebensverlängernder Maßnahmen sind diese Maschinen jetzt aber eigentlich am endgültigen Ende ihrer Laufbahn angelangt. Trotzdem sind sie immer noch in 15 HMMs im Einsatz, weil es einfach keinen Ersatz für sie gibt. Man kann allerdings davon ausgehen, daß sie von dem Augenblick an, da die V-22 *Ospreys* schließlich ihren Dienst antreten, sehr rasch ausgemustert werden.

Beim CH-46E handelt es sich um eine Konstruktion mit zwei Antriebsturbinen, die auf zwei unabhängige Rotoren am vorderen und achteren Ende des Flugwerks wirken. Dadurch kann auf einen Schwanzrotor verzichtet werden. Die beiden dreiblättrigen Rotoren aus Fiberglas drehen sich in entgegengesetzte Richtungen und können für den Schiffstransport zusammengefaltet werden. Jede der beiden General Electric T-58-16 Wellenturbinen leistet 1794 PS. Man hat sie direkt nebeneinander oberhalb des Schwanzes eingebaut. Das hat den Vorteil, daß durch diese Anordnung der Platz in der Kabine nicht beeinträchtigt wird. Sie sind allerdings unglaublich laut. Die Kraftübertragung erfolgt über Kreuz, damit für den Fall, daß eine Turbine ausfällt oder eine Fehlfunktion hat, die verbleibende Turbine beide Rotoren antreiben kann, wobei natürlich erhebliche Leistungseinbußen hinzunehmen sind. Die Marines besteigen und verlassen die Maschine entweder über eine Laderampe im Heck oder die vorderen Passagiertüren, die sich an beiden Seiten des Rumpfes befinden. Die Maximalgeschwindigkeit auf Meereshöhe wird mit 259 km/h angegeben, und da der Rumpf über keine Einrichtungen zum Druckausgleich verfügt, ist die größte durchführbare Reisehöhe bei 14 000 ft erreicht. Die Kabine ist wasserdicht, wodurch der Hubschrauber sicher auch auf ruppiger See wassern kann, was aber nur in Notfällen geschieht und keine normale Vorgehensweise im Rahmen von Operationen darstellt.

Die normale Flugbesatzung besteht aus Pilot, Copilot, Crew Chief und Mechaniker. Bei Kampfeinsätzen wird der Mechaniker durch zwei Türschützen ersetzt, und theoretisch können darüber hinaus bis zu 20 Soldaten mitgenommen werden. Die schrittweise Erhöhung des Gesamtgewichts, bedingt durch den Einbau zusätzlicher Geräte für defensive elektronische Gegenmaßnahmen, Panzerung und eine Verstärkung des gesamten Flugwerks, hat insgesamt dazu geführt, daß die tatsächliche Nutzlastkapazität bei den verbliebenen Maschinen erheblich abgenommen hat. Inzwischen sieht es tatsächlich so aus, daß gerade noch acht bis zwölf voll ausgerüstete Soldaten befördert werden können. Bei MEDEVAC-Einsätzen sind es dann noch bis zu maximal 15 Verwundete und zwei Sanitäter, die realistisch gesehen transportiert werden können. Der Hubschrauber schafft den Transport von Lasten, die außen in Gurten hängen, bis zu einem Höchstgewicht von 2270 kg. Der offizielle Gefechts-Einsatzradius wird mit 139 km angegeben, doch begrenzt man in der Praxis den Arbeitsradius der Maschinen auf 50 sm, was gut 90 km entspricht, um das Mutterschiff. Was die Zukunft angeht, so ist ein weiterer Modernisierungszyklus für die »Ochsenfrosch«-Flotte geplant, um sie noch so lange am Leben zu erhalten, bis zu Beginn des 21. Jahrhunderts endlich die MV-22 *Ospreys* ihren Job übernehmen. Selbst dann wird der »adelige« CH-64E immer noch da sein und seine Aufgabe als »Schildwache« an den Stützpunkten der Marines auf der ganzen Welt erfüllen.

Sikorsky CH-53E *Super Stallion* Hubschrauber

> »Sobald ›die Sache steigt‹, wenden sich die Kommandeure dem CH-53 zu, um den anliegenden Job erledigen zu können. Das haben wir im Golfkrieg, in Somalia, in Ruanda und erst kürzlich bei der Rettung von Captain Scott O'Grady in Bosnien immer wieder feststellen können.«
> – Aus dem Brief eines Offiziers der Marines an die Zeitschrift *Proceedings*, die vom amerikanischen Naval Institute herausgegeben wird, Februar 1995

Einer der Stars, was die Leistungen in der Luft während des Vietnamkriegs anging, war ein von der Air Force übernommener riesiger Navy-Hubschrauber, der Sikorsky HH-3 »*Jolly Green Giant*«. Die »lustigen grünen Riesen« kamen zusammen mit Einheiten der 37th Aerospace Rescue and Recovery Squadron (Luftrettungs- und Bergegeschwader) zum Einsatz und flogen tief in feindliche Dschungelgebiete und Gebirgsbereiche, um die Überlebenden eines Absturzes zu bergen, wobei sie nicht selten auch selbst beschossen wurden. Offensichtlich reicht es nicht aus, nur beweglich und clever zu sein, um auf einem Gefechtsfeld überleben zu können; ein Hubschrauber muß darüber hinaus auch noch groß und hart im Nehmen sein. Die Marines waren vom HH-3 ausreichend beeindruckt, um einen neuen schweren Kampfhubschrauber, den CH-53A *Sea Stallion* (»Seehengst«) zu bestellen, der das Flugwerk des *»Jolly Green Giant«* mit der Grundkonstruktion des Schwerlasthubschraubers CH-54 *Tarhe* in sich vereinte. Der CH-54 der Army, besser bekannt unter seinem Spitznamen »der fliegende Kran«, war ein wahres Monstrum mit zwei Antriebsturbinen. Seinen ersten Flug absolvierte der *Sea Stallion* am 14. Oktober 1964 und kam schließlich im November 1966 bei der Marine Heavy Helicopter Squadron (HMH) 463 erstmals zur Truppe. Als die Produktion des ursprünglichen *Stallion* 1980 auslief, hatten Navy und Marine Corps 384 dieser Flugzeuge in ihren Bestandslisten, und etliche mehr standen im Dienst bei der U.S. Air Force und Navy, in Österreich, Deutschland, im Iran und in Israel. Zu dieser Zeit saß allerdings schon die zweite *Stallion*-Generation bei den Werken in den Startlöchern und wartete nur noch auf den Startschuß für die Produktion: der CH-53E *Super Stallion* (»Super Hengst«).

Der Sikorsky CH-53E ist sowohl groß als auch robust. Ein Zusatzsystem gefällig? Wie wäre es mit einem dritten Antrieb? Und wie wär's mit siebenblättrigen Rotoren und aus Titan gegossenen Hauptspanten? Ein riesiger Hubschrauber ist auf einem kleinen Flugdeck unterzubringen? Wie wär's denn mit faltbaren Rotorblättern und einem ausschwenkbaren Schwanzbaum, die zusammen die Gesamtlänge (einschließlich der Rotoren) von 30,2 m auf 18,4 m reduzieren?! Da kommt nur der *Super Stallion* in

Ein schwerer Transporthubschrauber vom Typ CH-53E *Super Stallion* vom HMM-264 zieht nach dem Abheben hoch. Diese CH-53E sind die zur Zeit stärksten und schnellsten Hubschrauber im Inventar der Marines.
JOHN D. GRESHAM

Frage. Sein Fahrwerk ist voll einziehbar und der Rumpf wasserdicht gekapselt, damit die Möglichkeit zur Notwasserung auf See besteht. Eine Sonde für die Betankung während des Flugs verschafft der Maschine eine praktisch unbegrenzte Reichweite, solange nur ein passendes Tankflugzeug (vom Typ KC-130 *Hercules* beispielsweise) zur Verfügung steht. Der Lasthaken schafft den Umgang mit außen in Gurten hängender Ladung bis zu einem Gewicht von 16 326 kg, was die Anlieferung eines LAV oder M198 Haubitze per Luftfracht möglich macht. Mit einer 16 Tonnen schweren Ladung am Haken liegt der Kampfeinsatzradius gerade noch bei 90 km, aber er steigt sprunghaft auf über 925 km, wenn das Gewicht lediglich bei 10 Tonnen liegt. Radar oder FLIR wird man vergeblich suchen, aber die Crews sind darauf trainiert, mit den Nachtsichtgläsern zu fliegen. Darüber hinaus ist auch keinerlei ständige Bewaffnung eingebaut, obwohl es für die Bordschützen ein leichtes ist, rasch ein Maschinengewehr in der vorderen Mannschaftstür oder zu beiden Seiten der offenen Laderampe anzubringen, um von dort aus zu schießen. Die normale Besatzung besteht aus dem Piloten, Copiloten und dem Crew Chief. Bis zu 55 voll ausgerüstete Soldaten können unter bemerkenswert unkomfortablen Bedingungen auf zusammenlegbaren Segeltuchsitzen transportiert werden. Dazu an dieser Stelle ein kleiner Tip für künftige Passagiere: Setzen Sie sich keinesfalls direkt unter den Rotorkopf. Das Getriebe hat die unangenehme Angewohnheit, tropfenweise heißes Hydrauliköl zu verlieren.

Bei den Marines läuft derzeit ein Beschaffungsprogramm für 183 dieser für Missionen unverzichtbaren Vögel, wovon bislang – das heißt bis Ende 1995 – 155 ausgeliefert wurden. Die Produktion läuft zwar weiter, allerdings mit nur vier Maschinen pro Jahr praktisch auf Sparflamme. Weitere elf Muster wurden in der Zwischenzeit auch noch für die japanischen Marine-Selbstverteidigungskräfte bei Mitsubishi in Lizenz gebaut. Mit einem inzwischen auf den Weg gebrachten SLEP sollen die *Super Stallions* noch bis etwa zum Jahr 2025 im Dienst bleiben. Ganz gleich, welche Maß-

Ein CH-53E vom HMM-264 auf dem Backbordaufzug der USS *Wasp*. Die meisten Hubschrauber bei den Marines verfügen über Vorrichtungen zum Zusammenfalten der Rotorblätter, um dadurch Stauraum zu sparen.
JOHN D. GRESHAM

stäbe angelegt werden – sei es nun Reichweite, Nutzlast, Geschwindigkeit oder Überlebensfähigkeit –, der CH-53E ist ein schon eindrucksvoller Brocken Luftfahrttechnik. Damals, als Geld noch keine so große Rolle spielte, schaffte es die Sowjetunion, einen noch größeren Hubschrauber als Truppentransporter zu bauen, den Mi-26 »*Halo*«. Es mag zwar sein, daß der größer war, aber niemand hat je etwas Besseres als den CH-53E gebaut.

Die Zukunft: Joint Strike Fighter (JSF)

Im Laufe der 50er Jahre bauten die Vereinigten Staaten von Amerika mehr als tausend mittelschwere Bomber vom Typ B-47. In den 90er Jahren schaffte man es durch die bitteren Kürzungen und die immer weiter gestreckten Budgets, gerade noch magere 21 B-2A Stealth-Bomber zu beschaffen, von denen jeder mehr als eine Milliarde Dollar kostete. Es sind mehr Flugzeuge Kostenüberschreitungen in der Konstruktions- und Entwicklungsphase zum Opfer gefallen, als je von feindlicher Artillerie oder Flugkörpern abgeschossen wurden beziehungsweise durch Pilotenfehler oder Turbinenausfälle verlorengingen. Im Hinblick auf den Trend ins 21. Jahrhundert hinein witzeln Beobachter der Industrie, daß in Zukunft der gesamte Verteidigungshaushalt wahrscheinlich nur noch ausreichen wird, ein einziges Flugzeug pro Legislaturperiode anzuschaffen, das die Piloten der Air Force dann nur noch an Montagen und Donnerstagen fliegen dürfen. Die Marineflieger wären dann freitags und samstags an der Reihe, und für die Piloten der Marines bliebe dann noch jeder zweite Sonntag, aber auch nur dann, wenn nicht gerade an diesem Tag Wartungs- und Instandhaltungsarbeiten angesetzt sind.

Mit dieser deprimierenden Aussicht im Hinterkopf gibt es eigentlich nur zwei technisch gangbare Wege, ein Hochleistungsflugzeug erschwing-

Bewerbung von McDonnell Douglas/Northrup Grumman/British Aerospace zum Marine STOVL Joint Fighter: Diese Maschine könnte die *Harriers* als auch die *Hornets* bei den Marines und die FRS.2 *Harriers* der Royal Navy ablösen.
MCDONNELL DOUGLAS AERONAUTICAL SYSTEMS

lich zu machen. Der erste besteht darin, es leicht zu machen. Jedes Kilogramm, das nicht gerade von lebenswichtiger Bedeutung ist, verursacht schwerwiegende Kosten und wird mit Leistungseinbußen bestraft. Das beste Beispiel dafür, wie man ein Flugzeug leicht, einfach und fortschrittlich gestaltet, ist die Douglas A-4 *Skyhawk* – Ed Heinemanns klassische Konstruktion aus dem Jahre 1951 –, ein Flugzeug von nur fünf Tonnen Gewicht, dessen einzige Aufgabe im Abwurf einer Eintonnen-Atombombe bestand und das nur einen Antrieb besaß, der 3500 kp Schub zustande brachte. Der zweite Weg ist, es generisch, also in einem Gattungsstandard zu bauen. Das bedeutet, ein einziges Flugwerk zu konstruieren, das dann möglichst allen denkbaren Rollen und Missionen gerecht werden kann. Gegen Ende der 80er Jahre wurden vom Programmbüro des Verteidigungsministeriums im Rahmen des JAST-Programms (Joint Advanced Strike Technologies) erste ernstzunehmende Anstrengungen unternommen, genau dieses Ansinnen ganz oben auf die Liste zu setzen. Die Luftfahrtindustrie reagierte überschwenglich, nicht zuletzt deswegen, weil sie darin die einzige Möglichkeit für ein neues Programm größeren Umfangs sah, das in den ersten Jahrzehnten des neuen Jahrhunderts zu erwarten sein würde. Inzwischen läuft das Programm unter der Bezeichnung Joint Strike Fighter (JSF = Kampfflugzeug zusammengesetzter Interessengruppen), und das Planungsbüro wird von einem Konteradmiral geleitet, der seinerseits einem Unterstaatssekretär der Air Force gegenüber Rechenschaft ablegen muß.

Piloten neigen dazu, allem, was irgendwie mit der Bezeichnung »joint«, also »zusammengefügt« beziehungsweise »zusamengesetzt« versehen ist, mit äußerster Skepsis zu begegnen, vielleicht mit Ausnahme von Gesprächen über Orthopädie oder Sportverletzungen. Aus dem Blickwinkel eines Fliegers ist ein »zusammengesetztes« Flugzeug so etwas wie ein Kamel (das im Angelsächsischen gerne als »ein von einem Komitee konstruiertes Pferd« bezeichnet wird). Die drei Teilstreitkräfte haben radikal voneinander abweichende taktische Richtlinien und »Stammeskulturen«, und selbst das brillanteste Konstrukteursteam wird sich einem scheinbar undurchdringlichen Dickicht von Kompromissen gegenübergestellt sehen, wenn es darum geht, ein Flugwerk zusammenzubauen, das den stark voneinander abweichenden Wünschen derart unterschiedlich eingestellter Kundschaft gerecht werden soll. Wenn man mit einem Flugzeug ins Gefecht fliegt, braucht man ein sicheres Gefühl. Ein Gefühl, das aus dem Vertrauen darauf resultiert, daß die Konstrukteure nicht den kleinsten Kompromiß wegen irgend etwas oder irgend jemandem eingegangen sind, Landesgesetze oder Physik eingeschlossen. Die Programmdirektoren des JSF-Programms sind sich dessen voll und ganz bewußt und bemühen sich, ein vergleichsweise bescheidenes Ziel – von 80 Prozent »Commonality«, also Übereinstimmung – bei den wichtigen System- und strukturellen Komponenten zu erreichen.

Eigentlich gibt es nicht einen, sondern drei JSFs. Ein CTOL-Modell (Conventional Take-Off and Landing = konventionell startend und landend) soll die F-16 *Fighting Falcon* bei der Air Force ersetzen. Das Kostenziel für diese Maschine liegt bei einem Stückpreis von 28 Millionen Dollar und das hochfliegende Beschaffungsziel bei 1874 Flugzeugen dieses Typs. Die Ausführung für die Navy soll die langsam in die Jahre gekommenen F-14 *Tomcats* und ersten F/A-18 *Hornets* ersetzen. Diese Ausführung wird im Vergleich zur Air-Force-Version einen verstärkten Rumpf und ein spezielles Fahrwerk für den Einsatz auf Flugzeugträgern haben, was die Kosten pro Stück auf zwischen 35 und 38 Millionen Dollar steigen läßt. Dafür liegt der Bedarf auch nur in der Größenordnung von mindestens 300 Exemplaren. Die Version für die Marines schließlich soll den *Harrier* ablösen und über STOVL- Fähigkeiten verfügen. Deren Stückpreis wird mit 30 bis 32 Millionen Dollar beziffert. Die Marines setzen ihren Beschaffungsbedarf mit 642 Flugzeugen an. Drei Industrieteams liegen im Wettstreit um den Vertrag. Das sind Boeing, McDonnell Douglas/Northrop Grumman/British Aerospace und Lockheed Martin.

Sämtliche bislang bekannt gewordenen Vorschläge weisen einen starken Konstruktionseinfluß seitens der F-22 und F-23 Advanced Stealth Fighter (ASF = fortschrittliche Kampfflugzeuge unter Einbeziehung der Tarnkappentechnik) auf. Sie haben ein weitgespreiztes Doppelleitwerk, dessen Heckflächen sich im scharfen Winkel nach außen neigen. Bei der Boeing-Konstruktion hängt ein schwenkbarer Lufteinlaß unter der Nase der Maschine, der dem Flugzeug eine verblüffende Ähnlichkeit mit einem nach Luft schnappenden Fisch verleiht. Dieser Lufteinlaß wird nach unten geschwenkt, um bei langsamen Fluggeschwindigkeiten den Frischluftzufluß zur Turbine zu erhöhen, und nach oben geklappt, um bei hohen Geschwindigkeiten den Gesamt-Luftwiderstandsbeiwert zu reduzieren. Die beiden Abgasdüsen sind genau wie beim *Harrier* schwenkbar. Die Konstruktion von McDonnell sieht ein wenig wie eine eingelaufene F-23 aus, bei der man allerdings die Tragflügel stark nach hinten versetzt hat. Die Konstruktion von Lockheed Martin verfügt über ein senkrecht wirkendes Hubgebläse unmittelbar hinter dem Cockpit, das während des Senkrechtstartvorgangs von der Hauptturbine angetrieben wird. Vor den Haupttragflächen hat man kleine Canards (Entenflügel = Hilfsflächen) angebracht, die nun wieder sehr stark den rautenförmigen Flächen der F-22 ähneln. Es gibt nicht weniger als neun verschiedene Konstruktionsvorlagen, die allesamt auf das F119-Mantelstromtriebwerk von Pratt & Whitney zurückgreifen, das für die F-22 entwickelt wurde. Das war das erste Manteltriebwerk, durch das Überschallgeschwindigkeit ohne Einsatz eines Nachbrenners ermöglicht wurde. General Electric wird nun auch mit der Weiterentwicklung seines F-120 Triebwerks – das beim F-22-Wettbewerb ausschied – fortfahren, denn es ist eine gute Alternative, sollte es bei der F-119 einmal Schwierigkeiten geben.

Was das JSF-Programm angeht, so kann es sich keinen Fehlschlag leisten. Der Produktionsbeginn mit kleinen Stückzahlen ist auf das Jahr 2005 festgelegt worden, und der Beginn der Auslieferung an die Kampfeinheiten ist schon heute für 2007 terminiert. Zu diesem Zeitpunkt werden etliche Generationen von Kampfflugzeugen gleichzeitig mit ihrer Überalterung konfrontiert sein, selbst dann, wenn wir das Glück haben sollten, uns in der Zwischenzeit nicht mit neuen Bedrohungen auseinandersetzen zu müssen. Viele Typen, die noch 1996 ein gewohnter Anblick waren, werden darüber hinaus auch noch wegen eskalierender Instandhaltungs- und Versorgungskosten, Flugwerkermüdung und normaler Zermürbungserscheinungen vorzeitig ausgemustert werden müssen.

Die Zukunft: Der Bell Boeing MV-22 *Osprey*

Wir bezeichnen ihn als Hubschrauber, nur weil er senkrecht startet und landet, aber das, was ein V-22 *Osprey* wirklich leistet, macht ihn viel eher zu einer kleinen Version einer C-130 *Hercules* Transportmaschine. Was dieses Programm so wichtig macht, ist die Tatsache, daß der *Osprey* konstruiert wurde, um die ganze Flotte von CH-46 *Sea Knights* zu ersetzen, die in dem Augenblick, da die ersten V-22 auftauchen werden, bereits das fünfte Jahrzehnt im Dienst stehen werden. Darüber hinaus repräsentiert er das bislang größte Glücksspiel in der Geschichte des Marine Corps, bei dem es alles auf die Karte einer einzigen Technik gesetzt hat. Die Marines haben dabei nicht nur ihre Fähigkeit des taktischen Vorgehens zur Vertikalum-

Hier geht ein Bell Boeing MV-22 *Osprey* Kipprotor-Transporter nach dem Abheben gerade in den Horizontalflug über. Dabei schwenken die Antriebe nach vorn, wobei gleichzeitig das Fahrwerk eingefahren wird.
BELL HELICOPTER-TEXTRON

Ein Prototyp des MV-22 *Osprey* während Kompatibilitätstests auf dem Deck der USS *Wasp*. Bei dieser Maschine sind die Tragflügel und Rotoren völlig in Längsrichtung der Maschine eingefaltet, um Stauraum zu sparen.
BELL HELICOPTER-TEXTRON

fassung, sondern auch ihre gesamte Zukunft der amphibischen Gefechtsführung von außerhalb des Horizonts/aus großem Küstenabstand auf die merkwürdigen Flügel des *Osprey* gewettet.

Schon seit der Zeit, als die Gebrüder Wright damit anfingen, Fahrzeuge, die schwerer als Luft waren, an der Atlantikküste bei Kitty Hawk in North Carolina zu fliegen, besteht der Traum von einer Maschine, mit der man wie mit einem Hubschrauber senkrecht aufsteigen und anschließend wie mit einem konventionellen Flugzeug geradeaus fliegen kann. Die *Harriers* stellten eine erste Form eines technischen Kompromisses bei der Verwirklichung dieses Traums dar, allerdings auf Kosten von Reichweite und Nutzlast. Es ist bei weitem schwieriger, ein Flugzeug zu bauen, das die mittlere Transportkapazität einer Maschine mit der Hubkapazität eines CH-46 und der Geschwindigkeit und Reichweite einer C-130 *Hercules* verbindet, als ein Kampfflugzeug oder einen Bomber. In den 50er Jahren tauchte erstmals die Idee auf, daß es vielleicht möglich wäre, die Antriebe eines solchen Flugzeugs an den äußersten Enden der Tragflügel zu montieren, diese dann schwenkbar aufzuhängen und so ähnlich wirken zu lassen wie den vektorisierten Schub der Abgasmündungen der *Pegasus*-Triebwerke bei den *Harriers*. Das erste Flugzeug, mit dem man das demonstrieren wollte, war die Bell XV-3, die sich 1955 zum ersten Mal in die Luft erhob und die folgenden elf Jahre mit der Austestung des Schwenkrotorkonzepts verbrachte. Im Anschluß daran beauftragte die NASA Bell mit der Entwicklung eines fortschrittlicheren Flugzeugs, der XV-15, die ihren Jungfernflug 1976 absolvierte. Die unglaublichen Leistungen, die hier im Bereich der Experimentalflugzeuge erbracht wurden, sind in der Welt der Testflieger immer noch legendär. Es stellte sich dabei ein für allemal heraus, daß ein Schwenk- beziehungsweise Kipprotor-Transportflugzeug nicht nur möglich war, sondern auch noch über einige äußerst attraktive Qualitäten verfügen konnte.

Als nächstes folgte dann die Bedarfsanmeldung aller Teilstreitkräfte für ein JVX-Experimentalflugzeug (Joint Vertical Experimental = gemeinsam genutztes senkrechtflugfähiges Experimentalflugzeug). Mehr als 500 Schwenkrotortransportflugzeuge sollten für die Verwendung im Bereich des Combat Search and Rescue (CSAR = Such- und Rettungseinsatz im Gefecht), Special Operations (SPECOPS = Kommandoeinsätze), Medical Evacuation (MEDEVAC) und als Nachfolger zum Ersatz der gesamten Flotte von CH-46 *Sea Knights* und CH-53D *Sea Stallions* gebaut werden. 1983 standen die Sieger in der JVX-Ausschreibung für die Konstruktion und Entwicklung dessen fest, was schließlich unter dem Namen V-22 *Osprey* bekannt werden sollte: Bell-Textron und Boeing Vertol. Die Entwicklung ging während der ganzen 80er Jahre weiter, obwohl es auch hier die üblichen Ausrutscher gab, die nun einmal bei neuen Konstruktionen unvermeidlich zu sein scheinen. Dann schoß 1989 Verteidigungsminister Cheney im Rahmen von Kürzungen das ganze Programm von heute auf morgen ab und ließ Bell/Boeing mit einem riesigen Haufen Nichts – ohne ein Wort des Dankes für all ihre geleistete Arbeit – und die vier Teilstreitkräfte gemeinsam in ihrem Ringen nach einer Ersatzlösung für den *Osprey*

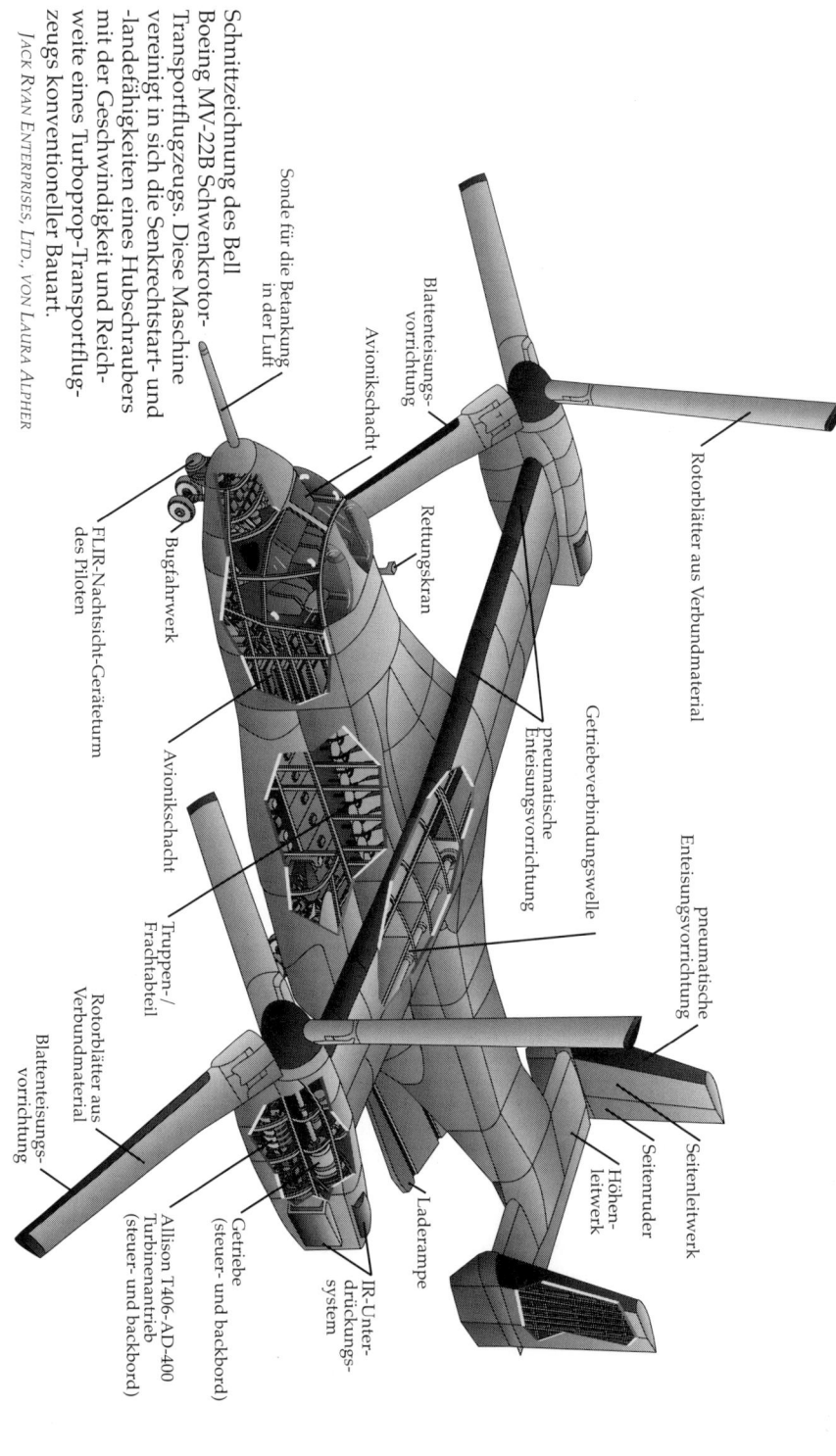

Schnittzeichnung des Bell Boeing MV-22B Schwenkrotor-Transportflugzeugs. Diese Maschine vereinigt in sich die Senkrechtstart- und -landefähigkeiten eines Hubschraubers mit der Geschwindigkeit und Reichweite eines Turboprop-Transportflugzeugs konventioneller Bauart.
JACK RYAN ENTERPRISES, LTD., VON LAURA ALPHER

- Sonde für die Betankung in der Luft
- Blattenteisungsvorrichtung
- Avionikschacht
- Rettungskran
- Bugfahrwerk
- FLIR-Nachtsicht-Geräteturm des Piloten
- Avionikschacht
- Getriebeverbindungswelle
- pneumatische Enteisungsvorrichtung
- Rotorblätter aus Verbundmaterial
- pneumatische Enteisungsvorrichtung
- Seitenleitwerk
- Seitenruder
- Höhenleitwerk
- Laderampe
- Getriebe (steuer- und backbord)
- Allison T406-AD-400 Turbinenantrieb (steuer- und backbord)
- IR-Unterdrückungssystem
- Truppen-/Frachtabteil
- Rotorblätter aus Verbundmaterial
- Blattenteisungsvorrichtung

im Regen stehen. Wie sich jedoch herausstellen sollte, haben sie zu keinem Zeitpunkt eine solche Suche wirklich ernsthaft auch nur in Erwägung gezogen, sondern initiierten eine regelrechte Guerillabewegung bei sämtlichen Truppengattungen, um den V-22 wieder auf die Beine zu stellen. Als wenn dies nicht schon Herausforderung genug gewesen wäre, mußte es ausgerechnet in dieser Zeit auch noch zu zwei Abstürzen von V-22-Prototypen kommen (die jedoch beide in keiner Weise konstruktionsbedingt waren), die natürlich den Gegnern dieses Programms jede Menge Munition verschafften, weiterhin dagegen anzuschießen. Beim ersten Unfall wurde zwar niemand getötet, aber beim zweiten kamen alle sieben Menschen an Bord ums Leben. Für den *Osprey* und all diejenigen, die ihn unterstützten, fingen die Dinge an, ziemlich düster auszusehen.

1993 begann endlich wieder eine glücklichere Zeit für den V-22. Mit dem Amtsantritt einer neuen Regierung wurde eine erneute Beurteilung durch das Verteidigungsministerium bewilligt, und anschließend sah es ganz danach aus, als könnten aller Bedürfnisse befriedigt werden. Nachdem ein kleiner Berg von Studien durchgearbeitet worden war, entschied die Regierung Clinton die Wiederaufnahme der *Osprey*-Produktion und arbeitete Pläne aus, die eine Einsatzbereitschaft in Sollstärke bei einer ersten Einheit für das Jahr 2001 vorsah. Seit dieser Zeit wurden die ersten *Ospreys* aus der neuen Produktion unter der offiziellen Bezeichnung MV-22B (das »M« weist darauf hin, daß es sich um die Ausführung für das Marine Corps handelt) schon komplettiert und bewegen sich bereits auf ihre Endfertigung zu. Erste Flüge stehen seit 1996 auf dem Zeitplan. Das Programm kommt sehr gut voran, und was fast noch wichtiger ist, es bewegt sich sowohl zeitlich als auch kostenmäßig im vorgegebenen Rahmen. Als Bonus kommt noch hinzu, daß die übrigen drei Truppengattungen ihre Bedarfslisten noch einmal überarbeitet haben und im Augenblick gerade dabei sind, wieder ins ursprüngliche V-22-Programm einzusteigen, wobei das SPECOPS-Programm der Air Force die Newcomer anführt. Die augenblicklich gültigen Produktionspläne sehen für das Marine Corps insgesamt 425, für die Special-Operations-Einsätze der Air Force 50 und für die CSAR-Einsätze der Navy 48 Maschinen vor. Das entspricht genau der geplanten Stückzahl von insgesamt 523 Flugzeugen. Die im Moment bekannten Kostenschätzungen für eine flugbereite Maschine (einschließlich der nicht wiederkehrenden Forschungs- und Entwicklungskostenanteile) liegen bei etwa 32 Millionen Dollar pro Stück, wobei Bell/Boeing allerdings schon angekündigt haben, daß sie diesen Preis voraussichtlich auf unter 29 Millionen Dollar werden senken können.

Bleibt es bei den augenblicklichen Vorgaben, so wird ein *Osprey* rund 25,8 m lang und 6,9 m hoch sein. Seine Spannweite wird 15,5 m betragen. Als Leergewicht werden rund 14 460 kg angegeben, und das maximal zulässige Startgewicht soll bei 27 950 kg im STOVL-Modus liegen. Die höchstmögliche Nutzlast wird entweder aus 24 voll ausgerüsteten Soldaten oder 9070 kg Fracht bestehen. In der Leistungskarte steht eine Höchstgeschwindigkeit in Maximalflughöhe von 580 km/h und eine Reichweite um die 1850 sm, also etwa 3340 km. Das sind schon beeindruckende Zahlen für ein Flugzeug, das zusammengefaltet fast genauso groß wie ein CH-46 ist. Im Inneren des MV-22B wird man ein Cockpit antreffen, das bereits auf den ersten Blick das fortschrittlichste ist, das man bei sämtlichen Flugzeugen der Welt zu sehen bekommen wird. Auf der Basis der Cockpits des MH-53J *Pave Low III* SPECOPS-Hubschraubers der Air Force und des MC-130H *Combat Talon II* Flugzeugs hat es im Laufe der Jahre, in denen dieses Programm ausgereift ist, eine ganze Reihe von Verbesserungen durchlaufen. Ganz zweifellos eine ebenso gute wie notwendige Sache, denn vor ein paar Jahren hätte ich persönlich es beinahe geschafft, mich selbst und ein paar andere in einem vollbeweglichen V-22-Flugsimulator umzubringen, als ich versuchte, dieses Ding wie einen ganz normalen Hubschrauber zu fliegen. Heute sieht das Zweimann-Cockpit des *Osprey* ganz wie ein normales Cockpit in einer Militärmaschine aus: mit einem Steuerknüppel, auf der linken Seite plazierten Schubregulierungshebeln und der ganzen Konsole mit Multi-Funktions-Displays (MFD) in Flachbauweise, auf denen sämtliche wichtigen Flugdaten angezeigt werden. Dazu gehört auch ein Kartenplotter, der mit einem GPS-Empfänger gekoppelt ist und seine Daten in ein Trägheitsnavigationssystem einspeist, wodurch punkt- und sekundengenaue Landungsoperationen mehr zur Regel denn zur Ausnahme werden könnten. Es ist auch ein FLIR-Navigationssystem vorhanden, mit dem selbst schwierige Nachtoperationen durchführbar werden. Das gesamte Flugwerk ist gegen chemische, atomare und biologische Bedrohungen nach außen hin durch ein Überdruck-/Filtersystem abgekapselt.

Diesen neuen Vogel zu fliegen ist, vorsichtig ausgedrückt, ein wenig merkwürdig. Ich hatte die Gelegenheit, es im neuen Einsatzsimulator zu versuchen, der im Werk von Bell in Fort Worth, Texas, steht, und mir gingen die Augen über. Um abzuheben, betätigt man den Schubregulator links vorn, und der MV-22 erhebt sich ganz weich vom Boden. Um zum Hochgeschwindigkeits-Horizontalflug zu wechseln, drückt man leicht gegen ein Daumenrädchen und schiebt gleichzeitig den Schubregler etwas vor, und schon schwenkt der Antrieb in 3°-Schritten nach vorn. Sobald die volle »Down«-Position erreicht ist, fliegt man einen reinrassigen Hochleistungs-Turboprop-Transporter, der sich als außerordentlich agil und komfortabel erweist. Um zu landen, dreht man das Daumenrädchen wieder zurück, was die Antriebe dazu veranlaßt, zurück in die Vertikalstellung zu schwenken. Das »Fly-by-Wire«-System macht das alles äußerst bequem. Jetzt sollte man seine Augen auf das MFD richten, das einem Aufschluß über die Sinkgeschwindigkeit in Richtung Boden gibt. Das ist eine wichtige Information, die man sehr genau beobachten sollte, da die Sinkgeschwindigkeit möglichst gering gehalten werden muß. Die Schwenkrotorflugzeuge können ihre Schubkraft nicht so schnell wie normale Hubschrauber entfalten, weshalb man immer ein wenig »voraus«denken muß, damit die Sache glatt über die Bühne geht. Wenn man alles richtig gemacht hat, wird man nur einen leichten »Plumps« spüren, und man ist unten.

Gerade im Moment steht das *Osprey*-Programm seinem größten Problem gegenüber, und das sind die geplanten Beschaffungszahlen. Ursprünglich war es die Absicht der Regierung Clinton, weniger als ein Dutzend Maschinen pro Jahr anzukaufen. Die Folge wäre gewesen, daß die Beschaffungsmaßnahme erst im Jahre 2025 ausgelaufen wäre. General Krulak sieht das etwas anders. Er möchte die Sache gern auf 36 Maschinen jährlich hochschrauben, damit die ganze Beschaffung bereits 2010 erledigt ist. Auf diese Weise hofft er, Budgetkollisionen zwischen dem *Osprey* und den geplanten JSF-Käufen aus dem Wege gehen zu können.

Der Weg zur 'Gator-Navy

Die amphibische Gefechtsführung ist eine der teuersten und gefährlichsten Arten zu kämpfen, die jemals entwickelt wurde. Eine nicht ganz leichte und eher ungestüme Ladung (Kampftruppen) muß transportiert, verpflegt und versorgt und durch feindliche Gewässer an die Küste eines Gegners gebracht werden. Man ist gezwungen, die Einheiten dort mit ihrer gesamten Ausrüstung und allen notwendigen Versorgungsgütern anzulanden, damit sie sich ihren Weg ins Landesinnere erkämpfen können. Dort müssen sie dann ausharren, bis die nachfolgenden Truppen eintreffen oder sie nach Beendigung ihrer Mission wieder abgeholt werden. Heute verfügen die meisten Staaten mit Küstenlinie über mit Radar ausgestattete Flugzeuge und Patrouillenboote, die sich nähernde Kräfte bereits ausmachen können, bevor diese am Horizont auftauchen. Zu ihrer Abwehr verfügen diese Staaten meist über Lenkwaffen, Küstenartillerie und Minen.

Mit diesem Problem sahen sich General Dwight D. Eisenhower und sein Stab konfrontiert, als sie im Jahre 1944 die Invasion der Normandie planten. Aber seit dieser Zeit haben sich die Vorgaben erheblich gewandelt. Die heutigen Waffen sind weitaus tödlicher als die des Zweiten Weltkriegs. Man darf allerdings auch nicht vergessen, daß General Eisenhower über die praktisch unbegrenzten Ressourcen der amerikanischen, britischen und alliierten Industrie verfügen konnte, um mehr als 5000 Schiffe und Landungsfahrzeuge bauen zu lassen, mit denen er »die Tür des nazibesetzten Frankreichs eintreten« konnte. Heute kann der Oberbefehlshaber (CinC) an einem Kriegsschauplatz von Glück reden, wenn er auf etwa ein Dutzend solcher Landungsfahrzeuge einschließlich der einen dazugehörigen Amphibious Ready Group (ARG) zurückgreifen kann. Am D-Day (dem 6. Juni 1944) konnte Eisenhower insgesamt fünf Divisionen mit mehr als 100 000 Mann an Land setzen. Heute verfügt ein CinC gerade noch über 2500 Männer und Frauen einer Kampfeinheit, um sie an eine feindliche Küste zu werfen. Es steht also außer Frage, daß in den 50 Jahren, die vergangen sind, seit wir unseren Weg zum Sieg in Europa und im Pazifik erfochten haben, alles um einiges schwieriger geworden ist.

Der Abbau, der im Verlauf der letzten Jahrzehnte bei den amphibischen Schiffs- und Landungsfahrzeugkapazitäten erfolgte, war derart rapide, daß es zeitweise sogar zu einer Destabilisierung des weltweiten Kräftegleichgewichts kam. Als beispielsweise die Royal Navy im Jahr 1982 verkündete, daß sie beabsichtige, ihre relativ kleinen amphibischen Truppen gänzlich außer Dienst zu stellen – zwei Angriffsschiffe (LPD), sechs Landungsschiffe, Panzer (LST) –, bestand die prompte Reaktion Argentiniens in der Invasion der Falkland/Malwinen-Inseln. Ganz ähnlich führte 1979 das vorübergehende Unvermögen der Vereinigten Staaten von Amerika,

Kampfkraft in den Persischen Golf zu verlagern, zur Ermutigung der Sowjets, ihre Invasion Afghanistans ungestraft durchzuziehen, und militanter Iraner, die amerikanische Botschaft in Teheran zu besetzen. Gegen Ende des Jahres 1996 hatte die Truppenstärke unserer amphibischen Landungseinheiten ihren Tiefststand seit Pearl Harbor erreicht. Dadurch werden die Möglichkeiten der USA und ihrer Verbündeten auf gerade noch zwei Optionen beschränkt. Die eine besteht darin, im Falle des Ausbruchs von weltweiten Krisen einfach sämtliche Einflußmöglichkeiten außer acht zu lassen, solange die Krisen sich nicht bis an die eigene Küstenlinie ausdehnen. Die andere Möglichkeit ist die, das Beste aus den zur Verfügung stehenden, zweifelsfrei eher minderwertigen Aktivposten zu machen, die uns noch geblieben sind. Glücklicherweise haben wir uns für die letztgenannte entschieden. Sie ist der Kern des *From the Sea*- und *Forward from the Sea*-Konzepts. Die Richtlinien, die in diesen beiden Konzeptpapieren umrissen werden, verschaffen den USA die Möglichkeit zur Aufrechterhaltung der »Türeintret-Fähigkeit«, ohne daß es deshalb zu einem Ausverkauf der Bestände kommen muß oder andere Verpflichtungen darunter leiden müßten.

Tatsächlich verfügen wir aber zur Zeit noch nicht über alle notwendigen »Werkzeuge«, um den vielfältigen Anforderungen gerecht werden zu können, die im Laufe der kommenden Jahrzehnte durch das *From the Sea/Forward from the Sea*-Konzept auf die amphibischen Kräfte Amerikas zukommen werden. Bis alles steht, werden wir uns bei der Verwirklichung des »Over-the-Horizon«-Konzepts (OTH = hinter dem Horizont) mit einer Mischung aus älteren Ausrüstungsgegenständen und neueren, die schon auf dieses Konzept abgestimmt sind, begnügen müssen. Immer mehr ältere Schiffe werden außer Dienst gestellt. Das wird zwangläufig dazu führen, daß sich die Stärke der amphibischen Flotte durch das ziemlich stark zusammengestrichene Neubauprogramm bei etwa 36 Schiffen einpendeln wird. Außerdem wird es auch noch etliche hundert Landungsboote unterschiedlichster Ausführung geben und auch die drei Maritime Prepositioning Squadrons (MPSRON) mit rund einem Dutzend Schiffen. Diesen sind dann noch einige weitere, jedoch teilweise schon veraltete Schiffe bei der Ready Reserve Fleet (RRF = Einsatzreserveflotte) hinzuzurechnen. Das wäre dann aber auch schon wirklich alles. Was wir darüber hinaus und sonst noch brauchen, müssen wir uns gegebenenfalls von den Briten oder anderen Alliierten ausleihen oder bei der Handelsschiffahrt chartern.

Es gibt aber auch eine gute Nachricht. Sie besteht darin, daß das Letztgenannte mit einiger Wahrscheinlichkeit sogar funktioniert, zumindest bei der derzeitigen Weltordnung, beziehungsweise besser gesagt: Weltunordnung. Der Schlüssel zu alldem liegt in einer neuen Perspektive der amphibischen Gefechtsführung, die sich innerhalb der vergangenen rund 20 Jahren immer stärker in den Köpfen der Militärs verankert hat. Das ist das OTH-Konzept. Statt wie bisher bis auf wenige tausend Meter an die Landungszone eines Strandes heranzufahren und die Truppen nebst ihrer Ausrüstung zu entladen, bleiben die großen Schiffe in einer sicheren

Entfernung zwischen etwa 25 und 250 Seemeilen (46 beziehungsweise 460 km) vor der Küste und damit außerhalb der Reichweite feindlicher Erfassungsgeräte und Waffen. Von hier aus übernehmen Hochgeschwindigkeits-Luftkissen-Landungsfahrzeuge (LCAC), die neuen Advanced Amphibious Assault Vehicles (AAAV), MV-22 *Osprey* Schwenkrotorflugzeuge und die CH-53E *Super Stallion* Hubschrauber die Aufgabe, die Truppen in die ihnen zugewiesenen Einsatzbereiche zu bringen. Mit diesen Fahr- und Flugzeugen steht man wesentlich weniger unter dem naturgegebenen Zwang, sich mit den topographischen Gegebenheiten eines Strandes (Sand, Schiefer, Böschungswinkeln usw.) oder Bedingungen des Meeres (Gezeiten, Seegang usw.) auseinanderzusetzen. Das wiederum bedeutet, daß die Area of Operations (oder Responsibilty = AOR) – auch gern als »Gefechtsfeld« bezeichnet – enorm ausgedehnt werden kann. So etwas macht es einem Gegner wiederum unheimlich schwer, seine Küstenlinie wirkungsvoll zu verteidigen. Unter dem Strich wird dadurch der Wert amphibischer Kräfte erheblich gesteigert und gleichzeitig das Risiko reduziert, dem sie ausgesetzt sind. Bis dann alles einmal den Vorstellungen gemäß verwirklicht ist, werden die 36 amphibischen Schiffe fürs erste die leistungsfähigsten und stärksten Schiffe sein, die je zu diesem Zweck gebaut wurden.

Das folgende Kapitel wird mit den amphibischen Schiffen der Navy bekannt machen. Es soll ein Gefühl dafür verschaffen, wie die Männer und Frauen der 'Gator-Navy leben und wie sie ihre harten und gefahrvollen Aufgaben in den »küstennahen Regionen« der ganzen Welt bewältigen.

Die Entwicklung amphibischer Schiffe und Landungsfahrzeuge

Die zerbrechlichen und leichtgewichtigen Galeeren (Ruderkriegsschiffe) der Antike konnten noch auf einen Strand gezogen werden, waren aber jämmerliche Basis für einen wirklichen amphibischen Angriff. Als Alexander der Große im Jahre 332 v. Chr. die Inselfestung von Sur an der libanesischen Küste belagerte, kam es auf beiden Seiten zu ersten Beispielen genialer Improvisationskunst, so zum Beispiel der Zusammenlaschung von Schiffen, um eine geeignete Plattform für Belagerungstürme und Rammböcke zu erhalten. Die Langboote der Wikinger des frühen Mittelalters erwiesen sich als verblüffend seetüchtig und anpassungsfähig – die Strategie amphibischer Überfälle der Nordmänner beherrschte Europa über mehr als ein Jahrhundert. Im Zeitalter der hölzernen Segelschiffe ließen etliche Staaten Landungskähne bauen, die über ein ganzes Sortiment von Einrichtungen verfügten (Rampen, Kräne usw.), mit denen man Truppen, Pferde und Ausrüstung be- und entladen konnte. Das ist soweit alles gut und schön, aber nur über eine große Kriegsmarine und jede Menge Truppen zu verfügen, das ist noch lange keine Garantie für einen erfolgreichen amphibischen Angriff. Die spanische Armada 1588 und der abgebrochene Invasionsversuch gegen England, den Napoleon 1805 unternahm, waren beide auf ihre Art klassische Beispiele für solche Fehlschläge. Die auf reinen Bodenkampf orientierten Richtlinien des kontinentalen Reichs, über das ein Napoleon herrschte, waren zu keinem Zeitpunkt in der Lage, ein Problem dieser Art zu bewältigen, auch dann nicht, wenn es um die Überquerung des gerade einmal 30 sm und damit knapp über 55 km breiten Ärmelkanals ging. Einen Fehler machten auch die Planungsoffiziere im deutschen Generalstab, als sie 1940 glaubten, die Überquerung des Kanals sei im Grunde nichts anderes und etwa genauso leicht, wie »einen Fluß auf breiter Front zu überqueren«[57]. Falsch!

Es ist eine Vielzahl von Faktoren, die in die Planung und Ausführung eines erfolgreichen amphibischen Angriffs eingehen müssen, und dazu gehören auf jeden Fall die Luft- und Seeherrschaft. Aber die Überquerung der Schnittstelle zwischen Land und Wasser, den meisten von uns unter dem Begriff »Strand« geläufig, stellt den weitaus schwierigsten Teil dar, und das gilt sowohl unter technischen als auch unter militärischen Gesichtspunkten. Der Strand beziehungsweise die Küstenregion kann ein äußerst gefährlicher Ort sein (manchmal auch, wenn man nur die Absicht hat, dort zu schwimmen oder sich zu sonnen). Jetzt versuche man aber einmal Tausende von Soldaten und Tonnen von Ausrüstung und Versorgungsgütern dort hinüberzubringen. Es bedarf schon jeder Menge PS und großer Ingenieurskunst, um Maschinen zu schaffen, die Menschen erst einmal in die Lage versetzen, diese Aufgabe zu lösen. Dabei darf man auf keinen Fall vergessen, daß auch ein nicht unerhebliches politisches Kapital für so etwas erforderlich ist. Und das ist der Punkt, an dem unsere Geschichte über die Landungsfahrzeuge und amphibischen Schiffe beginnt. In der Zeit zwischen den beiden Weltkriegen beschäftigte das Problem einer Landung an einem Strand geradezu leidenschaftlich die verschiedensten Gruppen von Offizieren und Ingenieuren auf beiden Seiten des Atlantiks. In Amerika suchten die Marines nach einer neuen Mission, mit der sie ihren Fortbestand rechtfertigen konnten, und sahen in der amphibischen Taktik ihre Zukunft. Im Laufe der 30er Jahre beobachteten sie mit großem Interesse eine Anzahl kleinerer Operationen, die japanische Marineinfanterie in China durchführte, wobei die Japaner speziell für diesen Zweck gebaute Landungskähne einsetzten.

Auf der anderen Seite des Ozeans studierten britische Offiziere sehr intensiv die Gründe für das Fehlschlagen ihrer Invasion Gallipolis aus dem Jahr 1915 und suchten nach Wegen, wie man einen Strand möglichst schnell überwinden konnte, um anschließend weiter ins Landesinnere vorrücken zu können. Die Landung in Gallipoli war eine Idee des Ersten Lords der Admiralität, der damals Sir Winston Churchill hieß. Als der Angriff schließlich in einer blutigen Pattsituation steckenblieb, hätte dies beinahe das Ende seiner politischen Karriere bedeutet. Diese Probleme stellten sich Churchill im Zweiten Weltkrieg fast noch eindringlicher nach

---

[57] Was historisch gesehen allerdings nur eine der damals angedachten Möglichkeiten war.

einer katastrophal verlaufenen Landung in Norwegen und der Besetzung fast ganz Europas durch die Nazis im Jahre 1940. Bei all seinen Unzulänglichkeiten, die er als Stratege hatte, sah Churchill jedoch völlig klar die Notwendigkeit, Schiffe und Landungsfahrzeuge zu bauen, und zwar in ungeheuren Stückzahlen, sollte Europa irgendwann einmal von Hitler befreit werden.

Sogar als 1940 die Schlacht um England tobte, bei der die Briten verzweifelt bemüht waren, eine deutsche Invasion ihres Inselstaats zu verhindern, befaßten sie sich mit der Konstruktion ihres ersten Vielzweck-Landungsfahrzeugs des Landing Craft, Assault (LCA = taktisches Landungsfahrzeug; das ist die amerikanische Bezeichnung, die eingeführt wurde, nachdem auch wir angefangen hatten, diese nach englischem Vorbild zu bauen). Kaum über 12 m lang und von einem Ford V-8 Benzinmotor angetrieben, konnten sie 35 Soldaten mit 364 kg Ausrüstung rund 50 bis 80 sm, also etwa zwischen 90 und 150 km weit über See transportieren. Das dachlose LCA hatte einen Plattboden, der für eine Landung am Strand optimal war, einen gepanzerten Bug, der die Soldaten an Bord schützen sollte, und eine Bugrampe für eine schnelle Entladung. Diese LCAs konnten ähnlich wie große Rettungsboote in den Davits der Schiffe gefahren werden. Die Angriffstruppen gingen an Bord, indem sie nach dem Abfieren der Boote einfach an Strickleitern oder Netzen in sie hinunterkletterten. Etwa die gleichen Charakteristika haben auch noch sämtliche anderen Landungsfahrzeuge einschließlich der Landing Craft, Utility (LCU = Nutz-Landungsfahrzeug) und Landing Craft, Medium (LCM = mittleres Landungsfahrzeug), die heute im Einsatz sind. Aus dem LCA-Design leiteten sich buchstäblich Dutzende Typen von Spezial-Landungsfahrzeugen ab, die im Laufe des folgenden Halbjahrhunderts benötigt und dann auch gebaut wurden. Gleichzeitig kamen amerikanische Ingenieure aber auch mit eigenen Konstruktionen heraus, wie beispielsweise dem berühmt gewordenen »Higgins«-Boot auf der Basis eines Rettungsboots, das nicht über einen Verdränger- sondern über einen Gleiterrumpf verfügte. Weitere Verbesserungen im Laufe der Entwicklung führten schließlich zu Standardkonstruktionen wie dem Landing Craft Vehicle, Personnel (LCVP = Mannschafts-Landungsfahrzeug), das in Stückzahlen von etlichen tausend gebaut und das schließlich zum Rückgrat der Landungsbootflotte wurde, die dabei mitwirkte, den Zweiten Weltkrieg zu gewinnen.

Kaum war die Entwicklung der Landungsfahrzeuge soweit abgeschlossen, galt es, das nächste Problem in Angriff zu nehmen: Wie schafft man diese zerbrechlichen kleinen Boote über die Ozeane? Amphibische Operationen werden nicht nur gegen feindliche Verteidigungsstellungen, sondern auch gegen die Elemente des Ozeans und der Küstengewässer ausgefochten. Die flachbodigen Angriffsboote, die in den untiefen Gewässern von Stränden und Atollen zwar ganz handlich waren, brauchten aber auf jeden Fall wesentlich größere »Mutterschiffe«, die sie in die Nähe ihrer Einsatzziele beförderten. Diese Bedarfslage führte zur Entwicklung von speziellen taktischen Transportern, die in amphibischen »Traktor«-Gruppen zusammengefaßt wurden. Die ersten taktischen Transporter waren noch umgebaute Frachter und Passagierschiffe. Ihnen fehlten aber meist die notwendigen Kräne und anderen Einrichtungen, mit denen man die an Bord befindlichen Truppen und Landungsboote handhaben konnte. Im weiteren Verlauf des Kriegs stellten die von vornherein auf eine vielseitige Verwendbarkeit hin konstruierten und dementsprechend gebauten Schiffe schon eine wesentliche Verbesserung dar. Aber auch ihnen blieb es nicht erspart, sehr nah an einen Strand heranzufahren, um entladen zu können, und sie waren äußerst verwundbar gegenüber dem Beschuß feindlicher Küstenartillerie, Minen und Luftangriffen.

Das Landing Ship, Tank (LST = Landungsschiff, Panzer) gehörte zu den wichtigsten Entwicklungen der damaligen Zeit. Die Crews machten aus der Abkürzung LST schnell »large, slow target« (also »großes, langsames Ziel«). Bei den LSTs handelte es sich um hochseetüchtige Schiffe, die selbst bis auf einen Strand fahren, dort eine Rampe absenken und anschließend Fahrzeuge bis zur Größe eines schweren Kampfpanzers direkt auf den Strand absetzen konnten. Die letzten LSTs der U.S. Navy (Baujahr 1960) wurden erst kürzlich außer Dienst gestellt. Ein weiteres amphibisches Spezial-Landungsschiff war das Landing Ship, Dock (LSD = Landungsschiff mit Dockeinrichtung), das über Ballasttanks und einen innenliegenden »Brunnenraum« verfügte, in dem die Landungsboote in relativer Sicherheit beladen werden konnten. Wurde dieser Bereich geflutet, konnten die Landungsfahrzeuge ganz leicht hinein- und hinausfahren, ohne auf Kräne und Lastennetze angewiesen zu sein, um sie auf der Wasseroberfläche abzusetzen oder von dort wieder aufzunehmen. Diese unter dem amerikanischen Begriff »Welldeck«[58] bekanntgewordene Einrichtung war derart erfolgreich, daß sie auf sämtlichen 36 amphibischen Schiffen der U.S. Navy, die mit ins 21. Jahrhundert gehen sollen, zu finden sein wird. Weitere spezielle amphibische Schiffe, die im Laufe des Zweiten Weltkriegs gebaut wurden, waren unter anderem spezielle Kommandoschiffe und Feuerunterstützungsschiffe, die über Raketen- und Artilleriebestückung verfügten[59].

Diese manchmal schon seltsam anmutenden Fahrzeuge stellten die Seetransportkapazität zur Verfügung, durch die eine Befreiung Nordafrikas, Europas und des pazifischen Raums erst ermöglicht wurde. Aber schon kurz nach dem Krieg, den sie zu gewinnen mitgeholfen hatten, wurden sämtliche Landungsschiffe abgestoßen, um abgewrackt oder eingemottet zu werden. Es schien so, als sei der Abwurf der ersten Atombombe das

---

58 Die Übersetzung des am. Begriffs »Welldeck« ins Deutsche bleibt immer ein Behelf. So wird nachfolgend die Originalbezeichnung weiterverwendet mit dem Hinweis, daß der Leser auf keinen Fall den naheliegenden Bezug zu den deutschen Begriffen Welle und Deck, ganz gleich in welcher Bedeutung, herstellen sollte, da dies irreführend wäre.
59 Geschichtlich gesehen nicht unbedingt neu, da schon Nelson bei der Schlacht von Kopenhagen auf für diese Funktionen abgestellte und speziell ausgerüstete Schiffe seiner Flotte zurückgriff.

Signal für das Ende der amphibischen Gefechtsführung gewesen. Aber diese Einstellung war nicht von langer Dauer. Der Koreakrieg kann als Zeichen für die Wiedergeburt der amphibischen Operationen angesehen werden. Aus der Einmottung reaktiviert, stellten die Flotten der Landungsschiffe aus dem Zweiten Weltkrieg mit ihrer enormen Seetransportkapazität General Douglas MacArthur die notwendigen Ressourcen für seine brillante Landung zur Verfügung, die er gegen Ende 1950 in Inchon durchführte. Einige derselben Schiffe lagen dann auch vor der Küste des Libanons, als 1958 die Unruhen in diesem Land ausbrachen. Noch während die amphibischen Schiffe aus dem Zweiten Weltkrieg der U.S. Navy in den 50er Jahren »die Stange hielten«, begann man dort bereits mit der Konstruktion neuer amphibischer Schiffe, die in das noch junge Atomzeitalter passen sollten. Die wichtigste Entwicklung wird dabei sicherlich der Assault Helicopter Carrier (LPH) gewesen sein. Ihn hatte man zu dem Zweck konstruiert, ein ganzes Bataillon Marines transportieren und per Hubschrauber an einer feindlichen Küste absetzen zu können. Die ersten LPHs waren noch umgebaute Flugzeugträger aus dem Zweiten Weltkrieg. Die spätere *Iwo Jima*-Klasse (LPH-3) war jedoch schon speziell für diese Aufgabenstellung gebaut und befand sich bereits Anfang 1960 in Produktion. Gegen Ende des gleichen Jahrzehnts wurden auch zusätzlich zu den LPHs neue Klassen auf Kiel gelegt – dazu gehörte die *Newport*-Klasse (LST-1179), die *Charleston*-Klasse (LKA-113) amphibischer Frachter und die *Anchorage*-Klasse (LSD-36) genauso wie die Neukonstruktionen der *Austin*-Klasse (LPD-4), die schon mit dem Welldeck ausgestattet war. Diese Schiffe stellten in den Jahren des kalten Kriegs eine glaubwürdige und ernstzunehmende Seetransportkapazität dar. Trotz all dieser Neubauten hat sich die Taktik eines amphibischen Angriffs mit Landungsbooten von einem Schiff aus, das tausend Meter vor einer Küste liegt und durch eine Brandungszone vorgetragen wird, seit dem Zweiten Weltkrieg im Grunde kaum geändert. Bei den Landungsfahrzeugen selbst sind schon einige Veränderungen vorgenommen worden, indem man beispielsweise in den späten 80er Jahren die Landing Crafts Conventional, Medium (LCM = mittelgroße Landungsfahrzeuge mit konventionellem Antrieb) und die Utility Landing Craft (LCU = Nutz-Landungsfahrzeuge) konstruierte und einführte.

Die Technik des amphibischen Angriffs war seit Ende der 60er Jahre keinen großen Wandlungen unterworfen. Das galt jedoch keineswegs für die Soldaten, die einen solchen Angriff durchführen sollten. Nach den Erfahrungen, die man im Vietnamkrieg mit Truppen gemacht hatte, die sich überwiegend aus Wehrpflichtigen zusammensetzten, sah sich die militärische Führung mit Beginn der 70er Jahre gezwungen, eine nur aus Freiwilligen aufgestellte Kraft als Basis für ein neues, professionelles Militär als einzig akzeptable Lösung der anstehenden Probleme zu akzeptieren. Dieser Wandel in der Gesinnung war allerdings mit einigen recht schwerwiegenden Konsequenzen verbunden. Eine davon, die Unterbringung, hatte die U.S. Navy bislang kaum berührt: Jetzt mußte sie erkennen, daß sie sich wesentlich intensiver um die nur aus Freiwilligen bestehenden Crews kümmern mußte, was zur Folge hatte, daß sich die Navy gezwungen sah, die Lebensbedingungen auf ihren Kriegsschiffen zu verbessern. Im 18. Jahrhundert hatte Samuel Johnson noch feststellen müssen, daß der Dienst auf einem Kriegsschiff sich nicht wesentlich von einem Aufenthalt in einem Gefängnis unterschied, vielleicht mit dem Unterschied, daß man mit dem letztgenannten nicht dem Schicksal unterlag, damit unterzugehen. Das entsprach bei den Schiffen aus der Ära des Zweiten Weltkriegs, die in Vietnam im Einsatz waren, vielleicht nicht mehr in vollem Umfang der Realität, doch waren auch sie kaum mit irgendwelchen Bequemlichkeiten ausgestattet. Marinekonstrukteure haben nun einmal den Wunsch, so viele Männer wie irgend machbar in ein Kriegsschiff zu packen. Man braucht nun einmal Soldaten, um ein Maximum an Waffen, Sensoren und anderer Systeme zu bedienen. Die Einführung einer nur aus Freiwilligen bestehenden Navy in den 70er Jahren bedeutete also, daß man sich bei künftigen Kriegsschiffkonstruktionen etwas mehr mit verbesserten Standards bei den Lebensbedingungen auseinandersetzen mußte.

Ein weiteres Ziel der Navy jener Tage bestand darin, die Kriegsschiffe für eine größere Bandbreite von Einsatzmöglichkeiten verwendbar zu machen. Erste Resultate zeigten sich bei den Zerstörern der *Spruance*-Klasse (DD-963) und den Hubschrauber-Angriffsschiffen der *Tarawa*-Klasse (LHA-1). Die LHAs konnte man eigentlich nur als revolutionär bezeichnen. Sie waren in der Lage, sowohl mit Hubschraubern als auch mit Landungsfahrzeugen zu operieren und auch noch zusätzlich die neuen AV-8 *Harrier* V/STOL-Jagdbomber mitzuführen. Alles, was man bei den *Spruances* und den *Tarawas* lernte, wollte man dann bei den US-Kriegsschiffen der Zukunft umsetzen. Unglücklicherweise unterlagen beide Typen einem enormen Wachstum, was ihre Beschaffungskosten anging. Die *Tarawas* waren kalkulatorisch zunächst auf eine neun Schiffe umfassende Klasse berechnet, doch konnten dann in der Zeit zweistelliger Inflationszuwachsraten der 70er Jahre lediglich noch fünf im Rahmen der bewilligten Budgets gebaut und angekauft werden. Aber die späten 70er Jahre waren überhaupt eine schlimme Zeit für die Navy, und ganz besonders traf es dabei wieder die amphibischen Kräfte. Die Regierung Carter setzte beim Marinehaushalt die Axt an und beschnitt insbesondere drastisch die Bereitstellung von Geldern für den Schiffbau, die Instandhaltung der Schiffe und deren Operationen. Dabei war es nicht das erste Mal, daß gerade die Navy in Zeiten wirtschaftlicher Einschränkungen zu den ersten gehörte, die Kürzungen hinnehmen mußten. Als sich dann 1979 eine ganze Serie von Krisenherden in Südostasien entzündete, mußte man feststellen, daß Amerika nur noch über minimale amphibische Kapazitäten verfügte. Amphibische Kräfte sind nun einmal teuer, wenn es um ihre Aufstellung und Unterhaltung geht.

Als Resultat der Knausrigkeit Carters entdeckten die Planer die Kapazitäten von Handelsschiffen zur Ergänzung der 'Gator-Schiffe neu. Den ersten Einsatz von Containerschiffen der Handelsmarine für amphibische Einheiten konnte man bei der Einrichtung der Maritime Prepositioned Squadrons beobachten. Sie wurden für die Marine Task Forces eine Art mobiler, schwimmender Ausgangsbasis. Drei dieser Geschwader sollten ausgehoben werden, zu denen dann noch weitere Einheiten der U.S. Air Force und Army kommen sollten. Während 1982 der Krieg im Südatlantik tobte, verwendeten die Briten »Ships Taken Up From Trade« (STUFT = Schiffe, die aus dem Handel abgezogen wurden), um den größten Teil ihrer Landungstruppen und Versorgungsgüter transportieren zu lassen. Beide Programme wiesen aber ganz deutlich darauf hin, wo die Grenzen der Einsatzmöglichkeiten von zivilen Handelsschiffen bei der Unterstützung militärischer Operationen lagen.

Mit der Amtseinführung von Präsident Reagan im Jahr 1981 begann sein Marineminister John Lehman mit der Realisierung seiner ambitionierten Pläne von einer »Navy der 600 Schiffe«. Dazu gehörten auch die Nachfolger der LHAs, die *Wasp*-Klasse (LHD-1), und eine neue Klasse von LSDs, die *Whidbey Island*-Klasse (LSD-41). Gleichzeitig begann die Beschaffung eines umwälzend neuen Landungsfahrzeugs, des Landing Craft, Air Cushioned (LCAC = Landungsfahrzeug mit Luftkissentechnik). Die LCACs waren die erste wirkliche technische Neuerung, die seit Einführung von Hubschraubern als integraler Bestandteil der amphibischen Gefechtsführung vorgestellt wurde. Ihre Indienststellung ermöglichte es den großen Schiffen erstmalig, weit vor den Landungszonen an der Küste auf offener See bleiben zu können. In der Zwischenzeit, also seit dem Ende des Vietnamkriegs, waren immer mehr Kapazitäten für eine amphibische Gefechtsführung verlorengegangen, und jetzt befanden sie sich endlich wieder in einem langsamen Aufbauprozeß. Unglücklicherweise dauert es aber sehr lange, bis Schiffe gebaut sind. So war die Präsidentschaft Reagans bereits Geschichte, und die Regierung Bush hatte schon einige Zeit hinter sich, bevor die ersten Schiffe bei der Flotte in Dienst gestellt werden konnten. In Wirklichkeit sieht es sogar so aus, daß die Bauprogramme für die LHDs und LSD-41 heute, fast 15 Jahre nach ihrem Start, immer noch nicht abgeschlossen sind.

In den 90er Jahren waren die amphibischen Kräfte Amerikas und seiner Verbündeten stärker beschäftigt als zu irgendeinem anderen Zeitpunkt nach dem Ende des Zweiten Weltkriegs. Neben der Unterstützung der Befreiung Kuwaits im Jahr 1991 waren amphibische Kräfte praktisch ständig bei irgendwelchen Krisen und Unruhen, von Haiti bis Somalia, im Einsatz. Die Zukunft eben dieser amphibischen Kräfte liegt also im Interesse eines jeden, vom einfachen Soldaten bei den Marines bis hin zum Präsidenten der Vereinigten Staaten von Amerika.

Die 'Gator[60]-Navy

Die U.S. Navy gliedert sich in drei unterschiedliche Gemeinschaften. Da wäre einmal die Unterseeboot-Navy mit ihren taktischen und strategischen Unterseebooten. Dann gibt es die Marineflieger mit ihren Flugzeug-

---
60 umgangssprachliche am. Abkürzung für Alligator

trägern und Kampfflugzeugen. Und schließlich, aber nicht als unwichtigste, existiert da noch die Navy der Oberflächenfahrzeuge mit ihren Zerstörer-, Kreuzer- und Fregattengeschwadern, die den Geleitschutz für die Flugzeugträger-Kampfgruppen und lebenswichtige Versorgungsschiffe stellt. In eine Ecke dieser Navy der Oberflächenschiffe hat man mit dem sprichwörtlichen Schuhlöffel eine Abteilung hineingehebelt, die sich aus ein paar Dutzend Schiffen und etlichen hundert kleinen Booten und Landungsfahrzeugen zusammensetzt und unter der Bezeichnung »'Gator-Navy« geführt wird. Dieses »'Gator« ist eine Art Ehren-Spitzname, der aus der »alligatorhaften« Kampfesweise und Kühnheit der Marines abgeleitet ist, die ihre Kampfkraft mit der Mobilität der Navy kombinieren. Alligatoren können einem üble Bisse verpassen, im Wasser ebensogut wie außerhalb.

Das Kommando über ein amphibisches Schiff galt einmal als Kommando zweiter Klasse, war also weit weniger prestigeträchtig als das Kommando über ein »wirkliches« Kriegsschiff wie einen Kreuzer oder Zerstörer. Heute gilt das nicht mehr. Heute haben Offiziere mit dem Kommando über amphibische Schiffe und ARGs eines der begehrtesten der Navy. Die Hubschrauber-Angriffsschiffe der *Wasp*-Klasse (LHD-1) sind die größten Schiffe, die ein Navyoffizier ohne Fliegerausbildung (nur Marineflieger kommen für das Kommando über einen Flugzeugträger in Frage) kommandieren darf. Um die Dimension richtig beurteilen zu können, sollte man bedenken, daß mit einer Verdrängung von mehr als 40 000 Tonnen, einer Besatzungsstärke von mehr als 1100 Mann und fast 1900 Marines mit ihrer ganzen Ausrüstung und zusätzlich noch mehr als 40 Flugzeugen und Hubschraubern ein LHD schon zu den wirklich gewaltigen Kriegsschiffen gehört! Aber auch die anderen neuen »Amphibs«, wie die der *Whidbey Island/Harpers Ferry*-Klasse (LSD-41/49) sind nicht gerade als klein zu bezeichnen. Nur zum Vergleich: Die größten amphibischen Schiffe, die in der damaligen Sowjetunion gebaut wurden, waren drei LSDs der *Ivan Rogov*-Klasse, die nur jeweils 11 000 Tonnen verdrängten.

Die augenblicklichen Pläne der Navy sehen eine Streitmacht von 36 Schiffen unterschiedlicher Bauart (LHD/LHA, LSD und LPD) vor, die in insgesamt zwölf Amphibious Ready Groups (ARGs) organisiert sein sollen. Diese Schiffe könnten dann zwölf verstärkte Bataillone, jedes einzelne etwa 1600 Marines stark, zum jeweiligen Einsatzort bringen. Das wären rein rechnerisch dann 2,5 Marine Expeditionary Brigades (MEBs), wenn sämtliche Schiffe gleichzeitig eingesetzt werden würden. Unglücklicherweise benötigen Schiffe, die für 30 bis 40 Jahre ihren Dienst bei der Flotte versehen sollen, immer wieder und in regelmäßigen Abständen Ruhezeiten, in denen sie überholt und gewartet werden müssen. Bei großen Kriegsschiffen gilt die Daumenregel, daß sie alle vier Jahre für ein Jahr »den Werftarbeitern in die Hände fallen«. Also steht uns eigentlich nur in drei Vierteln der ganzen Zeit die gesamte amphibische Einsatzflotte zur Verfügung. Diese Schiffe sind dann auch noch zwischen der Atlantik- und Pazifikflotte aufgeteilt. Also keine besonders große Kampfkraft für irgendeine spezielle Krisensituation, wenn man die Tausende von Kilometern langen feindlichen Küstenlinien bedenkt, denen sich die US-Streitkräfte gegenübersehen. Während *Desert Storm* mußte die Navy sich von beiden Flotten vier ARGs zu einer einzigen schwimmenden Brigade zusammenholen. Die Mathematik läßt also keinen anderen Schluß zu, als daß absolut jedes Schiff, das für die Navy konstruiert und gebaut wird, über eine ebenso große Beweglichkeit wie Lebensdauer verfügen muß. Die »Amphibs« repräsentieren bei den maritimen Task Forces die Einheiten mit dem höchsten Wert – oft liegt dieser sogar noch höher als der von Großdeck-Flugzeugträgern *(Supercarrier)*, die in der heutigen Zeit nicht selten die ARGs begleiten.

Amphibische Schiffe werden nach fünf unterschiedlichen Leistungsmerkmalen oder »Fußabdrücken«, wie sie auch bezeichnet werden, entwickelt. Dazu gehören:

- **Truppenkapazität** – Die Anzahl Marines, die ein Schiff bequem unterbringen und versorgen kann.
- **Fahrzeugraum** – Kurz Cargo^2 (Frachtfläche) genannt, wird in Quadratmetern gemessen, die für die Unterbringung der Fahrzeuge erforderlich sind, zu dem ein kleiner Zuschlag für das Manövrieren der Fahrzeuge beim Be- und Entladen hinzugerechnet (man nennt das den »Ausparkraum«) wird. Der Gesamtbedarf kann dann auf Standard-Fahrzeug-Dimensionen umgerechnet werden, die auf der Basis des »Fußabdrucks« eines HMMWV aufgestellt werden.
- **Frachtraum** – Das ist das Maß für den Stauraum verpackter Fracht-, Versorgungsgüter und für Ausrüstungsgegenstände. Als Cargo^3 (Frachtvolumen beziehungsweise -raum) bezeichnet, wird der erforderliche Platz hier in Kubikmetern berechnet.
- **Landungsfahrzeug-Kapazität** – Dieser »Fußabdruck« weist darauf hin, wieviel Landungsfahrzeuge im Welldeck des Schiffs Platz finden.
- **Flugzeugkapazität** – Das ist die Größenordnung, die angibt, mit wie vielen Flugzeugen operiert werden kann. Diese Zahl steht in direkter Abhängigkeit von dem zur Unterbringung und an Deck oder im Hangar zur Wartung verfügbaren Platz. Der »Fußabdruck« ist hier durch den CH-46E *Sea Knight* Hubschrauber vorgegeben. Ein AH-1W *Cobra* beansprucht nur 0,5 Einheiten Raum an Deck, während die neuen MV-22 *Ospreys* auf ein Äquivalent von 1,4 kommen.

Diese fünf Maßeinheiten geben Aufschluß über den Wert, den ein spezielles Schiff für eine ARG besitzt. So wird beispielsweise das neue LPD-17 vier verschiedene Schiffsklassen einer ARG ersetzen (die LST-1189, LPD-4, LSD-36 und LKA-113). Jetzt dürfte klar sein, warum dieses einzelne Schiff eine so große Bedeutung für künftige Kommandeure von ARGs besitzt.

Amphibische Schiffe sind nichts ohne die Menschen an Bord. Das Leben der Seeleute an Bord von amphibischen Schiffen ist eine ständige Mischung aus Hochtechnologie (wie Satellitenkommunikation und -navigation) und Seemannschaft im alten Stil (die Handhabung kleiner Boote und die althergebrachten Kenntnisse im Knoten und Spleißen). Es ist eine langwierige und harte Arbeit. Die Marines bevorzugen es, ihre aufregenden Aufgaben in erster Linie in den kurzen Stunden vor oder nach Einbruch der Dämmerung durchzuführen. Also bedeutet das für die Crew eines Schiffs, daß sie, wann immer sie eine ARG-Operationen durchzuführen hat, rund um die Uhr Bereitschaftsdienst schieben muß. Diese Arbeit *ist* hart. Spricht man aber einmal mit einem Seemann darüber, wird man zur eigenen Verblüffung meist zu hören bekommen, daß dies genau der Grund ist, weshalb sie zur Navy gegangen sind. 'Gator-Seeleute lieben ihre Jobs. Die älteren Unteroffiziere behaupten immer wieder, daß dies noch die »alte« Navy ist, in der sie aufgewachsen sind. Nicht selten sehen sie in der 'Gator-Navy ein Refugium vor der »politischen Korrektheit«, die heutzutage offenbar die ganze Navy infiziert zu haben scheint. Für die Offiziere bedeutet das Leben bei den »Amphibs« eine echte Gelegenheit zur Überprüfung ihrer selbst und der Richtigkeit ihrer Berufswahl.

Navigation und Gefechtsführung in küstennahen Regionen ist anspruchsvoll und gefährlich. Litoraloperationen halten für die Seeleute alle möglichen Risiken bereit, seien sie nun natürlichen oder »handgemachten« Ursprungs. Man denke nur einmal an die Fahrt des taktischen Trägers *Tripoli* (LPH-10), der während seines Einsatzes im Rahmen von *Desert Storm* am Persischen Golf auf eine Mine lief. Das Schiff überstand zwar den Minentreffer, wurde aber sehr schwer beschädigt. Wie wir feststellen konnten, mußte die Royal Navy der Briten im Mai 1982 bei der Invasion der Falkland-Inseln sogar noch härtere Lektionen einstecken. Auch die Natur geht nicht immer sehr freundlich mit Seeleuten um, die in der Nähe von Küstengebieten ihre Arbeit verrichten müssen. Praktisch alles, von hohem Seegang bis zu einem Hurrikan, kann einen amphibischen Angriff vereiteln. »D-Day« war beispielsweise ursprünglich für den 5. Juni 1994 vorgesehen und mußte dann wegen der im Ärmelkanal herrschenden Stürme um 24 Stunden verschoben werden. Ähnlich dem Fliegen sind amphibische Landungen Fehleinschätzungen gegenüber ziemlich nachtragend, und es bedarf äußerst komplexer Planungsarbeit, großer Kenntnisse und Erfahrung sowie der richtigen Ausrüstung, um sie mit Aussicht auf Erfolg durchführen zu können.

Nur noch eine kurze Bemerkung, bevor es weitergeht: Es gibt jede Menge Möglichkeiten, die Spezifikationen und Statistiken von Kriegsschiffen zu interpretieren, und selbst die »offiziellen« Quellen sind sich oft nicht einig, was die Auslegung angeht. Das ist der Grund, weshalb ich mich bei meinen Angaben grundsätzlich auf nur eine Quelle beziehe, nämlich das hervorragende, halbjährlich erscheinende Werk *Combat Fleets of the World* (U.S. Naval Institute Press) von A. D. Baker. Dave Baker hat dieses Buch zu seinem Lebenswerk gemacht, und alle, die wir über Verteidigungsangelegenheiten schreiben, stehen tief in seiner Schuld. Daher bitte ich um Nachsicht, wenn meine Tabellen immer wieder gern auf seine Daten zurückgreifen. Amphibische Schiffe sind sehr zahlenträchtig! Also gehen wir einmal an Bord!

USS *Wasp* (LHD-1)

Sie ist das größte und mächtigste amphibische Schiff, das je gebaut wurde. Mit über 40 000 Tonnen ist es auch das größte von Menschenhand geschaffene Objekt, das sich je über Land bewegt hat (so steht es wenigstens im *Guinness-Buch der Rekorde*). Die Abkürzung LHD steht für Landing Helicopter Dock(-Ship); es handelt sich hier also um ein Hubschrauberlande- und -dockschiff. Die USS *Wasp* ist das erste und damit namensgebende Schiff einer Klasse von insgesamt sieben Mustern, die das Beste darstellen, was die amerikanische Schiffbauindustrie herzustellen in der Lage ist. Sie ist der größte Kampfgefährte, den die Navy neben den Super-Flugzeugträgern aufzubieten hat, und eigentlich eine Ein-Schiff-Task-Force für sich, die über die nötigen Kapazitäten verfügt, ganz allein einen kleineren Staat in die Knie zu zwingen. Die Geschichte der *Wasp* und ihrer sieben Schwestern ist eigentlich gleichzeitig auch die Geschichte der amphibischen Kräfte der Navy nach dem Fluch des Vietnamkriegs und dem Wechsel zu nur aus Freiwilligen bestehenden Streitkräften. Es ist aber auch die Geschichte eines Vertragsnehmers, der einen Blick für die Zukunft hatte und sich dafür entschied, sie selbst mitbestimmen zu wollen.

Gegen Ende des Zweiten Weltkriegs begann das Marine Corps damit, nach neuen Wegen zu suchen, mit denen vermieden werden sollte, amphibische Angriffe gegen feindliche Küstenbefestigungen frontal durchführen zu müssen. Die enormen Verluste, die man schon im Zweiten Weltkrieg hatte hinnehmen müssen, um allein die japanischen Inselfestungen Iwo Jima und Peleliu zu erobern, hinterließen bei der Führung von Navy und Marines eine unauslöschliche Erinnerung. Was bei all diesen Überlegungen schließlich herauskam, war das Konzept der Vertikalumfassung, das erst durch die neue Hubschraubertechnik möglich gemacht wurde. Der Vater des derzeitigen Commandant of the Corps, Vince »Brute« Krulak, war schnell dabei, dieses Konzept zu unterstützen. Schon in der Mitte der 50er Jahre begann man damit, alte Flugzeugträger aus dem Zweiten

Die USS *Wasp* (LHD-1) war am 29. August 1995 in der Onslow-Bucht. Unmittelbar danach lief sie zu ihrem Einsatz im Mittelmeer aus. Sie kann gleichzeitig mit Hubschraubern operieren und Landungsfahrzeuge an Bord nehmen.
OFFIZIELLES FOTO DER U.S. NAVY

Weltkrieg zu experimentellen, taktischen Hubschrauberträgern umzubauen. Die Bezeichnung LPH (Landing Platform Helicopter = Landungsplattform für Hubschrauber) ergab sich fast von selbst. Sie erwiesen sich als sehr erfolgreich, obwohl sich ihr Betrieb, bedingt durch die Größe und umfangreiche, aber notwendige Mannschaftsstärken, als sehr teuer herausstellte. Der erste Umbau sollte die USS *Block Island* (LPH-1, vormals CVE-106) werden, aber sie wurde nie fertiggestellt. Da war man im Laufe der 50er und 60er Jahre bei etlichen anderen – einschließlich der USS *Boxer* (LPH-4, ex CV-21), USS *Princeton* (LPH-5, vormals CV-37), USS *Thetis Bay* (LPH-6, vormals CVE-90) und USS *Valley Forge* (LPH-8, vormals CV-45) – erfolgreicher und baute diese überzähligen Flugzeugträger konsequent für ihre neue Funktion um. Bereits bevor die ersten dieser Umbauten abgeschlossen waren, befanden sich aber schon Pläne für eine neue LPH auf dem Weg, die dann vom Kiel auf ausschließlich der Aufgabenstellung gemäß konstruiert und gebaut werden sollte. Der Grundgedanke war dabei der, ein Bataillon Marines und ein verstärktes Hubschraubergeschwader im kleinstmöglichen Schiffsrumpf unterzubringen, damit das Schiff billig zu bauen und effizient zu betreiben wäre. Der Komfort für die Mannschaft und Passagiere (beispielsweise Marines) war allerdings minimal bemessen.

Das Resultat bestand dann aus den taktischen Trägern der *Iwo Jima*-Klasse (LPH-2), von denen im Laufe der Zeit fünf gebaut wurden. Konstruiert in Anlehnung an die Rumpfform und unter Einbeziehung der technischen Einrichtungen eines Geleitträgers aus dem Zweiten Weltkrieg, wurde der Bau hinsichtlich der Unterbringungsmöglichkeiten von Flugzeugen, Ausrüstung, Versorgungsgütern und Marines maximiert. Ingalls Shipbuilding (inzwischen Litton Ingalls Shipbuilding) in Pascagoula, Mississippi, und ein paar staatliche Werften bauten die LPHs, und sie erwiesen sich schon bald als äußerst erfolgreich. Mit einer Verdrängung von nur 18 300 Tonnen (im Vergleich zu den 29 000 Tonnen der LPH-Umbauten aus der *Essex*-Klasse) und von zwei Dampfkesseln angetrieben, die auf eine einzige Schraube wirkten, hielten diese LPHs alles, was sich ihre Konstrukteure von ihnen versprochen hatten. In den 35 Jahren, die vergangen sind, seit die *Iwo Jima* in Dienst gestellt wurde, waren diese Schiffe bei fast allen größeren Militäraktionen der Vereinigten Staaten von Amerika mit von der Partie. Während des *Apollo*-Raumfahrtprogramms wurden sie auch als Rettungsschiffe eingesetzt, sie dienten den V/STOL-Jagdbombern vom Typ *Harrier* bei deren ersten Einsätzen als Testträger und als Flaggschiffe bei den Minenräumaktionen nach dem Ende der Kampfhandlungen von *Desert Storm*. Einsätze dieser zuletzt genannten Art waren auch der Grund, weshalb die USS *Tripoli* (LPH-10, jetzt MCM-10) im nördlichen Persischen Golf überhaupt auf eine Mine laufen konnte. Für Amerika hat sich jeder Dollar ausgezahlt, den es in diese Schiffe investiert hat, und die LPHs werden sicherlich auch noch ein paar weitere Jahre im Dienst verbleiben. Erst zu Beginn des 21. Jahrhunderts werden diese hart arbeitenden Träger endlich in den wohlverdienten Ruhestand treten.

Vielleicht hätten die Erfolge der LPHs in den 60er Jahren zum Bau einer Nachfolgeklasse geführt, aber dann kam der Vietnamkrieg und die Einführung der Freiwilligen bei der Navy. Die Bedarfslage änderte sich. Es wurde größere Kapazität und Lebensqualität für die Kriegsschiffe gefordert, die ab den 70er Jahren auf Kiel gelegt werden sollten. Was auch immer die LPHs in der Produktion ablösen sollte, es würde größer, bequemer und leistungsfähiger sein. Der Abbau der Navy gegen Ende der 60er Jahre, die unter der Präsidentschaft Nixons zum Tragen kam, hatte zwangsläufig zur Folge, daß die künftigen Schiffe ihre Funktionalität verdoppeln mußten. Die Idealvorstellung war ein Schiff, das als Hubschrauberträger funktionierte und dabei gleichzeitig auch als Dockschiff für die Landungsboote verwendet werden konnte. Dabei wollte die Navy jedoch nur einmal seinen Antrieb bezahlen und nur eine Mannschaft zur Bemannung stellen müssen. So wurde die Bühne für den Auftritt des Landing Assault Ship bereitet, das man heute unter der Typenklassifizierung LHA kennt.

Für die LHA war eine Vielzahl von Innovationen geplant. Die gesamte Klasse sollte von nur einer einzigen Werft gebaut werden, und die sollte einen »Festpreisvertrag« bekommen. Indem die Regierung das gesamte Programm für eine Werft zu Festpreiskonditionen ausschrieb, machte sie wegen der zu erwartenden Wirtschaftsschwankungen auf jeden Fall ein gutes Geschäft, wie man meinte. Das war zu dieser Zeit zweifellos auch eine gute Idee, aber dann traten bei der praktischen Umsetzung Probleme auf, die weder von Regierung noch Vertragsnehmern vorausgesehen worden waren. Zunächst einmal stellte die geplante Klasse von neun LHAs ein riesiges Arbeitsvolumen für die Schiffbauindustrie dar, die bereits sehr deutlich die Auswirkungen der Kürzungen im Bereich der militärischen Beschaffungsmaßnahmen und auch der internationalen Konkurrenz aus Übersee zu spüren bekam. Das hatte zur Folge, daß im wahrsten Sinne des Wortes jedes größere Konstruktionsbüro und jede einigermaßen leistungsfähige Werft an beiden Küsten unseres Landes sich darauf vorbereitete, bis aufs Messer zu kämpfen, diese Ausschreibung für sich zu entscheiden, eine Ausschreibung, die 1970 immerhin einen Wert von über einer Milliarde US-Dollar repräsentierte. In Pascagoula, Mississippi, war man bei Ingalls Shipbuilding (die 1961 mit Litton fusioniert hatten und sich fortan Litton Ingall Shipbuilding nannten) zu einer verblüffenden Schlußfolgerung gelangt: Die traditionelle Art und Weise, Schiffe auf Hellingen zu bauen, waren nicht nur uneffizient, sondern auch viel zu teuer. Wenn man ein Schiff in Modulen bauen könnte – wie vorproduzierte Teile eines Autos in der Kraftfahrzeugindustrie – und sie dann in einer Fertigungsstraße zusammensetzen würde, könnten sowohl die Kosten als auch die Bauzeit nicht nur erheblich, sondern sogar drastisch reduziert werden. Jetzt muß man allerdings berücksichtigen, daß man alles das damals in den 60er Jahren durchdachte, als eine Gallone Benzin (etwa 3,8 l) noch 20 Cent kostete, es noch die »freie Liebe« gab und die Wegwerfgesellschaft dem Begriff »Qualität« keinerlei Bedeutung beimaß.

Ingalls war ein Betrieb, der immer schon weiter vorausdachte als andere. Ein Ort der Innovationen, an dem bereits in den 30er Jahren das

261

erste ganz im Elektroschweißverfahren gebaute Schiff, der C^3-Frachter SS *Exchequer*, vom Stapel lief. Dort arbeitete man hart daran, in einer Branche konkurrenzfähig zu bleiben, die von überseeischen Werften dominiert wurde, die mit staatlichen Subventionen (wie in Europa) oder unglaublich niedrigen Arbeitslöhnen (wie in Asien) kalkulieren konnten. 1967 fiel dort unten am Mississippi die Entscheidung für den Bau einer völlig neuen Art von Werft. Sie sollte direkt gegenüber der bestehenden, jedoch auf der anderen Seite des Flusses in Pascagoula entstehen. Die neuen Einrichtungen würden sich der modularen Konstruktions- und Bautechniken bedienen und auf die modernsten Techniken des CAD (Computer-Aided Design = computergestützte Konstruktion) und automatisierte Warenbewirtschaftung zurückgreifen. Der Grundgedanke bestand darin, daß Ingalls absolut das gleiche Kriegsschiff wie jede andere Werft bauen konnte, allerdings mit einem Preisvorteil, den niemand unterbieten konnte, ohne zuvor die gleichen Investitionen getätigt zu haben. Damals witzelten Ingalls Mitbewerber noch über die Millionen von Dollar, die hier in die neuen Einrichtungen an der Golfküste gepumpt wurden. Aber Ingalls blieb stur auf dem einmal eingeschlagenen Kurs und gab gleich für beide Ausschreibungen, also die LHAs und die Zerstörer der *Spruance*-Klasse (DD-963), Gebote ab. Es war unglaublich, aber inmitten eines wahren Proteststurms erhielt die Werft den Zuschlag für beide Verträge.

Die taktischen Träger der *Tarawa*-Klasse (LHA-1) waren 250 m lang, brachten (voll beladen) 40 000 Tonnen auf die Waage und erinnerten mit ihrem geraden Flugdeck im Aussehen stark an die Träger der *Essex*-Klasse (CV-9) aus dem Zweiten Weltkrieg. Ihr Antrieb erfolgte über zwei riesige Dampfkessel, die nach dem Brennkammerverfahren befeuert wurden und zwei Westinghouse-Dampfturbinen antrieben, die ihrerseits auf zwei Schrauben wirkten und dabei um die 70 000 SHP / 70 970 PSw (*shaft horsepower* = Wellen-Pferdestärke) freisetzten. Sie brachten die neuen Schiffe auf eine Höchstgeschwindigkeit von 24 kn (45 km/h), und es war für sie kein Problem, eine Marschgeschwindigkeit von 22 kn (40 km/h) auch über längere Zeit aufrechtzuerhalten. Mit einer Breite von imposanten 32 m und einem Tiefgang von immerhin 8 m paßten Schiffe dieses Typs so gerade eben noch durch die Schleusen des Panama-Kanals, was ihnen den enormen Vorteil verschaffte, wenn nötig auf dem schnellsten Weg zwischen dem Atlantik und dem Pazifik hin- und herzuwechseln. Sie waren lang und kastenförmig, und als charakteristisches Merkmal trugen sie an Steuerbord mittschiffs einen riesigen Inselaufbau. Die Insel verfügte über alle notwendigen Kommando-, Signal- und Navigationsbrücken und auch entsprechende Planungs- und Befehlszentralen für die Einheiten der Marines, die sich an Bord befinden. Der Rumpf der LHAs war in fünf Bereiche aufgeteilt, wovon jede Abteilung eine bestimmte Funktion erfüllte. Das waren im einzelnen:

- **Flugdeck** – Es erstreckt sich über die gesamte Länge eines LHA. Es verfügt über neun Landepunkte für die Hubschrauber und zwei Flugzeugaufzüge zum Hangardeck. Ins Innere des Schiffs kommt man zu

Fuß aber nur durch den Inselaufbau. Obwohl es keine »Sprungschanze« zur Unterstützung von Starts der V/STOL-Flugzeuge vom Typ des *Harrier* (wie bei den britischen, italienischen, spanischen und russischen Trägern) gibt, ist die Startbahn aber auch so lang genug für einen normalen Horizontalstart.

- **Hangardeck** – Unmittelbar unter dem Flugdeck liegt das Hangardeck in der achterlichen Hälfte des Schiffs. Dieser Hangar ist in sich geschlossen und bietet Platz für eine verstärkte Staffel mittlerer Transporthubschrauber. Zwischen dem Flug- und Hangardeck gibt es einen Raum, in dem etwa 42 Flugzeuge in der Größenordnung des CH-46 untergebracht und gewartet werden können.
- **Welldeck/Fahrzeug- und Frachtlast** – Direkt unter dem Hangardeck, aber in voller Länge bis zum Vorschiff, dehnt sich das Welldeck aus, von dem aus die Landungsboote starten und in das sie nach einem Einsatz auch wieder zurückkehren. Außerdem befinden sich hier die Stauräume für die Fahrzeuge der Marines, für ihre Ausrüstung und Versorgungsgüter. Das Welldeck war ursprünglich für die gleichzeitige Aufnahme von vier LCUs oder sieben LCM-8 ausgelegt. Um die Landungsfahrzeuge ausfahren (und später auch an Bord zurückkehren) zu lassen, werden die Ballasttanks im Heck des Schiffs geflutet, was dem LHA einen kleinen »Schlag« nach achtern gibt und den Landungsbooten einen künstlichen »Strand« verschafft. Sind alle Fahrzeuge wieder an Bord, werden die Tanks gelenzt und die große Heckklappe geschlossen, die dann die Landungsfahrzeuge und das Welldeck vor den Elementen schützt.
- **Technischer Bereich** – Genau mittschiffs unter den Fahrzeug- und Frachtlasten(-stauräumen) befindet sich der technische Bereich. Hier sind alle Kesselanlagen, Turbinen, Generatoren und schweren Ausrüstungsgegenstände untergebracht – also alles von den Antrieben angefangen bis hin zur Klimaanlage und den elektrischen Systemen. Von hier aus werden die Abgase der Kesselbrenner und anderer Maschinen, die zur Ausrüstung gehören, durch Ventilatoren hinauf an die Steuerbordseite und von dort durch das Dach der Insel ins Freie befördert.
- **Mannschafts-/Truppenunterbringung** – Der größte Teil des Vorschiffs wird von Kojen, Messen und anderen Räumlichkeiten für die aus 925 Seeleuten und 1713 Marines bestehende Besatzung beansprucht. An derzeit gültigen Standards gemessen, können die Unterbringungsmöglichkeiten an Bord der *Tarawa* nur als verschwenderisch bezeichnet werden. Es gibt eine Klimaanlage, richtige Kabinen mit festen Kojen und reichlich Platz für die Unterbringung persönlicher Gegenstände. Außerdem gibt es dort auch noch einen klimatisierten Raum für das Konditionstraining der Marines an Bord (der allerdings inzwischen in ein Fitneßzentrum für die ganze Besatzung umfunktioniert wurde).

Im Vergleich zu den amphibischen Schiffen älterer Bauart ist die *Tarawa* bis an die Zähne bewaffnet. Zusätzlich zu den zwei Startgeräten für die neuen RIM-7 *Sea Sparrow* Surface-to-Air Missiles (SAM) gibt es auch noch zwei der neuen, leichten Mk 45 5-in./54-Kanonen, mit denen eine Feuerunterstützung von See aus möglich wird, und zusätzliche Bettungen mit insgesamt sechs Mk 67 20-mm-Kanonen zur Abwehr von feindlichen Patrouillenbooten und ähnlichen Bedrohungen. Die gesamte Feuerkraft wird durch eine Kombination aus Luft-, Oberflächensuch- und Feuerleitradargeräten und einer restlichtverstärkenden Fernsehkamera abgesichert. Die *Tarawa* und ihre Schwestern sind die zur Zeit größten und stärksten amphibischen Schiffe, die je gebaut wurden. Sie vereinen die besten Eigenschaften von LPH, LKA, LSD und LPD in einem einzigen höchst überlebensfähigen Rumpf. Die Seeleute und Marines stehen schon Schlange, um ein Kommando auf einer der neuen »Königinnen der 'Gators« zu bekommen.

Obwohl diese neuen Schiffe im Grunde alles sind, was sich Navy und Marines immer gewünscht haben, kamen sie zu einem hohen Preis und mit einem Haufen von Kinderkrankheiten daher. Die Festpreisverträge waren davon ausgegangen, daß es im Laufe der 70er Jahre zu einer Stabilisierung der Inflation bei den Baukosten (Arbeitslöhne, Energie, Materialien usw.) kommen würde. Unglücklicherweise erwiesen sich aber eben diese 70er Jahre als alles andere denn stabil. Zweistellige Inflationszuwachsraten, um das Fünffache gestiegene Energiekosten und der enorme Anstieg der Lohnkosten bewirkten, daß sich die Baukosten für die LHAs (aber auch für alles sonst!) mit Raketengeschwindigkeit von dem entfernten, was man sowohl bei Litton Ingalls als auch bei der Navy ursprünglich erwartet hatte. Die Basiskalkulation war davon ausgegangen, daß man für 1,2 Milliarden Dollar neun *Tarawas* würde kaufen können. Dann rang sich die Regierung dazu durch, 1,6 Milliarden Dollar wenigstens für fünf

Hier wird die USS *Essex* (LHD-2) am 4. Januar 1991 gerade vom Endausrüstungsbereich zu einem Schwimmponton auf dem Werftgelände von Litton Ingalls in Pascagoula, Mississippi, gebracht. Schiffe dieser Bauserie sind die größten von Menschenhand geschaffenen Objekte, sie sich je über festen Boden bewegten. *OFFIZIELLES FOTO DER U.S. NAVY*

Muster zu bezahlen, und zwar für die *Tarawa* (LHA-1), die *Saipan* (LHA-2), die *Belleau Wood* (LHA-3), die *Nassau* (LHA-4) und die *Peleliu* (LHA-5). Schließlich hatte ja keiner der Beteiligten eine derartige Preisinflation voraussehen können, als die Verträge unterschrieben wurden. Da weder auf der Seite von Litton Ingalls noch von der Navy her Fehler gemacht worden waren, kamen die Vertragspartner überein, mit einer zusätzlichen Finanzspritze in Höhe von 400 Millionen Dollar die fünf Einheiten fertigzustellen. Nach diesem Fiasko in Sachen Vorhersagen änderte sich die Art der Vertragsgestaltung bei der Navy für alle Zeiten. Heute verfügen die Verträge über einen bereits eingebauten Wachstumsfaktor, der sich an den (seitens der Regierung festgelegten) Inflationszuwachsraten orientiert. Dieser »Kosten-Plus«-Vertrag verteilt die Baukostenüberschreitungen zu gleichen Teilen auf die Vertragsnehmer und die Regierung und sichert die Vertragsnehmer dahingehend ab, daß sie bei der Übernahme der Risiken, die solche Milliarden-Dollar-Projekte nun einmal mit sich bringen, irgendwann einmal die Chance bekommen, damit auch schwarze Zahlen schreiben zu können.

In der Zwischenzeit hatten sich auch bei Litton Ingalls Probleme mit der Modularbauweise ergeben. Bis die Schiffbauingenieure darauf kamen, daß sie einfach die Toleranzen zu knapp bemessen hatten, wollten sich die vorfabrizierten Module einfach nicht zusammenfügen lassen. Die Ingenieure hatten schlicht außer acht gelassen, daß sie Raum für die Ausdehnung der Metalle lassen mußten, die immer wieder durch die unterschiedlichen Ausdehnungswerte zwischen einem kühlen Morgen am Mississippi und der glühenden Hitze eines Sommernachmittags auftreten können. Man brauchte nur ein klein wenig »Fleisch« an den Verbindungsstellen zu addieren, das dann beim Zusammensetzen angepaßt wurde, und schon war das Problem gelöst. Ein anderes Problem ergab sich aus der LHA-Konstruktion selbst, bei der man versucht hatte, das Toppgewicht zu senken, indem man sämtliche der nach oben ragenden Aufbauten in ihrer Materialstärke reduzierte. Unglücklicherweise übersteigt die geballte Kraft eines Ozeans aber manches Mal das Vorstellungsvermögen von Konstrukteuren. Dieses Problem wurde gelöst – durch Strukturversteifungen –, als die Schiffe zum ersten Mal zur Nachbesserung zurück in die Werft kamen. Im großen und ganzen bewährte sich das neue Konzept aber und hielt Litton Ingalls auch weiterhin in der Position der profitabelsten und am besten ausgelasteten Schiffswerft Amerikas. Als die amerikanische Schiffbauindustrie abbröckelte (1996 gab es gerade noch fünf Werften, die in der Lage waren, größere Kampfeinheiten zu bauen), blieb man hier wettbewerbsfähig, indem man eine größere Angebotsbreite schuf und sich ein zusätzliches Standbein mit dem Bau von Eisenbahnwaggons und Bohrinseln schaffte.

Aber noch während die Navy und Litton Ingalls damit beschäftigt waren, ihre technischen und finanziellen Hemmschuhe zu beseitigen, dokumentierten die fünf LHAs der ganzen Welt ihre Präsenz bereits derart nachdrücklich, daß es nicht lange dauerte, bis Navy und Marines erkannt hatten, daß man eigentlich ohne Rücksicht auf den Preis noch

USS *Wasp* (LHD-1)

Seiten- und Innenansicht der USS *Wasp* (LHD-1). Sie ist das Führungsschiff einer aus sieben Mustern bestehenden Klasse von amphibischen Großdeckschiffen. Die Schiffe der *Wasp*-Klasse sind die größten amphibischen Schiffe der Welt.

JACK RYAN ENTERPRISES, LTD., VON LAURA ALPHER

- SPS 49 Radar
- SPS 48E Radar
- Brücke
- Mk 29 *Sea Sparrow* SAM-Startgeräte (steuer- und backbord)
- Mk 16 *Phalanx* CIWS (steuer- und backbord)
- Container mit Rettungsinseln
- Mk 91 Feuerleitradar
- Insel/Brücke (Befehls-, Führungs- und Kommunikationszentren)
- Lazarett / medizinische Einrichtungen
- Unterkünfte
- Heckklappe (-rampe)
- Ruder
- Propellerwelle
- Flugzeugaufzug (steuer- und backbord)
- Instandsetzungswerkstätten
- Flugzeug-Hangardeck
- Schreibstuben/Büros
- Landungsboote Welldeck
- Frachtgut
- Antrieb
- Fahrzeuge
- Frachtgut
- Warenhaus

mehr davon hätte kaufen sollen. Aber solange Präsident Carter am Ruder war, konnte man diese Wunschvorstellung getrost abschreiben. Als dann jedoch Reagan die Regierung übernahm, änderte sich bald einiges wieder zum Positiven. Die Planungen von John Lehmans »Navy der 600 Schiffe« sahen auch die Bereitstellung von Mitteln für die Beschaffung von amphibischen Schiffen und Landungsfahrzeugen vor. Ganz oben auf dem Wunschzettel stand dabei inzwischen eine Serie neuer taktischer amphibischer Großdeckträger auf der Basis der LHA-Konstruktionspläne. Bis 1996 waren die Verträge für sieben LHDs unter Dach und Fach, wobei man auch schon die Möglichkeiten für den Bau zusätzlicher Muster eingeplant hatte, die dann anschließend die zur Ausmusterung anstehenden LPHs ablösen sollten. Die LHDs sollten die stolzen Namen von Flugzeugträgern aus dem Zweiten Weltkrieg tragen. Das Führungsschiff taufte man dementsprechend USS *Wasp* (LHD-1) nach den beiden Trägern (CV-7 und CV-18), die diesen Namen im Laufe des Zweiten Weltkriegs und des kalten Kriegs trugen. Die Vergabe des Namens *Wasp* an Kriegsschiffe der U.S. Navy blickt aber auf eine wesentlich längere Tradition zurück, die sich bis in die Zeit des Unabhängigkeitskriegs zurückverfolgen läßt.

Wie gesagt, basieren die Pläne für die LHDs auf der Grundkonstruktion der LHAs. Sie weisen jedoch einige signifikant neue Besonderheiten auf. Dazu gehören unter anderem:

- **»Standoff«-Fähigkeit** – Das ist die Fähigkeit, amphibische Operationen von *over the horizon* (OTH) aus zu unterstützen, wobei die neuen LCACs, MV-22B *Ospreys*, CH-53E *Super Stallions* und AV-8B *Harrier II* V/STOL-Jagdbomber zum Einsatz gebracht werden.
- **Überlebensfähigkeit** – Das ist die Fähigkeit, auch in Umfeldern weiterkämpfen zu können, die durch radioaktiven Niederschlag, chemische Wirkstoffe und die Auswirkungen biologischer Waffen kontaminiert sind. Zur Überlebensfähigkeit gehört darüber hinaus aber nicht nur die Möglichkeit, sich aktiv gegen Patrouillenboote und »Himmelfahrtskommandos« auf kleinen Fahrzeugen verteidigen zu können, sondern genauso auch die Fähigkeit, Beschädigungen durch Minen, Bomben oder Marschflugkörper selbst verhindern, durchstehen oder reparieren zu können.
- **Wandelbarkeit zum Flaggschiff bei Seeüberlegenheit** – Im Laufe der 70er Jahre versuchten verschiedene CNOs (Flaggoffiziere) vergeblich – wie zum Beispiel auch die Admiräle Elmo Zumwalt und James Hollaway –, kleine Flugzeugträger mit bis zu 20 V/STOL-Jagdbombern und acht bis zehn ASW-Hubschraubern (Antisubmarine Warfare = Unterseebootabwehr) zu bauen, die Konvois begleiten und amphibische Operationen unterstützen sollten. Diese »Sea Control Ships« sollten ähnliche Funktionen wie die britische *Invincible*-Klasse erfüllen. Der sehr erfolgreiche leichte spanische Träger *Principe de Asturias* wurde auf der Grundlage von amerikanischen Konstruktionsplänen gebaut, die dort nie das Reißbrettstadium verließen. Jetzt gibt es die LHDs, und sie

können die Sea Control Mission problemlos neben ihrer amphibischen Rolle übernehmen. Man braucht dazu nur noch eine passende Air Group an Bord unterzubringen.

Obwohl die *Wasp* und ihre Schwestern auf der guten Basiskonstruktion der *Tarawa*-Klasse aufbauen, sind sie dennoch erheblich verbesserte und leitungsfähigere Schiffe. Man kann die beiden Klassen am besten anhand ihrer wichtigsten Nutzlast-»Fußabdrücke«, von denen schon vorher in diesem Kapitel einmal die Rede war, einander gegenüberstellen:

Gegenüberstellung der Nutzlast-»Fußabdrücke« von LHD gegenüber LHA/LPH

Klasse	Soldaten	Cargo^2 (m^2)	Cargo^3 (m^3)	LCACs	Hubschrauber
LHD-1	1.686	1.940	3.540	3	45
LHA-1	1.713	2.360	3.000	1	42
LPH-3	1.489	315	1.145	keine	26

Wie man aus dieser Tabelle klar ersehen kann, sind die LHDs, vielleicht mit Ausnahme des Stauraums für die Fahrzeuge (Cargo^2), jedem anderen Schiff überlegen, das sie ersetzen sollen. Die Navy hatte die Entscheidung getroffen, das Schwergewicht von Cargo^2 auf Cargo^3 zu verlagern. Der Einbau von Collective Protection Systems (CPS = kollektive, also umfassend beziehungsweise gemeinsam wirksame Schutzsysteme), die gleichermaßen gegen atomare, biologische und chemische Waffenwirkungen Schutz boten, kostete in den LHD-Konstruktionen zwar reichlich Platz im Innenraum, doch stufte man sie für die Missionen des Schiffs als unverzichtbar ein. Wie alle Kriegsschiffe, so bleibt auch ein LHD immer ein Sammelsurium aus Kompromissen, die bei der Konstruktion eingegangen werden mußten. Bei den *Wasps* hatte man zumindest den Vorteil, über ein geräumigeres Welldeck für die neuen LCACs verfügen zu können und dabei doch gleichzeitig mehr Platz für den Betrieb der Flugzeuge zu haben.

Um ein besseres Verständnis dafür zu gewinnen, wie diese riesigen Schiffe zusammengesetzt werden, besuchte ich selbst einmal die Golfküste und fuhr zur Litton-Ingalls-Schiffswerft in Pascagoula, Mississippi, hinaus. Pascagoula ist eine Schiffbaustadt, die sich immer noch ein Raufbold- und Wildkatzenflair bewahrt hat. Litton Ingalls ist der größte Arbeitgeber einer Gegend, die direkt an Mobile, Alabama, und im Osten an Pensacola, Florida, grenzt. Die Einrichtungen auf der West Bank sind ein Gemeinschaftsprojekt von Litton Ingalls und dem Bundesstaat Mississippi, der seinerseits Staatsanleihen ausgab, um den Bau der fortschrittlichsten Schiffswerft der Welt finanzieren zu helfen. Hier handelt es sich um die einzige Werft, die in den Vereinigten Staaten von Amerika in den letzten 30 Jahren praktisch völlig neu entstand. Die anderen bauen nach wie vor, an Flußufer gefesselt, ihre Schiffe auf Hellingen. Bei Litton Ingalls entstehen sie auf enorm großen Freigeländen, auf denen sich die Schiffe über Fertigungsstraßen von Mammutausmaßen bewegen. Im Laufe der letzten paar Jahre hat Ingalls hier vier verschiedene Klassen von Kriegsschiffen gebaut: die Kreuzer der *Ticonderoga*-Klasse (CG-47), die Zerstörer der *Arleigh Burke*-Klasse (DDG-51) und die amphibischen Träger der *Wasp*-Klasse (LHD-1) für die amerikanischen und die Korvetten der *Sa'ar V*-Klasse für Israel.

Der beste Platz, um das richtige Gefühl dafür zu bekommen, wie bei Ingalls gearbeitet wird, ist sicherlich der Kontrollturm in der Mitte des Geländes. Von der zwölf Stockwerke hohen Beobachtungsplattform aus kann man die Arbeit auf der 250 ha großen Werft um sich herum fließen sehen, und es ist schon faszinierend, dabei zuzuschauen. Von den Eisenbahn- und Lkw-Anlieferungsbereichen im Norden werden die Rohmaterialien in die Fabrikationswerkstätten gebracht. Von dem Augenblick an, da irgendeine Metallplatte, eine Kabeltrommel oder eine Kiste mit Ausrüstung den Anlieferungsbereich zum ersten Mal berührt, wird sie sofort mit einem Balkencode versehen, über den dann der weitere Weg praktisch in Echtzeit per Computer verfolgt wird. Dadurch kann Litton Ingalls – ähnlich wie die Automobilindustrie – Materialien und Ausrüstungsteile nach dem Prinzip der »Just-in-time«-Belieferung ordern, welche die Lagerhaltungskosten ganz erheblich herabsetzt.

Die Fertigung findet in fünf sogenannten »Bays« statt. Dabei handelt es sich um Freigelände mit gepflasterten Wegen und einem Gitternetz von Eisenbahnschienen, die von mobilen Kränen umgeben sind, deren Aufgabe darin besteht, die einzelnen Module der Schiffe bei der Zusammenfügung anzuheben und in die richtige Position zu bringen. Als ich gerade dort zu Besuch war, beanspruchte der Bau eines Zerstörers der *Arleigh Burke*-Klasse die Bays 1 bis 3 am Ostende der Werft. Bei Litton Ingalls laufen Schiffe dieses Typs aber unter der Bezeichnung *Barry*-Klasse, denn das war der Name für das erste Schiff (DDG-52), das aus dieser Reihe bei Litton Ingalls gebaut wurde. Die Bays 4 und 5 sind für die Produktion von LHDs reserviert. Diese gewaltigen Schiffe entstehen etwa auf die gleiche Art und Weise wie ein »Wolkenkratzer-Sandwich« in der Baguetterie. Jedes Modul ist mit »Kanälen« für die Elektrizität und die Hydraulik, für die Dampf- und Wasserleitungen und die Kabelstränge »vorgestopft«, was die Notwendigkeit für Arbeiten tief in einem dunklen, nur teilweise fertiggestellten Rumpf reduziert. Gleichzeitig hat dieses Vorgehen den Vorteil, daß ein Schiff wesentlich früher zum Leben erweckt und in Betrieb genommen werden kann. Das wiederum verkürzt die Zeit bis zu den ersten Testfahrten auf See erheblich. Sobald die Submodule fertiggestellt sind, wandern sie zum Südende der jeweiligen Bay, um dort in eines der fünf Hauptmodule eingelassen zu werden. Erst alles zusammen ergibt ein fertiges LHD. Jedes Modul wird vor Ort zusammengesteckt und verschweißt, dann werden seine Leitungen und Drähte miteinander verbunden, so ähnlich wie ein Chirurg vielleicht Arterien und Sehnen nach einem schwerwiegenden Muskelriß wieder zusammenfügen würde. In der Südecke des Montagebereichs werden abschließend die Module 1 (Bug) und 4 (Heck und Welldeck) zum Rumpf zusammengefügt. Zu diesem Zeitpunkt wiegt jedes Modul für sich bereits etliche tausend Tonnen. Diese riesigen Brocken passen mit Toleranzen von ein paar Millimetern oder weniger zusammen. Sobald die vier Rumpfmodule zusammengefügt sind, wird Modul 5, der »Insel«-Decksaufbau aufgesetzt. Mit einem Gewicht von über 500 Tonnen ist die Insel die größte Konstruktion, die je von einem Kran gehoben wurde. Nun ist der Zeitpunkt gekommen, an dem dieser Stapel rostfarbigen Metalls zum ersten Mal wie ein Schiff aussieht, aber es liegt immer noch wie ein gestrandeter Wal an Land.

Jetzt können die Dampf- und Stromverbindungen hergestellt werden, und zum ersten Mal gehen die Licht- und Klimatisierungssysteme in Betrieb. Letzteres macht für die Arbeiter das Leben in den schwülen Sommertagen der Golfküste spürbar erträglicher. Vor dem nächstfolgenden Schritt wurde die USS *Bataan* (LHD-5), bei der schon sämtliche wichtigen Komponenten eingebaut waren, ausgerüstet. Dazu mußte der komplette Rumpf seitwärts (mit einer Geschwindigkeit von 40,6 cm pro Minute) zu einem schwimmenden Trockendock geschafft werden. Nachdem das Dock das Schiff aufgenommen hatte, wurden beide hinaus in den Kanal des Mississippi-Sunds geschafft, wo das Dock geflutet wurde und das neue Schiff zum ersten Mal in seinem Leben schwamm. Nach diesem »Stapellauf« wird das Schiff zu Ausrüstungskais am Süd- und Ostende der Werft geschleppt, wo die Vorbereitungen für die Probefahrten, Indienststellung und Auslieferung an die U.S. Navy erfolgen.

Dann wollen wir einmal mit unserer Wanderung durch den (noch nicht ganz fertigen) Rumpf der *Bataan* beginnen, um zu sehen, wie der Stand der Dinge ist. Nachdem ich mir einen dieser Sicherheitshelme aufgesetzt hatte, folgte ich Steve Davis, dem General-Projektleiter für den *Wasp*-Klassen-Bau, zu einer Tour durch das Innere des neuen Schiffs. Jedes einzelne bekommt einen Projektleiter zugeteilt, der als Chef des gesamten Baus bis zur Übergabe an die Navy fungiert. Steve Davis blickt auf jahrzehntelange Erfahrungen im Bau atomgetriebener Unterseeboote, DDGs und LHDs zurück. Nach verschiedenen Warnhinweisen, wovon ich bitte die Finger zu lassen hätte, betraten wir den riesigen Rumpf. Obwohl es dort recht warm war und nach heißem Metall roch, konnten wir uns erstaunlich leicht im Inneren des LHD bewegen. Es war rauchig und schmutzig, aber man konnte schon ganz klar erkennen, wie hier durch die Anstrengungen von Hunderten von Werftarbeitern an Bord langsam ein Kriegsschiff seine Form annahm. Es steht außer Frage, daß die Arbeiter bei Ingalls stolz auf das sind, was sie da leisten, und Steve war begierig, mir zu zeigen, wie sehr man die *Bataan* bereits gegenüber dem ersten Schiff der Klasse, der *Wasp*, verbessert hatte. Als wir wieder auf dem Weg nach draußen waren, verweilten wir für einen Moment im noch unfertigen Hangardeck, um mit einigen Mechanikern, darunter auch Steves Sohn, zu sprechen, die dort mit der Ausrüstung beschäftigt waren. Litton Ingalls ist eigentlich sehr stolz darauf, so etwas wie ein »Familienunternehmen« zu sein, denn es ist keineswegs außergewöhnlich, wenn man hier zwei bis drei Generationen der gleichen Familie bei der Arbeit auf dieser Werft in Pascagoula antrifft.

Hat ein Schiff erst einmal alle Probefahrten des Herstellers absolviert, steht einer Auslieferung an den Auftraggeber, also die U.S. Navy, nichts mehr im Weg. Tatsächlich sieht es aber so aus, daß etliche Seeleute der ersten Mannschaft, die sogenannten »Plank-Owner« (Plankenbesitzer), schon während des Baus anwesend sind, um bei der abschließenden Ausrüstung und den Testfahrten dabeizusein und mithelfen zu können. Dazu gehört auch der letzte Schritt im Herstellungsprozeß, der gern als das »Ingalls-Wunder« bezeichnet wird. Unter der äußerst pingeligen Aufsicht und Anleitung einer Dame namens Annie Gese wird das neue Kriegsschiff vom Bug bis zum Heck makellos saubergeschrubbt – und das gilt selbst für dunkelste Ecken und Winkel, in welche die Inspektoren mit einiger Sicherheit wohl kaum jemals einen Blick werfen würden. Erst dann ist man der Ansicht, daß ein Schiff wirklich für die Indienststellung bei der Navy bereit ist. Auf unserem Weg zurück durch die Hitze und Schwüle des Sommers zeigte mir Steve teilweise fertiggestellte Module für die USS *Bonhomme Richard* (LHD-6), die ihren Namen nach der Segelfregatte John Paul Jones' aus dem Unabhängigkeitskrieg tragen wird, und erklärte, daß man mit der Zusammenfügung und Fertigstellung beginnen würde, sobald die *Bataan* wie vorgesehen 1996 schwimmen würde.

Litton Ingalls ist ein geschäftiger Ort. Mehr als ein Dutzend Zerstörer und LHDs befinden sich hier in den unterschiedlichsten Stadien der Fertigstellung. Später am Tag verliehen Steve und einige der Führungskräfte von Litton Ingalls ihrer Hoffnung Ausdruck, daß im kommenden Geschäftsjahr die Mittel für ein nächstes, im Augenblick noch namenloses LHD bewilligt würden. Kaum einen Monat später ging ihr Wunsch schon in Erfüllung, als der Kongreß LHD-7 in den Haushaltsplan für 1996 integrierte. Das wird den bestmöglichen Preis für die Navy garantieren, Arbeitsplätze sichern und die Zulieferer für zukünftige Programme am Leben erhalten. Es sieht sogar so aus, daß inzwischen die Führungskräfte von Schiffswerften aus Europa und Fernost auf der Suche nach neuen Vorstellungen ins Herz des Staates Mississippi kommen, um sich bei Litton Ingalls anzuschauen, wie man Schiffe besser bauen kann und wie man dort arbeitet!

Lange bevor die eigentliche Auslieferung des Schiffs erfolgt, hat man bei der Navy bereits die Entscheidung gefällt, wer sein Kapitän sein wird. Ein guter erster Skipper kann sie zu einem »glücklichen« Schiff machen und Akzente für die ihm folgenden Kommandanten und jede Mannschaft setzen, die in den kommenden Jahren an Bord sein werden. Als erster Kommandant ging Captain Len Picotte, der inzwischen zum Rear Admiral (Konteradmiral) befördert worden ist, an Bord der *Wasp*. Das Kommando über ein LHA oder LHD ist bei der Navy besonders begehrt, da es sich hier um die beiden größten Schiffstypen handelt, die ein Offizier der Navy kommandieren kann, ohne gleichzeitig Marineflieger sein zu müssen. Da allerdings die Variationsbreite möglicher Einsätze für die LHDs und LHAs derart groß ist, hat die Navy verfügt, daß jeweils der Erste Offizier, und damit Stellvertreter des Kommandanten, auf jeden Fall die Fliegerschwingen tragen muß. Das gleiche gilt umgekehrt, wenn der Kommandant Flieger ist, was dazu führt, daß es jeweils zu einem Positionswechsel kommt, wenn ein Offizier befördert wird und der andere ausscheidet. Vom Augenblick der Kiellegung an (30. Mai 1985) war die USS *Wasp* ein glückliches Schiff, ein *wirklich* glückliches Schiff. Ganz im Gegensatz zu den LHAs gab es während der Konstruktions- und Bauphase kaum Probleme. Gegen Ende des Jahres 1987 fanden Stapellauf (am 4. August) und Taufe (am 19. September) statt. Die *Wasp* absolvierte sämtliche Test- und Probefahrten und wurde schließlich am 29. Juli 1989 in Dienst gestellt. Anschließend kam sie zusammen mit den ARGs zur Atlantikflotte, wo sie seitdem Dienst tut. Gegen Ende des Jahres 1996 geht sie in ihre erste große Überholung und die damit verbundene Modernisierungsphase.

Gehen wir doch einmal an Bord der *Wasp* und versuchen, sie ein wenig besser kennenzulernen. Dazu wollen wir den Weg mit einem Landungsboot in das Welldeck der Landungsfahrzeuge und von dort zu Fuß ins Innere des Schiffs nehmen. Wenn man sich zu dieser Position hinten an der *Wasp* begibt, wird man sofort von einer ganzen Reihe von Eindrücken fast erschlagen. »Wie kann sich«, fragt man sich, »etwas derartig Riesiges über die Ozeane bewegen?« Wenn man allerdings einen Hubschrauber wenige Meter über seinem Kopf zur Landung einschweben sieht, fragt man sich dagegen eher, wie wohl irgend jemand auf etwas so Kleinem überhaupt landen kann. Wenn die Landungsboote an Bord genommen werden, stellt man eine spürbar achterliche Trimmung des Schiffs fest. Der Grund dafür ist der, daß die Heckklappe abgesenkt und die achterlichen Ballasttanks geflutet wurden, damit das Heck des Schiffs so weit absinken kann, um eine Art sanften künstlichen »Strand« für die Landungsboote zu erzeugen. Sollte man einmal auf der Brücke eines LCU stehen, wenn dieses zurück an Bord kommt, und man selbst ist größer als eins achtzig, zieht man besser den Kopf ein. Mit Planken aus Douglastanne ausgelegt, erscheint das Welldeck mit einer Breite von 15,25 m, einer Länge von 98,1 m und einer Höhe von 8,5 m ungeheuer geräumig. Dieser Eindruck weicht jedoch dem einer bedrängten Enge, sobald zwei LCUs oder drei LCACs eingedockt haben. Ist das Landungsboot an Bord und seine Bugrampe abgesenkt, geht man eine steile, wenn auch rutschfeste Rampe hinauf und befindet sich schon auf dem Fahrzeugdeck. Der traditionellen Etikette der Navy folgend, »bitten« wir jetzt beim dienstältesten anwesenden Offizier »um die Erlaubnis, an Bord kommen zu dürfen«.

Auf unserem Weg nach vorn betreten wir die große Fahrzeuglast, in der die Fahrzeuge der eingeschifften MEU(SOC) untergebracht sind. Auf diesem Deck und auf dem darunter stehen die HMMWVs, 5-Tonner-Lkws, M198 155-mm-Feldhaubitzen und Anhänger. Obwohl die Böden der Decks für die Aufnahme von Panzerfahrzeugen wie den M1A1 *Abrams* Panzer, die amphibischen Traktoren AAV-7 und radgetriebene LAVs verstärkt sind, findet man diese Monstren gewöhnlich drüben an Bord der

LSDs oder LPDs der ARG. Die Planer bevorzugen es, auf den »Großdeck«-Schiffen nur solche Fahrzeuge mitzuführen, die auch von den Hubschraubern des Typs *Sea Stallion* gehoben und transportiert werden können. Ähnlich wie in einem Parkhaus sind die einzelnen Fahrzeugdecks durch Fahrspuren über Rampen miteinander verbunden. Man kann also vom unteren Fahrzeugdeck die ganze Strecke hinauf über den Hangar bis aufs Flugdeck fahren. Trotz des scheinbar unermeßlichen Stauraums, dem man sich auf dem Papier gegenübersieht, sind in der Praxis dann Fahrzeuge, Fracht und Ausrüstung mit nur wenigen Zentimetern Abstand zueinander dicht bei dicht gepackt. Selbst ein Schiff in der beeindruckenden Größe einer *Wasp* hat nie genug Platz für all die Dinge, die sich der Kommandeur einer MEU(SOC) eigentlich wünscht. Also ist es eine feste Regel, daß man gerade eben genug Platz läßt, daß ein Marine durch eine Tür, ein Fenster oder eine Klappe in ein Fahrzeug klettern und er es anschließend von seinem Parkplatz fahren kann, wenn es in einen Einsatz geht. Das Verschieben von Fahrzeugen und Fracht in den Lade-/Stauräumen eines amphibischen Schiffs erinnert immer sehr stark an dieses Kinderpuzzle mit mehreren beweglichen Steinen, aber nur einem leeren Platz, um sie verschieben zu können. Es bleibt einem nicht anderes übrig, als die Steine so lange hin und her zu bewegen, bis man es dann irgendwie doch noch geschafft hat, alles in die richtige Reihenfolge zu bringen. Der Logistikstab (S-4) einer MEU(SOC) verbringt Stunden an seinen Computern bei der Ausarbeitung von Stauplänen zur Maximierung des verfügbaren Stauraums. Man braucht allerdings bei gerade einmal 1940 m^2 Fahrzeugstauraum und 3,50 m^3 für die Fracht schon das Gehirn eines Bilanzbuchhalters, gepaart mit der Phantasie eines Künstlers, um alles auf die Reihe zu bekommen. Ein Fließbandsystem in Kombination mit einer Einschienenbahn an der Decke, auf der fünf Lifte laufen, mit denen man die Frachtpaletten besser zwischen den einzelnen Buchten verschieben kann, erleichtert die Lösung der gestellten Aufgabe etwas. Darüber hinaus verfügt die *Wasp* über insgesamt 14 elektrische Zweitonner- und 25 dieselgetriebene Dreitonner-Gabelstapler, zwei Fünftonner-Gabelstapler für unwegsames Gelände,

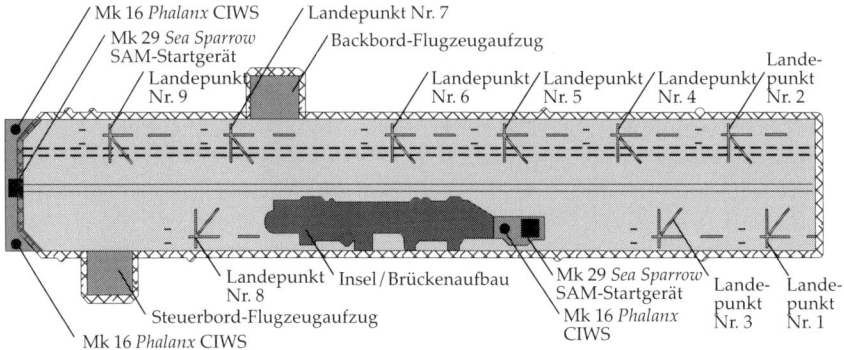

Blick aufs Oberdeck der USS *Wasp* (LHD-1) *Jack Ryan Enterprises, Ltd., von Laura Alpher*

zwei Förderanlagen für Paletten, fünf Flugzeugtraktoren und vier Spotting Dollies. Des weiteren stehen sechs Lastenaufzüge mit einer Nutzlastkapazität von sechs Tonnen für den Transport von Dingen zur Verfügung, die vom Welldeck und den Fahrzeug-/Frachtlastenbereichen zum Hangar- und Flugdeck verschoben werden müssen.

Wenn man dann über die Fahrzeugrampe zum Hangardeck weitergeht, betritt man einen enormen Raum, der fast ein Drittel der Gesamtlänge der *Wasp* für sich beansprucht. In der vollen Höhe von zwei Decks breitet sich jetzt das Hangardeck für die Unterbringung und Wartung der Flugzeuge vor einem aus. Eine typische Air Group hat etwa ein Dutzend CH-46E *Sea Knights*, vier der großen CH-53E *Super Stallions*, vier AH-W *Cobra* Kampfhubschrauber und vier UH-1N *Iroquois*. Ein halbes Dutzend AV-8B *Harrier II* Kampfbomber sind normalerweise direkt auf dem Flugdeck oder dem »Dach«, wie es die Crew bezeichnet, untergebracht. Der Grund dafür ist einfach: Die *Harriers* sind wasserdicht gebaut. Obwohl rein theoretisch die Möglichkeit besteht, bis zu 45 Flugzeuge in der Größe des CH-46E-»Fußabdrucks« zu betreiben, findet man gewöhnlich einige an Deck stehend vor, damit unter Deck etwas mehr Platz zum Arbeiten zur Verfügung steht. Das Flug- und das Hangardeck sind über zwei außenliegende Decksfahrstühle miteinander verbunden, die jeweils über eine Trag-/Hebekraft von 34 000 kg verfügen. Das ist einer der wesentlichen Unterschiede zu einem LHA. Dort gibt es nur einen Aufzug für die Flugzeuge, und der befindet sich am Heck des Schiffs. Über die Wartungs- und Staufunktion hinaus nutzt man das Hangardeck auch für das Fitneß- und Leistungsnachweistraining der Marines an Bord. Es wird auch von den Einsatzgruppen als Simulationsbühne für ihre Missionen verwendet, wenn sie sich auf eine Operation vorbereiten. Zwischen den Spanten sind Räume für kleine Büros, Schreibstuben und Befehlszentren für die Instandsetzungs- und Lufteinsatzabteilungen. In die Räume hat man Fenster eingebaut, um die Aktivität in der Halle davor überwachen zu können. Wenn man jetzt auf der Steuerbordseite weiter nach vorn geht, kommt man zum Rampentunnel unter dem Flugdeck. Der wurde vorgesehen, damit Fahrzeuge durch den Inselaufbau hinauf zum Flugdeck fahren können, ohne die Flugzeuglifts benutzen zu müssen. Normalerweise benutzen die Marines diesen Tunnel ebenfalls, wenn sie hinaus zum Flugdeck marschieren, um dort an Bord der Hubschrauber zu gehen. Als man Anfang der 80er Jahre mit der Konstruktion und schließlich dem Bau der LHDs begann, war das Standard-Nutzfahrzeug bei den Marines noch der alte M151 *Jeep*. Nach Baubeginn der ersten LHDs ersetzten die Marines dieses Fahrzeug jedoch durch den HMMWV, der sich als breiter herausstellte, als die Konstrukteure erwartet hatten. Unglücklicherweise waren zu diesem Zeitpunkt die Maße für den Tunnel bereits »eingefroren«, was zur Folge hatte, daß man mit den HMMWVs nur per Aufzug an Deck kommen kann. Eine kleine Unannehmlichkeit, die bereits beim LHD-2 beseitigt wurde, indem man den Tunnel geringfügig erweiterte. Diese Geschichte ist aber ein ausgezeichnetes Beispiel, wieviel Zeit doch zwischen der Planung und dem Bau neuer Kriegsschiffe vergeht. Obwohl

Zwei Hubschrauber – ein CH-46E und ein CH-53E des HMM-264 – mit zusammengelegten Rotorblättern auf der Fläche des Backbordaufzugs der USS *Wasp* (LHD-1). Das Schiff verfügt über insgesamt zwei solcher Aufzüge.
JOHN D. GRESHAM

man sich bei der *Wasp* sehr stark auf die Pläne der LHAs stützte, dauerte es immer noch fast volle acht Jahre, bis sie ihren Dienst bei der Flotte antreten konnte.

Wenn man die Insel verläßt und das Flugdeck betritt, hat man automatisch das Gefühl, als käme man aus einer riesigen Höhle ans Tageslicht und an die frische Luft. Mit einer rutschhemmenden Beschichtung versehen und mit Befestigungspunkten für die Flugzeuge gesprenkelt, ist das Flugdeck einer der Hauptgründe für die Existenzberechtigung der LHDs. Mit einer Länge von 257,25 m und einer Breite von 32,6 m definiert es die größte horizontale Ausdehnung des Schiffs. Außerdem ist es der gefährlichste Aufenthaltsort, den man an Bord findet. Ich gehe einmal davon aus, daß jeder schon einmal einen Film über Flugoperationen gesehen hat, wie diese auf den Super-Flugzeugträgern ablaufen. Ein heißer, lauter und gefährlicher Arbeitsplatz, angefüllt mit Dingen, die einen das Leben kosten können. Hier stehen Jets und Hubschrauber herum, randvoll mit Treibstoff und Waffen beladen, und dazwischen hasten Männer wie verrückt gewordene Schloßgeister herum. Nun, auf dem Deck der *Wasp* geht es ebenso zu, vielleicht sogar noch eine Umdrehung schlimmer. Zum einen ist es kleiner (etwa nur ein Drittel der Fläche eines Super-Flugzeugträgers), und der überwiegende Teil der Waffen an Bord der Flugzeuge sind bewaffnete Marines mit ihrer Ausrüstung: Ausrüstung, die sich selbständig machen und dann von einem Turbineneinlaß angesaugt werden kann. Obwohl sie einige Ungelegenheiten verursachen, sind doch gerade diese Marines der Grund, weshalb es die *Wasp* und ihre Schwesterschiffe überhaupt gibt.

Auf dem Flugdeck der *Wasp* gibt es neun Start-/Landepunkte für Hubschrauber. Jeder Punkt trägt eine Nummer. Gezählt wird jeweils von Steuerbord nach Backbord und von vorn nach achtern. Also ist der Punkt Nr. 1 am weitesten vorn auf der Steuerbordseite zu finden, und der am weitesten achtern an Backbord trägt die Nr. 9. Normalerweise sind die Punkte Nr. 1, 3 und 8 (auf der Steuerbordseite) Parkzonen für AH-1W *Cobras* und

Der mächtige »Insel«-Aufbau der USS *Wasp* (LHD-1). Die Insel befindet sich auf der Steuerbordseite des Schiffs auf dem Hauptdeck und ist vollgestopft mit Waffen, Elektronik und anderer Ausrüstung, die für die Operationen des Schiffs erforderlich sind.

JOHN D. GRESHAM

UH-1N *Iroquois* Hubschrauber (1 und 3 im Vorschiffsbereich), während für die AV-8B *Harrier II* der auf dem Achterschiff (Nr. 8) reserviert ist. Diese Art der Anordnung maximiert die Verwendungsmöglichkeiten für den im Hangar nur äußerst begrenzt verfügbaren Platz und läßt dennoch genügend Raum für die Starts und Landungen auf dem Flugdeck. Genau wie auf den Flugzeugträgern, so tragen die Deckcrews auch hier Arbeitsanzüge in unterschiedlichen Farben, aus denen die Funktion der Männer hervorgeht. Rot steht für Treibstoff und Gefechtsmaterial, Gelb für die Beobachter und so weiter. Diese Menschen arbeiten in einem Umfeld, in dem Lärm der größte Feind ist, und deshalb werden absolut alle Signale per Handzeichen gegeben. Sie bewegen und versorgen ein 50 Millionen Dollar teures Flugzeug mit kaum mehr als ein paar knappen Gesten und einem Kopfnicken. Das reicht ihnen zur Kommunikation. Wenn man sich dabei vorstellt, daß diese Matrosen vielleicht gerade einmal 20 Jahre alt sind (fühlt sich eigentlich irgend jemand besonders wohl, wenn ein Kid dieses Alters den Wagen von einem einparkt?), kann man sich ein Bild davon machen, wie groß die Last der Verantwortung ist, die diese jungen Menschen bereits tragen. Es kommt immer wieder zu Unfällen, und ein geschlossener Ring aus Sicherheitsnetzen umgibt das Flugdeck. Sollte eine Deckshand einmal über Bord geblasen werden (sei es durch Windeinflüsse oder die Abgase der Flugzeuge), wird er (hoffentlich) in eines dieser Netze fallen und nicht 20 oder mehr Meter tief in die See stürzen. Entlang der äußeren Begrenzung befinden sich Auftank-, Nachlade- und Servicepunkte für die Flugzeuge.

Die Decksebene ist der beste Ausblickspunkt auf die Waffen der *Wasp*. Obwohl die LHAs praktisch Modell für die LHDs standen, zeigt die

Bewaffnung der *Wasp* deutlich, wie weit die Technik der 90er gegenüber der aus den 60er und 70er Jahren fortgeschritten ist. Die Bewaffnung der LHAs gab den Schiffen nur eine rudimentäre Verteidigungskapazität gegen Luftangriffe und sehr beschränkte Möglichkeiten im Einsatz gegen Ziele auf der Wasseroberfläche und an einer Küste. Die Konstrukteure der LHDs, von der Gefahr eines Beschusses von Land aus befreit, konzentrierten sich statt dessen auf die Bedrohung durch Luft- und Flugkörperangriffe. Bei der LHD-Konstruktion wurde völlig auf die Bestückung mit 127-mm-Kanonen und die Bettungen für die 20-mm-Kanonen verzichtet. Statt dessen montierte man die modernen, achtzelligen Startgeräte für die RIM-7 *Sea Sparrows*. Der *Sea Sparrow* ist nichts anderes als die von einem Schiff aus gestartete Version der AIM-7 *Sparrow* Air-to-Air Missile (AAM = Luft-Luft-, also Luftkampfflugkörper). Im Gegensatz zur Luftkampfversion kann der *Sea Sparrow* auf einen beeindruckenden Ruf, was seine Zuverlässigkeit im Einsatz als Kurzstrecken-SAM (»Punktverteidigung« heißt so etwas bei der Navy) angeht, verweisen. Den hat er sich offensichtlich zu Recht über einen Zeitraum von drei Jahrzehnten im Einsatz erworben. Die augenblickliche Version RIM-7M hat eine Reichweite von rund 10 sm, also 18,5 km, und verschafft dem Schiff damit einen inneren Verteidigungsring gegen anfliegende Anti-Schiff-Flugkörper und Flugzeuge. Genau wie die Luft-Luft-Variante, der *Sparrow*, verwendet auch der RIM-7M eine semiaktive Radarsteuerung, was bedeutet, daß die Radaranlage an Bord des Schiffs das Ziel »anmalt« und der Flugkörper auf der reflektierten Mikrowellenenergie »reitet«. Der insgesamt 204 kg schwere Flugkörper hat einen tödlichen, 40,8 kg schweren Gefechtskopf. Der *Sea Sparrow* ist praktisch überall anzutreffen, angefangen vom Flugzeugträger über Fregatten bis hin zu den Tendern (Versorgungsschiffen), und ist auch in erheblichem Umfang an NATO-Partnerstaaten und »befreundete« Nationen exportiert worden. Die *Wasp* verfügt über zwei achtzellige Startgeräte (jedes mit weiteren acht in ständiger Reserve zum Nachladen) und zwei Radare vom Typ Mk 91, die dann die Ziele »anleuchten«. Eines der Startgeräte sitzt direkt vor der Insel und das andere auf einem sogenannten Sponson – das ist eine bürzelartige Plattform – auf dem Fächerschwanz am Heck.

Zusätzlich zu den *Sea Sparrow*-Startgeräten hat man noch drei Mk 16 *Phalanx* Close-In Weapon Systems (CIWS = Nahgefechts- Waffensysteme) installiert, um mit den Flugkörpern fertigzuwerden, die durch ein »Leck« der flächendeckend ausgelegten SAM-Verteidigung, die von den Geleitzerstörern und -fregatten geliefert wird, oder die »Punktverteidigung« geschlüpft sind. Eins der Systeme befindet sich unmittelbar vor der Insel und die anderen beiderseits des *Sea Sparrow*-Startgeräts am Heck. Der Kern jedes CIWS ist eine 20-mm-Gatling von General Electric. Diese Waffe entspricht der M61, wie sie in die F-15 *Eagle* und F-16 *Fighting Falcon* als Bordkanone eingebaut wird. Die Feuergeschwindigkeit des CIWS liegt bei 3000 Schuß (in Feuerstößen zu je 200 Schuß) pro Minute. Die Munition ist aus Wolfram, panzerbrechend und so konstruiert, daß sie einen anfliegenden Flugkörper aufbrechen oder seinen Gefechtskopf zur Detonation bringen kann. Jedes CIWS verfügt über ein Magazin mit 1550 Schuß Munition und über eigene Such- und Verfolgungsradargeräte. Es ist ein in sich geschlossenes, technisch autonomes System. Ist es erst einal eingeschaltet, greift es vollautomatisch jedes bewegliche Ziel an, das es als feindlich identifiziert hat. Es kann Ziele bis zu einer Entfernung von knapp 5,5 km treffen, allerdings liegt die effektivste Reichweite bei etwa 1,5 km. Wenn auf der *Wasp* gerade Flugbetrieb herrscht, schaltet man gewöhnlich die CIWS aus, damit nicht versehentlich ein »befreundetes« Flugzeug von ihm, aus welchen Gründen auch immer, als »feindlich« eingestuft wird. Elektronische IFF-Transponder (Identification Friend or Foe = Freund-Feind-Identifikationssystem) sind immer noch nicht so furchtbar zuverlässig, und sowohl die Matrosen wie auch die Flugzeugbesatzungen nehmen solche Dinge sehr ernst. Erst vor wenigen Jahren hat es nämlich einmal den Fall gegeben, daß ein versehentlich von einem amerikanischen Schiff gestarteter RIM-7 einen türkischen Zerstörer traf und außer dem Kommandanten auch noch etliche Besatzungsmitglieder tötete.

Obwohl das CIWS kleine Anti-Schiff-Flugkörper wie die französischen MM-38/AM-39/MM-40 *Exocet* oder die amerikanischen A/RGM-85 *Harpoon* ausschalten kann, hat es ein Problem, wenn große, schnelle Flugkörper dicht über der Wasseroberfläche anfliegen. Zu solchen Bedrohungen gehört beispielsweise der russische SS-N-22 *Sunburn* mit seinem 500-kg-Gefechtskopf oder andere mit ähnlich schweren Gefechtsköpfen, die es schaffen, mit einer Geschwindigkeit von Mach 2 (doppelte Schallgeschwindigkeit) hereinzukommen (die unterschallschnellen *Harpoon* und *Exocet* haben nur Gefechtsköpfe zwischen 125 und 250 kg). Selbst wenn es das CIWS schaffen sollte, den Sprengkopf des anfliegenden Flugkörpers zur Detonation zu bringen, bewegt sich dieser immer noch so schnell, daß seine Splitter das Schiff »mit Schrot spicken« würden. Das ist mit ein Grund dafür gewesen, weshalb man die *Wasp* und alle neuen Schiffe der U.S. Navy mit leichtgewichtigen Panzerungspaneelen aus Kevlar verstärkt hat. Inzwischen gibt es auch ein neues System unter der Bezeichnung RIM-116A Rolling Airframe Missile (RAM), das zusätzlich eingebaut wird, um das CIWS zu verstärken. Bei diesem kleinen Flugkörper ist man hingegangen und hat das Flugwerk eines *Sidewinder* mit dem Suchkopf eines FIM-92 *Stinger* kombiniert. Er kann Ziele bis zu einer Entfernung von 5 sm, also mehr als 9 km, abfangen. Das ist weit genug weg, so daß eigentlich keine Gefahr mehr bestehen dürfte, daß das Schiff von Hochgeschwindigkeitsschrott »perforiert« wird. Die RAMs werden von einem leichten Ex-31 Startgerät gestartet, das mit 24 Projektilen munitioniert ist. Die *Wasp* wird zwei der Ex-31 RAM-Startgeräte bekommen, sobald sie zu ihrer ersten Hauptinstandsetzung einläuft. Die neuen Einheiten ab der *Bataan* (LHD-5) werden allerding gleich von Anfang an damit bestückt. Acht M2 Maschinengewehre Kaliber .50 dienen an Bord der *Wasp* zur Abwehr kleiner Boote und von Kampfschwimmern. Bei den neuen Einheiten (und denen, die ihre erste Hauptinstandsetzung gerade abschließen) werden vier dieser Maschinengewehre durch drei *Bushma-*

ster Maschinenkanonen Kaliber 25 mm ersetzt. Am Heck der LHDs hat man ein SLQ-25 *Nixie* Torpedostörsystem eingebaut. Dieses System wird hinter dem Schiff hergeschleppt und soll (hoffentlich) durch seine akustische und magnetische Köderfunktion einen anlaufenden Torpedo täuschen. Aktive »Torpedoabwehr-Torpedo«- Systeme zum Einbau auf den größeren Kriegsschiffen werden wohl erst in einigen Jahren soweit sein.

Der offensichtlichste Unterschied zwischen den LHAs und den LHDs ist der kleinere »Insel«-Aufbau der neueren Schiffe. In der Insel der LHAs waren noch sämtliche Kontrollräume und Befehlszentren für die Schiffsführung und Verteidigungsmaßnahmen untergebracht, und darüber hinaus waren hier auch noch alle Lageräume[61] und Führungseinrichtungen für die an Bord befindlichen Marines. Dadurch war alles zwar sehr zentralisiert, aber äußerst verwundbar durch einen einzigen Raketen- oder Bombentreffer. Die Sucher von Anti-Schiff-Flugkörpern »schalten sich« gewöhnlich auf die größten und »heißesten« Strukturen eines Schiffs auf (die Insel mit den Kesselschornsteinen ist geradezu ideal). Also wurde bei der Konstruktion der LHDs der Aufbau der Insel um volle zwei Decks gekürzt und die Befehls- und Führungsräumlichkeiten der Marines wieder nach unten, tief ins Innere des Schiffs verlagert. Zusätzlich zu den Waffen, die auf der Insel eingebaut sind, hat man hier auch sämtliche Sensoren und Antennen des Schiffs, allerdings so hoch wie irgend möglich, angebracht. Dazu gehören beispielsweise auch:

- **SPS-48E** – Ein 3-D-Suchradar, über das die gesamte Luftraumüberwachung und alle Gefechtsführungsfunktionen der *Wasp* abgewickelt werden. Dieses hochauflösende Radar hat – dem Vernehmen nach – eine Reichweite von 60 sm, was einer Entfernung von über 110 km entspricht.
- **SPS-49 (V)5** – Das beste Marine-2-D-Suchradar unserer Tage. Sehr zuverlässig, ist es mit seiner Reichweite von bis zu mehreren hundert Seemeilen (sm) auf den meisten größeren Kampfeinheiten sowohl der U.S. Navy als auch auf fremden Schiffen zu finden.
- **SPS-64 (V)9** – Primäres Navigationsradar zur Aufrechterhaltung von Verbandsformationen und küstennaher Navigation. Es wurde aus dem klassischen LN-66 Radar weiterentwickelt, das jahrzehntelang im Einsatz war.
- **SPS-67** – Das SPS-67 ist ein Vielzweck-Oberflächen-Suchradar, das präzise Zieldaten von Zielen auf der Wasseroberfläche liefert.
- **Mk 23 Target Acquisition System (TAS)** – Dieses kleine, schnell rotierende Zielerfassungssystem dient der Erfassung von im Tiefstflug über die Wasseroberfläche anfliegenden Zielen ebenso wie der von in steilem Winkel angreifenden Flugkörpern. Es speist seine Daten direkt in das Feuerleitsystem SYS-2 (V)3 ein, welches seinerseits in der Lage ist, die RIM-7 *Sea Sparrows* oder RIM-116 RAM-Systeme zu aktivieren.

---

61 Lageraum ist richtig! Es handelt sich um ein Stabs-Besprechungs- und Planungszimmer und keinen Lagerraum.

- **SLQ-32 (V)3** – Dies ist die Bezeichnung für eine ganze Familie von Geräten für die elektronische Gefechtsführung. Mitglieder dieser Familie können auf die Schutzbedürfnisse einzelner Schiffe maßgeschneidert werden. Die (V)3-Version verfügt über einen Breitband-Radar-Warnempfänger, einen Breitband-Radar-Störsender und eine Bank von vier Mk 137 Super Rapid Blooming Chaff (SRBOC). Diese sechsrohrigen Mörser schicken eine ganze Wolke von Chaffs (Düppel = Störmittel aus metallbeschichteten Mylarstreifen) und Infrarotscheinzielen in den Himmel, die dann (so hofft man) einen anfliegenden Flugkörper in der letzten Sekunde »blenden« oder verwirren.

All diese Systeme verschaffen dem Kommandanten der *Wasp* und seinem Stab ein großes Maß an Überblick über das Gefechtsfeld, welches ihr Schiff und die ARG umgibt. Führt man sich die Gefahren vor Augen, denen ein LHD gegebenenfalls ausgesetzt ist, kann man sich eigentlich gut vorstellen, weshalb die Navy gerade diese über eine Milliarde Dollar teuren Aktivposten unbedingt verteidigen muß.

Inzwischen ist es uns auf dem Flugdeck etwas warm geworden, also gehen wir am besten wieder hinein. Kaum hat man die Insel betreten, schlägt einem ein Schwall kühler, fast schon kalter Luft entgegen. Die LHDs sind so konstruiert, daß sie ihren Besatzungen auch bei möglichen chemischen, biologischen und atomaren Gefechten Schutz bieten. Das Collective Protection System (CPS) erzeugt im Inneren der Insel und im Vorschiff ein Umfeld wie eine »Zitadelle«. In dieser gekapselten Zitadelle gibt es saubere und gefilterte Luft, wodurch die Mannschaft in einem »Hemdsärmel«-Umfeld arbeiten kann. Ganz nebenbei verschafft sie der *Wasp* und ihren Schwestern so auch noch die beste Klimaanlage der ganzen Flotte. Man hat bei der *Wasp* nur fünf der sechs geplanten Kühlanlagen eingebaut, und trotzdem ist es auf ihr meist immer noch zu kalt! Aber gerade dieser kühle Innenraum erlaubt es den Marines und der

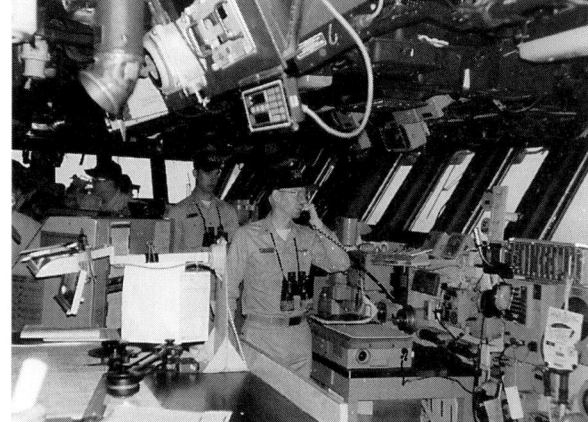

Die Brücke der USS *Wasp* (LHD-1). Von hier aus werden die Manöver und die gesamte Schiffsteuerung vollzogen.
JOHN D. GRESHAM

Schiffsbesatzung, mit der Hitze tropischer Gebiete besser fertigzuwerden. Darüber hinaus verlängert sie das Leben der Elektronikausrüstung, mit der der Innenraum des senkrecht abfallenden Rumpfes vollgestopft ist, und verbessert deren Zuverlässigkeit. Das CPS-System reicht allerdings nicht bis in die Hangar-, Fracht-, Fahrzeug- und Welldeckbereiche. Folglich haben die CPS-»Zonen« Schotten und Luftschleusen, die beim Passieren jedesmal geöffnet, geschlossen und wieder verriegelt werden müssen.

Der ganze Inselaufbau scheint zu einem erheblichen Teil aus steilen Niedergängen, die man schon eher als Leitern bezeichnen kann, zu bestehen und die Beinmuskulatur wird ganz schön strapaziert, wenn man sich auf der *Wasp* bewegt. Allein um auf die Brücke zu gelangen, muß man fünf Ebenen hinaufsteigen, eine Sperre mit Zahlenschloß und etliche Schotts passieren. Auf der Brücke hat man durch die grünen Glasscheiben einen hervorragenden Rundumblick. Alle Navigationsinstrumente, die Kartentische und Kommunikationsgeräte sind logisch und praktisch angeordnet. Geräumig und bequem wie sie ist, kann man die Brücke der *Wasp* eigentlich als Paradebeispiel für funktionelles Design bezeichnen. Sogar der Captain's Chair (bequemer, barhocker- beziehungsweise schreibtischsesselähnlicher Armlehn-Drehstuhl mit Fußstütze) und die Tageskabine des Kommandanten sind auf Komfort und leichte Zugänglichkeit konstruiert worden. Eine sogenannte Wing Bridge[62], die aus der Steuerbordseite der Insel hervorsteht, verschafft der Wache auf der Brücke die Möglichkeit, von hier aus das Schiff bei Underway Refueling and Provisioning (UNREP = Betankung und Versorgung unter Fahrt) sowie An- und Ablegemanöver zu steuern. In den ganzen etwa sieben Jahren, die die *Wasp* jetzt im Dienst steht, hat es auf der Brücke selbst eigentlich nur ein einziges konstruktiv bedingtes Problem gegeben: Einige der dicken Scheiben brachen 1994 im Laufe der Winteroperation in Norwegen durch die enormen Differenzen, die zwischen den Innen- und Außentemperaturen herrschten.

Wenn man die Brücke verläßt und sich nach achtern in Bewegung setzt, findet man sich im »Debark Control« wieder. Dieser Bereich steht unter der Leitung eines Kommandeurs der Marines, der von hier aus die Operationen der amphibischen Fahrzeuge speziell beim Aus- und Einschleusen überwacht. Außerdem ist hier das Büro des Wetteroffiziers (Meteorologen) angesiedelt, auf das sicherlich jeder größere Zivilflughafen neidisch wäre. Amphibische Operationen sind nun einmal besonders sensibel, was Witterungsbedingungen angeht, und die Navy hat sich sehr stark dafür eingesetzt, daß man auf der *Wasp* immer ein wachsames Auge darauf haben kann, was Mutter Natur gerade treibt. Bei der Mannschaft vertritt man sogar die Ansicht, daß die Wettervorhersage eigentlich ein Bestandteil nachrichtendienstlicher Tätigkeit sei. Wenn wir uns jetzt wieder mit

---

62 Brückennock: seitlich hervorragender Teil der Kommandobrücke eines Schiffs. Die Wing Bridges der Kriegsschiffe sind oft sehr ausladend gebaut und dienen nicht nur der Schiffsführung, sondern erfüllen oft auch noch spezielle Funktionen (z.B. im Signalwesen).

Kurs aufwärts über zahllose der leiterartigen Niedergänge in Bewegung setzen und etliche durch Zahlenschlösser gesicherte Türen passiert haben, kommen wir schließlich im Bereich Primary Flight oder »Pri-Fly« (Flugleitzentrale) an, der die Funktion eines Kontrollturms für die Luftoperationen hat und Sitz des Air Bosses ist. Der Air Boss ist so etwas wie eine allmächtige Gottheit sämtlichen Luft- und Flugdeckraumes, auf den eine ARG zugreift. Gewöhnlich steht ein Air Boss im Rang eines Commander (O-5), der bereits eine Dienstzeit als Kommandeur eines Geschwaders hinter sich hat. Den Air Boss unterstützen verschiedene Landing Signals Officers (LSO), welche die Aufgabe haben, die Flugzeugbesatzungen der *Wasp* »an Bord zu winken«. Die großen Flugzeugträger haben eine spezielle Plattform auf Flugdecksebene für die LSOs, aber bei den LHDs und anderen Hubschrauberschiffen sind die LSOs im »Pri- Fly« untergebracht. Wenn Flugzeuge vertikal landen, befindet sich der beste Platz, um dies zu beobachten, immer noch in einer Position etwas oberhalb und seitlich versetzt zum Aufsetzpunkt. Jeder Bestandteil eines Air Combat Element (Luftkampfelement auf der Basis eines verstärkten HMM) hat auch ein bis zwei LSOs unter seinen Piloten, wovon immer einer Dienst hat, sobald ein Flugzeug in der Luft ist.

Jetzt steigen wir wieder hinab (das geht genauso auf die Knochen wie das Hochsteigen) und erreichen die hauptsächlichen Lebens- und Arbeitsbereiche der *Wasp*. Unten auf Level (Ebene) 02 (die liegt unmittelbar unter dem Flugdeck) befinden sich die Unterkünfte und Messebereiche für die Offiziere und außerdem der größte Teil der Befehls- und Führungsräumlichkeiten für die Marines an Bord. Zentraler Punkt der Aktivität ist eindeutig die Offiziersmesse, welche zu allen möglichen Funktionen genutzt wird. Sie fungiert zu den unterschiedlichsten Tageszeiten mal als Restaurant, dann als Theater oder Verwaltungszentrum und Konferenzraum. Viermal täglich servieren die Messespezialisten der *Wasp* Mahlzeiten für die Offiziere der Navy und der Marines (Frühstück, Mittagessen und Abendessen und die »Mid-Rats«[63] um 11.00 beziehungsweise 23.00 Uhr). Zwischen den Mahlzeiten finden dort Versammlungen, Übungen und die letzten Einsatzbesprechungen vor einem Start statt. Vor der Offiziersmesse liegen die Quartiere der jüngeren Offiziere, die sich aus Abteilen für vier und sechs Mann zusammensetzen. Jeder Offizier verfügt über eine bequeme Koje, Stauraum für persönliche Gegenstände und einen Klapptisch. Ein ganz klein wenig persönlicher Platz macht einen sechs oder sieben Monate andauernden Törn (die bei ARG-Schiffen wie diesem normal sind) schon ganz erheblich erträglicher. Es besteht eine ganz eigene Etikette bei der Benutzung der jugendherbergsartigen Duschen und Toiletten. Als Bestandteil grundsätzlicher Hygienemaßnahmen trägt hier jeder beim Duschen Badelatschen, damit die Ausbreitung von Fußpilzinfektionen unterbunden wird. Das ist für eine marschierende Truppe wie die Marines von enormer Bedeutung, da solche Infektionen verheerende Auswirkungen auf die Gefechtsfähigkeit der Marines an Bord haben könnten.

---

63 Mittelwachen-Rationen

Am vorderen Ende von Level 02 befindet sich der wohl beliebteste Bereich an Bord: das Fitneßzentrum der *Wasp*. Hier geht es zu wie im Bienenstock, wo Matrosen und Marines rund um die Uhr versuchen, fit zu bleiben und einiges der nervlichen Belastung und des Stresses abzuarbeiten, die das Leben an Bord dieses Schiffs mit sich bringt. Man muß grundsätzlich anstehen, will man an eine der Maschinen oder Gewichtstangen, die hier auf engstem Raum untergebracht wurden. Offiziere haben mir erzählt, daß dieser Raum mehr für die Moral der Truppe bewirke als irgend etwas anderes, vielleicht mit Ausnahme der Verpflegung und Satellitenübertragung von CNN!

Wenn wir jetzt die Offiziersmesse hinter uns lassen, betreten wir das »Offiziersland«. Diese – natürlich inoffizielle – Bezeichnung steht für die Quartiere der Stabsoffiziere von Navy und Marines. Normalerweise handelt es sich hier um Ein- oder Zweibettkabinen mit eigener Dusche und Toilette. Aber daß jetzt wegen des Komforts für diese Offiziere nur kein falscher Neid aufkommt – die wenigsten von ihnen haben überhaupt ausreichend Zeit, diese Vorzüge genießen zu können. Der Chef einer Abteilung oder Kommandeur einer Einheit an Bord eines amphibischen Schiffs arbeitet nicht selten 16 bis 20 Stunden am Tag. Sie können von Glück reden, wenn sie vier bis sechs Stunden Schlaf bekommen (und das auch nicht unbedingt bei Nacht!). Der Skipper hat seine Seekabine auf Level 02 und die Tageskabine auf der Brücke, kommt aber eigentlich in keiner von beiden richtig zur Ruhe! Hier befindet sich außerdem auch noch das »Flaggland« – die Quartiere für die Admiräle und ihre Stäbe, so sie mit an Bord sind. Die *Wasp* ist groß genug, einen solchen Stab zu verkraften, ohne deshalb Einschränkungen in der Bordroutine hinnehmen zu müssen.

Noch weiter Richtung achtern betreten wir eine Reihe abgedunkelter Befehls- und Führungsräume. Wie ich weiter oben schon erwähnte, hat man diese Bereiche von der Insel nach hier unten verlagert, damit ihre lebenswichtigen Geräte und das dazugehörige Personal besser geschützt sind. Zu diesen Räumlichkeiten gehören:

- **Combat Information Center (CIC)** – Das Gefechts-Informations-Zentrum ist praktisch das Nervenzentrum sämtlicher Sensoren des Schiffs, und außerdem laufen hier auch alle Informationen aus Datennetzen und »nationalen Quellen« (das ist der Euphemismus des DoD für »Spionagesatelliten«) ein. Angefüllt mit Konsolen, Terminals und Großflächenanzeigen, ist dieses Gefechtsführungszentrum in voneinander abgesetzte Zonen für Unterseeboot-, Luft- und Schiffsabwehr, Kommunikation, Schadenbehebung und andere Funktionen gegliedert. Hier lernen die Offiziere, wie man sich rasant entwickelnde Lagen beurteilt und dementsprechend schnell reagiert. Im Zweiten Weltkrieg focht ein guter Kommandant ein Gefecht noch von der Brücke seines Schiffs aus, während ein Burke oder Vian von heute in einer solchen Situation vor den schimmernden Konsolen im dämmrigen CIC zu finden sein dürfte.
- **Landing Force Operations Center (LFOC)** – Diese Einsatzzentrale für Landungstruppen ist die Befehlszentrale für amphibische Operationen.

Jede Einheit der Marines an Bord hat ihre eigene Konsole, wobei dann die MEU(SOC)-Konsole hinten in der Mitte plaziert ist, damit man von dort aus einen ungehinderten Blick auf die weiter vorn im Raum plazierten Großschirmanzeigen hat. Alles ist an einen Computer gebunden, und das Integrated Tactical Amphibious Warfare Data System (ITAWDS = integriertes taktisches Datenverbundsystem für amphibische Gefechtsführung) verbindet den Kommandeur an Bord mit den Einheiten der Marines. Im Rücken des LFOC ist ein Besprechungsbereich für den MEU(SOC)-Stab. Ähnlich dem Kommandanten des Schiffs wird auch der Kommandeur der Marines bei Kampfhandlungen hier unten zu finden sein.

- **Flag Plot** – Das ist der Ort, an dem sich der ARG- Kommandeur und sein Stab während Operationen aufhalten. Im Grunde ist es ganz ähnlich wie CIC und LFOC ausgestattet und hat zahlreiche Tochteranzeigen der verschiedenen Sensoren und Displays.
- **Ships Signals Exploitation Space (SSES)** – Dieser kleine abgeschottete Bereich direkt gegenüber dem CIC ist für das gesamte geheime Zeugs zuständig, kurz: die »Nutzung feindlicher Funksignale und elektronischer Emissionen«. Ausgerüstet mit Datenverbindungen zu nationalen und am Ort des Geschehens installierten nachrichtendienstlichen Systemen, kann SSES den Entscheidungsträgern auf dem neuesten Stand befindliche Informationen über Absichten und Aktivität des Feindes liefern. Hier sind nur solche Nachrichtendienst- und Kommunikationstechniker zugelassen, die über spezielle Freigaben verfügen.
- **Joint Intelligence Center (JIC)** – Das zusammengeführte Aufklärungszentrum ist so etwas wie die Kläranstalt für Informationen, die für das Schiff, die ARG und Komponenten der Marines an Bord von Bedeutung sind. Die Analytiker im JIC können auf Unmengen von Karten in den Datenbänken der Defense Mapping Agency (DMA), Satellitenfotos und praktisch alles, was von den Nachrichtendiensten geliefert wird, zurückgreifen. Aber was noch viel besser ist: Sie können einem auch erklären, was das alles bedeutet. Der Stab ist eine »Regenbogen«- Organisation. Aus dieser Bezeichnung läßt sich ableiten, daß hier jede Einheit vertreten ist.
- **Tactical Logistics Group Center (TACLOG)** – Vollgestopft mit Computern, Telefonen und Menschen, ist TACLOG der Ort, an dem das logistische Gefecht stattfindet. Absolut alles, angefangen von der Fahrzeugplazierung in den Lasten bis hin zur Einschiffung von Truppen durch den Gefechtsstab des Schiffs, wird von hier aus gesteuert.
- **Tactical Air Control Center (TACC)** – Das ist die Flugverkehrsüberwachungszentrale des Schiffs und der ARG. TACC überwacht den Luftraum rund um die ARG und erstellt die tägliche Air Tasking Order (ATO = Lufteinsatzbefehle).

Läuft eine Operation, so gleicht dieser Bereich eher einem Bienenstock, dem nur noch das typische Summen fehlt, und es wird rund um die Uhr gearbeitet, bis der Job getan ist.

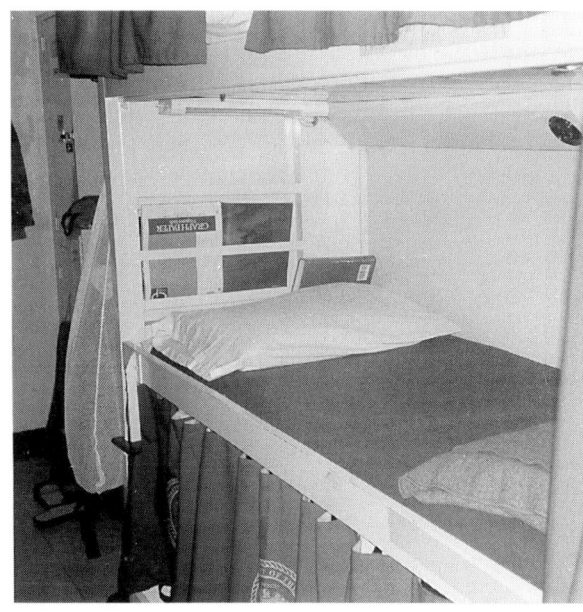

Koje im Bereich der Mannschaftsdienstgrade an Bord der USS *Wasp* (LHD-1). Hier findet man dreistöckige Etagenbetten, die wesentlich komfortabler sind als diejenigen, die man an Bord von Atom-Unterseebooten und älteren Kriegsschiffen vorfindet.

JOHN D. GRESHAM

Ein Deck darunter (Level 03) befindet sich die Sanitätsabteilung des LHD. Einer der mehr ernüchternden Unterschiede bei der Planung der LHAs bestand in der Einrichtung eines umfangreichen Lazaretts (mit etwa 375 Betten). Es wurde noch einmal fast doppelt so groß ausgelegt, als sich die LHDs dann in der Planungsphase befanden. Tatsächlich sieht es so aus, daß die *Wasp*, wenn sie einmal in ihrem Heimathafen Norfolk in Virginia liegt, für diese Zeit als viertgrößtes Krankenhaus im Staat auf der Liste für Katastrophenfälle geführt wird: mit etwa 600 Betten! Die Marines wissen sehr genau, wie schnell es bei amphibischen Operationen zu Opfern kommen kann, wenn etwas schiefgeht. Mit Ausnahme der reinen Hospitalschiffe *Mercy* (T-AH-19) und *Comfort* (T-AH-20) sind Schiffe dieses Typs hier die größten schwimmenden medizinischen Einrichtungen. Zusätzlich zu einem großen Triagesektor (das ist der Anamnesebereich, in dem die Verwundeten nach Dringlichkeit beurteilt und eingestuft werden) stehen sechs Operationssäle, 18 Betten in einer Postoperativ-/Intensivstation, sechs Betten in einer Isolierstation und 36 Betten für die Primärversorgung zur Verfügung. Bezieht man noch die Betten der von Bord gegangenen Marines mit ein, bekommt man zusätzlich weitere 536 Betten. Außerdem gibt es noch überdimensionierte Röntgen- und zahnärztliche Abteilungen.

Unterhalb des Sanitätsbereichs, auf Level 04, befinden sich die Instandhaltungs- und -setzungswerkstätten für die Ausrüstung, Elektronik und Hydrauliksysteme. Weiter in Richtung Vorschiff schließen sich dann die Quartiere für die Mannschafts-/Unteroffiziersdienstgrade der Seeleute und Marines an – mehr als 2000 Betten, die auf Unmengen von Kabinen verteilt sind. Die Chiefs und Unteroffiziere der Marines leben im »Ziegenstall«. Dort sind die etwa ein Dutzend zweistöckige Kojen in separaten Kabinen untergebracht, und für diesen Bereich gibt es auch verschiedene Freiwacheräume mit Tischen und Fernsehgeräten. Bei den Mannschaftsdienstgraden geht es etwas beengter zu. Hier sind die Stockbetten drei Etagen hoch, und es ist keineswegs ungewöhnlich, wenn man in diesen Schlafsälen ohne weiteres 60 bis 70 Mann vom Personal untergebracht findet. Obgleich eng, sind diese Unterkünfte bei weitem bequemer als diejenigen, die zuvor auf den älteren Schiffen zu sehen waren. Jeder Matrose und Marine hat eine eigene Koje, und das »Hot Bunking«[64] der Unterseeboote ist hier gänzlich unbekannt. Über den Stauraum für die persönlichen Gegenstände hinaus sind bei den Marines auch noch Spinde vorhanden, in denen sie ihre Waffen und Ausrüstung verstauen können, damit sie bei einem Alarm-/Notfall unverzüglich darauf zugreifen können. All diese Betten sind ganz bewußt unmittelbar vor dem Sanitätsbereich plaziert worden, damit sie, falls erforderlich, zu Krankenbetten umfunktioniert werden können.

Die Kantinen für die Unteroffiziere und Mannschaften sind von solchen an Land kaum zu unterscheiden. Das Essen ist gut und die Bedienung fix. Das ist auch gar nicht anders möglich, wenn man bedenkt, daß man dort täglich fast 12 000 Essen ausgeben muß. Die Tatsache, daß man die gleichen Mahlzeiten und dasselbe Schiff miteinander teilt, verbindet alle hier – unabhänig vom Rang – zu »Schiffskameraden«. Admiräle und Generale laufen dieselben Flure entlang und sind den gleichen Gefahren ausgesetzt wie die PFCs und Chiefs. Ein weiterer Grund für das Gemeinschaftsgefühl an Bord. Ich mag so etwas. Es sagt viel Positives über die Navy, das Marine Corps und Amerika aus. Es bedeutet im Klartext, daß alle arbeiten und alle mitmachen, wenn die Arbeit beginnt.

Die *Wasp* ist im wahrsten Sinn des Wortes eine schwimmende Stadt, mit allem, was eine Stadt braucht. Eine der Hauptsachen ist die Kommunikation, sowohl innerhalb des Schiffs als auch mit dem »Rest der Welt«. Zu den Kommunikationssystemen zählen MW/KW/UKW/VHF-Funkgeräte, UHF/VHF/EHF-Satellitensysteme, Video- und Telefonkonferenzschaltungen und andere Befehls- und Führungssysteme. Für die Kommunikation im Schiffsbereich steht ein Telefonsystem und das allgegenwärtige Durchsagesystem, als »1MC« bekannt, zur Verfügung. Es bestehen Bestrebungen, die *Wasp* (und auch die Navy insgesamt) langsam auch ins Zeitalter der Computernetzwerke einzubinden. Die *Wasp* ist bereits für ein Wide-Area Network (WAN = Großbereichsnetzwerk) verkabelt, das sich dann in verschiedene Abteilungen aufgliedert, die ihrerseits im LAN-Modus (Local-Area Network = örtlich begrenzte Netzwerkzellen) arbeiten. Diese werden dann gegebenenfalls mit dem System des Marine-

---

64 »Heiße Koje« = Bezeichnung der Navy für eine Koje, die von zwei oder mehr Mannschaftsmitgliedern genutzt, also noch »heiß/warm« vom Freiwächter an den von seiner Wache Kommenden übergeben wird.

ministeriums gekoppelt. Desktop- und Laptop-Computer sind praktisch überall. Man kann junge Seeleute beobachten, die auf ihren Kojen sitzen und auf Laptops Briefe nach Hause schreiben, oder Offiziere, die mit diesen Computern ihre Overheadfolien für die Besprechung der nächsten Landungsoperation entwerfen.

Ein schiffseigenes Kabelfernsehen sendet Nachrichten und Filme in sämtliche Abteilungen. Man trifft hier viele der kleinen Handfernsehgeräte an, die einfach an das Kabelsystem des Schiffs angeschlossen werden, aber auch Videorecorder und Stereoanlagen, die den Seeleuten und Marines zur Unterhaltung während der knapp bemessenen Stunden der Freizeit dienen. Kürzlich hat man auch noch eine stabilisierte Satellitenschüssel auf der Insel der *Wasp* installiert. Offiziell ist sie dazu da, den Aufklärungsspezialisten die Möglichkeit zu geben, CNN und die anderen Nachrichtensender zu überwachen, die 24 Stunden am Tag die neusten Nachrichten bringen, aber sie verschafft der Mannschaft auch die Gelegenheit, Nachrichten und Sportsendungen aus der Heimat zu sehen, ohne die Verzögerung in Kauf nehmen zu müssen, die eine Aufzeichnung auf Videokassette nun einmal mit sich bringt. Es wird nicht mehr lange dauern, bis diese Satellitenantennen zur Standardausrüstung auf amerikanischen Kriegsschiffen gehören. Zu den weiteren Annehmlichkeiten für die Crew zählen auch ein wohlsortiertes Schiffswarenhaus, ein Postamt und ein sehr leistungsfähiger Wäschereidienst. All diese Dinge machen das Leben während eines sechs- bis siebenmonatigen Törns der *Wasp* ein wenig lebenswerter.

Ein Schiff ist kaum mehr als ein kalter, schwimmender Klotz, solange es keine Energie erzeugen kann. Wir werden unsere Besichtigung der *Wasp* im Herzen des Schiffes abschließen – in der Abteilung Energie und Antrieb. Man muß ganz tief in die Katakomben des Schiffs hinabsteigen, um das »Land der Ölschnepfen« (Spitzname für die Kessel- und Maschinentechniker) unter den Fahrzeug- und Frachtdecks zu erreichen. Im Gegensatz zu den Gasturbinen oder Marinedieseln, die den meisten modernen Kriegsschiffen als Antrieb dienen, hat man bei den LHDs die alte Tradition der ölbefeuerten Dampfkessel fortgesetzt. Die *Wasp* wird von zwei 2600-PSi/41,7-kg/cm²-Brennkammerkesseln angetrieben, die den Dampf für zwei Westinghouse-Turbinen erzeugen, die ihrerseits insgesamt bis zu 71 000 PS auf die Doppelwellenanlage abgeben. Diese Leistung kann in eine Marschfahrt von 22 kn/41 km/h und eine Höchstgeschwindigkeit von 24 kn/44 km/h umgesetzt werden. Obwohl das bei weitem nicht an die über 30 kn/55 km/h und mehr eines Zerstörers oder Super-Flugzeugträgers herankommt, reicht es für die Aufgabenstellung völlig aus. Mit voller Treibstofflast hat die *Wasp* bei einer Durchschnitts-Marschgeschwindigkeit von etwa 20 kn/37 km/h eine Reichweite von rund 950 sm, kommt also knapp 17 600 km weit, ohne neuen Kraftstoff bunkern zu müssen. Das bedeutet, daß sie die meisten potentiellen Krisenherde mit einem absoluten Minimum an Unterstützung durch Versorgungsschiffe erreichen kann.

Der enorme Bedarf der *Wasp* an Elektrizität wird durch ganze Serien von motorgetriebenen Stromaggregaten gedeckt, welche die unterschiedlichsten Spannungswerte liefern (220 und 110 Volt Wechsel- sowie 12 und 15 Volt Gleichstrom). Die Frischwasser-Destillationsanlage produziert ausreichende Mengen Wasser, um jedem Mitglied der Crew täglich eine »Hollywood«-Dusche zu ermöglichen. Destilliertes Wasser ist außerordentlich weich und rein und frei vom Chlorgeschmack, den man vom Trinkwasser in den amerikanischen Städten gewohnt ist. Die »Schnepfen« von der Technik managen auch sämtliche Kraftstoff- und Flüssigkeitssysteme einschließlich der Hydrauliköle, des Jet-Treibstoffs und Dieselkraftstoffs für die Fahrzeuge der Marines an Bord. Sie haben eine absolute Schlüsselfunktion bei der Schadenskontrolle, denn ohne Energie würde die *Wasp* sehr schnell Schäden durch Flugkörper, Bomben, Torpedos und sogar den durch reine Unfälle ausgelösten Bränden erliegen. Kriegsschiffe haben eine wahre Sammlung aus brennbarem, leicht entzündlichem und explosivem Zeugs an Bord. All das macht eine äußerst intensive Wachsamkeit bei Umgang und Lagerung zur absoluten Voraussetzung. Schadenskontrolle ist so etwas wie eine Leidenschaft der Kommandanten und Mannschaften bei der Navy. Unsere Erfahrungen im Golfkrieg und die der Briten 1982 im Falklands-Krieg führten sehr deutlich den lebenswichtigen Wert der Schadenskontrolle vor Augen. Wie ich schon in meinem Buch *Atom U-Boot* näher dargelegt habe, hat die Navy sehr hart daran gearbeitet, verbesserte Feuerlöschsysteme wie die AFFF-Feuerlöscher (Aqueous Film Forming Foam = Wasserfilm ausbildender Schaum) und das verbesserte Not-Atemgerät einzuführen. Überall auf der *Wasp* trifft man auf die in orange mit Leuchtfarbe bemalten Container, in denen sich die Atemmasken für das Überleben im Feuerrauch befinden.

Die *Wasp* ist also nicht nur Verpackungsmaterial für die Marines und ihre Ausrüstung, sondern sehr wohl auch eine Plattform, die zu einer Vielzahl von Missionen fähig ist, angefangen von taktisch-amphibischen Überfällen bis hin zur Seeherrschaft (bei der Sicherung von Konvois und dem Schutz von See-Schiffahrtsstraßen). Vielleicht ist das einer der Gründe, warum die *Wasp* (LHD-1) und ihre Schwesterschiffe *Essex* (LHD-2), *Kearsarge* (LHD-3) und *Boxer* (LHD-4) zu den meistumsorgten Schiffen der Navy wurden. Sobald auch die nächsten drei LHDs, die *Bataan* (LHD-5), *Bonhomme Richard* (LHD-6) und die noch immer namenlose siebte Einheit der Klasse in einigen Jahren bei der Flotte in Dienst gestellt werden, verschaffen sie schließlich allen zwölf ARGs ein Großdeck-Schiff für die Fliegerei. Die letzten drei Schiffe werden schon wieder signifikante Verbesserungen gegenüber ihren älteren Schwesterschiffen aufzuweisen haben. Die Ex-31 RAM-Startgeräte und *Bushmaster* 25-mm-Kanonen werden zusammen mit den weniger umfangreichen Überbauten, einer größeren Flugtreibstoff-Bunkerkapazität, verbesserter Kommunikationseinrichtung, Schadenskontrolle und Sanitätskapazitäten gleich von Anfang an berücksichtigt und eingebaut worden sein. Außerdem wird es im Rahmen des Programms »Frauen auf See« (mehr dazu weiter hinten im Abschnitt über LPD-17) Quartiere für weibliche Soldaten geben. All diese Kriterien werden aber auch bei den Vorgängermodellen nachgerüstet, sobald sie zu ihrer ersten Grundüberholung einlaufen. Die *Wasp* und ihre Schwesterschiffe repräsentieren den Kern der amerikanischen »Türeintret«-Kapazität, und das wird auch für die nächsten Jahrzehnte so bleiben.

USS *Whidbey Island* (LSD-41)

Die LHDs der *Wasp*-Klasse stellen mit einem Stückpreis von fast 1,25 Milliarden Dollar wohl kaum die wirtschaftlichste Lösung für sämtliche amphibischen Aufgaben dar. Manchmal braucht man eben ein Schiff, das nur eine oder zwei Aufgaben, die aber richtig lösen kann. Also entwarf man das Landing Ship Dock, kurz LSD. Ein LSD ist die Transport- und Serviceplattform für die Landungsfahrzeuge. Anfangs waren es nur einfache Schiffe mit Welldecks und minimalem Stauraum oder Truppentransportkapazität, die zum Start der Landungsfahrzeuge »abfluten« konnten. Später entwickelten sich die LSDs zu Vielzweckschiffen mit Langzeitquartieren für die Soldaten an Bord und ihre Ausrüstung und verfügten auch über, wenn auch eingeschränkte, Hubschrauberkapazitäten. Bei der Konstruktion der *Anchorage*-Klasse (LSD-36), so wie sie in den 60er und 70er Jahren gebaut wurde, lag das Schwergewicht darauf, möglichst viele Landungsfahrzeuge transportieren zu können. Diese fünf Schiffe dienten den ARGs fast drei Jahrzehnte sehr wirkungsvoll. Inzwischen haben sie aber das Ende ihrer Lebenszeit erreicht. Die *Whidbey Island*-Klasse (LSD-41) wird sie nun ersetzen.

Die *Whidbey Island*-Klasse ergänzt die Fähigkeiten der Großdeckflugzeugträger der ARGs. Für den Fall, daß eine ARG »aufgesplittet« werden muß, begleitet grundsätzlich ein LSD die LHD, LHA oder LPD. Durch die große Zahl von Landungsfahrzeugen, die von diesen beiden Schiffen mitgeführt werden kann, bleibt dem Kommandeur einer ARG selbst dann noch die Fähigkeit eines machtvollen Truppeneinsatzes erhalten. Obwohl

Die USS *Whidbey Island* (LSD-4) läuft am 16. Februar 1996 aus dem Hafen von Cadiz in Spanien aus und geht nach ihrem Mittelmeertörn 1995/96 auf Heimatkurs.
JOHN D. GRESHAM

die LSDs weder die Befehls- und Führungsmöglichkeiten der LHDs und LHAs noch die Frachtkapazitäten der LPDs haben, spielen sie dennoch eine lebenswichtige Rolle als amphibisches Transportsystem. Machen wir uns doch einfach einmal auf, um die *Whidbey Island* ein wenig besser kennenzulernen.

Anfang der 80er Jahre begannen die Planer am Naval Sea Systems Command (NAVSEA = oberste Marinedienstelle der U.S. Navy für militärisch genutzte Seesysteme) darüber nachzudenken, welche Mischung von Schiffen eigentlich für die ARGs der 90er Jahre und danach wünschenswert wäre. Schon lange bevor die Entscheidung für den Bau der LHDs der *Wasp*-Klasse fiel, war man sich schon darüber im klaren, daß der sichere Abstand von einer feindlichen Küste die Konstruktionsvorgaben für die amphibischen Schiffe der Zukunft beherrschen würde. Obwohl die alte *Anchorage*-Klasse von LSDs sehr wohl die neuen Luftkissen-Landungsfahrzeuge tragen konnte, stand außer Frage, daß die ARGs wesentlich mehr der neuen LCACs benötigten würden, die schrittweise die langsamen und verwundbaren LCUs ersetzen sollten. NAVSEA machte sich also auf die Suche nach einer passenden Konstruktion für das neue Schiff und einem entsprechenden Vertragsnehmer. Der Auftrag für die ersten drei Schiffe ging an Lockheed Shipbuilding in Seattle, Washington. Die *Whidbey Island* wurde am 4. August 1981 auf Kiel gelegt und lief am 10. Juni 1983 vom Stapel. Die Indienststellung erfolgte dann zwei Jahre später genau am 9. Februar 1985. Ihr folgten dann die Schwesterschiffe in Abständen von jeweils einem Jahr. Als sich Lockheed in den 80er Jahren dazu entschied, die Schiffbauindustrie zu verlassen, übertrug man den Auftrag für den Rest der Klasse an Avondale Industries in New Orleans, Louisiana. Avondale war ein altbekannter Vertragsnehmer der Navy und hatte in den 60er und 70er Jahren schon die ASW-Fregatten der *Knox*-Klasse (FF-1052) gebaut. Mit Sitz an den Ufern des Mississippi wird auf dieser Werft nach wesentlich konventionelleren Methoden gebaut als bei Litton Ingalls. Die Hellingen im alten Stil und die seriellen Fertigungsmethoden mögen die Werft vielleicht immer wieder, wenn es um die Kalkulationen geht, in ein Kopf-an-Kopf-Rennen mit ausländischen Mitbewerbern zwingen, aber es steht außerhalb jedes Zweifels, daß hier qualitativ hochwertige Schiffe gebaut werden.

Die Schiffe der *Whidbey Island*-Klasse sind relativ konventionell und stellen praktisch die Weiterentwicklung der LSD-36-Klasse mit eigentlich kaum signifikanten Verbesserungen dar. Nur 185,8 m lang und 25,6 m breit, sind sie natürlich ganz erheblich kleiner als die *Wasp*. Voll beladen, haben sie eine Verdrängung von 17 745 Tonnen. Allerdings ist ihr Tiefgang mit 6 m im Vergleich zu den 8 m der LHDs auch wesentlich geringer. Anstelle der Dampfturbinen erfolgt der Antrieb bei der *Whidbey Island* über mittelschnell laufende Marine-Dieselmotoren. Die vier SEMT-Pielstick-Maschinen liefern zusammengeschaltet insgesamt 42 180 PS auf die Doppelwellenanlage und sind für eine Spitzengeschwindigkeit von 22 kn/41 km/h gut. Bei einer wirtschaftlich günstigen Geschwindigkeit

USS *Whidbey Island* (LSD-41)

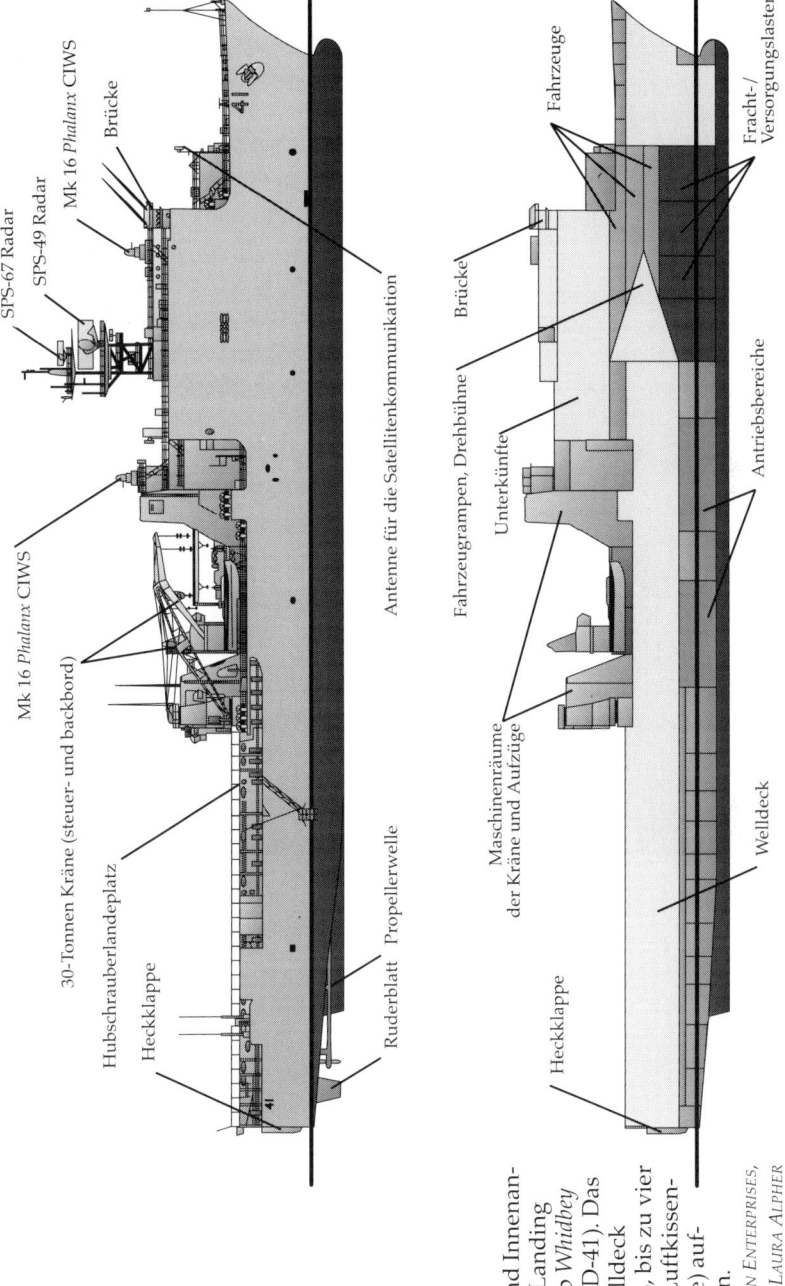

Seiten- und Innenansicht des Landing Dock Ship *Whidbey Island* (LSD-41). Das große Welldeck erlaubt es, bis zu vier LCACs (Luftkissenfahrzeuge) aufzunehmen.

Jack Ryan Enterprises, Ltd., von Laura Alpher

Blick in Richtung Vorschiff im höhlenartigen Welldeck der USS *Whidbey Island* (LSD-41). Dieses Deck kann bis zu vier LCACs oder drei LCUs aufnehmen oder zur Unterbringung von Fahrzeugen genutzt werden.
JOHN D. GRESHAM

von 20 kn/37 km/h liegt die Reichweite bei 8000 sm, das sind rund 14 800 km, ohne nachbunkern zu müssen – ein ausgezeichneter Wert im Vergleich zu den LHDs und LHAs. Eine relativ kleine Crew, bestehend aus insgesamt nur 334 Offizieren und Mannschaften, reduziert darüber hinaus die Betriebskosten.

Die am meisten ins Auge springenden Charakteristika der *Whidbey Island*-Klasse sind das große, weit nach vorn verlagerte Deckshaus, in dem die Brücke, Stauräume und Quartiere untergebracht sind, und das lange Welldeck, dessen Dach als Flugdeck fungiert und auf dem es zwei Landepunkte für Hubschrauber bis zur Größe des CH-53E *Super Stallion* gibt. Da bei den Schiffen dieser Klasse weder Hangar- noch Versorgungseinrichtungen vorhanden sind, können auf ihnen während eines Törns keine Hubschrauber fest stationiert werden. Die LSD-41 sind lediglich in der Lage, Hubschrauber zu betanken, die zu anderen Schiffen gehören. Das Welldeck ist groß genug, um entweder vier LCACs oder drei LCUs, alternativ zehn LCM-8 aufzunehmen, sollte einmal Bedarf für den Einsatz dieser älteren Fahrzeuge bestehen. Das Welldeck erinnert stark an das der *Wasp*, denn auch hier verwendet man Ballasttanks, um das Heck des Schiffs abzusenken und somit das Deck zu fluten, damit die Landungsfahrzeuge ein- und auslaufen können. Bei einer Länge von 141,1 m, 15,2 m Breite und 8,2 m Höhe verfügen die LSD-41 über die größten Welldecks sämtlicher amphibischen Schiffe. Die Landungsfahrzeuge werden, genau wie auf der *Wasp*, Heck an Heck abgestellt und können beladen werden, indem man Fahrzeuge durch ein Landungsfahrzeug hindurchfährt, um in das nächste zu gelangen.

Trotz minimalem konstruktivem Aufwand, den man bei den Schiffen der *Whidbey Island*-Klasse betrieben hat, können sie doch sehr gut mit Landungsfahrzeugen und Fracht umgehen. Sie verfügen über zwei elektrisch betriebene Gabelstapler mit jeweils zwei Tonnen Nutzlastkapazität, zwei Paletten-Hubwagen, zwei Fünftonner-Geländegabelstapler, zwei Lastenaufzüge mit einer Tragkraft von jeweils acht Tonnen und drei große Kräne

USS Harpers Ferry (LSD-49)

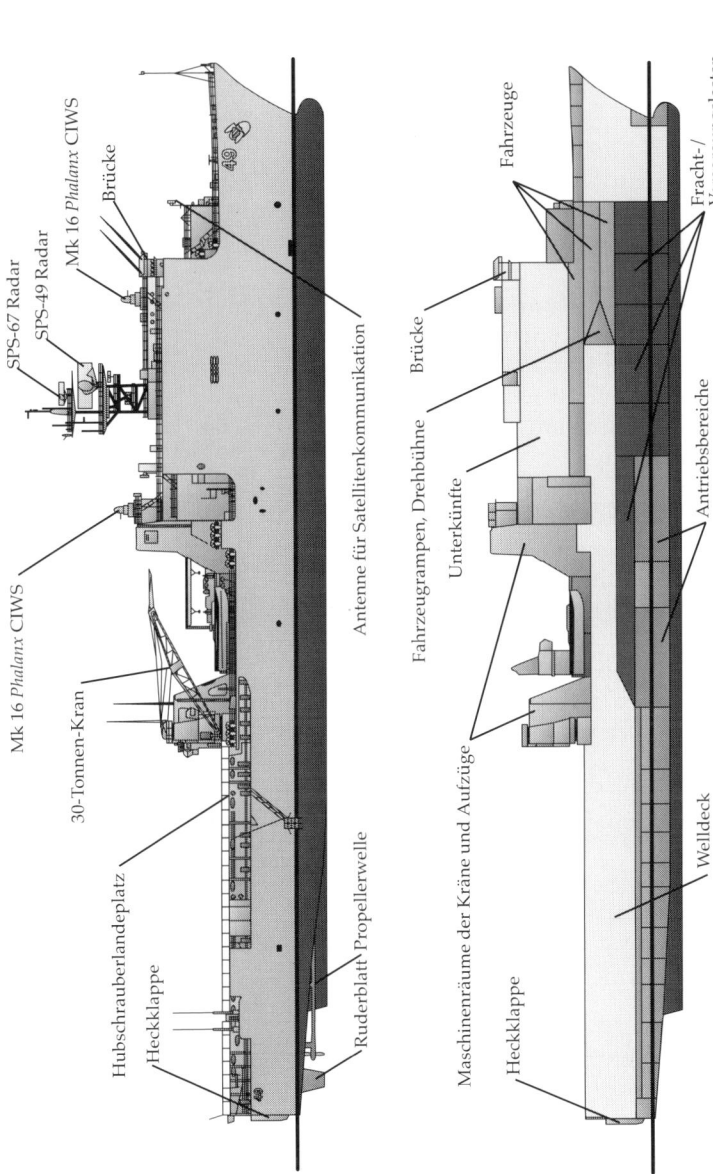

Das Landing Dock Ship USS *Harpers Ferry* (LSD-49). Dieses Schiff ist die fast identische Kopie des Ursprungstyps USS *Whidbey Island* (LSD-41). Der einzige Unterschied besteht praktisch in einem etwas vergrößerten Welldeck und dem Fortfall eines der Lastenkräne.

Jack Ryan Enterprises, Ltd., von Laura Alpher

mit 15, 20 und 60 Tonnen Hub- und Tragelast. Eine spezielle Drehbühne in der Rampe zwischen dem Welldeck und dem Hubschrauber-(Flug-)Deck beschleunigt die Bewegung und Handhabung der Fahrzeuge ganz gewaltig. Mit 1250 m² Stauraum für die Fahrzeuge und 145 m³ Frachtvolumen sind die Schiffe kleiner als die LHDs und LHAs, aber immer noch groß genug, um reichlich Nutzlast transportieren zu können. Die Quartiere für 454 Marines entsprechen etwa dem, was wir auf der *Wasp* gesehen haben.

Den LSD-41 fehlt vieles von dem, was die *Wasp*-Klasse zu bieten hat. Sie beinhaltet unter anderem:

- *Command and Control*-**Einrichtungen** – Die Befehls- und Führungseinrichtungen bei den LSD-41 beschränken sich auf ein CIC und Räumlichkeiten für die Tactical Landing Support Group (Unterstützungsgruppe für taktische Landungsoperationen). Es sind keine Unterbringungsmöglichkeiten für Flaggoffiziere und deren Stäbe vorgesehen, und die großen Plottertafeln wird man ebenfalls vergeblich suchen.
- **Sanitätseinrichtungen** – Die *Whidbey Island*-Klasse hat nur einen Operationssaal und acht Krankenbetten (eins für die Intensivbehandlung, zwei in der Isolierstation und fünf für die Primärversorgung) ohne die geringsten Zuwachsmöglichkeiten, wenn es hier einmal eng werden sollte. Damit sind die Schiffe in dieser Hinsicht von den Großdeckträgern abhängig.
- **Sensoren** – Das SPS-49 Luftüberwachungsradar, das SPS-64 (V)9 Navigationsradar und das SPS-67 Oberflächensuchradar sind an Bord, aber es fehlen sämtliche Feuerleitsysteme.
- **Verteidigungsbewaffnung** – Die einzige Bewaffnung der LSD-41 besteht aus zwei Mk 16 20-mm-CIWS, zwei Mk 67 *Bushmaster* Kanonen Kaliber 25 mm und zwei M2 Maschinengewehrstellungen Kaliber .50. Die Basisausstattung mit einer SLQ-32(V1)-Garnitur für die elektronische Gefechtsführung verfügt lediglich über einen Radar-Warnempfänger und vier Mk 1137 SRBOC/Düppel-Startgeräte. Das SLQ-25 *Nixie*-System ist zwar an Bord, dafür fehlt aber ein Radarstörgerät. Damit ist klar: Diese Schiffe benötigen ein Sicherungsgeleit, um in einem feindlichen Umfeld überleben zu können.

Obwohl die Schiffe der *Whidbey Island*-Klasse im Vergleich zu den LHDs der *Wasp*-Klasse geradezu asketisch wirken, verfügen sie über einige Dinge, die sie zu sehr wertvollen »Amphibs« machen, wozu beispielsweise folgendes gehört:

- **Strukturen/Schutz** – Die LSD-41 verfügen über den gleichen strukturellen Schutz wie die *Wasp*-Klasse einschließlich der Verstärkung des Deckshauses gegen Splitterschäden durch einen in unmittelbarer Nähe einschlagenden Fehlschuß.
- **Umfeldschutz** – Die *Whidbey Island*-Klasse ist mit dem gleichen CPS-

System zum Schutz gegen ABC-Wirkungen ausgestattet wie die LHDs und genießt damit auch den gleichen Komfort durch eine Klimaanlage wie die »Großen«.

Wie würde das alles nun im Gefecht funktionieren? Man stelle sich einmal folgendes Beispiel vor: In den meisten Fällen wird der Stab einer ARG die LSD-41 mit schweren Fahrzeugen wie M1A1-Panzern und radgetriebenen LAVs beladen lassen. Dadurch verfügt sie über eine gepanzerte Schlagkraft für die ersten Wellen eines Angriffs oder Überfalls der Marines. Sobald die eigene Ladung von Ausrüstung und Fracht von Bord der *Whidbey Island* geschafft ist, werden die Landungsfahrzeuge die anderen Schiffe dabei unterstützen, ihre Fahrzeuge und Fracht zu entladen, um so die Geschwindigkeit zu erhöhen, mit der Kampfkraft an einen Strand fließen kann. Diese Sekundantenrolle von Landungsfahrzeugbasen ist das Moment, was die LSDs so wertvoll für den Kommandeur einer ARG macht.

Insgesamt acht LSDs wurden gebaut. Dabei sind die ersten drei noch die bei Lockheed gebauten Muster *Whidbey Island* (LSD-41), *Germantown* (LSD-42) und *Fort McHenry* (LSD-43) bereits mit eingerechnet. Die nachfolgenden fünf, bei Avondale gebauten Schiffe tragen die Namen *Gunston Hall* (LSD-44), *Comstock* (LSD-45), *Tortuga* (LSD-46), *Rushmore* (LSD-47) und *Ashland* (LSD-48). Vier weitere Muster befinden sich im Bau, allerdings in einer modifizierten Konfiguration, die einen sehr interessanten Ursprung hat. Man sieht also, daß die neuen amphibischen Schiffe in dem Moment, da sie mit »Über-dem-Horizont«-Transportsystemen wie dem CH-53E *Super Stallion* und LCAC kombiniert werden, tatsächlich schneller Truppen, Fahrzeuge und Fracht an einen Strand schaffen, als es die »Beachmaster« managen können. Es gibt einfach eine physikalische Grenze dafür, wie schnell man das ganze Zeug an einen Strand schaffen kann, und die Befehlsstellen an einem Strand – die einer ARG als »Verkehrspolizei« dienen – haben diese Grenze erreicht. Die LCACs haben sich bei der Erledigung ihrer Aufgabenstellung als wesentlich schneller erwiesen, als man ursprünglich erwartet hatte. Das verschaffte NAVSEA die Möglichkeit, die letzten vier Schiffe der LSD-41-Klasse zu modifizieren. Da die neuen LHDs bis zu drei LCACs und die älteren taktischen Schiffe der LPD-4-Klasse zwei davon tragen können, bedeutete dies für die ARGs, daß sie nur noch zwei weitere benötigten, um das angestrebte Ziel von sieben solcher Landungsfahrzeuge zu erreichen. Also wurden die letzten vier Muster der *Whidbey Island*-Klasse in *Harpers Ferry*-Klasse (LSD-49) umbenannt und erhielten ein verkürztes Welldeck (nur noch 56 m lang). Der dadurch gewonnene Raum wurde den Fahrzeug- und Fracht-»Fußabdrücken« der neuen Schiffe zugeschlagen, wie der nachfolgenden Tabelle zu entnehmen ist:

Gegenüberstellung der Nutzlast-»Fußabdrücke« von LSD-41/49 gegenüber LSD-36

Klasse	Soldaten	Cargo^2 (m^2)	Cargo^3 (m^3)	LCACs	Hubschrauber
LSD-41	454	1.250	145	4	0
LSD-49	454	1.440	1.440	2	0
LSD-36	302	780	40	3	0

Wie man dieser Aufstellung leicht entnehmen kann, wurde der Cargo^2-Raum (Fahrzeugraum) bei den LSD-49 im Vergleich zu den LSD-41 um 15 Prozent vergrößert und der Cargo^3-Raum sogar um gewaltige 890 Prozent. Das macht die LSD-49 zu äußerst wertvollen Schiffen. Jeder Kommandeur einer vorgeschobenen Einheit wird einem bestätigen, daß man nie genug Stauraum für alles »Zeugs« haben kann, das man eigentlich dringend benötigt. Damit macht der hohe Gebrauchswert dieser Schiffe sie extrem wertvoll im Verhältnis zu ihrem Erstellungspreis. Alle vier – *Harpers Ferry* (LSD-49), *Carter Hall* (LSD-50), *Oak Hill* (LSD-51) und *Pearl Harbor* (LSD-52; nach dem Stützpunkt, nicht nach der Schlacht benannt!) – werden bei Avondale in New Orleans gebaut. Die ersten beiden sind bereits in Dienst gestellt, und die anderen beiden stehen im Terminkalender mit Fertigstellung für Anfang 1997 verzeichnet. Je ein LSD-41/49 wird einer der zwölf ARGs der Navy zugeordnet werden. Im Augenblick stellen die zwölf ARGs nur rund 2,5 MEBs für den Transport, was im Widerspruch zu den drei steht, die man beim Marine Corps als Mindestanforderung ansieht, um den Erfordernissen von Missionen gerecht werden zu können. Allerdings ist es sehr unwahrscheinlich, daß noch weitere LSDs in Auftrag gegeben werden, weil sich die Navy gezwungen sieht, zunächst einmal die neue LPD-17-Klasse von taktischen Schiffen zu bauen, welche die bereits überholten LPDs der *Austin*-Klasse ablösen soll.

USS *Shreveport* (LPD-12)

Das taktische Landungsschiff USS *Shreveport* (LPD-12) ist so etwas wie ein lebendiges Vermächtnis der Schiffbauprogramme aus den 60er Jahren, die über einen Zeitraum von drei Jahrzehnten zum Rückgrat der amphibischen Kräfte geworden waren. Obwohl – an den Maßstäben von Kriegsschiffen gemessen – schon recht alt (sie wurde bereits 1970 in Dienst gestellt), sehr beengt und im Vergleich zu den Konstruktionen von heute antiquiert ausgestattet, hat sie dennoch noch eine Reihe von Jahren im Dienst vor sich liegen. Als Mitglied der elf Schiffe umfassenden *Austin*-Klasse (LPD-4 bis -15) wird die *Shreveport* wahrscheinlich noch weitere fünfzehn Jahre ihre Aufgaben erfüllen müssen. LPDs sind die »Springer«-Schiffe – im wahrsten Sinne des Wortes »Nutzfahrzeuge« – unter den drei Schiffen, die normalerweise zu einer ARG gehören. Während die LHDs/

Die USS *Shreveport* (LPD-12) läuft aus dem Hafen von Morehead City aus und nimmt Kurs aufs Mittelmeer. Sie ist voll für »gesplittete ARG«-Operationen gerüstet, und ihr Ziel ist eine Übung vor der bulgarischen Küste.
JOHN D. GRESHAM

LHAs und LSDs gewöhnlich als die »großen« Decks einer ARG zusammenwirken, ist ein LPD das Vielzweck-Arbeitspferd und übernimmt dabei Aufgabenstellungen, die eigentlich mehr für die LSTs und LKAs vorgesehen sind. Wird eine ARG aufgeteilt, um mehr als eine Mission zur gleichen Zeit auszuführen, ist ein LPD zeitweise ganz auf sich allein gestellt. Bei den LPDs hat man sich daran gewöhnt, die »streunenden Katzen und Hunde« einer eingeschifften MEU(SOC) wie amphibische Traktoren und Aufklärergruppen für die Truppe und SEAL-Teams aufzunehmen. Sie fungieren als Forward Fuel and Arming Point (FFARP = vorgeschobene schwimmende Tankstelle und Munitionierungspunkt) für die Hubschrauber und als Stützpunkt für die AH-1W *Cobra* Kampfhubschrauber und die eingeschiffte Bedienungsmannschaft der *Pioneer* UAVs. Also jede Menge Aufgaben für ein altes Schiff wie die *Shreveport* (LPD-12), aber sie tut das Beste in einer Welt, in der sie kaum geliebt, aber heftig gebraucht wird.

Die ursprünglichen LPDs der *Raleigh*-Klasse (LPD-1) entwarf und baute man Ende der 50er Jahre, um große Mengen amphibischer Truppen und Frachten befördern zu können, was allerdings sehr zu Lasten der Geschwindigkeit bei Be- und Entladung ging. Im Vergleich zu den LHDs und LHAs haben die LPDs nur relativ kleine Welldecks und auch wesentlich kleinere und einfachere Einrichtungen für den Flugbetrieb, denn es gibt hier nur einen einzigen Hubschrauberlandeplatz. Sie werden aber trotzdem zu den drei amphibischen Schiffstypen (neben den Großdeck-LHAs/LHDs und dem LSD) gehören, die sich bis ins 21. Jahrhundert halten werden. Es gibt zwar schon Pläne für den Bau einer neuen, aus zwölf Schiffen bestehenden Klasse (die LPD-17), aber trotzdem werden die LPD-4 noch für mindestens ein weiteres Jahrzehnt im Dienst bleiben, denn so lange wird es voraussichtlich dauern, bis die neuen Schiffe sie dann tatsächlich einmal ablösen werden. Im Anschluß an die drei Schiffe der *Raleigh*-Klasse wurde in den 60er Jahren eine weitere Klasse von LPDs konstruiert und in Auftrag gegeben. Sie wurden zur *Austin*-Klasse (LPD-4) und befinden sich heute auf der ganzen Welt im Einsatz.

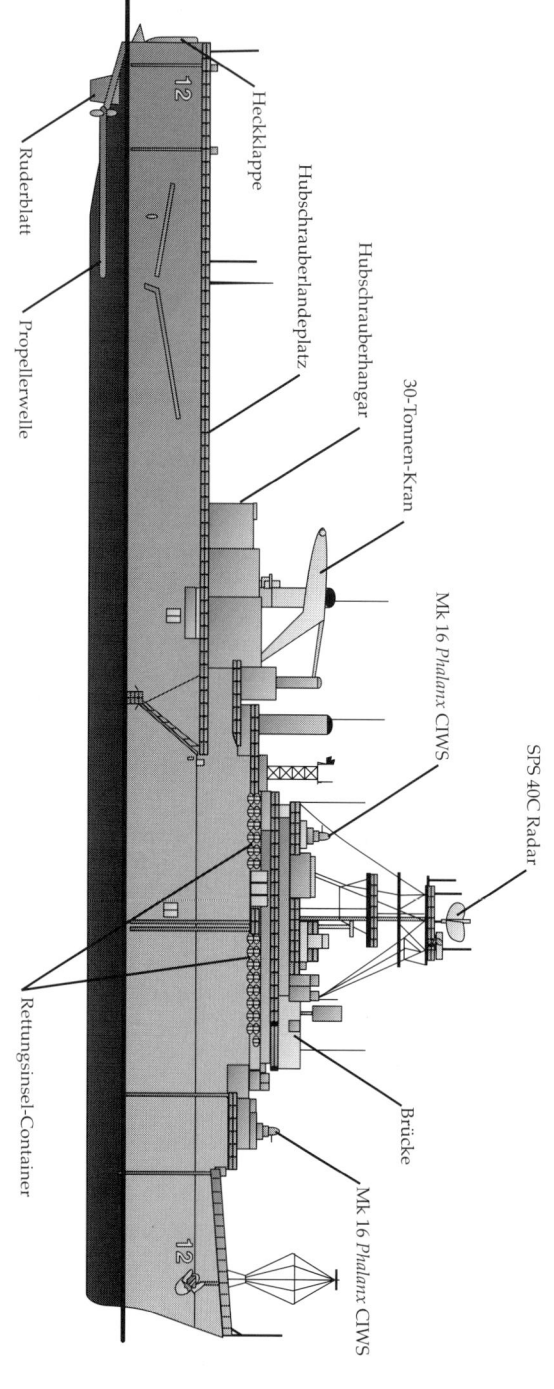

Seitenansicht (von Steuerbord) des amphibischen Vielzweckschiffs USS *Shreveport* (LPD-12)
JACK RYAN ENTERPRISES, LTD., VON LAURA ALPHER

Die *Shreveport* und ihre Schwesterschiffe sehen den älteren Dockschiff-Modellen der LSD-36-Klasse verblüffend ähnlich, vielleicht mit der Ausnahme, daß sie einen größeren Aufbau und ein kürzeres Hauptdeck (mit der Hubschrauberplattform) und ein kleines Welldeck haben. Sie sind 173,7 m lang, 25,6 m breit und haben einen Nominaltiefgang (wenn die Ballasttanks für das Welldeck nicht geflutet sind) von 7 m. Ihre volle Verdrängung beläuft sich auf 16 905 Tonnen. Die zwölf Schiffe dieser Klasse wurden in drei verschiedenen Werften gebaut. Die USS *Austin* (LPD-4), USS *Ogden* (LPD-5) und USS *Duluth* (LPD-6) kamen von der staatlichen New York Naval Shipyard und waren so ziemlich die letzten amerikanischen Kriegsschiffe, die dort gebaut wurden. Ingalls baute die USS *Cleveland* (LPD-7) und USS *Dubuque* (LPD-8) auf dem Ingalls-Werftgelände in Pescagoula, Mississippi. Die restlichen, also USS *Denver* (LPD-9), USS *Juneau* (LPD-10), USS *Coronado* (LPD-11), USS *Shreveport* (LPD-12), USS *Nashville* (LPD-13), USS *Trenton* (LPD-14) und USS *Ponce* (LPD-15), wurden alle noch bei Lockheed Shipbuilding in Seattle gebaut, und hier wurde auch die *Coronado* (LPD-11) zum Command Ship (Flaggschiff) umgebaut.

Die *Shreveport* (LPD-12) wurde am 27. Dezember 1965 in Seattle, Washington, auf Kiel gelegt und lief am 25. Oktober 1966 vom Stapel. Die Indienststellung fand dann am 12. Dezember 1970 statt. Ihr Antrieb erfolgt über zwei 2600 PSi Babcock & Wilcox-Kessel, die zwei De Laval-Turbinen mit Dampf versorgen, die dann ihrerseits insgesamt 24 350 PS auf die beiden Schraubenwellen bringen. Die Höchstgeschwindigkeit des Schiffes wird mit 21 kn, also 39 km/h, angegeben, obwohl die Effizienz des Antriebs auch eine Marschgeschwindigkeit ermöglicht, die mit 20 kn nur knapp darunter liegt. Im Vergleich zu den neuen Dampfturbinen-, Diesel- und Gasturbinenantrieben der Navy ist die hier eingesetzte »Dampfmaschine« alt und schon etwas schrullig. Aber nichtsdestoweniger, die hingebungsvollen »Schnepfen« halten sie am Laufen. Die *Shreveport* ist eines von neun Schiffen dieser Klasse und verfügt über eine zusätzliche Brücke und zusätzliche Quartiere, wodurch sie als Flaggschiff eines Geschwaders in »aufgesplitteten ARG«-Operationen fungieren kann.

Wenn man auf der *Shreveport* herumläuft, wird man finden, daß sie im Grunde genau wie alle andern Schiffe der Navy ist: grau gepönt, Decken, die übervoll mit Leitungen, Isolierrohren und Kabelschächten gepackt sind, und Schotts, die noch von Hand geöffnet und geschlossen werden müssen. Dennoch unterscheidet sich die *Shreveport* von allen anderen Schiffen, die wir bislang besucht haben. Obwohl man inzwischen einige Systeme auf den neusten Stand gebracht hat, vermittelt einem die Bauweise ein Gefühl der 60er Jahre. Die Schiffe der *Austin*-Klasse (LPD-4) wurden noch unter der Vorgabe gebaut, daß sich später eingezogene Wehrpflichtige und nicht etwa freiwillige Profis an Bord befinden würden. Die Systeme des Schiffs sind nur geringfügig automatisiert (was teure analoge Elektronik erforderlich machen würde) und stützt sich statt dessen auf den Einsatz von Muskelkraft, die damals vergleichsweise billig zu haben (und zuverlässiger!) war. Die Konstrukteure von Kriegsschiffen wußten, daß eine größere Mannschaft die Fähigkeit eines Schiffs verbesserte, Schäden hinnehmen und dennoch überleben zu können. Schadenskontrolle ist sehr arbeitsintensiv, und noch bis vor kurzem galt es als tolle Sache, wenn man so viele Männer wie möglich in einem kleinen Schiffsrumpf unterbringen konnte. Auf genau dieses Konzept trifft man bei der *Shreveport* und ihren Schwestern.

Befassen wir uns doch einmal mit einigen Einzelheiten. Unten in den Bereichen, in denen sich die Quartiere für die Mannschaft und die Passagiere (eine von verschiedenen Bezeichnungen, die man bei der Navy für die Marines verwendet) befinden, kann man sofort feststellen, daß die Kojen insgesamt gesehen nicht nur schmaler, sondern auch kürzer sind und daß auch weniger Stauraum für die persönlichen Gegenstände zur Verfügung steht, als wir das auf der *Wasp* oder *Whidbey Island* kennengelernt haben. Genauso wird man meist vergeblich nach irgendwelchen Erholungs- oder Fitneßeinrichtungen suchen. Auch fehlen auf der *Shreveport* sämtliche Umfeld-Kontrollsysteme, die man heute auf allen modernen Schiffen der Navy findet. In Wirklichkeit ist ihre Klimaanlage sogar noch altertümlicher als der Antrieb, was für die Mannschaft und Marines an Bord ganz schön hart werden kann. Während einer Übung der MEU(SOC), die im Sommer 1995 stattfand, gaben die meisten Systeme der Klimaanlage ausgerechnet in der größten Hitzewelle wieder einmal ihren Geist auf. Obwohl sich die ARG noch auf hoher See befand, kletterten die Temperaturen rasch auf über 32 °Celsius, und das auch noch bei sehr hoher Luftfeuchtigkeit. Eigentlich konnte man nichts weiter machen, als die Männer mit kühlen Getränken bei Laune zu halten und so viele von ihnen wie möglich auf freie Kojen an Bord der *Wasp* und *Whidbey Island* zu verteilen. Jeder kam irgendwie damit klar, aber solche Probleme tauchen nun einmal bei älteren Schiffen leider häufiger auf.

Komfort für die Passagiere ist sicherlich nicht der Grund für den Bau von Kriegsschiffen, aber trotz ihres fortgeschrittenen Alters ist die *Shreveport* durchaus passend ausgerüstet, nicht nur als Flaggschiff einer ARG zu fungieren, sondern auch als eigenständige amphibische Einheit, sollte sich einmal die Notwendigkeit dazu ergeben. Zu den Systemen auf der *Shreveport* gehören:

- **Befehls- und Führungseinrichtungen** – Über die reinen Unterbringungsmöglichkeiten hinaus, über die ein Flaggschiff verfügen muß, hat die *Shreveport* auch noch sämtliche der notwendigen Befehls- und Führungseinrichtungen, obwohl diese natürlich einfacher und vom Umfang her kleiner sind als beispielsweise auf den LHAs oder gar den LHDs. Was vorhanden ist, sind CIC, LFOC, SSES, Datenverbund- und Kommunikationssysteme.
- **Truppenstransport** – Zusammen mit den 402 Mann der Crew (zu denen noch 90 Mann Stabspersonal gerechnet werden müssen, so sie an Bord sind), kann die *Shreveport* bis zu 840 Marines transportieren.
- **Fahrzeug-/Frachtkapazität** – Obwohl sie bereits konstruiert wurde, bevor die automatisierte Frachthandhabung aufkam, verfügt die *Shreveport* über 1300 m^2 Raum für Fahrzeuge und 1450 m^3 Frachtvolumen. Das

ist erheblich mehr, als beispielsweise die *Whidbey Island* (LSD-41) zu bieten hat, und verschafft dem Schiff ein hohes Maß an Autonomie, wenn es einmal auf sich allein gestellt operieren muß.
- **Transport-/Anlandekapazität** – Die außerordentlich robusten Flug- und Transporteinrichtungen der *Shreveport* sind ebenfalls dafür verantwortlich, daß das Schiff durchaus in der Lage ist, eigenständig zu operieren, sollte einmal die Notwendigkeit bestehen. Dazu gehört unter anderem ein Bereich mit zwei Landepunkten für Hubschrauber sowie Hangar- und Luftverkehrsüberwachung. Im Welldeck kann entweder ein LCAC oder LCU beziehungsweise bis zu vier LCM-8 untergebracht und instand gehalten oder gesetzt werden.
- **Frachthandhabungskapazitäten** – Zu den Gerätschaften, die für die Frachthandhabung an Bord der *Shreveport* vorgesehen sind, gehören zehn Zweitonner-Gabelstapler, zwei Dreitonner-Gabelstapler für unwegsames Gelände, drei Förderbänder für Paletten, ein Waffen-/Frachtaufzug mit einer Kapazität von acht Tonnen und sechs Einschienenkräne an Laufkatzen für die Bewegung der Frachtgüter, die ganz ähnlich denen sind, die wir auch auf der *Wasp* schon gesehen haben. Außerdem gibt es noch einen Deckskran mit einer Tragfähigkeit von 30 Tonnen, der praktisch für alle Zwecke verwendbar ist, bei denen es darum geht, Lasten bis zu diesem Gewicht zu heben.

Die *Shreveport* kann also bei amphibischen Aufgabenstellungen immer irgendwie die eigene Fahne hochhalten, sei es als Bestandteil einer ARG oder auf sich allein gestellt, sollte dies einmal nötig sein. Damals in den 60er Jahren war man bei den Planungen noch nicht von der Vorstellung ausgegangen, daß amphibische Schiffe einmal in die Verlegenheit kommen könnten, sich selbst verteidigen zu müssen. So etwas war schließlich eine Aufgabe für die Flugzeugträger, Oberflächensicherungskräfte und Unterseeboote. Aber die Zeiten haben sich gewaltig geändert, weshalb man die *Shreveport* zumindest mit einer Grundausstattung zur Selbstverteidigung versehen hat. Zusätzlich zum SPS-10F Wasseroberflächenradar und SPS-40C Luftraumüberwachungsradar hat man ihr auch noch ein SLQ-32(V1)-Paket bewilligt, mit dem sie einen anfliegenden Flugkörper erfassen und versuchen kann, ihn mit Düppeln und Wärmescheinzielen aus vier Mk 137 SRBOC-Startgeräten zu stören und von seinem Kurs aufs Schiff abzubringen. Zwei der ursprünglich vier 76-mm-Zwillingskanonen wurden durch zwei *Phalanx* 20-mm-CIWS ersetzt. Splitterschutzeinrichtungen wie auf der *Wasp* und *Whidbey Island* wird man hier allerdings vergeblich suchen. Das bedeutet, daß das Schiff selbst dann noch ernsthaft Schaden durch einen dicht über Wasser anfliegenden Flugkörper nehmen kann, wenn das CIWS es schafft, ihn noch abzuschießen, bevor der Gefechtskopf einschlägt.

Da die *Shreveport* und ihre Schwesterschiffe sich nun dem Herbst ihrer Laufbahn nähern, könnte man eigentlich davon ausgehen, daß man ihnen bei der Navy die Dienstbelastung etwas erleichtert, um die verbleibende Dienstzeit möglicherweise noch etwas strecken zu können. Aber weit gefehlt: Die LPD-4 werden auch weiterhin bei den amphibischen Operationen an vorderster Front stehen, bis die neue LPD-17-Klasse taktischer Schiffe in den ersten Jahren des 21. Jahrhunderts kommen wird. Der Plan sieht vor, das Einsatzleben dieser alten Klasse von den normalen 30 Jahren auf grob gerechnet 40 bis 50 Jahre auszudehnen! Dazu wird es allerdings notwendig sein, etliche der Verbesserungen bei den Umfeldsystemen, einige der Kommunikationseinrichtungen, ein Datennetzwerk auf der Basis fiberoptischer Verbindungen und vielleicht sogar das Cooperative Engagement System (CES) einzubauen, was alles bereits für die LPD-17 konstruiert wurde. Es wird jedoch keinesfalls leicht sein, diese Maßnahmen unter den derzeitigen Budgetbedingungen unterzubringen. Aber die LPD-4-Serie ist nun einmal ein nationaler Aktivposten, und man kann sicher sein, daß General Krulak wie ein »Bluthund« darum kämpfen wird, um sicherzustellen, daß diese ehrwürdigen Schiffe auch weiterhin zur Anlandung von Marines zur Verfügung stehen.

Landungsfahrzeuge

Schon seit der Steinzeit, als die Menschen ihre ersten Flöße bauten, um die Nachbarn flußabwärts zu überfallen, sind kleine Boote ein lebenswichtiger Bestandteil amphibischer Operationen geblieben. Die Kommandanten der amphibischen Schiffe haben nicht besonders viel dafür übrig, ihre großen und manchmal verwundbaren Schiffe näher als unbedingt erforderlich an den Bereich feindlicher Artillerie heranzuführen, wenn sie sich einer feindlichen Küste nähern. Nach der Ausmusterung der Schiffe der LST-1179-Klasse ist die Alternative, mit einem seegängigen amphibischen Schiff direkt bis auf einen Strand (und auch wieder von dort zurück) zu fahren, ein für allemal dahin. Führt man sich allerdings die vielfältigen Gefahren, die Minen, Flugkörper und Artillerie für eine solche Aktion darstellen, einmal realistisch vor Augen, erscheint der Verlust dieser Möglichkeit schon gar nicht mehr so groß.

Das amphibische Gegenstück zur Anlieferung mit einem Lkw an Land ist auf dem Wasser das Landungsboot. Wie ich schon zuvor erwähnte, geht die Entwicklung von Landungsbooten auf die Zeit des Zweiten Weltkriegs zurück. Damals wurden sie zu einer der Schlüsseltechniken, die überhaupt erst eine amphibische Gefechtsführung ermöglichten. Heute reicht die Bandbreite von Landungsfahrzeugen bei der Navy von Hightech-Geräten wie dem LCAC (Landing Craft, Air Cushioned) bis hin zum konventionellen Landing Craft, Utility (LCU) und Landing Craft, Medium (LCM). Während die ganz alten Boote langsam ausgemustert werden, bieten die verbleibenden den Planern von amphibischen Operationen nach wie vor eine Reihe von Alternativen bei der Anlandung von Truppen. Das ist insofern von entscheidender Bedeutung, als die Navy und das Marine Corps immer noch auf die wiederholt verzögerte Einführung von Systemen wie AAAV und MV-22B *Osprey* warten, die erst zu Beginn des 21. Jahrhunderts in Dienst gestellt werden. Also sind und bleiben es bis dahin immer noch die älteren Landungsboote, die für die Einheiten der Maritime Prepositioning Force (MPF) eine lebenswichtige Unterstützung für Eventualitäts- und Entsatztruppen liefern. Werfen wir jetzt doch einmal einen genaueren Blick auf diese »Lieferwagen«. Mit Ausnahme der Marines selbst gibt es nichts, was der amphibischen Speerspitze näher wäre als sie.

Landing Craft, Air Cushioned (LCAC = Luftkissen-Landungsfahrzeug)

Wer zum ersten Mal so ein Ding auf der Betonpiste in Little Creek, Virginia, stehen sieht, denkt wahrscheinlich unwillkürlich an einen Stapel Lego-Steine auf einem abgeflachten Rohr. Es ist aber auch schwer zu glauben, daß eine solch merkwürdige Maschine das Gesicht der amphibischen Gefechtsführung völlig verändert hat. Als damals in den 30er Jahren die ersten Landungsfahrzeuge die Bühne betraten, bezeichnete niemand sie als »revolutionär« oder gar »welterschütternd«. Als die Navy aber in den 80er Jahren die Landing Craft, Air Cushioned einführte, stellten diese seit der Einführung der Hubschrauber rund 30 Jahre zuvor die tiefgreifendste Änderung in den Richtlinien für die amphibische Gefechtsführung dar. Eigentlich ziemlich beeindruckend für etwas, das eher wie ein Requisit aus einem billigen Science-fiction-Film aussieht. Wir wollen jetzt einmal hingehen und uns ein genaueres Bild davon machen.

Die Planer amphibischer Operationen haben eigentlich ständig den Wunsch nach größeren Nutzlasten, welche sie immer weiter und schneller transportiert haben wollen. Sie träumen den Traum von einem taktischen Fahrzeug, das nicht auf die Annehmlichkeiten sanft ansteigender Strände angewiesen ist. Die konventionellen Landungsboote haben den Nachteil, auf optimale Gezeiten- und Strandbedingungen angewiesen zu sein, und das beschränkt ihre Einsatzfähigkeit automatisch auf nur etwa 17 Prozent der Strände unserer Erde. Damit lassen die traditionellen Plattboden-

Einige Landing Craft, Air Cushioned (LCAC) der Amphibious Craft Unit Four (ACU-4) während einer Übung der 26th MEU(SOC) im Jahre 1995 vor der tunesischen Küste

Offizielles Foto des U.S. Marine Corps

Landungsfahrzeuge den Planern doch erheblich weniger Alternativen. Was man also brauchte, war eine neue Technik, bei der man nicht mehr darauf angewiesen war, einen kastenförmigen Rumpf durchs Wasser zu schieben. Damit war man praktisch bei der Forderung nach einem fliegenden Teppich angelangt, auf dem man einen 70 Tonnen schweren Kampfpanzer zu einem Strand und sogar noch weiter bis ins Landesinnere sausen lassen konnte.

Die Lösung, die man schließlich fand, war ein Surface-Effect[65]-Fahrzeug: das Hovercraft oder Luftkissenfahrzeug. Ein Hovercraft schwimmt – oder besser gesagt schwebt – auf einem Kissen aus Luft, das unter einer Gummischürze gefangengehalten wird. Ähnlich wie der Puck auf einem Air-Hockey-Tisch berührt es eigentlich kaum den Boden, sondern »schwimmt« auf der Nahtstelle zwischen Luft und Boden. Da es sich auf einem reibungsfreien Medium aus Luft bewegt, benötigt es relativ geringe Schubkraft, um sich bewegen und manövriert werden zu können. Hovercrafts verfügen über eine enorme Beweglichkeit und sind sehr schnell, wobei sie ansehnliche Mengen an Nutzlast effizient und wirtschaftlich transportieren können. Außerdem sind sie ziemlich unempfindlich, was schlechtes Wetter und hohen Seegang angeht. Sie gehen leichtfüßig vom Wasser auf festen Boden über, wodurch diese Fahrzeuge Nutzlasten sowohl auf dem Wasser als auch gewisse Strecken über Land transportieren können. Zivile Hovercrafts sind auf dem Ärmelkanal und im Fernen Osten zwischen Hongkong und Macao im Einsatz.

Die damalige Sowjetunion mit ihrem schlecht ausgebauten Straßennetz hielt die Spitzenstellung in der Entwicklung und dem Einsatz militärisch genutzter Luftkissenfahrzeuge. Im Laufe des kalten Kriegs wurden etliche Typen von taktischen Amphibien-Luftkissenfahrzeugen für die Eismeer-, Ostsee- und Schwarzmeerflotten gebaut. Ihre vorgesehenen Einsatzgebiete sollten felsige Küstenstriche sein, an denen konventionelle Landungsboote kaum oder überhaupt nicht verwendbar waren. Es ist also nicht weiter verwunderlich, daß sie mit ihrer Fähigkeit, rund 70 Prozent der Küstenlinien dieser Welt (im Gegensatz zu den 17 Prozent bei den konventionellen Landungsbooten) überwinden zu können, natürlich zum Fahrzeugtyp erster Wahl der sowjetischen Marineinfanterie wurden. Riesige Truppen- und Fahrzeug-Transporthovercrafts unter NATO-Namen wie *Aist* (Storch), *Lebed* (Schwan) und *Pomornik* (Skua/Raubmöwe) konnten schwere Panzer, Artillerie und Truppen mit Geschwindigkeiten von bis zu 70 kn/130 km/h befördern. Berichte der technischen Nachrichtendienste ließen westliche Militärs zunächst aufhorchen und schließlich Notiz von dieser Entwicklung nehmen.

Die ersten westlichen Luftkissenfahrzeuge waren wesentlich kleiner als die sowjetischen. Mit der britischen Konstruktion SR.N5 beispielsweise (als es bei Bell für die US-Streitkräfte gebaut wurde, lief es unter der

---

[65] Schwer umzudeutender Fachbegriff; aerodynamischer Oberflächeneffekt kommt ihm zwar nahe, gibt aber den damit verbundenen technischen Hintergrund nicht ausreichend wieder.

Bezeichnung PACV-Serie) konnte man gerade einmal Infanterie in der Größenordnung einer Gruppe bis zu einem Zug befördern. Feldeinsätze bei Kampfhandlungen in Vietnam und Malaysia fanden mit unterschiedlichem Erfolg statt. Auf der Habenseite stand ganz eindeutig ihre hohe Geschwindigkeit und Beweglichkeit über Flüsse, Sümpfe und Buchten. Auf der Negativseite mußte verzeichnet werden, daß sie verwundbar waren, besonders im Bereich der Gummischürzen und Antriebe. Trotz allem kauften Großbritannien und der Iran (unter dem letzten Schah) etliche als Patrouillenhovercrafts an. Es gab einige Faktoren, welche eine Indienststellung bei der Navy nicht zustande kommen ließen – in erster Linie war es wieder einmal das liebe Geld. Der Vietnamkrieg war in den 60er und 70er Jahren eine enorme finanzielle Belastung. So begann die Entwicklung eigener Luftkissenfahrzeuge für amphibische Einsätze bei der Navy und dem Marine Corps erst in den 70er Jahren.

Gegen Ende des Jahres 1976 formulierte die Navy schließlich ein Lastenheft und gab den Startschuß zum Wettbewerb um den Bau der Landing Craft, Air Cushioned (LCAC). Zwei Vertragsbewerber, nämlich Aerojet-General und Bell Aerospace (inzwischen Bell-Textron Land-Marine Systems in New Orleans, Louisiana), entwarfen und bauten Prototypen in der Hoffnung, damit einen Produktionsvertrag über die geplante Flotte von mehr als 100 LCACs für sich gewinnen zu können. Auf der Liste der Voraussetzungen standen unter anderem auch die Spezifikationen für die Nutzlast (bis zu 68 000 kg), Geschwindigkeit (über 50 kn/90 km/h) und Reichweite (bis zu 20 sm, was mehr als 370 km bei Marschgeschwindigkeit entspricht). Der Beitrag von Aerojet-General erhielt den Namen JEFF-A, der von Bell-Textron hieß JEFF-B. Stellte man sie nebeneinander, sahen sie sich sehr ähnlich. Der Wettbewerb tobte heftig und zeigte, daß es bei beiden Beiträgen starke und schwache Seiten gab. Schließlich ging die JEFF-B-Konstruktion als Sieger durchs Ziel und als neues LCAC der Navy in Produktion. Den Ausschlag hatten die geringere Länge (26,5 m zu 30,5 m) und die niedrige Verdrängung (160 t zu 162,5 t) des JEFF-B gegenüber der JEFF-A-Konstruktion gegeben. 1982 unterzeichnete die Navy den Produktionsvertrag für eine Vorserie von drei LCACs. Die erste Auslieferung erfolgte dann 1984, der sofort danach schon die ersten Schiff-Kompatibilitäts-Versuchsreihen folgten. Lockheed Shipbuilding (später von Avondale Shipbuilding übernommen) wurde als Sekundärvertragsnehmer beurkundet, aber Bell-Textron baute den überwiegenden Teil der Fahrzeuge.

Gegen Ende der 80er Jahre standen etliche Dutzend LCACs im Dienst der Navy und befanden sich bereits an Bord von rund einem Dutzend Schiffen der Pazifik- und Atlantikflotte. Während der Operationen *Desert Shield* und *Desert Storm* befanden sich insgesamt 17 LCACs auf sechs LSDs und waren für einen großen Teil der Transportoperationen in dieser Zeit verantwortlich. Obwohl sie keine einzige taktische Landungsoperation durchzogen, banden die amphibischen Kräfte vor der Küste mehr als sieben irakische Divisionen in der Küstenverteidigung rund um die Hauptstadt Kuwait. Die LCACs behielten während der gesamten neun

Monate, in denen die Operationen am Persischen Golf liefen, eine 100prozentige Verfügbarkeit aufrecht und vermittelten damit den ARG-Kommandeuren viel Vertrauen in ihre Zuverlässigkeit. Seit dieser Zeit hat die Flotte die meisten Aufgaben von Landungsbooten auf die LCACs verlagert. Bei humanitären und friedenssichernden Einsätzen in Bangladesch, Haiti und Somalia haben die LCACs ihren Wert ebenso wiederholt unter Beweis gestellt wie bei regulären Operationen mit den ARGs. Ende 1996 war die Sollstärke von 91 LCACs fast erreicht. Eigentlich waren mehr geplant, aber die Budgetkürzungen bei der Navy beschnitten das ursprüngliche Ziel von 107 Einheiten auf die jetzt erreichte Zahl. Die Streitmacht von 91 LCACs ist ein nationales Gut, das sehr intensiv genutzt wird.

Um die LCACs richtig verstehen zu können, muß man einen der beiden Stützpunkte besuchen, die man für ihren Service gebaut hat. Ich entschied mich für die LCAC-Einrichtungen auf der Naval Amphibious Base in Little Creek, das in der Nähe von Norfolk, Virginia, liegt. Hier ist der Stützpunkt der Assault Craft Unit Four (ACU-4). Sie bildet praktisch die Kerneinheit hinsichtlich der LCACs bei der Atlantikflotte. Eine ähnliche Einrichtung für die ACU-5 (das ist die entsprechende Einheit für die Pazifikflotte) befindet sich in Camp Pendleton, Kalifornien. Die ACU-4 betreibt rund 40 LCACs, mit denen sie die Hovercrafteinsätze der amphibischen Schiffe der Atlantikflotte ermöglicht. Die Größe der jeweiligen Abteilungen ist vom Schiffstyp abhängig, auf dem sie untergebracht werden sollen. Die nachfolgende Tabelle faßt die LCAC-Kapazitäten der verschiedenen Schiffe zusammen:

LCAC-Kapazität auf amphibischen Schiffen

Klasse	LCAC-Kapazität
USS *Wasp* (LHD-1)	3
USS *Tarawa* (LHA-1)	1
USS *Whidbey Island* (LSD-41)	4
USS *Harpers Ferry* (LSD-49)	2
USS *Anchorage* (LSD-36)	3
USS *Austin* (LPD-4)	1
LPD-17 (in Planung)	2

Geht man von der üblichen Mischung von Schiffen innerhalb einer ARG aus, wird der Kommandeur einer MEU(SOC) irgendwo zwischen sechs und neun LCACs in den Welldecks der ihm unterstellten Schiffe haben. Das ist schon eine Menge Leistungsfähigkeit, auf die er da zurückgreifen kann, um Marines und Feuerkraft in nur wenigen kleinen Portionen vorzutragen. Der Kommandeur einer ARG muß diese Handvoll LCACs sehr sorgfältig führen.

Wenn man sich auf der Betonpiste in Little Creek einem LCAC nähert, stellt man als erstes fest, daß es eigentlich viel mehr an ein Flugzeug oder Raumschiff als an ein Kriegsschiff erinnert. Das ist auch richtig, denn bei der Konstruktion der LCACs floß eine Menge Flugzeugtechnik und Erkenntnisse aus dem Flugzeugbau ein, um das Eigengewicht zu minimieren und die Nutzlast zu maximieren. Eigentlich ist ein LCAC nichts anderes als eine Plattform, unter die man Hubschrauben und auf die man zwei Deckshäuser montiert hat, wobei sich die Antriebe entlang den Seiten befinden. Vorn und achtern gibt es Rampen, und eine durchgehende Gummischürze verläuft rund um die Fahrzeugseiten. Der größte Teil des Fahrzeugaufbaus besteht aus Aluminiumlegierungen, in die man einige Splitterpanzerungen aus Keramik integriert hat. Schließlich muß ein LCAC Treffer überstehen können, wenn es küstennah operiert. Die Bedrohungen reichen dort von Artilleriebeschuß bis hin zu Panzerabwehr-Lenkwaffen. Die vier Avco-Lycoming TF-40B Gasturbinenantriebe liefern insgesamt 12 444 SHP/12 600 PSw (*shaft horsepower* = Wellen-Pferdestärke), was einer Leistung von rund 9280 kW entspricht. Sie sind jeweils paarweise angeordnet. Zwei der Turbinen treiben die Hubschrauben von 1,6 m Durchmesser unter der Schürze an, während das andere Paar dem Antrieb der Schubpropeller dient, die jeweils 3,6 m Durchmesser haben. Die Steuerung erfolgt über die Propeller selbst, die ähnlich den Hubschraubern über einen variablen Pitch (Blattanstellwinkelverstellung) verfügen, aerodynamische Ruderblätter und jeweils zwei schwenkbare Schubdüsen am Bug. Mit der Nominallast an Treibstoff und 60 Tonnen Nutzlast kann ein LCAC bei Seegang 2 (leicht bewegte See) eine Geschwindigkeit von 50 kn/90 km/h über eine Entfernung von bis zu 328 sm/ 608 km aufrechterhalten. Wird die Zuladung reduziert, können noch größere Reichweiten erzielt werden.

Wenn man die Bugrampe hinaufgeht, betritt man gleich dahinter einen großen (20,4 x 8,2 m) Fracht-Stauraum. Zurrpunkte für die Fracht sind über den gesamten Decksbereich verstreut, und es gibt eine unübersehbare »Krone« (eine Art Höcker) im Deck, die die Aufgabe hat, das ganze Seewasser, das es irgendwie doch geschafft hat, bis hierher zu gelangen, wieder nach draußen zu befördern. Die Nominalzuladung von 54 420 kg kann über einen Raum von mehr als 168 m^2 verteilt werden. Solange der Seegang es zuläßt (er muß dazu allerdings schon sehr mäßig sein, denn das Stampfen in höherem Seegang könnte zu strukturellen Schäden am Fahrzeug führen), kann die volle Nutzlast sogar bis auf insgesamt 68 030 kg erhöht werden. Neben dem Frachtstauraum an Deck ist in den Deckshäusern auch noch Platz für die Aufnahme von 23 Passagiere. Der Komfort für diese Passagiere muß allerdings ganz entschieden als spartanisch bezeichnet werden. Es herrscht außerdem ein enormer Krach, wenn ein LCAC unterwegs ist.

Auf der Steuerbordseite befindet sich das »Kommando-Cockpit«, in dem die Crew aus fünf Mann ihren Platz hat. Zur Mannschaft eines LCAC gehört immer der Kommandant, ein Pilot, ein Bordingenieur und ein Navigator. Die Landungsfahrzeuge bei der U.S. Navy stehen grundsätzlich unter dem Kommando eines Chief Petty Officer und nicht unter dem eines Offiziers. Das führt dazu, daß das Leben an Bord eines Landungsfahrzeuges im Vergleich zu dem auf den großen amphibischen Schiffen etwas entspannter, aber auch derber ist. Jetzt darf man aber bitte nicht dem Trugschluß unterliegen, die Matrosenbesatzungen der Landungsfahrzeuge würden lascher mit der ihnen übertragenen Verantwortung umgehen. Ganz im Gegenteil: Sie sind äußerst professionell. In den vergangenen fünf Jahrzehnten haben auch sie einen nicht unerheblichen Anteil an Ehrenmedaillen und Navy Crosses für sich verbuchen können. Die Unterbringung auf den LCACs ist wie gesagt spartanisch, und man findet kaum irgendwo die »Heimeligkeit«, die man noch auf den LCUs antrifft. Die Mannschaften leben an Bord der Schiffe, auf denen sie stationiert sind, da es auf den LCACs weder eine Kombüse noch Kojen gibt.

Das Steuerhaus ist mehr eine Steuerkabine und ähnlich wie ein Flugzeugcockpit gestaltet, was irgendwie auch Sinn macht, denn eigentlich ist ein LCAC mehr Flug- als Wasserfahrzeug. In Wirklichkeit werden die LCACs auch mit in den ATOs der ARG/MEU(SOC) aufgeführt, um Überlappungen mit Flugeinsätzen von Hubschraubern und V/STOL-Maschinen zu vermeiden. Die Arbeitsplätze für Navigator, Bordingenieur und Piloten sind – von links nach rechts – nebeneinander angeordnet. Neben den Schubhebeln für die vier TF-40B Gasturbinenantriebe befindet sich eine Steuerkonsole mit entsprechenden Instrumenten für Ruderlage und Navigation. Dazu gehört unter anderem ein modifiziertes LN-66 Navigationsradar (mit dem Ziele an der Wasseroberfläche und Landmassen erfaßt werden), ein Trägheitssystem, das unter der Bezeichnung Attitude Heading and Reference Unit (AHRU) bekannt ist, und ein Geschwindigkeitsmesser mit der Bezeichnung High-Speed Velocity Log (HSVL). Ähnlich wie die Doppler-Sensorensysteme, die in den Hubschraubern verwendet werden, die ich in meinem Buch *Armored Cavalry* beschrieben habe, bestimmen diese Sensoren auch auf den LCACs Position, Kurs und Geschwindigkeit. Ein GPS-Empfänger speist seine Daten sowohl in die AHRU als auch das HSVL ein und ermöglicht dadurch erstmals punkt- und sekundengenaue Landungsoperationen. Nun, all diese Daten sind allerdings wertlos, wenn man sie nicht über ein abgesichertes und robustes Kommunikationssystem mit anderen Stellen austauschen kann. Die LCACs haben etliche UKW-, UHF/VHF-, HF- und FM-Funkgeräte an Bord, welche die ganze Bandbreite, angefangen von Motorola-»Handies« bis hin zu voll verschlüsselten digitalen Funksystemen, abdecken.

Die Rolle der LCACs macht eine gute Kommunikation zu einer missionsentscheidenden Angelegenheit. Ein LCAC ist wesentlich schneller als jedes Landungsfahrzeug zuvor. Geschwindigkeiten von über 50 kn/ 90 km/h sind mehr die Norm als die Ausnahme, was allerdings immer von der mitgeführten Fracht und dem herrschenden Seegang abhängt. All diese Fähigkeiten versetzen die großen amphibischen Schiffe, von denen aus die LCACs operieren, in die Lage, nicht mehr länger in nur wenigen tausend Metern Abstand vor einer feindlichen Küstenlinie stehen zu müssen, wo sie außerordentlich verwundbar durch feindlichen Beschuß sind. Die mit LCACs ausgerüsteten Schiffe können bis zu 50 sm/90 km »offshore« (also auf offener See vor einer Küste) stehen und dennoch alle drei Stunden eine Welle vollbeladener LCACs an einen Strand werfen. Dieser Drei-Stunden-Zyklus ist der normale Zeittakt, von dem die Navy und das Marine Corps ausgehen, wenn sie Landungsoperationen planen. Dabei wird jeweils eine Stunde für je eine Wegstrecke zum Strand und zurück zum Schiff und eine halbe Stunde für das Ausladen und eine weitere für das Beladen zugrunde gelegt. Das ist es, was den Begriff »Stand-Off« wirklich ausmacht, und das LCAC ist das erste von drei Systemen (LCAC, MV-22B und AAAV), die taktische amphibische Vorgehensweisen aus größerer und damit sicherer Entfernung an sich erst möglich machen.

Man fragt sich vielleicht, ob derart viele Navigationssysteme überhaupt nötig sind. Wenn man jemals in die Verlegenheit kommen sollte, ein Boot zu navigieren, das sich rund 50 sm vor einer Küste auf See befindet, wird man das besser verstehen können! Wenn man sich einer Küstenlinie nähert, kommen die Landmarken, an denen man sich zur Bestimmung von Kurs und Geschwindigkeit orientieren muß, nur sehr langsam in Sicht und können eher verpaßt als eindeutig ausgemacht werden. Jetzt addiere man dazu noch Nebel, Regen, Gischt, Dunkelheit, Strömungen und in den Karten nicht verzeichnete Felsen! Eigentlich gar nicht mehr so schwer, auf See verlorenzugehen, oder? Die Geschichte ist voll von amphibischen Landungsoperationen, die am falschen Strand stattfanden, selbst dann, wenn der richtige in Sichtweite oder nur wenige tausend Meter von den amphibischen Transportschiffen entfernt lag. Ist es jetzt immer noch schwer vorstellbar, welche Fehlermöglichkeiten bestehen, wenn man 50 Seemeilen, also mehr als 90 km weit draußen ist?

GPS-Empfänger mit einer Positionsgenauigkeit, die in einem Kreis liegt, dessen Durchmesser nur wenige Meter beträgt, und deren Zeitmessung in Millisekunden erfolgt, sind das wertvollste aller Navigationssysteme, wenn es darum geht, ein LCAC genau auf Kurs und im Zeitplan zu halten. Es gibt aber auch schon ein neues System, das dieses noch unterstützen soll. Es läuft unter der Bezeichnung Amphibious Assault Direction System (AN/KSQ-1; taktisches Leitsystem für amphibische Operationen) und vernetzt sämtliche Schiffe, Flugzeuge und Landungsfahrzeuge in einer ARG/MEU(SOC) in einem einzigen Netzwerk, in welches sämtliche GPS-Positionsdaten von Bord aller im Einsatz befindlichen Einheiten einfließen. Dadurch haben LFOC und CIC die Möglichkeit, Positions-, Kurs- und Geschwindigkeitsinformationen über sämtliche befreundete Flug- und Fahrzeuge, die sich in ihrem Einflußbereich befinden, in Echtzeit zu überwachen. Dieses System sollte dann eigentlich endgültig in der Lage sein, die den amphibischen Operationen innewohnenden Koordinationsprobleme auszuräumen.

Mit einem LCAC zu fahren heißt, eine Erfahrung zu machen, die sich von allem unterscheidet, was man bislang auf Booten erlebt hat. Zunächst gibt sich das ganze LCAC noch sehr ruhig, sind seine Bug- und Heckrampe erst einmal hochgeklappt. Sobald aber dann die Turbinen angelassen sind, wird der Krach mörderisch. Die Sicherheitsbestimmungen untersagen dem Personal während einer Überfahrt strikt jeglichen Aufenthalt an Deck. Sogar noch innerhalb der Deckshäuser kommt man nicht ohne Ohrstöpsel und/oder Gehörschützer aus, will man das Kreischen der Turbinen auf ein einigermaßen erträgliches Maß reduzieren. Um aus dem Welldeck von Schiffen wie der *Wasp* oder der *Whidbey Island* herauszufahren, schaltet der Pilot die vorderen Korrekturtriebwerke auf Rückwärtsschub und fährt ganz einfach nach draußen. Ein großer Vorteil des LCAC gegenüber den konventionellen LCU und LCM ist der, daß das Mutterschiff sein Welldeck nicht fluten muß. Da die LCACs in der Lage sind, Hindernisse bis zu einer Höhe von etwa 1,2 m zu »überklettern«, können diese Fahrzeuge mit Leichtigkeit die abgesenkte Heckklappe eines LHD, LHA, LSD oder LPD passieren, was die ganze Angelegenheit für die Bedienungsmannschaft des Schiffs wesentlich erleichtert. Als Nebeneffekt wird dadurch gleichzeitig auch die Gischtwolke reduziert, die ein LCAC aufwirft. Wenn diese Salzgischt in die Ecken und Winkel der Deckenkonstruktion des Welldecks gelangt, verursacht sie dort Rostbildung, was wiederum zu aufwendigen Reparaturarbeiten führen kann. Bei NAVSEA ist man inzwischen so weit, daß man in den Plänen der Dockschiffe der Zukunft »trockene« Welldecks einplant, die ganz spezifisch auf die Landungsfahrzeuge vom LCAC-Typ zugeschnitten sind. Bis dahin experimentiert man bei der Navy weiter mit neuen Techniken herum, mit denen man das Rostproblem zumindest steuern kann. Eine davon ist beispielsweise eine Rostschutzbeschichtung, die brennend aufgesprüht wird.

Sobald sein Fahrzeug vom Welldeck klargekommen ist, bringt der Pilot das LCAC gewöhnlich zu einem Warte-/Sammelplatz, wo er verweilt, bis auch die anderen LCACs gestartet sind. Befindet man sich in einem »heißen« Gebiet, kann es auch erforderlich werden, daß sich die LCACs mit einem Geleitschutz aus AH-1W *Cobra* Kampfhubschraubern treffen. Ist dann alles versammelt, bringt der Pilot das LCAC auf den gewünschten Kurs und startet durch. Die Beschleunigung erfolgt weich und schnell, und man hat das Gefühl, man würde auf einem fliegenden Teppich sitzen oder zumindest auf einem sehr schnellen Staubsauger! Obwohl es reichlich Vibrationen gibt, fehlt hier völlig das Stampfen, das man auf den konventionellen Landungsbooten in rauher See zu spüren bekommt. Das unter der Schürze zirkulierende Luftkissen wirkt dahingehend, die Seegangsaktivität zu dämpfen, wodurch Überfahrten – vielleicht außer unter denkbar schlechtesten Bedingungen – ganz erträglich sind. Geschwindigkeiten zwischen 40 und 50 kn, also etwa 75 bis 90 km/h, können mit Leichtigkeit durchgehalten werden, es sei denn, die maximale Zuladungskapazität (von über 60 Tonnen) wurde auch noch bei schwerem Seegang ausgeschöpft. Für den Piloten stellt sich die Bedienung des Hovercraft als recht problemlos dar, obwohl die LCACs konstruktionsbedingt dazu neigen, in scharfen Wenden zur Seite zu »slippen«, also zum Außenradius hin auszubrechen. Der Grund dafür liegt darin, daß es hier weder einen Kiel noch ein Ruderblatt gibt, das sich ins Wasser »beißen« könnte, um dadurch Stabilität für die Steuerung zu erzeugen. Ein LCAC »fliegt« tatsächlich über dem Wasser. Das sich hierbei einstellende Gefühl ist durchaus mit dem beim Flug in einem tieffliegenden Hubschrauber vergleichbar. Die LCACs sind wirklich über alle Geschwindigkeitsbereiche hinweg sehr gut manövrierbar. Sie sind stabil und leicht zu handhaben. Das gilt bei ganz geringen Geschwindigkeiten wie auch in manövrierbeschränkten Bereichen wie den Welldecks der amphibischen Schiffe, in Sümpfen oder engen Flußtälern.

Während der gesamten Überfahrt gibt der Navigator ununterbrochen Kurskorrekturen und Geschwindigkeitsempfehlungen an den Piloten weiter, damit der Zielbereich genau und zum richtigen Zeitpunkt erreicht wird. Die Vorstellung, daß ein Landungsfahrzeug sich mit Geschwindigkeiten von 90 km/h und mehr bewegt und genau zu einem bestimmten Zeitpunkt exakt an einem vorher festgelegten Punkt ankommt, grenzt für viele Veteranen der amphibischen Gefechtsführung immer noch an ein Wunder. Es ist so, wie ich es schon ein paar Seiten zuvor erwähnt habe, daß nämlich die Beachmaster der Navy Beach Control Teams, deren Aufgabe darin besteht, die Truppen, Fahrzeuge und Fracht an einem Strand in Empfang zu nehmen, nicht mit der Entwicklung haben Schritt halten können. Sie schaffen es oft einfach nicht mehr, alle anlaufenden Fahrzeuge zu entladen, selbst wenn deren Mutterschiffe weit hinter dem Horizont verborgen ihre Position bezogen haben. Selbst die Einführung computerisierter Barcode-Verfolgung via Satellitenkommunikationssystemen hat es nicht geschafft, die Verkehrsstaus in den Griff zu bekommen, die immer dann entstehen, wenn es einmal etwas hektisch in der Landezone an einem Strand zugeht. Das ist auch ein Grund dafür, weshalb die LCACs nicht grundsätzlich an der Brandungslinie anhalten, um genau dort ihre Fracht zu entladen. Die Fähigkeit der LCACs, vom Wasser auf festen Boden hinüberzufahren und für eine gewisse Zeit auch noch weiter ins Landesinnere vordringen zu können, ist noch nicht erschöpfend erforscht worden. Beispielsweise könnte ein LCAC mit dem GPS-System einen vorher beobachteten und in seinen Speicher eingegebenen Wegpunkt ansteuern, dort möglicherweise eine Artilleriebatterie absetzen, die dann etliche tausend Meter landeinwärts in Stellung gehen könnte, also weit weg von dem zum Wahnsinn treibenden Verkehrsgetümmel am Strand. Derartige Konzepte werden gerade in diesen Tagen in die neuen Richtlinien für amphibische Einheiten der Marines integriert.

Wenn man sich auf einem LCAC der Küstenlinie nähert, springt einem wegen der hohen Geschwindigkeit der Strand förmlich entgegen, und man kann sich des Gefühls einer unmittelbar bevorstehenden Kollision mit einer Wand nicht erwehren. Dann nimmt der Pilot die Leistungshebel etwas zurück und trifft die Entscheidung, an welcher Stelle der Übergang vom Wasser auf das Land erfolgen soll. Man kann mir glauben: Wenn man dann tatsächlich auf festen Boden kommt, ähnelt dieses Gefühl etwa dem, das man hat, wenn man die Rampe zu einem Parkhaus hinauffährt. An diesem Punkt angelangt, folgt der Pilot dann den Anweisung von Mitgliedern der Strandabteilung, die ihm zeigen, wo er zu halten und abzuladen hat. Jetzt werden die Hubschrauben abgestellt, die Schürze sackt in sich zusammen, und schon ist das LCAC bereit, seine Ladung auszuspucken. Sobald die Bug- und/oder Heckklappen heruntergelassen sind, ist das Entladen von Fahrzeugen und Truppen eine Sache von vielleicht einer oder zwei Minuten. Fracht, die auf Paletten oder in Containern verstaut ist, braucht zum Entladen etwas länger, da man dazu entweder einen Gabelstapler oder einen Paletten-Hubwagen benötigt. Sobald das Löschen der Ladung beendet ist, klappt die Mannschaft die Rampe(n) wieder hoch, nimmt ihre Plätze ein, startet die Motoren wieder und nimmt Kurs zurück aufs Mutterschiff, um dort neue Ladung zu übernehmen. Im Fall der LHDs oder LSDs, wo zwei LCACs oder mehr um den verfügbaren Raum auf dem Welldeck rangeln, werden die Fahrzeuge Bug an Heck abgestellt. Dann fahren die Fahrzeuge, die transportiert werden sollen, einfach durch die LCACs, deren Rampen zuvor abgesenkt wurden, bis zum jeweils vordersten in der Reihe, auf dem noch Platz ist, hindurch.

Obwohl die LCACs inzwischen schon das erste Jahrzent im Dienst hinter sich gebracht haben, ist das Herumschleppen von Lasten, Fahrzeugen und Marines noch lange nicht alles, was die Navy mit ihnen vorhat. Bereits bestehende Konzepte zur Erweiterung der Alternativen in der Verwendbarkeit von LCACs schließen größere Kapazitäten beim Truppentransport ein. Dazu soll dann das Frachtdeck ein Passagiermodul erhalten. Im Augenblick ist die Aufnahme von 23 Passagieren in den Abteilungen des Deckshauses das äußerste, was die bestehenden Möglichkeiten zu bieten haben. Wird jedoch ein solches Modul verwendet, steigt die Kapazität auf bis zu 180 Soldaten (zu denen noch die 23 hinzugerechnet werden müssen, die ohnehin im Deckshaus Platz finden) pro Trip. Wird das gleiche Modul für den Verwundetentransport konfiguriert, so finden hier pro Fahrt 50 Soldaten, die auf Liegen transportiert werden müssen, Platz und darüber hinaus noch 23 gehfähige im Deckshaus. Das ist für die Marines außerordentlich wichtig, besonders vor dem Hintergrund der sogenannten »goldenen Stunde« im Fall von traumatischen Kampfverletzungen. Die Überlebensrate von Verwundeten steht nämlich in einem direkten Verhältnis zu der Zeit, die man braucht, um sie in die medizinischen Einrichtungen an Bord der LHDs/LHAs oder LPDs zu schaffen. Die Navy hat bereits einige dieser Module bestellt, und sie sollten eigentlich in Kürze zur Verfügung stehen.

Eine weitere Verwendungsmöglichkeit für die LCACs besteht in der Gefechtsführung mit Minen. Die Navy hat bereits Mittel für Demonstrationen bereitgestellt, in deren Rahmen LCACs sowohl für das Legen als auch das Räumen von Unterwasserminen ausgerüstet werden sollen. Es wurden auch Mittel für ein raketengetriebenes System an Bord bereitgestellt, das eine explosive Minenräumladung bereits von See aus über den Strand hinweg in eine Landungszone wirft. Es gab auch Studien über die Verwendung des LCAC als Kanonenboot zur Unterstützung von Landungsoperationen. Obwohl die LCACs unbewaffnet sind (die drei Bettungen für Maschinengewehre werden normalerweise nicht bestückt), gibt es Konzepte, nach denen eine Bewaffnung mit 20-mm- und 25-mm-Kanonen erfolgen soll. Die Marines haben bereits ihre Fähigkeit unter Beweis gestellt, auf Fahrzeugen montierte Waffen wie die *Bushmaster* 25-mm-Kanonen der LAVs und auch die 120-mm-Kanone der M1A1 Panzer von einem Landungsboot aus abfeuern zu können.

Mit nur 91 LCACs, die entweder bereits ausgeliefert sind oder noch im vertraglichen Rückstand sind, ist es sehr wahrscheinlich, daß die Navy und die Marines eifersüchtigst über sie wachen werden, damit sie ihre Primärmission, nämlich als Schiff-Strand-Liefersystem zu dienen, erfüllen können. Für diese Rolle taugen sie aber natürlich nicht gerade optimal (wie alle Konstruktionen, so ist auch diese das Produkt technischer Kompromisse). Einerseits ist das Fahrzeug durch feindlichen Beschuß verwundbarer als die konventionellen Landungsfahrzeuge, wenn es auch über die Geschwindigkeit und die Beweglichkeit verfügt, um den meisten Bedrohungen dieser Art aus dem Weg gehen zu können. Andererseits haben die LCACs einige Schwierigkeiten im Umgang mit extrem schwerer See, was aber auch für die konventionellen Boote wie LCU und LCM gilt. Dafür können die LCACs aber ihre Fracht auf einer wesentlich größeren Variationsbreite von Küstenbedingungen anlanden. Jetzt darf man aber nicht auf die Idee kommen, die LCACs wären vielleicht doch nicht ganz so robust. Ein Muster beispielsweise, LCAC-42 (Landungsfahrzeuge haben nur eine Standernummer, aber keine Namen), überstand zwei schwere Zwischenfälle und ist immer noch im Einsatz. Es knallte während einer Übung seitwärts gegen ein hervorstehendes Korallenriff, und bei einer anderen mangelte es eine große Navigationstonne über. In beiden Fällen waren die Schäden am Fahrzeug nur minimal, und es schleppt sich weiterhin für die Pazifikflotte ab. Im Laufe von mehr als zehn Jahren im Einsatz hat die Navy noch nicht ein einziges LCAC bei Operationen verloren. Man sollte sich ruhig darauf einrichten, daß die LCACs noch viele Jahre im Dienst stehen werden. Ein SLEP wird die eigentlich auf 20 Dienstjahre geplante Lebensdauer der LCAC-Flotte auf volle 30 Jahre verlängern. Die nächste Generation von Landungsbooten wird auf jeden Fall aus Luftkissenfahrzeugen bestehen. Verkleinerte LCAC-Konstruktionen für Fahrzeuge in der Größenordnung eines LCM sollen dann bis etwa zur Mitte des 21. Jahrhunderts den ARGs als Vielzweck-Lieferplattformen dienen. Eigentlich nicht schlecht für einen gigantischen Air-Hockey-Puck.

Landing Craft, Utility (LCU)

Es mag einen vielleicht überraschen, daß im Zeitalter der Satellitennavigation und der computergesteuerten Logistik ein großer Prozentsatz von Landungsfahrzeugen bei der Navy und den Marines absolut identisch mit den Typen ist, die bereits im Zweiten Weltkrieg verwendet wurden. Viele dieser Muster werden auch noch bis gut ins 21. Jahrhundert hinein im Dienst stehen. Das zur Zeit größte ist das Landing Craft, Utility (LCU = Vielzweck- beziehungsweise Nutz-Landungsboot). Tatsächlich ist es das größte Schiff bei der Navy, das nicht unter dem Kommando eines Offiziers steht. Ein LCU als Boot zu bezeichnen ist eigentlich falsch, denn es ist ein richtiges Schiff mit sämtlichen Mannschafts-Unterkünften und Einrichtungen (Kombüse, Kojen, Toiletten usw.) für eine Stammbesatzung von zehn Mann in Friedens- und 14 in Kriegszeiten. Es verfügt über eine ausreichend große Reichweite (bei wirtschaftlichster Marschfahrt bis zu 1200 sm, etwa 2200 km), um selbst unter schlechtesten Witterungsbedingungen Überfahrten ins Mittelmeer oder die Ostsee auf eigenem Kiel zu absolvieren. Die LCUs sind die Schwerlastschlepper unter den Landungsbooten und stehen eigentlich schon im Herbst ihres Lebens, was sie aber nicht davon abhält, ihren lebenswichtigen Job weiter auszuführen. Mit ihnen wollen wir uns jetzt einmal etwas näher befassen.

Ähnlich wie auch bei den anderen konventionellen Landungsbooten geht die Konstruktion der LCUs auf die 40er Jahre zurück. Die Idee, welche hinter den LCUs stand, war im Grunde simpel. Man nehme die größtmögliche Nutzlast aus Fracht und/oder Fahrzeugen, liefere sie an eine feindliche Küste, hole sie dort auch wieder ab und kehre anschließend, wenn alles erledigt ist, zum Mutterschiff – gewöhnlich eines der LSDs der ersten Generation – zurück. Ein LCU kann bis zu 180 Tonnen an Fahrzeugen, Truppen oder Fracht laden, wobei Geschwindigkeiten von fast 22 kn, also über 40 km/h, bei absolut jedem Seegang und sämtlichen Witterungsbedingungen durchgehalten werden können, um die Ladung dann an einem »heißen« Küstenverlauf abzuliefern. Es ist ein großes Boot von der groben Sorte, dem das futuristische Aussehen der LCACs völlig abgeht. Eigentlich erweckt dieses Monstrum den Eindruck, als könnte es einem wesentlich größeren Schiff allein durch eine Rammung ernsthaften Schaden zufügen (ehrlich, das ist kein Scherz, es ist wirklich dazu in der Lage!). Diese Klassiker unter den Landungsfahrzeugen, von ihren Mann-

Ein Landing Craft, Utility (LCU) der Assault Craft Unit Two (ACU-2) verläßt hier am 16. Februar 1996 den Hafen von Cadiz, um sich mit der USS *Whidbey Island* (LSD-41) zu treffen und mit ihr gemeinsam die Heimfahrt nach dem Mittelmeertörn 1995/96 anzutreten. *JOHN D. GRESHAM*

schaften geliebt und von den Kommandeuren der ARGs und MEU(SOC)s in den höchsten Tönen gepriesen, finden immer wieder neue Wege, auch weiterhin im Dienst bleiben zu können.

Wie die LCACs, so sind auch die LCUs »Doppelender«-Konstruktionen, bei denen es möglich ist, Fahrzeuge durch die Rampen an beiden Enden durch das Boot hindurchfahren zu lassen, um so auf das dahinter stehende Landungsboot zu gelangen. Sie sind aus schwerem Stahl gebaut, der in Tagen zusammengeschweißt wurde, als die Qualitätskontrolle noch aus einem kräftigen Schlag mit dem Vorschlaghammer bestand! Wahrscheinlich sind die LCUs die kugelsichersten Boote in der ganzen Navy, was dann auch erklären würde, weshalb sie immer wieder einmal als Kanonenboote oder Eskorte für Schlauchboot- und AAV-7-Operationen eingesetzt wurden und werden. Die LCUs wurden im Laufe der Jahre von zahlreichen Vertragsnehmern gebaut. Mit von der Partie waren: Defoe Shipbuilders in Wisconsin, General Ship & Engine Works in Boston, Gunderson Brothers in Oregon, Moss Point Marine in Mississippi und Southern Shipbuilders in Louisiana. Ihr Bau war einfach, da keine besonderen Kenntnisse oder besondere Ausrüstungen erforderlich waren. Obwohl das Original-LCU-Design aus dem Jahr 1951 stammt, wurde die Klasse, die sich heute noch im Einsatz befindet – die LCU-1610 –, zwischen 1959 und 1985 gebaut. In der ganzen Zeit wurde absolut nichts Wesentliches an dieser Konstruktion geändert, vielleicht mit Ausnahme eines einzelnen Experimentalmusters, das man ganz aus Aluminium baute.

Ein LCU ist im Grunde eine schwimmende Blechkiste beziehungsweise ein Stahlkahn mit einem Deckshaus an Steuerbord, Laderampen an Bug und Heck und ein paar Seitenplatten, damit die Passagiere drinnen und das Wasser draußen bleibt. Der Antrieb erfolgt über vier GM/Detroit-Diesel (jeder leistet gut 300 PS), welche die LCUs zu den stärksten Schiffen der Navy macht, wenn man in Leistung pro Tonne Verdrängung rechnet. LCUs werden sogar als Schlepper eingesetzt, wenn gerade einmal keine speziell für diese Aufgabe gebauten Schiffe zur Verfügung stehen, und ziehen dann Kähne und Leichter in der Gegend herum. Geht man einmal über die Bugrampe an Bord eines LCU, ist man sofort davon überwältigt, wie funktionell hier alles ist. Die Chief Petty Officers, die mit der Schiffsführung betraut sind, erledigen alles auf eine völlig nüchterne Art, ohne den Ehrgeiz zu entwickeln, blitzend poliertes Messing und sauber geschrubbte Farben vorweisen zu können. Aber man wird es nicht schaffen, irgendwo an Bord eine Leine an einem Ort zu finden, an den sie nicht gehört, eine Stelle zu entdecken, an der sich Rost bildet, oder ein Luk zu sehen, das nicht gesichert wäre. Das hier ist die Navy der alten Chiefs, wo man kaum auf Hochtechnologie und ein »politisch korrektes« Verhalten treffen wird, wie es sich auf den »richtigen« Schiffen der Navy immer stärker durchsetzt. Außer einem tragbaren GPS-Empfänger und einem hausgemachten TV/VCR-Netzwerk unten in den Kojenbereichen der Mannschaft gibt es nichts an Bord der LCUs aus den 90ern, was nicht auch jemandes Großvater vertraut vorkommen würde, wenn er in den 40er Jahren auf einem Boot dieser Klasse gedient hätte. Im Stahldeck sind Ringe und Klampen eingelassen, über die man schwere Ausrüstung und Fracht festzurren kann, damit sie in schwerer See nicht herumrutschen. Da das Frachtdeck ungeschützt den Elementen ausgesetzt ist, bekommt man sehr schnell eine Rettungsweste von der Mannschaft verpaßt. Es ist auch ein windenbetriebenes Ankersystem an Bord, um das LCU wieder von einem Strand herunterzuziehen, sollte einmal die Ebbe eingesetzt haben, während das Boot noch wegen Ladevorgängen auf dem Strand liegen bleiben mußte.

Das 36,9 mal 7,6 m große Frachtdeck nimmt den größten Teil der Gesamtlänge von 41,1 m eines LCU ein. Auf diesem Cargo-Deck können bis zu 172 m^2 Fahrzeuge, Truppen und Fracht mit einem Maximalgewicht von 180 Tonnen untergebracht werden. Mit diesen Vorgaben liefert ein LCU seine Ladung bei fast jeder Art von Seegang an. Jetzt versteht man wahrscheinlich besser, weshalb die Marines es so sehr schätzen, über LCUs verfügen zu können, um ihre schweren Geräte wie beispielsweise den 70 Tonnen schweren M1A1 *Abrams* Panzer und die großen Laster für das Palletized Loading System (PLS) zu befördern. Bei schweren Seegangsbedingungen, in denen ein LCAC es nicht mehr schafft, einen einzigen M1A1 sicher zu transportieren, schleppt ein LCU zwei dieser gepanzerten Monstren und hat dabei immer noch Platz- und Lastkapazitäten, die ungenutzt bleiben.

Die große Reichweite der LCUs bedeutet, daß man sie in Binnenmeeren (wie Ostsee und Adria) auch als Vielzwecktransporter verwendet, um mit ihnen immer wieder zu einem Stützpunkt zurückzukehren, um von dort frische Verpflegung, Ersatzteile und diese lebenswichtige Annehmlichkeit namens Post heranzuschleppen. Die Besatzungen nehmen ihre Arbeit in Küstennähe sehr ernst, und nicht selten montieren sie dann Maschinengewehre, Granatwerfer und andere Waffen auf ihren Schiffen. Es ist sogar schon vorgekommen, daß sie auch mit 25-mm- und 120-mm-Kanonen von LAVs und M1A1 gefeuert haben, die sich gerade an Bord befanden, und das ist dann schon eine beeindruckende Feuerkraft. Die Mannschaften der LCUs sehen sich selbst als Bestandteil der scharfen Schneide der erst kürzlich wiedergeborenen Kunst der Gefechtsführung auf Flüssen, und sie üben sie so oft wie möglich.

Wie schon erwähnt, sind die LCUs Kriegsschiffe mit eigenen Unterkünften, Sanitäranlagen und einer Kombüse. In der Kombüse, die auch als Galley bezeichnet wird und direkt hinter dem Pilothouse (Steuerhaus) liegt, können komplette Mahlzeiten bereitet werden. Es sieht sogar so aus, daß die Männer, wenn sie sich mit ihrem Schiff im Welldeck des Mutterschiffs befinden, eigentlich nur Strom, Wasser und die Abwasseranschlüsse brauchen (nicht selten bitten sie allerdings auch um den Zugang zum schiffseigenen Fernsehnetz), um völlig unabhängig von der restlichen Schiffsgemeinschaft leben zu können. Sie kaufen ihre eigene Verpflegung direkt vom Versorgungsdepot des Mutterschiffs und verfügen sogar über ein eigenes Rufzeichen für den Nachrichtenverkehr mit vorgesetzten Dienststellen. Die Lebensbereiche liegen zusammen mit den Maschinenräumen (davon gibt es zwei, um die Überlebensfähigkeit zu verbessern), der Werkstatt und anderen Notwendigkeiten im Unterdeck. Man könnte die Lebensbedingungen vielleicht als spartanisch bezeichnen, aber die Besatzungen der LCUs mögen es so, wie es ist. In der Tat weist das Leben auf einem LCU durchaus gewisse Ähnlichkeiten mit dem auf einem Unterseeboot auf einschließlich vieler der damit verbundenen Vor- und Nachteile. Genau wie auf einem Unterseeboot ist der einzig »private« Raum die Kabine des Kommandanten (und der hat auf einem LCU nur den Rang eines Chief Petty Officer!). Man sollte allerdings nicht: »*nur* den Rang« sagen, denn diese Männer beherrschen ihr Metier! Es gibt bei der Navy eine Redewendung, nach der man sich, wenn man etwas wissen will, an einen Offizier wendet, geht es aber darum, daß etwas getan werden muß, fragt man am besten einen Chief ... aber das sollte man nett machen!

Trotz seines bemerkenswerten Alters macht es immer noch Spaß, mit einem LCU zu fahren. Eine der größten Freuden, die wir bei den Vorbereitungen zu diesem Buch hatten, war die Fahrt, die wir an einem späten Sommerabend auf unserem Weg hinaus zur USS *Wasp* (LHD-1) auf der Brücke (die liegt noch oberhalb des Steuerhauses) eines LCU unternahmen. Das Boot war stabil wie ein Fels, als wir in das riesige Welldeck einfuhren, und wir konnten uns des Gefühls nicht erwehren, irgend etwas Wunderbares auf dieser Welt wiederentdeckt zu haben. LCUs lassen sich ausgezeichnet beherrschen, selbst in schwerem oder nachlaufendem Seegang, und sie werden praktisch mit allen klimatischen Bedingungen fertig, sei es die Hitze und der Staub Nordafrikas oder das Eis und die Kälte Norwegens. Sie passen auch hervorragend in amphibische Schiffe, wie die nachfolgende Tabelle zeigt:

LCU-Kapazität auf amphibischen Schiffen

Klasse	LCU-Kapazität
USS *Wasp* (LHD-1)	2
USS *Tarawa* (LHA-1)	4
USS *Whidbey Island* (LSD-41)	3
USS *Harpers Ferry* (LSD-49)	1
USS *Anchorage* (LSD-36)	1/3*
USS *Austin* (LPD-4)	1
LPD-17 (in Planung)	1

* LCU-Aufnahmekapazität, wenn das Zwischendeck entfernt ist

Wie man sieht, rechnet man bei den amphibischen Schiffen etwa zwei LCACs für jedes LCU. Bezieht man die LCU-Aufnahmekapazitäten der älteren Schiffe wie LHAs und LSD-36 (für die sie konstruiert wurden) ein, wird die Angelegenheit zum Akt eines Jongleurs, wenn man die richtige Mischung aus Schiffen und Landungsfahrzeugen zusammenstellen will, um die ideale Kombination von Landungsfahrzeugen für eine bestimmte Mission zu verwirklichen. Nur damit man sich ein Bild davon machen kann, hier ein kleines Beispiel: Als Captain C. C. Buchanan (Kommandeur des 4. amphibischen Geschwaders, PHIBRON-4) die Truppen für den 1995/96er Törn seines PHIBRON-4 mit allen eingeschifften Einheiten der Marines, also des 26th MEU(SOC) zusammenstellte, entschied er sich für die folgende Mischung: An Bord der USS *Wasp* (LHD-1, seinem Flaggschiff) brachte er drei LCACs von der ACU-4 aus Little Creek in Virginia unter. Dann befahl er je ein LCU von der ACU-2 (der LCU-Einheit der Atlantikflotte, ACU-1 untersteht der Pazifikflotte), ebenfalls aus Little Creek, auf die USS *Whidbey Island* (LSD-4) und USS *Shreveport* (LPD-12). Diese Mischung nutzte den verfügbaren Welldeckraum optimal und verschaffte ihm die größtmögliche Transportkapazität für den anstehenden Törn im Mittelmeer. Eine wohlüberlegte Entscheidung. Matrosen und Marines sind eher konservativ und glauben unerschütterlich an die Zuverlässigkeit der großen, stählernen LCUs. Die LCUs stehen sogar auch auf dem Terminplan für die Nachrüstung mit dem schicken neuen AN/KSQ-1 Amphibious Direction System, was eine Menge darüber aussagt, wie ihre Langlebigkeit in den Augen der Planer bei der Navy eingeschätzt wird. »Rostig, aber vertrauenswürdig«, erfüllen die LCUs ihre lebenswichtige Rolle bei den amphibischen Kräften der Navy.

Landing Craft, Medium (LCM)

Das letzte Landungsfahrzeug, das wir uns näher ansehen wollen, ist auch gleichzeitig das älteste: das ehrwürdige Landing Craft, Medium, Mark 8. Diese LCM-8 sind die letzten Verbindungsglieder zu der Art von Landungsbooten, die man immer wieder in den alten Kriegsfilmen sieht, in denen die Strände der Normandie und von Iwo Jima erstürmt werden. Die Grundkonstruktion dieser schon endlos lange im Dienst stehenden Landungsboote geht auf ein britisches Boot aus den frühen 40er Jahren zurück. In der damaligen Zeit bestand die Forderung an die Landungsboote in der Aufgabe, einen 30 Tonnen schweren Panzer oder sein Äquivalent an Nutzlast von einem vor der Küste liegenden Transporter aus an Land schleppen zu können. Mit Ausnahme der inzwischen erheblich gewachsenen Nutzlastanforderungen, die erfüllt sein müssen, um einen modernen Kampfpanzer transportieren zu können, hat sich seitdem im Grunde nicht allzuviel verändert.

Das Grundmodell des LCM-8 ist eine Metallschachtel mit einer einziehbaren Bugrampe und zwei 167 PS starken Marinedieseln. Die meisten LCM-8 sind aus hochbelastbarem Stahl gebaut worden. Es gibt allerdings auch einige Muster, die aus Aluminiumplatten zusammengeschweißt wurden, um Gewicht zu sparen, was wichtig für die Unterbringung an Bord der taktischen Frachter der LKA-113-Klasse ist. Achtern befindet sich ein kleines Steuerhaus – und das war's dann auch schon. Es gibt auch die entsprechende Ausrüstung mit Kojeneinrichtungen für eine Besatzung von fünf

Mann (die leben allerdings an Bord des Mutterschiffs). Die Fracht ist völlig ungeschützt den Elementen preisgegeben. Mit 60 Tonnen Fracht oder vielleicht 125 Marines an Bord kommen die LCM-8 bei einer Geschwindigkeit von 10 kn/18 km/h etwa auf eine Reichweite von 190 sm, also rund 350 km. Ein LCM-8 kann praktisch jede Art von Bodenausrüstung einer MAGTF transportieren, mit Ausnahme des M1A1 *Abrams* Kampfpanzers. LCM-8 rollen schon unter normalen Umständen nicht gerade wenig, aber bei schwererem Seegang kann eine Fahrt ganz schön rauh werden. Trotzdem sind sie, ungeachtet der manchmal sehr unangenehmen Bewegungen, die sie auf ihre Passagiere und ihre Fracht wirksam werden lassen, recht seetüchtig.

Im Augenblick sieht es so aus, daß eine ARG, die eine MEU(SOC) dabeihat, fast nie LCM-8 mitführt, obwohl nach wie vor die Möglichkeit besteht, solche mitzunehmen. Wo man allerdings die LCM-8 vorfinden wird, ist bei den drei Maritime Prepositioning Squadrons. Dort dienen sie als Transporter für Fahrzeuge und Ausrüstungsgegenstände, als Schlepper für die Prähme und als Verkehrsboot für den Transport von Soldaten zwischen den einzelnen Schiffen des Geschwaders. Viele der Seestreitkräfte alliierter Staaten, einschließlich der Royal Navy, haben LCMs im Einsatz und werden sie wohl auch noch für einige Zeit weiterverwenden. Nach einem guten halben Jahrhundert im Dienst ist allerdings die endgültige Ausmusterung dieser Fahrzeuge bei der U.S. Navy jetzt in greifbare Nähe gerückt. Innerhalb der nächsten zehn bis 15 Jahre werden die letzten LCMs aus dem Dienst der amerikanischen Navy verschwunden sein und vielleicht nur noch eine liebevolle Erinnerung für all diejenigen Matrosen darstellen, die einmal auf ihnen gefahren sind. Sie haben ehrenvoll in allen Kriegen vom Pazifik bis zum südlichen Atlantik ihre Pflicht erfüllt.

Wodurch sollen sie ersetzt werden? So um das Jahr 2010 wird die Navy ein Landungsfahrzeug brauchen, dessen Frachtkapazität im Bereich zwischen 35 und 50 Tonnen liegen sollte. Ein logischer Nachfolger könnte beispielsweise eine kleinere Ausführung des LCAC sein. Zusätzlich zur Frachttransportausführung wäre aber auch eine Version ganz praktisch, die, als Kanonenboot konfiguriert, LCACs und AAAVs eskortieren könnte. Das Problem ist auch hier wieder – wie sollte es auch anders sein – das Geld. Es gibt schlicht und einfach kein Budget für etwas anderes als Studien auf dem Papier, und kein Programmbüro wurde bislang damit beauftragt, dieses Problem zu lösen. Also ist es sehr wahrscheinlich, daß man bei all diesen fiskalischen Einschränkungen die LCMs doch noch bis weit ins erste Viertel des 21. Jahrhunderts im Dienst stehen sehen wird. Sie sind nun einmal simpel. Sie funktionieren, und allein das könnte schon als ausreichend angesehen werden, sie für die nächste Zeit weiterzubetreiben.

Die Maritime Prepositioning Force (MPF)

Im Laufe der letzten 20 bis 30 Jahre hat es Amerika geschafft, die meisten seiner Überseestützpunkte für seine vorgeschobenen Kräfte entweder aus eigenem Entschluß aufzugeben oder aus ihnen hinausgeworfen zu werden. Manchmal haben wir die falschen Diktatoren unterstützt (Marcos auf den Philippinen oder Noriega in Panama sind solche Beispiele). In anderen Fällen haben wir schlicht und ergreifend einen Tritt in den Hintern bekommen, wie in Frankreich, Vietnam und Libyen passiert. Dann gab es wieder andere Fälle, in denen die Natur die Regie übernahm, wie es beispielsweise durch den Ausbruch des Vulkans Pinatabo der Fall war, der nicht nur Clark Field völlig zerstörte, sondern dadurch auch noch unseren Rückzug von den Philippinen erheblich beschleunigte. Als Resultat all dessen muß sich die U.S. Navy zur Zeit auf gerade noch eine Handvoll überseeische Basen stützen, die meist alte Besitztümer aus der Kolonialzeit oder Gebiete unserer treuesten Verbündeten sind. Dazu gehören beispielsweise Guam, Diego Garcia, die Azoren und Okinawa. Unglücklicherweise befinden sich aber gerade diese Stützpunkte Tausende von Kilometern vom US-amerikanischen Kontinent und meistens ebensoweit von den potentiellen Krisenherden entfernt.

Das hat gegen Ende der 70er Jahre zu großen Problemen geführt, als die USA über keine Stützpunkte in Südwestasien verfügten, von denen aus sie der Revolution im Iran oder der sowjetischen Invasion Afghanistans hätten entgegenwirken können. Die einzige amerikanische Basis im Indischen Ozean, Diego Garcia (von Großbritannien gepachtet), liegt fast 2000 sm, das sind über 3700 km, von der Straße von Hormus am oberen Ende des Persischen Golfs entfernt. Diese Situation ist durch die drastischen Kürzungen im Navy-Budget ausgelöst worden, wodurch die Kräftekapazität vor gerade einmal fünf Jahren auf einen Stand zurückgeworfen wurde, den wir das letzte Mal gegen Ende des Vietnamkriegs hatten. Mit einiger Wahrscheinlichkeit hat der Truppenabbau des US-Militärs unter der Regierung Carter 1979 auch die Sowjets und Iraner zu ihren Handlungen in dieser Zeit geradezu ermutigt. Der damalige Verteidigungsminister Harold Brown gab im gleichen Jahr eine Studie in Auftrag, in der geprüft werden sollte, inwieweit der Talfahrt der vorgeschobenen US-Truppen auf der ganzen Welt Einhalt geboten werden könnte. Dabei kamen verschiedene Alternativen heraus, die nachfolgend aufgeführt sind:

- Bau einer umfangreichen neuen Flotte von amphibischen Schiffen, welche die Transportkapazitäten der Navy nahezu verdoppeln sollte
- Bau zusätzlich strategischer Transportflugzeuge (C-5, C-141 usw.), um Einheiten in Regiments- und Brigadegröße auf dem schnellsten Weg in Krisengebiete verlegen zu können
- Ausarbeitung neuer Möglichkeiten, wie Einheiten und deren Ausrüstung von vorgeschobenen Stützpunkten aus im Krisenfall schnellstmöglich zum Einsatz gebracht werden können

Die dritte Alternative machte schließlich das Rennen. Die Vorpositionierung ganzer Lagerbestände militärischer Ausrüstungsgüter in der Nähe von potentiellen Krisenherden sollte es einfliegenden Truppen ermöglichen, sich erst vor Ort zu Einheiten zu formieren. Unter der Bezeichnung »Prepositioning of Material Configured in Unit Sets« (POMCUS = Vorpositionierung von in einheitsgerechten Mengen zusammengestellten Versorgungsgütern) wurde dieses Vorgehen während des kalten Kriegs zu einem Schlüsselelement der NATO-Strategie. POMCUS war wesentlich billiger als die Unterhaltung von Vollzeiteinheiten an der innerdeutschen Grenze und verschaffte den Bodenstreitkräften die Möglichkeit, in erster Linie auf US-amerikanischem Boden stationiert zu sein, was den USA enorme Summen Geldes einsparte. Die Marines verfügten bereits in Norwegen über vorpositionierte Lagerbestände, die man in riesigen Höhlen in der Umgebung von Oslo untergebracht hatte. POMCUS-Standorte befanden sich auch in Korea, wodurch eine gewisse Abschreckungswirkung auf die streitlustigen Nachbarn im Norden ausgeübt wurde. Das Problem in Südwestasien bestand im Jahr 1979 in erster Linie darin, daß die USA keine Verbündeten hatten, die bereit gewesen wären, der Deponierung von Ausrüstung auf ihrem Hoheitsgebiet zuzustimmen. Es mußte also ein anderer Weg gefunden werden, genügend Ausrüstung für eine Brigade Marines (das sind etwa 18 500 Soldaten) auf eine Art und Weise bereitzustellen, in der man keine Nachbarn ärgern würde.

Die Lösung kam letzten Endes durch zwei technische Praktiken aus dem Bereich der Handelsschiffahrt, die in den 70er Jahren bereits den Kinderschuhen entwachsen waren. Die erste, die Beförderung von Fracht in Containern, erlaubte die Verpackung und Lagerung von Ausrüstung und Versorgungsgütern für lange Zeiträume, wobei es eine computergesteuerte Verfolgung ermöglicht, jederzeit schnellsten Zugang zum Inhalt jedes bestimmten Containers zu bekommen. Die andere technische Umsetzung war das Ro-Ro-Schiff (Roll-on, Roll-off), bei dem Fahrzeuge be- und entladen werden können, ohne daß dazu besondere Geräte oder spezielles Personal erforderlich wäre. Alles, was man brauchte, war ein Anleger (Landungsbrücke) oder ein Kai, an beziehungsweise auf den Schiffe ihre Rampen absenken könnten. Den Rest erledigten die Fahrzeuge dann selbst. Ro-Ro-Schiffe waren gegen Ende der 70er Jahre sehr verbreitet, und es bestand durchaus die Möglichkeit, eine komplette Brigade Marines auf eine Gruppe solcher Schiffe zu packen. Es spielte dabei keine Rolle mehr, ob die Schiffe nun in einer Lagune lagen oder vor der Küstenlinie eines Krisengebietes auftauchten, alles, was sie brauchen würden, wäre ein Hafengelände gewesen, in dem sie ihre Ladung löschen konnten, und ein nahe gelegener Flughafen, auf dem Soldaten an Bord ihrer Flugzeuge einfliegen konnten. An Bord der Schiffe sollten sich genügend Versorgungsgüter (Wasser, Treibstoff, Verpflegung, Munition usw.) befinden, um eine ganze Brigade des U.S. Marine Corps lange genug unterstützen zu können, bis nachfolgende Kräfte und Versorgungsgüter aus den Vereinigten Staaten eingetroffen sein würden.

1980 lagen als Übergangslösung sieben gecharterte Ro-Ro-Schiffe (ausreichend für eine reduzierte Brigade von 11 000 Marines) in Diego Garcia im Indischen Ozean. Dabei handelte es sich allerdings nur um einen vorübergehenden »Lückenbüßer«, bis 1981 die Maritime Prepositioning Force (MPF) als stehende Einheit etabliert wurde. Die MPF charterte 13 umgebaute Ro-Ro-Schiffe, aus denen drei Maritime Prepositioning Squadrons

(MPSRON) gebildet wurden. Jedes dieser Geschwader kann eine MAGTF in der Stärke einer Brigade von 18 500 Mann über einen Zeitraum von 30 Tagen ausrüsten, versorgen und unterstützen. Mit drei solcher Einheiten, die sich dauernd auf einer vorgegebenen Position befinden, schafft es mindestens eine davon, innerhalb von sieben Tagen von dort aus zu jedem beliebigen Ort auf der ganzen Welt zu dampfen, an dem sie gebraucht wird. Wie die Geschichte bereits bewiesen hat, funktioniert das tatsächlich auch.

Die dreizehn im Rahmen eines MPF-Programms aus dem Jahr 1981 beschafften Muster sind technisch gesehen drei völlig unterschiedliche Typen. Sie konnten allerdings nur in zwei Klassen eingeteilt werden, da diese Klassen sich lediglich an Größe und Frachtkapazität orientieren. Die ersten fünf Schiffe waren norwegische Ro-Ro-Schiffe vom Typ *Maersk*. Drei in Amerika gebaute Ro-Ro-Schiffe der *Waterman*-Klasse wurden umgebaut. Zu diesen kamen fünf weitere Schiffe der *AmSea/Braintree*-Klasse, die eigens für diesen Zweck bei General Dynamics, Quincy Shipbuilding Division, gebaut wurden. Der Umbau der ursprünglichen acht Schiffe war sehr tiefgreifend. Man trennte sie auf, fügte mittschiffs einen riesigen Frachtraum ein, achtern kam eine Hubschrauber-Landeplattform und auf dem Vorschiff ein schwerer Lastenkran hinzu. Die allgemeinen Charakteristika der drei Klassen sind in der nachfolgenden Tabelle aufgeführt:

MPF Schiffsklassen-Charakteristika

Klasse	Waterman	Maersk	AmSea
Verdrängung* (t)	56.612	44.088	46.111
Länge über alles (m)	250,3	230,3	205,2
Breite über alles (m)	32,2	27,4	32,1
Tiefgang (m)	10,2	10,0	9,8
Antrieb	Dampfturbine	Marinediesel	Marinediesel
Geschwindigkeit (kn)	17,7	16,4	17,7
Reichweite (sm)	11.107	10.802	11.107
Cargo^2 (m²)	56.563	56.483	56.554
Kapazität für 20-ft-Container	2.311	2.020	2.311
Treibstoff (hl) (lose in Tanks)	242.992	251.477	247.670
Wasser (hl) (lose in Tanks)	14.190	16.070	14.990
Wasserproduktion (hl)	3.785	4.732	3.785

* bei voller Ladung = Displacement

Die Schiffe wurden nach Handelsschiff-Standards gebaut, was bedeutet, daß die relativ kleinen Besatzungen über recht bequeme Quartiere verfügen. Das ist aber auch von wichtiger Bedeutung, denn es kann durchaus sein, daß sie sich im Rahmen ihres Einsatzes monatelang an den einsamsten Plätzen der Welt aufhalten müssen. Jedes Schiff hat etliche Fahrzeug-/Frachtdecks, wo praktisch alles, von den Kampfpanzern bis zu Frachtcontainern, gestaut wird. All das kann über eine Heckrampe auf ein Pier gerollt oder durch die Deckskräne von Bord gehievt werden. Jedes der MPF-Schiffe verfügt über enorme Tankkapazitäten für Treibstoff und Wasser und darüber hinaus auch noch über Wasseraufbereitungsanlagen, die bis zu 3785 Hektoliter Süßwasser täglich produzieren. Schließlich hat jedes MPSRON auch noch einen Commodore (gewöhnlich einen dienstrangälteren Captain [Kapitän zur See]) und seinen Stab, die als Führungselement der U.S. Navy fungieren.

Die MPF-Umbauten beanspruchten bis zu ihrer Fertigstellung einige Jahre, und anschließend ging noch einmal geraume Zeit ins Land, bis die Ausstattung und Ausrüstung der Schiffe abgeschlossen war. Aber wie auch immer, 1986 war es endlich soweit, daß sie ihren Dienst antreten konnten. Alle 13 wurden an die Navy im Lease-Back-Verfahren zurückgegeben, die sie zu drei MPSRONs zusammenstellte. Zur Unterstützung des MPF-Programms wurde ein spezieller Stützpunkt für Instandsetzungsarbeiten auf Blount Island in der Nähe von Jacksonville in Florida geschaffen. Alle 30 Monate durchläuft jedes Schiff einen turnusmäßigen Aufenthalt von einigen Wochen in Blount Island. Dabei werden dann alle Versor-

Das Maritime Prepositioning Ship *PFC James Anderson Jr.* liegt hier vor seiner Rückkehr zum Maritime Prepositioning Squadron Two (MPSRON-2) noch in Blount Island bei Jacksonville, Florida, längsseits am Kai. Das MPSRON-2 ist im Diego-Garcia-Atoll im Indischen Ozean stationiert. *John D. Gresham*

gungsgüter und sämtliche Ausrüstung gelöscht. Anschließend überprüft man alles und ersetzt es, wo nötig. Die Ausrüstung und Fahrzeuge werden gereinigt und auf den neuesten Stand der USMC-Standards gebracht. Auf diese Weise schafft man es, daß immer zwölf bis 13 MPF-Schiffe bei ihren MPSRONs bleiben.

Jedes Geschwader hat einige Tage zur Verfügung, in seine erstrangige Area of Responsibility (AOR = Verantwortlichkeitsgebiet, der diplomatische Euphemismus für »Unruheherd«) zu dampfen. Die Organisationsstruktur sieht etwa folgendermaßen aus:

MPF-Schiff/Geschwader-Organisation

MPSRON-1 (auf See im Mittelmeer)	MPSRON-2 (Diego Garcia, Ind. Ozean)	MPSRON-3 (Agana auf Guam)
PFC. Obregon (Waterman)*	*CPL. Hauge* (Maersk)*	*1st Lt. Lummus* (AmSea)*
2nd Lt. Bobo (AmSea)**	*Pvt. Phillips* (Maersk)**	*Sgt. Button* (AmSea)**
Sgt. Kocak (Waterman)	*1st Lt. Bonnyman* (Maersk)	*1st Lt. Lopez* (AmSea)
Maj. Pless (Waterman)	*PFC. Baugh* (Maersk)	*PFC. Williams* (AmSea)
	PFC. Anderson (Maersk)	

* MPSRON-Flaggschiff
** MPSRON-Alternativ-Flaggschiff

Die Schiffe der *Waterman-* und *AmSea*-Klasse haben etwa die gleichen »Fußabdrücke«, was ihren Stauraum angeht, während die Schiffe der *Maersk*-Klasse etwas darunter liegen (zum überwiegenden Teil im Bereich der containerisierten Fracht). Das ist der Grund, weshalb das MPSRON-2 fünf Ro-Ro-Schiffe der *Maersk*-Klasse und die MPSRON-1 und -3 jeweils vier der anderen Klassen haben. Sämtliche Fahrzeuge an Bord sind gefechtsbereit, vollgetankt und munitioniert und brauchen nur noch die Heckrampe hinabzufahren, um unmittelbar danach bereits an einem Gefecht teilnehmen zu können, sollte die Notwendigkeit bestehen.

Aber wieviel Zeugs schleppt ein MPSRON denn nun eigentlich mit sich herum? Nun – eine ganze Menge. Das folgende Raster veranschaulicht die typischen Entladekapazitäten aller drei MPSRONs. Dabei sollte bedacht werden, daß die Ausrüstung und Versorgungsgüter für eine MAGTF meist über alle Schiffe eines MPSRON verteilt sind, damit es nicht durch Beschädigung oder Verlust eines der Schiffe zu einer Lähmung der gesamten Streitkraft kommt:

Brigade der U.S. Marines MAGTF: Soldaten/Ausrüstung

MAGTF/nautisches Personal*	MAGTF-Ausrüstung	Flugzeuge**
Command Element[66] – 883	M1A1 *Abrams* Panzer – 30	F/A-18C/D *Hornet* – 36
Bodenkampf-Element – 6.414	LAV/AAV – 25/109	AV-8B *Harrier II* – 20
Luftkampf-Element – 7.005	155-mm-Haubitzen auf Lafette – 30	EA-6B *Prowler* – 5
Gefechtsunterstützungs-Element – 3.039	HMMWVs – 631 (129 bewaffnet, 72 mit TOW-Flugkörpern)	KC-130 *Hercules* – 12
Nautisches Personal (Frachtabfertigung) und Hafengruppe – 306	*Hawk/Stinger* SAM-Startgeräte – 8/45	CH-53 *Super Stallion* Hubschrauber – 24
Seemännische Strandgruppe – 763	ROWPU – 41	CH-46 *Sea Knight* – 12
Seemännische Sicherungsgruppe – 124	Lkws (5-Tonner oder größer)/MHE – 489/121	AH-1W *Super Cobra* – 18
		UH-1N *Iroquois* – 9
Gesamtpersonal = 18.534		**Flugzeuge gesamt = 124**

* = Einsatz per AMC/CRAF/Charter-Flugzeugen
** = eigener Einsatzbestand

Zusätzlich zur an Bord befindlichen Ausrüstung stehen auch noch Lagerbestände von Einsatzrationen (*jede Menge* MREs!), Bekleidung und individueller Ausrüstung, medizinischer und zahnmedizinischer Versorgungsgüter und Ersatzteilen zur Verfügung. Alles, was also hinzugefügt werden muß, ist das Personal und die Flugzeuge. Letztere werden auf ein befreundetes Flugfeld geflogen und »verschmelzen« dort mit der Ausrüstung und den Versorgungsgütern, die von den Schiffen ankommen. Mehr darüber in einem späteren Abschnitt.

Nehmen wir einmal an, irgendwo in der AOR eines MPSRON sind Unruhen ausgebrochen, und die Regierungsmitglieder entscheiden, eine Brigade Marines als MAGTF dort hinzuschicken, um die Situation zu stabilisieren. Steht eine befreundete Gastnation zur Verfügung (die auf jeden Fall bessere Option), nimmt das MPSRON sofort Kurs auf einen Hafen

---

[66] Befehls- bzw. Führungselement

oder einen Ankerplatz, an dem es seine Ladung löschen kann. Gibt es aber keinen solchen befreundeten Staat in der Nähe, besteht der nächste Schritt in einer »Türeintret-Aktion« durch eines der MEU(SOC)/ARG-Teams, das eventuell durch die Army unterstützt wird. So könnte beispielsweise eine Einheit in der Art der Alarmbrigade der 82nd Airborne Division aus Fort Bragg in North Carolina von der U.S. Army losgeschickt werden. Aber wie auch immer sie abgesichert werden mag, die Schlüssel für eine erfolgreiche MPF-Operation sind und bleiben eine rund 3000 Meter lange Start-/Landebahn und ein Hafengelände beziehungsweise ein ruhiger Strandabschnitt an der Küste.

Etwa 90 Stunden vor dem Beginn des Entladevorgangs fliegt ein Team der Navy hinaus zu den MPF-Schiffen und hilft dort bei der Vorbereitung der Fahrzeuge und der Entladeausrüstung. Dazu gehört unter anderem auch der Einbau von Batterien in die Fahrzeuge und die Vorbereitung der Kräne und Leichter. Zur gleichen Zeit bereiten sich die Boden- und Lufteinheiten auf ihren Einsatz vor. Die 18500 Marines kommen mit C-5/-17/-141-Transportflugzeugen der U.S. Air Force, Passagierflugzeugen der Civil Reserve Air Fleet (CRAF) und zivilen Chartermaschinen. Die taktischen Flugzeuge stellt die MPF selbst, allerdings werden diese von Tankflugzeugen der Air Force unterstützt, während die Hubschrauber teilweise zerlegt werden, um mit den C-5/-17/-141-Flugzeugen transportiert werden zu können. Alles, was hier aufgeführt wurde, macht rund 250 Flugeinsätze erforderlich, bis die gesamte Streitmacht vor Ort versammelt ist. Hinzu kommen täglich noch Dutzende von Flügen zur Unterstützung, wenn die Operation erst einmal in Gang gekommen ist.

Unmittelbar vor dem Einfliegen des Personals beginnen die Schiffe mit dem Löschen ihrer Ladung. Steht ein Hafen zur Verfügung, verlassen die Fahrzeuge die Schiffe über die Heckrampe, werden an Land von den Besatzungen übernommen und zu den Sammelräumen gefahren (oder auf direktem Weg ins Gefecht, wenn die Situation von äußerster Dringlichkeit ist). Danach werden die Frachtcontainer auf Tieflader oder die Kaianlagen abgeladen, und schon ist die Aktion abgeschlossen. Dieses Szenario wurde in Übungen und wirklichkeitsgetreuen Einsätzen immer wieder getestet und dabei praktisch zu einer Art Wissenschaft verfeinert. Mit gescheiten Hafeneinrichtungen können sämtliche Fahrzeuge binnen 18 Stunden abgeladen sein, und die gesamte Fracht ist spätestens nach drei Tagen komplett von Bord. Anschließend bleiben die Schiffe nur dann im Hafen liegen, wenn vor Ort keine Versorgungsmöglichkeiten für Treibstoff und Wasser existieren oder keine Möglichkeiten, um am Ende der Operation alles wieder an Bord zu nehmen.

Die Dinge stellen sich allerdings etwas gröber dar, wenn keinerlei Hafeneinrichtungen zur Verfügung stehen. Der Umgang mit einer solchen Eventualität läuft unter der Bezeichnung »fließendes Löschen«. Dazu hat das MPSRON Landungsboote (LCM-8) und Leichtereinrichtungen (Pontons und Prähme) dabei, mit deren Hilfe Fahrzeuge und Fracht an Land geschafft werden. Die Aufschlüsselung der Ausrüstung eines MPSRON findet sich in der nachfolgenden Tabelle:

Leichter-/Ponton-Ausrüstung der MPSRON

MPSRON-1 (auf See im Mittelmeer)	MPSRON-2 (Diego Garcia im Ind. Ozean)	MPSRON-3 (Agana auf Guam)
8 LCM-8	10 LCM-8	8 LCM-8
20 SLWT Selbstfahrpontons	20 SLWT Selbstfahrpontons	20 SLWT Selbstfahrpontons
24 Pontons ohne eigenen Antrieb	24 Pontons ohne eigenen Antrieb	24 Pontons ohne eigenen Antrieb
4 LARC V	4 LARC V	4 LARC V

Wie man sich vielleicht vorstellen kann, geht das »fließende Löschen« wesentlich langsamer über die Bühne als das in einem Hafengelände. Die LCM-8 transportieren das schwere Material, also Panzer und Schwergut, während die Leichter den Rest der Versorgungsgüter für die MAGTF an Land bringen. Die Heckrampe der Schiffe kann auch hierbei eingesetzt werden, um den amphibischen Traktoren wie AAV-7 oder AAAV das Auslaufen zu ermöglichen, damit zumindest diese Fahrzeuge aus eigener Kraft an Land fahren können. Unter solchen Voraussetzungen dauert es drei Tage, um allein die Fahrzeuge an Land zu bekommen. Die Entladung der Fracht nimmt mindestens noch weitere zwei volle Tage in Anspruch. Jedes MPF-Schiff ist mit Versorgungsleitungen und Anschlüssen für Wasser und Treibstoff ausgerüstet. Diese Schwimmschläuche ermöglichen es den Schiffen, rund vier Kilometer vor einer Küstenlinie liegen zu können und dennoch in der Lage zu sein, die Bedürfnisse der MAGTF nach Wasser und Treibstoff zu befriedigen. Dieses Szenario ist ungleich schwieriger und gefährlicher als das zuvor geschilderte, zwingt es doch die MPF-Schiffe, sehr nahe an die Küste heranzufahren, wo sie sich dann für den Großteil einer Woche aufhalten müssen. Aber nichtsdestoweniger, unter Umständen ist das der einzige Weg, eine ernstzunehmend große Landungstruppe in ein Krisengebiet zu bekommen.

Von Beginn an gehörten die MPSRONs zu den beschäftigtsten Einheiten der Navy. In den 90er Jahren hat allein das MPSRON 2 (mit Stützpunkt in Diego Garcia) als Reaktion auf irakische Aggressionen drei Einsätze in den Persischen Golf gefahren. 1990 lieferte das MPSRON-2 die ersten schweren Einheiten und Ausrüstungsgegenstände (das 7th MEB und 3rd MAW aus Kalifornien) im Verlauf der Operation *Desert Shield* an. Darüber hinaus bestritt das Geschwader die erste logistische Unterstützung für Einheiten der Army, die nach Saudi-Arabien mit kaum mehr Versorgungsgütern eingeflogen wurden als dem Sturmgepäck in den Rucksäcken. Diese Einheiten bezogen alles aus den Lagerbeständen der MPF-Schiffe und hielten damit so lange die Stellung, bis im August 1990 schließlich die nachfolgenden Kräfte und Versorgungsgüter eintrafen. Das MPSRON-2 wurde 1994 und 1995 noch einmal nach Kuwait verlegt als Reaktion auf bedrohliche Truppenbewegungen der Iraker in der Nähe von Basra. Diese letzten beiden Einsätze fanden in Abständen von weniger als zehn Monaten statt und demonstrierten anschaulich den Wert einer vorgeschobenen, mobilen Basiseinheit in der Art der MPF. Unabhängig davon wurden einzelne MPF-Schiffe auch zur Unterstützung der Befreiungs- und friedenssichernden Aktionen auf dem Balkan und nach Somalia geschickt. Ganz gleich, an welchem Standard man den Grad des Erfolges auch messen mag, die MPF hat die Behauptungen all jener bestätigt, die etwa 15 Jahre zuvor das Konzept dazu hervorgebracht hatten. Zu wirklich geringen Kosten hat Amerika die abwärtsgerichtete Spirale bei der Reaktionsfähigkeit auf Krisensituationen ins Gegenteil verkehrt, ohne deshalb auf die Erlaubnis fremder Staaten angewiesen gewesen zu sein, wenn es um die Durchführung von Operationen ging. Kurz gesagt: Die MPF ist ein Sonderangebot.

Jetzt, wo wir uns auf dem Weg ins 21. Jahrhundert befinden, sieht die Zukunft der Vorpositionierung auf See rosiger denn je aus. Das MPF-Programm von Navy und Marine Corps läuft nach wie vor ausgezeichnet und wird auch vom Kongreß finanziell gut ausgestattet. In der Zwischenzeit haben sich sowohl die U.S. Army als auch die Air Force eigene Flotten von Vorpositionierungsschiffen zugelegt und damit begonnen, sie auf der ganzen Welt zu stationieren. (Einige der MPF-Kräfte der Army werden sich in Diego Garcia und auf Guam den verfügbaren Raum mit ihren Pendants von der Navy teilen.) Die Schiffe der Army sind größer und haben auch mehr Tiefgang als die MPF-Schiffe der Navy, aber sie wurden auch von der Kielsohle aufwärts ausschließlich für diesen Einsatzzweck gebaut (sie gehören auch der Army und sind nicht gechartert beziehungsweise geleast, wie das bei der Navy der Fall ist). Außerdem verfügen sie über bessere Einrichtungen für den Umgang mit Fahrzeugen an Bord. Wenn man bedenkt, wie sehr in unserer Zeit die militärischen Operationen von Army und Navy gemeinsamer Natur sind, steht zu erwarten, daß diese Einheiten bei künftigen Eventualfällen auf jeden Fall zusammenarbeiten werden.

Die Zukunft des MPF-Programms der Navy steht nicht in Frage. Nach Vollendung etwa der Hälfte des geplanten 30jährigen Einsatzlebens sind die gecharterten Schiffe immer noch gut in Form, obwohl es langsam an der Zeit ist, sich Gedanken um Nachfolger zu machen. NAVSEA geht davon aus, daß man rund ein Dutzend neuer Schiffe bauen wird, um die bestehende Flotte um das Jahr 2015 herum austauschen zu können. Eine weitere Alternative, die zur Zeit bei den Marines entwickelt wird, ist das sogenannte »Projekt Seestützpunkt«, bei dem man auf Schiffe verzichten könnte, weil statt dessen ein riesiger schwimmender Stützpunkt gebaut würde, der dann in ein Krisengebiet verlegt werden könnte. Mit einem Angebot an Stauraum, über den im Augenblick ein komplettes MPSRON verfügt, wäre er in der Lage, sämtliche Flugzeuge und Hubschrauber zu betreiben und zu warten, die einer MAGTF unterstellt sind. Das Konzept einer Mobilbasis geht auf Admiral Bill Owens zurück (der vor seiner Pensionierung stellvertretender Vorsitzender der vereinigten Stabschefs war).

Ihm schwebten Serien von miteinander verbundenen Plattformen vor, wie man sie auch bei den Ölbohrarbeiten verwendet und die keine Probleme beim Umgang mit Flugzeugen in der Größenordnung einer C-130 *Hercules*, ja sogar einer C-17 *Globemaster* hätten. Das Antriebssystem der Basis sollte für eine Geschwindigkeit von etwa 8 kn (knapp 15 km/h) gut sein, und sie sollte dann in einem Abstand zwischen 25 und 50 Seemeilen vor einer Küste vor Anker gehen. Auf diese Weise wäre eine im Einsatz befindliche MAGTF die Sorge los, nach einem geeigneten Flugfeld und Hafen suchen zu müssen, wo sie entladen kann. Die Einheiten würden dann von LCACs, V-22 und anderen Liefersystemen angelandet, wodurch wiederum die Notwendigkeit für eine MEU(SOC) entfallen würde, sich dort gewaltsamen Zutritt zu verschaffen. Der Pferdefuß dieses Konzepts wären aber seine irrsinnigen Kosten, die pro Muster höher lägen als der Preis für einen atomgetriebenen Super-Flugzeugträger. Also stellt eine zweite Generation von MPF-Schiffen wahrscheinlich die wirtschaftlichste Lösung dar, wenn es darum geht, wie man auch in Zukunft eine Lagerhaltung in vorgeschobenen Stützpunkten am besten aufrechterhalten soll. Aber ganz gleich, für welche Lösung man sich letzten Endes auch entscheidet, es bestehen kaum irgendwelche Zweifel daran, daß dieses überaus erfolgreiche Programm auch im kommenden Jahrhundert weitergeführt werden wird. MPF hat sich nicht nur für den amerikanischen Steuerzahler als von außergewöhnlichem Wert erwiesen, sondern dabei auch als eine ganz wichtige Kraft bei der Erhaltung des Friedens herausgestellt.

Die Zukunft: LPD-17

Dieses Kapitel befaßt sich mit einem Modernisierungsprogramm für amphibische Schiffe, dessen Ursprung mehr als 20 Jahre zurückliegt. Das Programm selbst wurde in Gang gesetzt, um die Flotte amphibischer Schiffe zu ersetzen, die während der gesamten 60er und zu Beginn der 70er Jahre gebaut wurde, als der kalte Krieg noch in vollem Gang war. Trotz allem Schiffsbau, den wir bislang beschrieben haben, gibt es immer noch riesige Fehlmengen. Das sind in erster Linie die Schiffe, die in den Fracht-»Fußabdruck« passen, der im Augenblick von den 41 Schiffen der LST-1179-, LKA-113-, LSD-36- und LPD-4-Klassen abgedeckt wird. Das Alter der Schiffe dieser Klassen reichte 1995 von 23 bis zu 26 Jahre, und ein baldiges Ende ihres Dienstlebens ist bereits in Sicht. Die Antwort der Navy auf dieses Problem sind zwölf neue Schiffe, die dann alle unter der Bezeichnung LPD-17-Klasse laufen werden. Diese Klasse allein soll dann sämtliche 41 Schiffe der alten Klassen ersetzen, wodurch dann eines nach dem anderen im Laufe der kommenden etwa zehn Jahre ausgemustert werden kann.

Die LPD-17 werden so ziemlich alles reflektieren, was die amerikanische Schiffbauindustrie in den letzten drei Jahrzehnten dazugelernt hat. Diese zwölf Schiffe (General Krulak hat in seinen Ausführungen in Kapitel 2 gefordert, daß diese endlich ohne Verzögerung fertiggestellt werden sollten) werden dann zum »Küstenbein« der ARGs des 21. Jahrhunderts werden. Sie müssen allerdings schon außerordentlich vielseitig sein, wenn sie es wirklich schaffen wollen, die älteren Schiffe zu ersetzen, die dann ihren Weg zum Abwracker antreten. Ein Maß, nach dem man die alten und neuen Schiffe sicherlich wird vergleichen können, sind Tonnage und Mannschaftsstärke. Die zwölf geplanten LPD-17 werden insgesamt 5200 Mann Besatzung und eine Verdrängung von insgesamt gerade einmal 300000 Tonnen haben. Damit ersetzen sie dann 41 Schiffe mit mehr als 13000 Mann Crew und einer gesamten Verdrängung von 525000 Tonnen. Das sind schon enorme Erwartungen, die hier an ein Schiff beziehungsweise eine ganze Klasse gestellt werden, über deren Bewaffnung noch nicht einmal die endgültigen Entscheidungen gefällt worden sind. Sehen wir uns doch einmal weiter um.

Die Navy betrachtet die Konstruktion der LPD-17 aus verschiedenen Blickwinkeln. Rufen wir uns noch einmal die fünf »Fußabdrücke« ins Gedächtnis, die ich einige Seiten zuvor beschrieben habe. Die nachfolgende Tabelle faßt diese in einem Vergleich zur heutigen LPD-4-Klasse, die ersetzt werden soll, zusammen:

LPD-17 im Vergleich zu LPD-4

Klasse	Soldaten	Cargo^2 (m^2)	Cargo^3 (m^3)	LCACs	Hubschrauber
LPD-17	720	2.340	835	2	bis zu 6
LPD-4	788	1.095	1.085	1	bis zu 4

Wie die Tabelle deutlich zeigt, wird die LPD-17 Klasse in den Bereichen, die für Navy und Marine Corps von Bedeutung sind, die Nase vorn haben. Frachtfläche (m^2) steht hier genau wie die Einrichtungen für Landungsfahrzeuge und Hubschrauber in wesentlich größerem Umfang zur Verfügung. Zwar bietet diese Klasse erheblich weniger Frachtraum (m^3), was sich aber durch die Konstruktionsvorgaben bei den Landungs-/ Dockschiffen der *Whidbey Island/Harpers Ferry*-Klasse recht gut kompensieren ließe. Auch die etwas geringere Truppentransportkapazität kann durch Kompensation mit den Schiffsvolumina anderer Klassen vertreten werden. Allerdings gehören die Unterkünfte für die 720 Marines an Bord wohl zu den bequemsten und geräumigsten sämtlicher Schiffe, die je für die Navy gebaut wurden.

So um das Jahr 2005 werden diese Schiffe ihre Plätze in den ARGs eingenommen haben und zu Standardtransportern für die sieben MEU(SOC)s geworden sein. Die nachfolgende Tabelle soll einen Eindruck vermitteln, wie die ARG-Konfigurationen dann möglicherweise aussehen:

Geplante Mischung von ARG-Schiffen für das 21. Jahhundert

ARG Option	Flugzeug- dock- schiff	Landungs- dock- schiff	Truppen- trans- porter	LCAC insges. in einer ARG	Flugzeuge insges. in einer ARG
LHA	LHA-1	LSD-41	LPD-17	7	48
LHD	LHD-1	LSD-49	LPD-17	7	51

Wie man unschwer feststellen kann, werden die Kommandeure von ARGs und MEU(SOC)s auf grob gerechnet 50 Flugzeuge und sieben LCACs zur Unterstützung ihrer Operationen zurückgreifen können. Man sollte dabei aber nicht unberücksichtigt lassen, daß diese beiden Mischungen lediglich das absolute Minimum der ARG-Kapazitäten repräsentieren. Selbstverständlich sind genausogut auch andere Kombinationen denkbar und möglich. Die LPD-17 werden die küstennah operierenden Schiffe der ARGs sein, wodurch sie natürlich der Gefahr wesentlich näher sind als die LHA/LHDs oder LSDs. Tatsächlich wird der bevorzugte Einsatzbereich der LPD-17 normalerweise nicht weiter als 25 sm, also 46 km vor einer Küste liegen, während die anderen Schiffe einer ARG (die LHA/LHDs und LSDs) zwischen 50 und 200 Seemeilen und damit zwischen 90 und 370 km auf offener See bleiben können, seit ihre Maximalentfernung vom Ort des Geschehens durch die Geschwindigkeit des LCAC (über 40 kn) und der neuen MV-22B (mehr als 200 kn) bestimmt wird. Die oben genannten 25 sm »Standoff«-Reichweite wird den LPD-17 von der Transitgeschwindigkeit der neuen AAAVs diktiert, denn genau für diese AAAVs werden die LPD-17 die Primärplattform sein, während sie gleichzeitig auch noch Einrichtungen für andere Elemente der ARG und MEU(SOC)s bereitstellen. So wird es beispielsweise ebenfalls eine Aufgabe der LPD-17 sein, als Plattform für die AH-1W *Cobra* Kampfhubschrauber einer MEU(SOC) zu dienen wie auch für die an Bord befindlichen UAV-Einheiten. Den LPD-17 wird auch die Rolle der »einsamen Wölfe« bei aufgeteilten ARG-Operationen zufallen, wobei sie dann als die »Mini-MEU(SOC)« funktionieren, wie sie General Krulak im Interview beschrieben hat. Damit werden die LPD-17 zu Vielzweck-Innenfeldspielern in der 'Gator-Navy-Mannschaft. Jetzt dürfte auch klar sein, weshalb es fast immer ein LPD-17 sein wird, wenn einmal ein Schiff einer ARG durch einen feindlichen Angriff getroffen wird.

Die LPD-17 sind genau aus dem eben genannten Grund so konstruiert, daß sie die wehrhaftesten und überlebensfähigsten amphibischen Schiffe sind, die je gebaut wurden. Von der Bauweise her sind die LPD-17 auf dem besten Weg, zu den pro Tonne robustesten Kriegsschiffen der Welt zu werden. Selbst der lange ignorierten Bedrohung durch die Gefechtsführung mit Minen hat man endlich Rechnung getragen. Bei der LPD-17-Konstruktion hat NAVSEA nicht unerheblichen Aufwand getrieben und über 200 Tonnen Gewicht des Schiffs allein darauf verwendet, strukturelle Verstärkungen vorzusehen, die durch ein »Peitschen« des Rumpfes bedingte

LPD-17 (theoretische Konfiguration)

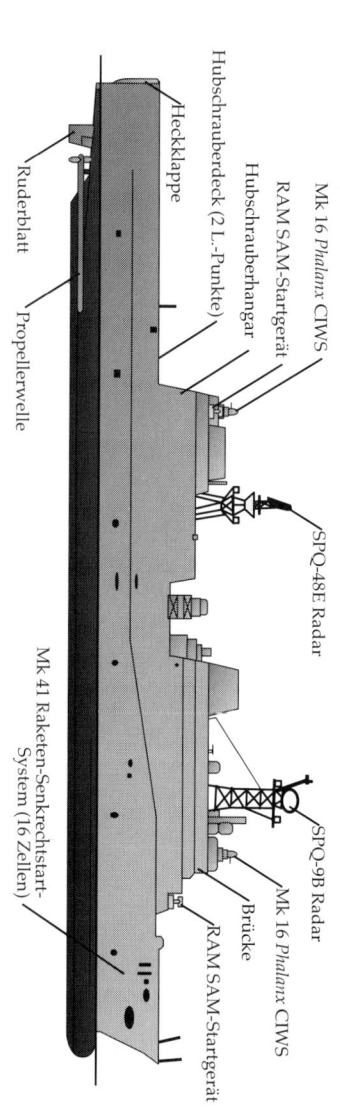
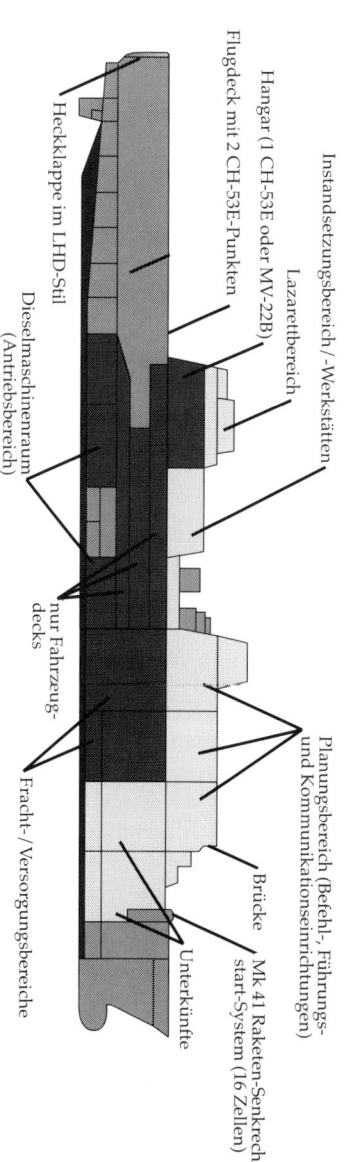

Mögliche Seiten- und Innenansicht des geplanten amphibischen Mehrzweckschiffs vom Typ LPD-17. Die Baugenehmigung für das erste Muster dieser Klasse wurde für Ende 1996 erteilt.

JACK RYAN ENTERPRISES, LTD., VON LAURA ALPHER

Schäden verhindern sollen, wenn einmal in seiner unmittelbaren Nähe eine Unterwasserexplosion durch eine hochgehende Mine stattfindet. Wie auch die LHDs der *Wasp*-Klasse, so werden auch die LPD-17 ein chemisch-biologisches Überdruck-Schutzsystem bekommen und dazu ein verbessertes Feuerzonen-Schutzsystem, explosionssichere Schotts und ein splittersicheres Oberdeck. Die Lehren, die man beim Bau der Zerstörer der *Arleigh Burke*-Klasse (DDG-51) in Verbindung mit einer Formgebung zur Erzielung von Stealth-Eigenschaften gelernt hat, finden jetzt bei den LPD-17 ihre Anwendung. Wenn man einmal einen genaueren Blick auf die Konstruktionspläne für die LPD-17 wirft, wird man schnell feststellen, daß die Winkel- und Bogengestaltung sehr stark an die DDG-51 und sogar ein wenig an den Stealth-Fighter F-117A *Nighthawk* von Lockheed Martin erinnert. Das alles ist sicherlich kein Zufall, denn die Prinzipien der Radarstrahlenstreuung, auf die ich in meinem Buch *Fighter Wing* sehr ausführlich eingegangen bin, gelten fast genauso für Schiffe wie für Flugzeuge. Abdeckungen und Beschichtungen mit radarstrahlenabsorbierendem Material (RAM = Frequenzschäume) werden zusammen mit einer reduzierten Wärme- und akustischen Signatur bei den LPD-17 Verwendung finden. NAVSEA behauptet, daß die LPD-17 nur noch 1/100 der Radarsignatur der Landing-Dock-Ships der *Whidbey Island/Harpers Ferry*-Klasse (LSD-41/49) aufweisen werden.

Ein weiterer Punkt sind die aktiven Verteidigungseinrichtungen. Obwohl die Waffenbestückung der LPD-17 immer noch erörtert wird, gibt es dennoch einige Waffensysteme, die mit großer Wahrscheinlichkeit an Bord sein werden. Im Vorschiffsbereich ist Platz genug für eine sechzehner Zelle des Mk 41 Vertical Launch Systems (VLS = Senkrechtstart- beziehungsweise Abschußrampensystem), wie man es auch auf den Zerstörern der *Spruance*-Klasse (DD-963), den Kreuzern der *Ticonderoga*-Klasse (CG-47) und den Zerstörern der *Arleigh Burke*-Klasse (DDG-51) finden kann. Damit könnten die LPD-17 theoretisch sowohl die RIM-66 Standard-SAMs und BGM-109 *Tomahawk* Marschflugkörper starten, doch dürfte das

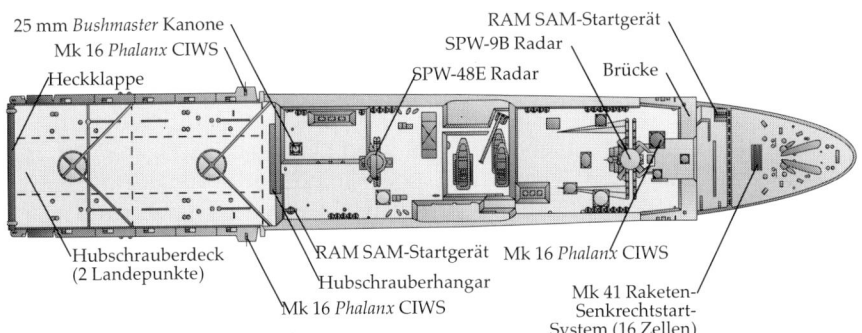

Blick von oben auf ein amphibisches Mehrzweckschiff vom Typ LPD-17
JACK RYAN ENTERPRISES, LTD., VON LAURA ALPHER

primäre Waffensystem, das man für das VLS plant, wahrscheinlich der neue Enhanced *Sea Sparrow* Missile (ESSM) sein. In Startkanistern mit jeweils vier Flugkörpern verpackt (was insgesamt 48 ESSMs ergibt), werden sie den LPD-17 eine bessere Flug- und Raketenabwehrfähigkeit verschaffen, als dies die bestehende RIM-7 *Sea Sparrow* könnte. Darüber hinaus werden die LPD-17 ziemlich sicher mit einem Paar Ex-31 RAM-Startgeräten ausgerüstet werden (jedes mit 21 startbereiten Flugkörpern) und zwei *Phalanx* 20-mm-CIWS als letzte Verteidigungslinie gegen anfliegende Raketen und Flugzeuge, die es geschafft haben, durch ein »Leck« in den Verteidigungslinien zu schlüpfen. Schließlich werden auch noch ziemlich sicher zwei Bettungen mit Mk 38 *Bushmaster* 25-mm-Kanonen an Bord sein und wohl insgesamt vier Befestigungen für die M2 Maschinengewehre Kaliber .50, damit man etwas zur Abwehr kleiner Boote und von Schwimmern (wie beispielsweise feindlichen Kampfschwimmern [Froschmännern]) hat. Unter dem Strich werden die LPD-17 dann die am schwersten bewaffneten amphibischen Schiffe sein, die seit dem Ende des Zweiten Weltkriegs gebaut wurden. Ein Rückgriff auf diese ganze Feuerkraft wird dann eine neue Art von »Cooperative Engagement Capability« (CEC = verbundene Angriffsfähigkeit) ergeben. Ist das CEC-System erst einmal bei sämtlichen Schiffen der Flotte nachgerüstet (Flugzeugträger, Geleitschutzfahrzeugen, amphibischen Schiffen usw.), wird es automatisch sämtliche Flugabwehrwaffen in einer Gruppe von Schiffen bei einem Angriff koordinieren, einschließlich der Nahabwehrsysteme wie *Sea Sparrow* und RAM. Als Ergänzung zu den »Schieß«-Verteidigungssystemen wird ein elektronisches AN/SLQ-32(V3)-Gefechtssystem eingeführt, das seinerseits mit sechs Mk 137 SBROC-Düppelwerfern und einem aktiven Radarstörsender verbunden ist. Darüber hinaus werden die LPD-17 auch noch vier AN/SLQ-49 »Gummienten«-Störmittelwerfer tragen, die ein aufblasbares Radarscheinziel freisetzen können, das den Radarquerschnitt eines Schiffs imitiert. Mit einem passenden Geleitschutz (wie beispielsweise einem Zerstörer der DDG-51-Klasse) wird es außerordentlich schwer sein, ein LPD-17 zu treffen, geschweige denn zu vernichten.

Die Programmfunktionäre bei NAVSEA bezeichnen sie gern als ihre »25^3-Schiffe«, da ihre Verdrängung bei 25 000 Tonnen, ihre Frachtfläche (Cargo^2) bei 25 000 ft^2 (2320 m^2) und ihr Frachtvolumen (Cargo^3) bei etwa 25 000 ft^3 (710 m^3) liegen werden. Mannschaft und eingeschiffte Marines summieren sich auf insgesamt etwa 1200 Personen. Auf Schiffen dieser Klasse wird ein beträchtlicher und vor allen Dingen bedarfsgerechter Teil sämtlicher Fahrzeuge, Ausrüstungsgegenstände und Versorgungsgüter einer ARG untergebracht sein. Schlüsselfunktion werden dabei die nachfolgend aufgelisteten Punkte haben:

- 1190 feste Kojen,
- ein Computernetzwerk, das bereits mit fiberoptischen Verbindungen und dem neuen, superschnellen ATM-Protokoll (Asynchron Transfer Mode) arbeitet, wodurch Tonnen von Kupferkabeln eingespart werden,

- eine komplette Operationszentrale für den Einsatz von Landungstruppen, wodurch ein LPD-17 in der Lage ist, Operationen völlig unabhängig als »Teil-ARG« durchzuführen,
- über 700 m³ Frachtvolumen,
- drei Fahrzeugdecks in voller Größe mit über 2300 m² Fläche für die Unterbringung von Fahrzeugen,
- ein Welldeck mit Platz für zwei LCACs,
- ein VTOL-Flugdeck mit bis zu vier Landepunkten,
- ein Hubschrauberhangar, in dem entweder zwei CH-46 oder ein CH-53E oder alternativ ein MV-22B Platz finden.

Wie schon erwähnt, werden die LPD-17 zu den komfortabelsten Kriegsschiffen gehören, die je gebaut wurden. Das ist nicht ganz unwichtig, wenn man bedenkt, daß Törns von mehr als sechs Monaten Dauer durchaus typisch für ARG-Operationen sind. Außerdem werden sie die ersten Kriegsschiffe der Geschichte sein, die vom Kiel aufwärts bereits darauf konstruiert wurden, auch Einrichtungen für weibliche Mannschaftsmitglieder aufzuweisen. Das reflektiert ganz eindeutig die »Frauen auf See«-Initiative und ist sicherlich der größte kulturelle Umbruch bei der Navy, seit Präsident Truman in den ausklingenden 40er Jahren Frauen in die bewaffneten Streitkräfte integrierte. Die Besatzungen der Schiffe in der Art von »Amphibs« werden zwischen 10 und 25 Prozent aus Frauen bestehen. Sobald die bereits im Einsatz befindlichen Schiffe zu Grundüberholungen einlaufen, werden sie Pakete als Modernisierungsmaßnahmen erhalten, die in der Flotte unter der Bezeichnung »Fem-Module« gehandelt werden. Sobald dies alles abgeschlossen ist, können rund 25 Prozent der Mannschaftsunterkünfte für Frauen bereitgestellt werden, ohne daß dadurch die normalen Routinen an Bord beeinträchtigt würden.

Die Verbesserungen im Bereich der Bewohnbarkeit bei den LPD-17 schließen folgende Kriterien ein:

- Unterkünfte in organisationsabhängigen Abteilungen. Dadurch wird beispielsweise die Unterbringung eines kompletten Zugs Marines einschließlich aller Exerzier- und Erholungseinrichtungen zusammengefaßt sein,
- Unterkünfte für Personal gleichen Geschlechts mit angeschlossenen Sanitäreinrichtungen. Berücksichtigt werden dabei auch die Petty Officers und höherrangigen Unteroffiziere, deren Unterkünfte dann nur noch aus sechs Kojen bestehen, und die Quartiere der Soldaten, die nur noch 42 Kojen in einem Raum haben werden,
- Sämtliche Toiletten stehen ohne geschlechtliche Einschränkungen allen Crewmitgliedern offen. Zu der Zeit, als dieses Buch entstand, waren keine Pissoirs an Bord der LPD-17 vorgesehen, obwohl die Möglichkeit ihres Einbaus noch in Erwägung gezogen wurde. Die Duschen sollen allerdings geschlechtsspezifisch voneinander getrennt sein,
- Die Sanitätseinrichtungen mit Toiletten und Untersuchungsräumen sind allerdings sowohl für Frauen wie für Männer gleich.

Obwohl Konstrukteure und Ingenieure hart daran gearbeitet haben, die LPD-17 menschengerecht zu gestalten, sind eben diese Menschen nicht die einzigen Kunden, die von der Navy zufriedengestellt werden müssen. Schließlich gibt es ja auch noch den amerikanischen Steuerzahler. Schiffe müssen erschwinglich sein. Man erinnere sich nur an die Kostenüberschreitungen, die dazu geführt haben, daß statt der eigentlich geplanten neun nur fünf LHAs gebaut werden konnten. Das ist der Grund, weshalb die Beamten, die das LPD-17-Programm betreuen, im positiven Sinn brutal die Kosteneinhaltung überwachen. Auf der Basis einer »Pro-Tonne«-Berechnung wird das Leitschiff (das erste) der Klasse außergewöhnlich ökonomisch gebaut. Die Budgetschätzungen gingen für das Haushaltsjahr 1996 von einem Erstellungspreis von 974 Millionen Dollar für das Leitschiff aus, wobei man erwartete, daß die nachfolgenden Muster sogar noch 15 bis 20 Prozent darunter liegen würden. Die geplante Produktionsquote ist so konzipiert, daß die gesamte Klasse von zwölf Schiffen in gerade einmal acht Haushaltsjahren gebaut sein soll. Da der Vertrag an nur einen einzigen Vertragsnehmer gehen soll, wäre das auf lange Sicht ein guter Weg, die Kosten unter Kontrolle zu halten.

Zwei Teams stehen um diesen Vertrag im Wettbewerb. Eines setzt sich aus Litton-Ingalls (der Werft, die LHDs und DDG 51 baut) mit Tenneco-Newport News Shipbuilding (die bauen die atomgetriebenen Flugzeugträger und Unterseeboote) und Hughes GM als Systemintegrator zusammen. Das andere Team ist eine Kombination aus General Dynamics/Bath Ironworks (auch die bauen DDG-51) und Avondale (die Bauwerft der LSD-41/49), wobei Loral als Systemintegrator fungiert. Der Wettbewerb hat schon ein heißes Stadium erreicht, und unter dem Aspekt der zu erwartenden Gewinne kann er eigentlich nur noch heißer werden. Der Gewinner wird irgendwann im Sommer 1997 ermittelt sein, wobei das Budget für das erste Muster schon gegen Ende des Haushaltsjahrs 1996 durchgebracht sein wird und die Auslieferung des Leitschiffs der Klasse an die Flotte bereits im Jahr 2002 erfolgen soll. Nach einigen Testjahren wird LHD-17 dann endgültig um das Jahr 2004 herum seinen Dienst bei einer ARG antreten. Die nachfolgenden Muster sollen im Rhythmus von zwei Schiffen pro Jahr beschafft werden, bis alle zwölf gebaut sind.

Zur gleichen Zeit, in der die Navy einen scharfen Blick auf die Beschaffungskosten der LPD-17 wirft, überprüft sie auch die Betriebskosten. Dabei sind nicht alle Kosten, die hier berücksichtigt werden müssen, rein finanzieller Natur. Ein Posten bei den versteckten Kosten ist beispielsweise die Umweltbelastung. Kein Kriegsschiff kann so viel wert sein, daß man bereit wäre, jedesmal, wenn es in See geht, deswegen Protestaktionen in Kauf zu nehmen. Aus diesem Grund – und einiger anderer nicht ganz so altruistischer Natur – hat die Navy enorme Anstrengungen unternommen, den Grad an Umweltbelastung und Müll, den Schiffe nun einmal produzieren, soweit wie möglich zu senken. Die augenblicklichen Pläne sehen als Antrieb für die LPD-17 keine Schnelläufer beziehungsweise hochtourigen Motoren vor, sondern Marinediesel mittlerer Umdrehungszahl, weil diese sich sehr effizient betreiben lassen. Dieselmaschinen haben aber den Nachteil, daß sie Emissionen produzieren, die zu einer weiteren Zerstörung der Ozonschicht führen können. Also wird man Systeme einbauen müssen, welche den Ausstoß solch schädlicher Substanzen bei den LPD-17-Antrieben reduzieren. Darüber hinaus werden die LPD-17 mit einigen Dingen ausgerüstet sein, die nachteilige Einflüsse auf die Umwelt herabsetzen. Dazu gehören unter anderem:

- Umweltsteuerungssysteme (Klimaanlagen, Kühlanlagen usw.), die völlig frei von FCKW-Verbindungen sind, da diese zu einer Vergrößerung des Ozonlochs führen können,
- Kontrollsysteme für die Unterbindung der Verschmutzung des Meereswassers durch austretendes Öl, wozu auch ein Öl-/Wasserabscheider gehört und der Verzicht auf Ölabläufe, die in die Bilgen münden,
- spezielle Stauräume für Gefahrengüter, wodurch man endlich diese Problemstoffe bis zu 60 Tage einlagern kann; für die Aufbewahrungscontainer wird es dann auch spezielle Kompaktoren geben,
- um das Volumen an Festmüll herabzusetzen, wird es ein Mahl-/Presswerk für Nahrungsmüll geben; ein Plastikschredder wird ebenfalls installiert und die notwendigen Einrichtungen vorgesehen, in denen Plastikbehälter untergebracht und recycelt werden können,
- des weiteren wird es eine Anzahl von Fäkaltanks für »schwarzes« (Fäkal-) und »graues« (Dusch- und Abwasch-)Wasser geben, in denen das Aufkommen von zwölf Stunden zwischengelagert werden kann, bis der Inhalt dieser Tanks beim Erreichen tiefer Gewässer weit vor einer Küste, und nicht wie früher unmittelbar davor, abgepumpt werden kann.

Viele dieser neuen Systeme werden möglicherweise auch noch bei den älteren Schiffen nachgerüstet werden, ziemlich sicher aber recht bald schon bei Schiffen der *Wasp*- und *Whidbey Island*-Klasse. Aber die LPD-17 werden die ersten sein, bei denen diese neuen Werte bereits von Kiellegung an Berücksichtigung finden werden. Jetzt könnte man vielleicht voreilig zu dem Schluß kommen, daß die »umweltpolitische Korrektheit« die Gefechtskapazität der LPD-17 beeinträchtigen würde. Nichts könnte realitätsfremder sein als diese Vorstellung. Dazu sollte man einmal mit dem Projektleiter des LPD-17-Programms, Captain Maurice Gauthier, sprechen. Er wird einem schnell klarmachen, daß man bei der Navy ganz einfach zu der Einsicht gelangt ist, daß die Aufgabe, unsere Gesellschaft und unser Land zu schützen, zu lösen und dabei gleichzeitig den ganzen Planeten strangulieren zu wollen, ein Ding der Unmöglichkeit ist. Man bedenke bitte, daß der Termin für die voraussichtliche Außerdienststellung der LPD-17 irgendwo um das Jahr 2050 herum liegen wird, einem Zeitpunkt also, wo die meisten von denen, die diese Zeilen gerade lesen, schon nicht mehr auf dieser Erde weilen werden! Die Planer bei der Navy und beim Marine Corps müssen eben ein halbes Jahrhundert und mehr in die Zukunft blicken.

Besichtigung bei der 26th MEU(SOC)

Es war eine harte Woche für den Air Force Captain Scott O'Grady. Am 2. Juni 1995 wurde seine *Basher 52*, eine F-16C *Fighting Falcon* der 555th Fighter Squadron (FS) des 31st Fighter Wing, mit der er von der Aviano Air Force Base in Italien gestartet war, von einem SA-6 *Gainful* Flugkörper einer Luftabwehrbatterie der bosnischen Serben abgeschossen. O'Grady hatte sich aus seiner abstürzenden Maschine gerade in dem Moment mit dem Schleudersitz retten können, als diese in die tiefhängende Wolkendecke eintauchte. Dadurch hatte sein Flügelmann effektiv keine Ahnung, ob er den Abschuß überlebt hatte oder nicht. Im Laufe der folgenden sechs Tage vollzog der junge Air Force Offizier schon fast lehrbuchhafte Flucht- und Absetzungsmanöver, wobei er die Hoffnung auf Rettung nie aufgab und immer wieder versuchte, mit seinem Notfunkgerät irgendwelche befreundete Flugzeuge zu erreichen. Dann endlich, in der fünften Nacht, hatte er Kontakt mit einer anderen F-16 aus Aviano, deren Pilot daraufhin versuchte, solange wie möglich über ihm zu kreisen. Nachdem der Pilot dieser Maschine eindeutig die Identität von Scott O'Grady festgestellt hatte, nahm er Kontakt mit der Koordinationszentrale der NATO-Streitkräfte Süd auf und wies O'Grady an durchzuhalten, da bald jemand kommen würde, um ihn herauszuholen.

Der Morgen des 8. Juni 1995 dämmerte kalt und nebelig herauf, und damit begann für Scott O'Grady der sechste Tag am Boden in Bosnien-Herzegowina. Die ersten Anzeichen, daß sich etwas tat, zeigten sich gegen 6 Uhr Ortszeit, als zwei F/A-18D (in der zweisitzigen Ausführung) des Marine Corps über ihn hinwegröhrten, um seine genaue Position festzustellen und gleichzeitig den Luftschutz für die nun folgenden Aktionen einzuleiten. Etwa zu dieser Zeit wird sich der junge Flieger erstmals gefragt haben, wer denn nun eigentlich kommen würde, um ihn zu retten. Würde es einer der großen MH-53J *Pave Low* Hubschrauber von der Special Operations Group der USAF sein, der von einem der riesigen AC-130 *Combat Talon* »Kanonenboote« eskortiert werden würde? Oder würde es vielleicht ein Team von Rangern der Army sein, das von MH-60K *Blackhawks* eingeflogen würde, die ihrerseits von AH-60 Kampfhubschraubern begleitet und geschützt würden? Dann endlich kam die Antwort auf seine Fragen. Durch den feuchten Morgennebel vernahm er um 6.40 Uhr das typische und vertraute »Wopp-wopp« doppelblättriger Hubschrauber. AH-1W *Cobras* der Marines befanden sich im Anflug auf seine Position. Wie ihre gefährlichen Namensvettern suchten sie zunächst einmal den Bereich um O'Gradys Position herum nach eventuellen Bedrohungen für die sich nähernde Rettungsmannschaft ab. In der Zwischenzeit war auch noch eine Staffel AV-8B *Harrier II* Kampfjets zur Verstärkung des Luftschutzes, den die F/A-18 flogen, eingetroffen, um die Operation weiter abzusichern. Dann, nach einem letzten Kontakt mit O'Grady über sein langsam absterbendes Funkgerät und nach Markierung seiner Position mit einer Rauchgranate, riefen sie die Rettungstruppe herbei.

Unten am Boden vernahm O'Grady das dumpfe Grollen von Hubschraubern. *Großen* Hubschraubern. Durch den lichter werdenden Bodennebel kamen zwei CH-53E *Super Stallion* Kampfhubschrauber der Marines auf ihn zu, die Marines und Männer des Navy Corps (Sanitätstruppe der U.S. Navy) von der 24th Marine Expeditionary Unit/Special Operation Capable – MEU(SOC) – an Bord hatten. Als der erste CH-53 zur Landung einschwebte, eröffnete der Mörserzug des 3rd Battalion des 8th Marine Regiment das Feuer und legte eine Sperrzone um die Rettungstruppe und ihren Kommandeur Lieutenant Colonel Chris Gunther. Dann erst, als der zweite *Super Stallion* zur Landung ansetzte, bewegte sich O'Grady aus seiner Deckung heraus. Er hatte ein leuchtend orangefarbenes »Schiffchen« aufgesetzt und hielt sein Funkgerät und seine 9-mm-Pistole umklammert, als er zum zweiten Hubschrauber hinüberstürzte, um dann dort vom Crew Chief, Sergeant Scott Pfister, an Bord gezogen zu werden. Einige Minuten später, nachdem Lieutenant Colonel Gunther dem Mörserzug den Befehl, das Feuer einzustellen, gegeben hatte, wies er die beiden Hubschrauber an, abzuheben und auf Heimatkurs zu gehen.

An Bord des zweiten Hubschraubers bemühten sich derweil mehrere Marines einschließlich des Kommandeurs der 24th MEU(SOC), Colonel Martin Berndt, und seines ranghöchsten Unteroffiziers, Sergeant Major Angel Castro junior, um O'Grady. Man verabreichte ihm ein wenig Wasser, etwas aus einem MRE und zog ihm Colonel Berndts Goretex-Parka für den Rückflug über. Aber selbst der Rückflug sollte noch mit einem Abenteuer für den jungen Piloten und seine Retter aufwarten. Als die CH-53 und die AH-1W eine in der Nähe der Flugroute liegende kleine Stadt passierten, wurden sie von dort mit Flak und kleinen Waffen beschossen, und alle Maschinen mußten Treffer einstecken. Um allem auch noch die Krone aufzusetzen, startete man vom Boden aus drei tragbare SA-7 *Grail* SAMs auf sie, welche die vier Chopper zu abrupten Ausweichmanövern zwangen. Glücklicherweise dauerte es nicht mehr allzu lange, und die Luft-Einsatztruppe war aus der Gefahrenzone heraus und nahm mit »nassen Füßen«[67] über der Adria endlich direkten Kurs zurück zur USS *Kearsarge* (LHD-3). 20 Minuten später waren alle sicher an Bord, und eine weitere Seite in der Geschichte des U.S. Marine Corps war geschrieben worden.

Wer letzten Endes für die Rettung des jungen Air Force Captain sorgte, war keine Special-Operations-Truppe im klassischen Sinne. Folgen wir nur unseren Erfahrungen aus Kinofilmen und dem Fernsehen, so neigen

---

67 *dry/wet feet* = Ausdruck aus der Fliegersprache: Piloten haben über Land trockene und über See nasse Füße zu erwarten, wenn sie landen (müssen).

wir leicht zu der Ansicht, daß solche Einheiten sich aus Supermännern zusammensetzen, die Geiseln befreien und Terroristen in ihren Schlupfwinkeln »niedermachen«. Solch publicityscheue Einheiten wie die Delta Forces der Army und die Sea-Air-Land-Teams (SEAL) der Navy halten sich sehr bedeckt und weitestgehend aus allem heraus, was die Aufmerksamkeit der Öffentlichkeit zu sehr auf sie lenken würde. Die MEU(SOC)s sind da ganz anders. Obwohl auch recht fähig, sind sie jedoch keine Kommandotrupps per se. Ganz im Gegenteil: Sie sind reguläre Truppen des U.S. Marine Corps, die aus dem Corps selbst zusammengestellt werden und dann eine spezielle Ausbildung bekommen. Dieses Spezialtraining versetzt sie in die Lage, über einen – wenn auch begrenzten, aber nichtsdestoweniger wichtigen – Bereich konventioneller und spezieller Einsatzprofile sehr gute Leistungen erbringen zu können. Das ist der Grund, weshalb die MEU(SOC)s immer noch unabhängig sind in einer Zeit, in der die meisten amerikanischen Kommandoeinheiten unter dem Oberbefehl des U.S. Special Operations Command (USSO-COM) zusammengeführt wurden, das seinen Sitz auf der MacDill Air Force Base in der Nähe von Tampa in Florida hat.

Die Geschichte der MEU(SOC)s ist gleichzeitig auch die Geschichte, wie das Marine Corps seine »Türeintret-Fähigkeit« für Truppeneinsätze (wie beispielsweise Invasionen und Überfälle) in ein beziehungsweise auf ein feindliches Territorium verbessert hat. Das ist schon eine ganze Menge, was da von den gerade einmal sieben Bataillone starken Einheiten erwartet wird, zumal sich immer nur drei bis vier zu einem bestimmten Zeitpunkt gleichzeitig auf See befinden. General Krulak bezeichnet seine Marines gern als »Risikotruppe«, und die MEU(SOC)s sind praktisch die diamantharte Spitze seines Truppenspeers. So wie sie heute bestehen, können die MEU(SOC)s als evolutionäres Resultat einer mehr als zwei Jahrtausende währenden Erfahrung in amphibischer Gefechtsführung angesehen werden. Unmittelbarer und praxisbezogener als je zuvor, sind sie die kompaktesten, reaktions- und leistungsfähigsten militärischen Einheiten in der heutigen Welt. Sie können ihre Waffen und Soldaten auf die unterschiedlichsten Arten an und sogar hinter einer feindlichen Küstenlinie zum Einsatz bringen. Die spezielle Ausbildung der MEU(SOC)s verschafft ihnen eine große Vielseitigkeit über einen zwar begrenzten, aber signifikanten Bereich möglicher Spezialeinsätze einschließlich Überfällen, Rettungs- und Sicherungsaktionen. Darüber hinaus macht sie ihre Fähigkeit, sich selbst in eine Vielzahl »verbundener« militärischer Aktionen einzuschalten, zu einer willkommenen Ergänzung jeder militärischen Kraft. Das ist auch der Grund, weshalb regionale CinCs scharf darauf sind, eine MEU(SOC) zur Unterstützung anzufordern, wann immer die Möglichkeit dazu besteht. Letzten Endes kann sie – und wird es zumeist auch – als Vorausabteilung in einen Krisenherd entsandt werden, wobei sie über eigene Luft- und Logistikkomponenten verfügt, was sie schnell, beweglich und in sich geschlossen macht. Einheiten dieser Art brauchen nichts, um die Kugel einer Operation ins Rollen zu bekommen und sie auch weiterhin über einen Zeitraum von bis zu 15 Tagen ohne Unterstützung von außen in Bewegung zu halten. Also wollen wir jetzt einmal einen Blick auf diese einzigartige Familie von Einheiten werfen und mehr über ihre Organisation, ihre Missionen und ihre Geschichte erfahren.

Die Anfänge: Der Weg zur MEU(SOC)

Die Anfänge des MEU(SOC)-Konzepts datieren auf die Zeit direkt nach Ende des Zweiten Weltkriegs zurück. Bereits gegen Ende der 40er Jahre stellte die Notwendigkeit, Kräfte in unmittelbarer Nähe von potentiellen Krisenherden stationiert haben zu müssen, die Vereinigten Staaten von Amerika und ihre Alliierten während des kalten Kriegs vor ein Problem. Eine Lösung bestand im »schwimmenden« Bataillon Marines, das zu so etwas wie einer Standardeinheit der darauffolgenden Jahre wurde. Diese Einheiten zu schaffen war nur möglich geworden, weil man auf Teile der enormen Tonnagen amphibischen Schiffsraums zurückgreifen konnte, der im Zweiten Weltkrieg gebaut worden war und jetzt überwiegend ungenutzt zur Verfügung stand. Diese Schiffe füllte man nun mit einigen Bataillonen des – in der damaligen Zeit gerade stark schrumpfenden – Marine Corps. Es dauerte gar nicht lange, und schon begannen sie, ihren Wert unter Beweis zu stellen. Jedes von ihnen war eine typische Marine Air-Ground Task Force (MAGTF) mit Boden-, Luft- und Logistikeinheiten (oder entsprechend bezeichneten Komponenten), die zu einer einzigen Kampfgruppe verschweißt worden waren. Das stellte sich als ausgezeichnete Idee heraus. In der Formosastraße vor Taiwan (1957), im Libanon (1958), in Kuba (1961 und 1962) und der Dominikanischen Republik (1965) machten die vorgeschobenen Einheiten der Marines auf den Schiffen der U.S. Navy von sich reden. Selbst in der Zeit, als sich der Vietnamkrieg auf seinem Höhepunkt befand, durchstreiften die Amphibious Ready Groups (ARG) mit ihren Einheiten des Marine Corps an Bord die Ozeane und Meere der Welt, um amerikanische Interessen zu schützen.

Nach dem Ende des Vietnamkriegs und nachdem die harten 70er Jahre überstanden waren, begannen sich die Dinge bei den Bataillonen der Marines auf See etwas geregelter zu entwickeln. Inzwischen in Marine Amphibious Units (MAU) umbenannt, verfügten sie endlich auch formell über eine Stabseinheit, die dann ihre Einzelkomponenten aus den regulären Einheiten der Marines im gesamten Corps bezog. Bislang hatte man nämlich die Einheiten einfach für einen Törn auf See zusammengewürfelt. Der Übergang zu einer formellen Stabsstruktur war mehr als reine Kosmetik. Er bedeutete, daß man beim Corps zu der Ansicht gelangt war, die MAUs als wesentliche Haupt-MAGTF-Organisationen einstufen zu können. Durch diese Maßnahme sollten sie zu voll integrierten MAGTFs – unter dem Kommando eines Colonel (O-6) – werden und zu einer größeren Bandbreite von Aufgaben und Missionen fähig sein. In Wirklichkeit sah es schließlich so aus, daß nach den drastischen Truppenreduzierungen bei Navy und Marine Corps, die während der Regierung Carter in den 70er Jahren durchgesetzt wurden, die kompakten MAUs an

Bord der Schiffe ihrer ARGs die einzigen Militäreinheiten Amerikas waren, die noch über die Fähigkeit zu einer Sofortreaktion auf Krisensituationen in der ganzen Welt verfügten.

Mit der Amtsübernahme der Regierung Reagan im Jahre 1981 bekamen die MAUs ihre Chance, sich selbst im Gefecht zu bewähren. Anfangs waren die erzielten Resultate allerdings noch ziemlich gemischt. Auf der Habenseite stand die Operation *Urgent Fury*. Unter dieser Bezeichnung lief die Invasion Grenadas im Oktober 1982. Dabei kam ein großer Teil der »Gefechtsmuskulatur« von der 22nd MAU. Noch zwei Tage bevor *Urgent Fury* mit dem Sturm auf die Strände von Grenada begann, hatte ein Iraner in der kriegsgebeutelten Stadt Beirut mit einer Lkw-Bombe einen großen Teil der dort mit »friedenssichernden« Maßnahmen beschäftigten Bodenkomponente der 24th MAU ausgelöscht. Mehr als 200 Marines fielen an diesem frühen Sonntagmorgen der Explosion zum Opfer. Selbst heute zählt dieser Vorfall immer noch zu den schlimmsten Katastrophen in der amerikanischen Militärgeschichte und hatte massive und vielschichtige Auswirkungen auf die Marines und ihre MAUs.

Jene Katastrophe von Beirut, zusammen mit Schwierigkeiten bei einigen anderen Operationen, zeigten sehr deutlich, daß man beim Marine Corps einige Probleme mit den eigenen Gefechtsrichtlinien hatte. Ähnlich wie auch die Schwestertruppen, die mit vergleichbaren Schwierigkeiten im Anschluß an den Vietnamkrieg zu kämpfen hatten, mußte nun auch das Marine Corps die Erfahrung machen, daß seine Fähigkeit, traditionelle Missionen auszuführen – wie beispielsweise amphibische Invasionen und Überfälle –, ernstzunehmende Mängel aufwies. Grenada, obwohl letzten Endes erfolgreich, war nicht nur äußerst kostspielig, sondern darüber hinaus auch noch miserabel koordiniert gewesen. Glücklicherweise kam die Lösung für diese Mängel mit einem neuen Oberkommandierenden des Marine Corps, General Alfred M. Gray, der 1987 zum 29th Commandant ernannt wurde. Während er Commander of Fleet Marine Force, Atlantic (FMFLANT) war, begann General Gray bereits seine Kampagne zur Förderung des »Warfighting« (Kampfeinsatz) als primäre Aufgabe für das Marine Corps in den 80er und 90er Jahren. Den anderen visionären Vordenkern in den übrigen Truppengattungen nicht ganz unähnlich, stellte sich Gray auf den Standpunkt, daß Kampf die eigentliche, die Kernfähigkeit der Marines sei (was ihm auch prompt den Spitznamen »The Warfighter« eintrug). Was seine Anstrengung aber im eigentlichen Sinn so ungewöhnlich machte, war sein sicheres Gefühl dafür, daß es einfach nicht ausreichen konnte, nur zu wissen, wie man schießt und Dinge in die Luft jagt. Er drängte sämtliche Marines, seien es nun Offiziere oder Mannschaften, intellektuelle Fähigkeiten zum »Kraftmultiplikator« für das Ethos der Marines zu machen. Diese Einstellung begann umgehend Früchte zu tragen. Außerdem förderte er die Verwendung des Begriffs »Expeditionary« zur Beschreibung der sämtlichen Einheiten der Marines innewohnenden Fähigkeiten, gleich welche Größe sie auch haben mochten. Speziell diesen Punkt trifft auch die Umbenennung der MAU in MEU (dabei steht das E ganz deutlich für den Begriff »Expeditionary«), um die

Missionen besser zu reflektieren, für die er das Marine Corps bereit haben wollte.

Parallel zu den intellektuellen Entwicklungen begann General Gray auch darüber nachzudenken, welche Art von Einheiten die Marines in den vergangenen Jahren und Jahrzehnten gebildet hatten und zur Ausführung welcher Art von Missionen sie damit in der Lage gewesen waren. Eine spezielle Art von Aufgabenstellung waren die Kommandoeinsätze, kurz: »Special Operations«, die in den 80er Jahren immer mehr an lebenswichtiger Bedeutung für das Corps gewannen. Die im Jahre 1980 fehlgeschlagene Geiselbefreiungsaktion im Iran hatte dazu geführt, daß alle Teilstreitkräfte ihre Fähigkeiten in diesem Leistungsbereich einmal näher unter die Lupe nehmen mußten. Was 1983 dabei herauskam, war eine Studie, in der festgestellt wurde, daß das Marine Corps zu einem glaubwürdigen Mitspieler in künftigen Konflikten »geringer Intensität« (oder »Kurzkriegen«) werden mußte. Im Gegensatz zu den anderen Truppengattungen gab es aber bei den Marines keine Bestrebungen, neue und eigenständige Special Operations auf die Beine zu stellen. Statt dessen entschied man sich beim USMC für einen anderen Weg. Reguläre Einheiten innerhalb des Corps sollten vor einem Einsatz eine entsprechende Spezialausbildung erhalten. Dadurch würden sie dann »Special Operations Capable« (SOC), also fähig, in einem genau fixierten Rahmen Missionen und Aufgaben im Sinne von Kommandoeinsätzen durchzuführen.

1984 befahl das Marine Corps Headquarters dem FMFLANT (zu dieser Zeit gerade unter dem Kommando von General Gray), ein Programm zusammenzustellen, aus dem Special-Operations-Capable-Einheiten der Marines hervorgehen sollten, die dann einer ARG für Überseetörns von etwa sechs Monaten Dauer unterstellt werden sollten. General Gray und der damals noch im Rang eines Colonel stehende James Myatt (er wurde später befördert und kommandierte während *Desert Storm* als Major General die 1st Division des Marine Corps) kamen mit einer Liste von Spezialeinsätzen und -ausrüstungen heraus, die sie bei diesen Einheiten verwirklicht sehen wollten. Dazu gehörte:

- daß FMFLANT eine der MEUs dahingehend modifizieren sollte, daß eine SOC-fähige MAGTF in Bataillonsstärke dabei herauskäme; diese sollte dann in der Lage sein, all die speziellen Missionen zu erfüllen, die ihnen vorschwebten,
- daß Pläne zu erstellten seien, aufgrund deren ein besonderes Ausbildungs- und Bestätigungsprogramm verwirklicht werden sollte; durch dieses Programm wurde sichergestellt, daß absolut jede Einheit einen entsprechenden Standardablauf absolvieren mußte,
- daß die tatsächliche Einheit dann als MEU(SOC) bezeichnet werden und zusätzliche Ausrüstung und Personal erhalten sollte, um die erweiterten Missionsprofile erfüllen zu können.

Die Einheiten, aus denen die erste MEU(SOC) zusammengestellt wurde, kamen von einer regulären MEU, nämlich der 26th, und wurden auf ihren ersten Einsatz im Mittelmeer vorbereitet. Persönlich ausgewählt, das

Kommando über die erste MEU(SOC) zu übernehmen, ging Colonel Myatt mit der 26th 1986 auf einen sechsmonatigen Mittelmeertörn.

Jetzt sollte man allerdings nicht zu erwähnen vergessen, daß dieser erste Törn einer MEU(SOC) nicht gerade die Welt in ihren Grundfesten erschütterte. Die 26th unterstützte die Trägerkampfgruppen der Navy, die zu dieser Zeit gerade gegen Libyen im Einsatz waren, und diese Aktionen waren durch die Bank erfolgreich. Was aber weit wichtiger war: Dieser erste MEU(SOC)-Einsatz hatte wertvolle Erkenntnisse gebracht, die umgehend für den nächsten Törn umgesetzt wurden und damit auch für alle anderen, die ihm folgen sollten. Obwohl es in den darauffolgenden Jahren zu keinen tatsächlichen Kampfhandlungen kam, bedeutete es keineswegs, daß die MEU(SOC)s nicht äußerst aktiv gewesen wären. Zum ersten Mal stand dann eine MEU(SOC) am 18. April 1989 im Gefecht, als eine Strike Force von Marines der 22nd MEU(SOC) den Befehl erhielt, an der Operation *Preying Mantis*[68] teilzunehmen. *Preying Mantis* war eine Sofortreaktion auf einen Vorfall, bei dem die USS *Samuel B. Roberts* (FFG-58) einige Tage zuvor im Persischen Golf auf eine von iranischen Streitkräften gelegte Mine gelaufen war. Die Operation der Marines hatte zum Ziel, einige iranische Bohrinseln auszuschalten, von denen man wußte, daß sie als Zielkoordinationsplattformen für Angriffe auf Tanker genutzt wurden, die den Golf herunterkamen. Die 22nd sollte nun zusammen mit verschiedenen Surface-Action Groups (SAG = Kampfgruppen aus Oberflächenfahrzeugen der Navy) von amerikanischen Kriegsschiffen diese Bohrinseln einnehmen und zerstören. Gleichzeitig sollten Kampfflugzeuge vom Carrier Air Wing Ten (CVW-10 = Flugzeugträger-Kampfflieger-Geschwader 10) von Bord des Flugzeugträgers USS *Enterprise* (CVN-65) aus Luftdeckung gegen iranische Flugzeuge und Schiffe fliegen. Die Resultate waren erstaunlich. Als der Tag sich seinem Ende zuneigte, waren sämtliche Bohrinseln zerstört und der größte Teil der iranischen Marinekräfte entweder versenkt oder außer Gefecht gesetzt worden. Bei der MEU(SOC) hatte man nur einen AH-1 *Cobra* Kampfhubschrauber mit beiden Besatzungsmitgliedern verloren. Trotz dieses Verlustes ein eindrucksvolles Gefechtsdebüt für diese neue Einheit, und dennoch lief alles für den Rest der Welt praktisch unbemerkt ab.

Kaum 14 Monate später machte die MEU(SOC) dank einer ganzen Serie von Krisensituationen im Sommer und gegen Ende des Jahres 1990 weitere Fortschritte. Der Ärger begann mit der Eskalation des Bürgerkriegs in Liberia. Zuerst wurde die 26th MEU(SOC) hinuntergeschickt, um jede nur mögliche Evakuierung amerikanischer Staatsbürger und des Botschaftspersonals in die Wege zu leiten. Eigentlich wollte man die 26th später durch die 22nd MEU(SOC) ablösen, aber der Ausbruch von Feindseligkeiten am Persischen Golf im August des gleichen Jahres machte dieses Vorhaben zunichte, da nun beide Einheiten vor Ort bleiben mußten, um mit den jeweiligen Problemen an Ort und Stelle fertigzuwerden. Schließlich bekam die 22nd die Evakuierung in den Griff, und die 26th machte mit der

---

68 Preying Mantis = Gottesanbeterin

Unterstützung von Operationen im Mittelmeer weiter. Gleichzeitig wurde die 13th MEU(SOC) auf dem schnellsten Weg von der Westküste an den Persischen Golf verlegt, um dort die Embargo-Operationen zu unterstützen und als schwimmende Einsatzreserve für die 1st MEF in Saudi-Arabien zu dienen. Dann brach im Dezember 1990 auch noch der Bürgerkrieg in Somalia aus, und Marines der amphibischen Gruppe im Persischen Golf flogen Hubschraubereinsätze zur Evakuierung der amerikanischen Botschaft aus Mogadischu.

Die Zeit nach *Desert Storm* war für die MEU(SOC)s ziemlich hektisch. In Somalia, Haiti und inzwischen auch in Bosnien waren sie Wegbereiter für die amerikanischen Bemühungen und Truppen. Was unseren Rückzug aus Mogadischu angeht, so haben die Marines dort sogar auch noch unsere Absicht gedeckt, zu einer gefährlichen und riskanten Situation Abstand zu gewinnen. Bedenkt man den Grad an Aktivität, die in den vergangenen zehn Jahren abgelaufen ist, so ist es eigentlich erstaunlich, daß es der Rettungsaktion O'Gradys bedurfte, um die MEU(SOC)s in den Blickpunkt des öffentlichen Interesses zu rücken. Trotz des Fehlens öffentlicher Anerkennung laufen die MEU(SOC)-Einsätze nach wie vor wie ein Uhrwerk. Ursprünglich war man davon ausgegangen, nur jeweils eine solche Einheit an jeder Küste zu unterhalten, aber das gilt schon lange nicht mehr. Bedingt durch das Verlangen örtlicher Oberbefehlshaber (CinC) danach, wenigstens eine dieser Einheiten für den Fall verfügbar zu haben, daß sich irgendeine Art von Krise entwickelt, hat man sämtliche MEUs die Übungen durchlaufen lassen, an deren Ende das SOC-Zertifikat steht, bevor sie auf ihren Einsatztörn gehen. Die O'Grady-Rettung beleuchtete nur eine der vielen begehrenswerten Qualitäten dieser einzigartigen Einheiten und bildet nun den Ausgangspunkt für unsere eigenen Erkundungen, die wir bei ihnen durchführen wollen. Man folge uns einfach, und wir werden zeigen, wie sie arbeiten und wie sie zusammengesetzt sind.

Das MEU(SOC)-Konzept

Von damals, als die ersten Überfälle im Unabhängigkeitskrieg auf britische Forts durchgeführt wurden, bis zu den Botschaftsevakuierungen und Rettungsaktionen der heutigen Zeit galt immer eine Regel: Wenn man Schwierigkeiten hat, um die man sich kümmern muß, und das möglichst schnell und gründlich zu geschehen hat, ruft man die Marines. Jede Truppengattung verfügt über eigene Special-Operations-Kräfte, und diese überlappen manchmal in ihrer Funktion. Also, wie ist es möglich, daß eine kleine und nicht gerade in finanziellem Überfluß lebende Truppe wie das Marine Corps derartige Fähigkeiten zuwege bringt – und das sowohl unter finanziellen wie auch institutionellen Aspekten? Die Antwort der Marines ist: eine gemischte, zweifach einsatzbare Special Operations-/amphibische Einheit – eben die MEU(SOC). Nur um es noch einmal zu wiederholen: Die MEU(SOC) basiert auf einem Konzept, das sich aus spezieller Ausbildung und Ausrüstung ergibt, wodurch reguläre Truppen in die Lage versetzt werden, sowohl ihre normalen Pflichten zu erfüllen, als auch außergewöhnliche Aufgaben zu übernehmen. Diese Vorstellung steht in krassem Gegensatz zu der »Schlangenfresser«-Tradition vieler Kommandoeinheiten auf der ganzen Welt. Die meisten dieser Einheiten – einschließlich des britischen Special Air Service (SAS), der Delta Force der U.S. Army und der deutschen GSG-9 – sind letztlich nichts anderes als die Selektion der physischen und mentalen Elite einer Truppengattung. Es sind höchst spezialisierte Einheiten, sündhaft teuer aufzustellen und zu unterhalten, und sehr stark auf Geiselbefreiungsaktionen und Gefechtsführung gegen Terroristen und Aufständische fokussiert. Konsequenterweise neigt die politische Führung der Länder, die solche Einheiten unterhalten, dazu, sie mit etwa vergleichbarer Zurückhaltung und Reserviertheit zu betrachten, wie sie es beispielsweise den Atomwaffen gegenüber tut. Man setzt sie nur dann ein, wenn man wirklich keine andere Wahl mehr hat, und wenn man sich dazu entscheidet, ist man sich darüber im klaren, daß man sich damit extremen politischen Risiken aussetzt. Das wäre ein Grund, weshalb offensichtlich nur sehr begrenzt von diesen Kommandoeinheiten Gebrauch gemacht wird und weshalb so viele von ihnen in ihren Sperrgebieten herumhängen, dort üben und – warten.

Es ist eine anerkannte Tatsache, daß einige der bedeutendsten und bemerkenswertesten Missionen für Kommandotrupps der Geschichte *nicht* von den speziell zu diesem Zweck aufgestellten Kräften durchgeführt wurden. Nehmen wir beispielsweise einmal die Zeit des Zweiten Weltkriegs: Der berühmte Bombeneinsatz auf Tokio des damals noch im Rang eines Lieutenant Colonel stehenden James H. Doolittle und seiner Kameraden wurde von Soldaten und in Flugzeugen durchgeführt, die von ganz normalen Bombereinheiten des U.S. Army Air Corps abgezogen worden waren. Dank einiger Monate Spezialausbildung und spezieller Modifikationen an ihren B-52 *Mitchell* Bombern schrieben sie am 18. April 1942 Geschichte: als erste Kraft, die es in diesem Krieg geschafft hatte, das japanische Mutterland zu bombardieren. Ebenfalls im Zweiten Weltkrieg war es wiederum eine reguläre Truppe, diesmal von der britischen Army, die es nach einer Spezialausbildung und mit besonderer Ausrüstung schaffte, die vielleicht weniger bekannte, aber deswegen nicht weniger tapfere Aktion gegen die Pegasus-Brücke am »D-Day« durchzuführen. In der Nacht vom 5. auf den 6. Juni 1944 führte eine speziell auf diese Aufgabe trainierte Gruppe, die Company »D«, die man aus der Oxfordshire and Buckinghamshire Light Infantry (den »Ox and Bucks«) der 6th Airborne Division abgezogen hatte, unter Einsatz von Lastenseglern den *coup de main*[69] gegen zwei lebenswichtige Brücken über die Orne und den Kanal von Caen durch. Diese winzige Einheit unter dem Befehl des charismatischen Major John Howard nahm die Brücken und hielt sie, bis die Einheit schließlich von Kommandotrupps abgelöst wurden, die am »D-Day« ins Landesinnere vorrückten. Schließlich noch ein Beispiel aus neuerer Zeit: der Entebbe-Überfall. Eine Gruppe von palästinensischen Terrori-

---

69 Handstreich

Das offizielle Abzeichen
der 26th MEU(SOC)
*Jack Ryan Enterprises, Ltd.,
von Laura Alpher*

sten hatte einen französischen Airbus in ihre Gewalt gebracht und hielt die Geiseln in einem Terminalgebäude des Flughafens von Entebbe in Uganda gefangen. Der geplante Überfall hatte nun zum Ziel, diese Geiseln zu befreien und in Sicherheit zu bringen. Sobald sich die Krise abzuzeichnen begann, bildeten die israelischen Selbstverteidigungs-Streitkräfte »aus dem Stand« eine Rettungstruppe aus verschiedenen Fallschirmjägereinheiten. Am 4. Juli 1976 griff der Trupp nach einem langen Flug in schnell zusammengeführten C-130 *Hercules* Transportern das Terminalgebäude an und befreite unter geringen eigenen Verlusten die Geiseln, wobei im Verlauf der Aktion allerdings die meisten der Terroristen getötet wurden. Einmal mehr hatte ein klar definiertes Ziel in Verbindung mit einer extrem starken Führung zum Erfolg eines Kommandoeinsatzes geführt, und zwar mit »Pick-up«-Einheiten, die eine Spezialausbildung durchlaufen hatten. Solche Einheiten, immer unter der Vorgabe, daß sie entsprechend ausgebildet sind und über die notwendige Vorlaufzeit verfügen, können wahre Wunder bewirken. Da sie von regulären Truppen abgezogen werden, sind sie billiger in der Unterhaltung und weniger kostspielig, wenn sie einem Risiko ausgesetzt werden müssen.

Eine MEU(SOC) vereint in sich die Reaktionsfähigkeit und den Professionalismus einer aufgabenspezifischen Kommandotruppe mit den Kosten und den Erfolgsaussichten speziell ausgebildeter, »aus dem Stand« aufgestellter Special-Operations-Einheiten. Zusammengesetzt aus regulären Einheiten des Marine-Corps-Bestandes, ist eine MEU(SOC) praktisch eine MAGTF auf der Basis eines verstärkten Schützenbataillons mit Spezialausbildung und spezieller Ausrüstung. Damit ist sie dann in der Lage, eine begrenzte Bandbreite von Kommandoeinsätzen durchzuführen. Ein interessantes Charakteristikum der MEU(SOC)s ist die Tatsache, daß sie nicht ständig aus den gleichen Einheiten zusammengestellt werden, wenn wieder einmal die Zeit näherrückt, auf einen neuen Törn zu gehen. Da sie sowohl von den Battalion Landing Teams (BLT) als auch den Medium Marine Helicopter Squadrons (HMM), den MEU Service Support Groups (MSSG) und ARGs kommen können, besteht die Möglichkeit, die unterschiedlichen Komponenten genau so zu mischen und zusammenzufügen, daß sie den jeweiligen Bedarfslagen entsprechen. Und weil ihre Kommandoeinsatz-Kapazitäten die oberste Schicht ihrer existierenden konventionellen Hubschrauber- und amphibischen Einsatzfähigkeiten bilden, sind die MEU(SOC)s tatsächlich so etwas wie ein Sonderangebot für den amerikanischen Steuerzahler. Schließlich können sie – und vielleicht ist gerade das der größte aller ihrer Vorteile – an Bord von Schiffen ihrer eigenen ARG in den vorgeschobenen Einsatzbereichen eingesetzt werden, ohne auf irgendwelche Einwilligungen seitens fremder oder verbündeter Regierungen angewiesen zu sein, was ihre Verwendung angeht. Bedenkt man all die Frustration, die in der Vergangenheit durch das Dazwischenfunken ausländischer Regierungen zustande gekommen ist, ist dies sicherlich der Weg, auf dem die amerikanischen Befehlsinstitutionen die Rechtfertigung für die Unterhaltung von insgesamt sieben dieser MEU(SOC)s nachweisen können.

Geschichte und Aufbau: Die 26th MEU(SOC)

Obwohl die 26th die erste MEU(SOC) war, die 1985 auf Törn ging – damals hieß sie noch MAU(SOC) –, hat es das Glück mit diesem ersten Zug nicht besonders gut mit ihr gemeint... wenn man denn Glück in dem Sinn ver-

Colonel James Battaglini am 29. August 1995, als er gerade mitten in den Vorbereitungen für den Törn der 26th MEU(SOC) ins Mittelmeer stand   JOHN D. GRESHAM

stehen will, daß sie wie andere MEU(SOC)s in irgendeine auffällige oder publikumswirksame Aktion verwickelt waren. Aber nichtsdestoweniger hat die 26th in den Jahren, seit das Konzept zum ersten Mal verwirklicht und ersten Tests unterzogen wurde, in der Sache selbst gute Pionierarbeit geleistet. Im Laufe der letzten zehn Jahre hat die 26th Evakuierungsaktionen in Liberia unterstützt und war vor der Küste Somalias stationiert.

Gerade als die 26th im Winter 1994/95 auf dem Weg zu ihrem Ausbildungs- und Auffrischungszyklus war, bekam sie einen neuen Commanding Officer (CO), der von da an als ihr Gehirn, Vater und Verwalter fungieren sollte. Der neue CO, Colonel James R. Battaglini, ist schon eine eindrucksvolle Persönlichkeit. Seine pure Präsenz in einem Raum, an Deck oder in einer Landungszone läßt keinen Zweifel mehr zu, daß der Boss angekommen ist und das Kommando übernommen hat. Als großgewachsener, schlanker Mann mit harten Augen ist Colonel Battaglini dennoch ein Mensch, der seine Marines mehr liebt als irgend etwas sonst auf dieser Welt. In Washington geboren, graduierte er am Mount Saint Mary's College und besitzt zwei Diplome (eines in Management und eines in Sicherheitsstudien). Mit ihm kann man sich im einen Augenblick noch über die Vorteile von Satelliten-Kommunikationssystemen und im nächsten Augenblick schon über die bestenden Richtlinien für nichttödliche Waffen unterhalten. Als er sich auf der Karriereleiter des Marine Corps hinaufarbeitete, kommandierte er bis zu seinem Einsatz 1991/92 mit der 22nd MEU(SOC) so ziemlich jede Art von Einheit bei den Marines, angefangen von einem Aufklärungszug bis hin zum 1st Battalion des 8th Marine Regiment (1/8). Auf seinem Weg sammelte er auch im Laufe von *Desert Storm* einen *Bronze Star* für besondere Tapferkeit im Gefecht ein. Ihn unterstützt sein ranghöchster Unteroffizier als Ausbilder: Sergeant Major W. R. Creech, selbst ein Veteran mit über 20 Jahren Dienst im Corps auf dem Buckel.

Was Battaglini und Creech da 1995 für den sechsmonatigen Mittelmeertörn zusammenstellten, war eine Truppe, die sich aus den verschiedensten ineinandergreifenden Komponenten zusammensetzte. Wie alle anderen im Einsatz befindlichen Kräfte der Marines orientiert sich eine MEU(SOC) grundsätzlich an den Strukturen einer MAGTF. Ähnlich wie die Expeditionseinheiten, die vom Corps eingesetzt werden, so besteht auch diese Einheit aus Boden-, Luft und Logistikkomponenten. Die essentiellen Bestandteile dieser Struktur sind folgende:

- **Command Element (CE)** – Das Stabs- beziehungsweise Führungselement in Kompaniestärke (28 Offiziere und 186 Mannschaften) stellt die Befehls- und Führungs- als auch die Kommunikationselemente für die gesamte MEU(SOC). Das CE der 26th MEU(SOC) ist in Camp Lejeune, North Carolina, stationiert.
- **Ground Combat Element (GCE)** – Das Bodenkampfelement ist praktisch ein verstärktes Battalion Landing Team (BLT; bestehend aus 54 Offizieren und 1178 Mannschaften), das so konzipiert ist, daß es in den nur begrenzt zur Verfügung stehenden Räumlichkeiten an Bord der drei Schiffe einer ARG Platz findet. Für den 1995/96er Törn setzte sich

26th Marine Expeditionary Unit – Special Operations Capable – MEU (SOC)

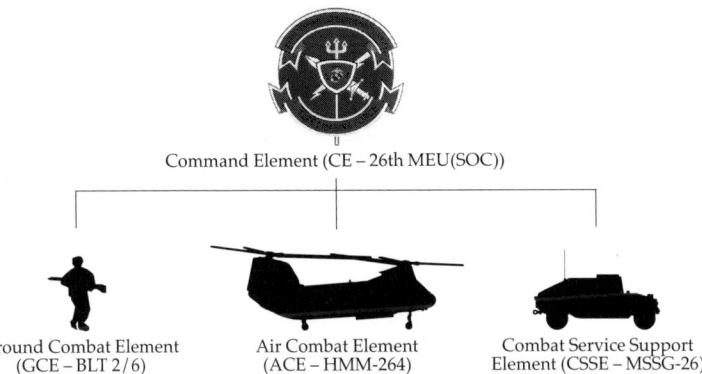

Organisation der 26th MEU(SOC). Die drei Komponenten (Boden, Luft und Unterstützung) sind bei sämtlichen MAGTFs der Marines Standard.

Jack Ryan Enterprises, Ltd., von Laura Alpher

das GCE für den Einsatz der 26th MEU(SOC) in erster Linie aus dem 2nd BLT des 6th Marine Regiment (2/6) zusammen. Diese Einheit ist Bestandteil der 2nd Marine Division in Camp Lejeune, North Carolina.

- **Aviation Combat Element (ACE)** – Das Luftkampfelement einer MEU(SOC) besteht aus einer verstärkten Medium Marine Helicopter Squadron (HMM mit 55 Offizieren und 263 Mannschaften). Es ist eine Mischung aus CH-46 *Sea Knights*, CH-53E *Super Stallions*, AH-1W *Cobras*, UH-1N *Iroquois* und AV-8B *Harrier II*. Darüber hinaus kann eine MEU(SOC) auch noch durch eine landgestützte Kraft aus KC-130 *Hercules* Tankflugzeugen verstärkt werden. Das ACE der 26th MEU(SOC) gruppiert sich praktisch um das HMM-264, das in der Marine Corps Air Station (MACS) in New River, North Carolina, gleich gegenüber von Camp Lejeune stationiert ist. Die *Harrier*-Abteilung kommt von der Marine Corps Attack Squadron 231 (VMA-231) aus der MACS Cherry Point in North Carolina.

- **Combat Service Support Element (CSSE)** – Das Gefechtsunterstützungselement hat etwa Kompaniestärke (13 Offiziere und 234 Mannschaften) und setzt sich aus acht Zügen zusammen, die praktisch alles, angefangen von Versorgung über Technik, Transportwesen und Instandsetzung bis hin zum Sanitätsbereich, abdecken. Das CSSE der 26th MEU(SOC) ist die MEU Service Support Group 26 (MSSG-26), die ebenfalls in Camp Lejeune stationiert ist.

Diese vier Elemente, CE, GCE, ACE und CSSE bilden gemeinsam eine MEU(SOC) MAGTF wie die 26th. Darüber hinaus muß jeder MEU(SOC)-Kommandeur die Struktur seiner Einheit so gestalten, daß sie für die geplante Mission und seinen eigenen Operationsstil praktisch maßgeschneidert ist. Es passiert nicht selten, daß solche Modifikationen und

Zusätze auf der Basis von Anregungen und Erfahrungen zustande kommen, die MEU(SOC)s einbringen, die im Zeitplan unmittelbar vorher ihren Törn absolviert haben. So nahm man sich beispielsweise bei der 26th im Rahmen ihrer Vorbereitungen im Sommer 1995 genauso sehr die Erfahrungen zu Herzen, welche die 22nd MEU(SOC), die gerade eben zurückgekommen war, hatte machen müssen, wie die von Marty Berndts 24th MEU(SOC), die zu diesem Zeitpunkt gerade im Mittelmeer auf Törn war. Aus den Erkenntnissen der 24th (wie beispielsweise die O'Grady-Rettungsaktion) kam beispielsweise der Vorschlag, das ACE der 26th um je einen zusätzlichen CH-53E *Super Stallion* und AH-1W *Cobra* Hubschrauber zu erweitern, um mögliche Evakuierungsaktionen in Bosnien-Herzegowina unterstützen zu können. Aber jetzt wollen wir uns einmal etwas näher mit den einzelnen Komponenten der 26th MEU(SOC) befassen, um herauszubekommen, was einer so kleinen Einheit einen derart mächtigen Biß verleiht.

Die Führung: Der Stab der 26th MEU(SOC)

Das Befehls- und Führungselement der 26th MEU(SOC) unter dem Kommando von Colonel Battaglini ist ein Spiegelbild der traditionellen Stabsstruktur beim amerikanischen Militär. Der Executive Officer (XO) Lieutenant Colonel Fletcher »Fletch« W. Ferguson junior koordiniert und leitet den gesamten Stabsbereich. An Bord des ARG-Flaggschiffs ist er darüber hinaus auch noch Commanding Officer of Troops (Truppenkommandeur) und Offizier vom Dienst beim vorgeschobenen Führungselement. Der Sergeant Major der MEU(SOC), Sergeant Major William Creech, erfüllt diese Pflichten in bezug auf Disziplin, Wohlergehen, Verhalten, Moral und Führung der Soldaten. Der Rest schlüsselt sich folgendermaßen auf:

- **S-1 – Adjutant** – Das ist der Personal- und Verwaltungsbereich; er steht unter dem Kommando von Captain Daniel McDyre.
- **S-2 – Aufklärung** – Unter dem Kommando von Major Phil Gentile zeichnet die Aufklärungsabteilung der MEU(SOC) für alles verantwortlich, was mit der Wetter-, Feind- und Geländesituation in dem Bereich zu tun hat, in dem die MEU(SOC) operieren soll. Sie legt die Aufklärungsanforderungen fest und leitet die Bemühungen, die zum Sammeln von Informationen notwendig sind:
  – ein Verhör- und Übersetzerteam, das im Einsatz verbesserte Unterstützung der HUMINT (Human Intelligence = Aufklärung durch Menschen, kurz: Spionage, also Agententätigkeit) durch Befragung, Einsatz-Abschlußbesprechungen und Überwachung von Personen mit nachrichtendienstlichem Wert liefert,
  – eine Force Imagery Interpreter Unit, die bis zu einem gewissen Maß für die Bildauswertung zuständig ist,
  – ein Counterintelligence-Team, das im Einsatz für die Gegenaufklärung zuständig ist,

- ein Kartographie-Zug, der in eingeschränktem Maß über die Möglichkeiten zur Erstellung von topographischen Karten und Geländemodellen verfügt,
- eine Abteilung des Funkbataillons, die eine Verstärkung der Kapazitäten im Bereich der Aufklärung, Analyse und elektronischen Gefechtsführung liefert; dazu gehört unter anderem auch die Bereitstellung eines Funkaufklärungstrupps für eine erweiterte taktische Aufklärung bei ausgewählten Operationen.

- **S-3 – Ausbildung und Operationen** – Sobald die Verstärkungen bei der MEU(SOC) eingetroffen sind, ist dies die größte Abteilung im Stabselement. Ihr Kommandeur ist Lieutenant Colonel Steve Lauer. Als S-3 ist er für alles verantwortlich, was irgendwie mit Organisation, Ausbildung und taktischen Operationen zu tun hat. An Bord des ARG-Flaggschiffs untersteht dem S-3 auch noch das Landing Force Operations Center (LFOC). Sobald die MEU aktiviert ist, wird es wie folgt verstärkt:
  - eine Abteilung Force Reconnaissance Company,
  - eine Air and Naval Gunfire Liaison Company (ANGLICO = Kompanie für die Koordination von Geschützfeuer aus der Luft und von See her), die sich aus zwei unterstützenden Trupps für die Koordination und einem Feuerleittrupp zusammensetzt,
  - eine Abteilung von der Marine Air Control Group (MACG = Flugleitungsgruppe der Marines) mit einer Marine Air Support Squadron (MASS = Luftunterstützungs-Staffel der Marines) und einer LAAD-Batterie (Low Altitude Air Defense = Tiefflugabwehr), die für die Tiefflug- und Luft-Nahabwehr zuständig ist. Die LAAD-Batterie wiederum setzt sich aus zwei der neuen *Avenger* SAM-Fahrzeugen zusammen. Diese Fahrzeuge sind HMMWV-Fahrgestelle, auf die man Startgeräte für acht *Stinger* SAMs und ein Maschinengewehr Kaliber .50 montiert hat und sie damit zu sehr potenten Aktivposten für die Punktzielabwehr macht. Dazu gehören auch noch drei *Stinger*-Trupps, die mit der tragbaren Variante dieser Lenkwaffe ausgerüstet sind und im Einsatz auf den *Avenger* aufsitzen.

- **S-4 – Logistik** – Diese Abteilung ist praktisch für alles zuständig, was im weitesten Sinne mit Gefechtsunterstützung zu tun hat. Dazu gehören Funktionen wie Versorgung, Instandsetzung, Einschiffung, medizinische und zahnmedizinische Versorgung, Verpflegungsservice und das gesamte Finanzmanagement. S-4 steht unter dem Kommando von Major Dennis Arinello, der auch gleichzeitig Chef des Tactical Logistics Center (TACLOG) an Bord des ARG-Flaggschiffs ist.

- **S-6 – Kommunikation** – Diese Abteilung plant, koordiniert und betreibt sämtliche Kommunikations- und automatisierten Datenverarbeitungssysteme einer MEU(SOC). Unter dem Kommando von Captain James Dillon leitet S-6 Verschlüsselungsoperationen und führt das Landing Force Operations Center, stellt die Funker für das LFOC und gibt die Communications Electronics Operating Instructions (CEOI) für die MEU(SOC) heraus. Dazu gehört auch eine Abteilung des Communica-

Aufschlüsselung der Gefechtsausrüstung der 26th MEU(SOC)

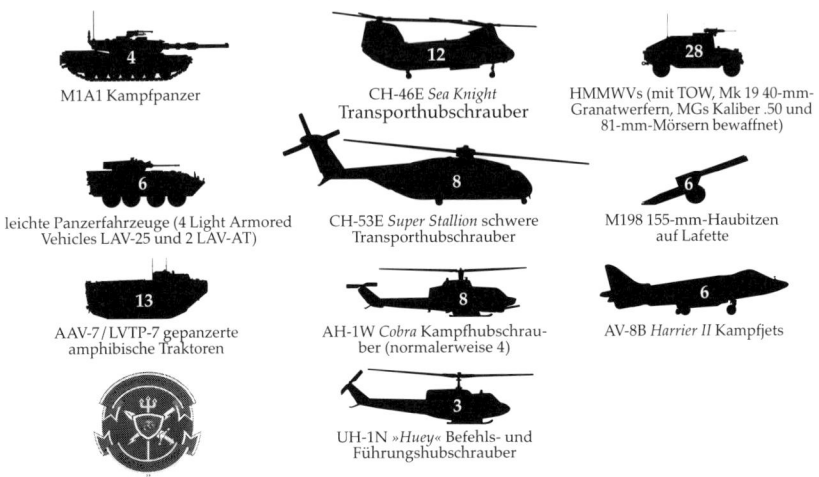

JACK RYAN ENTERPRISES, LTD., VON LAURA ALPHER

tion Battalion, das sämtliche Kommunikationseinrichtungen für die Befehls- und Führungsebene bei der Durchführung aller Operationen bereitstellt.

Wie man sich vielleicht vorstellen kann, gehört der Stab einer MEU(SOC) eher zum »ranken und schlanken« Typ von Organisation. Deshalb müssen die oben aufgelisteten Aufgaben schon von höchst motivierten Offizieren und Soldaten bewältigt werden. So betreibt beispielsweise der S-4-Offizier der MEU(SOC) den gesamten logistischen Aufwand der MAGTF mit einem Stab von gerade einmal zwölf Marines, die lediglich über ein paar Computer, Telefone und einen scheinbar unendlichen Nachschub an Kaffee verfügen. Zusätzlich zu den formalen Abteilungsstrukturen gibt es noch eine Reihe spezieller Stabsoffiziere, die eine Vielzahl von Pflichten erledigen, die nicht in den Bereichen der »S«-Sektionen unterzubringen sind. Dazu gehört beispielsweise der Militärrichter des Stabes, der Ausgabeoffizier und der Militärgeistliche. Darüber hinaus hat der Kommandeur einer MEU(SOC) auch noch eine kleine Truppe zu seiner Verfügung, die unter der Bezeichnung Maritime Special Purpose Force (MSPF) geführt wird. Diese MSPF wird von der MEU(SOC) aufgabenspezifisch abgestellt und ist dann in der Lage, als SOC-Kraft sehr schnell maßgeschneidert zu werden, wenn es um die Erledigung ganz spezieller Missionen geht. Sie kann entweder zur Ergänzung von konventionellen Marineoperationen herangezogen werden oder aber eigenständig Spezialeinsätze leiten. Das Kommando über eine MSPF verbleibt aber grundsätzlich beim Kommandeur der MEU(SOC).

Die Bodenkampf-Komponente: Marines des BLT 2/6

Das GCE der 26th MEU(SOC) ist das schwere Gefechtselement der MAGTF. In der Größenordnung eines BLT ist die Bodenkampfkomponente so konzipiert, daß sie Colonel Battaglini und seinem CE die nötige Menge Soldaten und Ausrüstung verschafft, um praktisch alles vom überfallartigen amphibischen Angriff bis zur Durchführung einer nichtkombattanten Evakuierung einer Botschaft oder einer anderen Einrichtung durchführen zu können. Das GCE der 26th MEU(SOC) kommt vom BLT 2/6 aus Camp Lejeune. Eine stolze Einheit mit einer langen Geschichte im Dienst unseres Landes. Die Gefechtshistorie der 2/6er reicht bis in die Wälder von Belleau zurück, wo sie im Ersten Weltkrieg kämpften, und schließt eine ganze Reihe der unterschiedlichsten Aktionen ein, die im Laufe der Jahre beispielsweise in Schanghai, Tarawa, Iwo Jima und Beirut liefen. Das BLT 2/6 steht im Augenblick unter dem Kommando von Lieutenant Colonel John R. Allen, einem Absolventen der Naval Academy, Examensjahrgang 1976, der nebenbei bemerkt auch noch ein paar Diplome mit sich herumschleppt, und zwar in politischen Wissenschaften und Studien über strategische Aufklärung. In Fort Belvoir, Virginia, geboren, hatte er die besondere Ehre, beim allerersten Einsatz der 26th MEU(SOC) im Jahre 1985 mit dabeisein zu dürfen. Und genau diese Ehre hätte ihn beinahe das Leben gekostet. Beim Absturz eines CH-46 während der Übungen der Einheit wurde er schwer verwundet, erholte sich aber wieder und blieb beim Corps. Colonel Allen gehört zum eher intellektuellen Typ Marine, der offenbar andauernd über neue Wege nachdenkt, wie er die Truppe einsetzen kann, die das Corps unter sein Kommando gestellt hat. Ob es sich dabei nun um die Erkundung von Möglichkeiten handelt, einen amphibischen Traktor wie das AAV-7A1 bei Flußgefechten als Kanonenboot zu verwenden, oder um die Ausarbeitung neuer Täuschungsmanöver geht, mit denen man Aufklärungselemente im Feld besser schützen könnte, John Allen denkt praktisch ununterbrochen nach. Sein ranghöchster Unteroffizier ist Sergeant Major James Rogers, der sich um die Soldaten des BLT kümmert.

Das BLT 2/6 ist ein Standard-Schützenbataillon der Marines, zu dem einige Extras gerechnet werden müssen, um Landungsoperationen durchführen zu können. Um das richtig verstehen zu können, müssen wir einen genaueren Blick auf die einzelnen Blöcke werfen, aus denen es sich zusammensetzt. Wie ich schon vorher angesprochen habe, ist ein Viermann-Schützentrupp praktisch die Stammzelle einer Gefechtseinheit bei den Marines. Dem Truppführer (gewöhnlich ein Corporal, der mit einem M16A2 mit einer aufsteckbaren Granatpistole vom Typ M203 ausgerüstet ist) sind zwei Schützen (ebenfalls mit M16A2 bewaffnet) und ein »Automatik«-Schütze (mit einer M249 Squad Automatic Weapon – SAW) unterstellt. Indem man nun drei dieser Schützentrupps einem Sergeant unterstellt, erhält man eine Squad (Gruppe). Drei Squads mit einem Second Lieutenant und einem Platoon (Staff-)Sergeant als Befehlshaber bilden dann ein Platoon (Zug). Bis hierher ist die Sache noch relativ einfach nach-

Battalion Landing Team
2nd Battalion/6th Marine Regiment (BLT 2/6)

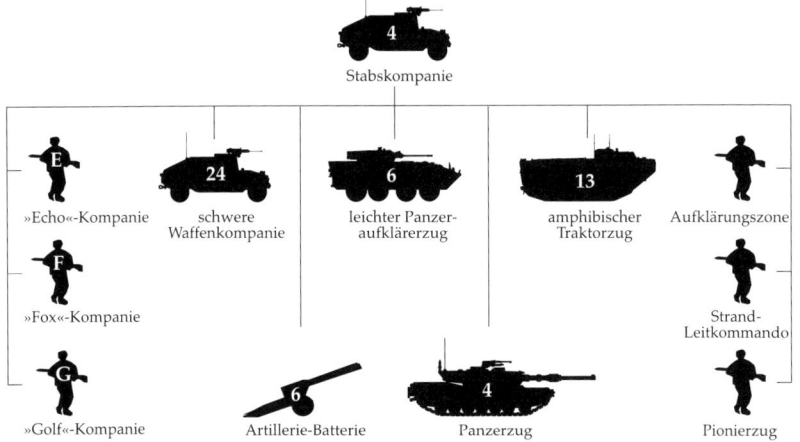

Organigramm der Bestandteile des Battalion Landing Team (BLT) 2/6 (2nd Battalion/6th Marines) *JACK RYAN ENTERPRISES, LTD., VON LAURA ALPHER*

zuvollziehen. Jetzt werden die Dinge allerdings etwas komplizierter. Indem man drei Infanteriezüge mit einem schwerbewaffneten Zug kombiniert (M240 Maschinengewehre, M224 60-mm-Mörser und Mk 153 SRAWs), bekommt man eine Schützenkompanie der Marines unter dem Kommando eines Captain und seines First Sergeant. Die Einheiten in Zug- und Kompaniestärke sind die Grundelemente des BLT und werden folgendermaßen miteinander kombiniert:

- **BLT Headquarters and Headquarters & Service Company** – Der Stab eines BLT ähnelt strukturell sehr stark dem einer MEU(SOC), mit allen »S«-Bereichen für Verwaltung, Einsätze, Aufklärung und so weiter.
- **Rifle Companies (3)** – Es gibt drei dieser Schützenkompanien, jede mit einer Sollstärke von rund 150 Mann (und Frau). Jede Kompanie erhält ihre Bezeichnung nach einem Buchstaben des Alphabets auf der Basis ihrer Stellung innerhalb des Regiments, zu der sie gehört. So sind beispielsweise die »Alpha«- (für »A«), »Bravo«- (für »B«) und »Charlie«- (für »C«) die Infanteriekompanien des 1/6 BLT. Dementsprechend werden die drei Infanteriekompanien des 2nd BLT dann mit »Echo« (für »E«), »Fox« (für »F« = Foxtrott) und »Golf« (für »G«) bezeichnet.
- **Heavy Weapons Company (1)** – Diese mit schweren Waffen ausgerüstete Kompanie ist praktisch der tödliche Bruder der schweren Züge, die organischer Bestandteil der Infanteriekompanien sind. Die Heavy Weapons Company setzt sich aus drei Zügen zusammen: dem 81-mm-Mörser Zug (acht M252 Mörser Kaliber 81 mm), dem Heavy Weapons Platoon (acht TOW-II-Startgeräte, sechs Mk 19 automatische Granatwerfer Kaliber 40 mm und sechs M2 Maschinengewehre Kaliber .50 auf

gepanzerten HMMWVs) und dem Anti Armor Platoon (acht M-47 *Dragon* Startgeräten). Der Zug mit schweren Waffen gliedert sich in drei sogenannte Combined Anti-Armor Teams (CAAT = zusammengesetzte Panzerabwehrtrupps), welche die große Beweglichkeit der HMMWVs mit den Möglichkeiten der drei oben genannten Waffen kombinieren. Auf einem Drehgestell beziehungsweise -kranz mit der Bezeichnung »Pintle« können diese Waffen auch auf den sechs Fast Attack Vehicles (FAV = Hochgeschwindigkeits-Angriffsfahrzeuge, im Grunde schwarz lackierte »Dune-Buggies«) montiert mitgeführt und von den schweren Transport-hubschraubern der MEU abgesetzt werden.

- **Artillerie-Batterie (1)** – Diese Batterie besteht aus sechs M198 Haubitzen auf Lafetten, die in erster Linie von den 5-Tonner-Lkws bewegt werden. Zusätzliche Laster besorgen den Munitionstransport und die Versorgung der Batterie.
- **Leichter Panzeraufklärer-Zug** – Auch unter der Bezeichnung »Task Force Mosby« (nach dem berühmten Guerillakämpfer auf seiten der Südstaaten im amerikanischen Unabhängigkeitskrieg) geführt, wenn er gemeinsam mit den bewaffneten HMMWVs von der Heavy Weapons Company im 2/6 eingesetzt wird. Es handelt sich hier um einen gemischten Zug aus leicht gepanzerten Radfahrzeugen (LAV), die gewöhnlich als gepanzerte Aufklärungsfahrzeuge und als »Trip-wire«[70]-Trupp verwendet werden. Dazu gehören normalerweise vier LAV-25 (mit den *Bushmaster* 25-mm-Kanonen), zwei LAV-ATs (mit den TOW-Panzerabwehr-Lenkwaffen) und ein LAV-R als Bergefahrzeug.
- **Assault Amphibian (AAV) Platoon** – Dieser taktische Landungszug besteht aus 17 der taktischen AAV-7 Traktoren, zu denen noch ein AAV-7 in der Ausführung als Bergefahrzeug und eines in der Version mobiler Gefechtsstand gerechnet werden muß.
- **Surface Rubber Boat Raid & Cliff Assault Company (1)** – Neben den LCACs, LCUs und AAVs kann ein BLT auch noch auf 20 F470 Schlauchboote von Zodiac zurückgreifen. Diese Boote sind auf die speziellen Anforderungen von gefechtsmäßig stattfindenden Überfällen optimiert, die zur Unterstützung von Landungsoperationen durchgeführt werden. Die F470 kommen auch bei Flußoperationen oder Spezialeinsätzen immer dann zum Einsatz, wenn Soldaten in feindliches Gelände gebracht werden mussen.
- **Panzerzug (1)** – Zum ersten Mal seit vielen Jahren wurde wieder ein Panzerzug in eine MEU(SOC) integriert. Er besteht aus vier M1A1 *Abrams* Kampfpanzern und einem M88A1 Bergepanzer und soll dem BLT eine massive Direktbeschuß-Feuerkraft verschaffen.
- **Combat Engineer Platoon (1)** – Zur Unterstützung der Räumung von Sperren, zum Bau von Dämmen, Geschützstellungen und Bunkern sowie anderen Hoch- und Tiefbauarbeiten hat man dem BLT 2/6 einen kleinen, aber äußerst leistungsfähigen Pionierzug unterstellt. Mit einem Bulldozer und verschiedenen anderen Gerätschaften ausgerüstet, stel-

---

70 Stolperdraht

len diese Pioniere Lieutenant Colonel Allen und seinen Marines eine Vielzahl von Hoch- und Tiefbauleistungen zur Verfügung.
- **Reconnaissance Platoon (1)** – Zusätzlich zu anderen Aufklärungselementen, die zur 26th MEU(SOC) gehören, verfügt das BLT auch über diesen eigenen Aufklärerzug, der durch einen Späh-/Scharfschützenzug von der Stabskompanie des BLT ergänzt werden kann. Diese Konzentration auf die Aufklärung ist keineswegs als Zufall zu verstehen, sondern ein durchaus geplantes Vorgehen. Es ist das Resultat der teuer bezahlten Erkenntnis, daß man eigentlich nie genug Augen auf einem Gefechtsfeld haben kann.
- **Shore Fire Control Party (1)** – Dieses Küsten-Feuerleitkommando ist zwar klein, aber von äußerst lebenswichtiger Bedeutung, denn es hat die schwierige Aufgabe, die Feuerunterstützung durch die Schiffe der Navy zu planen und zu leiten. Es besteht sowohl aus Marines als auch aus Seeleuten. Dieser Zug kann äußerst schnell Artilleriefeuer anfordern, und das selbst in der Verwirrung der ersten Augenblicke, die ein amphibischer Überfall mit sich bringt.

All diese Aktivposten machen das BLT 2/6 zu einer äußerst beweglichen und kompakten Strike Force mit allen Möglichkeiten, eine große Bandbreite aufregender Dinge durchzuführen. Kombiniert man beispielsweise die Panzer mit den LAVs und AAVs, kann man auf diese Weise sehr schnell eine verstärkte Schützenpanzer-Einsatztruppe auf die Beine stellen, die dann zu praktisch allen Arten von Einsätzen, angefangen von Landungsoperationen bis hin zu friedenssichernden Maßnahmen, verwendet werden kann. Gleichzeitig können die Marines auf die unterschiedlich-

Lieutenant Colonel John Allen, 1995/96 Kommandeur des BLT 2/6 mit dem Autor (rechts). Allen war, damals noch als junger Offizier, im Jahre 1985 auf dem ersten Törn einer MEU(SOC) mit dabei und fungiert zur Zeit als General Krulaks Berater im Pentagon.
JOHN D. GRESHAM

sten Arten zu ihren Zielen transportiert werden. Das passiert dann beispielsweise per Hubschrauber oder an Bord von LCACs, LCUs, AAVs oder Schlauchbooten, wenn es darum geht, an eine Küste zu gelangen. Vielleicht noch wichtiger ist die Tatsache, daß ARG und MEU(SOC) über die notwendige Transportkapazität verfügen, die komplette Kampfkraft eines BLT auf einmal an einen Küstenstreifen zu werfen. Das bedeutet, daß das BLT 2/6 auf die unterschiedlichsten Weisen zuschlagen kann – und das alles zur gleichen Zeit. Wenn es überhaupt einen Schwachpunkt gibt, dann ist es der, daß das »Hauptstandbein« des BLT infanteristischer Natur ist. Es herrscht ein Mangel an Fahrzeugen, die ganz hilfreich wären, wenn es um den Transport eben dieser Infanterie auf und über ein Gefechtsfeld geht. Darüber hinaus ist und bleibt es ein einziges Bataillon, weshalb Lt. Colonel Allen und sein Stab sich sehr genau überlegen müssen, wie sie ihre Gefechte aufnehmen und sich in Stellung bringen müssen, um jede sich bietende Gelegenheit wahrnehmen zu können, das Optimum aus ihren begrenzten Ressourcen herauszuholen.

Die »Fliegenden Ledernacken«: HMM-264

Das ACE der 26th MEU(SOC) ist eine Verbundorganisation ähnlich dem 366th Wing, das wir in meinem Buch *Fighter Wing* besuchten. Der Hauptunterschied zu diesem Geschwader besteht jedoch darin, daß die Hauptmission dieses ACE darin besteht, den Transport und die Unterstützung von Operationen des GCE des BLT 2/6 von der 26th zu gewährleisten. Das ACE der 26th steht unter dem Kommando von Lieutenant Colonel David T. »Peso« Kerrick, der gleichzeitig auch Kommandeur des HMM-264 ist, das als Kerneinheit der Luftkomponente fungiert. Er wurde in Elizabeth, Kentucky, geboren und absolvierte 1976 die Naval Academy. Er verbrachte einen großen Teil seiner bisherigen Laufbahn als Pilot von CH-46 *Sea Knights* beim Corps und wurde schließlich im Jahre 1995 zum Geschwader-Kommodore befördert. Er wird von Sergeant Major Ronald Trombley unterstützt, der sich um das Wohlergehen seiner Marines kümmert.

Die »Black Knights« vom HMM-264 sind eines der ursprünglichen Hubschraubergeschwader beim Marine Corps, welches schon in der Dominikanischen Republik, in Beirut, Liberia und im Nordirak kämpfte. In der Konfiguration für den anstehenden Törn stellte sich das HMM-264 folgendermaßen dar:

- **CH-46E** *Sea Knight* **(12)** – Ein Dutzend mittlere Transporthubschrauber vom Typ CH-46E bilden den Kern des HMM-264. Obwohl schon ganz entschieden in die Jahre gekommen und mit erheblichen Einschränkungen sowohl bei der Transportkapazität wie auch in ihrer Reichweite, sind die *Sea Knights* nach wie vor die Haupttransporter für die 26th MEU(SOC). Das werden sie voraussichtlich auch bis zur Einführung des MV-22B *Osprey* zu Beginn des 21. Jahrhunderts bleiben.

Oben: Offizielles Abzeichen der Marine Medium Helicopter Squadron 264 (HMM-264), den »Black Knights«
JACK RYAN ENTERPRISES, LTD., VON LAURA ALPHER

Unten: Organisation und Ausrüstung des HMM-264. Die *Harrier*-Abteilung kommt von der Marine Attack Squadron 231 (VMA-231) aus der MCAS Cherry Point in North Carolina.
JACK RYAN ENTERPRISES, LTD., VON LAURA ALPHER

Marine Medium Helicopter Squadron 264 (HMM-264) (verstärkt)

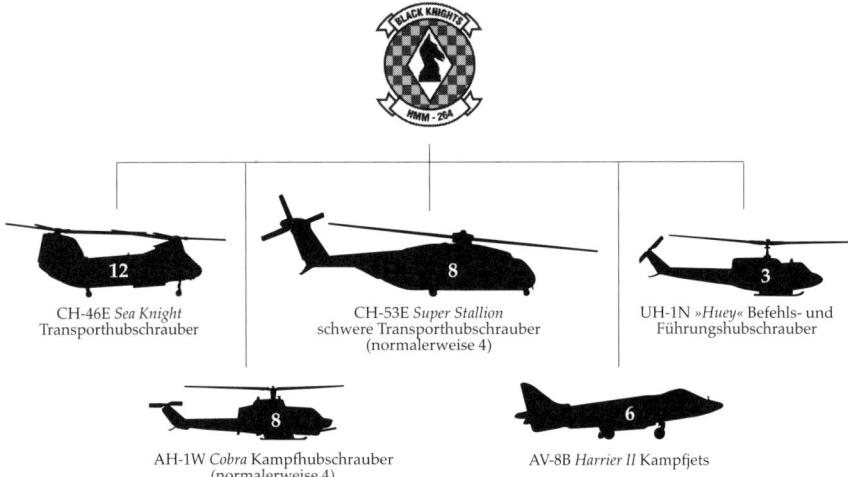

CH-46E *Sea Knight* Transporthubschrauber

CH-53E *Super Stallion* schwere Transporthubschrauber (normalerweise 4)

UH-1N *»Huey«* Befehls- und Führungshubschrauber

AH-1W *Cobra* Kampfhubschrauber (normalerweise 4)

AV-8B *Harrier II* Kampfjets

- **CH-53E *Super Stallion* (8)** – Die acht großen CH-53E *Super Stallion* Transporthubschrauber fungieren als Schwerlastspediteure des HMM-264. Normalerweise verfügt das ACE einer MEU(SOC) nur über vier CH-53E. Den Vorschlägen folgend, die aus den Erfahrungen der 24th MEU(SOC) resultierten, wurde aber die Zahl für diesen Einsatz wegen der zu erwartenden Entfernungen und des Lastenbedarfs verdoppelt. Man rechnete damit, unter Umständen amerikanisches beziehungsweise UN-Personal aus Bosnien-Herzegowina evakuieren zu müssen.
- **AH1-W *Cobra* (8)** – Wie bei ihren Waffenbrüdern, den CH-53E, wurde die Sollstärke der *Cobras* im HMM-264 ebenfalls von vier auf acht verdoppelt. Auch diese Entscheidung fällte man auf der Grundlage von

Erfahrungen, die bereits von der 24th MEU(SOC) in Bosnien gemacht wurden und die ganz eindeutig gezeigt hatten, daß man 1995 zusätzliche Feuerkraft und Hubschraubereskorten benötigen würde. Anfangs hatte man gehofft, daß noch vor Beginn des Törns die modernisierte Version des AH-1W mit dem neuen Night Targeting System (NTS = Nachtzielgerät) verfügbar wäre. Unglücklicherweise führten Lieferengpässe bei den Ersatzteilen zu Verzögerungen, die zur Folge hatten, daß die NTS-ausgerüsteten *Cobras* erst 1996 zum ersten Mal dabeisein konnten. Solange mußte man sich eben noch gedulden.

- **UH-1N** *Iroquois* **(3)** – Das HMM-264 ist allein deshalb noch mit drei UH-1N *Iroquois* ausgerüstet, um der 26th MEU(SOC) und ihren diversen Komponenten fliegende Befehlsstände zur Verfügung stellen zu können. Besser unter dem Spitznamen »*Huey*« bekannt, sind diese Hubschrauber den Stäben der MEU(SOC) unterstellt, um nötige AOR-Transporte zwischen den Einheiten abzuwickeln. Einer der *Hueys* ist mit einem *Nite Eagle*-Laser-Zielsystem ausgerüstet. Dieses System war ursprünglich für die Verwendung im inzwischen abgesetzten *Aquila* UAV-Programm der U.S. Army vorgesehen. Es setzt sich aus einem FLIR- und einem Laser-Designationssystem zusammen, das man unter die Nase des UH-1N montierte. Im ganzen Marine Corps gibt es nur drei dieser Systeme, und jede MEU(SOC) im Einsatz erhält gewöhnlich eines davon zugeteilt, um Ziele für die AGM-114 *Hellfire* Lenkflugkörper markieren zu können, die von den AH-1W *Cobras* gestartet werden.
- **AV-8B** *Harrier II* **(6)** – Zusätzlich zu den Hubschraubern verfügt das HMM-264 über eine kleine Anzahl von V-8B *Harrier II* Kampfjets. Sie wurden vom VMA-231 (das Geschwader trägt den Namen »Ace of Spades« = »Pik-As«) abgezogen. Bei diesen Maschinen handelt es sich um die ältere Version, die zu Beginn der 80er Jahre produziert wurde. Genau wie bei den NTS-*Cobras* hat das ACE der 26th MEU(SOC) auch hier das Pech gehabt, daß die neuen AV-8B *Harrier II Plus* nicht mehr rechtzeitig einsatzbereit waren, um sie mit auf ihren Törn nehmen zu können. Die Konsequenz, die sich daraus ergab, bestand nun darin, daß diese relativ neuen Radar-*Harrier*-Vögel noch bis 1996 warten mußten, bis sie zu ihrem ersten Einsatz kamen. Aber nichtsdestoweniger, die AV-8B, die der 26th MEU(SOC) vom VMA-231 für den 1995er Törn zur Verfügung gestellt wurden, sind auch so recht leistungsfähig. Sie können ihre 25-mm-GAU-12 Kanone einsetzen, Spreng- und Streubomben abwerfen, 70-mm-Raketen abschießen und sowohl AIM-9 *Sidewinder* als auch AGM-65 *Maverick* Lenkflugkörper starten.
- **KC-130** *Hercules* **(2)** – Da es eigentlich offensichtlich ist, daß ein Flugzeug in der Größenordnung einer KC-130F in der Ausführung als »fliegende Tankstelle« keine Chance hat, von Bord der USS *Wasp* (LHD-1) zu starten oder dort zu landen, das ACE der 26th MEU(SOC) andererseits aber auf Flugzeuge dieser Art angewiesen ist, werden sie von Stützpunkten aus betrieben, die an Land, wenn möglich in der Nähe des Einsatzgebietes, liegen. Sowohl die CH-53E als auch die AV-8B verfügen über Sonden für die Luftbetankung und können von den KC-130 Treib-

stoff übernehmen. Die Lufttanker kommen auf Anforderung des MEU(SOC)-Kommandeurs von der Marine Air Group 14 (MAG-14) der MCAS Cherry Point in North Carolina. Zur MAG-14 gehören zwei Tanker- und Transporterstaffeln, die VMGR-252 und VMGR(T)-253, die beide KC-130F fliegen. Wann immer Bedarf für eine Luftbetankung gemeldet wird (die Flugbesatzungen, die betankt werden wollen, rufen in einem solchen Fall nach der »Texaco«), kann die MAG-14 umgehend zwei der dicken viermotorigen Tanker zur Unterstützung der MEU(SOC) in die Luft bringen.
- **Helicopter Expeditionary Refueling System (HERS)** – Dieses System verschafft dem ACE einer MEU(SOC) die Möglichkeit, ein mobiles Betankungssystem an Land zu bringen. Entweder über den See- oder auf dem Luftweg transportiert, wird es nach der Landung dazu verwendet, einen Forward Arming and Refueling Point (FARP = vorgeschobener Auftank- und Wiederbewaffnungsplatz) für die Hubschrauber des ACE einzurichten, wo sie betankt werden können, ohne deshalb extra zu ihrem Mutterschiff bei der ARG zurückkehren zu müssen.

Setzt man all diese Einzelteile zusammen, wird das ACE der 26th zu einer sehr starken und leistungsfähigen verbundenen Lufteinheit. Feuerkraft und Soldaten einzufliegen ist für sie praktisch eine Momentsache, und das HMM-264 repräsentiert dadurch für Colonel Battaglini und seinen Stab einen lebenswichtigen Bestandteil ihrer Einheit. Wenn das ACE überhaupt eine Schwäche hat, dann sind es die CH-46E. Diese Vögel sind inzwischen schon ziemlich altersgrau und auf dem Weg in ihr viertes Jahrzehnt im Dienst. Sie schaffen es gerade einmal, acht bis zwölf Marines zu transportieren, was wiederum von der Entfernung zum Ziel abhängt, die zurückgelegt werden muß. Ist der MV-22B *Osprey* erst einmal da, schafft er es dann, bis zu 24 gefechtsbereit ausgerüstete Soldaten zu transportieren, und das über Entfernungen, die um ein Vielfaches größer sind als die des *Sea Knight*. Das alles macht er dann auch noch schneller und mit größeren Überlebenschancen. Aber bis er schließlich im Jahre 2001 endlich da ist, werden es die »Ochsenfrösche« noch weiter machen müssen.

Bohnen aller Art
Die MEU Service Support Group 26 (MSSG-26)

Nirgendwo auf der Welt gibt es eine militärische Einheit, die auf Dauer ohne kontinuierlich fließenden Nachschub von Verpflegung, Treibstoff, Wasser, Munition und all die Dinge auskommt, die sie letzten Endes einsatzfähig halten. Auch das Marine Corps hat diese Tatsache erkannt und ihr Rechnung getragen, indem es jeder MAGTF ein eigenes Combat Service Support Element (CSSE = Gefechtsunterstützungs-Element) unterstellt hat, damit sie jederzeit versorgt und gefechtsbereit ist. Die Logistikkomponente der 26th MEU(SOC) ist die MSSG-26 unter dem Kommando von Lieutenant Colonel Donald K. Cooper aus Greensboro in

Maryland (erst ist ein Wake Forest Absolvent, Abschlußjahrgang 1971) und First Sergeant Ralph Drake, der ihm als ranghöchster Unteroffizier beratend zur Seite steht. Diese Logistiktruppe besteht aus ungefähr 275 Soldaten, die auf acht Abteilungen in Zugstärke verteilt sind. Sie gliedern sich entsprechend ihrer Funktion wie folgt auf:

- **Stabszug** – Genau wie die anderen Komponenten der MEU(SOC) verfügt auch die MSSG-26 über eine Stabs- beziehungsweise Verwaltungseinheit mit den üblichen Sektionen nach dem »S«-Code.
- **Kommunikationszug** – Wegen der massiven Anforderungen, die an die MSSG-26 im Bereich der Warenbewirtschaftung und Lagerkontrolle gestellt werden, verfügt dieser Zug über stärkere Funk- und Computerkapazitäten als vergleichbare Einheiten in einer MEU(SOC).
- **Landungs-Unterstützungszug** – Diesen Zug kann man vielleicht noch am treffendsten mit einer Annahme- und Kontrollagentur für die MEU(SOC) beschreiben, was sowohl für eine Beach Landing Site (BLS = Strand-Landeplatz) als auch für eine Helicopter Landing Zone (HLZ = Hubschrauber-Landezone) gilt. Unter Verwendung eines computerisierten Barcodesystems scannen sie jeden Posten, der an Land gebracht wird, erfassen damit den entsprechenden Gegenstand und überwachen seinen Weg, bis er den BLS oder die HLZ wieder verläßt.
- **Pionier-Unterstützungszug** – Dieser Zug stellt wohlgeplante Pionier-Unterstützung bereit. Der Zug kann mit seinen Reverse Osmosis Water Purification Units (ROWPU = Osmoseumkehr-Wasserreinigungsgerät) trinkbares Wasser herstellen, mit einer ganzen Ansammlung der unterschiedlichsten Generatortypen Elektrizität liefern, losen Treibstoff einlagern und ausgeben und den Warenumschlag mit eigenen Gabelstaplern und Bulldozern unterstützen.
- **Versorgungszug** – Dieser Zug ist genau das, worauf sein Name schließen läßt: die zentrale Quelle und der Dreh- und Angelpunkt bei der Verteilung der meisten Posten auf der Versorgungsliste der MEU(SOC). Dazu gehören Ersatzteile, Treibstoffkanister, Marschverpflegung, Kleidung und so weiter, wobei alles über ein computergestütztes Verteilsystem gesteuert wird.
- **Motorisierter Transportzug** – Die Aufgabe dieser Einheit ist es, all das zu verteilen, was der Versorgungszug an die MEU(SOC)-Einheiten ausgibt, als auch Truppen zu transportieren. Um diese Aufgabe bewältigen zu können, ist er mit 5-Tonner-Lkws, HMMWVs, Wasser- und Treibstoff-Tanklastern und verschiedenen Logistic Vehicle Systems (LVS) ausgerüstet.
- **Instandsetzungszug** – Diese Einheit stellt alle Möglichkeiten für Instandsetzungs- und Wartungsarbeiten für sämtliche Einheiten der MEU(SOC) mit Ausnahme des ACE bereit. Dieser Zug repariert und wartet wirklich alles, angefangen von Rad- und Kettenfahrzeugen über Haubitzen, Gruppen- und individuelle Waffen bis hin zu Elektrogeräten, Computern und anderen Kommunikations-/Elektronikausrüstungen.

- **Sanitätszug** – Obwohl der größte Teil der medizinischen Versorgung der MEU(SOC) durch Ärzte und Sanitäter der Navy (Navy Corps) an Bord der Schiffe erfolgt, verfügt die MSSG über einen kleinen Sanitätszug mit Personal der Navy, um Erste Hilfe im Feldeinsatz leisten zu können. Er besteht aus einem Arzt und 20 Navy-Sanitätern, welche in der Funktion eines vorgeschobenen Truppenverbandplatzes für die MEU(SOC) arbeiten. Dort können dann Verletzte erstversorgt oder sogar reanimiert werden, bevor man sie per MEDEVAC auf die Schiffe der ARG ausfliegt, damit sie dort endgültig versorgt werden können.

Bedingt durch die Anstrengungen der MSSG und die Ressourcen der ARG auf hoher See, ist die MEU(SOC) darauf ausgelegt, Operationen von bis zu 15 Tagen Dauer durchstehen zu können. Ist dieser Zeitraum überschritten, wird eine Anschlußversorgung und -unterstützung beispielsweise durch ein MPSRON erforderlich, um die Weiterführung einer laufenden oder anschließenden Operationen bewältigen zu können. Aber nichtsdestoweniger, es macht die MEU(SOC) zu einer höchst leistungsfähigen und unabhängigen Einheit für Operationen von kurzer Dauer. So ist sie wegen ihrer relativ stark belastbaren Logistik-Kapazitäten im Vergleich zu Einheiten anderer Truppengattungen tatsächlich sehr leistungsfähig. Die 26th MEU(SOC) versorgte beispielsweise während einer gemeinsamen Übung im Sommer 1995 ein ganzes Bataillon der 82nd Airborne Division, das an einem Angriff auf ein Flugfeld beteiligt war, mit Wasser und Verpflegung (MREs). Vielleicht ist das ein Grund, weshalb Leute wie Lieutenant General Tony Zinni (Kommandierender General der I. MEF) Einheiten wie die 26th MEU(SOC) gern schon einmal als »sich selbst leckende Eistüten« bezeichnet!

Wie man hinkommt: PHIBRON 4

Im Kapitel über die 'Gator-Navy haben wir einen Blick auf die Schiffe geworfen, die eine ARG bilden und auf denen die MEU(SOC)s um die ganze Welt schippern. Die drei Schiffe der ARG, welche die 26th MEU(SOC) in diesen Tagen an Bord haben und befördern, gehören zum Amphibious Squadron Four (PHIBRON 4), das als Heimatstützpunkt die Basis für amphibische Kräfte in Little Creek, Virginia, hat. Dort liegt auch der Heimathafen der USS *Whidbey Island* (LSD-41) und USS *Shreveport* (LPD-12). Bedingt durch ihre enorme Größe, liegt das dritte Schiff des PHIBRON 4, die USS *Wasp* (LHD-1), direkt gegenüber im Hauptmarinestützpunkt Norfolk, Virginia, und damit in unmittelbarer Nähe der Kais, wo auch die Super-Flugzeugträger festmachen. Das PHIBRON 4 steht unter dem Kommando von Captain[71] C. C. »Skip« Buchanan. Skip Buch-

---

71 Um hier Mißverständnissen vorzubeugen: Captain Buchanan ist Mitglied der U.S. Navy und nicht des Marine Corps. Dadurch ist sein Dienstrang als Kapitän zur See (analog Oberst) zu verstehen. Bitte nicht mit dem gleich geschriebenen Rang verwechseln, der bei den Marines einen Hauptmann bezeichnet!

anan ist Absolvent der Naval Academy (Abschlußjahrgang 1967) und ein fröhlicher, wohlgerundeter Mann. Man erkennt ihn sofort an seinem ausgewaschenen Fallschirmspringer-Overall. Er zieht diese Kleidung ganz entschieden den üblichen Khaki-Uniformen vor. Klein und untersetzt, ist er ein Mann, der in sich selbst zu ruhen scheint und lieber zunächst einmal zuhört und aufpaßt, bevor er seine eigene Meinung kundtut. Macht er aber dann den Mund auf und beginnt zu sprechen, Leute, dann ist konzentriertes Zuhören angesagt! Der 1995/96er Törn sollte sein letzter sein, da er die Absicht hatte, 1997 in den Ruhestand zu treten. Das wäre dann das Ende seiner langen und produktiven Laufbahn, und er hatte vor, sie mit einem äußerst erfolgreichen Törn mit der 26th MEU(SOC) stilvoll zu beenden. Die ARG der Navy steht unter dem Kommando eines Offiziers, der im gleichen Dienstrang steht wie der Kommandeur der MEU(SOC). Das bedeutet, daß Skip Buchanan und Jim Battaglini als Team zusammenarbeiten und damit sowohl die Macht als auch die Verantwortung miteinander teilen, die ihre Jobs mit sich bringen. Beide Kommandeure trachten danach, für die rund 5000 Soldaten unter ihrem verbundenen Kommando alles so reibungslos wie möglich abzuwickeln.

Heute besteht das PHIBRON 4 aus gerade noch drei Schiffen, wo noch wenige Jahre zuvor fünf zu finden waren. Die Außerdienststellung der LSTs auf der einen und die enorme Größe und Kapazität der *Wasp* (LHD-1) und der *Whidbey Island* (LSD-41) haben eine solche Verkleinerung der ARG überhaupt erst möglich gemacht. Amphibische Gruppen dieser Art bestehen heute grundsätzlich nur noch aus drei Schiffen (ein LHD oder LHA, ein LSD und ein LPD) und sind die Reflexion der Vorstellungen der Navy, wie sie vorhat, mit Kräften dieser Art ins 21. Jahrhundert zu gehen. Interessanterweise ergibt sich, wenn man hingeht und die Summe aller »Fußabdrücke« sämtlicher Schiffe einer heutigen ARG zusammenrechnet, daß sie den eingeschifften Marines wesentlich mehr Platz bieten als die früheren Fünf-Schiff-Gruppen.

Captain C. C. »Skip« Buchanan, Kommandeur der Amphibious Squadron Four (PHIBRON 4), hier in dem für ihn typischen blauen Overall in der Messe seines Flaggschiffs USS *Wasp* (LHD-1)

JOHN D. GRESHAM

Über die MEU(SOC) hinaus gibt es noch einige weniger umfangreiche Einheiten und Ausrüstungen an Bord, die für eine ARG charakteristisch sind. Dazu gehören:

- **HC-8** – Da eigentlich nicht zum ACE der 26th MEU(SOC) gehörend, gibt es eine Abteilung von zwei UH-46D *Sea Knight* VERTREP-Hubschraubern (Vertical Replenishment = Senkrechtergänzung) vom Navy Helicopter Combat Support Squadron Eight (HC-8 – die »Dragon Whales«) von der NAS Norfolk, Virginia. Normalerweise vom ARG-Kommandeur eingesetzt, werden diese »Ochsenfrösche« der Navy zur Unterstützung von Versorgungs- und Unterstützungsmaßnahmen genauso wie zur »Engelssuche«[72] und Rettungseinsätzen im Umfeld der Schiffe verwendet.
- **VC-6, Detachment H** – Der ARG ist eine Abteilung mit *Pioneer* UAVs der U.S. Navy unterstellt. Diese fünf UAVs kommen mit der dazugehörigen Ausrüstung und ihrem Personal vom Detachment H des Fleet Composite Squadron Six (VC-6). Obwohl die Marines selbst auch über zwei UAV-Kompanien verfügen, die ihre kleine Streitmacht von *Pioneers* betreiben, behält die Navy auch weiterhin zwei Abteilungen, die ursprünglich an Bord der inzwischen außer Dienst gestellten Schlachtschiffe *Missouri* (BB-63) und *Wisconsin* (BB-64) stationiert waren. Eine der beiden befindet sich an Bord der USS *Shreveport* (LPD-12) und stellt der ARG/MEU(SOC) ihre begrenzten Aufklärungskapazitäten zur Verfügung.
- **SEAL-Team** – Fester Bestandteil einer ARG ist grundsätzlich eine Abteilung von einem der Sea-Air-Land-Teams (SEAL) für Kommandoeinsätze der U.S. Navy. Die Aufgabe dieses Kommandotrupps besteht darin, die physische Sicherheit der Schiffe der ARG zu gewährleisten, wenn sie zu Besuch in fremden Häfen liegen. Darüber hinaus verschafft er der ARG/MEU(SOC) zusätzliche Möglichkeiten für Aufklärung und verdeckte Aktionen.
- **Assault Craft Unit Two (ACU-2)** – Um den Schiff-Küste-Verkehr für die MEU(SOC) bewältigen zu können, hat Captain Buchanan auch den Befehl über zwei LCUs vom ACU-2, die ebenfalls vom Stützpunkt für amphibische Kräfte in Little Creek, Virginia, kommen. Ein LCU befindet sich an Bord der USS *Whidbey Island* (LSD-41), während das andere von Bord der USS *Shreveport* (LPD-12) aus eingesetzt wird.
- **Assault Craft Unit Four (ACU-4)** – Über die LCUs hinaus hat der ARG-Kommandeur auch noch den Befehl über drei LCACs von der ACU-4. Auch sie werden vom Stab in Little Creek, Virginia, zur Verfügung gestellt. Sie befinden sich alle an Bord der USS *Wasp* (LHD-1).
- **Beach Control Party** – Diese berühmten »Beachmaster« fungieren praktisch als Empfangskommando für Landungstruppen an einem Strand. Die Abteilung hat zusammen mit ihren Gegenstücken von den Marines

---

72 Unter der »Engelssuche« wird an Bord eines Flugzeugträgers die Aktion verstanden, die immer dann einsetzt, wenn sich ein Pilot in unmittelbarer Nähe des Trägers aus seiner abstürzenden Maschine mit dem Schleudersitz »herausschießen mußte«.

des CSSE die Aufgabe, Soldaten, Fahrzeuge, Ausrüstung und Versorgungsgüter von den Landungsfahrzeugen herunter und auf direktem Weg zum Ort des Geschehens zu verfrachten.

Da man es kaum schaffen wird, eine Einheit wie die 26th MEU(SOC) auf einem einzigen Schiff unterzubringen, selbst wenn es so groß wie die USS *Wasp* (LHD-1) ist, bleibt einem nichts anderes übrig, als sie aufzuteilen und wohlbedacht auf die verschiedenen Schiffe einer ARG zu verstreuen. Das ist nun der Job der Combat Cargo Shops, die sich auf jedem Schiff

Captain Ray Duffy, Kommandant der USS *Wasp* (LHD-1), auf der Brücke seines Schiffs *John D. Gresham*

Das offizielle Wappen der USS *Wasp* (LHD-1) *U.S. Navy*

befinden, wie auch der Abteilung S-4 der MEU(SOC) unter dem Kommando von Major Arinello. Diese Organisationen arbeiten sehr hart, um alles und jeden an Bord so dicht wie irgend möglich zu packen und dennoch in der Lage zu bleiben, im Falle eines Falles sofort wieder darauf zurückgreifen zu können.

Nehmen wir jetzt einmal in Augenschein, wie die 26th MEU(SOC) eingeschifft wurde, als sie in Camp Lejeune und Morehead City Ende August 1995 an Bord der Schiffe des PHIBRON 4 ging:

- **USS *Wasp* (LHD-1)** – Unter dem Kommando von Captain Raymond Duffy (Villanova, Abschlußjahrgang 1970) trägt die *Wasp* fast die Hälfte des gesamten Personals und der Ausrüstung der 26th und darüber hinaus auch noch den größten Teil der Flugzeuge und Unterstützungsausrüstung. Im einzelnen liest sich das wie folgt:
  - **ARG** – Der gesamte PHIBRON 4-Stab und die dazugehörige Ausrüstung befinden sich an Bord der *Wasp*. Zusätzlich sind die beiden Hubschrauber vom HC-8 hier stationiert, ebenso wie die drei LCACs von der ACU-4.
  - **CE** – Fast der gesamte Stab der 26th MEU(SOC) und sämtliche Einheiten zu seiner Unterstützung sind an Bord der USS *Wasp* stationiert.
  - **GCE** – Grob gerechnet, transportiert die *Wasp* nahezu die Hälfte des gesamten BLT einschließlich des Gefechtsstabes, der Stabs- und Servicekompanie, eine Schützenkompanie, eine Heavy Weapons Company, die Artilleriebatterie und die Task Force Mosby, die ihrerseits aus vier leicht gepanzerten Fahrzeugen (vier LAV 25, davon zwei in der TOW- und zwei in der Logistikausführung) und 16 verstärkten HMMWVs (acht mit TOW II-Startgeräten und acht entweder mit Mk 19 40-mm-Grantwerfern oder Maschinengewehren Kaliber .50 bestückt) besteht.
  - **ACE** – Das gesamte Luftkampfelement ist an Bord der *Wasp* untergebracht.
  - **CSSE** – Eine kleine Abteilung vom MSSG 26 findet man ebenfalls an Bord der *Wasp*.
- **USS *Whidbey Island* (LSD-41)** – Unter dem Kommando von Commander T. E. McKnight (VMI, Abschlußjahrgang 1978) beherbergt die *Whidbey Island* folgende Aktivposten der 26th MEU(SOC):
  - **ARG** – Von der *Whidbey Island* aus werden die LCUs der ACU-2 eingesetzt.
  - **GCE** – Eine Schützenkompanie, der AAV-Zug und der Panzerzug befinden sich an Bord dieses LSD.
  - **CSSE** – Verschiedene kleinere Abteilungen der MSSG residieren ebenfalls an Bord der *Whidbey Island*.

Wegen der im Vergleich zur *Wasp* und *Shreveport* nur äußerst beschränkt zur Verfügung stehenden Frachtfläche (Cargo^2) besteht die Fracht der *Whidbey Island* in erster Linie aus Gegenständen extremer Ausdehnung

Offizielles Wappen der
USS *Whidbey Island* (LSD-41)
U.S. NAVY

Offizielles Wappen der
USS *Shreveport* (LPD-12)
U.S. NAVY

wie beispielsweise den Panzerfahrzeugen und der sie unterstützenden Infanterie.

- **USS *Shreveport* (LPD-12)** – Kommandant der *Shreveport* ist Captain John M. Carter (University of Missouri, Abschlußjahrgang 1969). Trotz ihres fortgeschrittenen Alters verschafft die alte Lady der ARG Captain Buchanans die Möglichkeit, dessen ARG aufzuteilen und Teiloperationen unabhängig voneinander durchzuführen. 1995 hatte sie folgende Komponenten an Bord:
  - **ARG** – Etliche wichtige Bestandteile des PHIBRON 4 befanden sich an Bord der *Shreveport*. Über die UAV-Abteilung vom VC-6 hinaus ist einer der UH-46D vom HC-8 und eine LCU von der ACU-2 an Bord. Außerdem hat hier ein SEAL-Team Quartier bezogen.
  - **GCE** – Die *Shreveport* hat den Aufklärungszug und eine Schützenkompanie des BLT an Bord, die hier die Funktion einer Schlauchbootüberfall- und Klippenangriffstruppe erfüllen.
  - **ACE** – Obwohl normalerweise keine Maschine des ACE ständig an Bord stationiert ist, ist die *Shreveport* dafür ausgerüstet, den Hubschraubern vom HMM-264 mobile FARPs bereitstellen zu können.
  - **CSSE** – Die *Shreveport* hat kleine Abteilungen einer ganzen Reihe von Zügen der 26th MSSG an Bord, zu denen auch der Stabszug selbst gehört.

Obwohl die Ladelisten der Schiffe, die wir oben umrissen haben, recht repräsentativ sind, sind die Stäbe vom PHIBRON 4 und der 26th MEU(SOC) ständig bemüht, Verbesserungen zu finden und zu verwirklichen. Die ganze Zeit über modifizieren sie deshalb die Mischung der Einheiten und Ausrüstung auf den einzelnen Schiffen, und das immer in Abhängigkeit von der jeweils anstehenden Mission.

Katz und Hund: Die unterstellten Einheiten

Obwohl stärker in sich geschlossen als die meisten militärischen Einheiten, sind die 26th MEU(SOC) und das PHIBRON 4 doch bei weitem zu klein und exponiert, um gänzlich ohne zusätzliche Sicherungs- und Unterstützungskräfte auskommen zu können. Obwohl natürlich die Zahl der Einheiten, die gegebenenfalls in die Operationen der MEU(SOC) eingebunden werden können, nahezu grenzenlos ist, kann man davon ausgehen, daß eine bestimmte Anzahl davon gewöhnlich im Verband mit der 26th auf Törn ist. Bei den nachfolgend aufgelisteten Einheiten kann man eigentlich schon von »ständigen Begleitern« sprechen:

- **Carrier Battle Group** – Einer der interessanten Nebeneffekte der letzten Jahre beim Truppenabbau im amerikanischen Militär war die pauschale Einmottung ganzer Klassen von Oberflächenschiffen der Navy aus dem Eskorterbereich. Die gleichen Abbaumaßnahmen haben dazu geführt, daß die Aircraft Carrier Battle Groups (CVBG = Flugzeugträger-Kampf- beziehungsweise Gefechtsverbände) auf nur mehr elf reduziert wurden. Das Resultat all dieser Tendenzen war, daß man die Entscheidung traf, die CVBGs mit den ARG/MEU(SOC)s zu »Teams« zusammenzuführen. So bestand die Möglichkeit, die noch verfügbaren Sicherungsverbände zu nutzen und eine enge Zusammenarbeit der beiden Gruppen herbeizuführen. Das bedeutete für den 1995/96er Törn, daß das PHIBRON 4 und die 26th MEU(SOC) mit der Gruppe um den Supercarrier USS *America* (CV-66) zu einem Team zusammengeschlossen wurden. Über die *America* selbst kamen damit auch noch das Destroyer Squadron 14 (DESRON 14 = Zerstörergeschwader) und etliche Unterseeboote, Unterstützungsschiffe und Tender (Versorger) hinzu. Zur Gruppe gehörten auch der atomgetriebene Kreuzer *South Carolina* (CGN-37), die *Aegis*-Kreuzer *Normandy* (CG-60) und *Monterey* (CG-61), der Lenkwaffenzerstörer *Scott* (DDG-995), die Lenkwaffenfregatten *DeWert* (FFG-45) und *Boone* (FFG-28) und die taktischen Atom-Unterseeboote *Hampton* (SSN-767) und *Oklahoma City* (SSN-723), das Munitionsschiff *Butte* (AE-27) und der Flottentanker *Monongahela* (AO-178).

Was den Flugzeugträger *America* angeht, so setzt sich sein Carrier Air Wing One (CVW-1; Flugzeugträger-Luftkampfgeschwader) aus den folgenden Maschinen zusammen:
- 14 F-14A (sie bilden die VF-102 (Staffel) »Diamondbacks«),
- 36 F/A-18C (verschiedene Staffeln: VFA-83, die »Marauders«, VFA-86, die »Sidewinders«, und VMFA-251, die »Thunderbolts«),
- vier EA-6B *Prowlers* (VMAQ-3),
- vier E-2C *Hawkeyes* (VAW-123, die »Screwtops«),
- acht S-3B *Vikings* (VS-32, die »Maulers«),
- acht SH-60F und vier HH-60H *Seahawks* (HS-11, die »Dragon Slayers«)
- und einige ES-3A *Shadow* Luftraumüberwachungsflugzeuge.

Durch die »Teamung« einer CVBG/CVW mit einer ARG/MEU(SOC) verfügen die obersten Befehlsinstitutionen Amerikas über eine Streitmacht von ungeheurer Schlagkraft, Flexibilität und Ausgewogenheit. Außerdem kann die ARG in dem Moment, wo CVBG und ARG unabhängig voneinander operieren, einige der Schiffe aus dem Flugzeugträger-Kampfverband als Geleitschutz mitnehmen. Während des 1995/96er Törns standen normalerweise die *Normandy* (CG-60) und *Scott* (DDG-995) beim PHIBRON 4 bereit, um seeseitige Artillerie- und SAM-Unterstützung zu liefern.

- **MPSRONs** – Eine der Schlüsselmissionen für eine MEU(SOC) ist die Einrichtung eines Brückenkopfes an einem Strand, der dann von den nachfolgenden Truppen genutzt werden kann. Die augenblicklichen Pläne Amerikas sehen diese Kräfte um die drei Navy/Marine Corps MPSRONs herumgruppiert. Die Schiffe dieser Geschwader können auf die unterschiedlichsten Arten eingesetzt werden. Für uns Laien sei erläutert, daß ein MPSRON zusätzliche Logistik-Unterstützung bereitstellen kann, um die Dauer einer MEU(SOC)-Operation auf mehr als 15 Tage zu verlängern, auf die sie sonst durch die ausschließliche Versorgung seitens ihrer ARG beschränkt wäre. Darüber hinaus kann die nachfolgende MPF-Brigade verwendet werden, um das machtvolle Eindringen einer MEU(SOC) in feindliches Territorium zu verstärken. Schließlich darf auch nicht unerwähnt bleiben, daß aufgrund der Tatsache, daß diese Schiffe der MPF sehr schnell einsetzbar sind, eine ausgezeichnete Alternative für die Unterstützung humanitärer und friedenssichernder Maßnahmen im Fall einer Krise darstellen.
- **Airborne Units** – Diese wirklich aufregende Partnerschaft zwischen den Truppengattungen hat sich innerhalb der letzten Jahre ergeben: die Kombination eines Langstrecken-Luftlandeangriffs in Kombination mit einer amphibischen Landungsoperation durch eine MEU(SOC). Nun ja, zugegeben, keine unbedingt neue Idee: Die Alliierten haben das im Zweiten Weltkrieg bereits etliche Male praktiziert. Was aber wirklich neu daran ist, sind die Fallschirmspringer von der 82nd Airborne Division aus den AFBs Fort Bragg und Pope in North Carolina, welche die Einheiten auf direktem Weg zu den Einsatzgebieten fliegen kann. Dabei spielt es keine Rolle, in welchem Teil der Erde sie sich gerade befinden. Dank der Betankung während des Flugs (In-Flight Refueling) können strategische Transportflugzeuge wie die C-141, C-5 und C-17 ihre Trips nonstop bewältigen. Und so läuft die Sache etwa ab: Fallschirmspringer von der 82nd springen über einem Flugplatz oder einer Transporteinrichtung ab und nehmen sie, damit die nachfolgenden Einheiten eingeflogen werden können. Während sie noch mit ihrer Aktion beschäftigt sind, nimmt die MEU(SOC) einen in der Nähe liegenden Hafen oder Strand und rückt ins Landesinnere vor, um sich dort mit der Luftlandeeinheit zu vereinen. Sobald das geschehen ist, beziehen die Fallschirmjäger ihre Versorgungsgüter und Verpflegung von der MEU(SOC), bis die nachfolgenden Truppen in die Operation eingestiegen sind. Dieses

spezielle Szenario wird regelmäßig von der 82nd Airborne in gemeinsamen Manövern mit der Navy, Air Force und den Marines geübt.
- **Land-Based Air Support** – Bei den MEU(SOC) hat man sich darauf eingerichtet, auf die Vorteile der landgestützten Luftunterstützung in Form einer Abteilung »fliegender Tankstellen« vom Typ KC-130 zurückzugreifen, sollte sich kein geeigneter Fliegerhorst nahe genug an der augenblicklichen Position befinden. Das war beispielsweise in der Adria bei der Operation *Joint Endeavor* (Unternehmen »Gemeinsame Bemühung«) in Bosnien der Fall. Über die Tankflugzeuge hinaus ist es durchaus möglich, daß im Rahmen einer Luftunterstützung von Land aus auch folgende Einheiten zum Einsatz gebracht werden:
  - **Marine Fighter Support** – Zusammen mit der Tankerunterstützung kann das Marine Corps Geschwader der zweisitzigen F/A-18D *Hornet* Allwetter-Kampfjets entsenden, um Operationen einer MEU(SOC) zu unterstützen. Mit einem *Night Hawk*-Laser-Zielbehälter für LGBs und AIM-120 AMRAAM und AGM-65 *Maverick* Flugkörpern ausgerüstet, sind die F/A-18D enorm leitungsfähige taktische Fighter.
  - **Tanker Support** – Zusätzlich zu der bereits erwähnten Tankerunterstützung gibt es noch weitere Tankeraktivposten, die dem ACE einer MEU(SOC) das Leben wesentlich erleichtern können. Die AV-8B mit ihren Betankungssonden können praktisch auch auf alle anderen Systeme zur Luftbetankung zugreifen, die bei der Air Force, der Navy und von Tankflugzeugen der NATO verwendet werden. Ganz besonders einfach stellt sich die Sache dar, wenn die »fliegende Tankstelle« eine der riesigen KC-10A *Extender* ist, die Flugzeuge sowohl über das Ausleger-(Baum-)system als auch mittels Schlauch-/Sondesystem betanken kann. Dann gibt es da noch die HC-130 *Hercules* der Air Force, die sowohl für SAR-Aufgaben (Search and Rescue = Suche und Rettung) als auch die Unterstützung von Kommandoeinheiten abgestellt werden können. Diese Maschinen sind in der Lage, sowohl die *Harriers* als auch die CH-53E *Super Stallions* im Flug zu betanken.
  - **Airborne Early Warning (AEW) Support** – Wenn es eine Lehre gab, die 1982 als Erkenntnis aus dem Falkland-Krieg gezogen wurde, dann war es die, daß für die Schiffe an der Wasseroberfläche die Notwendigkeit einer sauberen Abdeckung durch eine fliegende Luftraumüberwachung nicht mißachtet werden darf. Das Fehlen einer gescheiten AEW-Plattform, die den rechtzeitigen Einsatz der nur kleinen Kraft ihrer *Sea Harrier* FRS.1 Kampfflugzeuge hätte auslösen können, führte dazu, daß die Briten unter dem Strich wahrscheinlich mehr Schiffe bei argentinischen Luftangriffen verloren haben, als das mit ausreichend »fliegenden Augen« in der Luft der Fall gewesen wäre. Unglücklicherweise verfügt auch das Marine Corps über keine Möglichkeit, die fliegende Luftraumüberwachung für das ACE an Bord der *Wasp* (LHD-1) zu verstärken, weshalb es darauf angewiesen ist, sich jede AEW-Kapazität zu sichern, die es bekommen kann. Befindet sich das ACE gerade in der Nähe einer CVBG, kann es die AEW-Datenverbindungen der E-2C *Hawkeyes* mitnutzen. Darüber

hinaus stehen auch die Datenverbundnetze auf den Schiffen der ARG, wie auch diejenigen der neuen AV-8B *Harrier II Plus* zur Verfügung, die mit den meisten anderen Systemen kompatibel sind. Dazu gehören unter anderem auch die Bestände an E-3 *Sentry* AEW-Flugzeugen, wie sie von der Air Force, der NATO und einigen anderen Verbündeten eingesetzt werden.
- **Composite Wings** – Eine der wichtigsten Fähigkeiten des ACE einer MEU(SOC) besteht darin, auch mit verschiedenen Lufteinheiten anderer Truppengattungen und sogar anderer Nationen zusammenarbeiten zu können. Man sollte also nicht allzu verblüfft sein, wenn man eines Tages von einem verbundenen Einsatz eines Vielzweckgeschwaders in der Art des 366th von der Mountain Home AFB in Idaho oder dem 23rd Wing von der Pope AFB in North Carolina mit einer der MEU(SOC)s erfährt, bei dem die Landungsoperation einer ARG von diesen oder einem ähnlichen Geschwader aus der Luft gedeckt wurde.

Wie man feststellen kann, ist es für andere Einheiten relativ leicht, sich bei einer MEU(SOC) anzukoppeln oder mit ihr ein Team zu bilden. Dank einer ganzen Serie äußerst belastbarer Befehls- und Führungsverbindungen an Bord von Schiffen einer ARG kann eine MEU(SOC) als Verbindungsglied zu praktisch allen fliegenden Einheiten wirken, seien es nun AEW-Flugzeuge der Air Force oder Luftlandungstruppen auf dem Weg zu einem Einsatz. In der Zwischenzeit arbeitet das Combat Development Command des Marine Corps in Quantico, Virginia, sehr emsig daran, neue Einheiten und Wege für die MEU(SOC)s zu finden, durch die sie ihre Rolle in der ständig wachsenden Welt der verbundenen Operationen noch besser spielen können.

- **Reconnaissance Support** – Wenn es irgend etwas gibt, was Colonel Battaglini auf einem laufenden Törn verbessert haben möchte, so ist dies sicherlich die minutenschnelle Verfügbarkeit von Aufklärerfotos ihrer AOR in höchstmöglicher Auflösung. Ist das Bildmaterial von einem Satelliten erstellt worden, kommt es mit einiger Sicherheit vom National Reconnaissance Office (NRO), das eine ganze Flotte von Spionagesatelliten in erdnahen Orbits betreibt. Sind die Bilder von UAVs oder Geräten anderer Luftbildprogramme aufgenommen worden, kommen sie aus dem Zuständigkeitsbereich des Defense Airborne Reconnaissance Office (DARO). Beide Dienste arbeiten unermüdlich daran, immer mehr Bildmaterial an eine ständig wachsende Zahl von Abnehmer zu liefern. Das dürfte ein Grund dafür sein, daß inzwischen Pläne vorangetrieben werden, einen neuen, größeren und den beiden bestehenden möglicherweise übergeordneten Dienst zu schaffen, der dann unter der Bezeichnung National Imaging Agency (NIMA) laufen soll. Das geplante Startdatum ist der 1. Oktober 1996. Die NIMA wird dann die Dienste NRO, DARO, das Central Imaging Office (CIO), das National Photographic Center (NPIC) und die Defense Mapping Agency

(DMA) unter einem Dach zusammenfassen. Auf diese Weise kämen die Anwender ihrer Produkte endlich in den Genuß, wesentlich schneller und effektiver auf die Fülle von Informationen zugreifen zu können, die von diesen Organisationen angeboten werden können, wann immer Bedarf besteht – und zwar angefangen von Karten bis hin zu Echtzeit-Fotos.

Die angebotenen Produkte werden dabei aber auch immer besser – sowohl in Hinsicht auf ihre Bandbreite als auch auf ihre Qualität. Wie seit eh und je produzieren die Satellitensysteme des NRO auch heute große Mengen qualitativ hochwertigen Bildmaterials, doch gibt es bereits Bestrebungen, sich gegen Ende der 90er Jahre nach kleineren, weniger kostspieligen Sammelsystemen umschauen zu wollen.

In der Zwischenzeit macht das DARO auf dem Weg zu seinem angestrebten Ziel einer integrierten Luftaufklärungsstruktur gigantische Fortschritte. Dieses System wird dann in der Lage sein, anstehende Aufgaben auch im Rahmen der knappen Budgets, wie sie heute vorherrschen, zu erfüllen. Das *Pioneer* UAV wird noch einige Jahre im Einsatz bleiben. Der Hauptgrund dafür dürfte der sein, daß das *Hunter* UAV-System, welches die *Pioneers* ablösen sollte, zugunsten eines billigeren Programms für die Lebensverlängerung der bestehenden Systeme abgesetzt wurde. Deshalb hat das DARO entschieden, mit einer Variante weiterzumachen, die unter der Bezeichnung »Maneuver UAV« läuft. Diese Ausführung soll den Kommandeuren von Einheiten der Army und des Marine Corps die Möglichkeit verschaffen, über Echtzeit-Videos und anderes Bildmaterial ohne zeitliche Verzögerung in der Darstellung verfügen zu können.

Außerdem läuft auch das *Predator*-Programm auf Hochtouren, das ich schon in meinem Buch *Fighter Wing* beschrieben habe. Die *Predator* sind ganz grob beschrieben etwa die gleichen Geräte wie die aus der *Gnat 700* UAV-Reihe, die sich im Rahmen ihrer von der CIA gesponserten Tests über Bosnien so hervorragend bewährt haben. Erst kürzlich hat die Air Force bereits ihre erste *Predator*-Einheit aufgestellt (die 11th Reconnaissance Squadron), die ihren Stützpunkt auf der Nellis AFB in Nevada hat. Der außerordentliche Erfolg des *Predator*-Programms hat dazu geführt, daß man sich beim DARO inzwischen schon sehr intensiv nach Möglichkeiten umsieht, wie man mehr dieser *Predators* beschaffen und den Abnehmern zur Verfügung stellen könnte.

Neben den *Pioneer*- und *Predator*-Programmen werden inzwischen auch bei den längerfristigen Programmen wie beispielsweise dem von Lockheed Martin in den »Skunk-Works« produzierten *Dark Star*-System ausgezeichnete Erfolge erzielt. Darüber hinaus werden im Augenblick sogar noch weit langfristiger projektierte Programme im Bereich der Datenvernetzung, der Vereinheitlichung der Befehlsübermittlungsgeräte und anderer Ausrüstungsgegenstände entwickelt. All diese Bemühungen sollen letzten Endes zu dem Ziel führen, daß die verschiedenen UAV-Systeme der größtmöglichen Anzahl von Anwendern zugänglich gemacht werden kann. Außerdem arbeitet man im DARO auch noch an eher herkömmlichen, bemannten Aufklärungssystemen. Dazu gehört auch die für das Jahr 1997 geplante Einführung der modernisierten RF-18D *Hornet*, die mit dem neuen Advanced Tactical Reconnaissance System (ATARS) ausgerüstet sein wird, und auch die Auslieferung eines neuen Aufklärer-Behältersystems für die Montage an den F-16. Diese Geräte werden zuerst bei den Vögeln der Air National Guard von Virginia montiert. Man geht heute davon aus, daß die Pläne des DARO für eine völlige Neustrukturierung der militärischen Aufklärung aus der Luft so um das Jahr 2001 kurz vor ihrer Vollendung stehen werden.

- **Nachrichtendienstliche Unterstützung** – Über die Unterstützung hinaus, die von den verschiedenen Bild- und kartographischen Diensten innerhalb der Nachrichtendienstgesellschaft kommt, wird sich die 26th MEU(SOC) auch Erkenntnisse von etlichen anderen Agenturen und Organisationen zunutze machen:
  - **National Security Agency (NSA)** – Die NSA betreibt in erster Linie Funk- und elektronische Aufklärung und unterstützt besonders tatkräftig die amphibischen Einheiten in der Art der 26th MEU(SOC). Mittels Ships Signals Exploitation Space (SSES) können sich die Kommandeure einer ARG oder MEU(SOC) in eine Vielzahl der unterschiedlichsten Signale und nachrichtendienstlichen Quellen einklinken, zu denen beispielsweise die RC-136 *Rivet Joint*, die ES-3 *Shadow* und die EP-3 *Orion* Flugzeuge für die elektronische Aufklärung, die Ferret (»Frettchen«-)Satelliten und die auf Schiffen installierten Sensoren (wie das klassische Außenbord-ESM-System) gehören. Damit nicht genug, besteht auch die Möglichkeit, über dieses System fast die gesamte Bandbreite all der elektronischen Signale abzuhören, die von SAM- und Luftverkehrsradaren erzeugt werden – vom Abhören der Mobiltelefon- und Fernsehkanäle ganz zu schweigen.
  - **U.S. Space Command (USSPACECOM)** – Mit Stützpunkt auf der Falcon AFB in Colorado ist das USSPACECOM die Institution, die Zugriff auf sämtliche im Weltraum stationierten Systeme hat, die der Unterstützung von Gefechtsoperationen aller militärischer Teilstreitkräfte dienen. Über die Bereitstellung von GPS-Navigationssignalen, Unterstützung der Kommunikation, Wetterberichten und der Warnung vor ballistischen (Atom-)Raketenangriffen hinaus gibt es noch eine enorm große Bandbreite neuer Fähigkeiten, die in den kommenden Jahren auf der Bildfläche erscheinen werden. Dazu werden ganz sicher auch die integrierten Markierungs-/Kommunikations-/Navigations-/Transpondersysteme gehören, welche die einzelnen Marines im digitalen Gefechtsfeld des 21. Jahrhunderts »vernetzen« werden.
  - **U.S. Department of Justice (DoJ)** – Es klingt vielleicht ein wenig merkwürdig, daß das amerikanische Justizministerium und seine angeschlossenen Dienste hervorragende Quellen für eine Vielzahl von Missionen sein sollen, in die eine MEU(SOC) einbezogen werden kann. Das Federal Bureau of Investigations (FBI = amerikanischer

Inlandsnachrichtendienst), das Bureau of Alcohol, Tobacco and Firearms (BATF), die Drug Enforcement Agency (DEA = Drogenbehörde) und der U.S. Marshals Service (Behörde für bundesstaatenübergreifende Polizeiarbeit) sowie andere Dienste bieten verwendbare Informationen über praktisch alle Vorgänge, angefangen von Terrororganisationen bis hin zu Schmuggeltechniken, an. Es ist also nicht besonders verwunderlich, wenn man nicht gerade selten das DoJ und andere Regierungsorganisationen (das Energieministerium, das Umweltschutzministerium usw.) ebenso wie das USSPACECOM damit beschäftigt findet, unkonventionelle Operationen der Marines zu unterstützen.
- **Cable News Network (CNN)** – Also gut, jetzt muß endlich einmal die Wahrheit gesagt werden. Gerade jetzt ist CNN der beste – im Sinne von leistungsfähigste – Service, wenn es um das Zusammentragen von Echtzeit-Nachrichten geht. Wenn man das Büro von irgend jemandem betritt, der wirklich zu den Insidern gehört, wäre es ziemlich ungewöhnlich, wenn man dort nicht ein eingeschaltetes Fernsehgerät entdecken würde, auf dem CNN läuft. In den 20 Jahren, seit Ted Turner seinen 24-Stunden-Nachrichtensender ins Leben rief, hat CNN fast allen Entscheidungsträgern jeweils die ersten Informationen über lebenswichtige Vorgänge geliefert, und zwar in dem Augenblick, in dem das Geschehen vonstatten ging, entstanden. Gerade diese Art von aktueller und zeitlicher Abdeckung liefert den Grund für die enormen Anstrengungen, die überall an Bord von Schiffen unternommen werden, um Satellitenschüsseln so stabilisieren und justieren zu können, daß ein sauberer Empfang von CNN möglich ist. Nur so ist es machbar, daß man an Bord der Schiffe der U.S. Navy über die gleichen Echtzeitinformationen verfügen kann wie jeder private Empfänger auch!

CONOPS: Die Arbeitsweise einer MEU(SOC)

Jetzt wollen wir einmal einen Blick darauf werfen, wie eine MEU(SOC)/ARG überhaupt arbeitet. Kehren wird noch einmal zur Rettung des abgeschossenen Air Force Captain, dem unerschrockenen Scott O'Grady, zurück. Wie wurde alles koordiniert und wie hat die ganze Operation überhaupt funktioniert? Das richtig zu verstehen heißt gleichzeitig auch, die Arbeitsweise des MEU(SOC)/PHIBRON-Teams verstehen zu lernen.

Für Colonel Berndt und die Soldaten seiner 24th begann die Rettungsaktion praktisch im gleichen Augenblick, als der junge Mann im Nordwesten Bosnien-Herzegowinas abgeschossen wurde. Zu diesem Zeitpunkt befand sich die 24th MEU(SOC) an Bord der Schiffe des PHIBRON 8 – bestehend aus der USS *Kearsarge* (LHD-3), *Pensacola* (LSD-38) und *Nashville* (LPD-13) unter dem Kommando von Captain Jerry E. Schill. Die Aufgabe dieses amphibischen Verbandes war es, auf See als Einsatzreserve für die NATO-Kräfte zu dienen, die mit der Durchsetzung des Luft- und See-

Embargos gegen Bosnien beschäftigt waren. Darüber hinaus gehörten auch CSAR-Einsätze, wann immer ein Vorfall einen solchen notwendig machte, zu den Pflichten der 24th.

Bei den Marines hat man für CSAR eine andere Bezeichnung. Man spricht im Corps von Tactical Recovery of Aircraft and Personnel, kurz: von TRAP-Einsätzen. TRAPs sind so eine Art Spezialität der MEU(SOC)s und stehen regelmäßig auf deren Übungsplänen. Schließlich ist der Schlüssel für die erfolgreiche Ausführung von TRAPs und auch jeder anderen Spezialmission der MEU(SOC)s immer wieder die Ausbildung und Planung – und damit ist *wirklich schnelle* Planung gemeint. Im Beispiel von Scott O'Grady wußte man bei der 24th MEU(SOC) in der Nacht des 2. Juni 1995 lediglich, daß *Basher 52* unten war, hatte aber keinerlei Bestätigung dafür, ob O'Grady noch am Leben war oder nicht. Alles, wovon man beim Stab der 24th ausgehen konnte, war, daß unter Umständen eine Rettungsaktion angefordert werden könnte. Der Kommandeur des GCE der 24th (das 3/8 BLT), Lieutenant Colonel Gunther (dessen Aufgabenbereich auch das Kommando über TRAP-Einsätze einschloß), berief auf dem schnellsten Weg einen Krisen-Aktionsstab ein, um ohne Verzögerung mit einer umfassenden Planung für ein TRAP-Paket aus Flugzeugen und Soldaten beginnen zu können, damit er für den Fall gerüstet war, daß eine Rettungsaktion befohlen werden sollte. Als alles erledigt war, konnte die 24th nur noch warten und lauschen.

TRAP-Pakete kommen in den unterschiedlichsten Gestalten und Größen daher und verschaffen dem MEU(SOC)-Stab eine Vielzahl von Alternativen. Einmal angenommen, ein Hubschrauber des ACE muß wegen technischer Probleme in neutralem Territorium notlanden. Dabei wollen wir davon ausgehen, daß die Maschine bei dieser erzwungenen Landung nicht so schwer beschädigt wurde, daß es unmöglich wäre, sie vor Ort zu reparieren und anschließend aus eigener Kraft wieder ausfliegen zu lassen. In einem solchen Fall würde ein kleines Sicherungsteam vom GCE zusammen mit einigen Soldaten von den Instandsetzungstrupps des ACE dorthin fliegen und als erstes eine Schutzzone um den notgelandeten Hubschrauber schaffen. Dann erst wird die TRAP-Einheit mit der Reparatur des Choppers beginnen, um ihn dann nach Hause zu fliegen, damit er anschließend wieder ins Gefecht geschickt werden kann.

Der Absturz von *Basher 52* stellte da schon ein völlig anders gelagertes Problem dar. In diesem Fall fand der Abschuß in einem isolierten Gebiet statt, das mehr als 30 sm, also über 55 km von der Küste entfernt im Landesinneren lag. Darüber hinaus war das Gelände auch noch außerordentlich unwirtlich und gebirgig und lag eindeutig innerhalb der Reichweite von feindlichen Truppen unter dem Kommando von bosnischen Serben. Unter diesen Voraussetzungen und dem zu erwartenden Grad an Gefahren (es konnte sich durchaus eine aktive SA-6-Batterie in dieser Gegend befinden) entschlossen sich Gunther und Berndt dazu, auf ein »D«-Paket zu setzen. Das war das umfangreichste von insgesamt fünf Paketen, die der 24th zur Verfügung standen. In diesem Paket würden zwei der großen CH-53E *Super Stallion* losgeschickt werden, die einen kompletten Mörserzug der Stabskompanie vom 3/8 BLT an Bord haben würden. Als ich später einmal mit Chris Gunther darüber sprach und ihn fragte, weshalb denn nun ausgerechnet einen Mörserzug, antwortete er mir: »Ganz einfach: erstens stand er zur Verfügung, und zweitens hatte der gerade erst genau so etwas bei seinen Routineübungen gemacht.« Mit anderen Worten: Unter Berücksichtigung der Vielfältigkeit von Aufgaben, welche die 24th MEU(SOC) gerade in dieser Zeit zu bewältigen hatte (unter anderem eine mögliche Evakuierung von UNPROFOR-Personal aus Bosnien-Herzegowina und ähnliches), wurden diese Soldaten nicht mehr für andere Pflichten herangezogen und nur noch auf die Erfüllung dieser speziellen Mission vorbereitet. Man entschied sich nicht für die schon in die Jahre gekommenen CH-46 »Bullfrogs«, sondern statt dessen wegen ihrer größeren Reichweite, Geschwindigkeit und Transportkapazität für die CH-53E von der HMM-263 (einer Einheit des 24th ACE). Mit den Transporthubschraubern sollte eine Eskorte aus AH-1W *Cobras* und AV-8B *Harrier II* fliegen. Alles in allem würde die Rettungstruppe, für den Fall, daß sie gebraucht würde, dann aus 57 Marines und vier Sanitätern der Navy bestehen. Am Morgen des 3. Juni kam dann der Alarm für die Männer des TRAP-Pakets, und die Maschinen wurden startklar gemacht. Im Detail sah das in der Planung erstellte TRAP-Paket etwa so aus:

- **CH-53E** *Super Stallion* **Rotte (2)** – Pilot des führenden CH-53E war Major William Tarbutton (der Air Mission Commander = Lufteinsatzleiter) mit Captain Paul Oldenburg als Copilot. Dieser Hubschrauber sollte die Hälfte des Mörserzugs unter dem Kommando von First Lieutenant Martin Wetterauer und Lieutenant Colonel Chris Gunther (den BLT-Kommandeur und Mission Commander, also Operationsleiter) sowie zwei Sanitäter der Navy an Bord haben. Den zweiten *Super Stallion* flogen die Captains Paul Fortunato und James Wright. In dieser Maschine würden sich dann der Rest des Mörserzugs, zwei weitere Sanitäter der Navy, Colonel Martin Berndt – der Kommandeur der 24th MEU(SOC) – und Command Sergeant Major Angel Castro jr. befinden.
- **AH-1W** *Cobra* **Rotte (2)** – Der Führungs-*Cobra* wurde von Major Nicholas Hall und seinem Copiloten Captain James Jenkins II. geflogen, der zweite Hubschrauber von Major Scott Mykleby (dem Kommandeur der Eskorte) und Captain Ian Walsh.
- **AV-8B** *Harrier II* **Staffel (4)** – Staffelkapitän Major Michael Ogden vom VMA-231 führte die aus vier Maschinen bestehende Gruppe. Man hatte sich deshalb für vier *Harrier II* entschieden, damit immer wenigstens zwei über dem Rettungsgebiet bleiben konnten.

Zusätzlich zu diesen Kräften waren Flug-Einsatzreserven (»Puffer«-Flugzeuge genannt) zusammen mit einigen Verstärkungseinheiten (die als *Sparrowhawk* und *Bald Eagle* bezeichnet wurden) in Bereitschaft versetzt worden, sollte das TRAP-Paket auf irgendwelche Schwierigkeiten stoßen.

Im Verlauf der folgenden sechs Tage blieb die Situation relativ ruhig, als Piloten vom 31st FW in der Hoffnung, irgendein Zeichen von *Basher 52* aufzunehmen, über den Nordwesten Bosniens flogen. Während der ganzen Zeit befand sich das TRAP-Paket in »60er Alarmbereitschaft« (innerhalb 60 Minuten im Einsatz), aß und schlief im Alarmzustand und nährte die Hoffnung auf die Chance, endlich losfliegen zu können, um den jungen Air-Force-Offizier den Feinden frühzeitig genug wegschnappen zu können, bevor er ernstlich Schaden nehmen würde. Unten im LFOC auf der USS *Kearsarge* (LHD-3) wurde die Planung auf der Basis der zum damaligen Zeitpunkt nur sehr spärlich verfügbaren und eingehenden Informationen immer weiter verfeinert. Endlich, in der Nacht vom 7. auf den 8. Juni, wurde O'Grady geortet. Draußen auf der *Kearsarge*, wo der Stab der 24th den gesamten Funkverkehr überwachte, begann man bereits mit den Startvorbereitungen, bevor der offizielle Einsatzbefehl gegen 0300 erging. Kaum war er eingetroffen, zog Captain Schill die Formation der Schiffe des PHIBRON 8 enger zusammen und befahl, Kurs auf die Küste Dalmatiens zu nehmen, um die TRAP-Truppe jederzeit starten lassen zu können. Fast im gleichen Augenblick befahl der Kommandant der *Kearsarge*, Captain Chris Cole, »Flight Quarters« (Flugbetriebsalarm), und die Dinge nahmen ihren Lauf. Da man erkannt hatte, daß das TRAP-Team möglicherweise in eine Gegend fliegen mußte, in der erst vor kurzem noch SAMs aktiv gewesen waren, forderte die MEU(SOC) bei Admiral Leighton Smith (dem Oberbefehlshaber der NATO-Streitkräfte, Süd) sofortige Luftunterstützung durch Flugzeuge der Air Force, Navy und des Marine Corps an. Dazu gehörten etliche F-15 Fighter, ein E-3 AEW-Flugzeug und F/A-18D vom Marine Corps, die mit den AGM-88 HARM Lenkwaffen ausgerüstet waren. Alles nur für den Fall, daß sich serbische SAM-Stellungen zu einem Angriff entscheiden sollten. Wie sich dann aber herausstellte, brauchte man für die Zusammenstellung dieser Kraft länger als erwartet, was die TRAP-Truppe zwang, fast bis zum Tagesanbruch über der ARG in der Luft zu warten.

Unten im LFOC der 24th bestätigte man noch einmal die Richtigkeit für den Einsatz eines TRAP-Pakets in »D«-Größe und tat die letzten Schritte, die nun einmal notwendig sind, wenn eine Einsatztruppe endgültig auf den Weg gebracht wird. Die Flugzeuge wurden betankt und bewaffnet, die Waffen überprüft und probeweise abgefeuert. Zum Schluß fand dann auch noch das statt, was man gemeinhin als »Confirmation Briefing«, also quasi als »Bestätigungsbesprechung«, bezeichnet. Die lief unten im Gefechts-/Lagebesprechungsraum der *Kearsarge* auf der 2. Ebene (Level 02), unmittelbar bevor die Maschinen bestiegen wurden. Sie ist der letzte Stein im Mosaik dessen, was die Marines »Schnellplanungs-Prozeß« nennen – den Planungsabschnitt, der es einer MEU(SOC) ermöglicht, praktisch jede ihrer vorgeplanten Special-Operations-Einsätze innerhalb von gerade einmal sechs Stunden nach Eintreffen des Einsatzbefehls auch schon zur Durchführung bringen zu können.

Das »Confirmation Briefing« ist das letzte Koordinationstreffen, das Offiziere und Mannschaften der ARG und MEU(SOC) abhalten. Es ist unheimlich aufregend, wenn man einmal daran teilnehmen darf. Eigentlich dauert es nur zwischen 15 und 20 Minuten, aber in dieser Zeit werden mehr als 20 Punkte besprochen – angefangen von der Wetterlage und nachrichtendienstlichen Erkenntnissen über Rufzeichen bis hin zu den Waffenlasten der Flugzeuge. Der einzige Grund, weshalb diese Besprechung überhaupt mit einer solch rasanten Geschwindigkeit über die Bühne gehen kann, ist der, daß absolut jede Bewegung und Aktion der TRAP-Mission noch zu Hause in den USA wer weiß wie oft vorher und dann auch noch auf See praktiziert wurde. Bei dieser Bestätigungsbesprechung gehen die jeweiligen Sprecher nach dem Motto »Einweisen im Ausnahmezustand« vor: Der Vortragende geht (schnell!) zum Kopfende des Lageraums, klatscht eine Overheadfolie gerade lange genug auf den Projektor, daß jeder Anwesende sie sehen kann, und spricht ausschließlich die Operationsabschnitte an, die als nicht normal oder nicht mit dem Plan übereinstimmend eingestuft wurden. Auf den Punkt gebracht heißt das, daß man über die einzelnen Themen irgendwo zwischen 30 und 60 Sekunden lang Informationen an den Kopf geworfen bekommt. Dieses Vorgehen ist aber keineswegs so zu verstehen, daß es vielleicht flüchtig oder gar leichtfertig wäre. Ganz im Gegenteil: Auf diese Weise wird nur dann vorgegangen, wenn der Faktor Zeit Einfluß auf das Gelingen oder Scheitern einer Mission hat. Und diese Besprechung gehörte ganz eindeutig zu diesem Typ.

Im Anschluß an die Besprechung marschierten die Marines über die Rampe vom Hangar-Deck hinauf zum Flugdeck. Jeder einzelne Trupp wurde vom Combat-Cargo-Personal des Schiffs zu den Maschinen geführt und an Bord gebracht. Sobald der Ladevorgang abgeschlossen war, erging der Befehl an die Hubschrauber, die Antriebe zu starten. Gegen 0505 waren alle Hubschrauber oben und warteten auf die Meldung, daß sich das Unterstützungspaket der NATO ebenfalls in der Luft und bereits in Position befand. Um 0545 kam endlich der »Go«-Befehl, und bereits um 0549 hatte die TRAP-Truppe »trockene Füße«. Um 0640 hatte der Führungs-*Cobra* schon den Kontakt zu O'Grady hergestellt und ihn angewiesen, eine Rauchfackel zu zünden. Kaum war der Rauch gesichtet, warf die Besatzung des *Cobra* auch schon selbst eine Rauchfackel ab und begann mit der Einweisung des führenden CH-53E zu einer kleinen Lichtung mit einer steinübersäten, hügeligen Wiese, die unmittelbar neben der Position des jungen Piloten lag. Dichte Nebelbänke deckten Teile des Gebiets ab, und es war höchste Vorsicht bei der Landeinweisung der dicken Chopper geboten. Kaum hatten die Hubschrauber den Boden berührt, sprangen auch schon Lieutenant Wetterauer und seine Mörsermänner aus der Maschine, um einen Verteidigungsring zu bilden und mit der Suche nach O'Grady zu beginnen. Die Standard-TRAP-Mission geht immer davon aus, daß die zu rettende Person verletzt ist, was die Schaffung einer Schutz- beziehungsweise Sicherungszone erforderlich macht, und sei es nur für den Fall, daß zusätzliche Zeit benötigt würde, um O'Grady herauszuholen. Wie sich dann herausstellte, war ein solches Vorgehen in diesem Fall aber nicht erforderlich.

Während der Führungshubschrauber noch entlud, setzte der zweite CH-53E bereits zur Landung an, wobei sich ein minimales Problem ergab:

In der Landezone befand sich eine kleine Einfriedung, und der zweite Hubschrauber setzte sich direkt darauf. Das bedeutete allerdings nur einen kurzen Moment der Verzögerung für die Operation. Die Captains Fortunato und Wright zogen kurz hoch, setzten ihren CH-53E einfach ein paar Meter hinter der Einfriedung auf und senkten dann eben dort ihre Heck-Laderampe ab. Bevor sie allerdings noch Gelegenheit dazu bekamen, auch ihren Hubschrauber zu entladen, kam Captain O'Grady bereits aus dem Unterholz gespurtet und schwenkte sein Funkgerät und seine Pistole, während er auf den CH-53E zulief. Nachdem man ihn von diesen Gegenständen (um seiner eigenen Sicherheit willen!) befreit hatte und er sicher an Bord war, hob der Hubschrauber wieder ab. Sofort machte Captain Fortunato dem Lufteinsatzleiter Meldung, daß er O'Grady sicher hatte an Bord nehmen können. Kaum war auch das erledigt, nahmen die vier Hubschrauber – während ihre *Harrier*-Eskorte über ihnen Sicherung flog – mit Höchstgeschwindigkeit im Tiefstflug Kurs zurück auf die Küste. Selbst als sie dann auch noch von Flak und Flugabwehrraketen beschossen wurden, lief die Operation genau nach Plan ab. Kaum hatten die *Cobras* das vom Boden eröffnete Feuer erkannt, befahlen sie den CH-53Es auch schon, SAM-Ausweichmanöver zu fliegen (abrupte Änderungen der Flughöhe und -richtung während gleichzeit Düppel und Wärmeschein-

Gruppenaufnahme eines Wiedersehens von Soldaten der 24th MEU(SOC) mit dem Air Force Captain Scott O'Grady (achter von rechts in der hinteren Reihe) im April 1996. Mit dabei sind Brigadier General Marty Bernet (außen links), Lieutenant Colonel Chris Gunther (fünfter von links) und Sergeant Major Angel Castro (vierter von links). Der weibliche Offizier (dritte von links) ist Lieutenant General Carol Mutter, die erste Frau, die diesen Dienstrang erreicht hat. JOHN D. GRESHAM ziele ausgestoßen werden), und flogen anschließend weiter in Richtung Küste. Ist eine Rettung erst einmal vollzogen, sehen die bestehenden TRAP-Regeln vor, daß jeder Art von Gefecht über feindlichem Gelände auf jeden Fall aus dem Weg zu gehen ist. Also flog die Rettungsmannschaft einfach weiter, und der Beschuß wurde nur durch ein paar Salven aus dem Maschinengewehr eines der Türschützen im Hubschrauber erwidert. Gegen 0730 war die TRAP-Truppe zurück über der *Kearsarge* und damit wieder sicher zu Hause.

Captain O'Grady wurde dann vom Flugdeck hinunter in den Sanitätsbereich geleitet, wo sich schnell herausstellte, daß er ausgezeichnet in Form war. Er hatte lediglich leichte Anzeichen einer Dehydration (Austrocknung/Flüssigkeitsmangel), seine Füße waren etwas in Mitleidenschaft gezogen, und er wies geringfügige Verbrennungsmale an Nacken und Gesicht auf, die durch Reibung entstanden waren. In der Zwischenzeit gaben die Marines ihre unverbrauchte Munition zurück, reinigten ihre Waffen, durchliefen die Abschlußbesprechung und gingen dann hinunter, um zu frühstücken. Zur gleichen Zeit lief die Erstellung der Berichte an, die nach einem Einsatz fällig sind... zusammen mit den Vorbereitungen, um gegen die unausbleibliche Flut von Pressemitgliedern gewappnet zu sein. Und das alles, bevor Colonel Berndt auch nur einen einzigen Schluck seines Morgenkaffees hatte trinken können!

Vorbereitungen: 26th MEU(SOC) Ausbildung und Operationen

Es war einmal in der Zeit, als viele meiner Leser noch Teenager waren, da träumten sie bestimmt davon, endlich selbst ein Auto fahren zu dürfen. In jenen Tagen bedeutete es für uns einen Quantensprung, den Schritt vom Fußgänger oder Fahrradfahrer zu einem Menschen zu machen, der in einem Auto von einer Stadt zur anderen oder von einem Bundesstaat zum nächsten fahren konnte – ganz sicher mit der Situation vergleichbar, endlich auf dem Kommandantensessel von Raumschiff *Enterprise* Platz nehmen zu dürfen. Natürlich hat sich bei ihnen auch bald die Ernüchterung eingestellt, nachdem sie feststellen mußten, daß allein die Tatsache, das entsprechende Alter erreicht zu haben, selbst ein Auto fahren zu dürfen, nicht automatisch gleichbedeutend mit grenzenloser Freiheit war. In der ernüchternden Wirklichkeit sah es dann so aus, daß man, bevor wir in einer solch gefährlichen Maschine auf die Menschheit losgelassen wurden, Fahrstunden genommen und noch mehr Fahrstunden genommen werden mußten, und wir uns schon bald vorkamen, als würden wir eine Hochschule besuchen. Noch später hieß es dann, beim Straßenverkehrsamt anzutreten und sich einem Sehtest und einer schriftlichen Prüfung zu stellen. Damit nicht genug, schleppte man uns anschließend auch noch weiter, und die praktische Prüfung mußte absolviert werden. Hier mußte man dann unter Beweis stellen, daß man in der Lage war, die gewonnenen Fahrkenntnisse auch unter tatsächlichen Verkehrsbedingungen umsetzen zu können. Und das alles nur für das Recht, selbständig und allein am öffentlichen Verkehr teilnehmen zu dürfen. Aber ist das alles wirklich so einfach? Ist es überhaupt notwendig? Nun, schlecht geführte Fahrzeuge bringen jährlich mehr Amerikaner ums Leben, als uns der ganze Vietnamkrieg an Leben gekostet hat. Um es ein wenig praxisbezogener zu formulieren: Wenn wir uns mit unseren Kraftfahrzeugen draußen auf den Autobahnen bewegen, wünschen wir uns, daß all die anderen Typen in ihren großen, schnellen Kisten mindestens ebenso gut fahren wie wir selbst. Verantwortungsvolle Menschen nehmen das Privileg, ein Auto führen zu dürfen, sehr ernst.

Also, wenn eine Operation, die scheinbar ebenso leicht ist wie das Autofahren und dennoch mindestens ebenso intensiv überwacht und geregelt werden muß, kann man sich vielleicht vorstellen, wie sehr das Marine Corps darum bemüht ist, die Ausbildung und Zulassung einer Einheit zur Marine Expeditionary Unit/Special Operations Capable – MEU(SOC) – zu überwachen. Wieviel getan werden muß, bevor eine dieser Einheiten endlich soweit ist, einen Törn um die ganze Welt zu unternehmen – bewaffnet und überaus gefährlich. Bis jetzt haben wir uns lediglich mit dem Aufbau, dem Personal, der Ausrüstung und den Fähigkeiten einer MEU(SOC) auseinandergesetzt. Wir haben bei diesen wunderbaren Einheiten praktisch einen Blick durchs Fenster werfen dürfen. Was diese Sammlung regulärer Einheiten der Marines aber erst *wirklich* nutzbringend macht, ist das Training. Also noch mehr Ausbildung von etwa der gleichen Art, die an allererster Stelle und schon vom ersten Augenblick an das Ethos und den Geist dieser Marines bestimmten.

Um zu zeigen, wie so etwas gehandhabt wird, wollen wir jetzt der 26th MEU(SOC) bei den Vorbereitungen auf ihren 1995/96er Einsatz ins Mittelmeer folgen. Ich werde den Leser auf einige dieser weiterführenden Übungen mitnehmen und dabei versuchen, ihm ein Gefühl für die Bandbreite von Missionen zu vermitteln, für die MEU(SOC)s trainiert werden, wie ihre zusätzlich gewonnenen Fähigkeiten überprüft werden und wie sie schließlich die Zulassung erhalten, sich als MEU(SOC) bezeichnen zu dürfen, um als solche eingesetzt werden zu können. Dieser Törn sollte keineswegs ein normaler MEU(SOC)-Einsatz werden (wenn es einen solchen überhaupt geben kann!). Als die 26th mitten in den Vorbereitungen steckte, erreichte der Krieg in Bosnien gerade seinen Höhepunkt, und die 24th MEU(SOC) hatte es eben geschafft, Scott O'Grady vor größerem Schaden zu bewahren. Eigentlich gehörte kein allzu großer Scharfblick dazu, voraussagen zu können, daß sich Colonel Battaglini und seine Marines ebenso wie Captain Buchanan und seine Matrosen unter Umständen auf dem besten Weg in einen heißen Krieg befanden.

MEU(SOC)-Missionen

Heute werden sämtliche MEU(SOC)s an beiden Küsten der Vereinigten Staaten von Amerika und in Okinawa nach einem einheitlichen Standard und für einen festumrissenen Rahmen von Missionen trainiert. Diese Standards werden allerdings ununterbrochen überprüft und dahingehend bewertet, ob sie noch unter den ständig wechselnden Gegebenheiten, die in einer gefahrvollen Welt unausbleiblich sind, Bestand haben oder nicht. Um diese Bemühungen zu unterstützen, definierte man beim Marine Corps im Jahre 1989 erstmalig eine Reihe von Eckwerten, die in verschiedenen MEU(SOC)-Ausbildungshandbüchern festgeschrieben wurden. Dadurch wurden die Ausbildungsrichtlinien beziehungsweise Lehrpläne für sämtliche MEU(SOC)s vereinheitlicht. Der Schlüssel dazu, die verschiedenen Operationsmöglichkeiten einer MEU(SOC) richtig verstehen zu können, liegt wohl darin, die vielfältigen Missionen einmal näher in Augenschein zu nehmen. Aber bevor wir damit anfangen, noch eine schnelle Definitionserklärung: In der Umgangssprache der Marines bedeutet »Assault (Angriff)«, ein Zielobjekt gewaltsam zu nehmen, also zu erobern und es zu halten, bis man abgelöst oder verstärkt wird. Auf der anderen Seite steht der Begriff »Raid (Überfall)«, der so verstanden wird, daß es sich hier um das Eindringen in ein bestimmtes Gebiet handelt, im Laufe dessen genau definierte Ziele oder Ausrüstungen entweder zerstört oder genommen werden sollen und die eingesetzte Truppe anschließend zu ihrem Ausgangspunkt zurückkehrt.

Amphibious Assaults

Das ist die Art von Mission, die traditionell als amphibischer / vertikalumfassender Angriff von fundamentaler Bedeutung für das Ethos des Marine Corps ist. Im Fall der MEU(SOC) heißt das, eine solche Mission beispielsweise zugunsten von nachfolgenden Kräften (Luftlandetruppen und/ oder einfliegender Einheiten) durchzuführen. Ein vergleichbares Vorgehen kommt auch gegebenenfalls für MPSRONs der Marines oder die AWR-3-Einheiten der Army zum Tragen. Das ist das zuvor schon oft angesprochene Eindringen im Sinne von »eine Tür eintreten«. Die Art von Operation also, die möglichst schnell (eine Sache weniger Tage) nach Ausbruch einer Krise über die Bühne zu gehen hat. In der Zwischenzeit haben Regierung und Oberbefehlshaber somit eine Möglichkeit gewonnen, auf dem schnellsten Weg zusätzliche amphibische Schiffe mit weiteren Marines an Bord nachzuschicken, um die MEU(SOC) zu verstärken.

Amphibious Raids

Bei den amphibischen Überfällen wird eine MEU(SOC) in erster Linie ihre amphibischen Landungsfähigkeiten dazu einsetzen, möglichst schnell Küstengewässer zu überwinden, um über einen feindlichen Strand hinweg ein Zielobjekt zumindest zeitweilig zu nehmen und so weit zu zerstören, daß es anschließend für einen Feind nicht mehr zu gebrauchen ist. Dazu gehören beispielsweise Überfälle auf Kraftwerke, Industriegebiete oder Militärstützpunkte. Eine weitere denkbare Möglichkeit besteht in der Zerstörung von Produktionsstätten für Rüstungsgüter oder Lager für chemische, atomare oder biologische Munition. Flugplätze gehören ebenso zu den realisierbaren Einsatzprofilen einer MEU(SOC) wie Hafenanlagen.

Scheinangriffe/Täuschungs- beziehungsweise Ablenkungsüberfälle

Eine bestimmte Art von Überfall, der Scheinangriff, ist als Angriff oder Überfall von kurzer Dauer definiert, der die Aufmerksamkeit eines Feindes von einer größeren oder wichtigeren Operation ablenken soll. Diese Operationen sind so angelegt, daß sie mit sehr viel »Blitz und Donner« stattfinden und hinterher die durchführende Einheit auf dem schnellsten Weg »die Kurve kratzt«, bevor die bösen Jungs auf der Gegenseite sich im klaren darüber sind, welcher der Angriffe denn nun eigentlich der echte war oder ist. Ein derartiger Überfall muß grundsätzlich aus einem großangelegten Angriff auf schmaler Front oder einer Reihe von simultan ablaufenden Operationen über einen weiten Bereich bestehen.

Verstärkung/Angriff/Kontrolle von See her

Einer der Gründe dafür, weshalb man sowohl eine Navy- als auch eine Marineinfanterie benötigt, besteht im Schutz der Schiffahrtsstraßen dieser Welt. Das ist weit mehr als nur eine schicke Art und Weise, die Aufforderung: »Runter von meiner Straße« zum Ausdruck zu bringen. Die Aufrechterhaltung der Freiheit internationaler Seeschiffahrtsstraßen liegt im Verantwortungsbereich aller Marinestreitkräfte. Deshalb besteht eine der Missionen der MEU(SOC)s im Schutz der internationalen Handels-/Passagierschiffahrt vor Piraterie und/oder vor Entführungen durch Terroristen. Letzteres geschah beispielsweise in den 80er Jahren dem italienischen Kreuzfahrt-Passagierschiff *Achille Lauro*. Die maritimen Unterstützungsmissionen kommen in verschiedenen Erscheinungsformen daher: Zunächst einmal kann eine MEU(SOC) eine Sicherungs- oder Verstärkungsabteilung abstellen, um ein Schiff bei der Passage von Gewässern fragwürdiger Sicherheit oder solchen in unmittelbar bedrohten Bereichen zu schützen. Des weiteren kann eine MEU(SOC) eine Mission vom »Überfalltyp« ausführen, wenn es darum geht, ein Schiff zurückzuerobern, das von Piraten oder Terroristen gekapert wurde. Zum dritten (gerade in den letzten Jahren eine immer wiederkehrende Angelegenheit) ist die Kontrolle von See her eine wichtige Mission bei der Überwachung und Unterstützung hinsichtlich der Durchsetzung internationaler Embargos. Im Roten Meer, im Persischen Golf und in der Adria waren die Marines der Schlüssel zur Durchsetzung einer ganzen Reihe von See-Embargos. Dazu gehörte unter anderem auch das, mit dem damals in den Jahren 1990 und 1991 der Irak letzten Endes in die Knie gezwungen wurde.

Machtdemonstration

Jeder wird es schon einmal erlebt haben, daß manchmal der Punkt erreicht ist, an dem das Maß voll ist. Dann kommt es vor – wie es wohl jeder von uns gelegentlich tut –, daß man sich wie ein »bissiger Hund« verhält (sehr groß und mit außerordentlich bösem Geknurre), die Zähne gefletscht, um jedem in der unmittelbaren Umgebung auf diese Weise wissen zu lassen, daß man von jetzt an *sehr unangenehm* werden könnte. Diese Mission der Machtdemonstration ist im Grunde nichts anderes, als eben diesen »großen Hund« zur Schau zu stellen. General Krulak wird einem jederzeit gern bestätigen, daß diese spezielle Mission der absolut wichtigste Dienst ist, den eine Kraft in Form einer MEU(SOC) leisten kann. Im Grunde ist das wirklich nichts anderes als die moderne Interpretation des alten Begriffs »Kanonenboot-Diplomatie«. Eine ebenso einzigartige wie effektive Form der Abschreckung kleinerer Diktatoren und Kriegstreiber, deren Ambitionen größer sind als ihr Verstand. Entscheidet sich eine ARG oder Trägerkampfgruppe (Flugzeugträger-Gefechtsverband) dazu, außerhalb der Hoheitsgewässer eines solchen Staates zu »parken«, ist die damit verbundene Botschaft ebenso laut wie unmißverständlich: »Halt dich zurück, und bleib innerhalb deiner Grenzen!« Das hat schon unter Teddy Roosevelt funktioniert und funktioniert auch noch heute.

Tactical Recovery of Aircraft and Personnel (TRAP)

Obwohl es die unterschiedlichsten Spielarten von TRAPs gibt – angefangen von einfachen Reparaturen und Bergungen beschädigter Flugzeuge in problemlosem Umfeld bis hin zu bis an die Zähne bewaffneten Einsatztruppen, die in der Lage sind, gewaltsam in feindliches Territorium einzudringen, um verletzte Soldaten herauszuholen –, finden die meisten TRAPs statistisch gesehen doch unter friedlichen Bedingungen und in befreundeten Gebieten statt. Das mag zwar richtig sein, aber für die MEU(SOC)s ist das noch lange kein Grund, weshalb sie nicht trotzdem jede TRAP wie die Rettung O'Gradys behandeln sollten, und sei es »nur für den Fall«.

Verdeckte Bergungs- beziehungsweise Rettungsaktionen

Diese Mission ist im Grunde eine Spielart der eben angesprochenen TRAP. Hier besteht allerdings die erschwerende Zusatzbedingung, daß eine solche Clandestine Recovery Operation (CRO), wie der Name schon sagt, heimlich abzulaufen hat, damit man sie anschließend jederzeit in Abrede stellen kann. So etwas ist beispielsweise immer in solchen Situationen denkbar, in denen irgendwo Feindseligkeiten aufflackern, die Regierung aber einen bewaffneten Konflikt vermeiden will. Unter solchen Voraussetzungen sind mit einiger Wahrscheinlichkeit eine gute »Tarnkappe« und Geduld wesentlich gefragtere Eigenschaften als Geschwindigkeit und Feuerkraft. Auf jeden Fall gilt, daß, wenn eine solche Aktion erfolgreich durchgeführt wurde, anschließend das Land, dessen Souveränität verletzt wurde, weiterhin in dieser Sache blind und taub sein wird.

Non-Combatant Evacuation Operations (NEO)

In den letzten zehn Jahren haben sich Evakuierungen zu den häufigst gefragten Operationen der MEU(SOC)s entwickelt. Nehmen wir einmal an, irgendwo in einem fernen Land (beispielsweise Liberia oder Somalia) entwickelt sich eine Krise, sei es nun ein Bürgerkrieg oder irgend etwas anderes, was die örtlichen Gesellschaftsstrukturen aus dem Gleichgewicht bringt. Bislang ist den Amerikanern, die sich gerade in diesem Land aufhalten, noch nichts geschehen, aber die Wahrscheinlichkeit, daß ihnen etwas passieren könnte, wächst ständig. Mit ihren organisch integrierten Hubschrauberkräften, Schiffshospitälern und Marines für den Schutz wird eine MEU(SOC) praktisch automatisch zum perfekten Instrument, wenn es darum geht, »Nicht-Kombattanten« aus einer Gefahrenzone herauszuholen. Der Begriff »Nicht-Kombattanten« ist der militärische Fachbegriff für Zivilisten, ganz gleich, ob es sich dabei um Touristen oder Botschaftspersonal (bei dem es allerdings einige Ausnahmen gibt) handelt.

Über die »zivilen« NEOs hinaus wird manchmal auch dann die Bitte um Evakuierung militärischen Personals an uns gerichtet, wenn dieses sich im Rahmen eines Bürgerkriegs oder einer anderen Art bewaffneten Aufstands in einer aussichtslosen Situation befindet. Ein gutes Beispiel für eine solche Aktion war 1994 die Evakuierung der UN-Friedenstruppen aus Mogadischu in Somalia. Die Regierung befiehlt im allgemeinen solche Operationen immer erst dann, wenn sie auf offiziellem diplomatischem Wege angefordert werden. Geht ein solcher Befehl bei der NEO-Truppe ein, begibt sie sich mitten in die Gefahrenzone, stellt den Kontakt zu der Einheit her, die evakuiert werden soll, und baut um sie herum eine Schutzzone auf. Sobald sie die zu evakuierende Einheit erreicht hat, wird der Abtransport arrangiert und die Operation so schnell wie möglich abgeschlossen.

Geiselbefreiungen in höchster Not

Geiselbefreiungsaktionen sind so ziemlich die härtesten Aktionen, zu deren Durchführung die MEU(SOC)s herangezogen werden können. Wenn so etwas passiert, wird die Sache im großen und ganzen wie die geplante Rettungsaktion der Geiseln aus der amerikanischen Botschaft in Tehcran im Jahr 1980 durchgezogen. Obwohl diese Art Einsatz eher eine Spezialität von Einheiten wie der Delta-Force der Army ist, kann eine MEU(SOC), wenn einmal die Zeit knapp wird, unter Umständen die einzig verfügbare Kraft in vorgeschobener Position sein, die noch in der Lage ist, eine solche Aufgabe zu lösen. Deshalb werden die Marines auch für derartige Einsätze ausgebildet, wobei sie dann auf ihre großen »langbeinigen« CH-53E *Super Stallions* für die notwendigen Transporte zurückgreifen. Sollte Tankerunterstützung verfügbar sein (wie zum Beispiel vorgeschobene Abteilungen der KC-130F der Marines), kann eine solche Mission dank der Möglichkeit, während des Flugs betankt zu werden, praktisch nonstop durchgeführt werden.

Sicherungsoperationen

Sicherungsoperationen erinnern stark an die Kontrolle von Menschenmengen. Man versucht eine bestimmte Zone sicher und in normalem Betrieb zu halten. Aus der Sicht der MEU(SOC) bedeutet dies, daß man normalerweise dazu herangezogen wird, eine bereits vor Ort befindliche Einheit der Marines oder andere Einsatzkräfte des Militärs zu verstärken. Im allgemeinen wird es sich dabei um eine Schutztruppe der Marines handeln, die für die Sicherung einer US-Botschaft zuständig ist oder das Wachbataillon für einen Flugplatz stellt. Der unglückselige Einsatz in Beirut aus dem Jahr 1980 war leider eine solche Aktion. Der hauptsächliche Unterschied zwischen damals und heute dürfte in der Art des Vorgehens bestehen. Heute würde man die Sache mit großer Wahrscheinlichkeit unter zeitlichen Aspekten weniger unbefristet planen und dabei gleichzeitig wesentlich stärker die Präsenz des »großen Hundes« dokumentieren. Der würde dann aber an einem Ort vor der Tür liegen, von dem man sicher sein kann, daß er dort auch von allen gesehen wird.

Humanitäre Hilfeleistungen

Humanitäre Operationen haben in der Welt nach dem Ende des kalten Kriegs eine signifikante Prioritätssteigerung erfahren. Betrachtet man die Lieferfähigkeiten einer Truppe in der Art der MEU(SOC)s in bezug auf Verpflegung, Wasser, medizinische Versorgungsgüter und Sanitätsdienste, wird schnell klar, daß eine solche Einheit die perfekte mobile Kraft für Hilfeleistungen ist. In den vergangen Jahren hat es reichlich Operationen dieser Art auf der ganzen Welt gegeben, und es wird wahrscheinlich nicht mehr lange dauern, bis die MEU(SOC)/ARG-Teams eine ihrer Hauptaufgaben im Katastrophenhilfsdienst im eigenen Land sehen werden. Wie wir schon festgestellt haben, stellen die LHDs der Atlantikflotte, wenn sie im Hafen liegen, die sechstgrößte Krankenhauseinrichtung im Gesundheitswesen Virginias dar. Sollte es also in den nächsten Jahren zu einer größeren Katastrophe wie beispielsweise einem Hurrikan oder einem Erdbeben kommen, die eine der Küstengemeinden trifft, sollte man nicht allzu erstaunt sein, daß dann eine MEU(SOC)-Kraft an der Spitze der Hilfsbemühungen steht.

Unterstützung der Zivilbevölkerung/Ausbildungsaktionen

Damals, während des kalten Kriegs, nannten wir so etwas noch »Herzen und Meinungen gewinnen«. Diese enorm weitgefächerte Kategorie von Missionen deckt einen großen Bereich von Aktivitäten ab, die sich zum Ziel gesetzt haben, die Beziehungen zwischen der amerikanischen und den Regierungen und Bevölkerungen anderer Länder zu verbessern. So sind beispielsweise gemeinsam abgehaltene Manöver und Übungen mit den Streitkräften anderer Nationen eine ausgezeichnete Möglichkeit, Bereitwilligkeit und Verständnis unter unseren Bündnispartnern zu fördern. Auch eine Hafenliegezeit im Ausland kann vom Kommandeur einer ARG dazu genutzt werden, die Sanitätseinrichtungen eines LHD oder LHA der örtlichen Zivilbevölkerung für Impfmaßnahmen oder zahnmedizinische Betreuung zugänglich zu machen. Weitere Möglichkeiten bestehen in der Unterstützung beim Brückenbau, von Straßen und anderen grundlegenden Infrastrukturmaßnahmen und vergleichbaren Dienstleistungen.

Military Operations in Urban Terrain (MOUT)

Infanteristen hassen es, in verbauten Stadtgebieten kämpfen zu müssen. Der Häuserkampf ist eine enorm gefährliche Angelegenheit. Diese Art von Gefechten kann eine Infanterietruppe völlig auslaugen, wenn sie nicht speziell und systematisch für so etwas ausgebildet wurde. Selbst die Marines, die ja über profunde Erfahrungen verfügen, wie man einen Feind aus Höhlen und Stadtgebieten hinauswirft, haben ein gesundes Maß an Respekt vor solchen Operationen. Deshalb hat das Marine Corps ein spezielles Trainingsprogramm entworfen, das die Marines einer MEU(SOC) für Einsätze solcher Art vorbereitet, um besser mit derartigen Situationen fertigwerden zu können. Unter der Bezeichnung »Training in an Urban Environment« (TRUE) deckt dieses Programm praktisch alles ab, angefangen vom Einreißen von Wänden zwischen Häusern bis hin zum richtigen Vorgehen in reinen Wohngebieten.

Initial Terminal Guidance

Es gab einmal eine Zeit, da nannte man so etwas noch »Pfadfinder«- oder »Wegbereiter«-Mission. Im Kontext der heutigen Vorstellungen ist eine Initial Terminal Guidance Mission so zu verstehen, daß man durch sie Navigationshilfe für die Unterstützung einer anderen, größeren Mission bereitstellt. Gewöhnlich wird eine solche Aufgabe gelöst, indem man einen kleinen Trupp mit speziellen Peil- und Navigationsgeräten an einem Strand oder in einer Hubschrauber-Landezone absetzt, das dann anlaufende Landungsfahrzeuge oder einfliegende Hubschrauber dabei unterstützt, einen sauberen Vorstoß oder eine präzise Landung durchzuführen. Selbst in einer Zeit, in der es durch das GPS möglich geworden ist, auf den Punkt und den Bruchteil einer Sekunde genau operieren zu können, geht doch nichts über die persönliche Betreuung vor Ort.

Sammlung von Signals Intelligence (SIGINT)-/ Electronic Warfare (EW)-Daten

Es wäre übertrieben, wenn man die Behauptung aufstellte, daß ohne das Anzapfen des Telefonnetzes eines Feindes in einem Krieg überhaupt nichts laufen würde – aber hilfreich ist es schon. Das ist auch der Grund, weshalb die Schiffe des PHIBRON 4 und die 26th MEU(SOC) über ganz solide Fähigkeiten und Ausrüstungen verfügen, nachrichtendienstliche

Informationen aus Kommunikations- und anderen Signalen zu schöpfen. Aber oft reicht selbst das noch nicht aus, weil einfach weitergehende Informationen erforderlich sind. Sowohl das SSES auf den Schiffen als auch die SIGINT/EW-Trupps, die von einer MEU(SOC) eingesetzt werden, schaffen es aber, eine Unmenge nützlicher Informationen zusammenzutragen. Diese kann dann den Entscheidungsträgern, angefangen von der taktischen Ebene bis hinauf zum Oberkommando und der Regierung, das Leben zumindest etwas erleichtern. Natürlich unterliegt der größte Teil ihrer Ausrüstung strengster Geheimhaltung, aber man kann getrost davon ausgehen, daß die Teams der 26th MEU(SOC)/PHIBRON 4 durchaus in der Lage sind, praktisch das gesamte elektromagnetische Spektrum abzuhören.

Verdeckte Aufklärung und Überwachung/Gegenspionage

Wegen seiner massiven Verstärkung durch die Aufklärungskräfte der Marine Force Reconnaissance (Aufklärungs-, Nachrichten und -Abschirmdienst), die SEALs und Sensoren auf den Schiffen (sowohl aktiv wie passiv) ist eine MEU(SOC) auch eine enorm leistungsfähige Truppe, wenn es um die Sammlung nachrichtendienstlicher Information geht. Verdeckte Einsätze dieses Typs laufen gegebenenfalls so ab, daß man Trupps, möglicherweise im Rahmen einer kurzzeitigen Feindseligkeit, in feindliches Territorium eindringen läßt. Sobald die Mission abgeschlossen ist, können diese Teams dann wieder aufgenommen werden, ohne daß feindliche Streitkräfte überhaupt mitbekommen haben, daß man sie beobachtet hat. Erst kürzlich hat man alles so konfiguriert, daß eine MEU(SOC) alle Voraussetzungen erfüllt, Informationen in jeder beliebigen Menge und auf fast jede denkbare Art sammeln zu können. Dazu gehört unter anderem auch die Überwachung von Terroristengruppen (über Quellen des nationalen Nachrichtendienstes), die Überwachung und Verfolgung feindlicher Konvois auf Straßen mittels *Pioneer*-UAVs, die dann von der ARG abgestellt werden. Selbstverständlich kann sie auch selbst aktiv werden und menschliche Quellen erschließen.

Kaperung und/oder Zerstörung von Plattformen auf See

Im Laufe der letzten Hälfte unseres Jahrhunderts ist es weltweit schon fast alltäglich geworden, feste Einrichtungen auf See zu installieren, mit denen man die natürlichen Ressourcen am Rande der Kontinentalplatte ausbeutet. Aber Ölbohrinseln in den unterschiedlichsten Ausführungen wurden gewöhnlich von Staaten wie dem Irak und Iran auch dazu genutzt, als Sensoren- und Waffenplattform zu dienen. Glücklicherweise gehören Operationen auf See auch zu den Spezialitäten der MEU(SOC)s. Damit sie in der Lage sind, die sich mit solchen Plattformen verbindenden Risiken auszuschalten, werden die Marines ganz speziell darauf trainiert, solche

Ziele anzugreifen und wenn nötig in unbrauchbarem Zustand zu hinterlassen. Ganz nebenbei bemerkt, ist so etwas in der Durchführung eigentlich ziemlich einfach. Meist genügt die gründliche Zerstörung der gesamten Konstruktion am Bohrloch. Fachmännisch durchgeführt, muß diese dann komplett ersetzt werden (was Zeit und Geld kostet), wobei es aber nicht durch Auslaufen von Rohöl zu Umweltschäden kommen kann. Zweifelsfrei eine heikle Aufgabe, aber auch eine, die von den Marines bereits mehrfach im Laufe von Gefechten erfolgreich durchgeführt wurde – und das ist es schließlich, was am Ende zählt.

Spezielle Zerstörungsmaßnahmen

Bei den Marines gibt es einen alten Spruch: »Es gibt kein Problem, das man nicht durch eine Ladung hochexplosiven Sprengstoffs in der richtigen Größe und an der richtigen Stelle, zur richtigen Zeit gezündet, lösen könnte.« Das ist die nackte Wahrheit. Marines verfügen über eine ganz eigene Gabe, Dinge in die Luft zu jagen, wodurch diese Art von Mission bei den Marines zu den beliebtesten überhaupt gehört. Gerade bei den Bohrinseloperationen liegt der Schlüssel zur Zerstörung von Einzelzielen darin, sie so zu zerstören, daß nicht gleich die ganze Umgebung – oder die Nachbarn – in Mitleidenschaft gezogen werden.

Feuerunterstützungskoordination

Eine MEU(SOC) muß über die Möglichkeit verfügen, den Beschuß mit größtmöglicher Genauigkeit auf ein bestimmtes Ziel von besonderer Bedeutung zu lenken. So wie Feuerunterstützung heute verstanden wird, besteht sie aus Erkundung, Markierung und Beschußwirkungsbeurteilung. Die Erkenntnisse daraus sind sowohl für die Schiffe auf See als auch die Kampfhubschrauber und -flugzeuge von großer Wichtigkeit. In einer Zeit, in der viele der traditionellen Aktivposten der Marines für die Feuerunterstützung entweder völlig gestrichen oder aber gekürzt wurden, ist ein gewissenhafter Umgang mit dem, was übriggeblieben ist, von entscheidender Bedeutung für den Erfolg sämtlicher Missionen der Marines.

MEU(SOC)-Training und -Qualifikation

Es bedarf nicht viel, um feststellen zu können, daß ein ARG/MEU(SOC)-Team in der Lage ist, eine Menge von Missionen durchzuführen. Aber dennoch bleibt die Anzahl der Möglichkeiten – und das muß auch so sein – begrenzt. Das MEU(SOC)-Konzept ist ja gerade deswegen so erfolgreich, weil sich die MEU(SOC)-Einheiten genau auf das beschränken, was sie auch wirklich beherrschen! Diesen hohen Grad an Können zu erreichen, den man für die erfolgversprechende Durchführung all dieser

Missionen benötigt, ist schon recht hart für die Soldaten der MEU(SOC)s und teuer für die Steuerzahler. Aber wie dem auch sei, es wird immer eine Reihe von Leuten geben, die in der Lage sind, die Fähigkeiten der MEU(SOC)s richtig einzuschätzen und für die der Gesichtspunkt der Kosten nie ein Diskussionsgegenstand sein wird. Das gilt ganz sicher für Menschen wie Scott O'Grady.

Eine MEU(SOC) auf einen Törn vorzubereiten kostet Zeit. Jeder Törn dauert sechs Monate, und man braucht insgesamt drei MEU(SOC)/ARGs, um ständig eine davon in vorgeschobener Position in Bereitschaft halten zu können. Jetzt dürfte klar sein, warum es an jeder Küste Nordamerikas drei dieser Einheiten gibt. Um solchen Anforderungen gerecht werden zu können, arbeiten die MEU(SOC)/ARG-Teams in einem 15-Monats-Zyklus, der etwa folgendermaßen aussieht:

- **Überholung/Auffrischung der Grundausbildung (Monat 1 bis 3)** – Wenn es überhaupt eine Ruheperiode für die Soldaten der verschiedenen MEU(SOC)/ARGs gibt, dann ist es dieser Abschnitt. In dieser Zeit wird das Schiff in die Werft gequetscht, damit es instand gesetzt und seine Ausrüstung und Systeme auf den neuesten Stand gebracht werden können. Das ist auch der Zeitraum, in dem ausscheidende Soldaten durch neuverpflichtete ersetzt werden. In der Zwischenzeit bekommt jeder Marine auch die Möglichkeit, Urlaub einzureichen und/oder etwas Zeit mit seiner Familie zu verbringen. Das Leben ist ganz schön hart für diejenigen, die in einer Expeditionseinheit ihren Dienst versehen – kein Wunder also, wenn jede freie Minute wie ein Schatz gehütet wird. Wenn sie nicht gerade Urlaub haben oder ihre Zeit mit der Familie verbringen (diese Zeiträume sind immer viel zu kurz!), »gehen sie zum Ausgangspunkt zurück«. So können die Marines ihre Grundkenntnisse für die kommende Vertiefungsperiode schon einmal auffrischen.
- **MEU(SOC)-Vertiefungs-/Qualifikationsperiode (Monat 4 bis 9)** – In dieser Zeitspanne werden die verschiedenen Einzelkomponenten der MEU(SOC) zusammengeführt, um das Zusammenwirken als Team zu lernen. Jetzt werden auch die Schiffe der ARG wieder in die Ausbildungsübungen eingebunden, damit zum Abschluß dieses Prozesses die gesamte Kraft als Team aus einem Guß funktioniert. Jetzt durchläuft die MEU(SOC) unter der gewissenhaften Anleitung von Spezialausbildern der Marine Corps Special Operations Training Group (SOTG) den gesamten Vertiefungs- und Qualifikationsprozeß.
- **Einsatz (Monat 10 bis 15)** – Der ganze Prozeß mündet schließlich in die Einsatzphase – wenn die MEU(SOC)/ARG-Teams auf Törn gehen. Da es insgesamt sieben MEU(SOC)s im aktiven Dienst gibt (die 11th, 13th und 15th an der Westküste, die 22nd, 24th und 26th an der Ostküste und die 31th in Okinawa) werden immer zwei bis drei draußen auf See sein. Für die obersten Befehlsinstitutionen bedeutet das, ständig über jeweils eine MEU(SOC) im Mittelmeerraum, eine im westlichen Pazifik und je nach Bedarf eine weitere im Persischen Golf verfügen zu können.

Der Schlüssel dazu, all das möglich zu machen, ist die MEU(SOC)-Vertiefungs-/Qualifikationsperiode. Für die MEU(SOC)s ist dies das funktionelle Gegenstück zum National Training Center (NTC) oder die Zyklen des Red/Green Flag bei der U.S. Army beziehungsweise Air Force. Allerdings ist bei denen ein anderer Zeitfaktor wirksam: diese Phasen bei Army und Air Force dauern auf keinen Fall wie hier sechs Monate! Es ist schon eine lange Zeit der Vorbereitung auf einen Törn, der seinerseits ebenfalls ein halbes Jahr dauern wird, und sie fordert ihren Tribut gleichermaßen von den Soldaten und von der Ausrüstung. Aber auch heute noch hat der alte Spruch: »Je mehr man bei der Ausbildung schwitzt, desto weniger blutet man im Krieg« seine Gültigkeit nicht verloren. Er stimmt. Wort für Wort. Die Ausbildung und die Prüfungen während dieser Zeit sind unglaublich intensiv. Übungen und Auswertungen lösen einander praktisch rund um die Uhr ab, und es passiert relativ selten, daß die Soldaten einer MEU(SOC) und ARG in dieser Zeit einmal mehr als sechs Stunden Schlaf pro Nacht bekommen. Es sieht sogar so aus, daß die Vertiefungs-/Qualifikationsperiode in Wirklichkeit härter ist als wirkliche Gefechtssituationen, wie mir die meisten Marines, mit denen ich gesprochen habe, erzählt haben!

Die augenblicklich angelegten Standards und Ausbildungspläne für diesen Prozeß sind in einem Dokument festgeschrieben worden, das die Bezeichnung *Marine Corps Order 3502* trägt. Dieser ständige Befehl wurde 1995 in aktualisierter Form herausgegeben. Hierin ist Schritt für Schritt des Ablaufs festgelegt worden, der getan werden muß, um ein BLT, ein HMM, ein MSSG und andere Einheiten der Marines auszuwählen und sie in eine voll qualifizierte MEU(SOC) zu verwandeln. Am Ende dieses Prozesses findet eine Besichtigung statt, die den Charakter einer Abschlußprüfung hat und unter der Bezeichnung Special Operations Capability Exercise (SOCEX) läuft. Um ihr Ziel, die Zulassung als SOC, zu erreichen, muß eine MEU zunächst einmal jeden einzelnen Punkt dieser Order zur völligen Zufriedenheit von sehr strengen Richtern erfüllt haben. Diese Richter sind sowohl ihre normalen Ausbilder als auch die Leute von der Special Operations Training Group der Marines, die man als Hüter des MEU(SOC)-Lehrplans bezeichnen kann. Schenkt man den Marines und Matrosen Glauben, die das alles schon einmal mitgemacht haben, so ist allein schon dieser Qualifikationsprozeß eine Wirklichkeit gewordene Hölle auf Erden von sechs Monaten Dauer – aber die letzten beiden Wochen, die sind am allerschlimmsten!

Anfangsphase (10 Wochen)

Die erste Trainingsphase ist darauf ausgerichtet, die verschiedenen Einheiten der einzelnen Komponenten der Marines und der Navy zusammenzuziehen. Dieser Ablauf erinnert etwas an ein kleines Trainingslager für Footballspieler, in dem Rekruten und Veteranen die Möglichkeit haben, einander kennenzulernen. Die Hauptereignisse in dieser Zeit sind unter anderem:

- **ARG/MEU(SOC) Workshop** – Praktisch ein »Einmaleins«-Kursus für die verschiedenen Komponenten- und Schiffsstäbe.
- **Spezialausbildung** – Die »Klassen« absolvieren hier spezielle Trainingskurse, bei denen die lebenswichtigen technischen Fähigkeiten vermittelt werden, die für die verschiedenen Arten von SOC-Missionen benötigt werden.
- **Grundtraining – See** – In dieser Phase wird erstmalig die Zusammenarbeit der verschiedenen Komponenten von Navy und Marines auf See in die Praxis umgesetzt. Ein großer Teil dieser Zeit wird für die Grundkenntnisse verwendet wie beispielsweise das schnelle und sichere Beladen von Hubschraubern und Landungsfahrzeugen, oder die Grundlagen Hubschrauber- und amphibischer Angriffstechniken. Außerdem gibt es bei diesen Übungen zur Vertiefung der Kenntnisse auch noch eine Reihe von Prüfungen, die allerdings in ihrer Form etwas von den verfügbaren Schiffen und der Bandbreite der Ausbildung abhängen.
- **Koordinationsübung – Feuerunterstützung** – Da eine der am meisten für die Ausführung der vollen Bandbreite von MEU(SOC)-Missionen benötigten Fähigkeiten in der Anforderung und Koordination von Feuerunterstützung durch Schiffe auf See, Artillerie und Flugzeuge besteht, findet eine Übung mit scharfer Munition statt, um diese Kenntnisse zu perfektionieren.

Sämtliche dieser Übungen haben nur einen Sinn und Zweck: den Soldaten der ARG und MEU(SOC) ein gesundes Fundament aus Kenntnissen und Erfahrungen zu vermitteln, die sie für die nun folgende Fortgeschrittenenphase des Trainings benötigen. Man kann das etwa so verstehen, wie man zunächst einmal lernen muß zu gehen, bevor man laufen kann. So ist dann diese Grundausbildung auch in erster Linie darauf ausgelegt, einem das Vertrauen zu vermitteln, einfache Dinge erledigen zu können. Damit werden dann die Voraussetzungen geschaffen, auch schwierigere Aufgaben zu übernehmen.

Fortgeschrittenenphase (8 Wochen)

Diese Fortgeschrittenenphase verwandelt eine normale MEU in eine wirklich gefährliche Waffe, nämlich die MEU(SOC). In diesem Abschnitt liegt die Betonung auf der weiteren Förderung des Teamgeists und des Zusammenwirkens, wozu der Grundstein im vorausgegangenen Ausbildungsabschnitt gelegt und entwickelt wurde. Das wird jetzt in Einklang mit den Missionen gebracht, die im *Marine Corps Order 3120.9* festgelegt sind. Eine harte Zeit, die sich über mehr als drei Monate hinzieht. Die Marines und Matrosen der verschiedenen Komponenten verbringen den größten Teil ihres Dienstes entweder im Gelände oder auf See. Ist auch diese Phase abgeschlossen, werden die Soldaten der ARG/MEU(SOC) vollständig als Team funktionieren – und eine rasiermesserscharfe Kampftruppe sein. Die folgenden Punkte gehören zur Fortgeschrittenenphase:

- **Maritime Special Purpose Force (MSPF) Interoperability Training** – Diese Spezialausbildung bekommen rund 50 Mitglieder der seegestützten Spezialeinheit einer MEU(SOC) (MSPF ist ein speziell aufgestellter Trupp von Soldaten aus den Aufklärungseinheiten der Marines, die in den extremeren Formen von Kommandoeinsätzen trainiert werden). Ihre Aufgabenstellung schließt beispielsweise Operationen in feindlichem Gebiet, wie das Eindringen mit kleinen Booten und unter Wasser, Zerstörungen, Gebirgskampfausbildung und Straßen- und Häuser-Gefechtsausbildung ein.
- **TRUE-Übungen** – Die TRUE-Übungen verschaffen den Soldaten die Gelegenheit, Gefechtssituationen im ungewohnten Umfeld von Stadtgebieten zu trainieren. Um sowohl Realitätsnähe als auch die Effektivität dieser Maßnahme zu verbessern, werden sie überall in den USA in Städten (wie beispielsweise San Francisco oder New Orleans) geübt, um den Marines ein Gefühl für ein reales Umfeld zu vermitteln, das sie für die Ausübung dieser schwierigen Missionen benötigen.
- **Marine Expeditionary Unit Exercise (MEUEX)** – Die MEUEX ist die erste wirkliche Gelegenheit für die ARG- und MEU(SOC)-Kommandeure, bei der sie herausfinden können, wie der Leistungsstand ihrer Einheiten ist. Mit Unterstützung der SOTG treiben sie die Matrosen und Marines durch eine Woche ununterbrochener Operationen, und kaum ist eine Mission abgeschlossen, da folgt auch schon die nächste. Funktional gesehen, ist beispielsweise das Programm eines Tages noch ein echtes Äquivalent zur TRAP-Mission, mit der O'Grady gerettet wurde, und schon der folgende Tag hat einen amphibischen Angriff als Aufgabenstellung. Und so geht das Tag für Tag in ständigem Wechsel weiter.
- **Training in Gas-/Ölbohrinseln und für seeseitige Abriegelungsoperationen** – In früheren Jahren wurden nur die MEU(SOC)s an der Westküste für diese maritimen Missionen ausgebildet. Inzwischen müssen sich aber sämtliche MEU(SOC)-Einheiten einem solchen Training unterziehen, um mit den spezifischen Gegebenheiten derartiger Aufgaben umgehen zu können.
- **Nachtangriffe über große Entfernungen** – Schon seit geraumer Zeit ist es eine Spezialität der Marines, Überfälle auf feindliche Ziele durchzuführen, was sie für die Entscheidungsträger des Staates zu einem überaus wertvollen Werkzeug macht. Dieser spezielle Abschnitt des Fort-. geschrittenenlehrgangs betont besonders solche Nachtangriffe, bei denen große Entfernungen zum Ziel und zurück überwunden werden müssen.
- **Fortgeschrittenen-Ausbildungsphase auf See** – Es gibt einen oder mehrere Lehrgangsabschnitte, die auf See stattfinden und die der praktischen Übung verschiedener Missionstypen dienen. Die genaue Zusammenstellung aus Übungen und Missionen liegt im Ermessen des ARG/MEU(SOC)-Stabs und ist von der jeweils gegebenen Verfügbarkeit von Schiffen und Übungsgeländen abhängig.

Sobald die Fortgeschrittenenphase abgeschlossen ist, hat das ARG/MEU(SOC)-Team fast den Status erreicht, an dem es sich seiner letzten Prüfung stellen kann: der SOCEX. Bevor es allerdings damit richtig losgeht, bekommen die Soldaten die Gelegenheit zu einer kleinen Verschnaufpause, um gleichzeitig auch notwendige Instandsetzungen durchzuführen und Probleme irgendwelcher Art soweit wie möglich aus der Welt zu schaffen.

Schlußphase (8 Wochen)

Waren die Wochen zuvor schon hart, so erscheinen einem diese letzten Wochen noch unmenschlicher und endloser. Während der beiden Wochen, die für die SOCEX vorgesehen sind, müssen die Matrosen und Marines einer MEU(SOC) den Beobachtern der SOTG beweisen, daß sie für die Zulassung als Special Operations Capable qualifiziert sind.

- **Ständige Bereitschaft zur Einschiffung** – Eine kurze, aber *sehr realistische* Zeit ständiger Bereitschaft für Matrosen und Marines. Der Grundgedanke dazu ist der, daß die Soldaten ihre Ausrüstung fertig gepackt und bereithalten, als würden sie zu einem wirklichen Einsatz ausrücken.
- **Weiterführende amphibische Ausbildung in der ARG** – Unmittelbar bevor die SOCEX beginnt, erhalten Mitglieder des ARG-Stabs und der Schiffsbesatzungen mit Schlüsselfunktionen ein abschließendes Spezialtraining, das ihnen dabei helfen soll, mit weiterentwickelten amphibischen Gefechtstechniken umgehen zu können. Dieser Lehrgang konzentriert sich in erster Linie auf Kommunikation, Navigation, Feuerunterstützungsoperationen und eine ganze Reihe weiterer Prozeduren, welche die »'Gator«- Gefechtsführung so riskant und gefährlich machen.
- **FLEETEX und Special Operations Capable Exercise (SOCEX)** – Die FLEETEX/SOCEX ist wirklich der letzte Test für die Bestätigung als ARG und MEU(SOC). Diese Übung läuft über etliche Tage, und die einzelnen Abschnitte bestehen wiederum aus ganzen Serien von Missionen, die praktisch »aus dem Stand« erfolgen und die samt und sonders extrem schnelle Planungen und Einweisungstechniken erforderlich machen. Jede dieser Missionen muß bereits innerhalb von sechs Stunden nach Eingang des Alarmbefehls anlaufen. Die Sicherheitstoleranzen, was Witterungsbedingungen und andere Umstände angeht, sind äußerst eng gefaßt, so daß es kaum eine Möglichkeit gibt, eine Verzögerung zu entschuldigen. Manchmal erhalten solche Missionen auch die Freigabe für eine vollständige Durchführung. Ein anderes Mal wiederum bekommt die MEU(SOC) den Befehl, über Stunden und Tage hinweg in der Startphase in Bereitschaft zu bleiben, dann wieder laufen andere Missionen kontinuierlich bis zu ihrem Ende ab. Nach erfolgreichem Abschluß der SOCEX erhalten ARG und MEU(SOC) schließlich die umfassende Bestätigung, daß sie über alle notwendigen Fähigkeiten verfügen, um endlich in den Einsatz gehen zu können, und dann ist es unter Umständen nur noch eine Sache weniger Wochen, bis sie in ein potentielles Krisengebiet geschickt werden.

- **Bewegungen vor dem Übersee-Einsatz** – Sobald die SOCEX-Phase abgeschlossen ist, werden sämtliche Fahrzeuge, Ausrüstungsgegenstände und Soldaten umorganisiert und entweder zu ihren Heimatstützpunkten (wie Camp Lejeune in North Carolina oder Camp Pendleton in Kalifornien) oder zum Einschiffungshafen (wie Norfolk in Virginia oder San Diego in Kalifornien) verlegt, um von dort aus an Bord der Schiffe ihrer ARG zu gehen.
- **Übungen für die Erfordernisse eines Krisenmanagements** – Eines der wirklich letzten Mosaiksteinchen der Vorbereitungen bei den Führungskräften dieser Truppe ist ein Sandkasten-Kriegsspiel. Fast ausschließlich auf schnell eskalierende Situationen ausgelegt, dient diese Übung der Perfektionierung der Fähigkeiten von Kommandeuren innerhalb der MEU(SOC), ARG und JSOC, schnell auf Krisensituationen reagieren und mit ihnen umgehen zu können.
- **Einweisung für Regionalkommandeure** – Der letzte Akt vor dem eigentlichen Einsatz ist eine ganze Serie von Einsatzbesprechungen für die Kommandeure in der ARG und MEU(SOC) über das Einsatzgebiet selbst. Gewöhnlich stehen diese Besprechungen unter der Leitung von Repräsentanten verschiedener Dienste (Department of State, JCS, Stab des U.S. Marine Corps, CIA, DIA, NSA, NOR und anderen) aus dem Bannkreis der Regierungshauptstadt Washington. Erst wenige Tage vor dem eigentlichen Auslaufen der ARG/MEU(SOC) zum Einsatz abgehalten, haben diese Briefings den Sinn, den Befehlshabern der Einheiten einen praktisch auf die Sekunde aktuellen Überblick über die Region zu verschaffen, in die sie nun verlegen.

Aufbruchstimmung: Der Sommer 1995

Im Sommer 1995 besuchte ich etliche Male sowohl die 26th als auch das PHIBRON 4 und konnte dabei zuschauen, wie sich das Team auf seinen Aufbruch vorbereitete. Für mich waren es einige recht aufregende Erlebnisse.

Onslow Bay, außerhalb von Camp Lejeune, North Carolina, 16. Juni 1995

Mein erster Besuch bei der 26th MEU(SOC) und dem PHIBRON 4 erfolgte gerade in der Mittelphase ihres Vorbereitungsprozesses. Nach einem kurzen Flug, der mich von der Andrews AFB in Maryland zur MACS New River in North Carolina brachte, bestieg ich dort gleich wieder einen CH-53E *Super Stallion* für den Weiterflug hinaus zur USS *Wasp* (LHD-1). Nachdem ich einen »Mickymaus«-Helm und eine Rettungsweste angelegt hatte, setzte ich mich auf einen der Gurtstühle und harrte der Dinge, die da kommen sollten. Das Wetter, obwohl warm und feucht, war ganz entschieden als rauh zu bezeichnen, und es wehte eine steife Brise von See

Zwei Hubschrauber vom HMM-264 bei den Startvorbereitungen kurz vor dem Abheben von den Hubschrauberlandepunkten an Deck der USS *Wasp* (LHD-1)
JOHN D. GRESHAM

her in die Bucht hinein. Alles ein Überbleibsel des letzten einer ganzen Reihe von Sommerstürmen, die in der vergangenen Zeit immer wieder die Ostküste gebeutelt hatten. Auf dem Weg nach draußen passierte unser Hubschrauber die einige tausend Meter vor der Küste stehenden Schiffe *Whidbey Island* und *Shreveport*. Der ganze Flug dauerte nur etwa 20 Minuten, und als die Maschine zur Landung einkurvte, erhaschte ich den ersten Blick auf die *Wasp*. Ich kann nur sagen, die ist *riesig!* Die Größe der *Wasp* verhält sich zu normalen Schiffen etwa wie Australien zu seinen vorgelagerten Inseln. Einen Augenblick später, nachdem er mit Schwung auf den Landepunkt eingedreht hatte, setzte der Hubschrauber auch schon auf, und ich beeilte mich auszusteigen. Auf die Anweisung eines der Verantwortlichen an Deck ging ich auf die Steuerbordseite des Flugdecks hinüber und betrat durch ein Luk die gewaltige »Insel« von der Backbordseite her.

Nachdem ich Helm und Rettungsweste zurückgegeben hatte, wurde ich von Gunnery Sergeant Tim Schearer, dem PAO der MEU(SOC), und Major Dennis Arinello, dem S-4 (Logistik-)Offizier, begrüßt. Auf dem Weg zum VIP-Ankunftsbereich traf mich der Schwall kalter Luft aus dem unglaublich leistungsstarken Air-conditioning/Collective Protection System (CPS) fast wie ein Schlag. Nach einer kurzen Einführung und raschen Ermahnungen, wovon ich die Finger zu lassen hätte, führte man mich hinunter in einen der kleinen Aufenthaltsräume in der Nähe der Offiziersmesse auf Level 02. Nach einem ausgezeichneten Mittagessen, bei dem ich Krabbenrührei serviert bekam (die Köche in der Messe der *Wasp* sind wirklich gut), nahm man mich in den Flagg-Besprechungs- und Lageraum mit, der sich direkt gegenüber dem Landing Force Operations Center (LFOC) befindet, wo Colonel Battaglini und Captain Buchanan gerade ein Briefing abhielten. Dort stellte man mich Captain Raymond Duffy, dem Kommandanten der *Wasp*, vor.

Ray Duffy ist ein fröhlich dreinschauender Offizier der Überwasserstreitkräfte, der den größten Teil seiner Laufbahn auf Zerstörern und amphibischen Landungsschiffen zugebracht hat. Auf sein augenblickliches Kommando ist er aber ganz besonders stolz, da die Schiffe der *Wasp*-Klasse zur Zeit die größten Kriegsschiffe in der ganzen amerikanischen Flotte sind, die selbst an Gefechten teilnehmen können. Ihm zur Seite steht der Executive Officer (1. Offizier) der *Wasp*, Captain Stan Greenawalt, ein Marineflieger, der vor kurzem noch Geschwaderkommodore der S-3 *Viking* ASW-Maschinen war, die unten in Florida stationiert sind. Stan ist der Herr, der stellvertretend für Captain Duffy über das Schiff wacht und sich um all die »schweren« Aufgaben kümmert, die mit der Besatzung des Schiffs zu tun haben. Er ist ein Mann mittlerer Größe, und die Tür seines Büros und seiner Kabine auf der Steuerbordseite von Level 02 ist jederzeit und für jeden offen. Kaffee und Witze sind in unbegrenzter Menge verfügbar. Diese beiden Männer stellen ihr ganzes Können zur Verfügung, das nun einmal für ein so kompliziertes und vielseitig verwendbares Schiff wie die *Wasp* erforderlich ist.

Die gerade laufende Besprechung deckte Informationen für die MEU(SOC) und ARG und die verschiedenen »Ins and Outs« ab, die bei der MEUEX I beachtet werden mußten. Diese Übung lief bereits seit einigen Tagen, und man erlaubte mir, einige simulierte Missionen zu beobachten. Dazu gehörte beispielsweise auch die modifizierte NEO einer kleinen Kampftruppe, die es geschafft hatte, sich selbst auf die verkehrte Seite der »Grünen Linie« einer Waffenstillstandslinie zu bringen. Sie war eingekesselt worden und machte sich doch schon *sehr starke* Sorgen. Jetzt sollte die MEU(SOC) die Aufgabe übernehmen, sie dort herauszuholen. Gegen 2000 (acht Uhr abends) ging das Briefing zu Ende, und ich bekam die Gelegenheit, mich im Hangar etwas umzusehen. Als ich in das Hangardeck hinüberging, wurde ich praktisch in das fahle, gelbliche Licht der Natriumdampfbeleuchtung getaucht, das man hier verwendet, um die Nachtsichtfähigkeit nicht zu beeinträchtigen. Heute nacht befand sich der überwiegende Teil des Air Combat Element (ACE) der 26th »auf dem Dach«. Dadurch war der größte Teil des Hangars frei und konnte dazu genutzt werden, die Ausrüstung und Waffen für die Einheiten auszulegen, die für die Mission am kommenden Morgen eingeteilt waren. Zusammen mit dem NEO-Trupp nahmen auch andere Einheiten der MEU(SOC) die Gelegenheit war, auf dem Hangarboden ihre Geräte auszubreiten und durchzusehen. Eine dieser Gruppen, nämlich das TRAP-Team, wird grundsätzlich in ständiger Bereitschaft gehalten, sobald das ACE eine Maschine in der Luft hat. Dabei handelt es sich zwar nur um eine relativ kleine Abteilung, aber es werden immer entsprechende Vorbereitungen getroffen, schnell auch größere in *Sparrowhawk*- (Zuggröße) und *Bald Eagle*-Dimension (Kompaniegröße) verfügbar zu haben, sollte sich einmal die Notwendigkeit für eine Verstärkung ergeben.

Während ich da herumspazierte, wurde mir Lieutenant Colonel John Allen, der Kommandeur des Ground Combat Element (GCE), BLT 2/6 der 26th, vorgestellt. John Allen ist das totale Gegenteil von Colonel Battaglini. Während der Kommandeur der 26th groß und schlank ist und einen hart und intensiv anzusehen pflegt, ist Allen kleiner und muskulöser, hat ein sonniges Gemüt und eine humorvolle Art, welche die Konzentrationsfähigkeit, die sich hinter seiner Stirn verbirgt, glatt Lügen straft. Er ist *ständig* in Alarmbereitschaft. Wenn man seine Augen beobachtet, kann man feststellen, daß sie immer in Bewegung sind und praktisch jedes einzelne Detail zu erfassen scheinen. Mit freundlichem Lächeln bot er mir ganz ruhig an, an der Abschlußbesprechung vor dem Einsatz teilzunehmen, wenn ich wirklich daran interessiert sei mitzubekommen, was am nächsten Morgen passieren würde. Sie sollte um 2200 (zehn Uhr abends) in der Offiziersmesse stattfinden.

Also ging ich wieder hinauf zum Level 02, wo ich ein Fleckchen auf der Backbordseite des Messebereichs fand, wo ich mich hinsetzte, während so etwa 100 Offiziere und Unteroffiziere hereinkamen und sich nach und nach auf ihre Plätze setzten. Die meisten hatten riesige Thermosbecher dabei, die mit »USS *WASP* (LHD-1)« oder »BLT 2/6, 26th MEU(SOC)« beschriftet waren. Ihr erster Gang führte sie hinüber zum nahegelegenen Getränkebereich, wo sie ihre Kannen auffüllten: Kaffee für alle, die noch die Mittel- oder Spätwache vor sich hatten, und Früchtetee für all diejenigen, die sich möglicherweise bereits der Illusion hingaben, zu dieser fortgeschrittenen Abendstunde noch eine Mütze voll Schlaf abbekommen zu können. Einige hatten Notizbücher, andere aber Folien dabei, die ganz unzweideutig später bei der Besprechung auf einem der Overhead-Projektoren am Kopfende der Messe gezeigt werden sollten. Dort standen neben einer weißen Tafel außerdem auch noch eine Staffelei mit einem Zeichenbrett und eine große Leinwand.

Pünktlich um 2200 betraten Colonel Battaglini, Captain Buchanan, Captain Duffy und die Kommandeure der verschiedenen MEU(SOC)-Komponenten den Raum, und die Besprechung begann. Das war mein erstes Erlebnis mit einem Briefing in »Rapid-Response-Ausführung«. Es war so etwas wie eine Erleuchtung. Colonel Battaglini umriß rasch die Missionen

Abschlußbesprechung vor einem Einsatz in der Offiziersmesse der USS *Wasp* (LHD-1). Diese Versammlungen zeichnen sich dadurch aus, daß sich die Vortragenden in dem Bemühen, alles so schnell wie möglich durchzuziehen, extrem kurz fassen.
JOHN D. GRESHAM

des kommenden Morgens, trat zurück und überließ seinen Platz einer Folge von schnell sprechenden Instruktoren. In weniger als einer Stunde waren die folgenden Themen abhandelt:

- **Wetter** – Der Meteorologe berichtete über die Witterungsbedingungen in der Luft, auf See und am Boden, die für den kommenden Morgen zu erwarten waren. Im Augenblick braute sich über uns ein neuer Sturm zusammen, aber trotzdem sagte er für den Morgen ein Aufklaren voraus.
- **Operationen** – Hier wurde ein Überblick über die geplante NEO gegeben und diskutiert, welche Kräfte bei der geplanten Verlegung ins Zielgebiet – die »Combat Town«-Anlagen (Kampfstadt) in Camp Lejeune, die für das Üben von Stadt- und Straßengefechten verwendet wird – zum Einsatz kommen sollten.
- **Evakuierungs- und Rettungsplan** – Es folgte eine kurze Einweisung zur Erklärung, wie die NEO-Kräfte im Falle eines Fehlschlags herausgeholt werden sollten. Ganz im Gegensatz zu den Klischees, die immer wieder in Hollywood geprägt werden, sind die Marines alles andere als krankhaft veranlagte Selbstmordkandidaten vom Typ »Tu's oder stirb«. Ganz im Gegenteil: Sie sind zum überwiegenden Teil äußerst professionell, ruhig und überlegt in ihrer Vorgehensweise. Sie haben immer zumindest einen »Plan B«, meist sogar auch noch einen »Plan C« bereit!
- **Landungsoperationen** – Vom Stab des PHIBRON 4 abgehalten, handelte dieses Briefing die wesentlichen Punkte der Landungsboot-Missionen ab, die zur Unterstützung der für den Morgen geplanten NEO ablaufen sollten. Dazu gehörte auch die Landung einer Panzer-Task-Force und einer Evakuierungstruppe aus 5-Tonner-Lkws und HMMWVs, welche die eingeschlossene Einheit aus der »Combat Town« herausbringen sollten. Die Evakuierungskraft sollte von LCACs der *Wasp* an Land gebracht werden, während zu diesem Zeitpunkt die aus AAVs bestehende Panzereinheit bereits von der *Whidbey Island* angelandet sein würde.
- **Rules of Engagement (ROE)** – Beim ROE-Briefing wurden die Regeln festgelegt, wann tödliches Vorgehen erlaubt war. Die normale Vorgehensweise einer MEU(SOC) in solchen Fällen sieht vor, daß alle Marines in der Truppe entsprechend dazu vergattert werden, die ROE zur Anwendung zur bringen. Damit will man sichergehen, daß der Einsatz von Gewalt immer einer speziellen Situation und der Sicherheit der Truppe insgesamt angepaßt ist. Da es sich bei der NEO um den Teil einer friedenssichernden Maßnahme handelte, verboten die ROE für diese Mission der MEU(SOC) jede Art von Waffeneinsatz, es sei denn zur reinen Selbstverteidigung, wenn die Soldaten unmittelbar unter Feuer genommen wurden.
- **Briefing des Einsatzkommandeurs** – Diese Einsatzbesprechung wurde von Lieutenant Colonel Allen abgehalten, der die vorgeschobenen Elemente der Rettungskräfte unter seinem Kommando haben würde. Colonel Battaglini dagegen hätte die Gesamtleitung der Operation und würde die entsprechenden Befehle von seiner Kommandokonsole aus, im LFOC an Bord der *Wasp*, geben.

- **Kommandeur der Ground Security Force** – Die Geländesicherungstruppe, die aus Mannschaften der *Wasp* zusammengestellt würde, sollte aus einer verstärkten Schützenkompanie bestehen, die mit Hubschraubern in eine LZ nahe der »Combat Town« abgesetzt werden und von dort aus Evakuierte mittels 5-Tonner-Lkws und LCAC zur *Shreveport* transportieren würden.
- **Kommandeur der Task Force (TF)** *Mosby* – Die TF *Mosby* war eine Einsatztruppe, die sich zu diesem Zeitpunkt schon nicht mehr an Bord der *Wasp* befand, sondern bereits von LCACs an Land gebracht worden war. Sie sollte die nötigen Aufklärungs- und Überwachungsdaten für die Sicherungskräfte liefern.
- **LHD-Evakuierungsplan** – Da Sturm und Seegang unter Umständen eine Evakuierung zur *Shreveport* per Landungsbooten unmöglich machen würden, wurde zur Sicherheit ein »Pufferplan« entwickelt, demzufolge die Evakuierten per Hubschrauber an Bord der *Wasp* gebracht werden sollten. Dabei fanden auch Details wie die Sicherung der Waffen und deren Unterbringung ebenso Berücksichtigung wie die Eindämmung möglicher Infektionskrankheiten und anderer denkbarer Probleme.
- **Feuerunterstützungsplan** – Da keine Artillerieunterstützung von den Schiffen auf See geplant war, wurden statt dessen Eventualpläne für eine Feuerunterstützung aufgestellt und vorbereitet. Das Gros der Feuerunterstützung sollte demnach vom ACE in Form der AH-1W *Cobra* Kampfhubschrauber kommen, die mit Panzerabwehr-Flugkörpern, Raketen und 20-mm-Kanonen bewaffnet sein würden. Außerdem würde man auch noch auf den 81-mm-Mörserzug zurückgreifen.
- **GCE-Kommunikationsplan** – Das war wohl einer der interessantesten Abschnitte des gesamten Briefings. Hier wurden sämtliche Bezeichnungen der unterschiedlichen Funk- und Satellitenkanäle bekanntgegeben. Nur zur Information: Man hatte nicht weniger als drei Satellitenkommunikationsterminals (die alle auf die gleiche Frequenz zugriffen) für die Bemühungen dieses Morgens reserviert.
- **Plan für die taktische Aufklärung** – Schon lange bevor diese letzte Einsatzbesprechung begann, hatte die MEU(SOC) bereits Aufklärungseinheiten im Bereich von Camp Lejeune abgesetzt, die ihre Erkenntnisse direkt an das JIC (Joint Intelligence Center) an Bord der *Wasp* zurückmeldeten. Diese Berichte hörten sich wirklich recht gut an: Die zu evakuierende Truppe saß nach wie vor in »Combat Town« fest, und ihre Gegner benahmen sich noch anständig.
- **Sicherungs-Flugplan** – Der Kommandeur einer Formation aus vier AH-1W *Cobras* vom HMM-264 legte seinen Plan dar, wie er die Transporte der Sicherungstruppen zur Landezone in der Nähe der »Combat Town« eskortieren und anschließend den Bodenkräften bei der eigentlichen Evakuierung Deckung aus der Luft verschaffen wollte. Auch hier standen bereits »Pufferpläne« zur Verfügung, und die Abläufe für das Nachladen und Auftanken der *Cobras* (an Bord der *Shreveport*, falls erforderlich) wurden erläutert.

- **Planung der »Air Boss«-Abteilung** – Der Chef der Fliegerabteilung auf der *Wasp* (kurz als »Air Boss« bezeichnet), Commander Frank Verhofstadt, legte den Plan seines Ressorts für den kommenden Tag vor. Dazu gehörte unter anderem auch die Bekanntgabe der Seitennummern[74] sowohl der Maschinen, die den Haupteinsatz fliegen würden, als auch derjenigen, die als »Puffer« bereitgehalten würden. Ein weiterer Punkt seiner Ausführungen war die Zuordnung der Landepunkte auf dem Flugdeck für die einzelnen Maschinen, jeweils in Abhängigkeit von der jeweiligen Operationsphase im Laufe des Tages.
- **Logistische Planung** – Der S-4 der MEU(SOC), Major Arinello, umriß auf die Schnelle die logistische Unterstützung für die gepanzerten Kräfte, die sich bereits am Strand befanden, und legte auch die Menge an Rationen, Munition, Wasser und anderer Versorgungsgüter fest, die jeder einzelne Marine, oder »Pax«[75], wie man sie auch gern bezeichnet, mitzuführen hätte.
- **Plan des Air Mission Commander (AMC)** – Der AMC erläuterte den Lufttransportplan, der darüber Aufschluß gab, welche Einheit an Bord welchen Flugzeugs zu gehen hatte und wie dann im Laufe des kommenden Morgens die Flüge von und wieder zurück an Bord vonstatten gehen sollten. Besondere Betonung wurde hier auf Sicherheits- und Ausweichpläne gelegt.
- **Planung des MEU(SOC) S-6 (Kommunikation)** – Es wurde ein detaillierter Kommunikationsplan für ARG und MEU(SOC) vorgelegt und auf seine Kompatibilität mit den Planungen des GCE hin überprüft.
- **Planungen des TRAP-Kommandeurs** – Obwohl eigentlich eine TRAP-Mission weder vorgesehen war noch erwartet wurde, würde während der ganzen Zeit ein TRAP-Team in Zugstärke mit zwei CH-46E *Sea Knights* »nur für den Fall« in Bereitschaft gehalten werden. Außerdem wurden auch noch kurz die Eventualpläne für die *Sparrowhawk*- und *Bald Eagle*-Einheiten angesprochen.
- **Sanitätsplanungen der MEU(SOC)** – Der Sanitätsoffizier der MEU(SOC) erläuterte seine Planungen für die Behandlung von Mitgliedern der evakuierten Einheit und auch für den Fall irgendwelcher Verletzungen von Angehörigen des Marine Corps und der Navy, falls es bei der NEO-Mission zu solchen kommen sollte.
- **Stabsärztliche Planungen** – Der Leiter des Sanitätsdienstes der *Wasp* spulte die Statusmeldungen seiner Einrichtungen ab, wozu auch die verfügbare Bettenkapazität und der Zustand der verschiedenen Operationssäle gehörte. Wie nicht anders zu erwarten, waren fast alle verfügbar und bereit, da sich momentan nur ganz wenige bettlägerige Kranke an Bord befanden.

---

74 *side number* = auf den Rumpfseiten der Flugzeuge angebrachte Identifizierungsnummer, quasi das »Nummernschild« eines Flugzeugs

75 Pax ist eigentlich ein Ausdruck aus der Passagierfliegerei und steht als Kürzel für Passenger = Passagier bzw. Fluggast.

Das ganze Briefing war in kaum 45 Minuten über die Bühne, was nur deshalb möglich war, weil sämtliche Instruktoren nur auf die Dinge zu sprechen kamen, die als Abweichung von den normalerweise eingehaltenen Standard-Vorgehensweisen angesehen werden konnten. Jeder von ihnen sprach durchschnittlich weniger als anderthalb Minuten über die Fakten, die er auf seinen Overheadfolien notiert hatte. Zum Schluß standen Colonel Battaglini und Captain Buchanan noch einmal auf und machten ein weiteres Mal unzweideutig klar, daß es sich hier um eine Übung handelte und daß die Sicherheit Vorrang vor allem anderen habe. Die »H-Hour« für das Eintreffen der Sicherungskräfte in ihrer Landezone wurde für 0900 des kommenden Morgens festgesetzt. Dann wurde die Einsatzbesprechung für beendet erklärt.

Um 2300 kam das »Alle Lichter aus«-Signal über das 1MC-System, und die *Wasp* nahm ihr nächtliches Erscheinungsbild an. Ich entschloß mich, mit einigen Männern von der MEU(SOC) und dem ARG-Stab ein paar »Mid-Rats«[76] zu verspeisen. Es sagt eine ganze Menge über ein Schiff aus, wenn man die Art der Mid-Rats zu interpretieren versteht, die zu bestimmten Gelegenheiten serviert werden, und die *Wasp* ist in dieser Disziplin sehr gut. In manchen Nächten gibt es einfach das, was vom Mittagessen übriggeblieben ist, in anderen Nächten sind es Aufschnitt und Chips. In Nächten aber, wenn irgend etwas Besonderes in der Luft liegt, läßt Captain Greenawalt üblicherweise spezielle Sachen auftischen wie beispielsweise »Sliders« (das sind *wirklich* tolle Cheeseburger) mit Pommes frites.

Im Anschluß an eine kurze Diskussion über die Mid-Rats vertagte ich mich in die Koje meiner Kabine, um noch eine Mütze voll Schlaf zu bekommen. Die Bewegungen eines Schiffs unter Fahrt können sehr einlullend sein, und da an diesem Abend kaum Flugeinsätze angesetzt waren, hielt sich auch der Lärm in Grenzen, der vom Flugdeck nur einige Meter über meinem Kopf herunterschallte. Trotz der mörderischen Hitze, die draußen herrschte, waren die Temperaturen in dieser CPS-Zitadelle schon fast zu kühl. Die Hintergrundmusik, die mich beim Einschlafen begleitete, bestand aus den Geräuschen, die nun einmal zu einem Kriegsschiff in See gehören – hin und wieder eine Ansage über das 1MC-System, das Hummeln der Generatoren und das Brummen des Air-conditioning/CPS-Systems und die Schritte von Soldaten, die sich in den Gängen bewegten.

**Onslow Bay, an Bord der USS *Wasp* (LHD-1),
14. Juni 1995, 0600**

Das Wecksignal kam an diesem Morgen um genau 0600 über das 1MC. Innerhalb von Sekunden brach ein geschäftiges Treiben in den Gängen aus. Da ich zu diesem Besuch nur mit leichtem Gepäck angereist war,

---

76 *midnight ration* = Mitternachts- bzw. Mittelwachenration, also ein Imbiß, der im Laufe der nächtlichen Mittelwache eingenommen wird

brauchte ich mich nur etwas frisch zu machen, um in den Tag zu starten, und mich dann zum Frühstück in die Offiziersmesse zu begeben. Gegen 0800 waren auf der *Wasp* die Flugroutinen eingeleitet worden. Die Heckrampe war abgesenkt worden, damit die LCACs, die bereits in den kurzen Stunden der Morgendämmerung beladen worden waren, starten konnten. Da wir nur etwa 15 sm/28 km vor dem Onslow Beach standen, brauchten die LCACs nicht vor 0830 zu starten. Als sie aus dem Welldeck ausliefen, wurden für diese Zeit sämtliche Flugaktivität auf dem Deck darüber eingestellt, damit die Wirbelschleppen der LCAC-Turbinen nicht die Hubschrauber gefährdeten, die nur wenige Meter oberhalb starteten und landeten. Kaum vom Schiff freigekommen, formierten sich die drei LCACs und nahmen Kurs auf den Onslow Beach. Dort würden sie sich mit der bereits vor Ort befindlichen gepanzerten Einheit treffen, die sie anschließend nach »Combat Town« eskortieren sollte. Ich selbst wurde auf den Terminplan für einen in Kürze abgehenden Hubschraubertransfer gesetzt.

Der Tag heizte sich sehr schnell auf, aber die Decksmannschaften waren so freundlich und ließen mich noch einige Minuten auf dem Flugdeck herumstreifen, bevor die Hubschrauber ihre Antriebe starteten. Dann war die Zeit gekommen, an Bord zu gehen und mit dem Chopper hinüber zur Landezone (LZ) in der Nähe von »Combat Town« zu fliegen. Nachdem ich Helm und Rettungsweste angelegt hatte, schnallte ich mich an, und wir hoben auch schon ab. Es war ein herrlicher Sommertag, und als wir die *Shreveport* und die *Whidbey Island* passierten, konnte ich unten die LCACs dabei beobachten, wie sie ihren Anlauf auf den Strand machten. Dann waren wir auch schon selbst über dem Strand und den Sandkiefern der Küste von North Carolina. Da der Chopper, in dem ich saß, etwa 15 Minuten vor den Hubschraubern der Sicherungskräfte herflog, konnte er ganz ruhig und ungestört auf einer Lichtung landen. Dort wurde ich von den PAOs aus Camp Lejeune begrüßt und per Kleinbus nach »Combat Town« transportiert.

»Combat Town«, Camp Lejeune, North Carolina, 14. Juni 1995, 0900

Als ich in »Combat Town« ankam, ermahnten mich die PAOs, auf jeden Fall in der Nähe eines Kiefernwäldchens zu bleiben und ganz still zu beobachten, was geschehen würde. Exakt um 0900 hörte ich das unverwechselbare Geräusch landender Doppelrotor-CH-46E in der rund 1000 Meter entfernten LZ. Innerhalb weniger Minuten tauchten schon die ersten Späher des Sicherungstrupps auf und gingen weiter vor, um die zu evakuierende Einheit zu finden. Der Sicherungstrupp bestand aus Teilen der »G«-Kompanie des BLT 2/6 und stand unter dem Kommando von Captain Andrew »Andy« Kennedy. Als der Sicherungstrupp den Ring um »Combat Town« geschlossen hatte, stellte Captain Kennedy den Kontakt zu Mitgliedern der eingeschlossenen Einheit her und sprach mit ihnen ab, wie man am besten vorgehen sollte, um alle Marines auf die Laster und anschließend zum Strand und damit in Sicherheit zu bringen. Entlang des

Sicherungsrings ließen OPFORs, die von Marines der 2nd Marine Division gespielt wurden, den Sicherungstrupp inzwischen durch Scharmützel, die sie immer wieder vom Zaun brachen, nicht zur Ruhe kommen. Durch diese kleinen Gefechte, bei denen zwar nur mit Platzpatronen geschossen wurde, erhielt die Angelegenheit aber eine gewisse Spannung. In der Zwischenzeit hatte sich der Kommandeur des Sicherungstrupps aber schon mit dem Kommandeur der zu evakuierenden Einheit (ebenfalls von Soldaten der 2nd Marine Division gespielt) abgestimmt und bereitete alles für den Abzug vor. Etwa zu dieser Zeit war auch Lieutenant Colonel Allen mit seiner Stabsabteilung eingetroffen und hatte eine Satelliten-Kommunikationsverbindung als Relaisstation zu Colonel Battaglini im LFOC an Bord der *Wasp* hergestellt. Über unseren Köpfen streiften derweil zwei *Cobra*-Kampfhubschrauber herum und behielten alles im Auge. Sobald die Lkws und HMMWVs eingetroffen und beladen waren, begann auch schon der Abmarsch zum Strand, wo die LCACs sie aufnehmen und zurück zur *Shreveport* bringen würden. Soweit lief alles genau nach Plan, und alles schien glatt über die Bühne zu gehen.

Dann kam plötzlich eine Meldung durch, daß irgend etwas auf einer nahegelegenen Wiese schieflief. Rasch sprangen die PAOs und ich wieder

Der Kommandotrupp des BLT 2/6 unter dem Kommando von Lieutenant Colonel Allen (zweiter von rechts) spricht mit einer simulierten Gruppe zu Evakuierender im »Combat Town«-Komplex von Camp Lejeune, North Carolina.
JOHN D. GRESHAM

Zwei CH-46E *Sea Knights* vom HMM-264 landen auf einer Wiese in Camp Lejeune, um während einer Übung im Jahr 1995 simulierte Verwundete aufzunehmen. JOHN D. GRESHAM

in den Kleinbus und fuhren hinüber, um zu sehen, was da vor sich ging. Die Leute von der SOTG haben eine ausgesprochene Vorliebe dafür, bei Übungen die Dinge lebensnah zu gestalten. Sie sind immer für ein paar Überraschungen gut – wenn es darum geht, Clausewitzens »Reibungs-« beziehungsweise »Abnutzungserscheinungen« zu imitieren. Hier hatten sie also auf einer Wiese ein wenig »Reibung« für die Marines vom BLT 2/6 inszeniert. Als wir gerade ankamen, stellte ich fest, daß die SOTG entschieden hatte, einen der 5-Tonner-Lkws der Evakuierungstruppe einen kleinen Unfall »erleiden« zu lassen. Die Passagiere lagen überall in der Nähe verstreut und waren mit Prothesen und Make-up so präpariert worden, daß sie wie Schwerverletzte aussahen. Unter den Augen der Schiedsrichter der SOTG nahmen die Dinge nun ihren Lauf.

Innerhalb weniger Minuten trafen auch schon die ersten Marines von der Sicherungseinheit ein. Sie verständigten sofort Lieutenant Colonel Allen, daß sich eine Notfallsituation ergeben hätte, bei der sich Soldaten »am Boden« und in ernsten Schockzuständen (Traumen) befänden. Sofortige Hilfe durch den Sanitätstrupp der MEU(SOC) sei hier unbedingt erforderlich. Da eine MEDEVAC zur *Wasp* erforderlich war, für die man mindestens drei CH-46E benötigte, um den Transport bewältigen zu können, leitete John Allen die Anforderung schnellstens an Colonel Battaglini im LFOC weiter, und es war eine Sache weniger Minuten, bis sich die Hubschrauber dort in der Luft befanden. Inzwischen hatten die Marines der »Golf«-Batterie (das war die Einheit mit den M198 155-mm-Haubitzen, die noch von einem vorherigen Einsatz an Land war) bereits eine Schutzzone um die Stelle gebildet und bei den Unfallopfern Erste Hilfe geleistet. Ein paar Minuten später trafen die Sanitäter von der Navy in einem HMMWV ein, und die Dinge entwickelten sich langsam positiv für die »Verletzten«.

Weniger als eine halbe Stunde nach dem ersten Funkspruch von Lieutenant Colonel Allen trafen bereits die drei *Sea Knights*, eskortiert von zwei AH-1W, auf der Wiese ein. Erst als die *Cobras* ihre Überwachungspositionen bezogen hatten, landeten die drei Transport-Chopper und machten alles klar, um ihre Ladung von verwundeten Evakuierten an Bord zu nehmen. Ausgerechnet jetzt schlenderte ein STOG-Beobachter ganz gemütlich zu einem der CH-46E hinüber und erklärte ihn aufgrund eines mechanischen Defekts für nicht mehr einsatzbereit. Lieutenant Colonel Allen reagierte sofort. Er rief wieder das LFOC draußen auf der *Wasp* und forderte diesmal die TRAP-Teams an, die sich ja bereits in Alarmbereitschaft befanden, und außerdem einen der in Reserve gehaltenen CH-46E, um die Evakuierung der Verwundeten abschließen zu können.

In der Zeit, welche der neue Schwarm *Sea Knights* brauchte, um von See her anzufliegen, wurden die Verletzten nach dem Schweregrad ihrer Verwundungen eingeteilt. Die »schlimmsten Fälle« wurden sofort an Bord der beiden »intakten« CH-46 gebracht, und die Chopper hoben unmittelbar anschließend ab, um die Evakuierten zum Trauma-Zentrum an Bord der *Wasp* zu fliegen. Während der ganzen Zeit patrouillierten die *Cobras* unentwegt über der Unglücksstelle und hielten die hin und wieder auftauchenden OPFOR-Patrouillen von der HLZ auf der Wiese fern. Kaum waren die beiden neuen Hubschrauber eingetroffen, sprangen auch schon das TRAP-Team und Mechaniker heraus, umringten den »defekten« Vogel und begannen mit der Arbeit. Innerhalb einer halben Stunde hatten sie das »Problem« zur Zufriedenheit der SOTG-Beobachter »bereinigt«, und dem »verwundeten Vogel« wurde die Erlaubnis erteilt, zur *Wasp* zurückzufliegen. Während all das passierte, lud man bereits die verbliebenen »verletzten« Soldaten auf den Ersatz-MEDEVAC-Hubschrauber und flog sie aus der LZ heraus. Nachdem nun auch die letzte SOTG-produzierte »Reibung« beseitigt war, fing Lieutenant Colonel Allen damit an, seine Truppen zu sammeln, und begann dann mit dem Rückzug in die Sicherheit der ARG auf See. Nachdem schließlich auch die Lkws und HMMWVs zusammen mit den gepanzerten Fahrzeugen der Sicherungstruppe auf die Landungsboote verladen worden waren, blieb eigentlich nur noch eines zu tun, nämlich die »Golf«-Kompanie an Bord ihrer Hubschrauber und anschließend zurück zur *Wasp* zu schaffen. Mit den ständig anwesenden *Cobras* über ihren Köpfen kehrten Captain Kennedy und seine Männer zur LZ zurück, bestiegen die Hubschrauber und gingen auf Heimatkurs. Eine der letzten Einheiten, die sich auf den Rückweg machte, war Lieutenant Colonel Allen mit seinem Führungsstab. Doch bevor das geschah, hatte man noch äußerst sorgfältig überprüft, ob auch wirklich niemand zurückgelassen worden war. Der Tag war gut gelaufen.

Die SOCEX-Abschlußbesichtigung, also die letzte Prüfung, sollte dann im kommenden Monat stattfinden.

Abschlußprüfung: Das SOCEX

Die zweite Juliwoche des Jahres 1995 war ausgesprochen heiß und schwül. Es war genau die Art von Hitze, die einen Mann in die Knie zwingen kann – sogar einen Marine. Aber egal, ob heiß oder nicht, für die Mitglieder der 26th MEU(SOC) und des PHIBRON 4 bedeutete es, daß jetzt die Zeit für die Abschlußbesichtigung und damit die alles entscheidende Prüfung gekommen war. Leider bekam ich nicht die Gelegenheit, diese Prüfung selbst miterleben zu dürfen, aber das, was zu mir durchsickerte, ließ den Schluß zu, daß die Prüflinge »erstklassige« Leistungen gezeigt hatten und damit bereit waren, hinauszufahren und Marty Berndt und seine 24th MEU(SOC) im Wachdienst auf der Adria abzulösen. Bevor es allerdings soweit war, mußte noch eine weitere Hürde genommen werden – eine Übung, die man der 26th noch auf ihre SOCEX draufgesetzt hatte und die unter der Bezeichnung Joint Task Force Exercise 1995 (JTFEX-95) lief.

Der »Extra-Schein«: JTFEX-95

JTFEX-95 ist eine Reihe von Übungen für zusammengeführte Truppengattungen und hat den Sinn, Gefechtskonzepte auf Operationsebene in Eventual- und Expeditionssituationen zu erproben. Diese JTFEX-95-Reihe wurde bereits gegen Ende des Jahres 1994 initiiert, und der 26th MEU(SOC) und dem PHIBRON 4 hatte man bei dieser Ausgabe einige der Schlüsselfunktionen zugedacht. Im Gegensatz zur NEO, die ich im Juni beobachten durfte, würde die 26th diesmal nicht auf sich allein gestellt agieren, sondern Teil einer weit größeren Kraft aus zusammengeführten Truppengattungen sein. Dabei sollte eine Operation simuliert werden, die ohne weiteres als Beginn eines solchen Militäreinsatzes denkbar wäre wie derjenige, der letzten Endes zum Krieg am Persischen Golf im Jahr 1990 führte.

JTFEX-95: Das Szenario

Die JTFEX-Übungen werden vom U.S. Atlantic Command (USACOM) durchgeführt, das sein Hauptquartier in Norfolk, Virginia, hat. Dabei werden Einheiten von allen Teilstreitkräften als Komponenten einer Joint Task Force (JTF) zusammengeführt, die unter dem Oberbefehl des Stabs der 2nd/Atlantic Fleet (2. beziehungsweise Atlantik-Flotte) stehen, der sich an Bord des Flaggschiffs *Mount Whitney* (LCC-20) befindet. Die Kommandeure der einzelnen Komponenten werden zunächst aus dem Bannkreis des USACOM herangezogen, um eine einheitliche Führung zu gewährleisten, und dann wird ihnen die Mission zugewiesen. Bei unserer JTFEX sollte die Navy den Flugzeugträger-Gefechtsverband (CVBG) *America* und das PHIBRON 4 einbringen, die Marines würden die 26th MEU(SOC) beisteuern, und die Army stellte ihr 1st Battalion des 325th Airborne Infantry Regiment (1/325th) von der 82nd Airborne Division aus Fort Bragg, North Carolina. Schließlich warf die Air Force dann noch ein ganzes Sammelsurium von Einheiten aus den verschiedensten Stützpunkten in den Topf. Dazu gehörten auch F-15 vom 1st Fighter Wing der Langley AFB in Virginia, F-16, A-10 und C-130 vom 23rd Wing der Pope AFB in North Carolina und sogar ein Pärchen B-1B Bomber von der Ellsworth AFB in South Dakota. Diese Kraft sollte ein hypothetisches Kriegsspiel mit einer gegnerischen (traditionell als »rot« bezeichneten) Streitkraft austragen. Ihr wurde eine genaue Zeitvorgabe gemacht, innerhalb derer sie ihre Angriffsziele erreichen mußte.

Zu dem Szenario, das hier durchgespielt werden sollte, gehörte auch die Invasion eines imaginären kleinen Landes (»Kartuna«) durch einen größeren und stärkeren Nachbarstaat (»Koronan«). Die ganze Sache erinnerte in vielen Einzelheiten sehr stark an die Invasion Kuwaits... allerdings mit einigen zusätzlichen Aufgaben, die an die US-Truppen (traditionell als »blau« bezeichneten) – jetzt unter der Bezeichnung Joint Task Force Eleven (JTF-11) – gestellt wurden. Eine unter vielen war die, daß den »blauen« Kräften in Abweichung von der damals am Persischen Golf bestehenden landseitigen Luftunterstützung diesmal keine in der Nähe liegenden Landstützpunkte zur Verfügung stehen würden. Sämtliche Bodenkräfte dieser Übung mußten also entweder von See kommen oder im Rahmen des Luftlandeunternehmens der 1/325th an den Einsatzort gebracht werden. Hinzu kam, daß die »roten« Kräfte (»Koronan«) alles andere als die

Art von Roboter sein würden, als die sich die Iraker während *Desert Storm* erwiesen hatten.

Die »roten« Kräfte zog man von Einheiten des Marine Corps, der Air Force und der Navy aus dem Südosten der Vereinigten Staaten von Amerika ab, und sie beabsichtigten, wie die Teufel zu kämpfen, um die »blauen« Kräfte draußen auf See zu halten. Zu den OPFOR gehörten ein Regimentsstab der Marines, ein BLT (eine Schwestereinheit des BLTs, das unter dem Kommando von Lieutenant Colonel Allen stand), das massiv durch zusätzliche Panzer verstärkt wurde, und einige Staffeln F-18 der Marines von der MCAS Beaufort in South Carolina (die F-1 *Mirage* Kampfbomber simulieren würden, die mit den AM-39 *Exocet* Schiffsabwehr-Lenkwaffen bestückt sein sollten). Hinzu kamen etliche Hubschrauberstaffeln (welche die Rolle von mit *Exocets* bestückten *Super Pumas* spielten), und ein ganzes Sortiment kleinerer Fregatten, Unterseeboote und Patrouillenboote aus dem Marinestützpunkt Norfolk, Virginia. Die Aufgabe der JTF-11 bestand nun darin, die »Republik Kartuna« zu befreien und sämtliche Möglichkeiten »Koronans« zu eliminieren, durch die sie weiterhin ihre Nachbarn bedrohen könnten.

Das Gebiet, in dem das alles ablaufen sollte, war eine Region innerhalb der Grenzen des Reservats von Camp Lejeune und einige andere Abschnitte der Küste North Carolinas. Das war gleichermaßen gut wie schlecht für die »blauen« Kräfte. Einerseits bedeutete es, daß beide Seiten die Tücken und Vorzüge des Geländes ausgezeichnet kannten. Andererseits war der Platz für Gefechte doch sehr begrenzt, und es stand nur sehr wenig Manöverraum für die 26th MEU(SOC) und das 1/325th zur Verfügung. Außerdem wußten die »koronanischen« Kräfte sehr genau, daß der Gegner kommen würde, und waren deshalb in ständiger Alarmbereitschaft. Die Übung sollte am 18. Juli 1995 beginnen und insgesamt vier Tage dauern.

PHIBRON 4, vor den Virginia Capes, 18. Juli 1995

Der Tag begann für mich auf einem dunstigen Abstellplatz der NAS Norfolk in Virginia damit, daß ich an Bord eines HC-6 UH-46D ging, der mich hinaus zum PHIBRON 4 und damit zur *Wasp* bringen sollte. Während des Flugs über die Virginia Capes unterhielt ich mich mit Soldaten von der Stabsgruppe der 26th MEU(SOC), die mir einige Hintergründe zur kommenden Übung lieferten und die Aufgaben umrissen, denen sich die Einheit gegenübergestellt sah. Die 26th hatte gerade erst ein paar Tage zuvor ihre SOCEX hinter sich gebracht, und die größte Aufgabe für sie bestand nun darin, direkt in die JTFEX-95 hineinzuspringen, ohne daß sie auch nur einmal hätten Luft holen können. Weil die Planungen praktisch rund um die Uhr gelaufen waren, zeigte die Stabsgruppe deutliche Ermüdungserscheinungen durch die in den letzten zwei Wochen fast ohne Unterbrechung abgelaufenen Operationen. Hinzu kam noch, daß es fast keine Gelegenheit gegeben hatte, im Anschluß ans SOCEX die notwendige Zeit freizusetzen, um Ausrüstung, Fahrzeuge und Flugzeuge zu warten. Die Instandsetzungstrupps arbeiteten wie die Wilden, um ihre Maschinen fertigzubekommen, denn die ersten Operationen sollten noch heute abend anlaufen.

Als wir über der *Wasp* in den Landeanflug gingen, dampfte diese bereits in taktischer (Dreiecks-)Formation mit der *Whidbey Island* und der *Shreveport* in Richtung Süden auf die Gewässer der Onslow Bay zu. Die Gruppe lief mehr als 20 kn Fahrt (das sind knapp 40 km/h) und hatte »gewaltige Knochen zwischen den Zähnen«[77]. Nur wenige Meilen entfernt hatte die JTF-11 bereits den Luftkampf gegen die »koronanischen« Kräfte aufgenommen, wobei Angriffe durch die CVW-1 von der *America* und durch verschiedene Einheiten der Air Force gegen Luft- und Seeziele geflogen wurden. Außerdem standen auch einige »SCUD«-Stellungen im Binnenland »Koronans« auf der Liste der Ziele für diese Einsätze. Die Lufteinheiten mußten raffiniert und schnell vorgehen, war doch der Einmarsch in die »Republik Kartuna« für den Morgen des 21. terminiert.

Nachdem der Hubschrauber auf das Deck geplumpst war, wurde ich dort freundlich von Major Arinello und Gunnery Sergeant Shearer empfangen, die mich zu meiner Kabine auf Level 02 brachten. Als ich dort mein Gepäck verstaut hatte, teilten sie mir mit, daß ich mich völlig frei auf dem Schiff bewegen, überall hineingehen und fast alles tun dürfe, was mir in den Sinn komme. Ich entschloß mich ohne weiteres Zögern, das Beste aus diesem Angebot herauszuholen. Nach einer kurzen Mittagspause war das erste größere Ereignis das Confirmation Briefing für die Startmission der 26th bei dieser JTFEX: die Absetzung ihrer R&S-Elemente (Reconnaissance and Surveillance = Aufklärung und Überwachung) in Camp Lejeune. Die 26th brauchte Fakten, um ein Aufklärungsbild zu entwickeln, aus dem hervorging, wo und in welchem Zustand sich die Bodentruppen »Koronans« befanden.

Im Vergleich zu meiner zuvor gemachten Erfahrung konnte man dieses Briefing fast als gemächlich bezeichnen: Es dauerte beinahe zwei Stunden. Hier die Kurzfassung: Unter Verwendung von drei CH-53E *Super Stallions* vom HMM-264 hatte die 26th die Absicht, noch an diesem Abend 52 Pax in zehn verschiedenen Gruppen in und um Camp Lejeune verdeckt abzusetzen. Dabei rechnete man aber schon im voraus mit zwei Problemen: zum einen machte das Wetter einen unbeständigen Eindruck. Der tropische Sturm »Chantal« hatte im Atlantik die Hölle entfesselt und bedrohte immer noch unsere Nordseite. »Chantal« trieb eine Kaltfront vor sich her, die sich direkt auf unsere für den heutigen Abend geplante Startposition zubewegte, wodurch die Witterungsbedingungen unter Umständen recht

---

[77] *with a bone in their teeth* ist in der oben gewählten Übersetzung ein in amerikanischen Seefahrerkreisen verbreiteter Spruch für das, was wir in Deutschland als »mit schäumender Bugwelle« bezeichnen würden. Das Bild paßt, denn ein Schiff, das große Fahrt läuft, sieht von vorn betrachtet und aus einiger Entfernung wirklich einem Hund nicht ganz unähnlich, der einen großen weißen Knochen in der Schnauze hat.

Lieutenant Colonel John Allen (dritter von links im Vordergrund) und sein Planungsstab vom BLT 2/6 während der JTFEX-95 im August 1995 *JOHN D. GRESHAM*

riskant werden konnten. Zum anderen war da noch die Angelegenheit mit den »roten« (»koronanischen«) Kräften. Die Bodenkampf-Komponente »Koronans« bestand aus einem BLT von den 6th Marines, das massiv mit Panzern und Artillerie verstärkt worden war. Obwohl die OPFOR nicht über eigene Hubschrauber verfügte, war deren Panzerüberlegenheit etwa doppelt so groß im Vergleich zu dem, was Colonel Allen und das BLT 2/6 ins Gefecht führen konnten. Außerdem standen die »koronanischen« Bodentruppen auch noch unter dem Kommando eines Lieutenant Colonel der Marines, dem der Ruf vorauseilte, außerordentlich gerissen und aggressiv zu sein. Um alldem entgegenwirken zu können, hatten sowohl Colonel Battaglini als auch Lieutenant Colonel Allen ihren Truppen einen Freibrief erteilt, Täuschungsmanöver nach eigenem Ermessen durchzuführen und alles zu unternehmen, um ihren Gegner aus dem Gleichgewicht zu bringen.

Was die R&S-Mission selbst anging, so bestand die Aufgabe der verschiedenen Gruppen darin, sich selbst in strategisch wichtigen Positionen um Camp Lejeune herum einzunisten und ihre Beobachtungen zurück ans JIC an Bord der *Wasp* zu melden. Neun dieser Gruppen würden ausschließlich über »optische« Überwachungsfähigkeiten verfügen, während die zehnte auch noch über die notwendige Ausrüstung verfügte, mit der sie Funkaufklärung betreiben und die über kurze Entfernungen geführte feindliche taktische Kommunikation abhören konnte. Man hoffte, daß diese – zusammen mit den nachrichtendienstlichen Erkenntnissen, die von der JTF-11, der *America*-Trägerkampfgruppe und nationalen Quellen kamen – etwas Licht in den »Nebel des Kriegs« bringen würden, der bei Frontalangriffen nun einmal unvermeidlich entsteht. Weitere Aufklärungsdaten kamen auch noch von den SSES-Räumen des Schiffs selbst, den *Pioneer* UAVs des PHIBRON, die von Bord der *Shreveport* aus gestartet wurden, TARPS-Bildern von den F-14 *Tomcats* des VF-102, von den ES-3 *Shadow* ELINT/SIGINT-Flugzeugen und auch noch von einigen anderen neuen Systemen, die gerade erst bei dieser Übung getestet werden sollten.

Marines des Aufklärungstrupps der 26th MEU(SOC) gehen am Nachmittag des 18. Juli 1995 an Bord eines CH-53E *Super Stallion* vom HMM-264. Ihre Mission war Bestandteil der JTFEX-95, die gerade in dieser Zeit stattfand.

JOHN D. GRESHAM

Die ROEs für die R&S-Einheiten waren einfach: wenn irgend möglich – Feindkontakt *vermeiden*. Sie waren schließlich verdeckt arbeitende Aufklärungstrupps, und ihre vordringliche Aufgabe bestand darin, eben nicht von den Sicherungskräften der »Roten« entdeckt zu werden. Geschossen werden durfte ausschließlich zur Selbstverteidigung. Das bedeutete, daß sie simulierte *Claymore*-Minen legen, aber keine Feuerwaffen verwenden durften. Entsprechend dem Infiltrationsplan sollten die zehn Gruppen um 2200 die drei CH-53 besteigen und um 2215 starten. Der Flug würde mehr als 70 Minuten dauern (wir waren schließlich immer noch etliche hundert Meilen von der Onslow Bay entfernt). Die Chopper würden im Tiefflug in Formation fliegen und dabei jeden verfügbaren Trick einsetzen, um die Position der Teams vor den Roten zu verbergen. Ein TRAP-Team würde sich aber in ständiger Bereitschaft befinden, sollte eine Evakuierung erforderlich werden, um dann die entsprechende Gruppe an jeder LZ aufzunehmen, zu der sie durchkommen könnten.

Nach Beendigung der Einsatzbesprechung ging ich nach oben, um etwas frische Luft zu schnappen. Da der Zutritt zum Flugdeck normalerweise verboten ist, gibt es einen breiten Laufsteg, der entlang der Steuerbordseite der Insel verläuft, wo dieses Verbot etwas weniger streng gehandhabt wird. Es ist einer der beliebtesten Plätze bei der Besatzung. Ein wunderschöner Ort, um sich hinzusetzen und auf die See hinauszuschauen. Es dauerte nicht lange, und ich hatte einen Klappstuhl gefunden, ihn aufgestellt und mich dort hingesetzt. Im Augenblick kam gerade ein Flottentender längsseits und schoß Tripleinen herüber, an denen dann die Schläuche für die Beölung folgen sollten. Zur gleichen Zeit flogen UH-46D ständig zwischen dem Tender und den Schiffen der ARG hin und her, nahmen palettenweise Verpflegung, Flugzeugersatzteile und alles, was man sonst noch auf Schiffen braucht, auf und lieferten es aus. Das alles sah seltsam und fast widernatürlich aus – etwa so, als würde man Nilpferden beim Tanzen zusehen. Aber ob nun grotesk oder nicht, die Fähigkeit, auf See betankt und verpflegt werden zu können, verschafft den USA ein enormes Stärkepotential im Vergleich zu den Nationen, die lediglich über Einrichtungen zur Küstenverteidigung verfügen. Die ganze Operation dauerte schon eine Stunde, und lediglich der Einbruch der Dunkelheit und die Aussicht aufs Abendessen konnten mich von meinem Platz loseisen und motivieren, wieder nach drinnen zu gehen.

USS *Wasp*, 200 sm/370 km nordwestlich Camp Lejeune, North Carolina, 18. Juli 1995, 2100

Um 2100 traf ich mich mit Lieutenant Colonel Allen im Hangardeck, um noch ein paar Worte mit den Mitgliedern der verschiedenen R&S-Teams zu wechseln. Sie standen kurz davor, hinauf aufs Flugdeck zu gehen, um dort ihre Hubschrauber zu besteigen. Für diese Mission hatte das HMM-264 alle vier CH-53E *Super Stallions* einsatzklar gemacht, wodurch eine Reservemaschine bereitstehen würde, sollte es einen von ihnen »erwischen«. Während ich im Hangar herumschlenderte, waren die Gruppen dabei, ein letztes Mal ihre Waffen und Ausrüstungsgegenstände zu überprüfen, wobei sie sich ganz besonders um die Kommunikationsgeräte kümmerten. Dazu gehörten eine Reihe von Satellitentelefonen und Kurzwellen-Funkgeräten, die alle so konstruiert waren, daß eine abgesicherte Kommunikation mit der *Wasp* stattfinden konnte. Jede Gruppe verfügte über mindestens einen GPS-Empfänger. Einige hatten noch die PLGR-Geräte von Trimble, der Rest schon die neuen SLRG-Handies von Rockwell.

Exakt um 2145 wurde über das 1MC »Flugbetrieb« angekündigt, und die Dinge kamen in Gang. Ich ging über die Rampe vom Hangardeck hinauf zur Insel und wartete dort vor mich hin schwitzend zusammen mit den 52 Mitgliedern der R&S-Trupps im schwindenden Licht des Tages. Während wir noch auf das Anlassen der Turbinen warteten, kam Colonel Battaglini still und leise die Rampe herauf und sprach ganz ruhig mit seinen Marines, wobei er sie ermutigte, hartnäckig und konzentriert zu bleiben, obwohl sie wußten, daß diese Mission ihnen vier lange und heiße Tage im Busch bescheren würden. Der Befehl zum Starten der Antriebe kam um genau 2200, und die Teams gingen an Bord. Aber die *Super Stallions* blieben noch so lange mit laufenden Rotoren an Deck stehen, bis die endgültige Startfreigabe vom Air Boss kam. Als ich das alles von der Insel aus beobachtete, konnte ich sehen, wie blaue Flammen der Entladung statischer Elektrizität von den Rotorblättern der CH-53 flackerten. Da hatte ich fast das Gefühl, als liefe hier ein Science-fiction-Film ab. Dann endlich, um 2215, hoben die drei Chopper ab und löschten im gleichen Augenblick ihre roten und grünen Positionsleuchten (für verdeckte Operationen haben sie infrarote und gedämpfte grüne). Sie gingen in einer gestaffelten Formation auf Kurs Südwest in Richtung Camp Lejeune. Als auf dem Flugdeck der *Wasp* wieder Ruhe eingekehrt war, machte ich mich auf den Weg zur Offiziersmesse zu den Mid-Rats und erwartete danach einen schön ruhigen Abend.

Aber weit gefehlt, kaum acht Minuten später, um 2223, kam bereits alles ganz anders. Tief über dem Wasserspiegel fliegend, um der Radarerfassung durch Geräte der Luftverkehrskontrolle der MCAS New River zu entgehen, rannten die drei *Super Stallions* vierkant in ein kleines Geschenk des Tropensturms »Chantal«. Die Kaltfront hatte sich über das warme Wasser des Golfstroms gelegt und ohne Vorwarnung eine dicke Nebelsuppe angerührt. Plötzlich nur noch mit Nachtsichtgeräten fliegen zu müssen ist ein äußerst gefährliches Unternehmen, und die Regelungen in Friedenszeiten schreiben eine schnelle Reaktion vor. Die drei Crews trennten sich mit einem schon vorher geplanten Manöver voneinander, formierten sich nördlich der Nebelbank neu und brachen die Infiltrationsoperation ab. Das alles geschah ohne jeglichen Funkverkehr, um zu vermeiden, daß die »roten« Funküberwachungseinheiten irgendwie mitbekamen, daß hier etwas ablief, was sie nichts anging. Kaum eine halbe Stunde nach dem Abheben war die ganze Truppe wieder zurück an Bord der *Wasp*, einerseits froh, daß sie sicher mit der Notsituation fertiggeworden waren, andererseits verärgert, daß der gesamte Aufklärungsplan der MEU(SOC) gerade den Bach runtergegangen war.

Inzwischen war es auch soweit, daß das normalerweise ruhige Auftreten von Battaglini und Allen die ersten Sprünge aufwies. Ich folgte den beiden rasch hinunter ins LFOC, wo sie ihren Stäben befahlen, sich hinzusetzen und zu planen, wie man soviel wie möglich vom ursprünglichen R&S-Plan weiterverwenden konnte. Einige der Schäden, das wußten sie, waren einfach irreparabel: Unabhängig davon, daß von den Voraussetzungen für ein Situationsbewußtsein kaum etwas geblieben war, weil das R&S-Team vor Ort fehlte, würden diese wiederum einen ganzen Tag auf Gefechtsunterstützung durch Luftangriffe und Artilleriebeschuß der Zerstörer auf See verzichten müssen. Gegen 0200, während hier absolut jeder immer noch intensiv bemüht war, das Beste aus der haarigen Situation zu machen, entschuldigte ich mich und nahm Kurs auf meine Kabine, um noch ein wenig Schlaf abzubekommen. Erneut hatte die »Reibung« eine Mission der MEU(SOC) heimgesucht. Es schien so, als würden die restlichen drei Tage der JTFEX-95-Übung äußerst interessant werden.

USS *Wasp*, Donnerstag, 19. Juli 1995

Als um 0600 der Weckruf kam, hatten die Leute im LFOC einen Plan zurechtgezimmert, um die Totgeburt der R&S-Bemühungen in der vergangen Nacht wieder zum Leben zu erwecken. Über Nacht hatten sie eine recht unkonventionelle Form eines Infiltrationsplans entwickelt, der auf der Tatsache aufbaute, daß Camp Lejeune schließlich ihr eigener Stützpunkt war und sie sehr genau wußten, wie dort alles lief. Alles in allem sind dort mehr als 30 000 Marines stationiert, was bedeutet, daß dort Männer, die sich in voller Kampfausrüstung über das Gelände bewegen, so normal sind wie ein Sonnenaufgang. Außerdem stellte sich jetzt heraus, daß die 26th MEU(SOC) ein Gegenspionage-Team in der Hektik nach

Abschluß der SOCEX an der Küste »zurückgelassen« hatte, das nun eingesetzt werden sollte, um den neuen Infiltrationsplan zu unterstützen. Also traf man nach einigen Telefonaten per Handy die nötigen Vorbereitungen, die Absetzaktion der vergangenen Nacht am heutigen Nachmittag mit den CH-53E erneut zu starten. Darüber hinaus wurde dem Trupp an Land befohlen, heimlich das Hauptquartier der »Roten« zu überwachen und deren Büromüll dahingehend durchzuforsten, ob es vielleicht irgendwelche Dokumente gab, die für die anstehende Operation von Wichtigkeit sein könnten. Sollten sie etwas finden – »bitte sofort auf einer abgesicherten Leitung an die *Wasp* faxen«. Zum Abschluß ging auch noch ein Befehl an die UAV-Abteilung an Bord der *Shreveport* hinaus, so viele Flüge mit den *Pioneers* durchzuführen wie eben möglich, damit man genügend Ziele für den Artilleriebeschuß von See her bekam, den dann die USS *Scott* (DDG-995) ausführen sollte.

Gegen 1800 wurden diese Maßnahmen in die Tat umgesetzt, und in der Messe kam ein extrem müder Haufen von Offizieren zum Abendessen zusammen. Zu diesem Zeitpunkt waren die Stäbe des BLT und der MEU(SOC) bereits seit 36 Stunden ununterbrochen auf den Beinen und hatten noch ein weiteres großes Ereignis vor sich, bevor der Abend zu Ende war – die Generalprobe, sprich: die letzte Einsatzbesprechung vor Beginn der Operation, die am nächsten Morgen stattfinden sollte. Dieses Briefing sollte einen detaillierten Überblick über den Angriff liefern, der am Freitag auf das Binnenland »Kartunas« stattfinden sollte. Um 2000 abgehalten, wurde bei dieser Einsatzbesprechung aber auch jede noch so kleine Einzelheit der geplanten »Invasion« angesprochen. Es wurde die totale Pleite... in erster Linie wohl deshalb, weil die übermüdeten jungen Offiziere keine Gelegenheit gehabt hatten, die notwendige Zeit und Koordination bei der Erstellung ihrer Folien für die Besprechung aufzuwenden. Als sie schließlich fertig waren, stand Jim Battaglini – ein Mann weniger Worte – auf und gab seinem Mißfallen Ausdruck: »Bekommt das bis morgen hin!« befahl er nur. Sämtliche Kommandeure der Boden- und amphibischen Komponenten der JTF-11 würden am Morgen zur Besprechung von der *Mount Whitney* herübergeflogen kommen. Dann mußte noch einmal der gesamte Invasionsplan durchgegangen werden, und er wollte den seinen Bereich betreffenden Teil richtig dargestellt wissen. Nachdem er den jungen Offizieren »vorgeschlagen« hatte, ihre Probleme bis zu den Mid-Rats auszumerzen, verließ er den Raum und ging wieder ins LFOC. Die jungen Offiziere dagegen zogen sich in ihre Kabinen zurück, um anhand ihrer Notizen auf den Laptop-Computern ihre Fehler auszuwetzen.

Als sie dann gegen 2315 zurück in die Messe kamen, entdeckten sie, daß die Köche dort alle Register gezogen hatten... in Form von Schinkensandwiches mit Schmelzkäse und wahren Bergen von Pommes frites. Man konnte förmlich spüren, wie sich langsam der Moral- und Energiepegel der Gruppe hob, als sie sich mampfend ihren Weg durch die Koordinationsprobleme bahnten, die ihr Briefing wie eine Pest befallen hatten. Als die Gruppe schließlich gegen 0100 aufbrach, um wenigstens noch ein bißchen Zeit im (Schlaf-)Sack zu bekommen, bummelte ich hinunter ins LFOC. Ich wollte einfach einmal sehen, wie der derzeitige Stand der Dinge war. Beim Aufklärungsbriefing am Abend hatte ich bemerkt, daß es einige beunruhigende Entwicklungen bei den Lufteinsätzen gegeben hatte, und ich hatte die Absicht, mich mit John Allen darüber zu unterhalten. Aber ich war nicht der einzige, den diese Sache beschäftigte. Als ich Allen dann endlich gefunden hatte, mußte ich feststellen, daß dieser längst mit Colonel Battaglini diskutierte, wie man am besten mit den Problemen fertigwerden könnte. Er hatte Allen und den Kommandeur des ACE, Lieutenant Colonel »Peso« Kerrick, zu einem kurzen Gespräch befohlen, und nun lud er mich ein, ebenfalls daran teilzunehmen, was ich gern annahm.

Unter der Leitung des JTF-11-Stabs an Bord der *Mount Whitney* war der Luftkampf gegen die »Roten« bislang eine ziemlich gemischte Angelegenheit gewesen. Während die Marine-Streitkräfte von »Koronan« dezimiert werden konnten, hatten ihre Luftstreitkräfte bei Operationen, die immerhin schon zwei Tage liefen, gerade einmal 30 Prozent Verluste hinnehmen müssen. Noch schlimmer war, daß sich die simulierte Streitmacht aus mit *Exocet* bewaffneten *Mirages* und *Super Pumas* als ziemliche Plage erwiesen und gerade eben einen hypothetischen Treffer auf dem atomgetriebenen Kreuzer *South Carolina* (CGN-37) erzielt hatte. Obwohl der Gefechtskopf der Lenkwaffe als »Blindgänger« eingestuft wurde, war der Kommandeur der Kampfgruppe stinksauer. Wie vorauszusehen war, forderte er besseren Schutz für seine Schiffe. Was daraufhin passierte, war, daß der JTF-11-Stab seinen Luftkampfeinheiten die Erlaubnis erteilte, sich in Zweikämpfe mit den Luftstreitkräften »Koronans« einzulassen. Das Resultat war dann aber, daß sie langsam, aber sicher durch die Einzelaktionen die wesentlichen Angriffsziele der Operation völlig aus den Augen verloren hatten. So standen beispielsweise nach wie vor noch etliche Luftangriffe auf Bodenziele zur Erledigung an. Das wiederum bedeutete, daß Lieutenant Colonel Allens BLT am Freitag morgen möglicherweise mit einer Kraft in ein Gefecht ziehen mußte, die nicht nur seinen Panzern, sondern auch seiner Artillerie haushoch überlegen wäre und sich längst um genau die Angriffsziele herum eingegraben hätte, die er nehmen mußte. Während Battaglini, Allen und Kerrick immer noch die Köpfe zusammensteckten, um einen Plan auszuarbeiten, wie man diese Situation in den Griff bekommen konnte, machte ich mich auf den Weg in meine Kabine. Dort kam ich gedanklich einfach nicht davon los, wie sehr doch die »Reibungsfaktoren« auf alles Einfluß genommen hatten, was hier innerhalb der letzten 24 Stunden an der Küste North Carolinas geschah.

USS *Wasp*, 50 sm/90 km westlich des Strands der Onslow Bay, 20. Juli 1995, 0600

Am nächsten Morgen saß ich bereits um 0630 Lieutenant Colonel Allen gegenüber und konnte ein erstes dünnes Lächeln auf seinen Gesichtszügen entdecken. Er hatte etwas geschlafen, und alles sah etwas positiver aus als noch in der vergangenen Nacht. Da waren zunächst einmal die R&S-Trupps. Sie waren inzwischen gelandet, und es gingen bereits ihre ersten Berichte ein. Sie enthielten genau die Zielinformation, die Allen brauchte, um einige der »roten« Truppen zurückschlagen zu können. Darüber hinaus schien es so, als habe der Kommandeur der Bodentruppen, General Keane, es schließlich doch noch geschafft, den JTF-11-Stab davon zu »überzeugen«, sich doch wieder an einige *seiner* Zielobjekte im Rahmen der Mission zu erinnern. Das Resultat war offensichtlich, denn inzwischen hatten bereits einige Luftangriffe auf die geplanten Angriffsziele an Land stattgefunden. Außerdem lagen einige ausgezeichnete Erkenntnisse vor, die von den R&S-Trupps aus dem Müll des Stabs der »Roten« gewonnen werden konnten. Aber John Allen war hier nicht der einzige, der den Eindruck vermittelte, gut drauf zu sein. In der ganzen Messe, wohin ich mich auch wandte, konnte man neu die gewonnene Tatkraft praktisch spüren. Der 26th blieben gerade noch 18 Stunden bis zur Invasion ... und sie alle hatten das Gefühl, als könnten sie es schaffen.

Gegen 0900 wurde die Offiziersmesse umgeräumt, um dort die umfangreiche letzte Einsatzbesprechung vor der Invasion abhalten zu können. Das Briefing sollte beginnen, sobald die Bodentruppen- und alle anderen Kommandeure, die von der *Mount Whitney* eingeflogen wurden, den Raum betraten. Der Kommandeur der Bodenkräfte der JTF-11 war General John M. Keane, der kommandierende General der berühmten 101st Air Assault Division der Army. »Traurigerweise« schaffte er es dann doch nicht zu kommen – ein weiteres Beispiel für die »Reibung«. Nach dem simulierten *Exocet*-Angriff auf die *South Carolina*, der letzte Nacht stattgefunden hatte, war der Koordinator der AAW-Flotte davon überzeugt, daß ein enger gestaffelter Verteidigungsring um die Marinekräfte der JTF-11 unverzichtbar sei. Also erhöhte er die Alarmstufe und die ROE der Schiffe, die sich in vorgeschobener Position befanden und Boden-Luft-Lenkwaffen (SAMs) trugen, auf »Alarmstufe gelb – Waffen gesichert«, was soviel bedeutet, daß feindliche Luftangriffe erwartet wurden. Jedes »blaue« Schiff, das ein nichtbefreundetes Flugzeug erfaßte, sollte es sofort vom Himmel holen – also nach dem Motto: »Erst schießen, dann Fragen stellen.« Nun hatte man beim SH-3 *Sea King* Hubschrauber, der die Kommandeure der einzelnen Komponenten und ihre Stäbe auf dem Flug von der *Mount Whitney* zur *Wasp* an Bord hatte, versehentlich vergessen, den elektronischen IFF-Transponder (Identification Friend or Foe = Freund-Feind-Indentifizierung) einzuschalten. Also wurde der Hubschrauber prompt von einem der Schiffe des Geleitschutzes mit einem simulierten SAM abgeschossen. Wäre die Alarmstufe niedriger angesetzt gewesen, hätte der AAW-Koordinator sich bestimmt die Zeit genommen, rasch in den ATO (Air Tasking Order) der JTF-11 nachzusehen, ob der Hubschrauber nicht vielleicht »befreundet« sein könnte. Jetzt aber vermasselte er die Sache, einen Angriff feindlicher Kräfte zu vereiteln, doch sehr nachdrücklich. Das Resultat: Als die verschiedenen Kommandeure und ihre Stäbe schließlich an Bord der *Wasp* landeten, wurden sie mit der Neuigkeit begrüßt, daß sie »tot« waren. Sie waren ganz offensichtlich äußerst unglücklich, als sie die Offiziersmesse nur noch als simulierte Leichen betreten durften.

Das Briefing begann, und die Dinge liefen ganz entschieden besser als in der letzten Nacht. Der Plan für die Invasion der »Republik Kartuna« wurde klar dargestellt: Heute nacht um 0000 (Mitternacht) sollten Elemente der 26th MEU(SOC) vom Strand der Onslow Bay und entlang der Mündung des New River ins Landesinnere vorrücken. Der Schlüssel zum Erfolg würde in der Eroberung einer Dammbrücke und verschiedener anderer strategisch wichtiger Straßenkreuzungen liegen. Das wollte man erreichen, indem einige neue Vorgehensweisen angewandt werden sollten. Die *Whidbey Island* und die *Shreveport* sollten ihre gepanzerten Kräfte in der Mündung an Land setzen. Die Task Force würde dann ihre AAVs als Fluß-Kanonenboote verwenden, um diese natürliche Grenze, die mitten durch Camp Lejeune verläuft, zu beherrschen. Ihnen würde im Kielwasser den Flußlauf hinauf eine Schützenkompanie in Angriffsschlauchbooten folgen. Diese Kompanie sollte dann den nördlichen Teil der Mündung einnehmen. Danach würde weiter im Landesinneren eine weitere Kompanie von Hubschraubern abgesetzt werden, um die Zugänge zu den Landezonen am Strand in der Nähe der Flußmündung zu blockieren. Sobald das geschafft war, sollte der Rest der schweren Ausrüstung von den LCACs an Land gebracht werden.

Noch während diese Operation in vollem Gang wäre, sollte die 1/325th von der 82nd Airborne Division bereits per Fallschirm über einem Flugfeld abspringen, das nur wenige Kilometer weiter im Landesinneren lag, um dort eine Basis für die anschließend eingeflogenen Einheiten zu schaffen. Daran anschließend hatte man vor, die Hubschraueroperation folgen zu lassen, bei der Einheiten in einer Landezone abgesetzt werden sollten, die dann von dort aus die amphibische Landung zu unterstützen hätten. Außerdem war noch eine ganze Reihe von Täuschungsaktionen beziehungsweise Scheinangriffen geplant – wie beispielsweise die zeitweilige Entladung von transportablen Toiletten in einer Schein-LZ –, um so bei den »Roten« den Eindruck zu erwecken, daß die eigentliche Landung an der Ostseite des Übungsgeländes stattfinden würde. Mit ein wenig Glück würden die »roten« Truppen dorthin verlegt werden. Man mokiere sich übrigens nicht gleich über die Masche mit den transportablen Toiletten: Obwohl wir uns im »Krieg« befinden, gelten immer noch die Abfallbeseitigungsverordnungen von EPA[78] und DoD.

Nachdem das Briefing beendet war, ging ich hinüber ins LFOC, um mich noch einmal zu informieren, wie es denn so um den Fortgang des »Kriegs« bestellt war. Als ich ankam, wurde mir rasch klar, daß die 26th inzwischen *ihr* Spiel mit den »koronanischen« Truppen spielte. Die Wirksamkeit der Befehls- und Führungsmöglichkeiten der OPFOR war in der Zwischenzeit auf unter 50 Prozent gesunken, ihre Marine war ausgeschal-

---

78 Environmental Protection Agency = am. Umweltschutzbehörde

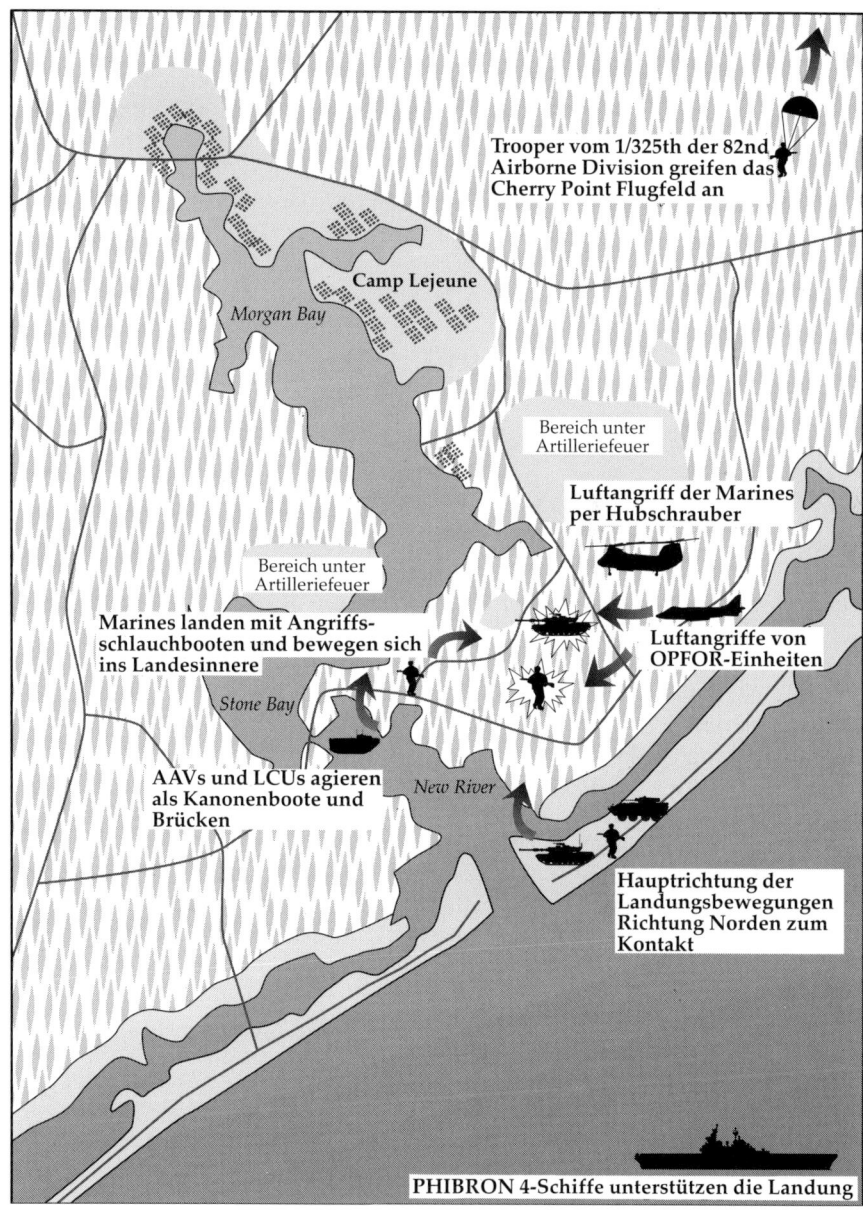

Die Invasion Camp Lejeunes, die im August 1995 während des Manövers JTFEX-95 geübt wurde *Jack Ryan Enterprises, Ltd., von Laura Alpher*

tet, und der Stab der JTF-11 machte erfolgreichen Gebrauch von der gewonnenen Luftmacht, denn auch die Luftstreitkräfte der OPFOR waren nur mehr zu weniger als 50 Prozent einsatzfähig. Nur um ganz sichergehen zu können, daß genügend Einsätze gegen Bodenziele geflogen wurden, hatte Colonel Battaglini zusätzliche Luftangriffe durch AV-8B *Harrier II* des VMA-231 von der MCAS Cherry Point angefordert. Eigentlich hatte man die *Harriers* bei der SOCEX und der gerade laufenden Übung zu Hause lassen wollen, um sie für den kommenden Einsatz vorzubereiten, aber jetzt rief man sie doch herbei, damit die 26th in den Genuß von »Marine Corps«-spezifischer Luftmacht käme, auf die sie sich voll verlassen konnte! So um die Mittagszeit flogen die *Harriers* vom VMA-231 bereits ihre ersten Luftangriffe. Ich verbrachte den Nachmittag im LFOC und auf dem Laufgang an der Backbordseite der Insel und genoß die Ruhe vor dem Sturm. Nach dem Essen beobachtete ich die Combat-Cargo-Crews von Dennis Arinello dabei, wie sie die LCACs und Hubschrauber für die erste Welle beluden, die um 0000 starten sollte.

Welldeck der USS *Wasp*, 21. Juli 1995, 0000

Die LCACs sollten die erste Invasionswelle bilden. An Bord dieser Fahrzeuge befand sich das LAR/CAAT-Team, das man als Schutztruppe für die nachfolgenden Einheiten am Strand absetzen wollte. Wenn als gut lief, würde sich die 26th noch vor Sonnenaufgang (gegen 0600) in voller Gefechtsstärke an Land befinden und dann den Rest der Ausrüstung so schnell wie möglich abladen. Von jetzt an war weit mehr als nur der Wunsch nach Gefechtseffektivität hinter allem zu spüren. Diese Landungsoperation bedeutete, daß, ganz gleich wie die JTFEX-95 auch ausgehen mochte, man bald wieder zu Hause sein würde. Als das ohrenbetäubende Heulen der LCACs langsam hinter dem Horizont verschwand, konnte man deutlich über das 1MC die Ankündigung für den Flugbetrieb vernehmen. Kurz darauf hob die erste Welle von vier AH-1W *Cobra* Kampfhubschraubern ab, denen sofort ein UH-1N *Huey* mit John Allen und seinem Stab an Bord folgte. Alles wurde immer hektischer, und das sollte sich auch für den Rest der Nacht nicht wesentlich ändern. Was mich

Marines der 26th MEU(SOC) kommen 1995 mit Angriffsschlauchbooten während einer Übung in Camp Lejeune an Land.
JOHN D. GRESHAM

anging, so störte ich mich nicht weiter daran und ging zurück in meine Kabine, um noch eine Mütze voll Schlaf zu bekommen, bevor der Weckruf erschallte.

USS *Wasp*, 21. Juli 1995, 0600

Ich war schon wach, als das 1MC seinen Morgengruß herausplärrte. Ein sicheres Zeichen dafür, daß ich mich langsam den Routinen an Bord anzupassen begann. Nach einem raschen Frühstück ging ich hinunter ins LFOC, um mich ein letztes Mal über den Stand der Dinge zu informieren. Aber es stellte sich heraus, daß ich eigentlich zu spät gekommen war. Es stand bereits fest, daß die Hauptkräfte der »Roten« bereits angegriffen und vom BLT 2/6 bis etwa zur Mittagszeit geschlagen sein würden. Die Gefechte würden zwar noch weitere 24 Stunden andauern, bis letzten Endes alle Ziele gesichert waren, aber es stand bereits außer Zweifel, daß die 26th MEU(SOC) einen überwältigenden Sieg errungen hatte. Noch vor dem Sonnenaufgang des kommenden Tags würde alles vorbei sein. Trotz Problemen bei der Luft-Nahunterstützung zur »H-Hour« und dem Ausfall der Kommunikation mit den R&S-Trupps waren alle Landungen genau nach Plan verlaufen. Frühzeitige Kontakte mit »koronanischen« Truppen liefen mit überraschend geringen Schwierigkeiten ab. Wie wir erst später erfuhren, waren viele Artilleriestücke, Panzer und andere gepanzerte Fahrzeuge der »roten« Streitkräfte durch die Luftangriffe und den Artilleriebeschuß der Zerstörer von See her in letzter Minute ausgeschaltet worden. Auch die Luftlandeoperation der 1/325th der 82nd Airborne hatte geklappt.

Gegen 0800 wurde es langsam Zeit, den CH-46 für den Flug in den Bereich der LZ am Strand zu besteigen. Bevor ich allerdings losflog, unternahm ich noch einen kleinen Abstecher in die Logistikzentrale, wo ich einen extrem geschafften Dennis Arinello antraf, der sich krampfhaft bemühte, auch noch die kommenden sechs Stunden wach zu bleiben, die er benötigte, um die Schiffe wieder zu entladen. Ich wünschte ihm noch viel Glück und hoffte für ihn, daß er einmal eine ganze Nacht durchschlafen könne. Dann lief ich die Treppen hinauf und bestieg den *Sea Knight* für den Flug an Land. Als wir die *Whidbey Island* und die *Shreveport* überflogen, konnte ich sehen, wie die LCACs und ein LCU zwischen den Schiffen und dem Strand hin- und herfuhren, um die Schiffe der ARG zu entladen. Als der »Ochsenfrosch« landete, wurde ich wieder von den PAOs aus Camp Lejeune in Empfang genommen. Nach der Eroberung des Flugfeldes durch die Fallschirmjäger und nach der Einnahme der Hafeneinrichtungen und des Strandes durch die Marines war jetzt die hypothetische Befreiung »Kartunas« möglich geworden.

Gegen Mittag des nächsten Tags würden die Beobachter des JTFEX-95 einen »Missionsänderungsbefehl« herausgeben, und damit wäre die Übung zu Ende. Obwohl nicht alles bildschön gelaufen war, hatte die 26th ausgezeichnet gearbeitet und sich hervorragend den vielschichtigen Problemen angepaßt, die man ihnen wie Knüppel zwischen die Beine geworfen hatte. Aber das beste von allem war, daß sich die 26th MEU(SOC) nun endlich auf den Einsatz im Mittelmeer vorbereiten konnte, der in gerade einmal fünf Wochen beginnen sollte. Bevor ich mich allerdings verabschiedete, versprach ich Colonel Battaglini, daß ich ihn besuchen würde, während er dort im Einsatz war.

Norfolk Naval Station and Amphibious Base, Little Creek, Virginia, 28. August 1995

Kaum einen Monat nach dem Ende vom JTFEX-95 war ich schon wieder in Camp Lejeune, um Zeuge des Höhepunktes der vereinten Bemühungen von Jim Battaglini, C. C. Buchanan, John Allen und all den anderen Mitgliedern des 26th MEU(SOC)/PHIBRON 4-Teams zu werden: dem Auslaufen zum Einsatz. Das Ganze sollte unmittelbar vor dem Labor Day[79] stattfinden. Ein Einsatz ist immer ein Prozeß, bei dem die Männer und Frauen der ARG und der MEU(SOC) die Bindungen an Land und Familien durchtrennen und ihr »zweites Zuhause« besteigen, das sich für sie an Bord der Schiffe einer ARG befindet. Der Tag dämmerte sehr regnerisch und ungemütlich herauf, als die Kriegsschiffe der Trägerkampfgruppe (CVBG) *America* (CV-66) und des PHIBRON 4 ausliefen. Ein heftiges Gewitter näherte sich von Süden und machte allein dadurch schon das Auslaufen zu einer Aufgabe. Für die Schiffe der ARG hieß es nun, unter diesen Witterungsbedingungen mit Kurs Süd über die unter Wasser verlaufenden Autobahntunnel der Chesapeake Bay und um die Virginia Capes herum Richtung Onslow Bay anzuknüppeln. Für diese Passage hatte Captain Buchanan seiner Mannschaft den strikten Befehl erteilt, alles denkbare und mögliche zu verstauen, da man am Morgen die komplette Ladung Flugzeuge, Fahrzeuge, Ausrüstung und Soldaten der 26th MEU(SOC) an Bord nehmen würde.

Marine Corps Air Station (MCAS), New River, North Carolina, Dienstag, 29. August 1995, 0500

Der erste Tag des Einsatzes begann für die 26th MEU(SOC) sehr früh, noch bevor die Sonne aufging. Im Hangarbereich des HMM-264 waren Lieutenant Colonel Kerrick und seine Marines schon mit den Hühnern aufgestanden, um das erste Element zu sein, das an Bord der Schiffe gebracht wurde. Weil dies das umfangreichste ACE sein würde, das jemals mit einer MEU(SOC) in den Einsatz gegangen war, hatte man sich einige Gedanken dazu gemacht, und nun würde das HMM-264 die Gelegenheit

---

79 Dem Tag der Arbeit in Deutschland vergleichbarer Feiertag in den USA (1. Montag im September).

bekommen, unter Beweis zu stellen, ob sich seine Planungen auch in die Praxis umsetzen ließen. Rund um den Hangar des HMM-264 hatten sich an diesem Morgen Marines mit ihren Familien eingefunden, um die Abschiedszeremonie zu beginnen – gewöhnlich mit Eier-Muffins und Kaffee. Ehefrauen, Freundinnen, Eltern und Kinder bemühten sich (oft ohne Erfolg), die Tränen zurückzuhalten, die fast jedem im Angesicht des sechs Monate dauernden Törns in die Augen traten. Mir selbst schnürte es beim Zusehen auch etwas die Kehle zu und führte mir vor Augen, um welchen Preis diese Seeleute und Marines unseren Interessen auf der ganzen Welt dienen.

Ganz im Gegensatz zum vorherigen Tag dämmerte der Morgen des 29. August kühl und klar herauf, und er schien sich zu einem perfekten Sommertag entwickeln zu wollen. Als dann der erste rosarote Schimmer der Morgenröte am östlichen Himmel über der Onslow Bay erschien, schalteten die Abläufe in einen höheren Gang. Um 0545 kam der Befehl für die Maschinen der ersten Gruppe von Flugzeugen, die Antriebe warmlaufen zu lassen. Es war ein Schwarm von drei CH-46E *Sea Knights*, der als erster zur *Shreveport* (LPD-12) fliegen sollte, denn LPD-12 würde allein und völlig unabhängig von den anderen Schiffen der Gruppe den Atlantik überqueren. Die Hubschrauber begannen um 0613 zu ihren Startpositionen zu rollen und waren kaum fünf Minuten später bereits in der Luft. Fast zur gleichen Zeit hoben auch die sechs AV-8B *Harrier II* des VMA-231 von der Betriebsfläche der MCAS Cherry Point ab, die nur wenige Meilen weiter im Norden liegt. Der Grundgedanke war der, die sechs *Harriers* als erste an Bord der *Wasp* (LHD-1) zu bringen, damit sie dort sofort auf ihren Abstellpunkten achtern des Inselaufbaus festgezurrt werden konnten. Erst dann sollten die anderen Hubschrauber des ACE an Bord gebracht werden und sorgfältig an jedem Ort, der sich eben finden ließ, verstaut werden.

Im Laufe der folgenden Stunde starteten ununterbrochen Hubschrauber in Dreier- oder Vierergruppen von der MCAS New River, und langsam, aber sicher leerte sich die Betriebsfläche unmittelbar vor dem Hangar. Gegen 0715 war auf der Flugbetriebsfläche des HMM-264 wieder Ruhe eingekehrt, und die Leute von den Boden- und Instandsetzungstrupps nahmen Abschied von ihren Lieben, luden ihr Gepäck auf die Lkws, sich selbst in Busse und machten sich auf den Weg nach Morehead City, um von dort mit Booten auf die *Wasp* und *Shreveport* übergesetzt zu werden.

Im Bereich des Hauptquartiers und der Kasernen des BLT 2/6, Camp Lejeune, North Carolina, Dienstag, 29. August 1995, 0800

Zurück in Camp Lejeune, sah ich, daß bei Lieutenant Colonel Allen und seinem Stabsteam eine ganz eigene Variante dessen ablief, was gerade in der MCAS New River stattgefunden hatte. Unten in den Kasernen des BLT 2/6 traten die verschiedenen Kompanien an und luden auf. Inmitten weinender Frauen und Kinder, den letzten Küssen und Umarmungen bestiegen die Marines ihre Busse und machten sich dann auch auf den Weg nach Morehead City, von wo aus sie dann auf Booten hinaus zur *Wasp* und zur *Shreveport* gebracht werden würden. Als die letzten in die Busse eingestiegen waren, ging Lieutenant Colonel Allen noch ein letztes Mal hinüber zu seinem Dienstzimmer und packte dort seine Aktentasche. Er wünschte den in der Schreibstube Zurückbleibenden noch alles Gute. Sie würden das Büro des BLT 2/6 heute im Laufe des Tages schließen. Dann schnappte er sich glücklich seine Koffer und lief die Treppen hinunter. Dies würde sein letztes Kommando über ein eigenes Bataillon auf Törn sein, bevor er im Frühjahr 1996 als Berater von General Krulak nach Washington versetzt werden würde. Überall in Camp Lejeune herrschte ein emsiges Treiben, das nun einmal beim Einsatzbeginn einer Einheit unvermeidlich ist. Drüben im Hauptquartier der 26th MSSG hatte Lieutenant Colonel Cooper bereits den größten Teil seiner Ausrüstung vorgepackt, und seine Soldaten und Versorgungsgüter befanden sich schon auf den Schiffen in Norfolk, wodurch dieser Tag für ihn selbst etwas weniger druckvoll war als für seine Pendants beim GCE und ACE.

Hauptquartier der 26th MEU(SOC), Camp Lejeune, North Carolina, Dienstag, 29. August 1995, 0900

Zu den letzten Komponenten der 26th, die in den Einsatz zogen, gehörte der Stab. Direkt hinter dem Stabsgebäude standen vier große gemietete Reisebusse, die man gerade mit einigen der speziellen Kommunikationsgeräte belud, die die 26th MEU(SOC) mitführen würde. Sergeant Major Creech war damit beschäftigt, in jede Menge Hintern zu treten, und machte dadurch den Offizieren das Leben etwas leichter, die ihrerseits gerade mit ihren Familien klarkommen mußten. Um 0955 wurde auch hier ein Zahn zugelegt, als einer der UH-1N *Iroquois* Hubschrauber vom HMM-264 direkt vor dem Stabsgebäude landete, um Colonel Battaglini an

Marines von der Stabseinheit der 26th MEU(SOC) fahren auf einem LCU der ACU-2 hinaus zur USS *Wasp* (LHD-1). Sie bereiten sich darauf vor, am 29. August 1995 ins Mittelmeer auszulaufen.
JOHN D. GRESHAM

Bord zu nehmen. Mit einem herzlichen Lebewohl verabschiedete er sich von uns, nicht ohne uns zuvor eingeladen zu haben, die 26th »auf Törn« zu besuchen. Dann bestieg er den Hubschrauber und flog zu seinem ersten Einsatz als Kommandeur einer MEU(SOC). Da er sich schon von seinem Sohn, der sich gerade im Teenageralter befand, verabschiedet hatte, konnte er ohne weitere Ablenkung seinen Geschäften nachgehen, und man konnte deutlich das Vertrauen und auch den Stolz spüren, die er für sich und seine Marines empfand. Auf der Rückseite des Hauptquartiers nahmen inzwischen die letzten Abschied, und ein Bus nach dem anderen ließ den Motor an. Unser alter Freund aus dem Logistik-Laden (S-4) der 26th, Major Dennis Arinello, verabschiedete sich noch von seiner Frau Kathy und seinen Kindern und war krampfhaft bemüht, ein gutes Beispiel dafür zu geben, wie man Fassung bewahrt. Dann, nach einem letzten Winken, waren die Busse auch schon aus dem Stützpunktgelände heraus und schlugen die Richtung nach Morehead City ein.

Hafen von Morehead City, North Carolina, Dienstag, 29. August 1995, 1100

Im Laufe des Nachmittags traf der Buskonvoi in Morehead City ein. Nachdem sie auf eine große Betonmole hinausgefahren waren, wurden die Busse entladen, und die Soldaten des Stabs gingen zu den anderen Mitgliedern der Einheit hinüber, um zusammen mit ihnen zur *Wasp* übergesetzt zu werden. Diesen Job übernahm ein Quartett von LCUs, das von der ACU-2 gestellt wurde. In einiger Entfernung lag draußen auf See die *Shreveport*, und wir konnten beobachten, wie auch ihre Beladung von einem Bereich aus, der etwas weiter in den Hafen hinein lag, ihrem Abschluß entgegenging. Die Leitung all der Unternehmungen auf der Mole oblag Captain C. C. Buchanan, der seinen unvermeidlichen blauen »Strampelanzug« trug. Gerade jetzt war er so glücklich, wie ein Mann nur sein kann, denn die Beladung *seiner* ARG lief reibungslos, und alles lag genau im Zeitplan. Es war, ganz gleich aus welchem Blickwinkel betrachtet, ein perfekter, sonniger Sommertag. Nach kurzer Wartezeit wurden wir an Bord eines LCU beordert und fuhren zu einem kurzen Ausflug hinaus auf die *Wasp*. Mit uns befanden sich Mitglieder der Abteilung an Bord, welche für die Führung der Landungsfahrzeuge und der Beachmaster-Gruppen der ARG verantwortlich sein würden. Mit kontinuierlicher Geschwindigkeit fuhren wir hinaus und gingen kurze Zeit später bei der *Wasp* längsseits. Dabei bemerkten wir, daß immer noch laufend Hubschrauber von Land herüberkamen und verstaut wurden. Das Flugdeck sah daher etwas wie eine Überlandleitung aus, auf der dichtgedrängt Vögel saßen.

Als das LCU ins Welldeck einlief, wies uns ein Chief darauf hin, daß wir in spätestens 30 Minuten zurück an Bord sein müßten, wenn wir nicht in den Genuß einer kostenlosen Kreuzfahrt in die Adria kommen wollten! Auf diese Weise präzise vorgewarnt, half ich Dennis Arinello mit seinem Gepäck und begann die Laderampen und Niedergänge zu seiner Kabine

Ein LCU läuft am 29. August 1995 in das geflutete Welldeck ein. Das Landungsboot transportierte unmittelbar vor dem Auslaufen zum Mittelmeereinsatz noch Soldaten mit ihrer Ausrüstung zum Schiff.
JOHN D. GRESHAM

auf Level 02 hinaufzusteigen. Danach schlenderten wir langsam durch das Schiff wie die 1400 Marines auch und beobachteten dabei den Fortgang des Transfers zwischen dem Land und dem »zweiten Zuhause« auf den Schiffen. Die Gefühlswallungen waren abgeebbt, und ruhige Entschlossenheit schien sich bei den Seeleuten und Marines auf dem ganzen Schiff auszubreiten, als wir zum Welldeck zurückgingen. Trotz der phantastischen Witterungsbedingungen, die heute herrschten, gaben sich alle keiner Illusion darüber hin, was die See mit ihnen veranstalten konnte, wenn es einmal rauh werden sollte.

Dann war die Zeit gekommen, und wir mußten zurück. Wir wünschten Dennis und den anderen noch viel Glück, sagten auf Wiedersehen und waren auch schon im Welldeck. Gerade noch rechtzeitig gingen wir wieder an Bord des LCU, und kurz darauf befanden wir uns auch schon wieder auf dem Weg zurück zur Küste. Unterwegs begegnete uns die *Shreveport*, die gerade aus dem Hafenbereich auslief und jetzt mit voller Fahrt Kurs auf den Atlantik genommen hatte. Irgendwie sah sie aus wie ein Zigeunerwagen – bis zum Schanzdeck mit Männern, Fahrzeugen, Ausrüstung und den drei CH-46 beladen, die wir gerade einmal acht Stunden zuvor noch in New River hatten abheben sehen. Als wir wieder zurück an der Mole waren, war alles übrige schon fast erledigt. Bevor die Sonne an diesem Tag unterging, war auch die *Whidbey Island* unterwegs, und die Schiffe gingen zusammen auf Kurs Ost, verschwanden hinter dem Horizont, und damit hatte der 1995/96er Einsatz begonnen. Es war ein langer, schweißtreibender Sommer gewesen, und wir hatten dabei die Gelegenheit gehabt, diese Menschen etwas näher kennenzulernen.

Camp Lejeune, North Carolina, Donnerstag, 21. September 1995

Der Schlußakt des Auslandseinsatzkreislaufs der 26th ging rund drei Wochen später mit der Rückkehr der 24th MEU(SOC) des inzwischen zum Brigadier General beförderten Marty Berndt über die Bühne. Sie kamen

Lieutenant Colonel Chris Gunther, Kommandeur des BLT 3/8, im Augenblick des Wiedersehens mit seiner Familie im Anschluß an den denkwürdigen Mittelmeertörn der 24th MEU(SOC) von 1995   *JOHN D. GRESHAM*

praktisch auf direktem Weg im Anschluß an die Rettungsaktion für Captain O'Grady zurück, die drei Monate zuvor stattgefunden hatte. Diesen Prozeß, der die detailgenaue Umkehr dessen ist, wie ein Einsatz beginnt, muß man einfach einmal erlebt haben, um glauben zu können, was sich da abspielt. Jede Einheit kehrt in ihre Kasernen zurück, wo dann ein Picknick unter freiem Himmel stattfindet. Überall sind die Gebäude und Einfriedungen von Camp Lejeune mit Bannern aus Bettlaken behängt, die Aufschluß über die Freude und Erleichterung der Familienangehörigen geben, die die ganze Zeit auf die Rückkehr ihrer Marines gewartet haben.

Wir entschieden uns, die Rückkehr der Marines vom 3/8 BLT mitzuerleben. Diese Einheit unter dem Kommando von Lieutenant Colonel Chris Gunther war das GCE der 24th. Ihre Rückkehr glich einem Triumphzug. Es sprach Bände, wenn man sah, wie Gunther, ein Veteran aus mehr als 20 Dienstjahren im Corps, seine Frau und Kinder nach sechs langen Monaten wieder in die Arme schloß. In solchen Momenten fühlt man sich als Außenstehender irgendwie schuldig, etwa wie ein Eindringling, aber der Anblick ist so fesselnd, daß man einfach zusehen muß. In den nächsten paar Stunden herrschte überall ein Gefühl, das noch am ehesten als Dekompression zu beschreiben ist. Jetzt, als der Druck eines sechsmonatigen Törns langsam hinter ihnen lag, wurden die Marines schrittweise wieder zu menschlichen Wesen. Als sich alles etwas beruhigte, hatten wir einige Minuten Zeit, Lieutenant Colonel Gunther zu besuchen und mit ihm über diesen Einsatz zu sprechen. Er bestätigte uns, daß die Ablösung durch die 26th ausgezeichnet über die Bühne gegangen sei, obwohl nicht alles ganz nach Plan ablief. Normalerweise treffen sich die beiden Einheiten im Marinestützpunkt Rota in Spanien und verbringen einige Tage mit dem Austausch von Ausrüstungsgegenständen und der Überspielung von Daten. Diesmal mußte die Ablösung jedoch unterwegs erfolgen, und die Hafenliegezeit der 24th war ausschließlich den Vorbereitungen für die Heimfahrt gewidmet.

Marinestützpunkt Rota, Spanien, Donnerstag, 14. Februar 1996

Ich habe mein Versprechen gehalten... wenn auch erst im wirklich allerletzten Augenblick.

Einen Tag zuvor hatte sich die ARG aus dem Mittelmeer und dem Befehlsbereich der 6. Flotte »entfernt« und die lange Reise nach Hause angetreten. Bevor es allerdings endgültig losgehen konnte, mußte sie noch einen Zwischenstopp einlegen, um nach sechs Monaten auf Törn alles zu säubern. Diese Unterbrechung sollte in der Basis der spanischen Marine in Rota in der Nähe von Cadiz an der Atlantikküste etwas nördlich von Gibraltar stattfinden. Die U.S. Navy nutzt Rota als Ruhe- und Inspektionsstation für Einheiten, die von Europa in die Staaten zurückverlegt werden. Hier kann die gesamte Ausrüstung gereinigt werden, und alle Offiziere und Mannschaften können sich vor der Atlantiküberquerung ein paar Tage ausruhen. Dabei haben dann auch die Inspektoren des amerikanischen Landwirtschaftsministeriums die Möglichkeit, alles auf Ungeziefer und unerwünschte Pflanzen zu untersuchen.

Die *Wasp* lag auf der Nordseite der Bucht auf Reede, und die *Whidbey Island* und die *Shreveport* teilten sich den südlichen Bereich. Alle drei Schiffe hatten ihre Fahrzeuge auf die Betonpiers geschafft, und die Matrosen und Marines wuschen sie gemeinsam mit Süßwasser ab. An den nahegelegenen Stränden waren die LCACs und LCUs an Land gefahren und wurden nun ebenfalls nach einem ausgefüllten Törn gewaschen. Mittendrin lag ein beträchtlicher Brocken der spanischen Marine einschließlich ihres kleinen Flugzeugträgers *Principe de Asturias*. Vor der Küste übte gerade die Trägerkampfgruppe *America* zusammen mit einem britischen Gefechtsverband aus dem Umfeld der HMS *Invincible*. Ununterbrochen starteten und landeten Flugzeuge auf dem Stützpunkt der Marineflieger. Die Luft summte sprichwörtlich von all diesen Geschäftigkeiten. Als ich um die Ecke bog, wurde ich überall mit freundlichem Lächeln empfangen. Ein Versprechen einzuhalten, selbst wenn es noch so dahergesagt erscheinen mag, besitzt bei Soldaten einen großen Stellenwert.

Marinestützpunkt Rota, Spanien, Donnerstag, 15. Februar 1996

Am nächsten Tag wurde ich eingeladen, nach dem Mittagessen mit Colonel Battaglini, Lieutenant Colonel Allen und den anderen Mitgliedern des Stabs an einer ausführlichen Abschlußbesprechung über den Einsatz teilzunehmen. Dabei sollte man berücksichtigen, daß ich einige Einzelheiten ausgelassen habe, die mit den Geheimhaltungsvorschriften zusammenhängen, die für manche Operationen bestehen. Aber ich glaube, daß man dennoch in der Lage sein wird, alles in den Grundzügen nachvollziehen zu können. Der 1995/96er Törn begann mit einer Reihe von gemeinsamen internationalen Übungen im Mittelmeerraum. Dazu gehörten:

- **Cooperative Partner** – Die *Shreveport* und ihre an Bord befindlichen Einheiten übten hier vom 14. bis 18. September 1995 zusammen mit Streitkräften Bulgariens.
- **Atlas Hinge** – Fast zeitgleich (17. bis 21. September 1995) mit *Cooperative Partner* zogen die *Wasp* und die *Whidbey Island* eine Reihe von Frontalgefechts-Übungen mit dem tunesischen Militär durch. Allein diese Operation bestätigte schon die Richtigkeit der Entscheidung Colonel Battaglinis, einen Zug von schweren M1A1 Kampfpanzern in die TO&E der 26th aufzunehmen. Ganz besondere Bedeutung erhielt die Sache dann noch bei einem Gegenangriff, den die M1A1 zu einem besonders wichtigen Zeitpunkt des Angriffs durchführten. Eine ziemliche Überraschung für die Tunesier. Ihr Kommentar: »Wir wußten gar nicht, daß ihr auch solche Dinger habt!«
- **Rescue Eagle II** – Die zweite in einer Reihe von Gebirgs-/TRAP-Übungen, die in Albanien abgehalten wurden. *Rescue Eagle II* fand vom 2. bis 14. Oktober 1996 statt. Dabei mußten sich Einheiten der Marines von der *Wasp* Übungen stellen, die für eine MEU(SOC) sehr wichtig sind. Sie waren als Einsätze für kleine Infanterieeinheiten in großer Höhe ausgelegt.
- **Odysseus** – Gleichzeitig (vom 3. bis 13. Oktober 1996) mit *Rescue Eagle* lief diese gemeinsame Übung mit griechischen Streitkräften ab. Dabei stellten die Marines von der *Shreveport* und der *Whidbey Island* die Kräfte für *Odysseus*.
- **Israel** – Im Herbst kam die gesamte ARG/MEU(SOC) zusammen, um gemeinsam mit Truppen der israelischen Selbstverteidigungs-Streitkräfte in der Wüste Negev eine Übung mit scharfer Munition durchzuführen. Mit einer Dauer von fast zwei Wochen (vom 22. Oktober bis

Marines der 26th MEU(SOC) marschieren während einer Übung in Israel 1995 durch die Wüste Negev.
OFFIZIELLES FOTO DES U.S. MARINE CORPS

7. November 1996) war dies eine der größeren Übungen, an denen diese Truppe teilnahm. Im Anschluß hatten alle ein wenig Hafenurlaub ... der allerdings durch die tragische Ermordung des israelischen Premierministers Rabin ein abruptes Ende fand. Einige Mitglieder der bewaffneten Eingreiftruppe von der *Whidbey Island* saßen nur wenige Häuserblocks entfernt in einem Straßencafé beim Bier, als Premier Rabin ermordet wurde.

- **Bright Star** – Das ist eine der zeitlich gesehen längsten Übungen, die heute überhaupt noch auf der ganzen Welt stattfinden. *Bright Star* verschafft den Kräften, die dem U.S. Central Command unterstehen, die Möglichkeit, in ihrer AOR zu üben. Der Ausgangspunkt lag außerhalb des Flughafens Kairo-West, und das komplette PHIBRON 4 war zusammen mit der gesamten 26th MEU(SOC) daran beteiligt. Außerdem nahmen auch noch etliche andere Einheiten von amerikanischen und verbündeten Streitkräften teil. *Bright Star 95* lief vom 10. bis 17. November 1995 und erwies sich als außerordentlich erfolgreich.
- **Alexander der Große** – Diese gemeinsame Übung mit Streitkräften Griechenlands, an der die *Shreveport* und die *Whidbey Island* teilnahmen, folgte in der Zeit vom 22. bis 28. November 1995 im unmittelbaren Anschluß an *Bright Star 95*.

Obwohl im Terminplan der Übungen drangvolle Enge herrschte, gab es auch noch eine reale Krise in Bosnien zu bewältigen, in die das PHIBRON 4 und die 26th MEU(SOC) aktiv einbezogen wurden. In der Vorbereitungsphase zu den Friedensgesprächen von Dayton und während der Einführung der Implementation Force (IFOR = Einhaltungs- beziehungsweise Umsetzungskräfte) der NATO flogen die sechs AV-8B *Harrier II* vom HMM-264 99 Einsätze zur Unterstützung der Operationen *Deny Flight* (63 davon zur Durchsetzung des Flugverbots) und *Decisive Endeavor* (36 Einsätze) über dem Balkan. In dieser Zeit wurde auch die MEU(SOC)/ARG in Alarmbereitschaft versetzt, weil ihre Dienste möglicherweise im Rahmen der kommenden IFOR-Operationen in Bosnien-Herzegowina benötigt werden könnten. Sie waren auf alle Eventualitäten vorbereitet.

Im Balkan wird es im Winter ziemlich kalt, und die Truppe darauf vorzubereiten ist keine Aufgabe, die man auf die leichte Schulter nehmen kann. Mitte November bekam die 26th dann auch spezielle Winterkleidung und Feldverpflegung. Wegen der multinationalen Zusammensetzung der IFOR-Kräfte (USA, Frankreich, Großbritannien usw.) mußte auch besondere Vorsorge für eine reibungslose Kommunikation getroffen werden. Dazu richtete man unter anderem eine Vielzahl von Zusammenschaltungen im Bereich der NATO-Kommunikationssysteme ein. Für die Soldaten der MEU(SOC) und der ARG kam aber dadurch – quasi nebenbei – das für sie persönlich Tollste dabei heraus: Jetzt hatten sie endlich auch eine Internet-Verbindung, über die sie E-Mails nach Hause schicken und von dort empfangen konnten. Zusammen mit den ohnehin erforderlichen Verbesserungen für die Fahrzeuge, die für einen Einsatz im Balkan notwendig waren, forderte der MEU(SOC)-Stab zusätzlich auch noch wei-

Der Vorsitzende der vereinigten Stabschefs, General John Shalikashvili, unterhält sich hier mit einem Marine der 26th MEU(SOC) vor der Küste Albaniens. Der Vorsitzende stattete diesem Gebiet im Anschluß an die Übung *Rescue Angel II* im Oktober 1996 einen Besuch ab.

JOHN D. GRESHAM

tere Minensuchgeräte, Schneeketten für die Fahrzeuge und eine kleine Verstärkungstruppe an, die über die notwendigen Qualifikationen verfügte, die man eben für diese IFOR-Missionen brauchte.

Als die Vorbereitungen abgeschlossen waren, wurde die 26th MEU(SOC) und das PHIBRON 4 als Reserveeinheit für die IFOR-Kräfte eingeteilt. Das hatte zur Folge, daß in den ganzen folgenden beiden Monaten, die von den IFOR-Bodentruppen allein dafür benötigt wurden, ihre Stellungen an Land zu beziehen, die ARG in »Doughnut«-Mustern über die Adria dampfen würde. Für den Rest des Törns mußte Colonel Battaglini seine Soldaten dann weiter in Alarmbereitschaft halten. Ein rigoroses Drill- und Übungsprogramm war dabei ganz hilfreich, aber auch dieses konnte nicht verhindern, daß sich langsam, aber sicher Langeweile breitmachte. Die Soldaten fingen schon an, die Truppe als »Maytag MEU«[80] zu bezeichnen, aber sie arbeiteten dennoch unverdrossen weiter, um wachsam und ein-

---

80 In Anlehnung an einen Werbespot des am. Waschmaschinenherstellers Maytag, in dem zu sehen ist, wie der Mann vom Reparaturservice vor Langeweile schier umkommt, weil er nichts zu tun hat.

satzbereit zu bleiben. Die gesamte Zeit, die sie in den Einweisungsräumen verbrachten, wurde dafür verwendet, immer wieder die ROE hinsichtlich Minensuch- und -räumoperationen, Kaltwetteroperationen und Heckenschützenabwehr durchzugehen. Und das half auf jeden Fall gegen Langeweile. Endlich, gegen Ende Februar 1996, war der Zeitpunkt für die Rückverlegung nach Hause in greifbare Nähe gerückt. Sie übergaben noch auf See an die 22nd MEU(SOC), und nun waren sie endlich in Rota eingetroffen und absolvierten die letzten Stadien des Großreinemachens und des Entladens der Schiffe. Am kommenden Tag würden sie um die Mittagszeit endgültig in Richtung Heimat unterwegs sein.

Marinestützpunkt Rota, Spanien, Freitag, 16. Februar 1996

So gegen 1000 am Freitag morgen klopften die Captains Duffy und Buchanan an meine Kabinentür. Wenn ich nicht langsam machen würde, daß ich zurück auf den Kai käme, würde der Heimweg sehr lang für mich werden! Ich raffte mein Gepäck zusammen und war auch schon auf dem Weg hinab zum Fahrzeugdeck und von dort hinunter vom Schiff. Captain Buchanan hatte mich keineswegs auf die Schippe genommen: Pünktlich um 1200 lichteten alle drei Schiffe der ARG die Anker, holten die Leinen ein und fuhren kurz darauf um den Wellenbrecher herum hinaus auf die offene See. In weniger als zwei Wochen würden schon die Willkommensfeiern in Camp Lejeune, New River und Norfolk stattfinden. Kaum wieder zu Hause, gingen anschließend auch schon die rituellen Vorbereitungen auf den nächsten Törn los, der dann im November 1996 beginnen sollte. Colonel Battaglini würde noch im Frühling 1996 das Kommando über die 26th MEU(SOC) abgeben und Assistent des Marineministers John Dalton werden. John Allen sah ebenfalls seiner Versetzung nach Washington ins Büro des Commandant of the Marine Corps entgegen, wo ihn eine neue Aufgabe als Berater General Krulaks erwartete, und Dennis Arinello würde nach langen Jahren die 26th verlassen, um ein Landkommando anzutreten.

Was die Schiffe betraf, so ging die *Wasp* ins Trockendock, um dort zum ersten Mal seit ihrer Indienststellung generalüberholt zu werden. Beim 1996/97er Törn der 26th MEU(SOC) würde das PHIBRON 8, bestehend aus der USS *Nassau* (LHA-4), USS *Ponce* (LPD-15) und USS *Pensacola* (LSD-36), den Transportjob übernehmen. Captain Buchanan hatte die feste Absicht, 1997 in den Ruhestand zu treten, und Captain Duffy ging nach Washington, um dort bis zu seiner turnusmäßigen Beförderung die National Defense Universtity zu besuchen. Stan Greenawalt schließlich löste im April 1996 Ray Duffy als Kommandant der *Wasp* ab.

Im Mai 1996 ging also alles wieder von vorn los.

Die MEU(SOC) in der realen Welt

In den vorausgegangenen Kapiteln habe ich versucht, einen Eindruck davon zu vermitteln, wozu eine Marine Expeditionary Unit/Special Operations Capable, also eine MEU(SOC), in Kombination mit ihrer Amphibious Ready Group (ARG) fähig ist. Jetzt möchte ich im Anschluß einmal eine Reihe von Alternativen skizzieren, die sich in nicht allzu ferner Zukunft ergeben könnten, um einmal zu prüfen, wie das MEU(SOC)/ARG-Team vielleicht zu Beginn des 21. Jahrhunderts operieren könnte. In meinen Szenarien wird sich die MEU(SOC) mit zwei »größeren, regional begrenzten Konflikten« auseinanderzusetzen haben. Folgen Sie mir also nun bei der Erkundung von Möglichkeiten, die vielleicht in naher Zukunft schon Realität sein können.

Operation Chilly Dog: Iran, 2006

Schon damals, im Jahre 1960, wußte Mohammed Reza Pahlewi, der Schah von Persien, daß irgendwann einmal der Tag kommen mußte, an dem aus seinen Quellen kein Erdöl mehr sprudeln würde. (Damit war er weiser als die meisten Herrscher in diesem Teil der Welt.) »Petroleum«, so sagte er einmal, »ist ein edler Rohstoff und eigentlich viel zu wertvoll, um einfach verbrannt zu werden!« Also plante er, die staatliche Energieversorgung auf Elektrizität umzustellen und diese von einer Reihe sauberer, moderner Kernkraftwerke liefern zu lassen. Die Franzosen taten nämlich genau dasselbe, und er bewunderte nun einmal alles Französische. Außerdem wußte er sehr genau, daß der Besitz von Atomkraft und der damit verbundenen Technologie ihm eine Menge Prestige einbringen würde, wodurch sich auch gleichzeitig die Stellung des Iran als Regionalmacht erheblich stärken ließ. Das hatte in Israel bereits funktioniert, und er bewunderte auch die Israelis. Der verschlafene Hafen Buschehr am Persischen Meerbusen stellte sich als idealer Ort für den Bau des ersten Atomkraftwerks heraus. Die Halbinsel Buschehr war ein solider, isoliert gelagerter Felsblock, der völlig alleinstehend aus der sonst flachen, unfruchtbaren zentralpersischen Golfküste herausragte. Ursprünglich hatte die Natur wohl die Absicht gehegt, diesen Platz eine Insel bleiben zu lassen, aber bereits vor vielen Jahrhunderten hatte der Schlick es schließlich doch geschafft, den flachen Kanal vollständig zu füllen, und jetzt führte eine Straße zur Stadt, die man auf einem nur wenig aufgeschütteten Damm gebaut hatte. Hochspannungsleitungen vom Atomkraftwerk wurden entlang dieser Straße und durch das Gebirge geführt und versorgten die Großstadt Schiras im Landesinneren mit preiswerter Elektrizität im Überfluß.

1979 war das Jahr der Islamischen Revolution. Die Ajatollahs warfen den Schah aus dem Land, und die ausländischen Ingenieure und Bautrupps folgten wenig später. Die Ajatollahs mögen vielleicht fanatisch gewesen sein, verrückt waren sie aber ganz bestimmt nicht. Sie erinnerten sich nur zu gut, was mit Saddams ehrgeizigem Atomkraftwerkprojekt in Osirak geschehen war. Durch ein paar israelische Bomben war es in Schutt und Asche gelegt worden. Die Träume des Schahs von der Atomenergie wurden aufgegeben, und schon bald lief das Gelände bei westlichen Nachrichtendiensten unter dem Spitznamen »Toter Hund«. In den folgenden Jahren kamen und gingen die Kriege. Und das Erdöl floß kontinuierlich weiter. Aber der Schah hatte völlig recht, es würde nicht für alle Zeiten so weitergehen. Eine neue Generation iranischer Technokraten war inzwischen in maßgebliche Positionen aufgerückt, und sie entdeckten die Vision des Schah neu. Rußland bot Kernreaktoren unter abenteuerlichen Tauschgeschäftsbedingungen an. Kernenergie bringt Prestige und stärkt die Machtposition des Iran in diesem Teil der Welt. Und schließlich hatte sie auch Israel geholfen.

Iranische Offiziersakademie im März 1991

Die jungen Offiziere im Kadettenprogramm waren eine privilegierte Elite. Sie erhielten die Erlaubnis, den Golfkrieg und seine anschließenden Auswirkungen in den Fernsehsendungen von CNN zu verfolgen. Diejenigen, die ein wenig Englisch verstanden, übersetzten alles für den Rest ihrer Kameraden, die nur Farsi beherrschten, aber die gezeigten Bilder sprachen eigentlich für sich selbst. Es war schon ein Erlebnis, das Gefühle in Wallung bringen konnte, wenn man hier dabei zusehen konnte, wie die verhaßte irakische Armee in kaum vier Tagen in den Boden gestampft wurde. Eine Armee, die der wiedererstandenen Macht der Islamischen Republik acht mühselige, blutige Jahre zermürbender Gefechte widerstanden hatte. Jeder der hier im Raum versammelten jungen Männer hatte in den Schlachten mit den Panzerverbänden von Saddam Husseins Revolutionsgarde Freunde oder Verwandte verloren ... und jetzt schmolzen die Panzertruppen Saddams in der Wüste wie Schneeflocken in der Gluthitze der Sonne dahin.

Eine bittere Freude erfüllte sie, als sie Zeugen der Demütigung ihres Feindes wurden. Der bittere Beigeschmack kam daher, daß dieser Sieg, der eigentlich *ihr* Sieg hätte sein sollen, nun von einem noch weitaus mehr gehaßten Feind errungen wurde, nämlich dem obersten aller Satane – Amerika. Diese jungen Offiziere waren die besten und intelligentesten ihrer Generation. Aber auch so wäre es nicht sonderlich schwer gewesen, das Menetekel an der Wand zu erkennen. Wenn Amerika *das* mit Saddam veranstalten konnte, was kann es dann erst uns zufügen? Aufmerksam lauschten sie den Reden, die von Funktionären des Propagandaministeriums gehalten wurden. Der Sieg des Obersatans, so vernahmen sie, sei nur möglich gewesen, weil er durch die Einnahmen aus der Ölförderung in den korrupten Emiraten am Golf erkauft werden konnte. Des weiteren erfuhren sie, daß die gottlosen Russen den Amerikanern sämtliche Informationen, die sie über die geheimen Verteidigungsanlagen Saddams besaßen, zugespielt hätten. Der Irak sei letzten Endes nur deshalb zusammengebrochen, weil Millionen gläubiger iranischer Moslems das Martyrium auf sich genommen hätten, das Regime Saddam Husseins auf verhängnisvolle Weise zu schwächen. Nach dem Abendgebet versammelten sich die jungen Offiziere im Schlafsaal und diskutierten noch bis spät in die Nacht. Die obligatorische Zeit zum Löschen der Lichter kam und ging auch wieder, aber keiner konnte schlafen. Sie kamen zu dem Schluß, daß, was immer letztlich die Ursachen für die Niederlage des Irak auch gewesen sein mochten, sie sichergehen wollten, daß ihr Land niemals dasselbe Schicksal erleiden würde – koste es, was es wolle.

Zumindest Leutnant Gholam Hassansadeh brauchte nicht lange zu warten. Vor der Islamischen Revolution hatte er an der Universität Teheran ein Jahr Physik studiert. Er sprach ausgezeichnet Englisch und fließend Arabisch. Seine erste Aufgabe bestand in der Einweisung einer ganzen Flugzeugladung irakischer Nukleartechniker, die in den Iran geflohen waren, nachdem ihr Prototyp für eine Anlage mit einem Isotopentrennungsgenerator durch amerikanische Marschflugkörper vom Typ BGM-109 *Tomahawk* in Schutt und Asche gelegt worden war. Diese Techniker erklärten ihre Absicht, von nun an für die Islamische Republik Iran arbeiten zu wollen. Diese Spezialisten, alles wohlerzogene Männer und gute Mohammedaner, hatten für Saddam sehr wenig übrig. Sie hatten nur wenige Minuten vor dem Eintreffen der Geheimpolizei Muchabarat entkommen können. Die Muchabarat war ohne Zweifel von Saddam geschickt worden, um sie beseitigen zu lassen, denn er mußte ganz sicher sein können, daß sie keinesfalls ihr Wissen an die Amerikaner weitergeben würden.

Gholam schloß diese Männer sofort ins Herz, die durch den Sturm des Kriegs von ihrer Heimat und ihren Familien fortgerissen worden waren. Die Quartiere, in die man sie brachte, waren alles andere als komfortabel, viel eher erinnerten sie an ein Gefängnis, aber Gholam war in einer Kultur groß geworden, in der die Gastfreundschaft Fremden gegenüber nicht nur eine religiöse Verpflichtung, sondern auch als eine wahre Kunst eingestuft wurde. Also setzte er das wenige, was in seiner Macht stand, dazu ein, ihnen ihr Exil etwas erträglicher zu machen. Sie dankten es ihm mit einer wahren Flut an Informationen. Seine Berichte wurden von Regierungsmitgliedern mit ständig wachsendem Interesse gelesen. Einer dieser Berichte ließ sie aufhorchen. Er wurde schließlich zur Grundlage eines Plans, der den Iran zu einer nuklearen Abschreckungsmacht werden lassen sollte. Schon bald wurde Gholam zum Hauptmann und kurz darauf auch schon zum Major befördert. Nur wenige Jahre später war er bereits Leiter der Gruppe, welche die geheimen Atom-Forschungslabors betrieb, um dort die erste islamische Atombombe zu bauen.

Hotel International, Buschehr, Iran, 8. August 2006

Die Luftfeuchtigkeit lag bei nahezu 100 Prozent und die Temperatur etwa auf gleicher Höhe wie die Körpertemperatur. Etwas halbherzig tröstete er sich damit, daß es nach Sonnenuntergang etwas abkühlen würde, bis ihm einfiel, daß er sich hier am Persischen Golf befand und man den Monat August schrieb. Die kleine ins Fenster seines Hotelzimmers eingebaute Klimaanlage war ein Witz, denn längst hatten die Salznebel sie allenfalls zu einer Attraktivität auf einem Trödelmarkt werden lassen. Er haßte diesen Ort fast genauso inbrünstig, wie die Einheimischen seine Person wohl hassen würden – er war ein Symbol des Westens, ein Ungläubiger, schlicht: der *Feind*. Hans Ulrich, leitender Ingenieur einer Gruppe von Technikern der International Atomic Energy Agency (IAEA), träumte von den Alpengletschern seines Heimatlandes Schweiz, als er da so unglücklich bar jeden Luxus und jeder Art von Bequemlichkeit in seinem stickigen Hotelzimmer in Buschehr saß.

Morgen würde er die Feierlichkeiten mit einem Hightech-Ritual zum Abschluß bringen, indem er die Inspektionssiegel auf den pedantisch ausgewogenen und vermessenen Brennstäben der Reaktoreinheit Buschehr Nr. 1 anbrachte, einem russischem Modell VVER-440. Er hatte eine tiefverwurzelte Abneigung gegen die Arbeit in der Nähe von russischen Reaktoren. Natürlich wußte er, daß es sich hier um einen Druckwassertyp handelte, der sicherer und moderner war als dieser fürchterliche Graphithaufen von Scheiße, der in Tschernobyl verwendet wird. Aber trotzdem, an seinen Standards gemessen, war das hier eine Schlamperei und ging jedem einzelnen Neuron seines wie ein feinmechanisches Uhrwerk arbeitenden Gehirns gegen den Strich. Im Laufe nur weniger Stunden Arbeit würde er hier fast die gleiche Strahlenmenge abbekommen wie sonst in einem ganzen Jahr, das er beim Verrichten seiner Arbeit radioaktiver Strahlung ausgesetzt war. Wenn alles vorbei war, mußte er sich auch noch damit herumschlagen, wie er in Begleitung von rund einer Vierteltonne Testausrüstung zurück zum IAEA-Hauptquartier in Wien kommen sollte. Er mußte aus einem Land heraus, in dem er von jedem Beamten, Taxifahrer und Schulkind für einen potentiellen feindlichen Spion gehalten wurde. Während Ulrich so vor sich hin schwitzte, arbeitete er handschriftlich an seinem Bericht weiter. Normalerweise hätte er dazu seinen Laptop genommen, aber der hatte schon vor einer Stunde wegen zu hoher Temperaturen sicherheitshalber von selbst abgeschaltet und war damit für ihn nutzlos geworden. Er haßte es, seine Gedanken einem mit Schweißflecken übersäten Notizblock anvertrauen zu müssen, aber das mußte nun einmal für den Augenblick reichen.

Unablässig schwitzend, trank er einen Schluck warmen Orangensaft und lehnte sich zurück. Ihm gingen wieder die versiegelten Behälter mit Urankernen durch den Kopf, die er im abgesicherten Lagerraum des Kraftwerks gesehen hatte. Vor rund sechs Monaten war er schon einmal hier gewesen, um damals den Reaktor Nr. 2 zu versiegeln. Die ausgebrannten Reaktorstäbe aus dieser Maßnahme lagerten nach wie vor in ihren Containern. Als er einmal danach fragte, weshalb man sie nicht längst zur Wiederaufbereitung verschickt habe, erhielt er die Antwort, daß es für den Augenblick zurückgestellt worden sei, die Tonnen von Brennstäben zu einer ersten Aufbereitung zu transportieren, da man Kosten sparen wolle. Jetzt, nach der zweiten Abnahme, werde es sich schon eher lohnen, da man für alles zusammen nur eine einzige Schiffsladung benötige. Obwohl eigentlich nicht unbedingt eine Verletzung der aufgestellten Regeln, war es doch nicht gerade ein Zeichen für gutes Management. Außerdem konnten schon 75 kg Plutonium in Waffenqualität, dazugemischt, ohne weiteres in solchen Fällen ein wahres Hexengebräu radioaktiver Isotope freisetzen. Jetzt befand sich also bis zu dem Zeitpunkt, da das ganze Material sicher und überwacht zu einer Aufbereitungsanlage gebracht wurde, Stoff für den Bau von wenigstens einem Dutzend Atombomben in den Händen der Iraner.

An Bord der USS *Abraham Lincoln* (CVN-72) im Golf von Oman, 14. August 2006

Wenigstens einmal wöchentlich unternahm eine bereits in die Jahre gekommene F-14 *Tomcat*, die man mit einem TARPS-Aufklärerbehälter ausgerüstet hatte, einen Patrouillen-Tiefflug über die nördliche Küste des Persischen Golfs. Dabei achtete sie äußerst sorgfältig darauf, außerhalb des iranischen Luftraums zu bleiben. Sollte sich irgend etwas Häßliches an Land entwickeln, so würden die Bild- und Radarsatelliten des NRO es fast zeitgleich aufnehmen. Aber nichtsdestoweniger, es war auf jeden Fall eine gute Übung für die Marineflieger und die Besatzungen der ES-3A *Shadows*, die weiter draußen über dem Golf ihre Bahnen zogen. An Bord der *Shadows* verfolgte man gespannt das elektromagnetische Spektrum in der Hoffnung, daß die iranischen Radaranlagen einige neue Frequenzen oder Impulsmodulationen verraten würden. Dank der launischen Tricks, die von den Refraktionen im Golfgebiet immer wieder produziert wurden, waren in dieser Woche die Voraussetzungen, ausgezeichnetes Bildmaterial zu bekommen, besonders gut.

Während er die feinen Details in der Vergrößerung auf seiner Workstation näher in Augenschein nahm, entdeckte Lieutenant (JG) Jeff Harris etwas Ungewöhnliches. Er war Bildaufklärungsanalytiker und zum Fliegergeschwader an Bord des Flugzeugträgers abkommandiert worden. Harris fand an den beiden Bohrinseln, die gerade in den Gewässern vor Buschehr gebaut wurden, etwas merkwürdig. Seine Finger tanzten über die Tastatur, als er ein neues Fenster auf dem Bildschirm öffnete, in das er sich die genauen 3-D-Darstellungen typischer persischer Bohr- und Produktionsplattformen lud und die Bilder anschließend so rotieren ließ, daß sie direkt mit den aktuellen Aufnahmen verglichen werden konnten. Also hier war irgend etwas definitiv anders. Das Gitterwerk aus Stahl im Zentrum jeder einzelnen Insel war einfach zu leicht ausgelegt, um die massive Struktur eines Bohrriggs tragen zu können. Nachdem er einige Zeit wie gebannt auf den Monitor gestarrt hatte, drehte er sich herum und langte zu einem kleinen Safe für Verschlußsachen hinüber, tippte die Kombination ein, zog einen CD-ROM-Datenträger heraus und schob ihn ins Laufwerk seiner Workstation. Als das Programm dann all die verschiedenen Ausrüstungsgegenstände darstellte, wurde ihm klar, daß es in der ganzen Welt der Ölbohrer absolut nichts gab, was man an diesen Konstruktionen montieren konnte. Was allerdings zu diesem Raster und der Größe paßte, war der Vielfach-Senkrechtstartbehälter für die russische SA-N-9 Boden-Luft-Lenkwaffen-Systeme (SAM). Auch die runden Anschlüsse an allen Ecken der neuen Plattformen ergaben als Halterungen für keine Art von Bohrausrüstung einen Sinn, aber sie waren in genau der richtigen Größe und Form für CADS-1 Kanonen/SAM-Bettungen. Und das, was da den Anschein einer Bohrerführung erwecken wollte, konnte ebensogut die Rampe für CS-802 Boden-Boden-Flugkörper (SSM) aus chinesischer Produktion sein. Er rieb sich die Augen und stand auf, um sich eine frische Tasse Kaffee zu ziehen, und nahm dann den Telefonhörer auf, um seinen Abteilungsleiter anzurufen. Während er darauf wartete, daß der Chef des Nachrichtendienstes eintraf, wurde ihm urplötzlich klar, daß man diese Plattformen wahrscheinlich nur zu einem einzigen Zweck gebaut hatte: um etwas zu schützen. Jetzt nahm er noch weitere CD-ROMs aus dem Safe und begann sich erst recht den Kopf zu zerbrechen.

Hauptquartier der Defense Intelligence Agency (DIA), Bolling AFB in der Nähe von Washington, D.C., 22. August 2006

Im überwältigenden Labyrinth der in der amerikanischen Nachrichtendienstgesellschaft herrschenden Bürokratie wird man nirgendwo eine größere Ansammlung von Primadonnen finden als beim Counterproliferation Coordinating Committee (Ausschuß zur Koordination von Maßnahmen gegen Auswüchse). Allerdings muß man wissen, daß es diesen Ausschuß offiziell überhaupt nicht gibt. Seine Mittel wurden aus einem recht obskuren Winkel innerhalb des Innenministeriums abgezweigt, indem sie in Form längst vergessener Subventionen für den Uranbergbau an eine Holdinggesellschaft in Utah überwiesen wurden. Bei den regelmäßig Dienstagmorgens stattfindenden Treffen waren Leute von der CIA, verschiedenen Bilddiensten, aller vier Teilstreitkräfte, aus den Laboratorien des Energieministeriums und neben vereinzelten Vertretern von Physik- und Ingenieurwissenschaften auch ein stellvertretender Direktor des FBI und so ziemlich alles vertreten, was man in dieser Woche gerade im State Department an Leuten entbehren konnte. Eines verband sie allerdings alle – sie verfügten samt und sonders über die »richtigen Fahrkarten« (das heißt speziellen Zugang zu Informationen aufgrund des hohen Grads ihrer Sicherheitsüberprüfung, kurz: »Sicherheitsstufe«). Die älteren Typen neigten dazu, sich als »Kremelogisten« aufzuführen. Sie hatten sich schön längst den Ruf von Rußlandspezialisten erworben und sich in den endlosen und bitteren Jahren des kalten Kriegs und danach ein profundes

Maß an Zynismus und Paranoia zugelegt, weil sie immer wieder vom KGB und dessen Nachfolgeorganisationen überlistet worden waren. Die Jüngeren in der Runde waren dagegen eher als Ostasien-Spezialisten anzusehen, die ganze Karrieren auf der Interpretation und Übersetzung von Bruchstücken aufgebaut hatten, die man aus dem bizarren Informationsvakuum Nordkoreas hatte abfangen können. Eigentlich hätte man sich über die völlige Abwesenheit von Spezialisten für den Mittleren Osten wundern können, aber nur so lange, bis man die politischen Schachzüge innerhalb der Geheimdienstgemeinde einmal durchschaut hatte. In den Nachwehen des Golfkriegs von 1991 hatte man nämlich feststellen müssen, daß der Irak in großem Umfang parallel zur Kernwaffenproduktion ablaufende Programme in Gang gesetzt hatte und diese ganz unverfroren direkt vor der Nase von zig Milliarden Dollar teuren amerikanischen Spionagesatelliten vorantrieb; einer der größten Geheimdienstfehlschläge des Jahrhunderts, der eine ganz unzweideutige Botschaft für die jüngeren Geheimdienstoffiziere darstellte: »Laß bloß die Finger von allem, was mit Auswüchsen im Bereich der Atomwaffen im Mittleren Osten zu tun hat, denn die Klamotten können sich als außerordentlich karriereschädigend herausstellen. Aber wie dem auch sei, das fällt sowieso in den Verantwortungsbereich der Israelis. Laß die doch Information vor Ort per HUMINT (Human Intelligence = persönliche Aufklärung) betreiben – ist nicht unsere Sache, weil wir es nicht machen können. Außerdem mögen die es da drüben sowieso nicht, wenn man sich auf ihrem Rasen tummelt.«

An diesem Dienstag begann die Tagesordnung mit einem Vortrag von Dr. Rob Kennelly, einem jungen Atomphysiker vom National Laboratory des Energieministeriums in Oak Ridge. Er beschrieb die Möglichkeiten einer neuen Methode zur Trennung von Isotopen im gasförmigen Zustand mittels Lasertechnik, mit der man Plutonium aus den ausgebrannten Reaktorstäben zurückgewinnen könne. Die konventionelle Methode, spaltbares Material in Waffenqualität aufzubereiten, machte den Bau sehr umfangreicher Industriekomplexe notwendig, die unmöglich auf Dauer geheimzuhalten waren. Diese Laser-Plasma-Technik hingegen verkleinerte den Platzbedarf etwa auf die Größenordnung einer Mechanikerwerkstatt. Die gesamte Einrichtung könnte direkt im Gelände eines Kernkraftwerks untergebracht und verborgen werden. Die einzige »Signatur« wäre möglicherweise die erforderliche Umleitung etlicher Megawatt elektrischer Energie, die zum Betrieb der Hochenergie-Laserbänke erforderlich sein würde. Als er seine Präsentation zu Ende gebracht hatte, dankte ihm der Vorsitzende des Ausschusses höflich und entließ ihn mit einem unzweideutigen Kopfnicken in Richtung Ausgang. Der junge Mann hatte für die Tagesordnungspunkte am Nachmittag keine Sicherheitsfreigabe. Aber seine Ausführungen waren nicht überall auf völlig taube Ohren gestoßen. Während der Mittagspause nahm ein Lieutenant Colonel, der hier das Marine Corps repräsentierte, den jungen Mann beiseite und bombardierte ihn mit Fragen.

Russische Botschaft in Teheran, Iran, 25. August 2006

Juri Andrejewitsch Rogow wurde im offiziellen Dienstplan der Botschaft als leitender Attaché für den Bereich Wissenschaft und Technologie geführt, allerdings gingen seine Berichte auf direktem Weg an den Stationschef des SWR, der Nachfolgeorganisation des KGB. Genau wie seine sowjetischen Vorgänger wählte auch der SWR seine Offiziere extrem sorgfältig aus und trainierte sie äußerst hart. Fließend Türkisch, Persisch und Arabisch sprechend, operierte Rogow mit souveränem Selbstvertrauen makelloser Höflichkeit in einem oft mißtrauischen, feindseligen und unberechenbaren Land. Als er damals eingetroffen war, hatte er wie gebannt dagestanden und die Ruinen von Persepolis bewundert, wobei ihm völlig schleierhaft war, wie es die Menschen damals geschafft hatten, schon eine kultivierte und effiziente Weltmacht aufzubauen, als seine eigenen slawischen Vorfahren noch in Schilfhütten hausten und die Prypjat-Sümpfe als Jäger und Sammler durchstreiften.

Ein weiteres Charakteristikum, das sich die heutige russische Republik mit ihrem kommunistischen Vorgänger teilte, war, daß man von den Offizieren im auswärtigen Dienst die Bereitschaft, lange Stunden hart zu arbeiten, nicht nur erwartete, sondern voraussetzte. Eine der vielen Pflichten Rogows bestand darin, den Kontakt zu den rund 100 Technikern unten in Buschehr aufrechtzuerhalten. Offiziell waren sie alle unabhängige Leiharbeitnehmer auf Vertragsbasis, die unmittelbar für das iranische Energieministerium tätig wurden. Einige von ihnen besaßen ukrainische oder kasachstanische Pässe, aber das ganze Projekt basierte auf einer Übereinkunft zwischen Rußland und dem Iran, und die Iraner erwarteten, daß die russische Botschaft sich darum kümmerte, daß die Männer glücklich und zufrieden und fern aller Schwierigkeiten blieben. Die Anwesenheit von Frauen war grundsätzlich verboten, was Rogow für einen ebenso irrationalen wie bedauerlichen Landesbrauch hielt.

Mehrmals pro Jahr flogen die verschiedenen Gruppenleiter zu einer ausführlichen Besprechung mit Rogow nach Teheran. Diese Zusammenkünfte waren auch gleichzeitig eine gute Gelegenheit, bei der man die Eventualpläne für Evakuierungen der Crew für den Fall einer militärischen oder politischen Krisensituation auf den neuesten Stand bringen konnte. Rogows Kontaktleute in Bahrain und Dubai unterhielten eine Flottille kleiner Rennboote, die normalerweise emsig im lukrativen Schmuggelgeschäft über den Golf eingesetzt wurden. Die Boote standen aber sofort auf Abruf bereit, wenn es einmal notwendig sein würde, sich schnell absetzen zu müssen. Lew Davidowitsch Telfian war ethnisch betrachtet Armenier, doch hatten sich seine Vorfahren schon vor Generationen in Noworossijsk angesiedelt, und somit war er russischer Staatsbürger. Seine Aufgabe im Kraftwerk war die eines Ausbildungsleiters, wodurch er in den Genuß außerordentlich großer Bewegungsfreiheit auf dem Gelände kam. Darüber hinaus verschaffte sie ihm eine Unmenge von Möglichkeiten, enge persönliche Kontakte zu den hier lebenden und arbeitenden Iranern zu knüpfen. Er war einer von Rogows besten Informanten. Unglücklicherweise hatte Telfian auf dieser Reise nichts Neues aus dem Bereich zu berichten, was beim SWR auf der Prioritätenliste von wünschenswerten Nachrichten ganz oben stand, nämlich Neuigkeiten über die Chinesen und Nordkoreaner, die einen abgeschlossenen und schwerbewachten Bereich des Militärstützpunkts mit Beschlag belegt hatten. Dieser Stützpunkt befand sich direkt auf der gegenüberliegenden Seite des Kernkraftwerks. Als Rogow seinen Tee schlürfte und noch einmal den Bericht durchging, fiel ihm auf, nein, wußte er, daß hier irgend etwas zwischen den Zeilen stand, worauf er noch keinen Finger legen konnte. Oder war es vielleicht etwas, was fehlte? Er entschloß sich, eine vertrauliche Botschaft an das SWR-Hauptquartier zu schicken und die Genossen dort versuchen zu lassen, damit klarzukommen.

Automobilwerk Nr. 3 des Iranischen Ministeriums für Wissenschaft und Technik, in der Nähe von Bandar Abbas, 5. September 2006

Wendy Kwan saß ziemlich unbequem im Vorzimmer des Direktors des neuesten iranischen Automobilwerks und nippte vorsichtig an ihrer Tasse Tee. Sie galt als eine der Spitzen-Auslandskorrespondentinnen von CNN und war hierhergekommen, um sowohl den iranischen Minister für Wissenschaft und Technik als auch den Direktor der neuen Fabrik zu interviewen. Das amerikanische Wirtschaftsembargo gegen den Iran, das noch aus dem Jahr 1990 und damit der Amtszeit Präsident Clintons datierte, hatte die Iraner ohne Zweifel hart getroffen, doch hatte ihre Reaktion westliche Beobachter ziemlich in Erstaunen versetzt. Statt klein beizugeben, hatten sie ein zunächst bescheidenes Industrialisierungsprogramm in Gang gesetzt, das allerdings in den letzten Jahren dramatisch zugelegt hatte. Das Werk Nr. 3 hier war ein Prototyp und bediente sich im Grunde bereits der modernsten japanischen Techniken für flexible Herstellungsverfahren. Die Produktionsanlagen waren dementsprechend so ausgelegt, daß praktisch alles, angefangen von neuen Pkws über Traktoren bis hin zu schweren Ausrüstungsgegenständen, hergestellt werden konnte. Selbstverständlich schloß das auch die Herstellung von Kampffahrzeugen ein. Obwohl ihr Fachgebiet eigentlich mehr im Bereich der Wirtschaftsnachrichten lag, hatte Wendy vor etwa 15 Jahren als Fernostkorrespondentin begonnen und wußte inzwischen mehr über militärisch genutzte Waffensysteme, als ihr im Grunde selbst lieb war. Dieses Interview hier lief ganz eindeutig zu glatt. Beide Männer und deren Assistenten (Leibwächter?) waren äußerst zuvorkommend. Die entspannte Atmosphäre machte sie ganz krank. Schließlich war sie hier nicht in irgendeiner Handelsetage in der Wall Street. Wenn einer der beiden Männer auch nur mit der Wimper zuckte, könnte sie auf Nimmerwiedersehen verschwinden. Heute schienen solche Probleme allerdings in weite Ferne gerückt. Im Anschluß an das Interview begleiteten sie Wendy und das Kamerateam auch noch auf einem Rundgang durch die Fabrik.

Es war schon beeindruckend. Überraschend fand sie die ausgeklügelte Technik, derer man sich hier bediente. Die Iraner hatten einige Geschäfte mit Firmen in Rußland und den ehemaligen Sowjetrepubliken abgewickelt und sich so das Startkapital für einen schwunghaften Handel verschafft, bei dem Ausrüstungsgegenstände zu erschwinglichen Preisen in kontinuierlichem Fluß den Besitzer wechselten. Überall, wohin sie auch blickte, wurden brandneue Roboter und Computer-Workstations installiert. Jedes einzelne Ausrüstungsteil, so informierte man sie, war direkt mit einem Zentralrechner verbunden, in dem sämtliche Konstruktionsdatenbänke für jedes erdenkliche Produkt gespeichert waren, die hier über die Fließbänder liefen. Als sie den Bereich Konstruktion und Technik passierten, fiel ihr auf, daß hier alle Türen mit Zahlenschlössern gesichert waren und daß die Identifikationskarten der Arbeiter von uniformierten Wächtern sorgfältig überprüft wurden, bevor man jene hineinließ. *Eigentlich ziemlich merkwürdig für ein Automobilwerk*, dachte sie. Dann, als sie schon dabei war, die Abschlußsequenz für ihre Story aufzunehmen, bemerkte sie plötzlich ganz außen in ihrem Sucher etwas, was ihr das Blut in den Adern gefrieren ließ. Um nicht in die Versuchung zu kommen, noch einmal genauer hinzusehen, wandte sie sich völlig unverfänglich an das Kamerateam und wies ihre Leute an, alles einzupacken, damit sie sich auf den Weg zum Flughafen machen konnten. Erst als sie abends alle wieder zurück in Bahrain waren, gestattete sie sich selbst, über den Mann nachzudenken, den sie dort entdeckt hatte.

Wendy war ihm zum ersten Mal vor etwa zehn Jahren begegnet. Damals galt Professor Kim Ha Soon als Spitzenphysiker des inzwischen eingestellten Atomwaffenprogramms von Nordkorea. Er war Leiter der Delegation, die gegen Ende des kalten Kriegs die Verhandlungen führte, bei denen es um die Absetzung dieses Programms ging, wofür im Gegenzug Energie- und Versorgungslieferungen nach Nordkorea zugesagt wurden. Wendy hatte damals die ganze Zeit mit dem Einsatzteam von CNN über den Fortgang der Verhandlungen berichtet. Selbst heute noch erinnerte sie sich an die Schrecken des Kriegs, die in den Jahren 1994 und 1995 die Halbinsel Korea heimgesucht hatten. Dort hatte sie ihn gesehen, und sie erinnerte sich noch gut an das Brodeln der Gerüchteküche der anwesenden Journalisten. Kim war nicht nur der geistige Vater des Uran-Anreicherungsprogramms, sondern hatte auch sämtliche Täuschungs- und Verschleierungspläne geschmiedet, durch die es die Nordkoreaner über Jahre hinaus geschafft hatten, ihre Bemühungen geheimzuhalten. Jetzt war er hier in einem iranischen Automobilwerk, marschierte aus einer Sicherheitszone heraus und unterhielt sich mit dem Fabrikdirektor. Ihr Entschluß war gefaßt. Auf dem Weg nach Hause würde sie einen kurzen Umweg über Washington machen und das Originalband ihrer Aufnahmen aus dem Automobilwerk dabeihaben. Eine ehemalige Zimmergenossin aus ihrer Zeit an der Georgetown University war inzwischen Major bei der Army und arbeitete für die Defense Nuclear Agency (DNA) in Fort Belvoir. Wendy dachte, daß ihre Freundin wohl jemanden finden würde, dem sie die Angelegenheit stecken konnte und der die Information vielleicht weiterverwenden könnte.

Hauptquartier des iranischen Ministeriums für Wissenschaft und Technik, Teheran, Iran, 15. September 2006

Der iranische Wissenschaftsminister saß in seinem hochlehnigen Sessel und sah einen dicken Aktenordner durch, der Material über das »Spezialmaschinen«-Projekt in Buschehr enthielt. Ging man davon aus, daß die Sicherheit weiterhin gewährleistet blieb und man nur noch drei Monate bis zum Abschluß des Projekts vor sich hatte, gab es eigentlich keinen Grund, sich die geringsten Sorgen zu machen. Das CNN-Interview hatte nur soviel gezeigt, wie er denen hatte zeigen wollen, und seine eigene Leistung schätzte er dabei sowohl als beruhigend wie auch überzeugend ein. Das erzeugte Bild entsprach damit genau dem, was er erreichen wollte – daß sein Ministerium lediglich den Überblick über das tapfere Industrialisierungsprogramm seines Landes behalten wollte, mit dem es versuchte, die Fesseln eines ungerechten Embargos zu sprengen. Die Tatsache, daß er selbst nie eine Uniform getragen hatte (er hatte allerdings sehr wohl eine Ausbildung bei der technischen Truppe in Frankreich durchlaufen), bedeutete, daß er mit Ausnahme einer dünnen Akte im Hauptquartier der CIA nirgendwo aktenkundig war. Er hatte nie zu den politischen Aktivisten gehört und wurde in den meisten Kreisen als außerordentlicher Langweiler gehandelt. Also war er, wie er mit einem dünnen Lächeln wieder einmal feststellte, eigentlich die perfekte Deckung für ein Atomwaffenprogramm.

Selbst die kleinsten Sicherheitsdetails waren berücksichtigt worden. So veröffentlichten beispielsweise Studenten an verschiedenen Universitäten des Irans ihre wissenschaftlichen Abhandlungen über Kernphysik unter dem Namen der Wissenschaftler, die hier in diesem Programm Schlüsselstellungen einnahmen, damit deren Abwesenheit westlichen Kollegen nicht auffallen konnte. Aber das Beste von allem war, daß es sich hier nur um ein ganz kleines Programm handelte, zu dem gerade einmal die beiden Einrichtungen in Buschehr und Bandar Abbas gehörten, die rund 500 Kilometer entfernt im Südwesten lagen. Dank des neuen Isotopentrennungsverfahrens mit den Plasmalasern und einer sicheren und zentralen Computerdatenbank waren an der ganzen Sache insgesamt weniger als 250 Angestellte beteiligt.

Ein Ordner auf seinem Schreibtisch enthielt die Zeitvorgaben für die letzten drei Monate der ersten Produktionsreihe – ein Dutzend verstärkter Kernwaffen auf Plutoniumbasis mit Implosionswirkung, die über eine nominale Sprengkraft von fünfzig Kilotonnen verfügen würden. Die eine Hälfte käme zu einem Geschwader mit Intermediate-Range Ballistic Missiles (IRBM = Mittelstrecken-Atom-Raketen), und die anderen sechs würde man als Gefechtsköpfe in AS-19 Marschflugkörper aus russischen Beständen einbauen. Diese konnten dann von den SU-24 *Fencer* Kampfbombern der iranischen Luftstreitkräfte aus gestartet werden. Diese Waffen würden den Iran endlich in die Lage versetzen, die Amerikaner und ihre arabischen Lakaien am Golf von jeder Art von Aggression abzuschrecken und seinem Ministerium gleichzeit die notwendige Zeit verschaffen, noch bessere und stärkere Trägersysteme zu entwickeln.

Es hatte lange gedauert. Fast 15 Jahre war es jetzt her, daß er die Seiten einer Mitteilung seines guten Freundes, des inzwischen zum Oberst beförderten Gholam Hassansadeh, gelesen hatte. Mit diesen Papieren bewaffnet, hatte er seinen alten Mentor im Verteidigungsministerium aufgesucht und ihm den Vorschlag gemacht, ganz vorsichtig und diskret Atomwaffen und die dazugehörigen Trägersysteme zu bauen. Natürlich würde es Zeit und Geduld kosten, aber dieser Plan würde Resultate liefern. Das Verteidigungsministerium hatte ihm daraufhin die betriebliche Verantwortung für das Projekt anvertraut, während Oberst Hassansadeh sich um die Sicherheit kümmerte. Das hatte sie beide mit einem Schlag zu den wichtigsten Männern des Irans gemacht.

Jetzt stand das Projekt kurz davor, Früchte zu tragen. Er blickte auf die Zeitvorgaben und rief sich den Terminplan ins Gedächtnis. Die Endfertigung der Waffen sollte genau dann stattfinden, wenn gegen Ende des Jahres in Amerika gerade Ferien waren und sich die Aufmerksamkeit der Amerikaner in erster Linie auf dieses groteske Spiel konzentrierte, das sie Football nannten und das sie mehr anbeteten als ihren Gott. Über das Thanksgiving-Wochenende würde man dann die einzelnen Komponenten der Gefechtsköpfe von der Produktionsstätte im Automobilwerk Nr. 3 zum Kernkraftwerk von Buschehr transportieren, wo dann das Plutonium aus dem letzten Stapel Brennstäbe der Zwillingsreaktoren gewonnen werden würde.

Genau am Heiligen Abend sollten dann die zwölf Sprengköpfe in einer speziellen Einrichtung in Buschehr zusammengesetzt werden, was dann noch einmal sieben Tage beanspruchen würde. Zum Abschluß würde man die Gefechtsköpfe wieder zurück zur Autofabrik bringen, wo sie dann mit den IRBMs und AS-19 zusammengefügt würden. Schon am darauffolgenden Tagen wären sie unterwegs zu ihren Einheiten. Sobald die Waffen dann einsatzbereit wären, sollte eine Erklärung des Irans erfolgen, in der er bekanntgeben würde, jetzt eine Nuklearmacht zu sein und es nicht mehr länger dulden würde, unfairer Behandlung ausgesetzt zu sein oder von westlichen Staaten gezwungen zu werden, sich mit etwas einverstanden zu erklären, was nicht in seinem Sinne sei. Von diesem Augenblick an würden sie in ihrem Teil der Welt zu einer Supermacht werden. Endlich wäre der Zeitpunkt gekommen, an dem sich die Bevölkerung des Irans ohne Störung von außen wieder ihrer Bestimmung widmen könnte.

Russische Botschaft, Teheran, Iran, 26. September 2006

Für Juri Andrejewitsch Rogow fühlte sich die CD-ROM in seiner Hand an, als sei sie eine Scheibe reinen, tödlichen Plutoniums. Im übertragenen Sinn war sie es auch, denn sie enthielt genau die Dokumente und Diagramme, die der Wissenschaftsminister gerade am Abend zuvor durchgesehen hatte. Die Scheibe war in der Hülle einer Musik-CD aus Buschehr herausgeschmuggelt worden und sah mit ihrem Label aus wie ein ganz gewöhnlicher Tonträger mit armenischer Volksmusik. Irgend jemand hatte die

Musik-CD neu gebrannt und anschließend hinter die Musik noch die Daten aufgespielt. Die Disk war Telfian in der Sicherheitszone heimlich von einem der pakistanischen Techniker zugespielt worden, während sie zusammen Kaffee tranken. Zunächst wußte Telfian gar nicht, was er damit anfangen sollte – zumindest nicht, bis er die CD in seinen Multimedia-Laptop eingelegt hatte, um sie sich einmal anzuhören, und dabei plötzlich auf die Datenfiles gestoßen war. Danach hatte Telfian in seiner Nachricht einen speziellen Schlüsselsatz verwendet, aus dem die Botschaft entnehmen konnte, daß man ihn unter Vorspiegelung eines familiären Notfalls zurückrufen sollte. Nachdem die ganze daran anschließende Prozedur abgelaufen war, traf er sich mit Rogow, übergab ihm die Disc und kehrte schon am darauffolgenden Tag nach Buschehr zurück, um dort weiter seine Rolle als treuer Pakistani zu spielen. Jetzt stand aber Rogow seinerseits vor dem Problem, die CD sicher ins Hauptquartier des SWR in Moskau zu schaffen. Eigentlich gab es nur einen einzigen wirklich sicheren Weg. Er buchte einen Flug mit der Aeroflot zurück in die Heimat. Der fand allerdings erst in zwei Tagen statt, damit auf keinen Fall jemand den Eindruck gewinnen könnte, daß ihm etwas auf den Nägeln brannte.

Hauptquartier der Defense Intelligence Agency, Bolling AFB in der Nähe von Washington, D.C., 30. September 2006

Der Vorsitzende des Counterproliferation Coordinating Committee brachte die Versammlung zurück zur Tagesordnung und faßte rasch die Daten zusammen, die heute schon am frühen Morgen seitens der Russen an sie weitergeleitet worden waren. Kombiniert mit anderen inzwischen eingetroffenen Mosaiksteinchen lag ihnen nun ein vollständiges Bild vor, auf welche Art und Weise es die Iraner schaffen wollten, dem »Club« der Atommächte beizutreten. Die Dokumente enthüllten eine geradezu exquisite Verschleierungs- und Sicherheitsplanung. Die Iraner hatten sich tagaus, tagein über kommerziell genutzte Aufklärungssatelliten, die Bilder in einer Auflösung bis zu einem Meter lieferten, Material von sämtlichen Stützpunkten der ganzen westlichen Welt beschafft, die ausschließlich von Kommandoeinheiten genutzt wurden. Die Liste las sich wie ein Rundschreiben für eine »Schlangenfresser«-Vereinigung. Fort Bragg, North Carolina; Hurlbert Field, Florida; das SEAL-Ausbildungszentrum in Coronado in Kalifornien. Selbst die Kasernen und Ausbildungszentren des britischen SAS (Special Air Service) und der deutschen GSG-9 fehlten nicht. Außerdem hatten sie es bereits lange zuvor schon so eingerichtet, daß iranische Bürger in all diese Länder auswandern konnten, um sich dann mit irgendwelchen ganz normalen Geschäften wie dem Vertrieb von Trockenreinigern oder einer Pizzeria in unmittelbarer Nähe solcher Stützpunkte anzusiedeln. Diese iranischen Agenten berichteten inzwischen über einen äußerst komplizierten E-Mail-Weg via Internet nach Hause, wobei die Nachrichten selbst natürlich auch noch einmal verschlüsselt waren. Alles in allem ein fast perfektes System, das eine mögliche Inhaftierung eines oder mehrerer Agenten sofort erfassen würde. Das Resultat war, daß sämtliche Kommandoeinheiten, die in der Lage gewesen wären, das iranische Waffenprogramm zu neutralisieren, mit einem unsichtbaren Aufklärungsschleier der Iraner abgedeckt waren und eine Überraschung damit praktisch ausgeschlossen werden konnte.

Was die ganze Angelegenheit für die Typen von den Geheimdiensten nur noch schlimmer machte, war die Tatsache, daß sie eigentlich nur ihren Job gemacht hatten. Dank ihrer Anstrengungen war es gelungen, die Geheimdienste näher zusammenrücken zu lassen und partnerschaftliche Beziehungen zwischen ehemaligen Feinden aufzubauen. Und jetzt mußten sie erkennen, daß hier einem anderen ein nachrichtendienstlicher Coup geglückt war. Bedingt durch Geduld und Vorsicht, die von den Iranern an den Tag gelegt worden waren, sah es im Augenblick so aus, als gäbe es nichts, was man dagegen unternehmen könnte. Auf der anderen Seite standen sie aber unter dem Druck, möglichst bald irgendeine Lösung zu finden, und sei es eine noch so radikale, sollte nicht das Machtgleichgewicht im Mittleren Osten gefährlich ins Wanken geraten. Schließlich war es der Lieutenant Colonel von den Marines, der mit seinem Kommentar einen ersten Sonnenstrahl in die Düsternis warf, die von der iranischen Liste erzeugt worden war. Nirgendwo war darauf auch nur ein einziger Stützpunkt des U.S. Marine Corps aufgeführt.

Hauptquartier der Fleet Marine Force Atlantic, Naval Station Norfolk, Virginia, 5. Oktober 2006

Dr. Kennelly und Lieutenant Harris wunderten sich beide darüber, warum man sie an einem so wunderschönen Tag wie heute ausgerechnet in den abhörsicheren Konferenzraum der Fleet Marine Force Atlantic (FMFLANT) zitiert hatte. Die Hitze und Luftfeuchtigkeit hatte schließlich doch noch ihren Höhepunkt überschritten, und man konnte praktisch in der Luft fühlen, daß der Druck fiel. Zusammen mit ihnen befanden sich im selben Raum auch noch einige Offiziere von der Navy, der Air Force und von den Marines, wobei seltsamerweise nur einer im Dienstrang höher als Colonel oder Captain stand. Pünktlich um 0800 erhob sich der Brigadegeneral, der hier als stellvertretender Kommandeur der FMFLANT fungierte, und trat ans Podium. Er drückte einen Knopf, und das erste Dia für die Besprechung wurde auf die Großbildleinwand direkt neben ihm projiziert.

»Ladies und Gentlemen, wie haben hier eine Möglichkeit aufgezeichnet ...«

Jedermann im Konferenzraum zuckte zusammen, wohl wissend, was diese Art von Einleitung zu bedeuten hatte. Als er die Situation in Buschehr und Bandar Abbas umrissen hatte, konnte man die wachsende Besorgnis im Raum wachsen spüren. Dr. Kennelly fragte sich, ob es vielleicht das gleiche Gefühl war, das die Menschen 1949 empfunden hatten, als der erste sowjetische A-Bomben-Test angekündigt wurde. Wenn all diese Daten zutrafen, würde in kaum drei Monaten eine neue Atommacht aus der Taufe gehoben sein. Die Tatsache, daß er es gewesen war, der diese Entdeckung eigentlich erst möglich gemacht hatte, ließ ihn sich nur noch elender fühlen. Aber das bisher Gehörte war bei weitem noch nicht alles. Die nächste Bemerkung des Generals beunruhigte seine Zuhörer sogar noch mehr:

»Ihr Job ist es nun, dieses Programm zu stoppen und unwiderlegbare Beweise mit nach Hause zu bringen, was die Iraner da getrieben haben.«

Er ging sein Kartenmaterial durch, während sich die anwesenden Offiziere wie wild auf den kopierten Karten, die man an sie verteilte, Notizen machten. Als nächster sprach ein Colonel der Marines.

»Sir, verstehe ich das richtig, daß die 22nd MEU(SOC) zur Zeit das einzige Element ist, das wir in der Golfregion haben?«

Die Antwort erfolgte sofort. »Ja, Colonel. Sie werden genau nach Terminplan die 31st ablösen und sämtliches zusätzliche Training und Unterstützung erhalten, über die wir vorhin gesprochen haben. Darüber hinaus wollen wir auf jeden Fall vermeiden, daß irgend etwas, was mit dieser Operation in Zusammenhang zu bringen ist, ruchbar wird. Wir müssen sicherstellen, daß den Saudis und unseren anderen Freunden dort unten immer die Möglichkeit erhalten bleibt, alles komplett abzustreiten. Der Präsident, die Führungsmannschaft des Kongresses und die vereinigten Stabschefs stehen alle hinter Ihnen, und sie wollen, daß die Sache glatt über die Bühne geht. Noch Fragen?«

»Welchen Namen wird die Operation haben, Sir?«

Die Antwort des Generals kam mit einem leichten Lächeln: »Damals in den 90er Jahren nannten die Analytiker der Nachrichtendienste das Kraftwerk ›Dead Dog‹ (Toter Hund). Wenn wir das alles hinter uns haben, sollte es eigentlich ein ›Chilly Dog‹ (Kalter Hund) sein!«

Es entstand eine lange Pause, bis der Colonel schließlich mit dem Motto der Marines antwortete: »Semper Fi, *Sir!*«

An Bord der USS *Bataan* (LHD-5) vor der Küste North Carolinas, 1. November 2006

»Also gut, Ladies and Gentlemen, das ist unser letztes Confirmation Briefing, bevor wir diesen Durchlauf zum letzten Mal machen. Sind wir uns alle über die wichtigsten Punkte im klaren?« fragte Colonel Mike Newman und überflog die letzten Folien der Besprechung noch einmal.

Der junge Captain, der die »C«-(»Charlie«-)Kompanie befehligte, erwiderte: »Soweit schon, Sir. Beim letzten Mal hat sich herausgestellt, daß wir sowohl gut in der Zeit als auch bei der Lösung der Aufgaben lagen, aber müssen wir nicht noch etwas bei Reihenfolge und am Ablauf selbst tun?«

»Vollkommen richtig, Jimmy. Es ist auch nicht so, daß Sie irgend etwas falsch gemacht hätten, es ist nur so, daß ich euch Jungs eigentlich gern wie schwarze Tinte durch die aufgestellten Hindernisse fließen sehen würde. Es gibt einfach nichts, was wir tun können, um zu verhindern, daß man uns vielleicht doch entdecken wird. Ich will nur versuchen, das Unvermeidliche solange wie möglich hinauszuzögern, damit die Ablenkungseinheit wirklich die Aufmerksamkeit von diesem Bataillon auf der Nordseite der Zufahrtsstraße auf sich ziehen kann.« Er unterbrach sich, und dann verzog sich sein Gesicht zu einem dünnen, schleierhaften Grinsen. »Ich möchte wirklich erreichen, daß sie ihre volle Aufmerksamkeit auf die Verteidigung ihrer eigenen Kasernen konzentrieren«, fuhr er dann fort, »und sich nicht weiter um ein paar Kerle in schwarzen Strampelanzügen kümmern. – Laßt es uns bei diesem letzten Mal richtig machen und die Sache endlich unter Dach und Fach bekommen, Leute!«

Der letzte Durchlauf war dann eigentlich fast perfekt, auf jeden Fall gut genug, um Colonel Newman und die SOTG-Beobachter zufriedenzustellen. Nachdem nun dieser Teil der Vorbereitungen abgeschlossen und die Verfahrensweisen für die »Entsorgung« der Defensiv-Bohrinseln geregelt waren, stand dem Einsatz Anfang Dezember nichts mehr im Wege.

Gefechtskopf-Montageraum, Buschehr, Iran, 4. Dezember 2006

Der Wissenschaftsminister blickte mit einiger Befriedigung auf die zwölf Plätze, an denen die Gefechtsköpfe zusammengesetzt werden sollten, die kurz vor der Fertigstellung standen. Der Transport herüber vom Automobilwerk war ohne Zwischenfälle abgelaufen, und die Endphase der Plutoniumrückgewinnung hatte genau nach Plan begonnen. In drei Wochen würde ein Dutzend Atomwaffen in diesem Raum Gestalt annehmen, und es gab nichts, was die Ungläubigen oder irgend jemand sonst noch dagegen unternehmen konnten. Heute morgen hatte ihm sein Assistent noch die letzten nachrichtendienstlichen Erkenntnisse mitgeteilt. Dieser junge Mann verfügte über eine einzigartige Begabung für seine Arbeit und tat dabei erstaunlicherweise nichts, was irgendwo auf der Welt als illegal bezeichnet werden könnte. Seine Satellitenbilder mit einer Auflösung bis zu einem Meter kamen von rund einem halben Dutzend der verschiedensten Anbieter, angefangen von Frankreich bis hin zur Volksrepublik China. Daten über Truppenbewegungen konnte man sich heute schon aus dem Internet besorgen, und das alles war auch nicht schlechter als das, was die meisten Analytiker bei den Nachrichtendiensten bei ihren Morgenbesprechungen geboten bekamen.

Es gab absolut keine Anzeichen dafür, daß sich auf den Stützpunkten, wo die Special Forces auf Kundschaft warteten, irgend etwas Ungewöhnliches ablief. Eigentlich konnte man sogar sagen, daß die militärischen Unternehmungen der USA und ihrer Verbündeten eher rückläufig waren. Selbst die U.S. Air Force mit ihrer Prahlerei von »globaler Reichweite« war abgebaut worden. Die einzige Angelegenheit, die vielleicht der Erwähnung bedurfte und die im kommenden Monat stattfinden würde, war die »Wachablösung« von zwei Einheiten der Marines im Golf. Nichts, weshalb man sich Sorgen zu machen brauchte. Es handelte sich nur um ein einfaches Bataillon an Bord von drei Schiffen und einige Sicherungsschiffe. Der Flugzeugträger-Gefechtsverband um die USS *Constellation*

(CV-64) würde zu diesem Zeitpunkt weit draußen im Arabischen Meer operieren und auf diesem Törn überhaupt nicht in den Persischen Golf einlaufen. Es lief alles genauso weiter, wie es laufen sollte.

Onslow Beach, Camp Lejeune, North Carolina, 7. Dezember 2006

Der Tag des Einsatzbeginns war da, und Captain Bill Hansen stand vor einem doppelten Problem: einerseits mußte er sich von seiner Frau und seinem Töchterchen, das noch in den Windeln lag, verabschieden, und andererseits mußte er seine aus 15 amphibischen Traktoren bestehende Kompanie an Bord der USS *Trenton* (LPD-14) schaffen. Er würde die große Ehre haben, mit der ersten Einheit neuer AAAVs auf Törn zu gehen. Er kannte allerdings auch den wirklichen Grund für diese Ehre. Im Gegensatz zu anderen, die neue Systeme zum ersten Mal mit hinaus auf See genommen hatten, wußte er sehr genau, daß er mit diesen Fahrzeugen bereits in wenigen Wochen ins Gefecht ziehen würde. Glücklicherweise hatten sich die neuen Fahrzeuge bei den Tests unter Einsatzbedingungen als außerordentlich zuverlässig erwiesen, und außerdem hatte er auch noch vier Techniker vom Hersteller dabei, die ausschließlich dazu da waren, die Fahrzeuge in guter Verfassung zu halten.

Seine Konzentration wurde abrupt durch das Brummen von Zwillings-Turboprops unterbrochen, und als er hinauf zum Himmel schaute, konnte er gerade noch sehen, wie Lieutenant Colonel Colleen Taskins mit ihrer MV-22B *Osprey* gerade scharf in Richtung Norden abdrehte und ihr drei weitere *Ospreys* vom HMM-263 folgten. Sie hatte einen 15minütigen Flug vor sich, an dessen Ende sie auf dem Flugdeck der *Bataan* landen würde. Er lächelte, denn er wußte, daß Taskins sich ähnlich wie er mit einem Problem konfrontiert sah. Obwohl die *Ospreys* nun schon seit einigen Jahren im Dienst waren, würde dies ihr erster wirklicher Kampfeinsatz werden. Lieutenant Colonel Taskins hatte man zur ersten Frau gemacht, der das Kommando über eine Hubschraubereinheit der Marines anvertraut wurde. Jetzt würde sie auch noch die erste Frau sein, die das Kommando über eine Einheit der Marines in einer echten Kampfhandlung hätte. Aber das alles war eigentlich kein wirkliches Problem, denn im Inneren dieser Frau mit dem koboldhaften Gesicht, die es mit Leichtigkeit schaffen könnte, jedem männlichen Marine den Kopf zu verdrehen, schlug das Herz eines Kriegers. Er wußte genau, daß für den Fall, daß bei ihm in Buschehr irgend etwas schieflaufen sollte, sie als erste zur Stelle sein würde, um ihn dort herauszuhauen. Er schüttelte diese trüben Gedanken ab, bestieg sein AAAV und befahl seinem Kraftfahrer, Kurs auf die Brandung zu nehmen.

Reaktorkontrollraum, Buschehr, Iran, 15. Dezember 2006

Lew Davidowitsch Telfian war nervös. Nur wenige Tage zuvor hatte er Besuch bekommen. Rogow von der Botschaft in Teheran war dagewesen.

Der Besuch, von den Iranern gesponsert, war einer von vielen, die er bei Industrieanlagen durchführte, auf denen russische Vertragsangestellte arbeiteten. Er und Rogow waren am Wasser entlang spazierengegangen und hatten sich dabei außerhalb der Reichweite der Ohren von iranischen Sicherheitskräften gehalten. Rogow hatte ihn ganz ruhig angewiesen, auf »etwas«, vielleicht sogar auf »alles« gefaßt zu sein. Danach machte er sich wieder auf den Weg nach Teheran. Von diesem Zeitpunkt an hatte es sich Telfian zur Gewohnheit gemacht, all seine persönlichen Besitztümer bei sich zu haben. Seinen Computer hatte er mit seinem Paß und harten Devisen sorgfältig zusammen mit ein paar sauberen Socken, Unterwäsche und einer Zahnbürste in seiner Aktentasche verstaut. Den Wachen erklärte er das damit, daß er sie mit zu seiner Unterkunft nehmen wollte, weil die Direktoren des Kraftwerks ihn gebeten hätten, ein paar Sonderschichten zu fahren, was auch den Tatsachen entsprach.

Jetzt arbeitete er gerade in seiner Funktion als Aufseher auf der turnusgemäßen Schicht von Mitternacht bis acht Uhr morgens. Damit würde er laut Terminplan bis zum Heiligen Abend weitermachen. Danach hatten die Iraner sämtlichen Fremdarbeitern einen bezahlten, dreimonatigen Urlaub bewilligt. Er war bereit. Obwohl er in der damaligen Sowjetunion groß geworden war, wo man lernen mußte, alle äußeren Anzeichen von Furcht, verdächtigem Verhalten und sogar gefährliche Gedanken zu unterdrücken, war für ihn die Belastung, tagaus, tagein ruhig zu bleiben, immens. Trotz alledem stellte er mit einiger Verwunderung fest, daß, nachdem die Zwillingsreaktoren fast drei Monate lang mit Höchstleistung gelaufen waren, sie auf einmal nur noch mit 66 Prozent Leistung gefahren wurden. Er war sicher, daß das etwas mit der CD-ROM zu tun haben mußte, die der Pakistani ihm gegeben hatte. Irgend etwas Übles ging hier bereits vor, und er hatte den Eindruck, als könnte es nur noch schlimmer werden. Er fragte sich allen Ernstes, ob er das alles wohl überleben würde.

Oval Office, Weißes Haus, Washington, D.C., 17. Dezember 2006

Das National Christmas Tree Lighting[81] war etwas früher am Abend bereits problemlos über die Bühne gegangen, und die Presse spekulierte schon darüber, was die angekündigte Weihnachtsansprache wohl beinhalten würde. Eigentlich hatte man ihn für einen weiteren der Präsidenten gehalten, der nur eine Dienstzeit überstehen würde, aber dann hatte dieser Regierungschef die ganze Welt damit verblüfft, als er es wirklich in allerletzter Minute noch schaffte, über seinen Rivalen zu triumphieren. Sein Gegenkandidat, ein Senator aus dem Staat Washington, hatte seine Vorlieben für Bestechungen und Seitensprünge nicht völlig geheimhalten können und damit eine in die Moral vernarrte Wählerschaft gegen sich

---

81 offizieller Beginn der Weihnachtszeit in den USA durch das Einschalten der Beleuchtung am Weihnachtsbaum vor dem Capitol und Weißen Haus in Washington

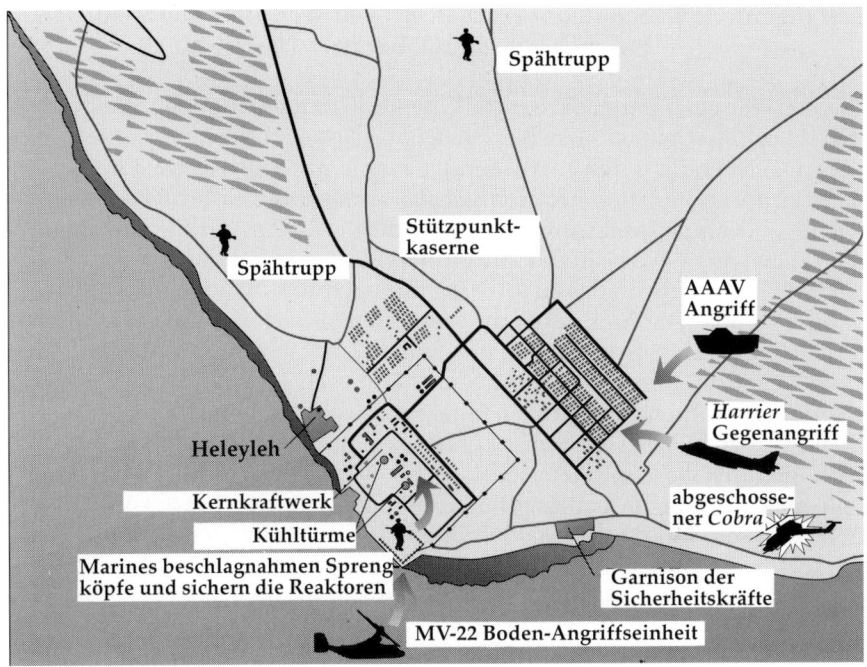

Karte des Überfalls auf die iranischen Einrichtungen zum Bau von Atomwaffen bei Buschehr   *Jack Ryan Enterprises, Ltd., von Laura Alpher*

aufgebracht. Jetzt, als der Präsident vom Balkon aus hinüber zum Park blickte, fragte er sich ernsthaft, ob es dieser Sieg denn wert gewesen war. Wie so viele Männer vor ihm, die schon in diesem Büro gesessen hatten, so hatte auch er die Außenpolitik anderen anvertraut, während er selbst sich mit den Problemen eines chaotischen Haushalts herumschlagen mußte, die ihm ein verärgerter Haushaltsausschuß im Kongreß hinterlassen hatte.

Das Resultat war, daß er nun seine ganze Zukunft auf ein militärisches Abenteuer setzte, von dem seine Berater behaupteten, es sei äußerst riskant. Jetzt mußte er seinen Fehler wiedergutmachen, den er gemacht hatte, als er die Beachtung der Probleme auf der ganzen Welt anderen überließ. Dieses verzweifelte Unternehmen war die beste, wenn auch wahrscheinlich letzte Gelegenheit dazu. Er gab sich selbst für das neue Jahr das Versprechen, daß, sollte es Erfolg haben, er den Nationalen Sicherheitsrat und das State Department an der Gurgel packen und noch einmal neu anfangen würde. Langsam führte er sein Glas Bourbon an die Lippen, trank einen kleinen Schluck und seufzte, wobei er noch einmal über die Stadt schaute und sich fragte, ob Gott wohl ein offenes Ohr für die Wünsche und Beteuerungen eines Menschen haben würde, der auf dem politischen Sterbebett lag.

Hangardeck, USS *Bataan* (LHD-5), etwa 40 Seemeilen südwestlich Buschehr, 28. Dezember 2006, 0000

Die Zeit war gekommen, zu der die Operation *Chilly Dog* angepfiffen werden sollte, und Colonel Mike Newman hatte sich noch nie zuvor in seinem Leben so lebendig gefühlt. Während seiner ganzen bisherigen Laufbahn hatte er immer nur den Wunsch gehabt, einmal seine Marines in einem wichtigen Kampfeinsatz anführen zu dürfen, und jetzt war für den mageren Jungen aus Wisconsin der Zeitpunkt gekommen, an dem er unmittelbar davorstand, genau das zu tun. Das war auch der Grund dafür, weshalb er sich gerade jetzt hier unten auf dem Hangardeck der *Bataan* aufhielt und es ihm völlig egal war, daß er seine Mid-Rats verpaßte. Aber es gab eine Sache, die ihm gründlich gegen den Strich ging: Ausgerechnet er würde sich während der ganzen Operation wohl kaum mehr als ein paar Meter von dem Punkt entfernen können, auf dem er im Augenblick stand. Bedingt durch die Kompliziertheit von *Chilly Dog,* mußte er seine Gefechte von einer Konsole im Landing Force Operation Center (LFOC) auf Level 02 aus führen. Zum ersten Mal in seiner Laufbahn würde er nicht von der vordersten Front aus führen, und irgendwie fühlte er sich schuldig. Natürlich waren solche Gedanken und Gefühle unsinnig, denn im Gegensatz zu John Howard im Jahre 1944 an der Pegasus-Brücke und Dan Shomron 1976 in Entebbe bestand der einzige Weg, wie man diese Mission sowohl zeitlich als auch räumlich koordinieren konnte, darin, auf die elektronischen »Cyberspace«-Werkzeuge zurückzugreifen.

Um ihn herum waren mehr als 500 Marines im Hangarraum damit beschäftigt, ein letztes Mal ihre Waffen und ihre Ausrüstung zu überprüfen. Das fahle, gelborangefarbene Licht der Natriumdampflampen legte einen surrealistischen Schein über die ganze Szene. Während er langsam von Gruppe zu Gruppe ging und seine Männer ermutigte, antworteten sie ihm mit gedämpften Rufen wie »Hurra!« und »Semper Fi, Sir!«. Er sah dabei zu, wie die Marines sich die Tarnfarbe in ihre kriegerischen Gesichter schmierten, und als er sich zum Backbordaufzug in der Nähe umdrehte, erkannte er dort die wohl wichtigste Gruppe von allen, das Medien-/Beobachterteam. Es hatte endlose Debatten darüber gegeben, ob man sie nun mitnehmen sollte oder nicht. Aber letzten Endes hatte man sich doch dafür entschieden, weil man ganz einfach die Möglichkeit haben mußte, die ganze Aktion vor der Weltbevölkerung zu rechtfertigen. Dr. Kennelly aus Oak Ridge unterhielt sich da drüben gerade mit Hans Ulrich von den IAEA. Er mußte lächeln, als er daran dachte, daß es gerade diese beiden »Bücherwürmer« gewesen waren, die den ersten Hinweis auf die kitzlige Sache gegeben hatten, was Buschehr anging. Beide machten den Eindruck, als fühlten sie sich in ihren Kampfanzügen Typ »Wüste« denkbar unwohl. Wendy Kwan mischte sich gerade mit ihrer Mannschaft vom CNN unter das Kamerateam der Kriegsberichterstatter vom Verteidigungsministerium, das die Aufgabe hatte, dieses Ereignis für den Rest der Welt zu dokumentieren. Man hatte ihr diese Chance praktisch als Belohnung dafür verschafft, daß sie Professor Kim Ha Soon im Automobilwerk aufgespürt hatte. Nun sollten sie und ihre

Mannschaft auch den Rest der Geschichte hautnah miterleben dürfen. Colonel Newmans Lächeln wurde etwas verbissener, und er hoffte im stillen, daß sie am Leben bleiben würde, um den *Emmy* in Empfang nehmen zu können, dessen Verleihung an sie praktisch unausbleiblich sein würde, wenn – ja, wenn sie die ganze Sache überleben würde.

Plötzlich befahl Captain Fred Rainbow, der Kommandant der *Bataan*, mit einem altmodischen Hornsignal »Alle Mann auf Gefechtsstationen!« und ließ dann eine alte Aufnahme der Big Band des Marine Corps mit dem Titel »The Marines Hymn« über die Lautsprecher erklingen. Sofort standen die Soldaten auf dem Hangardeck stramm und sangen aus voller Kehle mit. Es war schon fast zuviel für Colonel Newman, als er überlegte, für wie viele dieser jungen Männer und Frauen er wohl schon morgen Briefe an die Angehörigen schreiben mußte.

Er ging hinauf zum LFOC auf Level 02 und setzte sich an seine Gefechtskonsole. Dort saß er bewegungslos, bis der mit Kaffee und einem Schuß Kakao gefüllte Thermosbecher direkt vor ihm zu poltern begann. Er blickte auf und sah Lieutenant Junior Grade Jeff Harris vor sich stehen, den man zu seinem Aufklärungsstab abkommandiert hatte, nachdem er die beiden Verteidigungs-Bohrinseln in der Nähe von Buschehr aufgespürt hatte. »Showtime, Sir,« war der einzige Kommentar des jungen Offiziers mit dem nachdenklichen Lächeln. Er kam gerade von einer Besorgung, die er für seinen Colonel erledigt hatte, und setzte sich jetzt an die Konsole, die sich neben der von Newman befand. Dort würde er ab sofort die Sensorenwerte beobachten, die von den UAVs gesendet wurden, die man gerade eben vom Deck der *Trenton* (LPD-14) aus gestartet hatte. Die Durchsage, daß nun der Flugbetrieb aufgenommen würde, brachte Newman in die Wirklichkeit zurück, und er sprach ein stilles Gebet, während er auf dem Monitor der Deckskamera dabei zusah, wie seine Marines an Bord der Hubschrauber gingen. Zehn Minuten später hatten sie schon abgehoben und waren in der tintenschwarzen Nacht verschwunden.

Verteidigungs-Bohrinsel Nr. 2, 10 Seemeilen westlich Buschehr, Iran, 28. Dezember 2006, 0200

Der Offizier vom Dienst auf der Plattform beugte sich über den Radaroperator, um auf dem Schirm die Formation von Schiffen im südlichen Erfassungsbereich besser sehen zu können. Es hatte einige Starts und Landungen von Hubschraubern und Senkrechtstart-Flugzeugen gegeben, aber das war beim Feind ein völlig normales Verhalten. Die liebten es eben, nachts herumzufliegen wie die Fledermäuse. Die Sensoren der Bohrinsel erfaßten nichts, was als ungewöhnlich bezeichnet werden könnte, und so griff er zum Telefon, um seinen Bericht an die Sicherheitszentrale in Buschehr durchzugeben. Die Glasfaserleitung zur Zentrale im Flughafen von Buschehr garantierte, daß eine sichere Kommunikation mit dem Festland erfolgten konnte, da es technisch gesehen unmöglich war, sie in ähnlicher Weise zu stören oder abzuhören, wie es bei einer Funkverbindung zu befürchten ist. Als er seinen stündlich zu erfolgenden Routineanruf erledigt hatte, machte er sich mit seiner Teetasse auf, um einen frischen persischen Tee aufzubrühen. Er sollte nie seine Lippen benetzen.

Exakt um 0201 startete eine AV-8B *Harrier II Plus* vom VMA-231 eine Salve aus vier AGM-88 High Speed Anti-Radiation Missiles (HARM). Nur wenige hundert Meter über der Plattform detonierten deren Sprengköpfe fast auf die Sekunde gleichzeitig und streuten Tausende von panzerbrechenden Wolframwürfeln aus, welche die exponierten Antennen und Waffencontainer hinterließen, als hätte man sie durch einen Shredder gejagt. Kaum eine Minute nach dem Raketenangriff hatte ein vier Mann starkes SEAL-Team in einem Angriffsschlauchboot bereits die gepanzerten Glasfiberkabel hinüber zum Festland gekappt und sandte ein Blinksignal an einen MV-22B *Osprey*. Um 0204 seilten sich mehr als 20 Marines der Maritime Special Purpose Force (MSPF) der 22nd MEU(SOC) auf das Deck der Bohrinsel ab und schnappten sich die sieben Überlebenden des Raketenangriffs. Die noch völlig benommenen Gefangenen wurden an Bord des *Osprey* gebracht und zurück zur *Bataan* geflogen. Zur selben Zeit lief eine identische Operation auf der einige Meilen weiter im Süden liegenden anderen Plattform ab. Der Außenring der Verteidigungslinien von Buschehr war bereits eliminiert, und die Iraner hatten noch nicht einmal eine Ahnung davon. Ein paar Minuten später würde es sowie für sie bedeutungslos geworden sein, ob sie es gewußt hätten oder nicht.

Dammstraße zwischen der Stadt Buschehr und dem Kernkraftwerk, Iran, 28. Dezember 2006, 0205

Der Aufklärungszug der Marines war schon zwei Tage zuvor an Ort und Stelle abgesetzt worden und berichtete über eine sichere Satelliten-Telefonverbindung an Colonel Newman im LFOC. Jetzt hatten die Soldaten auch hier gerade die Telefonkabel zum Kraftwerk gekappt und bereiteten nur für den Fall, daß irgend jemand den Versuch unternehmen sollte, die Straße herabzukommen, die Dammstraße zur Sprengung vor. Sie waren mit Panzerabwehr-Lenkwaffen vom Typ *Javelin* ausgerüstet und konnten damit praktisch auf jeden losgehen, der den Versuch wagen sollte, sich ihnen zu nähern. Dieser Zug war einer von zwei Spähtrupps, welche die aus Buschehr herausführenden Straßen überwachten, und der Sergeant, der diesen hier kommandierte, sandte ein stilles Gebet zum Himmel, daß der Plan auch funktionierte, der für ihre Abholung ausgearbeitet worden war. Die Alternative war nämlich alles andere als attraktiv – ein langer Marsch nach Pakistan.

Flughafen Buschehr, Iran, 28. Dezember 2006, 0205

Das Ausbleiben der Signale über die Datenfernverbindungen wurde durch die Sicherheitskräfte des Flughafens Buschehr praktisch in der gleichen Sekunde festgestellt, als es passierte. Wie bei allen Soldaten auf der ganzen

Welt bestand auch hier die erste Reaktion darin, daß die Wachmannschaft den Instandsetzungstrupp anrief und sich anschließend eine frische Tasse Tee besorgte, um wach zu bleiben. Über ihren Köpfen formierten sich derweil vier fledermausartige B-2A *Spirit* Stealth-Bomber des 509th Wing von der Whitman AFB in Missouri und gingen ganz still und heimlich in Position für das, was ein perfekter Angriff werden sollte. Sie waren von der Anderson AFB auf Guam losgeflogen und unterwegs noch einmal von KC-10A *Extenders* aus Diego Garcia in der Luft betankt worden. Genau um 0207 fielen je 16 unter der Bezeichnung Joint Direct Attack Munitions (JDAM) bekannte Präzionslenkbomben aus den Waffenschächten der Bomber. Jede dieser Bomben wurde von einem GPS-Empfänger gelenkt und würde innerhalb eines Kreises von fünf Metern den vorher festgelegten Zielpunkt treffen. Die wichtigsten Zielpunkte sollten mit zwei Bomben belegt werden, für den Rest reichte jeweils eine JDAM. Die erste Waffe traf den Panzerbeton des Sicherheitszentrums genau wie geplant und bohrte sich mit der Durchschlagskraft ihrer 910-kg-Gefechtsköpfe durch ihn hindurch. Es war eine Sache von kaum mehr als 30 Sekunden, und auch das Befehlszentrum, die Poststelle, die Telefonzentrale, die Start- und Landebahnen und sämtliche gepanzerten Unterstände, gestopft voll mit MiG-29, sowie einige andere Ziele waren bereits neutralisiert.

Zwei Minuten nach den B-2 flogen acht B-1B *Lancers* des 7th Wing von der Dyess AFB in Texas an. Auch sie kamen auf direktem Weg von der Anderson AFB und waren in der Luft von KC-10A aus Diego Garcia betankt worden. Ihr Ziel waren die Kasernen von zwei Bataillonen, die direkt gegenüber dem Flughafen von Buschehr lagen. Die B-1B entluden je zwölf AGM-154 Joint Standoff Weapons (JSOW) noch gut außerhalb des iranischen Luftraums aus ihren Waffenschächten. Im Anschluß an einen Gleitflug von zwei Minuten Dauer waren die 96 JSOWs, gelenkt durch die eingebauten GPS-Empfänger, über ihren Zielen und entluden ihre Nutzlast, die aus BLU-97/B Combined Effects Munition (CEM) bestand. Sie deckten mit Abertausenden von CEMs einen Bereich von mehr als 40 Hektar ab, auf dem sich Truppenunterkünfte und Abstellplätze für Fahrzeuge befanden. Die Wirkung war eines Horrorfilms würdig. Die zwei Minuten nach dem Abwurf der Bomben aus den B-2 hatten den Soldaten gerade genug Zeit gelassen, in ihre Stiefel zu springen, ihre Waffen zu greifen und nach draußen zu stürzen, nur um dort von der explodierenden Streumunition in Hackfleisch verwandelt zu werden. Nach ein paar Minuten war die Garnison von Buschehr nicht mehr in der Lage, sich selbst zu verteidigen, und das Kraftwerk im Süden schon einmal gar nicht.

Ra's-e-Hhalileh-Sümpfe im Südosten des Kernkraftwerks Buschehr, Iran, 28. Dezember 2006, 0210

Captain Hansen arbeitete sich mit seinen 15 AAAVs durch das Sumpfgebiet im Süden des Kernkraftwerks. Wenige Minuten zuvor waren sie am Strand an Land gefahren, nachdem sie zuvor etwa 25 Seemeilen entfernt draußen auf See aus dem Welldeck der *Trenton* gekrault waren. Hansen hatte die Blitze der Bombeneinschläge in Buschehr gesehen und wartete jetzt auf das Funksignal, auf das hin er sich mit seiner Meute aus gepanzerten Fahrzeugen kopfüber in eine Art Kavallerieattacke stürzen würde. Seit die Eagle Troop des 2nd Armored Cavalry Regiment 1991 eine irakische Brigade im *Battle of 73 Easting* angegriffen hatte, war nichts Vergleichbares mehr passiert. Er hegte doch stark die Hoffnung, daß er seine Männer hier und jetzt nicht in eine Wiederholung der Schlacht vom Little Big Horn führen würde.

Die Scharfschützen des BLT der 22nd MEU(SOC) hatten sich in vier Gruppen getrennt und waren alle mit einem Barrett-Scharfschützengewehr Kaliber .50 bewaffnet. Jedes Team hockte in einem Schützenloch, das sie rund eineinhalb Kilometer vor den Wachposten des Kraftwerks ausgehoben hatten. Nachdem die Späher die Wachen in den Ecktürmen eindeutig identifiziert und diese Information an die Scharfschützen weitergegeben hatten, brauchten diese nur noch auf das Signal, aktiv zu werden, warten, das laut Plan gegen 0210 kommen sollte. Dieses Signal kam dann auch über ein miniaturisiertes Satellitenkommunikationsterminal, und alle vier Gruppen gaben im Abstand weniger Sekunden nacheinander die ersten Schüsse ab. Jede Waffe spuckte nicht mehr als zehn leere Patronenhülsen aus, und die reichten auch, um die Wachen, Radar- und Kommunikationsantennen und Stromleitungen auszuschalten. Innerhalb einer Minute konnten bereits alle vier Gruppen ihr »Erfolgs«-Signal an Colonel Newman unten im LFOC der *Bataan* funken. Leise »Dear Lord, don't screw me up« vor sich hin summend, gab Hansen den AAAVs den Befehl zum Vorrücken.

Die 15 AAAVs fächerten in weiter Linie auf und preschten mit einer Geschwindigkeit durch den Sumpf, die deutlich über 65 km/h lag. Als sie sich dem eingezäunten Gebiet der Garnison bis auf 1,5 km genähert hatten, eröffneten sie aus ihren 25-mm-Kanonen mit High-Explosive Incendiary-(Hochexplosiv-Brand-)Granaten das Feuer auf das Gelände. Die Gebäude gingen in Flammen auf, und die Soldaten rannten wie wild durcheinander. Schüsse eines stümperhaft geleiteten Abwehrfeuers schlugen um die sich schnell bewegenden AAAVs herum ein. Captain Hansens Fahrzeuge starteten hin und wieder einen *Javelin*, wenn ihnen das entgegenschlagende Feuer dann doch einmal allzu genau wurde. Die Fahrzeuge wühlten den Schlamm im Osten des Militärgeländes auf und bemühten sich nach Kräften, beim Gegner die Hölle auf Erden zu entfesseln und dabei jede Menge Lärm zu veranstalten. Captain Hansen hoffte inständig, daß diese Ablenkung ausreichen würde, um dadurch von der Landung der restlichen Marines an der Küste abzulenken und sie auf diese Weise zu decken.

Anlieferungskai und Rampe, Kernkraftwerk Buschehr, Iran, 28. Dezember 2006, 0215

Die widerstandfähigen Angriffsschlauchboote waren zehn Seemeilen vor der Küste von LCACs zu Wasser gelassen worden und hatten den Rest des Wegs mit schallgedämpft laufenden Motoren zurückgelegt. Als dann das

»Go«-Signal von Colonel Newman kam, gaben die »Einbrecher« Vollgas und rasten auf die Verladerampe zu. Sie gingen fast in derselben Sekunde an Land, als Captain Hansen mit seinem Angriff begann, und ihre Deckung war durch diese Ablenkung fast perfekt. Die »C«-(»Charlie«-) Kompanie sprang aus den Schlauchbooten und teilte sich in drei Blöcke. Ein Zug beseitigte die Wachen in den Sicherungsposten und legte dann einen Sicherheitkordon innerhalb des mit einem Stacheldrahtzaun gesicherten Geländes – nur für den Fall, daß das iranische Wachbataillon sich an seine *eigentliche* Aufgabe erinnerte. Der Rest der Kompanie machte sich auf den Weg ins Kraftwerk, um dort den wirklich schweren Teil der Aufgabe durchzuführen: den Angriff auf die Montage- und Reaktorkontrollräume. Während sie nach und nach ins Innere des Gebäudes vordrangen, liefen zwei LCACs mit Lkws, LAVs und anderen Ausrüstungsgegenständen an Bord in den Verladebereich des Hafens ein.

Ra's-e-Hhalileh-Sümpfe im Südosten des Kernkraftwerks Buschehr, Iran, 28. Dezember 2006, 0220

Captain Hansen hatte seine AAAVs in einen Hohlweg zwischen zwei flachen Erhebungen befohlen, damit sie dort ihre 25-mm-Kanonen und *Javelin*-Startgeräte nachladen und damit auch gleichzeitig die Iraner aus ihren Kasernen locken konnten. Es funktionierte fast wie der Trick eines Magiers. Nahezu 400 Iraner verließen, mit Maschinengewehren und rückschlagsfreien Karabinern bewaffnet, das geschützte Gelände in Begleitung einiger leichter Laster und Panzerspähfahrzeuge. Sie hatten sich der Linie seiner Fahrzeuge schon bis auf fast tausend Meter genähert, als er zum Funkgerät griff und einen Funkspruch absetzte. Sekunden später tauchten auf beiden Flanken der Iraner je zwei AH-1W *Cobra* Kampfhubschrauber auf und eröffneten aus ihren 20-mm-Kanonen und Raketenbehältern das Feuer auf die iranischen Soldaten. Gleichzeitig nahmen auch die AAAVs den Beschuß wieder auf. Es war ein einziges Gemetzel. Da sie aus drei verschieden Richtungen unter Feuer genommen wurden, konnten die iranischen Soldaten sich nicht einmal mehr zurückziehen. So war es nur noch eine Momentsache, bis die ersten weißen Flaggen auftauchten und Hansen gezwungen war, den Befehl: »Feuer einstellen!« zu geben. Dann befahl er den *Cobras*, hier die Stellung zu halten, und seinen Fahrzeugen, sich in Richtung auf das Kraftwerk, die See und damit, wie er hoffte, auch in Sicherheit in Marsch zu setzen. Er mußte auf jeden Fall dafür sorgen, daß der verbliebene Rest des Wachbataillons beschäftigt blieb, obwohl er bezweifelte, daß überhaupt noch viel da war, was man einnehmen konnte.

Über dem Kernkraftwerk Buschehr, Iran, 28. Dezember 2006, 0222

Lieutenant Colonel Colleen Taskins drückte den »Kipp«-Regler auf der Säule des Leistungshebels und brachte ihren MV-22B *Osprey* unmittelbar über dem Dach der Waffenmontagehalle in den Schwebeflug. Als die

Maschine zitternd zum Stehen gekommen war, drückte sie den Knopf der Gegensprechanlage und rief: »Schmeiß sie raus, Chief!« Unmittelbar hinter ihr senkte der Crew Chief die Heckrampe ab, und die Marines begannen sich sofort aus den Seitenöffnungen und von der Heckrampe aus abzuseilen. In weniger als 20 Sekunden waren sie schon auf dem Dach des Gebäudes versammelt und arbeiteten sich weiter ins Innere des Gebäudes vor. Den Bereich nach rechts und links mit Blicken abtastend, sah sie, daß auch die anderen fünf *Ospreys* ihrer Staffel alle Marines schon abgesetzt hatten. Mit einem Druck auf den Sprechknopf ihres Funkgeräts befahl sie den Maschinen, zum Golf hin abzudrehen, dort zu kreisen und zu warten. Sie wollte in weniger als einer Stunde zurück sein, um alle Marines wieder aufzunehmen.

Waffenmontagehalle, Kernkraftwerk Buschehr, Iran, 28. Dezember 2006, 0223

Die Alarmsirene plärrte, und die Sicherheitsleute stürzten zu den Eingängen. Es lief nicht gut. Die Wachen hatten kaum ihre Positionen eingenommen, als auch schon die Beleuchtung ausfiel und die Türen durch Hohlladungen aufgesprengt wurden. In Kombination mit einigen Blitz-/Knallgranaten hatte man den Effekt so berechnet, daß alle im Inneren des Raums vorübergehend taub und blind und auf keinen Fall mehr in der Lage wären, sich zur Wehr zu setzen. Es klappte ganz ausgezeichnet, und sie brauchten nur zwei der Wachen mit nichttödlichen Projektilen zu Boden zu schicken. Die Verwendung einer keinesfalls tödlichen Munition hatte eigentlich weniger die Wahrung humanitärer Aspekte im Sinn, sondern diente vielmehr in erster Linie der Minimierung von Staub und Verunreinigungen in diesem fast klinisch sauberen Raum. Innerhalb weniger Sekunden hatten die Marines den Raum gesichert, und Lieutenant Colonel Tom Shaw, der Kommandeur des 3/8 BLT vom GCE der 24th, kam mit großen Schritten herein, um sich ein Bild von der Situation zu machen.

Was er vorfand, war ein hoher, weißgestrichener Raum, der irgendwie an eine Kreuzung zwischen einer Autowerkstatt und einem Operationssaal erinnerte. An den Außenmauern hatte man zwölf Montagebuchten eingerichtet. In jeder befand sich ein teilweise zusammengesetzter Sprengkopf oder »Kernpaket« auf einem Montageständer. Vor jeder dieser Buchten stand ein Rollwagen mit Einzel- und vormontierten Teilen. Als er die Gefangenen näher in Augenschein nahm, stellte er fest, daß drei ältere Männer etwas abseits der zusammengetriebenen Soldaten standen. Er befahl zwei seiner Marines, diese Männer zu ergreifen und sicherzustellen, daß sie gleich beim ersten Evakuierungsflug zurück zur *Bataan* mit an Bord der Maschinen waren. Dann drehte er sich um und ging nach draußen, um von dort aus Colonel Newman im LFOC anzurufen, damit im Gefängnisbereich des Schiffs einige »Penthouse«-Zellen für drei ganz spezielle Gefangene vorbereitet wurden. Auf die Frage, wer das denn wohl sein könne, erhielt Newman die Auskunft, es handele sich um den iranischen Wissenschaftsminister, Oberst Gholam Hassansadeh, und Professor Kim Ha Soon aus Nordkorea. Er fragte sich, wie wohl die Vereinten Nationen mit den drei Männern umgehen würden, entschied sich aber dann dafür, die Entscheidung den Leuten zu überlassen, die besser geschneiderte Anzüge trugen als er. Im Augenblick jedenfalls mußte er sich mit einem wesentlich vordringlicheren Problem auseinandersetzen: der »Sicherung« eines laufenden Kernkraftwerks.

An Bord einer *Harrier II Plus* vom VMA-231 über dem Kernkraftwerk Buschehr, Iran, 28. Dezember 2006, 0230

Aus dem Cockpit seiner *Spade*-1 konnte Major Terry »Pirat« Kidd durch sein Nachtsichtgerät und auf dem Multifunktionsdisplay seines FLIR-Zielbehälters praktisch alle Vorgänge beobachten, die sich unter ihm abspielten. Er flog als Rottenführer in 12 000 Fuß Höhe. Die beiden *Harriers* waren abgestellt worden, um die Operation Chilly Dog gegen die Einmischung seitens iranischer Kräfte zu schützen. Jede Maschine trug je ein Paar *Sidewinder*- und AMRAAM-Luftkampf-Lenkwaffen und je zwei CBU-87 Schüttbomben. Außerdem führte jede Maschine an den Befestigungspunkten auch noch je ein Pärchen AGM-65 *Maverick* Luft-Boden-Flugkörper und den Behälter mit der GAU-12 Kanone, Kaliber 25 mm Er hatte den Funksprechverkehr zwischen *Spade*-3 und -4 mitgehört, als sie draußen die Verteidigungsplattformen mit ihren HARMs ausgeschaltet hatten, und setzte nun sein APG-65 Radar dazu ein, die Bewegungen der Hubschrauber vom HMM-263 zu verfolgen.

Während er und sein Flügelmann ihren Kreis weiter in Richtung Westen flogen, konnte er die LCACs sehen, wie sie gerade dabei waren, am Kai ihre Fahrzeuge und Ausrüstungsgegenstände an Land zu bringen. Er lächelte, als er das kodierte Erfolgssignal von Lieutenant Colonel Shaw erkannte, der damit bekanntgab, daß er die iranischen Atomwaffen beschlagnahmt und die Soldaten gefangengenommen hatte. Jetzt blieb ihm also nichts weiter zu tun übrig, als sich um den Reaktor selbst zu kümmern und anschließend jeden einzelnen zurück in internationales Gewässer zu schaffen. Also bis hierhin war *Chilly Dog* äußerst perfekt gelaufen. Nur zwei Marines von der »C«-Kompanie hatten leichte Verletzungen durch Querschläger des iranischen Abwehrfeuers am Kraftwerk davongetragen.

Und dann passierte es. Einer der AH-1W Kampfhubschrauber kam zu nahe an die iranische Garnison heran, und schon zischte dem *Cobra* ein Trio von der Schulter aus gestarteter SA-16 Flugkörper entgegen. Der Hubschrauber konnte gerade noch zweien von ihnen durch eine Kombination aus Ausweichmanövern und ausgestoßenen Scheinzielen entkommen, aber die dritte Lenkwaffe traf ihn am Schwanzbaum. Obwohl die Maschine schwer beschädigt war, schaffte ihr Pilot es, sie sicher auf den Boden zu bringen, wobei er und sein Bordschütze sich allerdings gehörig den Rücken und verschiedene Gelenke verstauchten. Trotzdem brachten sie es anschließend auch noch zuwege, vom Wrack fortzukriechen (das Gott sei Dank nicht brannte) und über ihre Rettungsfunkgeräte einen TRAP-Einsatz anzufordern. »Pirat« veranlaßte sofort den Start des in Bereitschaft stehenden TRAP-Teams, das sich aus einem CH-53E und zwei *Harriers* zusammensetzte. Die Marines, die zu dieser TRAP-Gruppe gehörten, standen auch schon fix und fertig für den Einsatz auf dem Hangardeck bereit, und Colonel Newman im LFOC gab zu verstehen, daß sie in etwa 20 Minuten am Ort des Geschehens eintreffen würden. Bis dahin würden »Pirat« und *Spade-2* den beiden abgeschossenen Marines aus der Luft Deckung geben.

Das vordringlichste Problem bestand nun darin, das immer noch andauernde Feuer aus dem iranischen Stützpunkt zu unterbinden. Kidd schaltete sein FLIR auf eine Klimaanlage auf, die auf dem Dach der ihm am nächsten liegenden Kaserne montiert worden war, und übersteuerte sein Radar, um eine möglichst hohe Auflösung für einen Abwurf zu bekommen. Nachdem er seinem »Kettenhund« befohlen hatte, sich die andere Seite des eingezäunten Geländes vorzunehmen, stießen sie auf den Komplex hinab, wobei sie ihre CBU-87 auslösten. Dabei versuchte Kidd den Gedanken aus dem Kopf zu verdrängen, daß er gerade 100 oder noch mehr iranische Soldaten umgebracht hatte. Gefechte waren nun einmal so. Letzten Endes war das, was ihm seine Konzentration zurückbrachte, die Tatsache, daß er das alles schließlich für zwei Kameraden, Brüder von den Marines, getan hatte, die abgeschossen und verletzt da unten am Boden auf Rettung warteten. Mit wesentlich klarerem Kopf brachte er die *Harrier*-Rotte in eine weite Kurve nach Steuerbord und damit zurück auf den Kurs zur Absturzstelle.

Reaktorkontrollraum, Kernkraftwerk Buschehr, Iran, 28. Dezember 2006, 0250

Der letzte Akt des Angriffsplans von *Chilly Dog* bestand in der »Sicherung« des Kernkraftwerks. Das bedeutete, auf dem schnellsten Weg eine Lösung zu finden, wie man das Kraftwerk herunterfahren und anschließend so behandeln konnte, daß die Möglichkeit, hier noch einmal Plutonium herzustellen, ausgeschlossen war. Die Lösung hatte man bereits bei den Planungen in einem IAEA-Bericht über ein tschechisches Atomkraftwerk gefunden, das ein Zwilling der Anlage hier in Buschehr hätte sein können.

Wenn man bei einem Kernreaktor eine Notabschaltung durchführt, die man in Fachkreisen SCRAM nennt, verbleibt eine *Menge* Hitze im Reaktor. Selbst wenn man die Kühlpumpen auf voller Kraft laufen ließe, so berechneten die Spezialisten der IAEA, würde es mindestens drei bis vier Tage dauern, bis die Anlage so »kalt« wäre, daß man sie endgültig abschalten könnte. Damit schied die Zerstörung der beiden riesigen Kühltürme von vornherein aus. Die Beschädigung der Steuereinheit für die Brennstäbe war ebenfalls nicht möglich, da man dazu erst einmal den Druckkessel des radioaktiven Reaktors öffnen mußte. Daher kamen die Experten zu dem

Schluß, daß es das beste sein würde, wenn man den zugleich auch sichersten Weg ginge, indem man die Möglichkeit ausschloß, daß dieser Reaktor noch einmal hochgefahren werden konnte. Dazu mußte man die Steuerelektronik und -pulte entfernen, sobald der Reaktor gescrammt war und die Notstromaggregate zur Stromversorgung der lebenswichtigen Kühlwasserpumpen ihren Betrieb aufgenommen hatten. Das würde allerdings den Zugang zum Hauptkontrollraum der Anlage notwendig machen, und das wiederum war leichter gesagt als getan.

Genau wie die Gesetze der Physik die Konstruktion eines Reaktorkerns diktieren, wobei die ideologischen Ansichten des Betreibers absolut keine Rolle spielen, genauso diktieren die Gesetze für das Schießen mit Handwaffen und die menschliche Psychologie die Baupläne für den Kontrollkomplex eines Reaktors. Sicherheit ist das fundamentalste aller Konstruktionskriterien. Um als betriebssicher zugelassen zu werden, muß ein Reaktorkontrollkomplex eine rigorose Überprüfung in Hinsicht auf sicherheitsgefährdende Aspekte über sich ergehen lassen. Das gilt für alles, also gleichermaßen für die Gesamtkonstruktion als auch für die Absicherung der einzelnen Systeme, die Dokumentation und die Ausbildung der Techniker, die hier beschäftigt werden sollen. So etwas muß nicht nur von geeigneten Experten entwickelt, sondern später von ihnen auch abgenommen werden. Im Laufe der Jahre wurde sehr viel Hightech-Zauberei eingesetzt, um die Reaktorkontrollen gegen wohlbewaffnete und -organisierte Terroristenangriffe sicherer zu machen. Sicherheitsschlösser an den Zugängen, die beispielsweise das unverwechselbare Muster der Netzhaut eines Auges als Schlüssel für die Öffnung verwendeten, waren bald ebenso gang und gäbe, damit nur autorisierte Personen Zugang zu diesem Bereich erhielten, wie die Erfassung von Fingerabdrücken auf entsprechenden Sensorplatten. Inzwischen wurde sogar die Messung des Gehirnwellenspektrums einer Person für die Überprüfung der Zugangsberechtigung verwendet. Korridore, die mit dichtem Schaum oder Betäubungsgas gefüllt werden konnten, gehörten ebenfalls zu Sicherheitsmaßnahmen dieser Art.

In Buschehr hatte man sich allerdings mehr auf die rein physischen Sicherheitsmaßnahmen verlassen, und die bestanden in erster Linie aus bewährten und sicheren Stahltüren mit Schießscharten, hinter denen Männer mit automatischen Waffen standen. Diese Verteidigungsmaßnahmen waren dann noch einmal in die Tiefe gestaffelt, denn hinter den Türen ging es dann mit einem richtigen Labyrinth aus Gängen weiter, die immer wieder rechtwinklig abknickten. Dadurch wurden die Korridore zu »Menschenfallen«, in denen Eindringlinge aus zwei verschiedenen Richtungen unter Feuer genommen werden konnten.

Aber es ist nun einmal eine unverrückbare Tatsache, daß alles, was von Männern mit Gewehren verteidigt wird, auch von Männern mit Gewehren erobert werden kann. Der Knackpunkt dabei ist aber, daß man die Unwägbarkeiten nur sehr schwer definieren kann. Dieses Handicap wird aber durch entsprechende Ausbildung, den Zusammenhalt kleiner Einheiten, spezielle Waffen und Taktiken und irgend etwas, das zwischen ungewöhnlicher Tapferkeit und gewöhnlicher Verrücktheit anzusiedeln sein dürfte, kalkulierbarer gemacht. Die Marines von der 22nd MEU(SOC) hatten diese Art von Drill etliche Male durchlaufen und mehrmals die Rolle der »Aggressor«-Kräfte bei Übungen gespielt, die in Zusammenarbeit mit dem Energieministerium in aktiven und außer Dienst gestellten Kernkraftwerken inszeniert worden waren.

Der äußere Haupteingang erinnerte stark an die Tresortüren einer Bank. Tatsächlich war er auch von derselben Firma eingebaut worden, die in der Schweiz die meisten der größeren Banken beliefert hatte. Im ersten Planungsstadium hatte Major Shaw vom VMA-231 vorgeschlagen, man sollte doch einfach die Tür knacken, indem man einen der Sprengköpfe der Präzisionslenkwaffe *Maverick* verwendete, weil die nämlich über ganz hervorragende panzerbrechende Eigenschaften verfügten. Allerdings entschied man sich dagegen, diesen Vorschlag anzunehmen, weil es zum einen im Durcheinander von Bodenkämpfen äußerst problematisch sein dürfte, in Ruhe zielen zu können, und zum anderen mußte bedacht werden, daß durch die rein räumliche Nähe von eigenen Truppen auch das bestehende Risiko nicht vorher berechenbarer Weiterungsschäden dort wie auch an der Anlage selbst nicht ausgeschlossen werden konnte.

Schließlich einigte man sich auf das geübte Auge und die ruhigen Hände von Lance Corporal Drew Richardson. Er war AT-4-Raketenschütze im schweren Waffenzug der »Charlie«-Kompanie. Seine wiederholten Volltreffer mit den von seiner Schulter abgefeuerten Raketen ließen die massive Stahltür schließlich völlig verbogen in ihren Scharnieren hängen. Zwei Marines schafften es, ein Stahlseil um das Wrack der Tür zu legen und sie mit der kraftvollen Winde eines LAV-Pionierfahrzeugs, das von einem der LCACs an Land gebracht worden war, beiseite zu ziehen. Gleich hinter der Tür machte der Gang einen rechtwinkligen Knick, und der Korridor konnte dort von beiden Enden gleichzeitig unter Feuer genommen werden.

Die iranischen Sicherheitskräfte hatten die Bedienungsmannschaft des Kontrollraums einschließlich der Fremdarbeiter hinter eine Panzertür befohlen und bereiteten sich jetzt darauf vor, den Raum gegen die Marines zu verteidigen. Sie wußten, daß diese bereits in die inneren Verteidigungslinien des Kraftwerks eingedrungen waren. Schon lange zuvor hatten sie den Versuch aufgegeben, Hilfe von außen anzufordern. Das Kappen der Telefonleitungen durch die Aufklärungstrupps und die Störung des Funkverkehrs durch ein LAV mit einer Ausrüstung für elektronische Gefechtsführung, das ebenfalls von den LCACs an Land gebracht worden war, hatten die Kommunikation bereits in einem sehr frühen Stadium unmöglich gemacht. Eigentlich blieb ihnen nichts anderes übrig, als den Raum bis zum letzten Mann zu verteidigen – und genau das hatten sie auch vor.

Das Training für den Trupp, dessen Aufgabe in einem gewaltsamen Eindringen bestand, war alles, nur nicht besonders subtil gewesen. Ein Mann würde Rauchgranaten um die Ecke werfen, und daran anschließend würden sich zwei AT-4-Schützen, beide mit Atemgerät und leichtgewichtigen FLIR-Geräten ausgerüstet, auf dem Boden liegend hinaus in den Flur rollen und auf das nächstbeste Hindernis schießen. Der Gruppenführer verwendete ein Wärmebildgerät mit einem Rechtwinkel-Periskop, mit dem er um die Ecke sehen und so die Resultate jedes einzelnen Schusses feststellen konnte. Das alles mußte etliche Male wiederholt werden, bis schließlich der letzte Wachtposten zum Schweigen gebracht und die letzte Stahltür zum Kontrollraum mit einer entsprechenden Ladung aufgesprengt worden war.

Die Marines der Überfallgruppe strömten durch die Öffnung, um den Kontrollraum zu besetzen, und nahmen dann die Bedienungsmannschaft vorübergehend in Haft. Die Nachtschicht bestand aus rund einem Dutzend Techniker. Einige waren von der letzten Explosion noch völlig taub, und andere hatten Schnittwunden durch die herumfliegenden Splitter davongetragen, aber alle waren klug genug gewesen, sich von der Tür fernzuhalten, als sie die ersten gedämpften Explosionen hörten. Nachdem die Marines den Raum soweit gesichert hatten, fesselten sie die Techniker rasch mit Plastikhandschellen aneinander, wobei sie allerdings die Fremdarbeiter und Iraner voneinander trennten. Die einheimischen Techniker wurden als Gruppe hinaus in einen Bereitschaftsraum geführt, während die Fremdarbeiter hier in der Zentrale blieben.

Zu ihnen gehörte auch Lew Davidowitsch Telfian, der sich klugerweise schon Stöpsel in die Ohren gesteckt und eine Schutzbrille aufgesetzt hatte, bevor der Angriff begann. Er hatte beschlossen, sich in dem Augenblick, da die erste Alarmsirene anfing zu heulen, schon flach auf den Boden zu legen und absolut keine Bewegung zu machen, die so ausgelegt werden könnte, daß er die andere Seite unterstützen wollte. Während er hoffte, daß die Marines ihn auch evakuieren würden, fürchtete er sich gleichzeitig davor, sie könnten ihn zurücklassen. Er war unglaublich erleichtert, als der junge Lieutenant, der offensichtlich den Angriffstrupp befehligte, auf ihn zutrat und ihn mit einem warmen Händedruck begrüßte.

Absturzstelle des AH-1W, südlich des Kernkraftwerks Buschehr, Iran, 28. Dezember 2006, 0255

Der Pilot des *Cobra* war zusammen mit seinem Copiloten hinter einem großen Felsen in Deckung gegangen, und nun verfolgten sie gemeinsam über ihre Notfunkgeräte die Fortschritte des TRAP-Teams. Colonel Newman war sogar noch besser als sein eigenes Versprechen, denn der große CH-53E schwebte bereits 18 Minuten nach ihrem Notruf mit dem Sicherungstrupp an Bord ein. Inzwischen hatten zwei frische *Harriers* die Deckung aus der Luft übernommen, während der *Super Stallion* aufsetzte. Aus ihm schwärmte sofort ein Zug Marines aus, um die Umgebung zu sichern. Während sich vier Sanitäter der Navy um die Verletzungen der beiden Piloten kümmerten, näherten sich vier Marines dem Wrack des AH-1W und stellten die geheimen und kryptografischen Komponenten sicher. Als alles ausgebaut und entfernt war, legten sie Sprengladungen, die das Wrack so zerstören würden, daß nichts mehr übrigbliebe, was für die Iraner von Interesse sein könnte. Schon fünf Minuten später war die Mission erfüllt, und der CH-53E hob wieder ab. Die Sprengsätze detonierten und verwandelten das Wrack des abgestürzten Hubschraubers in einen flammenden Feuerball aus Jet-Treibstoff und hochgehender Munition.

Reaktorkontrollraum, Kernkraftwerk Buschehr, Iran, 28. Dezember 2006, 0310

Langsam wurde es mit all den inzwischen eingetroffenen Zeugen und dem Kamerateam vom CNN ein wenig voll im Kontrollraum. Colonel Newman hatte keinen Zweifel darüber aufkommen lassen, daß er diese Phase von *Chilly Dog* bis ins kleinste Detail dokumentiert haben wollte. Für Wendy Kwan, die in ihrem Kevlarhelm und Kampfanzug – beide in Wüstentarnfarbe – alles andere als glamourös aussah, war es das gleichzeitig erhebendste und furchteinflößendste Erlebnis in ihrem bisherigen Dasein. Sie beobachtete den Leiter des Technikerteams der Marines dabei, wie er einen Reaktor nach dem anderen abwürgte, indem er die jeweiligen SCRAM-Knöpfe drückte und dadurch eine Kakophonie von Alarmsirenen auslöste. Jede einzelne seiner Bewegungen erfolgte auf genaueste Anweisungen von Hans Ulrich, Professor Kennelly und eines Russen, den sie nicht kannte. Als man es endlich geschafft hatte, die Alarmsirenen zum Schweigen zu bringen, waren die Notstromaggregate bereits automatisch angesprungen und hatten die Energieversorgung der Kühlwasserpumpen übernommen. Jetzt war es für die Marines an der Zeit, mit ihrer Arbeit zu beginnen.

Rasch entfernten sie die Abdeckungen der Steuergeräte für die Kontrollstäbe und machten dann mit der Demontage weiter, bis nur noch abgeschnittene Kabelenden herumhingen und die Verbindungselemente entfernt waren. Genauso verfuhren sie anschließend auch mit den Schränken der Steuerelektronik. Als alles soweit demontiert war, lud man die Teile auf Rollwagen und brachte sie aus dem Raum. Dann kamen Marines mit Hartschaumkanonen herein. Sie füllten sämtliche Kabelschächte zum Reaktor mit schnell aushärtendem Schaum und machten es damit unmöglich, die Steuerkreise wieder in Betrieb zu nehmen, ohne vorher umfassende Abbrucharbeiten durchführen zu müssen. Nachdem auch das erledigt war, verließ man den Raum, und es wurde Zeit, sich auf den Weg nach Hause zu machen. Zehn Minuten später wurden die iranischen Techniker auf Befehl von Lieutenant Colonel Shaw wieder freigelassen, damit sie in den Kontrollraum zurückkehren konnten, um dort den Kühlwasserfluß des schnell an Leistung verlierenden Reaktors zu überwachen.

USS *Bataan* (LHD-5), LFOC, 40 Seemeilen westlich Buschehr, Iran, 28. Dezember 2006, 0315

Kriminelle behaupten immer, allein der Einbruch in eine Bank sei schon eine schwirige Angelegenheit, aber die Flucht sei ungleich schwieriger. Jetzt war für die 22nd MEU(SOC) der Zeitpunkt gekommen, wie von allen

Teufeln gehetzt aus dem Iran zu verschwinden. Obwohl sie es geschafft hatten, ein unglaubliches Zerstörungswerk zu erledigen, konnte ihr bisheriges Glück nicht auf Dauer beständig bleiben. Es hatte bereits sieben Gefallene gegeben, und eine weitere Verzögerung an der iranischen Küste würde weitere Opfer fordern. Die LCACs sollten als erste ablaufen, denn sie hatten eine Ladung an Bord, die aus den im Kernkraftwerk und in den Montagehallen ausgebauten Ausrüstungsgegenständen, den Lkws und schweren Fahrzeugen bestand. Ihnen folgten dann zwei CH-53E, in die man die teilweise zusammengesetzten Atomsprengköpfe geladen hatte. Die Hubschrauber wurden von MV-22B begleitet, die ihrerseits die Gefangenen aus der Montagehalle an Bord hatten. Als nächstes folgte die »Charlie«-Kompanie mit ihren unbeugsamen »Einbrechern«, die von den drei übriggebliebenen *Cobra-*»Kanonenbooten« begleitet wurden. Ein einzelner CH-53E flog unter der Deckung der beiden *Harriers* von Major Kidd auf dem Gefechtsfeld herum und sammelte die restlichen Scharfschützen und Aufklärungstrupps ein. Captain Hansen zog sich mit seinen AAAVs durch den Sumpf zurück und ging, kaum daß sie wieder im Meer schwammen, mit Höchstgeschwindigkeit auf Heimatkurs in Richtung *Trenton* (LPD-14). Als Letzter verließ Lieutenant Colonel Shaw an Bord von Lieutenant Colonel Taskins' *Osprey* den Ort des Geschehens. Fünf Minuten später war in und um das Kernkraftwerk Buschehr kein anderes Geräusch mehr zu vernehmen als das Brummen der Generatoren und der Pumpen des Kühlwasserkreislaufs. Vielleicht noch hier und da unterbrochen durch die stotternden Explosionen hochgehender Bereitschaftsmunition in den Kasernen auf der anderen Straßenseite.

USS *Bataan* (LHD-5), 28. Dezember 2006, 0415

Der Air Boss durchlebte hektische 20 Minuten, bis er sämtliche LCACs und Flugzeuge wieder sicher an Bord hatte. Noch nie hatten die Aufzüge in so kurzer Zeit unter derartig großer Belastung gestanden. Zuerst kamen die *Harriers* herein, die auf dem schnellsten Weg neu bewaffnet, aufgetankt und wieder losgeschickt wurden, um während der folgenden Stunden, die äußerst kritisch werden konnten, die Combat Air Patrol (CAP = Gefechts-Luftsicherung) fliegen sollten. Das Kernmaterial wurde in besonders abgeschirmte Container gepackt und für den Transport versiegelt. Die Gefangenen teilte man in drei Gruppen ein. Die Leiter und Techniker, die eine Schlüsselfunktion innegehabt hatten, wurden mit »speziellen« Schildchen ausgestattet und auf direktem Weg in den Haftzellenbereich des Schiffs gebracht und zur Unterbindung von Selbstmordabsichten rund um die Uhr bewacht. Untergeordnetes Personal kam in einen vergitterten Bereich auf dem Hangardeck, bis sie durch das Rote Kreuz an den Iran zurückgereicht werden würden. Die dritte Gruppe bestand aus den Evakuierten, unter denen sich auch Lew Davidowitsch Telfian befand. Ihnen verabreichte man zunächst einmal eine Ration »medizinischen« Bourbons, ein warmes Frühstück und brachte sie dann in die Kabinen, wo sie sich nach den überstandenen Abenteuern erst einmal ausschlafen konnten. Telfian teilte seine Kabine mit dem pakistanischen Techniker, von dem er die CD-ROM bekommen hatte, und die beiden schliefen wohl zum ersten Mal seit Monaten wieder tief und fest. Was die Marines anging, so hatte Captain Rainbow für sie ein Spezialmenü aus Steaks und Eiern vorbereiten lassen. Dann wurden noch rasch die Waffen gereinigt und weggestaut, bevor auch die Marines endlich in ihre Kojen fallen konnten. Als die *Trenton* wieder ihren Platz in der Formation eingenommen hatte, gingen alle Schiffe der ARG auf 24-kn-Fahrt und nahmen Kurs auf die Straße von Hormus. Dort wurden sie von einer CAP aus F-14 *Tomcats* und F/A-18 *Hornets* von der *Constellation* übernommen und liefen unter ihrem Schutz weiter hinaus auf die offene See in Richtung Diego Garcia ab, wo sie ihre Fracht und Passagiere von Bord schaffen würden.

Flugzeugträger-Kampfverband USS *Constellation* (CV-64), Arabisches Meer, 28. Dezember 2006, 0430

Als sich die Dinge im Persischen Golf etwas beruhigt hatten, ging der Vorhang für den Schlußakt von *Chilly Dog* hoch. Genau um 0430 begannen zwei *Aegis*-Kreuzer und zwei Zerstörer der *Spruance*-Klasse mit ihrem Angriff. Sie starteten insgesamt 124 BGM-109 *Tomahawk* Marschflugkörper gegen das Automobilwerk in Bandar Abbas und die Raketenbatterien in der Straße von Hormus. Nach einem Flug über das Arabische Meer erfaßten sie auf der iranischen Seite ihre Ziele und trafen die vorher festgelegten Angriffspunkte mit einer Quote von 88 Prozent. Damit war die Operation *Chilly Dog* militärisch gesehen zu Ende. Der politische »Niederschlag« auf der ganzen Welt würde allerdings noch Monate dauern.

Außerordentliche Sitzung des amerikanischen Kongresses, Washington, D.C., 18. Januar 2007

Die abschließenden Worte des Präsidenten in seiner Rede zur Lage der Nation waren einfach, so wie es bei allen guten Reden der Fall sein sollte: »Meine Damen und Herren, ich möchte die Ergebnisse der Aktion Buschehr etwa folgendermaßen zusammenfassen. Wir haben nachdrücklich eine Verletzung des Kernwaffen-Sperrvertrags beendet und dabei gleichzeitig eine Bedrohung der Stabilität in Südwestasien beseitigt. Von weit größerer Bedeutung ist jedoch die Tatsache, daß die Personen, die für diese Verletzung internationalen Rechts verantwortlich sind, in Kürze wegen Vergehens gegen die Menschenrechte angeklagt werden. Wir können bereits heute den Niedergang der islamischen Revolutionsregierung im Iran beobachten, was uns hoffen läßt, daß schon bald ein politisches Tauwetter zwischen uns und diesem von Unruhen heimgesuchten Land einsetzen wird. Wir werden der Bevölkerung des Irans die Hand zur Freundschaft und für die Aufnahme von offenen Handelsbeziehungen entgegenstrecken und hoffen inständig, daß dieses furchtbare Feuer, das wir gerade eingedämmt haben, nie wieder im Persischen Golf aufflackern wird.

Ich möchte mich in aller Form bei den Frauen und Männern bedanken, die diese Operation durchgeführt haben. Wir leben in einem neuen Jahrtausend, und solange wir es nicht schaffen, gangbare Wege für uns und unsere Welt zu finden, wird die menschliche Rasse kaum eine Chance haben, ein weiteres Jahrtausend zu erleben. Wir können uns glücklich schätzen, daß es gute Menschen gibt, die auf den Festungswällen der Freiheit stehen, dort wachen und uns die Möglichkeit verschaffen, ruhig schlafen zu können. Ich möchte nie in die Lage kommen, einmal ohne ein Militär dazustehen, das die Wache über unsere Interessen übernimmt und auch in der Lage ist, sie zu schützen. Gott schütze sie und die Vereinigten Staaten von Amerika!«

Offiziersmesse, USS *Bataan* (LHD-5), westliches Mittelmeer, 18. Januar 2007

Lew Davidowitsch Telfian sah sich die Rede zur Lage der Nation an und lächelte dabei. Er wußte, daß er einer derjenigen gewesen war, die dabei geholfen hatten, diese Mission zu einem glücklichen Abschluß zu bringen. Er befand sich immer noch an Bord der *Bataan,* wo er sich sicherer fühlen konnte als irgendwo an Land, zumindest so lange, bis im Iran etwas Gras über die Sache gewachsen und die Erinnerung an ihn nicht mehr ganz so frisch war. Selbstverständlich hatte sich Telfian schon Gedanken darüber gemacht, was er als nächstes tun wollte, und es gab auch schon einige Angebote. Eines war beispielsweise von der IAEA gekommen, die ihn gern als Mitglied eines Inspektorenteams haben wollte, das in Südamerika und Afrika eingesetzt werden sollte. Nicht uninteressant war auch das Angebot der Amerikaner, als Berater für die Defense Nuclear Agency (DNA) im Rahmen von Fragen der Counter-Proliferation tätig zu werden. Sogar jemand vom SWR hatte sich gemeldet und ihm angeboten, als Nachrichtendienstanalytiker im Hauptquartier in Moskau zu arbeiten. Gerade das letztgenannte war ihm ziemlich attraktiv erschienen. Aber vielleicht auch das der Amerikaner. Wenigstens arbeiteten die ernsthaft daran, die verdammten Bomben abzuschaffen. Nachdem er so lange derart eng mit Kernenergie zu tun gehabt hatte, wäre es eigentlich an der Zeit, diesen Geist zurück in die Flasche zu befehlen.

Operation *Tropic Fury:* Die Befreiung von Brunei, September 2008

Über dem Limbang-Tal, Brunei, 2. September 2008

Heute morgen würde der Sultan von Brunei eine neue Klinik für die Bergstämme des oberen Limbang-Tals einweihen. Der königliche Hubschrauber, ein luxuriös ausgestatteter Sikorsky S-76, schlängelte sich vom Südchinesischen Meer herauf durch die mit Regenwäldern bewachsenen Berge des nördlichen Borneo. Der Flug vom Palast bis hierher dauerte nur knappe 20 Minuten, und der Luftraum des gesamten Distrikts war während dieser Zeit für den sonstigen Luftverkehr gesperrt worden. Manchmal verspürte der Sultan – selbst ein ebenso begeisterter wie geübter Pilot – Lust, die Maschine selbst zu fliegen, aber heute saß er lieber hinten und surfte auf seinem neuen Toshiba-Notepad durch die elektronische Ausgabe des *Wall Street Journal*. Der Leitartikel drehte sich doch tatsächlich um seinen Plan, der sich mit der Aufteilung und Verwaltung der kürzlich gefundenen Ölfelder im Südchinesischen Meer befaßte.

Diese Quellen lagen rund um die Spratly-Inseln, die eigentlich keine Inseln waren, sondern ein paar unfruchtbare Riffe, die sich immer darum bemühten, als Inseln angesehen zu werden, wenn gerade einmal Ebbe war. Diese neuen Ölblasen waren mit Sicherheit das größte Vorkommen, das man gefunden hatte, seit 1970 die Quellen in der Nordsee entdeckt wurden. Unglücklicherweise waren die Anrainerländer bei diesem Ölvorkommen mit Sicherheit nicht so einsichtig wie Großbritannien und Norwegen bei der Aufteilung der Felder in der Nordsee. Ein halbes Dutzend Staaten beanspruchten hier Claims an den neuen Feldern, und einige davon konnte man durchaus als »vernünftig« bezeichnen. Im Osten lagen die Philippinen, wo Teile der Gewinne aus der Ölförderung mit Sicherheit einen Teil der explosiv wachsenden Bevölkerungsarmut beseitigen würde. Im Westen beanspruchten die kommunistischen Regimes China und Vietnam die Ölvorkommen, die sicherlich ihren Anteil an der Ölförderung dazu verwenden würden, ihre Wirtschaft zu sanieren und harte Devisen durch die Exportverkäufe einzunehmen. Im Norden lag Taiwan, das immer noch behauptete, die »einzig legitime« Regierung Chinas zu sein, und sich dadurch berechtigt fühlte, den Anspruch Chinas am Öl zumindest teilweise auch für sich zu erheben. Aber der wirkliche Ärger lag im Süden, wo Malaysia, Indonesien, Singapur und Brunei Ansprüche auf die neuen Felder anmeldeten, und einige von denen wären ganz sicher bereit dazu, für ein größeres Stück von diesem Kuchen auch zu den Waffen zu greifen.

Das kleine Brunei, aus dessen Quellen das reinste Rohöl der Welt sprudelte, allgemein bekannt unter der Bezeichnung *North Borneo Crude*, war in bezug auf das Pro-Kopf-Vermögen das reichste Land der Welt. Das schuf natürlich unter den Nachbarstaaten eine Menge Neid, was ganz besonders für Malaysia galt, dessen Bevölkerung ständig wuchs, dessen ethnische Spannungen immer weiter zunahmen und dem Erdölressourcen völlig fehlten. Die Malaysier hatten seit dem vergangenen Sommer eine wachsende Bedrohung dargestellt. Der Grund war die bevorstehende Konferenz der Vereinten Nationen, die ein für allemal festschreiben sollte, wie die Entwicklungspläne für die Ölfelder im Südchinesischen Meer gestaltet wurden. Dazu hatte Malaysia schließlich mit Indonesien eine Koalition gebildet und versuchte im Augenblick für diese Konferenz auch Singapur auf seine Seite zu ziehen. Ein gleichlautendes Angebot hatte auch der Sultan erhalten. Aber er hatte diese Einladung höflich, aber bestimmt abgelehnt.

Er hatte nämlich seinerseits vor, einen Vorschlag zu präsentieren, nach dem die Erträge der Erdölförderung nicht irgendwelchen Profiten dienen, sondern in multinationaler Kooperation in einen Fond einfließen sollten, aus dem regionale Entwicklungsprogramme finanziert werden sollten. Damit wäre es endlich möglich, Schulen, Straßen und andere Bestandteile von Infrastrukturen aufzubauen, die so dringend von den Menschen in diesem Teil der Welt benötigt wurden. Der Sultan war sich allerdings darüber im klaren, daß die Führer der anderen Staaten seine Vision nicht teilten, und das war der eigentliche Grund, weshalb er seine Ideen auf den Tisch der UNO legen wollte. Hier im Leitartikel des *Wall Street Journal* wurde sein Plan detailliert dargestellt – bereits zusammen mit den ersten Reaktionen darauf, die sehr schnell erfolgt waren. Malaysia und Indonesien hatten sich fürchterlich darüber aufgeregt, während Vietnam und China ominöserweise ganz ruhig blieben. Aber Singapur, Taiwan und die Philippinen hatten seine Idee in vollem Umfang unterstützt, was ihn etwas Hoffnung schöpfen ließ. Während er sich zurücklehnte, lächelte er und sammelte seine Gedanken für die Einweihung der Klinik.

Das hell leuchtende, frisch lackierte »H« auf dem Landepunkt für die Rettungshubschrauber im Klinikgelände war schon zu sehen, als sie um die Flußbiegung kamen. Der heutige Pilot vom Dienst für diesen Flug des Königs war ein Brite. Der ehemalige Commander der Fleet Air Arm hatte Tausende von Stunden in seinem Flugbuch stehen, die er am Knüppel von so ziemlich allem verbracht hatte, was über einen oder mehrere Rotoren verfügte. Außerdem hatte er eine Spezialausbildung in Ausweich- und Fluchtmanövern. Es half ihm letzten Endes alles nichts. Aus den Augenwinkeln sah er noch den kurzen Blitz am Boden, und in einer Instinktreaktion riß er die Maschine in eine scharfe Wendung nach Steuerbord. Das Notepad wurde dem Sultan aus den Händen gerissen und knallte gegen die Windschutzscheibe aus Plexiglas.

Die Bewegung des Piloten kam zu spät. Der Suchkopf der ersten von der Schulter eines Schützen gestarteten Lenkwaffe hatte sich bereits auf das heiße Metall der Turbinenabgasdüse aufgeschaltet, was ihm die anderen Flugkörper nachtaten, die jetzt aus dem Tal heraufgezischt kamen. Der hochexplosive Gefechtskopf detonierte im Augenblick seines Aufschlages auf das Backbordtriebwerk und zerfetzte Kraftstoff- und Hydraulikleitungen genauso wie die Steuerzüge. Der Treffer einer einzelnen Rakete hätte dem Sikorsky und seinem Piloten eventuell noch die Chance gelassen, einen kontrollierten Absturz hinzubekommen und die Sache zu überleben. Nicht aber ein zweiter, der jetzt den stabilen und eleganten Chopper in eine flammende Wolke aus Wrackteilen verwandelte. Zu dem Zeitpunkt, als die geschockten VIPs und ein Ärzteteam der Klinik an der Unglücksstelle eintrafen, konnte Seine Königliche Hoheit, der Sultan von Brunei, nach allgemeiner Einschätzung der reichste Mann der Welt, nur noch anhand eines Röntgenbilds seines Gebisses identifiziert werden.

Im Palast, Bandar Seri Begawan (BSB), Brunei, 2. September 2008

Der 26jährige Kronprinz Omar Bolkiah hatte gerade eine Trainerstunde auf dem Tennisplatz, als der ältliche, respektvolle und sich durch tadellose Manieren auszeichnende Majordomus mit der Nachricht vom Tode seines Vaters ankam. Omar war sich nicht ganz sicher, welcher seiner zahllosen Halbbrüder diesen Meuchelmord wohl in die Wege geleitet hatte, obwohl er gleichzeitig auch ernstzunehmende Vermutungen nicht verdrängen konnte, daß eine ausländische Macht das Kommando für diesen Anschlag gestellt hatte. Ihm war klar, daß sein eigenes Leben keinen Pfifferling mehr wert war, wenn man ihn hier irgendwo auf dem 20 Hektar großen, eingezäunten Palastgelände antraf. 20 Minuten später war er bereits verschleiert, in Frauenkleider gehüllt und von einem Schwarm der Lieblingsdienerinnen seiner Schwester begleitet, durch eine selten genutzte Ausgangspforte am Fluß geschlüpft und an Bord eines kleinen Boots gegangen. Kaum eine Stunde später befand er sich in der einfachen weißen Uniform eines Marinekadetten an Bord des rostigen, aber zuverlässigen Patrouillenboots *Pejuang* und lauschte dem Dröhnen der Zwillingsdiesel, als er aus dem Hafen von Muara glitt und Kurs auf die heimtückischen Untiefen des Louisa-Riffs nahm.

Der junge Prinz (»Nein, Moment, ich muß jetzt anfangen, von mir selbst als Sultan zu denken«, dachte er) hatte eine Menge Befürchtungen, aber die Angst, verfolgt zu werden, gehörte nicht dazu. Hier in seiner Marine gab es Männer, denen er völlig vertrauen konnte. Als die Sonne über dem Südchinesischen Meer mit dem für die Tropen typischen, spektakulären Untergang hinter dem Horizont verschwand, dümpelten sämtliche anderen Patrouillenboote der königlichen Marine von Brunei um ihre Murings – zwar nach bestem Portsmouth-Standard geschrubbt und poliert, aber es gab kein einziges, das nicht gründlich sabotiert worden wäre. Innerhalb weniger Tage würden einige der jüngsten Mechanikermaate ihre Loyalität für ihren Prinzen mit dem Leben bezahlen müssen.

Britische Botschaft, Washington, D.C., 5. September 2008

Das Paket mit dem diplomatischen Siegel Ihrer Majestät Botschaft Auslandsdienst war mit einem transpazifischen »Rotaugen«-Flug aus Singapur zum Dulles Airport gelangt. Dort wurde es von einem Wagen der britischen Botschaft übernommen, der von zwei Chevrolet *Blazers* des Secret Service eskortiert wurde. Das war eigentlich ungewöhnlich, aber zu dieser frühen Stunde gab es hier niemanden, der davon Notiz genommen hätte. Die Männer, die man zusammengerufen hatte, das Paket zu untersuchen, kamen von den unterschiedlichsten militärischen, diplomatischen und nachrichtendienstlichen Organisationen. Die Amerikaner hatten die geraderen Zähne, die Briten die besser sitzenden Anzüge, und sie alle hatten die gleiche Ausbildung durchlaufen. Ein feines Leinentuch wurde über den mit exquisiten Intarsien verzierten Konferenztisch gelegt, und dann begann die Arbeit. Einige der tropischen Hartholzbäume, aus denen dieser Tisch mehr als hundert Jahre zuvor hergestellt worden war, hatten nicht allzuweit von der Absturzstelle entfernt gestanden. Das Paket wurde ganz ohne Feierlichkeiten geöffnet, und die verkohlten und geschwärzten Metallsplitter wanderten zur Beurteilung von Hand zu Hand.

»Unsere Freunde vom Special Air Service haben diese Teile in der Nacht nach dem Absturz aufgesammelt. Dort herrscht jede Menge Durcheinander, wie Sie sich vorstellen können. Ein Teufelsjob, da hinein- und wieder herauszukommen, ohne entdeckt zu werden.«

»Keine Frage«, sagte schließlich einer der Amerikaner. »Die chinesische Kopie unserer *Stinger*.«

Deshalb war nicht nachzuvollziehen, wem die Lenkwaffen gehört haben mochten, die den Hubschrauber des Sultans vom Himmel geholt hatten. Heute konnte man diese Flugkörper in jedem Basar der Dritten Welt für ein paar tausend Dollar kaufen. Die nächste Frage des Nationalen Sicherheitsberaters des Präsidenten der USA war an den britischen Botschafter gerichtet.

»Herr Botschafter, welche Stellung bezieht die britische Regierung in dieser Angelegenheit?«

»Der Premierminister befindet sich, wie Sie sicher wissen, in einer äußerst schwierigen Lage. Die britische Shell und Lloyd's sind Erstbürgen für mehr als eine Billion britischer Pfund an Investitionen sowohl in Malaysia als auch in Brunei. Die potentiellen Einnahmen aus diesen Ländern liegen aber bei einem Vielfachen dieses Betrags. Wie Sie sich vielleicht vorstellen können, übt die britische Industrie einen enormen Druck auf unsere Regierung aus, absolut nichts zu unternehmen und das neue Arrangement als Fait accompli zu akzeptieren. Was wir hier vorliegen haben, ist im Grunde nichts anderes als die Vergewaltigung eines kleinen Landes durch einen größeren und stärkeren Nachbarn, ähnlich wie es 1990 Kuwait ergangen ist. Aber nichtsdestoweniger werden wir, ohne selbst die Initiative zu ergreifen, jede Art von Vorgehen seitens Ihrer Regierung unterstützen, um den Status quo wiederherzustellen.« Damit streckte der Botschafter seine Hand aus, um den neuesten einer unzähligen Serie von inoffiziellen Deals zu besiegeln, die seit Jahren zwischen dem United Kingdom und seiner ehemaligen Kolonie Amerika geschlossen worden waren. Einmal mehr waren die »besonderen Beziehungen« bekräftigt worden.

Vor dem Louisa-Riff, Südchinesisches Meer, 6. September 2008, 0400

Fregattenkapitän Chu Hsiang-kuo fuhr das Periskop der *Hai Lung* aus und schwang es mit einer routinierten Bewegung des Handgelenks über den Horizont. Da befand sich ein bruneiisches Patrouillenboot nur ein paar hundert Meter südlich von ihm genau auf der Position, die man ihm angegeben hatte. »Neuer Kurs eins-null-acht. Umdrehungen für fünf Knoten.

Klarmachen zum Auftauchen.« Chu drückte den Stoppuhrknopf an seiner Rolex, ein Geschenk eines Onkels, dem eine größere Elektronikfirma auf Taiwan gehörte. Er hatte nicht vor, mehr als drei Minuten an der Oberfläche zu bleiben, und hatte seine Mannschaft seit Tagen darauf gedrillt, jede nur mögliche Sekunde bei diesem trickreichen Manöver und der Übernahme einzusparen. Es gab einfach zu viele Patrouillenflugzeuge vom chinesischen Mutterland, wodurch er sich den Luxus einfach nicht leisten konnte, länger als notwendig an der Oberfläche herumzuschwimmen. Genau zwei Minuten und 49 Sekunden später schlug die Luke schon wieder dicht, und Seine Königliche Hoheit der Sultan von Brunei befand sich an Bord des besten Unterseeboots der Nationalen Republik China. Man hatte aus guten Gründen auf das traditionelle Seitepfeifen beim Anbordkommen einer hochgestellten Persönlichkeit verzichtet; Omar umarmte Fregattenkapitän Chu nur herzlich, und das war's. Jetzt befand sich der Prinz endlich in Sicherheit, obwohl die Bequemlichkeit an Bord des taiwanesischen Unterseeboots durch das Hinzukommen der Besatzung des Patrouillenboots aus Brunei zumindest für eine gewisse Zeit etwas litt. Als die *Hai Lung* (Seedrache) tauchte, schlingerte das Patrouillenboot *Pejuang* schon erheblich tiefer in der gläsernen See und kenterte schließlich. Wären statt des Öffnens der Bodenventile Sprengladungen für die Selbstversenkung verwendet worden, hätte man nicht ausschließen können, damit unerwünschte Aufmerksamkeit zu erwecken. Die Rotchinesen hatten hier sämtliche Gewässer mit Lauschsonden verkabelt, und dieser letzte Akt der bruneiischen Marine sollte leise über die Bühne gehen.

Im Palast, Bandar Seri Begawan, Brunei, 6. September 2008

Von schlägerhaft aussehenden Leibwachen umgeben, fühlte sich der 21jährige Prinz Abdelrahman, der Bruder des verschollenen Kronprinzen, ganz entschieden unwohl in der Uniform eines Feldmarschalls. Das hier sollte seine erste Konferenz werden. Seine »Hundeführer« hatten ihn in den vier Tagen, die seit dem Attentat vergangen waren, immer und immer wieder gedrillt und eingewiesen. Trotzdem stand bei der »Live«-Sendung via Satellit, die in Englisch mit Simultanübersetzungen in Malaysisch, Mandarin und etliche andere regionale Dialekte mit rund sieben Sekunden Verzögerung übertragen wurde, ein hochrangiger malaysischer Offizier, als Audiotechniker getarnt, unmittelbar neben dem »Kill«-Schalter. Nur für den Fall, daß Abdelrahman irgend etwas besonders Dummes von sich geben sollte.

Er hustete und stotterte los: »Im Namen Allahs, des Gnädigen und Allmächtigen, habe ich, Prinz Abdelrahman Bolkiah, Sultan von Brunei, die traurige Pflicht, meine Untertanen und die ganze Welt von Ereignissen in Kenntnis zu setzen, die den Frieden und die Ruhe in unserem Land in den letzten Wochen erschüttert haben. Wir haben unwiderlegbare Beweise gefunden, daß der Sultan Opfer eines meuchlerischen Komplotts meines

Halbbruders, des ehemaligen Kronprinzen Omar, wurde, der inzwischen aus dem Land geflohen ist. Meine Regierung würde es als ernsthafte Verletzung internationalen Rechts ansehen, wenn irgendeine ausländische Macht diesem Kriminellen Schutz gewähren würde.

Selbst wenn wir jede nur mögliche Anstrengung unternehmen, den Mord an unserem Vater zu rächen, dürfen wir dennoch die Zukunft unserer Untertanen nicht aus den Augen verlieren. Vor mehr als einhundert Jahren war dieses Sultanat nichts weiter als das Rudiment von Kolonialismus und geopolitischen Anomalien.« Er machte eine kurze Pause und trank einen Schluck Wasser. Die schlechten Übersetzer würden ohnehin noch mit seinen in Englisch gesprochenen Sätzen zu tun haben. »Wir haben Repräsentanten unseres Volkes und unsere Berater konsultiert.« Er nickte in Richtung auf die Hardliner, fundamentalistische Imame, welche die örtlichen Rechtsgelehrten kontrollierten und sich selbst für kollektiv befugt hielten, die Gesetze der muslimischen Religion auszulegen.

»Und so haben wir beschlossen, daß sich Brunei formell um die Aufnahme in die Föderation Malaysia bewirbt. Wir haben bereits die Zusicherung seiner Exzellenz, des Premierministers von Malaysia, vorliegen, daß die traditionellen Privilegien des Sultanats, seiner Bürger, seiner Kultur und die Traditionen seiner Bevölkerung in vollem Umfang respektiert werden. Darüber hinaus haben wir entschieden, daß bei der anstehenden internationalen Konferenz über die Territorialgewässer im Südchinesischen Meer die historischen Ansprüche Bruneis in voller Machtbefugnis von der Föderation Malaysia wahrgenommen werden. Unser Militär wird sich mit den malaysischen Streitkräften vereinigen, und der Brunei-Dollar wird zugunsten des malaysischen Ringgit aus dem Verkehr gezogen und zu sehr vorteilhaften Bedingungen in die neue Währung umgetauscht. Sämtliche ausländischen Botschaften werden selbstverständlich alle erdenkliche Unterstützung dabei erhalten, ihre Einrichtungen und Stäbe in Kuala Lumpur zu etablieren, und wir laden alle Nationen ein, ihre Konsulate hier in Bandar Seri Begawan zu eröffnen.« Er schloß seine Ansprache mit den Worten: »Friede sei mit euch.« Es wurden keine Fragen gestellt. Jeder teilte die einhellige Meinung, daß sich der Junge dafür, daß dies seine erste Pressekonferenz war, erstaunlich gut an das Skript gehalten hatte.

Hauptquartier der Fleet Marine Force, Pazifik, Pearl Harbor, Hawaii, 7. September 2008

Lieutenant General Sidney Bear, USMC, war nicht gerade das, was man als zartbesaiteten Mann bezeichnen würde. Mit einer Statur, die seinem Namen alle Ehre machte, trug er den Spitznamen »Teddy«, den er noch aus seiner Zeit bei der Navy beibehalten hatte, wie eine Widerspiegelung seiner freundlichen und liebenswürdigen Natur. Aber es gab Zeiten, in denen er stinksauer werden konnte – und eine solche Phase war gerade angebrochen. Als kommandierender General der Fleet Marine Forces,

Pacific (FMFPAC) war er für sämtliche Unternehmungen der Marines auf dem Schauplatz Pazifik verantwortlich, und jetzt hatte er Probleme – kleine und große. Die Entscheidung Amerikas, den neuen Sultan einfach zu übersehen und die Aufforderung zur Rückverlegung der Botschaft aus BSB (Bandar Seri Begawan) einfach zu ignorieren, hatte das U.S. Pacific Command kalt erwischt. Selbstverständlich beschäftigte sich der General zunächst einmal mit seinen eigenen Belangen, was nur natürlich war, denn schließlich stand eine Gruppe seiner Marines als Wache vor und in der US-Botschaft in BSB. Auf dem schnellsten Weg berief er eine Videokonferenz via Satellit ein. Der Militärattaché in der Botschaft war ein Lieutenant Colonel von der Air Force, aber der General war erleichtert zu sehen, daß die Sicherheitsabteilung der Botschaft unter dem Kommando eines erfahrenen Gunnery Sergeant stand. Das war bestimmt das erste Mal, daß der Gunny mit einem Drei-Sterne-General sprach, von dem er nur ein ruckelndes Bild auf dem Monitor und eine durch die Verschlüsselung des Videophones bedingte verschwommene Stimme hörte. Aber sein Selbstvertrauen und seine Professionalität drangen laut und deutlich durch.

»Heute morgen haben wir einen Haufen Leute an der Pforte gehabt, die Schlange gestanden haben, um ein Visum zu beantragen, Sir, aber sonst läuft hier alles wie gewöhnlich.«

»Gunny, ich zähle auf Sie. Sie sind jetzt meine Augen und Ohren, zumindest so lange, bis wir euch Verstärkung schicken können. Sorgen Sie dafür, daß Ihre Männer sich ruhig verhalten. Wenn die unbedingt die Botschaft stürmen wollen, sollen sie doch. Wir werden Sie da sobald wie möglich rausholen, aber bis dahin sind und bleiben Sie meine Augen und Ohren vor Ort. Passiert irgend etwas Ungewöhnliches, kommen Sie ans Rohr und verlangen nach meinem Ops-Offizier, und zwar unverzüglich. Ist das klar?«

»Semper Fi, Sir!«

Weitere Erklärungen erübrigten sich damit.

Weißes Haus, Washington, D.C., 8. September 2008, 1000

Der Verteidigungsminister rückte mit einer Kleinlasterladung von Wandkarten, Dias, hochaufgelösten Satellitenfotos und sonstigen Dokumenten an, um den Präsidenten über die Lage in Brunei zu unterrichten. Im Anschluß erörterte der Minister die möglichen regionalen und globalen Auswirkungen der Krise. Zum Schluß erklärten ihm der Nationale Sicherheitsberater und der Stabschef das Ganze noch einmal in einfachen Worten. Nachdem diese Präliminarien geklärt waren, rief der Präsident in London, Paris und Moskau an, und schon war die Sache entschieden. Der Regierungswechsel in Brunei war ein illegaler Staatsstreich. Die Politik der Vereinigten Staaten von Amerika würde es sein, jeden Wechsel im internationalen Status des Sultanats zu ignorieren. Man würde alles daransetzen, den rechtmäßigen Thronfolger, Kronprinz Omar Bolkiah, zu suchen und an seine Regentschaft zu bringen.

Irgend jemand wiederholte einen Satz aus den frühen 90er Jahren: »Das bleibt nicht so.«

Man würde zwar versuchen, eine politische Lösung über den Sicherheitsrat der Vereinten Nationen durchzudrücken, aber die Analytiker des Nationalen Sicherheitsberaters (NSA) hatten Nachrichten aus dem Kommunikationsverkehr mit Peking ausgewertet und waren zu dem Schluß gekommen, daß die Chinesen zweifellos von ihrem Vetorecht Gebrauch machen würden. Damit stand nur noch eine einzige Alternative offen. Der Verteidigungsminister telefonierte mit dem Vorsitzenden der Vereinigten Stabschefs. Der Chairman rief beim CINCPAC an. Der CINCPAC telefonierte mit dem FMFPAC. Eine Planungsgruppe wurde zusammengestellt, die in einem schmuddeligen Büro unter derart scharfen Sicherheitsbedingungen arbeitete, daß zu diesem Zeitpunkt gerade einmal ein halbes Dutzend Offiziere über Zeit, Ort und Angriffsziele Bescheid wußten. Die Räder begannen sich zu drehen.

Hauptquartier der 7th Gurkha Rifles, Seria, Brunei, 9. September 2008

Seit Jahrzehnten hatte die Brunei Shell Petroleum schon die Sicherheit seiner Ölfelder in die kleinen, braunen und äußerst leistungsfähigen Hände der Gurkhas gelegt. Die Gurkhas, ein Gebirgsstamm aus Nepal, erfreuten sich einer nur als einzigartig zu bezeichnenden Beziehung zur britischen Krone. Diese Beziehung verband in sich Elemente von Ehre, Tradition, gegenseitiger Bewunderung und Barzahlung. Ein komplettes Regiment von 900 Gurkhas stehen zu haben kostete den Sultan volle fünf Millionen britische Pfund pro Jahr, und es war jeden einzelnen Penny wert. Niemand rührte die Ölfelder des Sultans an. Kein Berufssoldat auf der ganzen Welt war besonders scharf darauf, sich mit Gurkhas anzulegen.

Es war eine äußerst delikate Situation. Seit Generationen von der britischen Armee rekrutiert und ausgebildet, waren die Gurkhas von Brunei angeworben worden, um die Ölfelder des Sultanats zu verteidigen, und nirgendwo bestanden die geringsten Zweifel daran, daß sie genau das auch tun würden, solange sie lebten – und zwar bis zum letzten Mann. Colonel Rai stand mit seinen einssechzig und einem Gewicht von 48 Kilo »voll im Saft«. Er war 52 Jahre alt und immer noch in der Lage, mit einem einzigen Hieb seines rasiermesserschafen *Kukri*, dieses gebogenen Kampfmessers, das eine zentrale Rolle in der mystischen Kriegertradition der Gurkhas spielt, einen Büffel zu köpfen. Es kam selten vor, daß er seine Paradeuniform anlegte, denn die meiste Zeit verbrachte er entweder mit seinen Männern auf Patrouille oder mit einer Handvoll ausländischer Offiziere von Kommandotruppen, denen das außerordentliche Privileg zuteil geworden war, eine Dschungelausbildung mit den Gurkhas zu absolvieren. Heute aber war jede Bügelfalte fast ebenso scharf wie sein *Kukri*, und jedes Teil aus Messing glänzte wie pures Gold, denn er stand kurz davor, einen ganz besonderen Gast willkommen zu heißen: den persönlichen Boten seines hinduistischen Monarchen, des Königs von Nepal. Man brühte Tee auf, Geschenke wurden ausgetauscht, und man zelebrierte freundlichen Smalltalk, während man darauf wartete, daß die Ordonnanzen den Tisch freigeräumt hatten.

»Seine Majestät wünscht die Anwesenheit Ihres Regiments für eine wichtige Zeremonie in Katmandu«, sagte der Abgesandte.

»Wir sind einer solchen Ehre nicht wert, und die Pflicht verlangt unsere Präsenz hier in Brunei, wofür seine Majestät sicherlich Verständnis haben wird«, erwiderte Rai.

»Die 14th Gurkha Rifles werden Sie hier vorübergehend ablösen. Der britische Premierminister hat großzügigerweise angeboten, daß wir uns der Tarnsportflugzeuge seiner Royal Air Force bedienen dürfen, und zugesagt, daß Ihr Transfer und der Ihrer Männer kostenlos erfolgen wird.«

Der Krieger und der Diplomat suchten den Augenkontakt. Ein kaum wahrnehmbares Lächeln huschte über ihre unbeteiligten Gesichtszüge. Wenige Worte wurden ausgesprochen, dabei aber um so mehr verstanden.

»Bitte übermitteln Sie Seiner Majestät meine tiefstempfundene Dankbarkeit, daß er uns diese Ehre zuteil werden läßt.«

Gegen Ende der Woche waren die 7th Rifles aus dem Land, und aus irgendwelchen völlig unerfindlichen Gründen waren sie in Manila gelandet und hatten »zufällig« im gleichen Hotel Zimmer bezogen, in dem auch Kronprinz Omar Bolkiah abgestiegen war. Zur gleichen Zeit wurden die 14th Gurkhas bei ihrem Abflug nach Brunei immer wieder aufgehalten. Probleme mit dem Papierkrieg – sagte man. Die diplomatischen Kanäle summten vor überschwenglichen Entschuldigungen, während sich die malaysischen Behörden die Hacken abrannten, um zumindest für die Übergangszeit Sicherheitskräfte zu rekrutieren. Für den Augenblick verfügte der neue Sultan allerdings nur über den Schutz der Malaysier.

Residenz des Premierministers, Kuala Lumpur, Malaysia, 10. September 2008, 1430

Das war einfach nicht zu tolerieren. Der Premierminister war alles andere als ein geduldiger Mensch. Er hatte seine lange Laufbahn der Verwandlung seiner zerbrechlichen Nation in eine respektierte ökonomische und militärische Macht gewidmet. Und jetzt besaß diese amerikanische Eingreiftruppe die Unverschämtheit, provokativ durch seine Territorialgewässer zu dampfen. Nur um offensichtlich allem die Krone aufsetzen zu wollen, forderten die Amerikaner dabei auch noch seine malaysischen Patrouillenflugzeuge auf, einen Sicherheitsabstand von wenigstens 50 Seemeilen nicht zu unterschreiten, um »bedauerliche Zwischenfälle« zu vermeiden. Im Gegenzug hatte er den amerikanischen Botschafter einbestellt und fast eine halbe Stunde lang versucht, den Mann einzuschüchtern. Die verbindlichen, aber diplomatisch gehaltenen Hinweise des Amerikaners auf die »Navigationsfreiheit in internationalen Gewässern« und »rein vorbeugenden Maßnahmen« hatten sein Blut nur noch stärker in Wallung versetzt. Malaysier können schon ganz schön hitzige Leute sein. Schließlich ist *Amok* ja auch ein malaysisches Wort, und der Premierminister stand jetzt kurz davor, selbst einen Amoklauf zu beginnen. Kaum hatte er den Amerikaner entlassen, als er auch schon zum roten Telefon griff, das ihn direkt mit dem Stabschef der Streitkräfte verband. Er würde denen schon einen Zwischenfall bescheren, den sie so schnell nicht vergäßen.

Über dem Südchinesischen Meer, 10. September 2008, 1500

Es hatte einmal Zeiten gegeben, in denen die Tatsache, daß eine Staffel von vier ehrwürdigen MiG-29 *Fulcrum*-C Deckung für einen Schwarm von vier brandneuen F/A-18C *Hornets* flog, etwas äußerst Seltsames an sich gehabt hätte. In der neuen Weltordnung war eine solche Mischung von Flugzeugen allerdings nichts Ungewöhnliches mehr. Die Luftstreitkräfte Malaysias hatten ihr mageres Budget dadurch strecken können, daß sie Super-Sonderangebote im Osten wie Westen eingekauft hatten, und das Resultat war beispielsweise diese Formation hier. Squadron Leader Edward Tawau, Rufzeichen *Roter Drache*, knipste nervös am Umschalter für die Betriebsart des Radars auf seinem Steuerknüppel herum und schaltete ununterbrochen zwischen dem Luft- und Oberflächensuchmodus hin und her. Er mochte diese Mission nicht im geringsten. Seine Befehle lauteten, die Schiffe der amerikanischen Task Force im Tiefflug zu überfliegen und unmittelbar über deren Mastspitzen die Schallmauer zu durchbrechen. Bei der Einsatzbesprechung noch vor Morgengrauen hatte der Wing Commander noch versichert, daß die Amerikaner sich aus dem Staub machen würden, sobald sie durch diese Mission verstanden hätten, daß es den Malaysiern mit der Durchsetzung ihrer Souveränität ernst sei.

Der Wing Commander (Rufzeichen *Blaue Python*) war Abkomme einer Fürstenfamilie aus einem der kleinen Sultanate, die sich zur Föderation Malaysia zusammengeschlossen hatten, und hatte eine Ausbildung bei der RAF durchlaufen. Er verachtete die Amerikaner, hielt sie für ein merkwürdiges Volk ohne die Spur von Höflichkeit und bar jeden Sinnes für Familienehre und Dankbarkeit. Andererseits hatten sich die Eltern des Squadron Leader beispielsweise in einer Fabrik kennengelernt, die Schaltkreisplatinen für eine amerikanische Computerfirma montierte, und seine F/A-18 *Hornet* hatte er in Florida fliegen gelernt. Es mochte vielleicht sein, daß er die Amerikaner nicht verstand, aber er war nicht gewillt, sie deswegen zu unterschätzen.

»Roter Drache für Blaue Python«, kam es nach einem Knacken aus dem Funkgerät. »Oberflächenschiffe in Peilung eins-null-null, Entfernung 120 Kilometer.« Tawau legte kurz den Schalter auf Boden-Such-Modus, um den Kontakt zu bestätigen, und schaltete das Radargerät dann ganz ab. Jetzt gab es keine Emissionen mehr, die den Amerikanern den Vorteil einer frühzeitigen Warnung hätten liefern können. In zehn Minuten wären sie über dem Ziel. Kaum fünf Minuten später schlug aber schon sein Radar-Warnempfänger (RWR) an. Eines der amerikanischen Geleitschiffe hatte sich gerade mit seinem Feuerleitradar auf ihn aufgeschaltet. Dieser Hahnenkampf nahm langsam ernste Ausmaße an.

Combat Information Center (CIC), USS *Bonhomme Richard* (LHD-6), 10. September 2008, 1505

Captain Mike Anderson hatte den anfliegenden Schwarm bereits ausgemacht, als er noch über 120 Seemeilen entfernt war, und schon Maßnahmen ergriffen, um mit dieser Bedrohung fertigzuwerden. Zwei AV-8B *Harrier II Plus* mit *Sidewinders* und AMRAAMs, die sich im »Plus Five«-Alarmzustand befanden, wurden sofort gestartet, als die anfliegende Kraft einen Abstand von 100 Seemeilen unterschritt, und zwei weitere seiner Senkrechtstarter begannen sofort danach mit ihren Startvorbereitungen. Dann hörte er über das interne Kommunikationsnetz, wie der Kommandeur des PHIBRON, ein Rear Admiral, »Alarmstufe gelb, Waffen gesichert« an den Verband und seine Eskorte durchgab. Das bedeutete, daß ein Angriff zu erwarten war und sämtliche Waffen im Fall eines feindlichen Aktes sofort zurückfeuern konnten. Was sich da auf dem Weg zu ihnen befand, sah nach dickem Ärger aus, und Anderson befahl »Alle Mann auf Gefechtsstationen!« In den nächsten paar Minuten würde es ganz schön aufregend werden.

Formation *Roter Drache*, 10. September 2008, 1508

Als er einen Abstand von 65 Seemeilen erreicht hatte, hörte Squadron Leader Tawau über den internationalen Notrufkanal eine Stimme mit eindeutig amerikanischem Akzent, die ihn zum Abdrehen und zur Einhaltung eines Sicherheitsabstandes von mindestens 50 Seemeilen zum Verband aufforderte. In seinem Kopfhörer konnte vernehmen, wie der Wing Commander verächtlich schnaubte und seinen Maschinen befahl, weiterhin den befohlenen Kurs zu halten. Langsam wurde die Sache ungemütlich. Tawau entschloß sich, einmal den Luftraum zu checken, und war eigentlich nicht sonderlich erstaunt, feststellen zu müssen, daß zwei unidentifizierte Kontakte von der Seite her aufschlossen. Kaum eine Minute später wurde es sogar noch schlimmer. Nachdem er die 50-Seemeilen-Linie überflogen hatte, begann sein Radar-Warnempfänger zu plärren und zeigte ihm, daß sich an Backbord zwei Luftkampfradare auf ihn aufgeschaltet hatten. Er wollte seinem Schwarm gerade den Befehl zum Abdrehen geben, aber noch bevor sein Finger den Mikrophonschalter drücken konnte, explodierten bereits zwei seiner F/A-18 *Hornets* in flammenden Feuerbällen. Sie waren den berühmten AIM-120 AMRAAM-Lenkwaffen der amerikanischen Kampfflugzeuge zum Opfer gefallen. Er hob den Kopf und sah durch die Kuppel, daß just zwei MiGs ebenso erwischte und auch sie in einer glühenden Wolke vergingen. Da erschallte die Stimme seines Wing Commander aus dem Kopfhörer, der befahl, näher an die Schiffe aufzuschließen, und danach »Feuer frei!« über die Staffelfrequenz brüllte. Tawau fühlte Ärger über diese Dämlichkeit in sich aufsteigen, sah aber für sich keine Möglichkeit, die Ausführung des gegebenen Befehls zu verweigern, und so blieb ihm nichts anderes übrig, als den verbliebenen *Hornets* seines Schwarms seinerseits den Befehl zu geben, ihm zu folgen. Er ging auf Nachbrenner, schaltete seinen Störsender ein und senkte die Nase seiner Maschine zu einem Sturzflug auf die amphibischen Schiffe. Er sah nicht, wie sich die Maschine des Wing Commander durch den Treffer einer *Sidewinder* in einen Feuerball verwandelte, und auch nicht, wie die übriggebliebene MiG fluchtartig auf Heimatkurs ging. Er befolgte weiterhin den letzten offiziellen Befehl, den er erhalten hatte, so schlimm es auch kommen mochte.

Minuten später, als die vorher nur verschwommenen Schatten der Task Force als konkrete Punkte am Horizont auftauchten, sah er einen Blitz und die unverwechselbare Rauchspur, die darauf hinwiesen, daß von einem der Geleitschiffe ein SAM gestartet worden war. Die beiden F/A-18C führten hektische Ausweichmanöver durch, um den Lenkwaffen zu entgehen. Noch während er dahingehend alles versuchte, stieß der SAM auf ihn hinab und detonierte oberhalb und kurz hinter ihm. Von den Splittern des Gefechtskopfs durchlöchert, begann die *Hornet* auseinanderzubrechen, und er zog den Griff des Schleudersitzes. Als er sah, wie sein Staffelführer abgeschossen wurde, überkam den anderen jungen malaysischen Piloten die Wut, und er setzte seinen Sturzflug fort, bis er die Maschine schon fast auf den Wellenkämmen abfing. Er flog in Richtung der letzten Peilung weiter, bis plötzlich direkt vor ihm die amphibischen Schiffe bedrohlich groß auftauchten. Er machte seine Gatlingkanone scharf, visierte das nächstliegende Schiff an und setzte dazu an, es in knappem Überflug zu beharken ...

An Bord der USS *Germantown* LSD-42), 10. September 2008, 1513

Als die F/A-18 weiterhin einen Kurs beibehielt, der verdächtig nach einem klassischen Angriffsprofil aussah, hatte der ARG-Kommandeur die entsprechenden Befehle gegeben, und die Feuerleitcomputer errechneten eine Lösung, das feindliche Flugzeug anzugreifen, sobald es in die Reichweite der Waffen kam. Womit allerdings niemand gerechnet hatte, war, daß einer der F/A-18-Piloten verrückt genug sein würde, auf Wellenkammhöhe anzufliegen, und ebensowenig hatte irgend jemand eine Vorstellung davon, wie übel ein Feuerstoß aus einer 20-mm-Kanone die Brücke eines amphibischen Transporters zurichten konnte. Eines der 20 mm Mk 16 *Phalanx* CIWS-Geschütze der *Germantown* zerfetzte die F/A-18 und ließ sie ins Meer rasen, wobei der Pilot ums Leben kam.

Presseraum des Pentagon, Washington, D.C., 10. September 2008, 0800

»Heute morgen gegen zwei Uhr Ortszeit wurden acht malaysische Flugzeuge erfaßt, die den Verband einer amerikanischen Task Force anflogen. Der Verband marschierte in internationalen Gewässern des Südchinesischen Meeres. Nachdem wiederholte Aufforderungen auf den internationalen Luftfahrtfrequenzen, den Sicherheitsabstand einzuhalten, ignoriert worden waren, wurden die Maschinen von den Verteidigungssystemen angegriffen. Wir gehen nach momentaner Kenntnislage davon aus, daß sieben Maschinen abgeschossen wurden und eine umkehren konnte. Einer der Kampfjets schloß zur USS *Germantown* auf und eröffnete das Feuer aus seiner Bordkanone, bevor er abgeschossen werden konnte. An Bord der *Germantown* sind 26 Seeleute und Marines gefallen, und 18 wurden schwer verwundet.

Die Luft-See-Rettungshubschrauber der Eingreiftruppe sind zur Zeit immer noch im Einsatz und suchen nach Überlebenden der malaysischen Kampfflugzeuge. Der Minister hat mich gebeten, noch einmal ausdrücklich zu betonen, daß die Vereinigten Staaten von Amerika diesen Vorfall *nicht* als kriegerischen Akt einstufen. Ich möchte es noch einmal in aller Deutlichkeit wiederholen: Wir befinden uns nicht im Krieg mit Malaysia. Wir sind bemüht, eine explosive Situation in einer Problemzone unserer Erde zu entschärfen. In angemessener Zeit werden wir auf diplomatischem Weg eine formelle Entschuldigung von Malaysia für die verlorenen Leben von Amerikanern und die Beschädigung unseres Schiffs einfordern. Bis dahin beabsichtigen die Vereinigten Staaten, die Situation im besetzten Brunei scharf

Karte des Gefechtsbereichs im Südchinesischen Meer während der Eröffnungszüge der Invasion Bruneis   *Jack Ryan Enterprises, Ltd., von Laura Alpher*

im Auge zu behalten. Des weiteren sind die USA bestrebt, die Prinzipen der freien Navigation in internationalen Gewässern aufrechtzuerhalten, wie wir das schon seit über zweihundert Jahren tun.«

Als der Presseoffizier des Verteidigungsministeriums sich wieder gesetzt hatte, trat der Offizier des State Department ans Mikrophon, räusperte sich und verlas das Papier, welches man ihm nur wenige Minuten zuvor übergeben hatte:

»Bis zur endgültigen Klärung der Situation hat das State Department sämtliche amerikanischen Staatsbürger in Malaysia und dem besetzten Brunei angewiesen, die erste sich ergebende Möglichkeit wahrzunehmen, das jeweilige Land zu verlassen. Darüber hinaus haben vom heutigen Tage an amerikanische Pässe für die Einreise nach Malaysia und Brunei keine Gültigkeit mehr. Der Präsident hat per Exekutiverlaß verfügt, daß sämtliche Guthaben Malaysias und Bruneis auf den Konten amerikanischer Banken eingefroren werden. Unser Botschafter bei den Vereinten Nationen hat die Einberufung des Sicherheitsrates zu einer Dringlichkeitssitzung für morgen früh beantragt. Ladies und Gentlemen, ich danke Ihnen. Keine Fragen bitte.«

Vereinte Nationen, New York, 11. September 2008

RESOLUTION 1446
Der Sicherheitsrat
betrauert den unter bislang ungeklärten Umständen eingetretenen Tod Seiner Königlichen Hoheit des Sultans von Brunei und

ist äußerst besorgt, daß die Annexion von Brunei durch die Föderation Malaysia ohne Rücksicht auf die frei geäußerten Wünsche der Bevölkerung Bruneis vollzogen wurde.

Alarmiert durch die kürzlich im Seegebiet des Südchinesischen Meeres stattgefundenen Auseinandersetzungen zwischen Kräften der Föderation Malaysia und den Vereinigten Staaten von Amerika,

handelt der Sicherheitsrat gemäß Artikel 39 und 40 der Charta der Vereinten Nationen,

fordert er den sofortigen und bedingungslosen Rückzug des malaysischen Militärs aus dem Hoheitsgebiet von Brunei,

appelliert an die Föderation Malaysia, die Vereinigten Staaten von Amerika, das Sultanat Brunei, die Mitgliedstaaten der Vereinigung Südostasiatischer Staaten und sämtliche andere betroffenen Staaten, sofort mit intensiven Verhandlungen zu beginnen, die eine friedliche Beilegung der Differenzen zum Ziel haben sollen, und

entscheidet sich für den Augenblick zu vertagen und erneut zusammenzutreten, um weitere Schritte festzulegen, die eine Einhaltung dieser Resolution gewährleisten sollen.

Diese Resolution trug Unterschriften, von denen 14 dafür stimmten bei einer Gegenstimme (Indonesien) und zwei Enthaltungen (China und Japan). Hätte China von seinem Vetorecht Gebrauch gemacht, wäre die Annexion

Bruneis endgültig gewesen, und die zerbrechliche »neue Weltordnung« hätte es akzeptieren müssen, ob sie es nun wollte oder nicht. Diplomatischer Druck schert die chinesischen Kommunisten normalerweise einen Dreck. Hier lagen die Dinge allerdings etwas anders, denn einige Tage vor der Abstimmung hatten die Chefs großer westlicher und japanischer Handelsbanken und Ölgesellschaften bei ihren Kontaktleuten in China angerufen und ihnen auf diesen inoffiziellen Kanälen eine unmißverständliche Nachricht übermittelt: Sollte die Annexion Bruneis unwidersprochen akzeptiert werden, würden sämtliche Auslandskredite für die Entwicklung von Ölbohrungen im Südchinesischen Meer, und zwar ungeachtet territorialer Ansprüche gleich welcher Nation in diesem Teil der Welt, mit sofortiger Wirkung gestrichen werden. Die Rotchinesen mögen vielleicht treue Anhänger und Verfechter des Marxismus-Leninismus sein, aber sie sind nicht dumm.

An Bord der USS *Bonhomme Richard* (LHD-6), PHIBRON 11, 12. September 2008

Kanal 6 des Fleet Broadcast Satellite Net übertrug CNN, und der Stab der ARG hatte sich zu dieser ungewöhnlichen Stunde in der Messe eingefunden, um die Live-Übertragung aus dem Sitz der Vereinten Nationen auf der anderen Seite der Weltkugel mitzuerleben. Die Wetten standen etwa pari. Die eine Hälfte der Offiziere war überzeugt, daß Malaysia sich unter Berücksichtigung all der Lektionen, die der Irak vor rund 15 Jahren hatte hinnehmen müssen, zurückziehen würde. Die andere Hälfte ging davon aus, daß sie unmittelbar davor standen, Befehle vom CINCPAC zu erhalten, mit der Planung für die Befreiung Bruneis zu beginnen.

Colleen Taskins war inzwischen sicherlich nicht deswegen zum Colonel des Marine Corps befördert worden, weil sie immer nur das Beste hoffte. Heute war sie der erste weibliche Kommandeur einer MEU(SOC) in der Geschichte des U.S. Marine Corps. Sie erwartete schlicht und ergreifend immer das Schlimmste, und jetzt stand sie kurz vor dem Beginn ihres ersten Törns als Kommandeur. Bei der 31st MEU(SOC) und dem PHIBRON 11 waren bislang noch keine Befehle für die Rückeroberung Bruneis eingegangen, aber gute Kommandeure denken voraus und sind für alles gerüstet, und genau dementsprechend wollte sie nun versuchen vorzugehen. Sie rief ihren Stab zu einer nächtlichen Planungsbesprechung zusammen. Wenn letzten Endes dann doch noch die Befehle über die Instanzen vom CINCPAC bis zu ihr eintreffen würden, wollte sie jedenfalls bereit sein.

Amerikanische Botschaft, Manila, Philippinen, 14. September 2008

Man hatte Kronprinz Omar Bolkiah und den Colonel der 7th Gurkhas gebeten, im Konferenzraum der Botschaft Platz zu nehmen. Dort wurden sie dann über die Pläne zur Befreiung Bruneis aus den Händen Malaysias informiert. Irgendwie fand der junge Mann es schon merkwürdig, hier zu sitzen und anderen zuzuhören, die in seinem Beisein mit nüchterner Distanz darüber sprachen, wie sie für sein Land und dessen Bevölkerung kämpfen wollten. Colonel Raid hatte dem jungen Prinzen aber schnell klargemacht, daß das nun einmal in der Natur von Soldaten liegt. Obwohl die Amerikaner hier über sein Land sprachen, als handelte es sich dabei um ein Schachbrett, ließen sie keine Zweifel darüber aufkommen, daß sie es ihm zurückgeben würden. Das sei genau das, so flüsterte Colonel Raid dem Prinzen zu, was sie auch schon im Jahr 1991 für die Familie Al Sabah in Kuwait gemacht hätten, und jetzt würden sie es eben für ihn tun.

Auf einer Großbildleinwand erschien eine Serie von Dias mit kleineren Bildeinfügungen an den Kanten von jedem der wichtigeren Teilnehmer an dieser Besprechung. Eines zeigte das unbeteiligte Gesicht des Kronprinzen, die anderen den Vorsitzenden der vereinigten Stäbe, den CinC der Pacific Forces und den Kommandeur der 31st MEU(SOC), Colonel Taskins. Der Prinz machte sich ein wenig Sorgen darüber, das Schicksal seines Landes in die Hände dieser Frau mit dem Koboldgesicht zu legen, aber sie schien ihr Handwerk zu verstehen, und die anderen auf dem Bildschirm schienen sie zu respektieren.

Die Amerikaner gaben der bevorstehenden Operation den Namen »Tropic Fury«. Der Prinz fragte sich, wie man sich später an sie erinnern würde – als ähnliche triumphale Befreiung, wie es *Desert Storm* gewesen war, oder als katastrophalen Fehlschlag wie *Eagle Claw*, den Überfall, der eigentlich zur Befreiung der Geiseln im Iran führen sollte. Aber *Tropic Fury* sah wirklich so aus, als hätte sie eine Chance. Colonel Raid meinte, daß die Operation Ähnlichkeit mit einer »gestreckten Suppe« hätte. Was er damit sagen wollte, war, daß man mit sehr wenig anfangen würde und mit der Nachführung von Truppen erst dann anfangen wollte, wenn die ersten Angriffsanstrengungen von Erfolg gekrönt waren. Anfangs war der Prinz noch verblüfft, wie intensiv die Amerikaner diese Art von Problemen durchdacht zu haben schienen, bis ihm einfiel, wie schlimm sie 1970 gedemütigt worden waren. Die Fähigkeit Amerikas, seinen Willen durchsetzen, gründete sich nicht zuletzt auf eine lange Reihe solcher Angelegenheiten, und er gab sich selbst das Versprechen, hier in Manila mehr zu lernen als einen neuen Aufschlag beim Tennis.

Besprechungsraum des Weißen Hauses, Washington, D.C., 15. September 2008

»Ladies and Gentlemen, der Präsident der Vereinigten Staaten von Amerika!«

Der Presseraum war wegen der Ankündigung einer politischen Erklärung über das, was inzwischen unter der Bezeichnung »Krise im Südchinesischen Meer« immer größere Kreise zog, gerammelt voll. Außer dem normalen Medienpersonal des Präsidenten betraten auch noch der Minister des State Department und der Verteidigungsminister den Raum mit einer Staffelei, die mit Besprechungsunterlagen vollgehängt war. Die Fernsehscheinwerfer flammten auf, als ihnen jetzt der Präsident folgte und sogleich mit seinem Vortrag begann. Nach einer kurzen Einführung, in der er die Vorfälle der letzten Tage noch einmal kurz Revue passieren ließ, kam er sofort auf den Punkt:

»... und das ist der Grund, weshalb die Vereinigten Staaten von Amerika in Übereinstimmung mit den Vereinten Nationen mit sofortiger Wirkung ein vollständiges wirtschaftliches und militärisches Embargo über Malaysia verhängen. Die Regierung von Malaysia hat bis heute um Mitternacht Ortszeit jeden Luft- und Seeverkehr von und nach Brunei einzustellen. Bei Zuwiderhandlung wird Amerika militärische Gewalt anwenden, die Einhaltung des Embargos durchzusetzen. Malaysia hat darüber hinaus fünf Tage Zeit, sich aus dem Hoheitsgebiet Bruneis zurückzuziehen und die Erlaubnis für die Rückkehr des Sultans zu erteilen. Widrigenfalls ist mit Maßnahmen zu rechnen, sie dort gewaltsam zu vertreiben. Dies ist die einzige Warnung, die erfolgen wird, und Verhandlungen darüber werden von vornherein ausgeschlossen. Wir haben diese Situation nicht geschaffen. Das war Malaysia. Nun sollen sie die Suppe auch auslöffeln, oder wir werden sie zwingen, es zu tun. Damit ist meine Stellungnahme abgeschlossen. Der Verteidigungsminister und Minister des State Department werden jetzt Ihre Fragen beantworten. Guten Tag, meine Damen und Herren.«

Er drehte sich einfach um und verließ das Podium, während hundert Reporter wie aus einer Kehle »Mr. President?!« schrien.

USS *Bonhomme Richard* (LHD-6), im Südchinesischen Meer, 16. September 2008, 1100

»Ach du dickes Ei, das ist ja wie eine ganze Stadt nur aus Öltanks. Wie sollen wir denn da kämpfen?« fragte der Lieutenant. Von den Kaianlagen in Kuala Belait bis hin zu den Bohrtürmen und Pumpstationen von Seria, das 20 Kilometer weiter im Osten lag, bot sich dieser Küstenstreifen als Landschaft aus immens wertvollen, aber ebenso leicht entflammbaren Raffinerien dar, zwischen denen ab und zu die Flamme einer Gasfackel loderte, wenn es sich dort um Felder handelte, bei denen es zu schwierig oder zu gefährlich war, Anlagen für die Erdgasverflüssigung einzurichten.

»Genau hiermit, Lieutenant«, sagte Major Hansen und warf einen kleinen, aber verblüffend schweren, runden und dabei flachen Beutel auf den Tisch.

»Entschuldigen Sie, Sir. Meine Marines sollen hier in einem Gefecht gegen Typen antreten, die mit scharfer Munition um sich ballern, und von uns wird erwartet, daß wir mit diesen Bohnensäckchen zurückschießen?«

»Nichttödliche Geschosse, Lieutenant, *flexible Schlagstöcke*, und machen Sie bloß nicht den Fehler, die Dinger zu unterschätzen – die hauen noch ein Pferd auf 20 Schritt Entfernung von den Hufen. Wir werden diese Projektile aus unseren Schrotgewehren und Granatpistolen abfeuern, bis wir mindestens 500 Meter aus dem Gelände der Ölanlagen heraus sind.«

Der Junge war einfach noch nicht alt genug, um sich an die Feuer von Kuwait erinnern zu können. Der Major war dabeigewesen und wünschte sich nur eines: nicht noch einmal eine derart höllische Landschaft aus Rauch und Flammen zu Gesicht zu bekommen. Geduldig erklärte er noch einmal in allen Einzelheiten die Rules of Engagement für Gefechte auf einem Ölfeld. Der Lieutenant sollte schließlich am nächsten Morgen seine Kompanie durch die Grundlagen des Auffrischungstrainings für die Kampfschrotflinten führen.

»Wie dem auch sei. Wir glauben nicht, daß Sie in Ihrer LZ auf reguläre Soldaten treffen werden«, sagte der Major. »Die Wachmannschaften der Ölgesellschaften sind im Grunde nichts weiter als Mietpolizisten, und wir werden versuchen, Shell zu überzeugen, daß es besser ist, sie auf jeden Fall von dort abzuziehen.«

»Nun, Sir, ich hab schon ganz schön beschissene Erfahrungen mit Miet-Cops gemacht.«

»Das glaube ich Ihnen glatt, Lieutenant. Ich bin mir da sogar ziemlich sicher...« Der Junge war in einer der übelsten Gegenden im Süden von Los Angeles aufgewachsen. Er hatte bestimmt einmal zu denen gehört, die ihre ersten Ladendiebstähle schon in einem Alter hinter sich hatten, als der Major noch dabei war, die Wissenschaft des Knotenknüpfens bei den Pfadfindern zu erlernen. Jetzt war er aber ein Marine, genauer gesagt, einer *seiner* Marines. Er war glücklich, einen solchen Mann unter seinem Kommando zu haben.

Südchinesisches Meer, 40 Seemeilen nordwestlich der Insel Natuna, 17. September 2008

Der Stolz der malaysischen Marine, die *Sri Inderapura*, war 1971 für die Navy in San Diego, Kalifornien, als amerikanisches Landungsschiff für Panzer unter dem Namen *Spartanburg County* (LST-1192) vom Stapel gelaufen. Als das Schiff 1994 wegen der Richtlinienänderungen und des Truppenabbaus außer Dienst gestellt wurde, schnappten sich die Malaysier begeistert dieses 5000 Tonnen verdrängende Schiff, da es für sie die ideale Plattform für Transporte von schweren Ausrüstungsgegenständen zwischen der Halbinsel und dem abgelegenen Nordborneo war. Heute hatten sie ein Bataillon leichter Kampfpanzer vom Typ *Scorpion* und Lastwagenladungen mit Treibstoff und Munition zur Verstärkung der Garnison in Brunei an Bord. Die moderne Fregatte *Lekiu* fuhr Geleitschutz, und ihr *Lynx*-Hubschrauber sicherte einige Meilen voraus gegen Unterseeboote. Die Amerikaner hatte eine sogenannte »Exclusion Zone«[82] um Brunei herum erklärt, aber eine uralte Regel der internationalen Gesetze besagt, daß eine Blockade nur dann legal war, wenn sie auch im Einklang

---
82 Ausschluß- bzw. Verbotszone

mit den Gesetzen stand. Also waren die 500 Soldaten und Seeleute an Bord der *Sri Inderapura* so etwas wie Versuchskaninchen. Die turbulente Unterwasserfauna in diesen tropischen Gewässern erzeugte für die Sonartechniker an Bord der *Lekiu* eine krachende und pfeifende Wolke aus Verwirrung. Sie wußten ganz genau, daß sich hier in diesen Gewässern chinesische, australische, amerikanische und indonesische Unterseeboote herumtrieben, aber es war ihnen fast unmöglich, vor dem Hintergrund dieses biologischen Krachs irgendwelche definitiven Kontakte herauszufiltern. Es wäre ein politisches Desaster, wenn sie versehentlich ein neutrales oder sogar »befreundetes« Unterseeboot angreifen würden. Also konnten sie nur angestrengt auf ihre flackernden Bildschirme starren und warten.

Für die Sonartechniker an Bord der USS *Jefferson City* (SSN-759), die 33 Seemeilen entfernt stand, waren die pochenden Diesel und wimmernden Turbinen der malaysischen Schiffe, die durch die Thermoklinalen[83] und Konvergenzzonen zu ihnen drangen, wie das Schrillen von Feuerwehrsirenen in der Nacht. Acht Wochen zuvor hatte die *Jefferson City* Pearl Harbor zu einer weiteren Routinepatrouille in Friedenszeiten verlassen. Vor ein paar Tagen war das Boot nun in diese untiefen, gefahrenträchtigen Gewässer beordert worden, um die Exclusion Zone um Brunei durchzusetzen. Während der letzten sechs Stunden hatten die Sonarmänner nichts anderes getan, als die Bewegungen der feindlichen Schiffe zu verfolgen. Dabei hatten sie entsprechende Feuerleitlösungen immer weiter verfeinert, bis diese auf so viele Stellen hinter dem Komma genau waren, daß sie in der Lage waren, das Herz auch eines zwanghaft perfektionistischen Offiziers auf einem Atom-Unterseeboot glücklich zu machen. Der Waffensystemoffizier unterhielt sich ein letztes Mal mit dem Kommandanten. Dann gab der Skipper unmißverständlich mit scharfer, befehlsgewohnter Stimme den Befehl zu feuern.

Innerhalb weniger Sekunden spurtete eine Salve von vier RGM-84 *Harpoon* Lenkflugkörpern aus den Torpedorohren, bohrten sich ihren Weg durchs Wasser an die Oberfläche und entledigten sich ihrer Startkanister. Selbst auf diese Entfernung mußte man auf der *Lekiu* das Startgeräusch gehört haben, aber für den Kapitän der *Sri Inderapura* blieb sowieso nicht mehr viel zu tun, außer seine Männer auf die Gefechtsstationen zu befehlen und die Lecksicherungstrupps in Bereitschaft zu versetzen. Doch, da war noch etwas: Er konnte beten, daß der Strom von 20-mm-Geschossen aus seiner *Phalanx*-Waffe oben auf der Brücke dem Flug von wenigstens einem *Harpoon* in den letzten Sekunden vor dem Einschlag ein Ende bereiten würde. Und siehe da, es klappte! Ein zweiter *Harpoon* fiel einer *Seawolf*-Rakete zum Opfer, die wirklich in allerletzter Sekunde von der *Lekiu* abgefeuert worden war. Aber es reichte nicht. Die beiden anderen *Harpoons* trafen das LST. Einer schlug bis in den Maschinenraum durch, bevor er explodierte und das Schiff wie tot auf dem Wasser liegen ließ. Der andere traf das Deck, auf dem man die Fahrzeuge untergebracht hatte, und löste

---

83 Wärmeschichten des Wassers

dort bei den leichten Panzern nicht mehr unter Kontrolle zu bringende Kraftstoff- und Munitionsbrände aus.

Die *Lekiu* hielt sich bereit, Überlebende an Bord zu nehmen. Alles in allem hatten sie ein erstklassiges und professionelles Beispiel für eine Seemannschaft geliefert, ganz im Sinne ihrer Tradition, die sie von der Royal Navy der Briten und deren seeräuberischen Vorfahren übernommen hatten. Als die *Sri Inderapura* kenterte und in die schlammigen Ablagerungen auf dem Meeresgrund sank, drehte die inzwischen übervölkerte Fregatte ab und nahm Kurs auf ihren Heimathafen. Fast zur gleichen Zeit pumpte das australische Unterseeboot *Farncomb* drei Torpedos in ein malaysisches Ro-Ro-Schiff, das Fahrzeuge und Ausrüstung für eine komplette Brigade für die Verteidigung von BSB an Bord hatte. Nun würde Malaysia ganz sicher keine weiteren Schiffe mehr aufs Spiel setzen, um die Bewacher der Exclusion Zone herauszufordern.

BSB International Airport, 17. September 2008

Die Verteidigung eines Flugplatzes gegen einen Luftlandeangriff gehört zu den typischen Themen der taktischen Ausbildung an den Stabsakademien. Major Dato Yasin, der Kommandeur des 9. Infanteriebataillons der malaysischen Armee, beherrschte sie, denn fast hätte er den Abschluß an der Akademie als Klassenbester seines Jahrgangs geschafft. Regel 1: Blockiere die Runways, um überraschende Landungen zu verhindern. Es würde für die örtlichen Pendler mit einigen Unannehmlichkeiten verbunden sein, denn die meisten Linienbusse von BSB standen nun nicht nur quer auf den Start- und Landebahnen, sondern auch auf den dorthin führenden Rollbahnen des Flughafenkomplexes. Eigentlich hatte der Major vorgehabt, die Runways mit Kippern und Containern zu blockieren, die man zuvor mit Zement gefüllt hatte, mußte von diesem Gedanken jedoch Abstand nehmen, da sich unter Umständen die Notwendigkeit ergeben konnte, die Flugbetriebsfläche sehr schnell zu räumen, wenn Versorgungsgüter und Verstärkung eingeflogen wurden, sollten es die verdammten Politiker wider Erwarten schaffen, die amerikanische Blockade für einige Tage zu lockern. Das war der Grund, weshalb ein Hauptmann der Transportabteilung seines Bataillons jetzt ständig die Zündschlüssel für die Busse in Verwahr hatte.

Regel 2: Richte überlappende Feuerbereiche über die Runways ein, um abgesprungene Fallschirmjäger bereits in den ersten paar Minuten, nachdem sie den Boden berührt haben und die für sie besonders kritisch sind, zu dezimieren. Der Major hatte ein Raster von sorgfältig getarnten Feuerstellungen und Maschinengewehrnestern zusammen mit einigen weniger gut getarnten Scheinstellungen anlegen lassen. Er war früher gemeinsam mit amerikanischen Truppen bei friedenssichernden Aktionen der UN im Einsatz gewesen. Die hochauflösenden Satellitenbilder »erster« Wahl hatte er nie zu Gesicht bekommen, aber die Bilder »zweiter Wahl«, die nicht der Geheimhaltung unterlagen und die man den alliierten UN-Truppen zur Verfügung gestellt hatte, waren auch so schon beeindruckend genug gewesen. Dreimal täglich (die Zeiten hatte sich der Major mit Dank an den militärischen Nachrichtendienst der malaysischen Streitkräfte für die nette Fleißarbeit sorgfältig in seinem Kalender notiert) passierten amerikanische Spionagesatelliten seine Position und erfaßten selbst die kleinsten Details seiner Vorbereitungen.

Die dritte Verteidigungsregel lautet: Errichte eine Schutzzone, und verhindere jede Bewegung, die zu einer Einnahme des Flugplatzes von außen führen könnte. Unglücklicherweise betrug der Umfang des Flughafens mehrere Kilometer, und dem Major stand gerade einmal ein leicht verstärktes Bataillon von rund 1000 Mann zur Verfügung. Dieser internationale Flughafen war für jeden erkennbar als Prestigeobjekt entworfen und gebaut worden. Realistisch gesehen war er viel zu groß für dieses Land. Dennoch hatte Major Yasin es irgendwie geschafft, zumindest seine schweren Waffen einschließlich der Minenfelder für die Panzer- und Truppenabwehr an den voraussichtlichen Zugangsrouten in Stellung zu bringen.

Regel 4: Ordne alles, was der Luftabwehr dient, so an, daß ein Bereich von 360° abgedeckt werden kann, und verlege die Stellungen von Zeit zu Zeit an andere Positionen. Das war ziemlich leicht. Die ganze Luftabwehr-Abteilung seines Bataillons bestand aus ein paar tragbaren *Blowpipe*-Lenkwaffen. Die Luftabwehrbatterie der Division hatte ein *Rapier*-SAM-Startgerät und einige Scheinstellungen auf den Hügeln in der Umgebung plaziert. Er hegte jedoch keine Zweifel, daß diese Stellungen kaum eine Chance hatten, den ersten Angriff zu überstehen.

Letzte Regel: Bete – und zwar so oft und inständig wie möglich. Diese Regel stand zwar nicht im taktischen Ausbildungsplan der Akademie, aber als er jetzt sein Gesicht gen Mekka wandte und niederkniete, um das erste der fünf täglichen Gebete zu sprechen, erschien es dem Major so, als sei dies eigentlich der wichtigste Punkt überhaupt. Er war ein patriotischer Malaysier und guter Moslem, und jetzt mußte er gerade feststellen, daß sein persönlicher GPS-Empfänger, den er unter anderem dazu verwendete, um die genaue Richtung auf die Heilige Stadt festzustellen, nur noch Kauderwelsch auf dem Display anzeigte. Die Amerikaner hatten also bereits damit begonnen, auf »selective availability«[84], diese willkürliche Verstümmelung der Signale des Global Positioning System, umzuschalten. Aber für ihn spielte es keine Rolle, denn er wußte genau, wo er sich befand. Er wußte aber auch, daß die Amerikaner diesen Flugplatz nehmen würden, wenn sie es wirklich wollten. Major Yasin gab sich keinen Illusionen hin, wie seine Überlebenschancen aussahen. Aber das lag nun alles in Gottes Hand. Inschallah.

---

84 Bei dieser »selektiven Verfügbarkeit« handelt es sich um einen Eingriff in die Genauigkeit der Datenanzeige der GPS-Geräte durch die amerikanischen Betreiber (NRO). Im Anschluß können die präzisen Daten nur noch von Geräten abgerufen werden, die über einen entsprechenden Decoder zur Beseitigung der künstlich herbeigeführten Ungenauigkeit verfügen.

An Bord der USS *Springfield* (SSN-761) in der Andamanensee, 17. September 2008

Die Marinetradition schrieb vor, daß der Kommandant eines Schiffs grundsätzlich zu wecken ist, wenn irgend etwas Außergewöhnliches geschah, das sein Schiff betreffen konnte. Der Befehl war über VLF (Very Low Frequency) hereingekommen. Eine ganz einfache Codegruppe aus wenigen Buchstaben, die nach der Entschlüsselung den Befehl: »Zum Zieldatenempfang auf Sehrohrtiefe gehen!« ergab. Das konnte man sogar schon als ziemlich außergewöhnlich einstufen, also mußte der Skipper geweckt werden. Keiner der Funker hatte bislang einen solchen Befehl zu Gesicht bekommen, noch nicht einmal bei einer Übung. Es handelte sich hier um eine erst seit neuestem bestehende Möglichkeit, die Zieldaten für die zwölf BGM-109 *Tomahawk* Marschflugkörper, die in den Rohren des Vertical Launch System (VLS = Senkrechtstartsystem) unmittelbar im Anschluß an den Bugbereich des Boots schlummerten, praktisch per »Download« abzurufen. Jetzt brauchte man nur noch eine Antennenschüssel, die kleiner war als ein Teller des Eßgeschirrs, für ein paar Minuten durch die Wellenkämme zu stoßen und sie genau auf einen bestimmten Punkt am Himmel auszurichten. Anschließend konnten die Daten direkt über das Theater Mission Planning System (TMPS = Einsatz-Planungssystem für Kriegsschauplätze) heruntergeladen werden. Das TMPS hält ständig aktualisierte Zielinformationen in Fast-Echtzeit bereit.

Kaum war der Datenempfang abgeschlossen, als die *Springfield* auch schon wieder ihre Nase senkte und auf sichere und komfortable Tiefe ging. Der Kommandant rief den Waffensystem-Offizier zu sich und bat ihn, die Zielkoordinaten und den Flugpfad der Marschflugkörper auf dem Display anzeigen zu lassen. Die Zurschaustellung von eisernen Nerven, wozu auch gehörte, sich nicht die geringste Gemütsbewegung aus dem Gesicht ablesen zu lassen, war ein Bestandteil der ungeschriebenen Gesetze der Bruderschaft der Atom-Unterseebootmänner. Diese Regel schloß von vornherein aus, daß irgend jemand bereit gewesen wäre, so etwas wie Überraschung zu zeigen. Trotzdem konnte es jetzt keiner der um das matt leuchtende Display versammelten Offiziere vermeiden, daß er unwillkürlich nach Luft schnappte. In zwei Tagen sollten sie den riesigen Stützpunkt der malaysischen Luftstreitkräfte in Kuantan an der Ostküste der Halbinsel Malakka ausschalten. Die Marschflugkörper würden dazu auf direktem Weg quer über das Festland fliegen, die Plantagen auf dem Hochland überfliegen und dann völlig unerwartet, eben weil sie von der Landseite aus anflogen, in die Schutzhangars einschlagen, in denen die F/A-18 und MiG-29 untergestellt waren.

Hafen von Agana auf Guam, 17. September 2008

Die duftende tropische Brise trug auch einen Hauch von Dieselabgasen über die Bucht, als die vier großen Schiffe ankerauf gingen und hinaus in den Pazifik dampften. Man konnte sie nicht gerade als Schönheiten bezeichnen. Die großen, kastenförmigen Rümpfe waren turmhoch mit Containern beladen und mit den Lastbalken schwerer Kräne übersät. Ein Hubschrauberlandepunkt und eine merkwürdig angewinkelte, ausfahrbare Rampe schienen infolge eines nachträglichen Einfalls einfach ans Heck genagelt worden zu sein. Eigentlich erwartet man von Schiffen, daß sie die Namen von Admirälen oder mächtigen Politikern tragen. Nicht aber diese Schiffe. Sie waren nach Soldaten aus Mannschaftsdienstgraden und den unteren Offiziersrängen benannt, die einige Jahrzehnte zuvor in namenlosen Reisfeldern und unbekannten Feuerstellungen gefallen waren: *Pfc Dewayne T. Williams* zum Beispiel, oder *1st Lt. Baldomero Lopez*, *1st Lt. Jack Lummus* oder *Sgt. William R. Button*.

Sie gehörten nicht gerade zu den Windhunden der See und liefen mit eben einmal 17 Knoten auf ihren Treffpunkt mit den Marines zu. Die Soldaten würden dann bereits um den halben Erdball geflogen sein, um sich dort mit ihren Waffen, Fahrzeugen und Ausrüstungsgegenständen zu vereinigen, die diese Schiffe hier an Bord hatten. Mit ihren flachen schwarzen Rümpfen und weiß gestrichenen Aufbauten blieben sie selbst dann noch häßliche Schiffe, wenn man alles zu ihren Gunsten Sprechende dagegen anführte. In den Augen der Logistiker aber waren diese Schiffe des Maritime Prepositioning Squadron Three (MPSRON 3) schöner als jeder Chinaklipper, der jemals unter vollen Segeln Kap Hoorn gerundet hatte. Mit nur zwei Tagen Abstand folgten den Schiffen des MPSRON 3 die Schiffe eines ähnlichen Verbandes der U.S. Army, die ihrerseits die Ausrüstung für eine Brigade Gebirgsjäger an Bord hatten. Wenn es die Amerikaner schaffen sollten, einen Brückenkopf an der Küste Bruneis zu errichten, stünden sofort Truppen in Divisionsstärke zur Verfügung, ihn zu sichern.

Abschlußbesprechung vor dem Einsatz an Bord der *Bonhomme Richard* (LHD-6), Südchinesisches Meer, 18. September 2008, 2000

Colonel Taskins steckte das Netzkabel ihres Laptops in die Steckdose und begann, die einzelnen Phasen der Operation *Tropic Fury* noch einmal durchzugehen. Die Schlüsselmomente lagen sowohl in der Geschwindigkeit als auch der Überraschung. Mit Unmengen Unterstützung seitens der Air Force von den Philippinen und Guam aus und dem verschwenderischen Einsatz von BGM-109 *Tomahawk* Marschflugkörpern würden sie die Streitkräfte Malaysias blenden und damit der Möglichkeit berauben, die Annäherung des PHIBRON 11 zu erfassen und sich dagegen zur Wehr zu setzen. Es blieb aber immer noch ein enormes Restrisiko bestehen. Die amphibische Kraft würde sich mit nur minimalem Geleitschutz der Küste des besetzten Brunei nähern müssen. Die ganze Sicherung bestand aus zwei *Aegis*-Lenkwaffenkreuzern und ein paar Zerstörern: einem Lenkwaffenzerstörer der *Kidd*-Klasse (DDG-993), zwei modernisierten Zerstörern der *Spruance*-Klasse (DD-963) und drei alten Lenkwaffenfregatten der *Oliver Hazard Perry*-Klasse (FFG-7). Das PHIBRON 11 selbst war auch alles andere als groß, bestand es doch nur aus der *Bonhomme Richard* (LHD-6), der beschädigten *Germantown* (LSD-42) und dem brandneuen Angriffsschiff *Iwo Jima* (LPD-18). Die Trägerkampfgruppe (CVBG) *Constellation*, die gerade zu einem Besuch in einer Hafenstadt in Australien gewesen war, würde einen Tag nach Beginn der Invasion (D+1) zum PHIBRON 11 stoßen. Für die Übergangszeit würde die Luftdeckung durch eine verstärkte Abteilung gerade eingeflogener AV-8B *Harrier II Plus* und F-15C *Eagle* Fighter erfolgen, die von der 390th Fighter Squadron des 366th Wing auf die Naval Air Station (NAS) Cubi Point auf den Philippinen beordert worden waren. Der Rest des 366th Wing mit all seinen Unterstützungseinheiten war in den Westpazifik verlegt worden und würde in gegenseitiger Ablösung arbeiten, um die amphibischen Truppen bis zum Eintreffen des Kampfgeschwaders der *Constellation* (CV-64) zu schützen. Eigentlich war das Risiko eines Angriffs auf das PHIBRON 11 als eher niedrig einzustufen, da die Malaysier bestimmt nicht damit rechneten, daß es so schnell vor Ort sein würde. Ihre Marine hatte man zurück in ihre Häfen getrieben, und so blieben ihnen nur noch ihre Luftstreitkräfte, die mit der Bedrohung von See her fertigwerden mußten. Im Rahmen des bereits kurz bevorstehenden Luftkriegs würde man sich auch mit ihnen befassen.

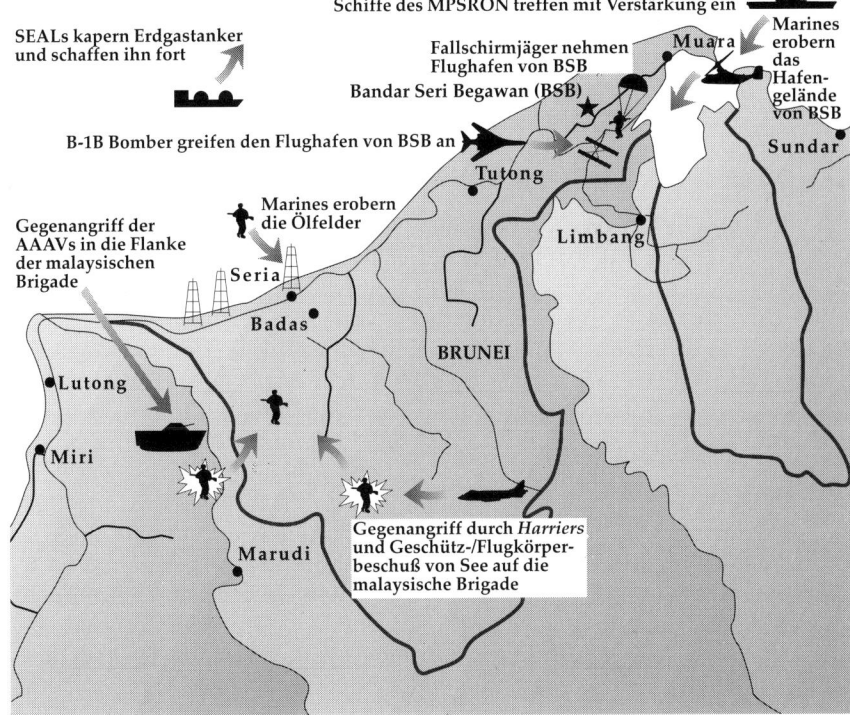

Die Invasion und Befreiung Bruneis   *Jack Ryan Enterprises, Ltd., von Laura Alpher*

Colonel Taskins setzte ihr Briefing vor der in der Offiziersmesse versammelten Zuhörerschaft fort. »Leute, wir müssen schnell und sauber arbeiten. Unsere größten Probleme werden wir mit den Ölanlagen auf der Westseite des Landes haben. Das ist es, worum es den Malaysiern wirklich geht. Die wollen sie auf jeden Fall halten, und es ist unsere Aufgabe, ebenso nachdrücklich zu verhindern, daß sie am Ende noch eine Gelegenheit haben, sie zu zerstören. Nordborneo ist ein extrem empfindliches ökologisches System, das sicherlich massiven Schaden durch einen Haufen brennender Ölquellen nehmen würde. Jetzt kennen Sie auch den Grund, weshalb wir eine derartige Truppenmassierung für die Sicherung der Ölfelder vorgesehen haben.

Aber dessenungeachtet müssen wir auch den Fracht-Terminal des Hafens von BSB in die Hand bekommen, damit nachfolgende Truppen uns ablösen können. Schließlich und endlich müssen wir auch noch unsere eigene Gruppe Marines aus der amerikanischen Botschaft in BSB herausholen. General Bear hat mir unzweideutig klargemacht, daß wir uns um den Gunny und seine Abteilung zu kümmern haben. Alles verstanden?«

Ein einhelliges Kopfnicken der Bestätigung war die Antwort.

»Also gut«, fuhr sie fort, »sehen wir zu, daß wir die Sache über die Bühne bekommen. Paßt aufeinander auf, seid Marines und kommt mir sicher zurück. Gott schütze euch.«

Das war alles, was sie zu hören brauchten.

Über Kota Kinabalu, Sabah (Nordborneo), 20. September 2008, 0130

Kota Kinabalu war einer der wichtigsten Stützpunkte der malaysischen Luftstreitkräfte in Nordborneo und wurde von den Planern der Operation *Tropic Fury* äußerst ernst genommen. Als Heimatbasis für zwei Fighter-Geschwader und einen Schwarm von Patrouillenflugzeugen der Marineflieger mußte dieser Stützpunkt auf jeden Fall ausgeschaltet werden. Da sämtliche *Tomahawk* Marschflugkörper von den Unterseebooten gegen Ziele auf der Halbinsel Malakka gerichtet waren, übernahmen Flugzeuge diese Aufgabe. Diese Karte des Spiels hatte die Air Force gezogen.

Den ganzen Tag und den größten Teil der Nacht hatte sich das 366th mit den malaysischen Luftstreitkräften Sparringskämpfe geliefert, indem amerikanische Maschinen mit entsprechender Unterstützung durch ihre Lufttanker immer wieder pfeilschnell von Cubi Point aus gestartet und wieder dorthin zurückgekehrt waren. Das hatte die Verteidiger von Kota Kinabalu bis an den Rand der völligen Erschöpfung getrieben, und jetzt, gegen 0300 Ortszeit, standen sie kurz vor dem endgültigen Zusammenbruch. Genau das hatte der Joint Forces Air Component Commander (JFACC) für die Operation *Tropic Fury*, ein Brigadier General der Air Force, der gleichzeitig auch kommandierender General des 366th war, auch vorgehabt. Sein Befehl war einfach: Macht sie verrückt, spielt eine Weile mit ihnen herum, und vernichtet sie in dem Augenblick, wenn sie zu erschöpft sind, überhaupt noch zu registrieren, was hier eigentlich vor sich geht. Jetzt war der Zeitpunkt gekommen, mit den samstäglichen Scheinangriffen aufzuhören, und der »Sonntagsschlag« war bereits unterwegs. Zwei F-16C von der 389th FS eröffneten den Reigen und stürzten sich, mit Zielbehältern ausgerüstet und HARM-Flugkörpern bewaffnet, auf das Luftverkehrs-Kontrollzentrum und die SAM-Radare am Flugfeld. Die beiden F/A-18, die es noch geschafft hatten, in die Luft zu kommen, wurden schnell durch AIM-120 AMRAAMs vom Himmel gefegt, die von den beiden Deckung fliegenden *Eagles* auf sie gestartet worden waren, und das war's dann auch schon. Innerhalb weniger Sekunden war Kota Kinabalu blind und hilflos. Jetzt war es Zeit für das schwere Eisen.

Sechs B-1B *Lancers* von der 34th Bombardment Squadron waren von der Anderson AFB auf Guam nonstop hierhergeflogen und hatten genügend Waffen an Bord, um Kota Kinabalu ein für allemal den Garaus zu machen. Die ersten vier kamen im Tiefflug über das Chinesische Meer von Norden und flogen mit einer Geschwindigkeit, die nur gerade eben über Mach 1 lag, wobei sie zwei dicke Zwillingsrauchspuren von Abgasen hinter sich herzogen. Als sie noch etwa zehn Seemeilen von der Küste entfernt waren, zogen alle vier mit allem, was die Antriebe hergaben, hoch. Als sie ihre Gipfelhöhe erreicht hatten, löste jede Maschine ihre 24 JDAM-Gleit-Lenkwaffen (Bomben) aus, wovon jede über einen Sprengkopf in der Größe von 910 Kilo verfügte. Innerhalb weniger Sekunden wurde jeder gepanzerte Flugzeughangar, die Roll-, Start- und Landebahnen, Treibstoff-Tanklager und Munitionsdepots getroffen. Die letzten beiden B-1 kamen auf mittlerer Flughöhe über das Festland und luden insgesamt 60 CBU-87/98 querwindkorrigierende Schüttbomben auf den Stützpunkt ab, durch die sichergestellt wurde, daß in den kommenden Wochen niemand in der Lage sein würde, Kota Kinabalu wieder in Betrieb zu nehmen.

Solche und ähnliche Vorgänge spielten sich praktisch gleichzeitig an der ganzen Küste des Südchinesischen Meeres ab. Auf der Halbinsel dagegen wurde jeder größere Stützpunkt von Transport- und Kampfflugzeugen von den BGM-109 *Tomahawk* Marschflugkörpern der Unterseeboote getroffen. Bereits in die Jahre gekommene B-52H hoben von Diego Garcia ab, um auf ihrem Flug ganze Wellen von Marschflugkörpern zu starten, deren Aufgabe darin bestand, die Kommunikations- und Befehlszentren auszuschalten. Damit würden die Schiffe des PHIBRON 11 für die Malaysier unsichtbar bleiben, bis sie unmittelbar davor standen, mit bloßem Auge von Land aus gesichtet werden zu können.

25 Seemeilen nördlich der Küste Bruneis, 20. September 2008, 0200

Das LCAC verminderte seine Geschwindigkeit, bis es schon fast kroch, und senkte seine Heckrampe gerade lang genug ab, um den sechs Angriffsschlauchbooten mit festem Boden die Gelegenheit zu verschaffen, hinaus in den sanften Schwell zu gleiten. Danach drehte es sofort wieder ab und ging auf einen Kurs, der es zurück zur *Iwo Jima* (LPD-18), seinem

Mutterschiff, bringen würde, das hinter dem Horizont lag. Noch während es langsam die Geschwindigkeit steigerte, starteten die Marines des Aufklärungstrupps der 31st MEU(SOC) die speziell schallgedämpften Außenborder und fuhren dann in Richtung der Mangrovensümpfe, die sich entlang der Westküste Bruneis erstreckten. Noch bevor die Sonne aufgehen würde, würden die Schlauchboote bereits sicher versteckt sein und die Marines sich schon auf ihrem beschwerlichen Weg durch den Dschungel an der Küste befinden, um ihr Versteck am Rand des Regenwaldes zu erreichen, das sie über Tag beziehen wollten. Zur gleichen Zeit näherte sich ein einzelner MV-22B *Osprey* vom ACE der MEU(SOC) in niedriger Flughöhe der Küste im Osten Bruneis. Während er so die Hügel entlangstrich und in saftige Täler ein- und wieder aus ihnen auftauchte, machte er insgesamt fünf Touch-and-Go-Landungen[85], bei denen jedesmal vier Mann des Aufklärungsteams absprangen. Mit ihrer Spezialausrüstung für Überwachung und Beobachtung würden sie Colonel Taskins kontinuierlich mit Informationen über Position und Status der malaysischen Kräfte in Brunei versorgen. Morgen nacht würden sie samt und sonders äußerst beschäftigte Marines sein.

Erdgas-Terminal, Seria, Brunei, 21. September 2008, 0000

Der Tanker *Bubuk* der Brunei-Shell, ein Motorfrachter, war eines der Handvoll Schiffe, welche unter der gold-schwarz-weißen Nationalflagge Bruneis fuhren. Diese Schiffe waren schon etwas Außergewöhnliches. Sie hatten eine Verdrängung von mehr als 51 000 Tonnen, und ihre Spezialfracht bestand aus verflüssigtem Erdgas. Dieses Gas ging bei einer Temperatur, die weit unter dem Gefrierpunkt lag, in flüssige Form über und wurde dann in die riesigen, isolierten, kugelförmigen Tanks eingefüllt, welche die geräumigen Rümpfe der Schiffe füllten. Mit Crews, die meist aus ausgewanderten Briten in der Schiffsführung und pakistanischen Deckhands bestanden, betrieb eine kleine Flotte dieser Schiffe einen Liniendienst zwischen Brunei und Japan. Die *Bubuk* war das einzige Schiff, das den Malaysiern bei der Machtübernahme noch im Hafen liegend in die Hände gefallen war. Dieses Schiff repräsentierte nicht nur einen enormen Wert und war ein Prestigesymbol des Nationaloberhaupts – es war auch so etwas wie eine schwimmende Bombe mit der Sprengkraft einer taktischen Atomwaffe. Eine zufällige oder absichtlich herbeigeführte Detonation würde die Sprengkraft von mehr als 75 000 Kubikmeter hochexplosiven verflüssigten Erdgases freisetzen, das ausreichte, um eine Stadt wie Seria samt ihren 25 000 Einwohnern dem Erdboden gleichzumachen, und dabei gleichzeitig auch noch Werte in der Höhe etlicher Milliarden

---

85 Touch-and-Go ist ein gewollter Vorgang, bei dem ein Flugzeug zur Landung ansetzt und, kaum daß es den Boden berührt hat, auch schon wieder abhebt. Ein oft gewählter Ablauf für Flugschüler, die Starts und Landungen üben müssen, wird hier zum blitzartigen Absetzen von Soldaten verwendet.

US-Dollar zerstören. Die Planer von *Tropic Fury* entschieden, daß die *Bubuk* möglichst vorsichtig gekapert, gesichert und schnellstens aus dem Seegebiet geschafft werden sollte. Das war genau die Art von Mission, für die Navy-SEALs ausgebildet wurden, von der sie träumten und wovon ihnen beim Gedanken daran das Wasser im Mund zusammenlief. Die SEAL-Abteilung des PHIBRON 11, die sich ebenfalls an Bord der *Iwo Jima* (LPD-18) befand, zog diese Karte des Spiels.

Die Konstrukteure der *Bubuk* hatten in weiser Voraussicht oberhalb des Hecks einen Hubschrauberlandeplatz vorgesehen. Genau das sollte der Punkt sein, an dem der größte Teil der Entermannschaft der SEALs an Bord gehen wollte. Hier würden sie sich an Seilen aus einem CH-53E im Schwebeflug herabgleiten lassen. Die Aufklärung hatte das Vorhandensein einer Handvoll Wachen an Deck und um die Ladebrücke herum bestätigt. Nach ein paar heimlichen Sprüngen, denen einige Schüsse aus den schallgedämpften MP-5 der SEALs folgten, waren die Wachtposten binnen weniger Sekunden ausgeschaltet. Es dauerte nur wenige Minuten, bis auch die rechtmäßige Mannschaft aus ihrer unfreiwilligen Gefangenschaft in den Unterkünften befreit worden war, man sie zu ihren Stationen gebracht hatte und schon so gut wie unterwegs war. Glücklicherweise ging das leichter als erwartet, da die Malaysier gestattet hatten, daß eine der Maschinen in Betrieb geblieben war, um die Stromversorgung des Schiffs aufrechtzuerhalten. Nach weniger als zehn Minuten schob sich der große Erdgas-Tanker langsam vom Pier und ging auf Kurs Nord und damit in die Richtung, in der ihm nichts mehr passieren konnte.

Als sie gerade die Zwölfmeilenzone verließen, kam ihnen eine Formation von 15 AAAVs von der *Iwo Jima* (LPD-18) mit Kurs auf die Küste entgegengerauscht. Sie waren mindestens 30 Knoten schnell. Fast im selben Augenblick tauchten auch zwei AH-1W *Cobra* Kampfhubschrauber auf, die die amphibischen Traktoren zum Strand eskortierten. Kaum 10 Minuten später zischten sechs LCACs von der *Bonhomme Richard* (LHD-6) und der *Germantown* (LSD-42) mit M1A1 Kampfpanzern und LAVs an Bord auf gleichem Kurs an ihnen vorbei. Sie würden sich später mit den AAAVs treffen, um dann gemeinsam als Panzer-Task-Force vorzugehen, um die Ölproduktions- und Lagereinrichtungen im Westen Bruneis zu nehmen und zu halten. Keine 30 Minuten mehr bis »H- Hour«!

Hafen von Muara, Brunei, 21. September 2008, 0100

Diese Patrouillenboote wurden langsam zu einem Problem. Captain Bill Schneider, der Kommandeur der »Golf«-Kompanie, hatte sich über sie schon die ganze Woche den Kopf zerbrochen. Vor seiner Kompanie Marines lag einer der härtesten Einsätze der ganzen Operation. Schon vor der Küste in die zwar zerbrechlich wirkenden, aber sehr steifen Angriffsschlauchboote von der *Iwo Jima* umgestiegen, waren sie jetzt unterwegs, um ihre Aufgabe zu erfüllen, und die bestand in der Einnahme des Hafens von Muara – und zwar genau um 0100. Der Hafen mit seinen verstreut gelegenen Container-Verladeeinrichtungen verfügte über die einzigen Kaianlagen im ganzen Land, die groß genug waren, daß die im Augenblick noch 200 Seemeilen vor der Küste stehenden MPS-Schiffe an ihnen festmachen konnten. Um mit den Patrouillenbooten fertigzuwerden, hatte er in einigen Führungsbooten Teams mit *Javelin*-Startgeräten plaziert, die den strikten Befehl hatten, zuerst zu schießen und dann erst Fragen zu stellen. Heute abend war einfach keine Zeit für solche Nettigkeiten wie Identifikationsabfragen.

Ein weiteres Problem bestand darin, die Malaysier davon abzuhalten, in dem Augenblick Alarm zu schlagen, wenn die Marines an Land gingen. Das malaysische Kommunikationsnetz stützte sich weitestgehend auf die Satellitentelephonie, bei der eine Überwachung fast ausgeschlossen war, weil die INMARSAT-Geräte auf private Geschäftsleute eingetragen waren. Rein theoretisch schloß der INMARSAT-Vertrag eine militärische Nutzung seiner Satellitenkanäle aus, doch hatten die das System kontrollierenden Eurokraten amerikanische Bemühungen, ein orbitales »Daten-Embargo« zu verhängen, abgeblockt. Die internationale Satellitenkommunikation ist ein Geschäft, um das erbittert gekämpft wird, und kein verbrecherischer Staat in der Dritten Welt würde jemals bereit sein, einem Dienstleistungsunternehmen zu vertrauen, das bereit wäre, dem Druck westlicher Diplomatie nachzugeben. Aber die Techniker der NSA hatten auch für dieses Problem eine Lösung gefunden. Eines der Angriffsschlauchboote hatte einen kompakten, äußerst leistungsfähigen Störsender dabei, mit dem man im Umkreis von rund fünf Kilometer sämtliche Gespräche auf den Mobil- und Satellitentelefonkanälen zusammenbrechen lassen konnte. Das sollte wohl reichen, um den Marines die Möglichkeit zu verschaffen, einen Brückenkopf am Containerkai einzurichten.

Die »Raiders« schafften es irgendwie, den ganzen Weg bis zu den Verladerampen im Hafen zurückzulegen, bevor sie entdeckt wurden. Die beiden Posten, die am Ende des Piers Wache schoben, wurden niedergeschlagen, bevor sie Alarm schlagen konnten. Innerhalb weniger Minuten hatten die Marines den Kai gesichert und eine Sicherungszone um die nächsten beiden Lagerhallenblocks eingerichtet. Fast genauso schnell waren auch entsprechende Verteidigungsstellungen eingerichtet, wobei die eine von einem *Javelin*-Team und die andere von einem Trupp mit einem leichten Maschinengewehr bezogen wurde. Kaum war auch das erledigt, schickte der junge Captain schon Spähtrupps los, die aggressiv vorgehen sollten, um zu erkunden, ob es dabei bleiben konnte, daß die nachfolgenden Operationen wie geplant um die Mittagszeit anlaufen konnten. Die Patrouillen bestätigten dann, daß sich die malaysischen Truppen um die Ölverarbeitungsanlagen und den internationalen Flughafen herum eingegraben hatten. Captain Schneider rief über die eigene, abgesicherte Satellitentelefonverbindung Colonel Taskins im LFOC der *Bonhomme Richard* (LHD-6) an. Er empfahl, die Reservekompanie am Kai abzusetzen, wo augenscheinlich der geringste Widerstand zu erwarten war. Nachdem das erledigt war, richtete er sich darauf ein, seine Position zu verteidigen und »bis zur Ablösung zu halten«.

BSB International Airport, Brunei, 21. September 2008, 0111

Major Yasin hatte sich die ganze Zeit über gefragt, wann ihn die Amerikaner wohl angreifen würden, und war einigermaßen verblüfft gewesen, als es nicht in der vergangenen Nacht passierte. Jetzt empfing er bruchstückhafte Funksprüche, aus denen hervorging, daß im Bereich der Ölverarbeitungsanlagen und am Hafen gekämpft wurde, aber in seiner Gegend blieb es noch ruhig. Auf Anforderung seines Brigadekommandeurs detachierte er eine seiner Kompanien mit Marschbefehl zu den Ölfeldern. Er war sehr dankbar, daß es für das malaysische Oberkommando nicht in Frage kam, Geiseln zu nehmen oder das Leben der Zivilbevölkerung aufs Spiel zu setzen. Die ganze Angelegenheit hier hatte einen rein wirtschaftlichen Hintergrund; nicht mehr und nicht weniger. Das machte alles zu einem ehrenhaften Gefecht, obwohl der Diebstahl eines ganzen Landes ihn im Grunde doch immer noch etwas wurmte.

Er war immer noch in seine Betrachtungen über das empfindliche Gleichgewicht zwischen nationaler Politik und persönlicher Moral versunken, als acht HARMs in seine Flugabwehr- und SAM-Stellungen einschlugen, die von AV-8 der *Bonhomme Richard* gestartet worden waren. Ihnen folgte unmittelbar darauf ein wahrer Regen von GBU-29 JDAM-Schüttbomben. Aber bevor der Donner der Explosionen auch nur annähernd verklungen war, konnte man schon ein neues Geräusch hören, das Schlimmes ahnen ließ. Yasin vernahm das Turbinengeräusch schwerer Transportmaschinen, das sehr schnell lauter wurde. Als der Strom schwerer Maschinen über ihn hinwegflog, wußte er, was kommen würde, und gab Alarm. Es nützte ihm allerdings herzlich wenig. Das 1st Battalion der 325th Airborne sprang aus einer Höhe von kaum mehr als 150 Metern ab und ging, kaum daß die Soldaten den Boden berührt hatten, auch schon ins Gefecht. Da sie mit überraschend hoher Genauigkeit direkt über ihren Angriffszielen, den schweren Waffen in der Umgebung des Flugplatzes, abgesprungen waren, war es eine Sache weniger Sekunden, und sie hatten die meisten davon bereits genommen.

Alles war glücklich verlaufen und erleichterte dem kaum fünf Minuten später eintreffenden 2nd Battalion der 325th seine Aufgabe, die Roll- und Landebahnen für die in Kürze einfliegenden Verstärkungstruppen freizumachen. Innerhalb kaum einer Stunde war die komplette 325th von ihrer Zwischenstation auf Guam eingeflogen, und die C-17 *Globemaster III* befanden sich bereits auf dem Rückflug, um weitere Truppen heranzuschaffen. Für Major Yasin und seine Stabskameraden waren auf jeden Fall alle Probleme aus der Welt. Die Überlebenden seiner Einheit waren versprengt und mehr oder weniger alle in Richtung auf die Berge unterwegs, wo sie vielleicht versuchen würden, sich neu zu formieren.

Ölverarbeitungsanlage Seria, Brunei, 21. September 2008, 0120

Die AAAVs kamen an einen Strand, der von Öltanks gesäumt war, soweit das Auge reichte. Sofort saßen die an Bord befindlichen Marines ab, und die Fahrzeuge suchten nach Deckungsmöglichkeiten, wo sie auf die Befehle für ein weiteres Vorrücken ins Landesinnere warten konnten. Die abgesetzte Kompanie führte nur Schrotgewehre und Granatwerfer, die mit den »Bohnenbeutel«-Projektilen geladen werden konnten. Die malaysischen Truppen hatten sich bei der Sicherung der Ölfelder keine allzu große Mühe gegeben. Der Grund dafür dürfte in erster Linie der gewesen sein, daß, sollte das Gebiet in Flammen aufgehen, die ganze Besetzung Bruneis sinn- und zwecklos geworden wäre. Also hatten sie sich dazu entschieden, die Ost- und Westflanke des Feldes und die Zubringerstraße entlang der Küste zu decken. Sie hatten zu keinem Zeitpunkt einen Gedanken daran verschwendet, daß ein Feind verrückt genug sein könnte, auf direktem Weg durch die Öl-Lagerstätten einzudringen.

Die Marines waren hocherfreut, als sie feststellten, daß die British Shell es tatsächlich irgendwie geschafft hatte, das gesamte Sicherheits- und Kampfpersonal zu evakuieren. Zwei Tage zuvor waren sie von diesen Bemühungen informiert worden, und als sie jetzt feststellten, daß es offensichtlich rechtzeitig funktioniert hatte, durften sie getrost davon ausgehen, daß jeder Bewaffnete, der ihnen begegnete, als Feind angesehen werden mußte. Eine Handvoll hier patrouillierender malaysischer Soldaten wurde gefangengenommen und in ein Kriegsgefangenenlager am Strand geschafft. Irgendwie war es keine allzu große Überraschung, daß sich nur sehr wenige malaysische Soldaten freiwillig zum Wachdienst inmitten Hunderter Tanks gemeldet hatten, die Millionen und Abermillionen Hektoliter leicht entflammbarer Kohlenwasserstoffe enthielten. Die Marines kamen also auf ihrem Weg durch die Tank-»Farmen« sehr schnell voran. Als die Kompanie schließlich die Einzäunung erreicht hatte, rief sie ihre AAAVs herbei, damit sie wieder aufsitzen konnten.

Etwa zur gleichen Zeit trafen auch die LCACs ein, die M1A1 Kampfpanzer und LAVs an Bord hatten, und damit befand sich eine komplette Panzertruppe vor Ort, die in der Lage war, jede Art feindlicher Truppe, die sich den Ölfeldern näherte, gründlich aufzumischen. Von jetzt an konnte sich niemand mehr den Raffinerien ohne ausdrückliche Erlaubnis des USMC auf weniger als fünf Kilometer nähern, es sei denn, er war scharf darauf, in ziemlich häßliche Kampfhandlungen verwickelt zu werden. Der Panzertruppe folgten die Pionier- und Abbruchspezialisten der Marines. Sie sollten sämtliche Minen und versteckten Sprengladungen entschärfen, die der Feind möglicherweise hinterlassen hatte. Wie erwartet, wurden aber keine gefunden. Im Gegensatz zu Saddam Hussein damals im Jahre 1991 wollten die Malaysier Brunei intakt halten und schienen wenigstens nicht sonderlich an der Befriedigung von Rachegelüsten interessiert zu sein. Letzten Endes – Geschäft blieb Geschäft!

Verladepier, Hafen von Muara, Brunei, 21. September 2008, 0600

Colonel Taskins stand mit ihrem Gegenstück von der 325th Airborne, dem amerikanischen Botschafter und einigen anderen Offizieren am Ende des

Verladepiers. Sie alle hörten aufmerksam dem zu, was über die Konferenzschaltung via Satellit mit dem Hauptquartier der *Tropic Fury* Task Force in der NAS Cubi Point auf den Philippinen kam. General Bear war am anderen Ende. Seine bärbeißige Stimme war für jedermann klar und deutlich zu verstehen.

»Herr Botschafter, gab es irgendwelche Probleme bei der Ankunft unserer Teams?«

Botschafter Jacob Arrens' Stimme spiegelte deutlich seine Erleichterung über die kürzlich erfolgte Befreiung wider. Aber er war ein Profi. Seine erste Amtshandlung bestand nun darin, General Bear über die Situation in BSB aufzuklären.

»Sir, Beschädigungen öffentlicher Einrichtungen und Gebäude sind unterblieben, und ich kann nach bestem Wissen und Gewissen behaupten, daß es auch keine Gewalttätigkeiten und Kriegsverbrechen gegeben hat. Es hat sich herausgestellt, daß sich alles um den direkten Zugriff auf die Ölquellen und die Stärkung der Position bei den Spratly-Verträgen im kommenden Monat drehte. Ach, noch etwas. Der Gunnery Sergeant der Wachabteilung der Botschaft möchte gern noch mit Ihnen sprechen, wenn es Ihnen recht ist. Er scheint ein ganz persönliches Bedürfnis zu haben, direkt an Sie zu berichten.«

Bear mußte lächeln und antwortete: »Danke, Herr Botschafter, ich würde mich sehr freuen, wenn Sie mich mit ihm verbinden würden, sobald wir Zeit dafür haben. Jetzt wollen wir aber erst einmal sehen, daß wir die vordringlichen Arbeiten geregelt bekommen. Also, Colonel, dann legen Sie mal los!«

Colonel Colleen Taskins, USMC, schluckte einmal trocken und nahm sich eine Sekunde Zeit, bevor sie antwortete. In den nun folgenden zwei bis drei Minuten würde das Schicksal ihrer Marines, das Prestige der Vereinigten Staaten von Amerika und die Zukunft Bruneis möglicherweise von dem abhängen, was sie jetzt von sich gab. Sie hatte ihren Job erledigt, aber jetzt wurde von ihr eine Lagebeurteilung gefordert, die ausschlaggebend dafür sein würde, ob nun der nächste und gleichzeitig entscheidende Schritt von *Tropic Fury* getan werden würde. Sie mußte unwillkürlich an ihren ersten Tag als weiblicher Kadett in Annapolis denken. Das war im herrlichen Frühling des Jahres 1986 gewesen. Damals, als sie zur Truppe kam, war es Frauen noch nicht einmal erlaubt, in Kampfgeschwadern zu fliegen, und heute gehörte sie »zum Kreis«. Zu jeder anderen Gelegenheit wäre sie vielleicht verängstigt gewesen oder es wären ihr Schauer über den Rücken gelaufen, aber nicht jetzt und hier. Ohne daß es ihr bewußt wurde, übernahmen in ihr zwei Jahrzehnte im Dienst die Regie, und ihre Stimme war klar und fest.

»General, wir haben sämtliche Angriffsziele genommen, und das bei äußerst geringen Opfern. Ich habe weniger als zehn Verwundete, und bislang weiß ich nichts von irgendwelchen Gefallenen. Die Jungs von der 82nd Airborne haben ihre Ziele genau nach Plan angegriffen und sich mit uns am Flughafen vereinigt. Sie scheinen in sehr guter Verfassung zu sein. Ihr Colonel wird Ihnen gleich persönlich berichten.«

Der Kommandeur der 325th brauchte für die Darlegung seiner Situation knapp zwei Minuten und schloß mit den Worten: »Sir, bei uns ist eine Flughafengruppe vom PACAF eingetroffen, und wir sind jetzt soweit, daß wir die ersten einfliegenden Soldaten der Brigade in Empfang nehmen können. Was ich habe, kann ich auch halten, aber ich würde mich freuen, wenn Sie mir ein bißchen Hilfe verschaffen würden, damit ich diese Bastarde hier mit einem Tritt in den Hintern hinausbefördern kann.« Der Enthusiasmus dieses Colonels der Fallschirmjäger schien auch die anderen infiziert zu haben. Jetzt war Colonel Taskins wieder an der Reihe.

»Colleen, Sie sind am Zug. Was soll ich für Sie tun?« Taskins hatte noch nie erlebt, daß der General so zu ihr sprach, noch nicht einmal in der Zeit, als er zu den Ausbildern in Annapolis gehörte, die sie mit gelindem Entsetzen erfüllten. Jetzt übertrug er ihr die ganze Entscheidung.

Ihr Reaktion kam ohne Verzögerung: »General wir haben eindeutige Anzeichen dafür, daß die Brigade der Malaysier, die Brunei okkupiert hat, sich bereits bis hinter die Grenze zurückgezogen hat, um sich dort mit einer frischen Brigade zum Gegenangriff zu vereinigen. Sir, schicken Sie mir bitte das MPSRON 3 mit seiner Luftlandebrigade von der III. Marine Expeditionary Force. Ich werde meine Leute hier rausschaffen und es den Profis überlassen, die Aufräumarbeiten zu erledigen.« Sie war bereit, mit ihren Leuten den Heimweg anzutreten. In sechs Stunden würden hier genau an diesem Kai die vier Schiffe des MPSRON 3 anlegen und mit der Löschung ihrer Ladung beginnen.

Residenz des Premierministers, Kuala Lumpur, Malaysia, 21. September 2008, 0900

Der malaysische Premierminister lief *Amok* und hatte dazu noch nicht einmal sein Büro verlassen. Die Berichte, die aus dem ganzen Land eingingen, zeigten, daß es eine Reihe sehr präziser und selektiver Luft- und Raketenangriffe gegeben hatte und auch so etwas wie eine Gegeninvasion in Brunei gelaufen sein mußte. Wie alle Männer, die eine britische Erziehung genossen haben, war auch er mit den Geschichten groß geworden, wie Feldmarschall Erwin Rommel 1944 die Brückenköpfe zerstören wollte, bevor das zu Ende ging, was er als »den längsten Tag« bezeichnet hatte. Inzwischen blieben noch 15 Stunden seines »längsten Tages«, und er mußte sie optimal nutzen.

Er hatte bereits den Stabschef der malaysischen Armee angerufen und ihm gegenüber seine Forderungen dargelegt. Die Amerikaner hatten es geschafft, an zwei Stellen in Brunei Fuß zu fassen. Der erste Bereich, BSB selbst, schien ziemlich widerstandsfähig zu sein. Der andere, der sich um die Ölverarbeitungseinrichtungen von Seria zog, war zwar kleiner – aber hier in diesem Abschnitt befand sich eigentlich all das, um das er sich in erster Linie Sorgen machte. Derjenige, der die Quellen und Raffinerien in der Hand hatte, wäre durchaus in der Lage, mit dem neuen Sultan Verhandlungen aufzunehmen – und der würde sicherlich in den nächsten paar Tagen nach der Invasion Bruneis eintreffen. Vielleicht würde man die Verhandlungen um die Pachtrechte der Spratly-Ölfelder so nutzen können, daß man von deren Ausgang das Überleben der Quellen in Nordborneo abhängig machte. Das ergäbe einen Sinn. Also erging der Befehl an die beiden malaysischen Brigaden, die Marines anzugreifen, die in Seria die Verteidigung der Anlagen übernommen hatten, und nach einem Sieg die Ölfelder wieder in Besitz zu nehmen. Das wäre dann die letzte Chance, wenigstens etwas aus diesem Abenteuer auf der Habenseite verbuchen zu können.

Verladepier, Hafen von Muara, Brunei, 21. September 2008, 1300

Die Zeit war einfach zu knapp für solche Feinheiten wie Bugsierschlepper und Fender. Die Kapitäne des MPSRON 3 waren mit ihren Schiffen einfach auf direktem Weg eingelaufen. Glücklicherweise hatten sie genau die richtige Tide erwischt, und so konnten die dicken Ro-Ros mit einem Minimum an abgekratzter Farbe und Beulen festmachen. Die Heckklappen fielen, und schon quollen die Fahrzeuge aus den Bäuchen der Schiffe. Nur wenige Stunden zuvor waren die ersten Elemente der eingeflogenen Brigade der III. MEF, aus Okinawa kommend, auf dem internationalen Flughafen von BSB eingetroffen. Die Soldaten dieses ersten Elements der Brigade wurden auf direktem Weg in genau den Bussen zum Kai gefahren, die noch zwölf Stunden zuvor als Sperren auf den Start- und Landebahnen gestanden hatten. Kaum angekommen, bestiegen die Soldaten auch schon ihre M1A1, AAAVs, LAVs und HMMWVs und schwärmten in Richtung Brunei aus.

Normalerweise hätte es rund 18 Stunden gedauert, bis sämtliche Kampffahrzeuge entladen gewesen wären, und dann noch einmal weitere drei Tage, bis auch die letzten Versorgungsgüter von den Schiffen an Land geschafft waren. Jetzt mußte aber alles erheblich schneller über die Bühne gehen, weil in kaum 60 Stunden mit dem Eintreffen des AWR-3-Geschwaders der Army gerechnet wurde, das ebenfalls diese Hafenanlagen hier zum Entladen benötigte. Wenn die Mountain Brigade (Gebirgsjäger-Brigade) der Army und die zusätzlich eingeflogene Brigade von der 82nd Airborne Division vor Ort waren, würde sich eine Task Force in Divisionsgröße auf bruneiischem Boden befinden. Das Grundkonzept der ganzen Operation bestand darin, so schnell wie möglich über eine Truppe verfügen zu können, die groß genug wäre, allem überlegen zu sein, was die Malaysier diesem Brückenkopf entgegenwerfen konnten. Bis jetzt hatte es ganz gut geklappt.

Die größten Sorgen machte man sich im Augenblick um die Panzer-Task-Force, welche die Ölverarbeitungsanlagen auf der Westseite des Landes hielt. Colonel Taskins war sich völlig darüber im klaren, daß Major Hansens Truppe sehr fadenscheinig war. Wenn sie sich in die Lage des malaysischen Brigadekommandeurs versetzte, stand für sie außer Zweifel, daß dies genau die Stelle wäre, wo sie selbst zu einem Angriff ansetzen würde. Also schritt sie quer über den Kai, um dort mit Brigadier General Mike Newman, dem Kommandeur der Truppen, die gerade an Land gesetzt wurden, ein paar Worte zu wechseln.

Sie kam schnell zur Sache: »Mike, ich glaube, wir haben da ein potentielles Problem draußen bei den Ölfeldern.«

Der General hob seinen Blick von seinem elektronischen Notizbuch. »Wieso, Colleen?«

»Sir, ich glaube, daß die Task Force von Major Hansen da draußen in Seria einfach überlastet ist. Er braucht dringend Verstärkung und Unterstützung.«

Newman stand auf und rieb sich einen Moment die Augenbrauen, bevor er fragte: »Was haben Sie im Sinn?«

Ihre Antwort kam ebenso schnell wie klar. »General, ich möchte gern noch heute nachmittag eine weitere Kompanie Infanterie und eine Kompanie mit schweren Waffen auf die Westseite verlegen. Außerdem hätte ich gern eine 155-mm-Batterie an Land, die ich dann zusammen mit einigen Überlebensausrüstungen ebenfalls zu denen hinüberschicken möchte. Sicher kann die Task Force da drüben im Augenblick einen, vielleicht auch noch zwei Gegenangriffe zurückschlagen, aber alles, was darüber hinausgeht, wird uns hier echte Probleme bescheren, Sir.«

»Laut Terminplan sollen die morgen früh von einem Battalion Landing Team abgelöst werden«, sagte Newman. Dann dachte er einen Augenblick nach, und ihm fiel ein, daß diese Lady ihm *noch nie* einen schlechten Rat erteilt hatte. »Könnte sein, daß Sie recht haben.« Er drehte sich zu seinem Operations Officer um und fragte: »Harry, wie sieht es beim Brigade ACE aus, das von Cubi Point unterwegs ist?«

Der Operations Officer zog sein eigenes elektronisches Notizbuch zu Rate und antwortete: »Also, Sir, inzwischen haben wir die ersten Staffeln F/A-18D und AV-8B nicht nur am Boden, sondern auch schon eingeteilt, und ein paar Tanker sind ebenfalls schon da. Zwei Staffeln MV-22B befinden sich gerade auf dem Weg hierher. Sie sollten noch vor Sonnenuntergang mit ihren CAP- und Unterstützungseinsätzen anfangen können.«

»Wissen Sie was, Colleen, warum schicken Sie nicht einfach die Verstärkungen schon heute am Nachmittag hinüber? Ich werde dafür sorgen, daß das ganze ACE zurück zu Ihnen verlegt wird, damit es Sie unterstützen kann. Ist das in Ihrem Sinn?«

»Yes, Sir!« Nachdem sie bekommen hatte, was sie wollte, setzte sie sich in Richtung auf die *Bonhomme Richard* in Bewegung, um die notwendigen Vorbereitungen zu treffen.

Südlich der Ölverarbeitungsanlagen von Seria, Brunei, 21. September 2008, 1400

Bill Hansen war dankbar für die Neuigkeiten, die er gerade von Colonel Taskins erhalten hatte. Es war nämlich schon soweit. Er hatte bereits erste feindliche Aktivitäten unmittelbar vor seiner Position feststellen können, aber jetzt würde er in ein paar Stunden über eine fast doppelt so große Truppe verfügen. Außerdem stand ihm auch noch eine spürbare Verstärkung seiner Feuerkraft ins Haus: 155-mm-Kanonen, die *Harriers* und *Cobras* vom ACE und einige Zerstörer draußen auf See. Das war genau das, was er brauchte, um seine Position bis zur für den nächsten Morgen anstehenden Ablösung halten zu können. Aber was fast noch besser war – sein BLT-Kommandeur befand sich bereits auf dem Weg hierher, um das Kommando und die Verantwortung für diesen Brückenkopf zu übernehmen.

Hauptquartier der 2. malaysischen Brigade, südlich Seria, Brunei, 21. September 2008, 1415

Die beiden Brigadekommandeure der malaysischen Streitkräfte hatten sich gerade zusammengesetzt, um Verteidigungsmaßnahmen zu besprechen, als der Befehl des Premierministers zum Angriff einging. Beide Offiziere waren in Großbritannien erzogen und ausgebildet worden und stellten ihre Pflichten keine Sekunde in Frage. Genauso hegten beide aber auch schwere Bedenken wegen der Merkwürdigkeit, den dieser Befehl zum Angriff beinhaltete. Der 5. Brigade, die BSB besetzt hatte, waren von den Amerikanern eigentlich unerhebliche Verluste zugefügt worden, aber sie hatte sich zerstreut, und der größte Teil des Tages war dafür draufgegangen, sie wieder einzusammeln und neu zu formieren. Jetzt wurde von ihnen erwartet, daß sie die Ölfelder zurückeroberten, die Marines ins Meer schmissen und das alles auch noch vor Einbruch der Dunkelheit geschafft hatten. Im Anschluß an das Nachmittagsgebet breiteten sie im getarnten Befehlszelt ihre Karten aus und begannen mit der Arbeit, etwas auf die Beine zu stellen, was organisatorisch einen gewissen Anspruch auf Erfolg erheben konnte.

Der Plan sah schließlich so aus, daß die 5. Brigade frontal in nördlicher Richtung auf das Meer zu angreifen sollte, während die frischere 2. Brigade eine Umfassungsbewegung nach Westen machen würde, um die Amerikaner entlang der Küstenstraße anzugreifen. Beide Angriffe waren so koordiniert, daß die Marines genau um 1630 angegriffen und dann so lange weiter attackiert werden sollten, bis die Sonne im Meer versank. Die Aufklärung hatte ergeben, daß sie es mit etwa zwei Dutzend Panzerfahrzeugen und rund 600 Marines zu tun haben würden. Alles in allem bestanden ihre beiden Brigaden aus mehr als 5000 Mann mit fast 100 leichten Panzern und Mannschaftstransportwagen. Das eigentliche Problem bestand aber immer noch darin, daß sie aus erfindlichen Gründen keine Artillerie einsetzen durften. Die Befehle aus Kuala Lumpur waren da unmißverständlich: *Jeglicher* Einsatz von Artillerie hatte in der Nähe der Raffinerien zu unterbleiben. Einen nicht mehr zu kontrollierenden Brand zu entfachen würde den ganzen Feldzug zunichte machen. Die Brigadekommandeure tranken eine letzte Tasse Tee, wünschten sich gegenseitig den Segen Allahs und machten sich bereit, in den letzten Angriff dieses seltsamen kleinen Kriegs zu ziehen.

Über Westbrunei, 21. September 2008, 1500

Das *Dark Star*-UAV war schon einige Tage zuvor in der NAS Cubi Point gestartet worden und hatte jetzt noch nicht einmal die Hälfte seiner Fünftagesmission hinter sich gebracht. Mit einer Fernsehkamera, einem Infrarotscanner und einem Radar mit synthetischer Bilddarstellung ausgerüstet, hatte es die Spuren der beiden malaysischen Brigaden im Dschungel südlich von Seria verfolgt. Das dichte Blätterdach der Wälder in den Gebirgsausläufern machte eine Erfassung mit visuellen Sensoren unmöglich. Für IR und Radar stellte es aber kein Hindernis dar, und sie lieferten recht brauchbare Bilder. Auf der *Iwo Jima* (LHD-18), wo das Aufklärerteam den Datenstrom vom *Dark Star* aufmerksam beobachtete, begann man sich langsam Gedanken zu machen. Die beiden malaysischen Brigaden zeigten erste Lebenszeichen. Auch die Spähtrupps, die schon am ersten Tag in Westbrunei abgesetzt worden waren, meldeten ständig neue Sichtungen. Obwohl Colonel Taskins für die Unterstützung von Major Hansens kleiner Panzertruppe nur begrenzte Ressourcen zur Verfügung standen, hatte sie mehr als zwei Drittel der Aufklärungsmöglichkeiten der MEU(SOC) in diesem Abschnitt konzentriert, um gegen unliebsame Überraschungen gewappnet zu sein. Nach einigen Analysen wurden Colonel Taskins die Schlußfolgerungen vorgetragen. Es stand ein Angriff mit zwei Brigaden bevor, der zum Ziel hatte, den Brückenkopf von Seria zu überrennen und die Ölfelder zurückzuerobern. Dieser Angriff würde um 1500 beginnen und bis Sonnenuntergang fortgesetzt werden. Colleen Taskins' Intuition war also bestätigt worden, und sie begann eine Falle aufzubauen, in die sie die feindlichen Einheiten tappen lassen wollte.

LFOC, USS *Bonhomme Richard* (LHD-6), 21. September 2008, 1615

Es war ein gutes Gefühl, wieder hier im Sessel ihrer Station im LFOC zu sitzen. Colonel Taskins spürte ganz deutlich den Rausch der Erwartung, der sich jedesmal unmittelbar vor dem Beginn einer Operation einstellte. Es wurde Zeit, ins Spiel einzusteigen. Auf ihrer Workstation wurden die geschätzten Positionen der beiden malaysischen Brigaden angezeigt (die Leute von der Aufklärung hatten sie als 2. und 5. gekennzeichnet), und jetzt beschäftigte sie sich mit der Ausarbeitung eines Planes für die Feuerunterstützung. Der Feind befand sich so gerade eben noch im Schutz des Dschungels. Um aber ihre Marines angreifen zu können, mußte er seine Deckung verlassen und auf freies Feld kommen. General Newman hatte ihr für die kommende Operation fast alle Truppen gelassen und darüber hinaus sogar noch beim JFACC in der NAS Cubi Point auf den Philippinen angerufen und veranlaßt, daß man eine EC-8 *Joint Stars* Boden-Radarüberwachungsmaschine zu ihrer Unterstützung schickte. Dieser *J-Stars*-Vogel verfügte über eine riesige, kanuförmige Radarantenne unter dem

Bauch[86], mit der er bewegte Fahrzeuge in Echtzeit erfassen und die so gewonnenen Daten direkt an die Terminals im LFOC übertragen konnte. Ein rascher Blick auf das *J-Stars*-Display bestätigte ihre Vermutung, und sie verschob die Einheiten im westlichen Brunei wie ein Großmeister seine Figuren auf dem Schachbrett. Es blieb gerade noch Zeit genug dafür.

5. malaysische Brigade, südlich Seria, 21. September 2008, 1630

Das Vorrücken der 5. Brigade war gut vonstatten gegangen, und das, obwohl die Soldaten erschöpft waren, weil man sie praktisch seit Mitternacht ununterbrochen in Bewegung gehalten hatte. Der Rückzug aus BSB und vom internationalen Flughafen hatte sie verärgert, und sie brannten darauf, wieder an die Amerikaner heranzukommen. Jetzt sollten sie die Gelegenheit dazu bekommen. Die Ablauflinie war eine unbefestigte Straße, die dem Unterlauf des Flusses Belait folgte, der etwa acht Kilometer von der Küste entfernt verlief. Ihr Plan bestand darin, durch eine Lücke zwischen den Produktions- und Lagerstätten vorzustoßen und sich sofort dahinter aufzufächern, um dann die Angriffsziele einzeln anzugehen. Große Teile der Straße verliefen durch dichten Dschungel, und der war ihr Element. Sie konnten gewinnen.

So gegen 1635 rückten sie vor, wobei die Infanterie die leichten Panzer und Mannschaftstransportwagen führte. Plötzlich flogen ihnen Granaten um die Ohren. Zuerst waren es nur ein paar vom Kaliber 155 mm. Aber dann schlugen kurz darauf die ersten 5-Zoll-Hochexplosiv-Projektile um sie herum ein, und die kamen von den Schiffen vor der Küste. Als die Infanterie in Deckung ging, rückten die Panzerfahrzeuge weiter vor. Die Soldaten hatten sich hier im Dschungel eigentlich vor Luftangriffen ziemlich sicher gefühlt. Jetzt aber ließ sie der Granatbeschuß fast völlig taub werden, wodurch ihnen das Geräusch der sich über ihren Köpfen nähernden *Harriers* entging. Die *Harrier*-Piloten schienen aber ganz genau zu wissen, wo sich die malaysischen Truppen befanden. Die *J-Stars* hatte ihnen die genauen GPS-Koordinaten gegeben, und so konnten sie ihre Waffen »blind« durch das Blätterdach des Dschungels feuern. Jedes Flugzeug warf sechs CBU-87 Schüttbomben ab, worauf Tausende von CEM-Clusterbömbchen durch die Baumwipfel des Dschungels fielen und die Vorausbataillone der 5. Brigade durch den Fleischwolf drehten. Panzer und Transportwagen, die von den Hohlladungen der CEMs getroffen wurden, verwandelten sich in der Dunkelheit des Dschungels augenblicklich in kleine Vulkane. Dann war der Beschuß durch die Kanonen von einem Augenblick auf den anderen vorbei. Alles, was blieb, war das Geräusch der brennenden Fahrzeuge, explodierender Bereitschaftsmunition und das

---

86 Bei den EC-8 *J-Stars*-Flugzeugen, die der Radarüberwachung am Boden dienen, befindet sich im Gegensatz zu den AWACS-Flugzeugen für die Luftraumüberwachung, bei denen das Radom oben auf der Maschine montiert ist, die Radarantenne unter dem Rumpf.

dumpfe Stöhnen der Sterbenden und Verwundeten. Als der Brigadekommandeur versuchte, seine Einheiten neu zu sammeln, und dazu verzweifelte Funksprüche an seine Gefechtsstände schickte, wurden diese von einem ES-3A *Shadow* Überwachungsflugzeug aufgefangen. Sofort führte es mit den Schiffen draußen auf See, die ebenfalls den Funkverkehr mitbekamen, eine Kreuzpeilung durch. Es war dann nur noch eine Sache von Sekunden, bis die Feuerleitlösungen über das Netzwerk jagten und sich auch schon zwei TACMS-Flugkörper von den Abschußrampen eines Zerstörers vor der Küste erhoben. Sie beschrieben einen Bogen in Richtung Inland und wurden von den eingebauten GPS-Empfängern zu ihren Zielen geführt. Sobald sich die beiden Flugkörper unmittelbar über den Gefechtsständen befanden, setzten sie ihre Nutzlast aus Schüttmunition mit Personenwirkung frei. Innerhalb weniger Sekunden gab es keinen Befehlsstand mehr, und die meisten der Fahrzeuge waren zerstört. Alles, was blieb, war eine Narbe im Dschungel, und die würde innerhalb kürzester Zeit wieder überwuchert sein. Die südliche Backe des malaysischen Zangenangriffs war gebrochen.

Flußübergang Batang Barem, an der Grenze zwischen Brunei und Malaysia, 21. September 2008, 1645

Der Kommandeur der 2. Brigade fühlte, wie der Frust in ihm wuchs, weil der Übergang über den Batang Barem einfach nicht so laufen wollte, wie er sich das vorgestellt hatte. Die Amerikaner hatten die Fähre an der Flußmündung gekapert und eine Serie von Verteidigungsstellungen auf dem Flußufer eingerichtet, das seiner Brigade direkt gegenüberlag. Das Feuer hatte an Intensität zugenommen, und er hatte schon eine Reihe von Fahrzeugen durch TOW- und *Javelin*-Flugkörper verloren. Aber jetzt sah es so aus, als würden die Malaysier endlich Fortschritte machen. Sie hatten sich den Übergang über den Fluß an einigen weiter entfernten Stellen des Ufers erkämpft und waren gerade dabei, einen kompletten Zug überzusetzen. Der Kommandeur war hinter dem Zeitplan für das Erreichen seiner Ablauflinie für den Angriff zurück, und die Kommunikation mit der 5. Brigade war zusammengebrochen. Aber jetzt rückten wenigstens schon einmal zwei seiner Einheiten vor. Der Feind direkt vor seiner Brigade schien eine reine Fußtruppe der Marines zu sein, die vielleicht von einigen wenigen Panzern und LAVs unterstützt wurde. Also würde er genau das vorfinden, was seine Aufklärung ihm vorausgesagt hatte.

Mündung des Flusses Batang Barem, an der Grenze zwischen Brunei und Malaysia, 21. September 2008, 1700

Das war so eine Mission, wie sie seine alten Freunde von der Armored Cavalry der Army geradezu geliebt hätten. Bill Hansen hatte seine AAAV-Linie zurückgenommen und die Verteidigungsstellungen Marines zu Fuß überlassen. Jetzt würde er auftanken, nachladen und zwischen den Öltanks hindurch in Richtung Meer marschieren. Mit einer ganzen Kompanie Marines an Bord rasten seine 15 Fahrzeuge mit Höchstgeschwindigkeit in einem langgezogenen Bogen in Richtung Südwesten. Die See war ruhig, und die 15 AAAVs schnitten mit mehr als 30 Knoten durch das Südchinesische Meer, wobei sie sich alle Mühe gaben, nach Möglichkeit außerhalb des Sichtbereichs von an der Küste stationierten Beobachtungsposten zu bleiben. Ihr Ziel war das Mündungsgebiet des Flusses Batang Barem, wo die Marines von der 31st MEU(SOC) bereits das Nordufer besetzt hielten. Es dauerte kaum eine Stunde, und sie waren schon am Ziel. Sie fanden es nicht erforderlich, das Gas spürbar zurückzunehmen, als sie in den Fluß einfuhren.

Zu dem Zeitpunkt, als Major Hansen und seine AAAVs den Flußlauf des Batang Barem hinaufrauschten, befanden sie sich bereits hinter der Hauptmacht der 2. malaysischen Brigade. Immer noch mit 20 Knoten unterwegs, standen sie kurz davor, die linke Flanke der Malaysier zu zerquetschen. Etwa drei Seemeilen flußaufwärts der 2. Brigade wurden die 15 AAAVs langsamer, senkten ihre Ketten ab und zogen die Bugspoiler ein. Durch einen Angriff auf die Flanke des führenden Bataillons drangen sie in den Rücken der Einheit ein und überrannten die Gefechtsstände. Dann kämmten sie den ganzen Abschnitt durch und veranlaßten den malaysischen Bataillonsstab, Hals über Kopf in die Berge zu fliehen.

Jetzt teilte Hansen seine AAAVs in fünf Gruppen auf und befahl ihnen, der 2. Brigade den Rücken aufzureißen. Sie schossen mit ihren 25-mm-Kanonen Befehls- und Führungsfahrzeuge und auch Lkws ab und jagten jedes gepanzerte Fahrzeug, das sich ihnen in den Weg stellte, mit ihren *Javelin*-Lenkwaffen in die Luft. Dann liefen sie mit konvergierendem Kurs auf den Gefechtsstand der 2. Brigade zu. Dieses nicht ganz unkomplizierte Manöver wurde durch die zwischen den Fahrzeugen bestehende digitale Datenverbindung koordiniert. Es war noch keine Stunde vergangen, seit sie den Batang Barem verlassen und sich kopfüber ins Gefecht gestürzt hatten. Jetzt sahen sie, wie sich der gesamte Stab der 2. malaysischen Brigade mit erhobenen Händen auf sie zubewegte. Damit hatte sich die letzte kampffähige Einheit der malaysischen Armee in Brunei ergeben.

BSB International Airport, Brunei, 22. September 2008, 0800

Die 7th Gurkha Rifles waren mit einer gecharterten Passagiermaschine nach Brunei eingeflogen und im Augenblick damit beschäftigt, die Kontrolle über den Flughafen von der 82nd Airborne Division zu übernehmen. Obwohl diese Übergabe einen mehr symbolischen Charakter hatte, bedeutete die Rückkehr der Gurkhas doch, daß in Brunei wieder Recht und Ordnung eingezogen waren. Kronprinz Omar Bolkiah kam mit einem der Jets der Royal Brunei Airlines, die in Manila interniert worden waren, an. Den größten Teil der Strecke war seine Maschine von zwei F-15C *Eagles* des 366th eskortiert worden, die von der NAS Cubi Point gestartet waren.

Der Prinz hatte jedoch darauf bestanden, daß er den letzten Teil des Flugs ausschließlich von *Harriers* der Marines eskortiert werden wollte, die so viel für die Befreiung seines Landes getan hatten. Jetzt schritt er unter den wachsamen Augen Colonel Rais die Treppe vom Flugzeug hinab, ging zu einer der Rasenflächen hinüber, kniete dort nieder und küßte den Boden seiner befreiten Heimat.

In wenigen Tagen würde er zum Sultan von Brunei gekrönt werden. Bei der kurzen Befreiungsaktion hatte es verblüffend wenig Schäden gegeben. Sein Halbbruder, der es auf seines Vaters Thron abgesehen hatte, floh nach Saudi-Arabien ins Exil, in die gleiche politische Leprakolonie, in der sich auch schon einmal Kriminelle wie Idi Amin aufgehalten hatten. Was Prinz Omar selbst anging, so hatte er vor, im Oktober den Plan seines Vaters für die Entwicklung der Ölfelder im Südchinesischen Meer bei der UN-Konferenz weiterzuverfolgen. Der amerikanische Botschafter in Manila hatte ihm das elektronische Notizbuch seines Vaters übergeben, das man einige Wochen zuvor aus dem abgestürzten Hubschrauber hatte bergen können. Es enthielt auch das private Tagebuch des verstorbenen Sultans, in dem er sämtliche Gedanken festgehalten hatte, die sich auf die Konferenz bezogen. Außerdem hatten alle Gedichte und Briefe seines Vaters, die dieser beabsichtigt hatte *ihm* zu übergeben, wenn er einmal die Thronfolge antreten würde, im Notebook den Absturz überstanden. Jetzt hielt er sie in Händen und wußte, wie stolz sein Vater auf ihn gewesen war. Da beschloß er, daß alles in seiner Macht Stehende geschehen sollte, damit der Geist seines Vaters der Nachwelt erhalten blieb.

Residenz des Premierministers, Kuala Lumpur, Malaysia, 22. September 2008, 1200

Der malaysische Premierminister blickte dem Stabschef der Armee und den anderen anwesenden Ministern in die Augen. »Meine Herren«, sagte er müde, »unsere Streitkräfte haben in dem Bemühen, die Ölfelder von Brunei zurückzuerobern, versagt, und ich habe die traurige Pflicht, der Bevölkerung unserer Föderation mitteilen zu müssen, daß die Regierung versagt hat. Ich habe nur noch die eine Hoffnung, daß wir es schaffen, die Mitteilung hinausgehen zu lassen, bevor die Öffentlichkeit selbst hier durch diese Tür kommt, um uns das Urteil aus ihrer Perspektive persönlich mitzuteilen. Ich muß zurücktreten, und ich habe die Absicht, mich völlig aus dem politischen Leben zurückzuziehen.« Damit stand er auf und verließ den Raum. Der Stabschef der Armee fragte sich, ob der Premierminister es wohl noch bis nach Hause schaffen würde. Die Straßen füllten sich bereits mit Menschenmassen, und schließlich war es in der malaysischen Geschichte schon häufiger zu sehr häßlichen Zwischenfällen gekommen, bei denen Politiker, die ihr Volk enttäuscht hatten, sprichwörtlich in Stücke gehauen worden waren. In sehr kleine Stücke.

PHIBRON 11, auf dem Weg durch das Südchinesische Meer, 30. September 2008

Die Woche des Abzugs aus Brunei war mehr als hektisch verlaufen. Zusammen mit den unvermeidlichen Zeremonien und Ehrungen mußte absolut alles und jedes für die umfassende Inspektion in Japan gereinigt werden, die in der nächsten Woche bei ihrer Rückkehr nach Okinawa stattfinden würde. Aber jetzt war es erst einmal ruhig, und jeder bekam die Gelegenheit, ein wenig Schlaf nachzuholen. Bei amphibischen Operationen gibt es eigentlich kaum einmal Zeiten, in denen man wirklich zur Ruhe kommen kann, und so wurde jede Minute genutzt, was dazu führte, daß es während dieser Überfahrt auf den Schiffen der ARG ungewöhnlich ruhig war.

Für Colonel Taskins standen jetzt aber andere Verpflichtungen auf dem Programm. Obwohl man sie als die größte Kämpferin seit Johanna von Orleans pries, gab es da einige äußerst schmerzhafte Pflichten, denen sie nachkommen mußte. Eine davon waren die Briefe, die in die Heimat geschrieben werden mußten. Ganz bestimmte Briefe. Die Ausfälle während *Tropic Fury* waren vergleichsweise leicht gewesen, aber dennoch waren fünf Gefallene zu beklagen, und 34 Verwundete hatten in den Lazaretten gelegen. Letztere waren längst über Pearl Harbor ins Navy Hospital Balboa in San Diego verlegt worden. Die sterblichen Überreste der fünf Gefallenen waren nach Delaware zur Dover AFB geflogen worden, von wo aus sie zur Beisetzung auf dem Friedhof Arlington übergeführt werden sollten. Jetzt war es an ihr, die Briefe an die Familien zu schreiben. Dies waren die ersten Todesopfer, die sie während ihrer beiden Dienstzeiten als Kommandeur bei ihr unterstehenden Einheiten zu beklagen hatte.

Der erste Fall war für sie der härteste. Der junge Private aus Detroit war bei dem Trupp gewesen, der den Verladepier gesichert hatte. Er war von einem Heckenschützen in den Straßen von BSB niedergeschossen worden. Sie hatte den jungen Mann persönlich gekannt. Aber das hier gehörte nun einmal zu den Pflichten eines Kommandeurs, und die ließen es weder zu, abgeschoben noch aufgeschoben zu werden. Vor ihr lag ein Besuch im Weißen Haus und im Kongreß, vielleicht auch ein Generalsstern und vielleicht sogar das Kommando über ein Regiment oder eine Division. Aber im Augenblick wollte sie nirgendwo anders sein als hier, zusammen mit *ihren* Marines. Nach einigen Minuten der Gedankenverlorenheit begann sie auf ihrem Computer zu schreiben, und die Worte kamen wie von selbst.

Schlußwort:
Ein Corps für fünfhundert Jahre

In den einzelnen Kapiteln dieses Buches habe ich versucht, Ihnen das näherzubringen, was man zweifellos als die Kronjuwelen des United States Marine Corps bezeichnen kann, die MEU(SOC)s. Ich hoffe, daß es mir bei der Erforschung dieser sieben kostbaren Aktivposten unseres Landes möglich war, auch ein Gefühl dafür zu vermitteln, was die Marines in ihrer Gänze darstellen. Obwohl die Einheiten selbst wunderbare und gefährliche Präzisionsinstrumente sind, die von der Regierung unseres Staates wie Figuren auf dem Schachbrett des Weltgeschehens hin und her geschoben werden können, ist es doch ganz wichtig, nie zu vergessen, was die Grundbausteine der MEU(SOC)s sind: Marines. Vielleicht sind die Marines das, was ich bereits in den einführenden Kapiteln gesagt habe: der ultimative Ausdruck amerikanischer Militärpersönlichkeit. Wenn irgendwo auf der Welt in einem fremden Staat darüber nachgedacht wird, was oder wen die Vereinigten Staaten von Amerika wohl schicken werden, wenn sie verärgert wurden oder hilfsbereit sein wollen, ist die Vorstellung von Marines, die an einen Strand stürmen, die Antwort, die mit größter Wahrscheinlichkeit den meisten durch den Kopf gehen wird.

Ich selbst denke gern und oft über die Marines nach. Meine Vorstellungen über das Corps führten dazu, daß ich der Hauptperson meiner Romane, Jack Ryan, den Hintergrund eines Marine gab. Viele der ethischen, moralischen und sonstigen Charakteristika, von denen ich annehme, daß sie eine zentrale Bedeutung für Jack haben, sind der Kern des Ethos der Marines. Darüber hinaus waren es auch Marines, die immer wieder die Seiten meiner Bücher füllten, weil sie zuverlässig, erfinderisch und schillernde Personen des wirklichen Lebens sind. Ich denke, daß diese Vorstellung in etwa deckungsgleich mit der sein dürfte, die ein möglicher Gegner haben wird, bevor er in Erwägung zieht, sich mit Marines anzulegen. Und das ist im Grunde die stärkste Waffe gegen einen potentiellen Feind: die Furcht davor, was möglicherweise geschieht, wenn er sich in einem Gefecht Auge in Auge mit einem Trupp amerikanischer Ledernacken wiederfindet. Wie man sieht, verbindet sich mit den Marines ein gewisses Mysterium. Sie haben eine *Magie*.

Die Marines sehen sich selbst in der Rolle von Feuerwehrleuten in der heutigen Welt, in der es von Pyromanen nur so wimmelt, und wahrscheinlich liegen sie damit genau richtig. In den fünf Jahrzenten, die seit dem Ende des Zweiten Weltkriegs vergangen sind, waren die verschiedenen Einheiten des Corps ständig stark beschäftigt. Die fünf Jahre nach dem Ende des kalten Kriegs konnten es jedem von uns ganz schön schwindelig werden lassen. Liberia. *Desert Shield*. Somalia (zum ersten, zweiten und dritten Mal). *Desert Storm*. Bosnien-Herzegowina. Ich könnte so weitermachen, aber ich glaube, das reicht, um eine ungefähre Vorstellung zu vermitteln. Die Marines sind unsere Wächter auf den Schutzwällen der freien Welt, und sie sind enorm stolz darauf, in dieser Funktion dienen zu dürfen. Wenn sie sich selbst als die »Notruf-Truppe« bezeichnen, meinen sie das auch so, und zwar im wahrsten Sinne des Wortes. Danken wir Gott dafür, daß sie das tun, denn in einer Welt, die voll von nationalistischen Diktatoren, Naturkatastrophen und anderen unerwarteten Ereignissen ist, brauchen wir die Marines!

Zum Abschluß dieses Buches darf ich mir vielleicht erlauben, ihnen und ihrer Zukunft einige Gedanken zu widmen. Vor fünfzig Jahren fand in dem Augenblick, als während der Schlacht von Iwo Jima unsere Nationalflagge auf dem Mount Suribachi gesetzt wurde, der prägende Moment in der Geschichte des Corps statt. An Bord eines vor der Küste liegenden Flaggschiffs befand sich der damalige Marineminister James Forrestal und hatte aus der Entfernung mit angesehen, wie die Tapferkeit und Entschlossenheit der Marines dazu geführt hatten, daß diese Fahne nun endlich auf diesem heißumkämpften Gipfel wehen konnte. Als die Flagge langsam am Mast hochstieg und alle, die es sahen, von Gefühlen überwältigt wurden, soll er die folgenden Worte zu General Holland »Howlin' Mad« Smith gesagt haben:

»General, das Hissen dieser Flagge bedeutet, daß es das Marine Corps für die nächsten 500 Jahre geben wird ...«

Zu der Zeit, als die Invasion in Iwo Jima stattfand, hatte das Marine Corps noch nicht einmal seinen 170. Geburtstag gefeiert. Heute, rund 50 Jahre später in der Morgendämmerung eines neuen Jahrtausends, ist leichter nachzuvollziehen, was Minister Forrestal damals gemeint haben wird. Was er damals in Worte kleidete, bezog sich auf den Geist und das Ethos, die es in ihrem Zusammenwirken dem Marine Corps ermöglichten, neue Probleme und Missionen mit immer wieder frischen Ideen und Perspektiven angehen zu können. Es geschah nicht gerade selten, daß man sich bei den anderen Teilstreitkräften und auch bei unseren Alliierten dazu entschied, manche Dinge als »zu hart« einzustufen, als daß sie in Einklang mit ihren institutionellen Richtlinien und Einschränkungen zu bringen gewesen wären. Die Marines waren stets Wegbereiter in der technologischen und taktischen Entwicklung unseres Jahrhunderts, was man am besten in der einzigartigen Mischung aus Ausrüstung und Richtlinien ablesen kann, die sie geschaffen haben. Dazu gehören beispielsweise Dinge wie der Präzisionswaffen-Einsatz (Scharfschützen und Sturzbomber) genauso wie Systeme für Transporte über den Horizont hinaus (Luftkissen-Landungsfahrzeuge und Hubschrauberangriffe). Wenn man wirklich etwas bislang noch nicht Dagewesenes erledigt haben will, übertrage man die Sache den Marines!

Aber was hat das alles mit der Zukunft der Marines im 21. Jahrhundert zu tun? Also, zunächst einmal – sie haben eine Zukunft. In der Vorstellungswelt der Regierung stellen sie einen außerordentlich wertvollen Beitrag zur Erhaltung der Fähigkeit zur Machtprojektion Amerikas dar. Allein das würde schon ausreichen, ihr Überleben zumindest bis zum 250. Geburtstag des Marine Corps sicherzustellen. Alles, was darüber hinausgeht, wird im wahrsten Sinne des Wortes nur vom Himmel eingegrenzt. Aufkommende Techniken wie Landstrecken-VTOL-Transportflugzeuge könnten beispielsweise zu einer Verschmelzung mit den augenblicklichen Missionen von Luftlande- und vorgeschobenen Truppen führen. Elektrisch angetriebene persönliche Panzerungs- und Waffensysteme könnten dazu führen, daß sich die Marines in der Mitte des kommenden Jahrhunderts gar nicht mehr so sehr von denen unterscheiden, wie man sie in Robert Heinleins *Sternenkrieger* sieht. Aber darüber hinaus ist es wahrscheinlich müßig, sich heute schon Gedanken darüber zu machen, wie genau die Rollen und Missionen aussehen werden, die sie dann zu erfüllen haben.

Aber was immer auch die Technik bringen mag, es wird stets einige Dinge geben, die unabänderliche Bedeutung für die Marines besitzen werden – selbst noch im Jahre 2275, wenn sie ihren 500. Geburtstag feiern. Sie werden auch dann noch die am besten grundausgebildeten Kämpfer der Welt sein. Selbst im 23. Jahrhundert wird es mit einiger Wahrscheinlichkeit immer noch Drill-Sergeants und die gelben Fußabdrücke in den Palmenhainen von Parris Island geben. Die Marines werden auch dann noch Gewehrschützen sein – oder was immer auch dann die persönliche Waffe sein mag, die in hundert Jahren gerade in Mode ist. Gezieltes Feuer aus einer geschulterten Waffe wird immer ein vitaler Bestandteil des Marines-Ethos bleiben. Schließlich werden sie auch immer wieder neue und innovative Mittel und Wege finden, Gefechte zu gewinnen und Kriege zu führen. Die Feinde mögen in dieser Zeit vielleicht sogar Außerirdische sein, aber ich denke, daß die Generäle Krulak (Vater und Sohn) mir hier aus ganzen Herzen zustimmen werden.

Wenn ich zuvor einmal gesagt habe, die Marines seien Amerika, so habe ich das wörtlich gemeint. Sie repräsentieren uns auf unterschiedlichste Art und Weise und in einer Vielzahl von Rollen. Angefangen vom Wachdienst vor den Botschaften bis hin zum Flugdienst für den Präsidenten, den sie in ihren unverwechselbaren olivgrauen Hubschraubern absolvieren – Marines sind die Menschen, denen wir zutrauen, jeden Job auch erledigen zu können, den wir ihnen übertragen. Das bedeutet nichts anderes, als daß die Marines gleichzeitig Teil einer sorgfältig konstruierten Maschine sind, wobei sie die Verpflichtung übernommen haben, aus der Masse hervorzustehen und dennoch ihren eigenen Weg im Leben zu gehen. Es ist kaum möglich, ihnen nicht freundlich zuzulächeln, ganz gleich, in welchem Rang sie stehen, wie alt sie sind oder welche Aufgabe sie gerade erfüllen. Es ist völlig unerheblich, ob sie sich nur für ein paar Jahre dienstverpflichtet haben oder eine lebenslange Bindung mit dem Corps eingegangen sind, wie wir es bei einigen Menschen in diesem Buch kennengelernt haben, denn das Corps verändert das Leben jedes einzelnen. Was ursprünglich auch immer ihr persönliches Motiv, zu den Marines zu gehen, gewesen sein mag, sie scheinen alle die gleiche prägende Erfahrung gemacht zu haben, die dazu geführt hat, etwas ganz Besonderes im Leben miteinander teilen zu können.

Seien wir also stolz auf diese Männer und Frauen, denn sie sind stolz darauf, uns zu dienen. Respektieren wir sie, denn sie sind es, die genau die Dinge verteidigen, die unsere Nation zur besten der Welt gemacht haben. Und bringen wir ihnen unsere ganze Zuneigung entgegen, denn sie sind es, die auf den Bastionswällen der Freiheit stehen, um diese zu sichern, damit der Rest von uns nachts friedlich schlafen kann. Das ist die wirkliche Bedeutung ihres Mottos *Semper Fidelis* – »Allzeit treu«. Das waren sie immer und werden es immer sein. Selbst wenn es fünfhundert Jahre dauern sollte, es unter Beweis zu stellen.

Glossar

1MC   **M**ain shipwide announcing **C**ircuit = Hauptkreis für Durchsagen (Befehlsübermittlung) auf Unterseebooten und Oberflächenschiffen der U.S. Navy

AAAV   **A**dvanced **A**mphibious **A**ssault **V**ehicle = weiterentwickeltes taktisches amphibisches (Kampf-)Fahrzeug

AAV   **A**mphibious **A**ssault **V**ehicle = taktisches amphibisches Landungsfahrzeug (→ AAAV)

ACE   **A**viation **C**ombat **E**lement = Luft(kampf)element eines → BLT

ACU   **A**ssault **C**raft **U**nit = taktische Landungsfahrzeuggruppe

AFB   **A**ir **F**orce **B**ase = Stützpunkt (Horst) der Luftstreitkräfte der Vereinigten Staaten von Amerika. NATO-Stützpunkte oder die verbündeter Nationen werden üblicherweise als **AB** (**A**ir **B**ase) bezeichnet. Die Royal Air Force pflegt ihre Stützpunkte nach den Ortsnamen zu bezeichnen z. B. »RAF Lakenheat, »-Brüggen« oder »-Wildenrath«.

AGM   **A**ir-to-**G**round **M**issile = Lenkwaffe für den Bodenkampfeinsatz; deutsche Bezeichnung: Luft-Boden-Flugkörper

AGM-88 HARM → AGM; → HARM

AHRU   **A**ttitude **H**eading **R**eference **U**nit = Kurs-Lage-Referenzgerät. Bestandteil des Autopilotensystems von Kampfflugzeugen.

AIM-7 *Sparrow* **und** *Sea Sparrow*   »Sperling« bzw. »Spatz«. AIM-7-Familie von Langstrecken-Luft-Luft-Flugkörpern (*Sparrow*) mit Radar-Lenkeinrichtung, die bei Raytheon hergestellt wird. Die von Schiffen aus zur Luftabwehr eingesetzte Variante ist der *Sea Sparrow*.

AIM-9 *Sidewinder*   **A**ir-**I**ntercept-**M**issile = Luftabfang-Flugkörper. Hitzesuchende Familie von Luft-Luft-Lenkwaffen, die bei U.S. Air Force, Navy, Marines und Army sowie einigen Exportkunden im Einsatz ist. Die unterschiedlichen Ausführungen werden durch den Zusatz eines Buchstabens gekennzeichnet wie z. B. AIM-9L oder AIM-9X. (Der Name *Sidewinder* ist doppelsinnig: einerseits wörtl.: »Seitenwinder«, also etwas, das Wind von der Seite bekommt, oder aber sich seitlich windet. Damit wird auf die typisch schlangenlinienartige Flugbahn dieses AIM hingewiesen. Auf der anderen Seite ist *Sidewinder* aber auch der Name einer recht bösartigen amerikanischen Klapperschlangengattung.

AMC   Eine Abkürzung, deren Bedeutung aus dem Zusammenhang hervorgehen muß:
1. **A**ir **M**obility **C**ommand = Ein Oberkommando in der U.S. Air Force, das für die meisten Luft-Transport- und -Tankereinsätze verantwortlich ist. Sein Stützpunkt ist die Scott AFB in Illinois.

	2. **A**ir **M**ission **C**ommander = Etwa Flug(transport)-Einsatzleiter. Gemeint ist in diesem Fall der befehlshabende Offizier, der z. B. für alle mit einer Mission (Operation) zusammenhängenden Aspekte der Be- und Entladung von beteiligten Maschinen und die Start- und Landeabläufe zuständig ist.
AMRAAM	**A**dvanced **M**edium **R**ange **A**ir-to-**A**ir **M**issile = fortschrittlicher Luft-Luft-Flugkörper für mittlere Reichweiten. Erster moderner Luft-Luft-Flugkörper, bei dem programmierbare Mikroprozessoren für selbstsuchende Radarköpfe eingesetzt werden. Der Flugkörper verfügt über einen eigenen Radarsender, der → »Fire and forget«-Taktiken erlaubt.
AOR	**A**era **O**f **R**esponsibility = eigentlich Verantwortungsbereich. Im militärischen Sinne verwendet, bezeichnet die AOR jedoch den vorgegebenen Einsatzbereich für eine bestimmte Truppe. In verschiedenen Papieren auch als Area Of Operations (dann: AOO) bezeichnet, ist sie das, was früher »Schlachtfeld« hieß und heute meist als »Gefechtsfeld« bezeichnet wird.
API	**A**rmor-**P**iercing **I**ncindiary shot = panzerbrechendes Geschoß mit Brandwirkung
APS	**A**rmor-**P**iercing **S**olid shot = panzerbrechendes Vollgeschoß
ARG	**A**mphibious **R**eady **G**roup = amphibische Bereitschaftsgruppe
Army Command and General Staff College	Führungs- und Generalstabsakademie der U.S. Army
ASTOVL	**A**dvanced **S**hort **T**ake-**O**ff, **V**ertical **L**anding = Teilbereich des → JSF. Hierbei handelt es sich um die Weiterführung des → STOVL-Programms, das häufig fälschlicherweise in der Literatur als Programm für Senkrechtstart-(Festflügel-)Flugzeuge beschrieben wird. Tatsächlich lag (und liegt) der Schwerpunkt beider Programme auf der Verwirklichung einer Technik, die es Festflügel-Flugzeugen gleich welcher Größenordnung ermöglicht, mit einem absoluten Minimum an Start- und Landebahnlänge auszukommen und die Senkrechtlandung als Endziel vor Augen hat.
ASW	**A**nti **S**ubmarine **W**arfare = Unterseeboot-Abwehr- Gefechtsführung
ATARS	**A**dvanced **T**actical **R**econnaissance **S**ystem = weiterentwickeltes taktisches Aufklärungssystem
ATGM	**A**nti-**T**ank **G**uided **M**issile = Panzerabwehr-Lenkflugkörper
ATO	**A**ir **T**asking **O**rder = Einsatzplan für Luftkampfoperationen, Luftbetankungen, Bombereinsätze usw., die täglich neu für die Dauer von 24 Stunden von den Planungszentren der (örtlichen) Oberbefehlshaber der Air Force ausgegeben werden.
Atoll	Ringförmige Koralleninsel, die eine Lagune einschließt. Diese Formationen kommen bevorzugt in der Südsee vor.
BLT	**B**attalion **L**anding **T**eam = Landungstrupp einer → MEU in einer Stärke von rund 1000 Mann
Brigadier General	entspr. Brigadegeneral der Bundeswehr (NATO-Code OF-7); niedrigster Generalsrang mit einem Stern

BSB	inoffizielle amerikanische Abkürzung für Bandar Seri Begawan (Brunei)
C-130 *Hercules*	Taktisches Transportflugzeug von Lockheed Martin mit vier Allison T56 Turboprop-Triebwerken. Weit über 2000 Einheiten dieses Klassikers wurden seit 1955 gebaut, und die Maschine wird weiterhin produziert. Held bei der Rettungsaktion israelischer Geiseln 1976 in Entebbe, Uganda. Es existieren vielfältige Modellvarianten wie z. B. die AC-130U Gunship (»Kanonenboot«) und die EC-130H mit Funkstöreinrichtungen. 1995 lief die Entwicklung der neuen C-130J an. Sie wird mit weiterentwickelter Avionik und den neuen Allison T406 Turboprop-Triebwerken mit sechsblättrigen Propellern ausgerüstet sein. Die Standard Transportversion hat ein maximales → Take-Off Weight von 175 000 lb./79 380 kg.
C-141 *Starlifter*	Langstrecken-Schwertransporter von Lockheed Martin mit vier TF33 Mantelstromtriebwerken, 1964 bei der Air Force eingeführt. Nur 227 Einheiten sind noch im Einsatz, da aufgrund von Materialermüdungserscheinungen bei den Rümpfen die aktive Stückzahl reduziert werden mußte. Die *Starlifter* verfügen über die zur Betankung in der Luft notwendigen Einrichtungen. Maximale Starthöchstmasse 325 000 lb./147 420 kg.
C-17 *Globemaster III*	Schwergut-Transporter von McDonnell Douglas mit vier P&W-F117-Mantelstromtriebwerken. Wurde für Operationen entworfen, bei denen nur kurze und unbefestigte Startbahnen verfügbar sind. Höchstzulässige Startmasse 585 000 lb./265 350 kg. Inzwischen haben die aktiven Maschinen ein weiterentwickeltes Cockpit, doppelte Flugbesatzung und einen zusätzlichen Lademeister im Frachtraum bekommen. Im Augenblick werden nur 40 Flugzeuge dieses Typs betrieben.
C-5B *Galaxy*	Langstrecken-Schwergut-Transporter von Lockheed Martin mit vier TF39 Mantelstromtriebwerken. Maximales → Take-Off Weight 837 000 lb./37 960 kg. Der gesamte Bugbereich ist nach oben schwenkbar, um eine Laderampe daraus herabzusenken, die ein schnelles Be- und Entladen ermöglicht. 82 Maschinen befinden sich im Einsatz (Stand 1994).
C³I	**C**ommand, **C**ontrol, **C**ommunication and **I**ntelligence = Befehls-, Führungs-, Kommunikations- und Aufklärungabteilung
Captain	Der Dienstrang Captain im Bereich der Luft- und Landstreitkräfte = Hauptmann (NATO-Code OF-3). Da das USMC zusammen mit der Navy eingesetzt wird, kommt im Buch der Dienstrang Captain auch aus dem Bereich der Navy vor (Kommandanten von Schiffen beispielsweise) und muß damit wesentlich höher eingestuft werden. Bei der Navy ist der Captain ein Kapitän zur See (NATO-Code OF-6) im adäquaten Rang zum Oberst bei den Luft- und Landstreitkräften.
CAS	**C**lose **A**ir **S**upport = Luft-Nahunterstützung von Bodentruppen vor und während des Gefechts durch Flugzeuge und Hubschrauber

CDC	Combat Development Command = Dienststelle für die Enwicklung von Vorgehensweisen im Gefecht = Gefechtslabor
CE	Command Element = Führungs- bzw. Stabselement z. B. einer → MAU
CENTCOM	Central Command der Vereinigten Staaten von Amerika. Zusammengeführtes Kommando (Joint Services: zusammengeführte/kombinierte Streitkräfte) mit Verantwortungsbereich Mittlerer Osten und Südwestasien. Hauptquartier ist die McDill AFB in Florida, Oberkommandierender grundsätzlich ein Viersterne-General der Army. Normalerweise unterstehen CENTCOM keine größeren Truppenkontingente. In Krisensituationen hingegen wird es sehr schnell durch Einheiten des XVII. Airborne Corps (Luftlandetruppen) der Army, der Marines und alliierter Streitkräfte verstärkt.
CES	Cooperative Engagement System = zusammenwirkendes Verteidigungssystem auf Schiffen der U.S. Navy, in dem unterschiedliche Waffen und Kaliber über einen Zentralrechner gesteuert werden
CIA	Central Intelligence Agency = Auslandsgeheimdienst der Vereinigten Staaten von Amerika
CIC	Combat Information Center = Gefechtsführungszentrale z. B. auf Schiffen der U.S. Navy
CinC	Commander in Chief = Bezeichnung für die Funktion eines hochrangigen Offiziers, üblicherweise eines Viersterne-Generals oder Admirals, der die Position eines Oberbefehlshabers für einen bestimmten Einsatzbereich des US-Militärs bekleidet. So ist z. B. der CINCPAC (Commander in Chief of the U.S. Pacific Command) der Oberkommandierende der US-Pazifikflotte.
CIO	Central Imaging Office = Zentralbüro für Bildmaterial. Untergeordnete Dienststelle des → NRO zur Sammlung, Aufbereitung und Interpretation nachrichtendienstlichen Bildmaterials
CO	Commanding Officer = Kommandeur einer Einheit bzw. Kommandant eines Schiffs o. ä.
Colonel	Oberst (NATO-Code OF-6) = Die Bezeichnung *Full Colonel* ist keine (!) Dienstrangbezeichnung, sondern dient der Differenzierung zwischen Lieutenant Colonel (= Oberstleutnant) und Colonel (= Oberst), die (ähnlich wie in Deutschland) beide mit *Colonel* angeredet werden können. Die Verstärkung *Full* wird häufig auch dazu verwendet, darauf hinzuweisen, daß der entsprechende Colonel ein hohes Dienstalter erreicht hat und ggf. kurz vor der Beförderung in den Generalsrang steht.
Commandant	Traditionsgemäß wird der kommandierende General des U.S. Marine Corps als Kommandant bezeichnet. Dabei handelt es sich um einen Titel, nicht um einen Dienstrang.
Commander	Fregattenkapitän (NATO-Code OF-6), entspricht dem Oberstleutnant (→ Lieutenant Colonel) bei den Luft- und Landstreitkräften

Commodore	Nur noch selten verwendete Bezeichnung. In Deutschland beim Militär eigentlich nur noch in der Form des Geschwader-Kommodores bei der Luftwaffe gebräuchlich. Commodore ist *kein* Dienstrang, sondern eine Funktionsbezeichnung, die bei der Navy meist von Captains (Kapitän zur See) ausgefüllt wird, die entweder durch Verdienst oder Dienstalter kurz vor der Beförderung zum Flaggoffizier (Admiral) stehen. Ein Kommodore führt meist einen Verband, der den Verantwortungsbereich eines »normalen« Captain übersteigen würde, aber für einen Admiral zu klein ist.
Company	Eine Company besteht im → RTR des U.S. Marine Corps aus zwei → »Series«. Die Stärke liegt zwischen 420 und 640 Mann. Entspricht in Stärke und Aufteilung damit nicht der bei der Bundeswehr üblichen Kompanie.
CONOPS	**Con**cept of **Op**eration**s** = Befehls- und Führungskonzept eines Befehlshabers, gerichtet an untergeordnete Einheiten, über die Durchführung einer Operation (oder eines ganzen Feldzugs)
Corporal	Stabsgefreiter (US-Code E-4, NATO-Code OR-4)
Coxswain	Steuermann
CQB	**C**lose **Q**uarter **B**attle = Gefechte auf engstem Raum. Gemeint sind hier in erster Linie Straßen- und Häuserkämpfe.
CRAF	**C**ivil **R**eserve **A**ir **F**leet = Reserve-Luftflotte. Sie besteht aus Maschinen ziviler Fracht- und Passagiermaschinen, die meist staatlich gefördert wurden und im Gegenzug auf Abruf für regierungsseitig veranlaßte (militärische) Einsätze zur Verfügung stehen müssen. Die Piloten dieser Maschinen sind zum überwiegenden Teil auch Reservisten der Air Force.
CSAR	→ SAR
CSEL	**C**ombat **S**urvival/**E**vader **L**ocator = Gefechts-Überlebens-/Entkommens-Ortungsgerät
CSSE	**C**ombat **S**ervice **S**upport **E**lement = Versorgungs- und Unterstützungselement im Gefecht
CVBG	**A**ircraft **C**arrier **B**attle **G**roup = Flugzeugträger-Kampf- bzw. Gefechtsverband. Besteht aus einem Flugzeugträger und in Abhängigkeit von seiner Größe und der Bedeutung der Mission unterschiedlich großen und starken Geleit- (bzw. Sicherungs-)geschwadern an der Oberfläche, zu denen grundsätzlich auch mindestens zwei Jagd-Unterseeboote gehören.
CVW	**C**arrier **A**ir **W**ing = Träger-Flugzeug-Geschwader. Ein aus verschiedenen Einheiten der amerikanischen Marineflieger zusammengesetztes Geschwader. Ein CVW besteht normalerweise aus einer Jagdstaffel, zwei Jagdbomberstaffeln und kleineren Einheiten mit Hubschraubern und Flugzeugen für die Unterseebootabwehr, mit elektronischer Gefechtsführung sowie einigen Frühwarn-Radarflugzeugen. Flugzeugeinheiten des U.S. Marine Corps können gegebenenfalls einem Flugzeugträger-Geschwader zugewiesen bzw. unterstellt werden.
CZ	**C**onvergence **Z**one = Konvergenz-Zone. Ein akustisches Phänomen, das unter bestimmten Voraussetzungen in Tiefwasserbereichen auftritt.

DARO	Defense Airborne Reconnaissance Office = »Büro für die Verteidigungs-Aufklärung aus der Luft«. Diese Geschäftstelle des Pentagon wurde 1992 geschaffen, um Ordnung in das Durcheinander zu bringen, das bei der Luftaufklärung entstanden war.
Displacement	Bei Kampfschiffen wird die Schiffsgröße durch das Displacement (dt. häufig: Deplacement) beschrieben. Üblicherweise wird das Einsatzdeplacment = Verdrängung = Gewicht des Schiffes angegeben, gemessen in long tons (ts.) 1 ts = 1016 kg.
DMA	Defense Mapping Agency = Kartographie-Dienst des → DoD. Die DMA erstellt anhand sämtlicher ihr verfügbarer Informationen (Vermessungen, Satellitenbilder, Luftaufnahmen) möglichst genaue Karten der ganzen Welt. Diese werden dann digitalisiert und z.B. für Truppeneinsätze oder Flugpläne von Marschflugkörpern, → UAVs oder für die Verwendung als → »Moving Maps« in Kampfflugzeugen bereitgestellt.
DoD	Department of Defense = US-Verteidigungsministerium
Düppel	Störmittel z.B. aus metallbeschichteten Mylarstreifen, die von Flugzeugen und Unterseebooten ausgestoßen werden können, um die Erfassung durch feindliches Sonar und Radar am Boden oder in Lenkwaffen zu stören.
E-2C *Hawkeye*	Die »Falkenauge« ist ein Trägerflugzeug der U.S. Navy, das von Grumman gebaut wird. Von zwei Turboprop-Triebwerken angetrieben, erfüllt sie die Aufgabe einer in der Luft befindlichen Frühwarnstation. Sie verfügt über eine große Antenne in einem rotierenden, untertassenförmigen → Radom. 1964 in Dienst gestellt, wird die E-2C auch bei den Franzosen, Israelis und Japanern eingesetzt.
EAAK	Enhanced Appliqué Armor Kit = verstärkter Applikationspanzerungs-Bausatz, durch den ein Fahrzeug zwar etliche tausend Pfund schwerer wird, aber dem Beschuß panzerbrechender Waffen standhalten kann
Ensign	Fähnrich zur See
EW	Electronic Warfare = elektronische Gefechtsführung
Executive Officer	Stellvertreter des Kommandeurs einer Einheit oder Erster Offizier an Bord eines Schiffs oder Unterseeboots
F/A-18 *Hornet*	Die »Hornisse« ist ein zweistrahliges Trägerflugzeug der U.S. Navy von McDonnell Douglas.
F-14 *Tomcat*	Der »Kater« ist ein zweistrahliges Trägerflugzeug der U.S. Navy.
Fahrenheit	In GB und den USA immer noch gebräuchliche Temperaturskala mit Gefrierpunkt bei 32 °F und Siedepunkt bei 212 °F. Umrechnung: (Grad Fahrenheit minus 32) mal 5 durch 9 = Grad Celsius.
Fighter	Amerikanische Gruppenbezeichnung für militärische Kampfflugzeuge, die im Sprachgebrauch der Luftwaffe sowohl Jäger als auch Jagdbomber umfaßt.
fire and forget	»Schieß-und-vergiß« hat sich als Bezeichnung für Projektile und Lenkwaffen eingebürgert, die sich heute in (fast) allen Waffengattungen durchzusetzen beginnen. Ihr enormer Vor-

	teil besteht darin, daß sie nach Aufschaltung auf ein Ziel nur noch gestartet bzw. abge*feuert* zu werden brauchen und sich den Weg dann selbst suchen, der Schütze sie also sofort ver*gessen* und sich anderen Dingen wie z. B. einem neuen Ziel und dessen Aufschaltung zuwenden kann.
First Lieutenant	→ Lieutenant
FLEETEX	**Fleet Ex**ercise. Diese Übung der U.S. Navy ist speziell für die Einheiten geschaffen worden, die zusammen mit → ARGs eingesetzt werden, und läuft parallel zur → SOCEX des U.S. Marine Corps für die → MEUs ab, die ihre Bestätigung als → SOC erhalten wollen.
FLIR	**F**orward **L**ooking **I**nfra**r**ed: »vorausschauendes Infrarot«. Elektro-optisches Gerät, ähnlich einer Fernsehkamera, die jedoch das Infrarot-Spektrum und nicht das sichtbare Licht »sieht«. FLIR erzeugt ein Bild aufgrund von aktuellen Temperaturänderungen in seinem Blickfeld. Dadurch werden z. B. die heißen Abgasdüsen eines Triebwerks als heller Punkt dargestellt.
FMFPAC	**F**leet **M**arine **F**orces, **Pac**ific = Truppen des Marine Corps bei der Flotte im Pazifischen Ozean
Foot/Feet	Maßangabe / Längenmaß: 1 ft entspricht 30,48 cm, gerundet auch 30,5 cm. Als »Daumenregel« wird häufig auch die Umrechnung 1 ft = 1/3 m (oder 30 cm) bzw. 1 m = 3 ft verwendet.
Force Multiplier	»Kraft-Vervielfältiger«. Dieser Ausdruck beschreibt keine spezielle Funktion oder Waffe, sondern schlicht alles, was in der Lage ist, die Schlagkraft bei unterproportional großem Aufwand überproportional zu erhöhen.
FSPG	**F**orce **S**tructur **P**lanning **G**roup = Planungsgruppe für Truppenstrukturierung. Dabei handelt es sich um eine Institution, die vom Marine Corps nach Ratifizierung der Sparpläne der amerikanischen Regierung sowohl im Bereich der Material- wie auch Personalplanung eingerichtet wurde. Durch generelle Abbauten im Verteidigungshaushalt waren teilweise tiefgreifende Strukturveränderungen bei den Streitkräften notwendig geworden, deren Durchführung beim Marine Corps eben dieser FSPG zufiel.
FSSG	**F**orce **S**ervice **S**upport **G**roup = Instandsetzungs- und logistische Unterstützungsgruppe für Truppen im Einsatz
Full Colonel	→ Colonel
FW	**F**ighter **W**ing = Geschwader der U.S. Air Force. Die Fighter Wings sind heute zusammengeführte Einheiten, die sich nicht mehr wie früher in spezialisierte Geschwader (Jagd-, Jagdbomber- usw.) aufgliedern, sondern eine Art »Miniatur-Air-Forces« darstellen, die sämtliche Einsatzkriterien erfüllen können (vielleicht mit Ausnahme von strategischen Bombereinsätzen). → Fighter
G-3	Operations Officer = Einsatzoffizier auf Brigadeebene
Gallon	Angelsächsisches Volumenmaß. In den USA entspricht 1 gallon = 3,7854 Liter
GCE	**G**round **C**ombat **E**lement = Bodenkampfelement eines → BLT

General	General; höchster Generalsrang: vier Sterne (NATO-Code OF-10). Aus Höflichkeitsgründen und auch der Tradition folgend, werden aber sämtliche Generalsränge vom Einsterne-(Brigade-)General an mit »General« angeredet. Ähnliches gilt bei der Bundesmarine für die Stabsoffiziere ab Korvettenkapitän, die alle mit »Herr Kapitän«, und die Flaggoffiziere, die alle mit »Herr Admiral« angeredet werden.
GPS	**G**lobal **P**ositioning **S**ystem: Konstellation von 22 NAVSTAR-Satelliten in erdnahen Orbits, die ununterbrochen Navigationssignale senden, die mit ultragenauen Atomuhren synchronisiert sind. Normalerweise können von jedem Punkt der Erde (außer den Polkappen) mindestens vier Satelliten im gleichzeitigen Durchgang beobachtet bzw. empfangen werden. Ein spezieller Computer, der in einem tragbaren Empfänger eingebaut ist, kann dann aus den empfangenen Daten exakte (dreidimensionale) Positionsbestimmungen und Geschwindigkeitsangaben ableiten, indem er die Informationen eines Satellitensignals in Beziehung zu den Daten von drei weiteren Satelliten setzt. Ein Teil der Signale wird zum ausschließlichen Gebrauch durch das Militär verschlüsselt gesendet (PY-Code). Ein ähnliches, jedoch unvollständiges System wird von den Russen unter der Bezeichnung GLONASS betrieben. In Krisen- oder Kriegssituationen werden die Satelliten vom Betreiber (→ NRO) dahingehend manipuliert, daß sie die für zivile Nutzer ohnehin bestehende Ungenauigkeit (Radius ca. 30 m) um ein Vielfaches vergrößern. Danach können nur noch Geräte, die P(Y)-Code-fähig sind, genaue Positions- und Navigationsdaten liefern.
Gunner	Eigentlich Artillerieschütze bei der Navy und Bordschütze bei der Air Force, ist diese Bezeichnung im Slang des U.S. Marine Corps auch für die → Warrant-Officers (Fach-Stabsunteroffiziere) des Corps gebräuchlich.
Gunnery Sergeant	Eigentlich ein Feldwebeldienstrang der Stabsunteroffizierslaufbahn, ist diese Bezeichnung aber eigentlich mehr Titel als Rang. Er war in der Zeit der segelnden Kriegsschiffe der für das Laden der Kanonen zuständige Unteroffizier (→ Sergeant).
Gunny	→ Gunnery Sergeant; → Sergeant
HARM	**H**igh **S**peed **A**nti-**R**adiation **M**issile (→ AGM-88) = Hochgeschwindigkeits-Flugkörper zur Unterbindung von Sendungen (Funk-, Radar- usw.), hergestellt bei Texas Instruments. Diese Lenkwaffen verfügen über einen Suchkopf, der praktisch auf elektromagnetischen Impulsen »reitet«, die z. B. von eingeschalteten Radaranlagen abgestrahlt werden, und durch deren Rückverfolgung die Waffe ins Ziel geführt wird. Über Mach 2 schnell mit einem 146-lb.-Splittersprengkopf. Üblicherweise aus Entfernungen von 35 bis 55 Meilen zum Ziel abgefeuert, obwohl die maximale Reichweite größer ist.
HMA	Hubschraubereinheit des U.S. Marine Marine Corps
HMH	**H**eavy **M**arine **H**elicopter... = Bezeichnung für Schwertransporter-Hubschrauber-Einheiten des U.S. Marine Corps

HP	horsepower = (amerik.) Pferdestärke 1 HP = 1,01387 PS = 0,7457 kW
HSVL	High-Speed Velocity Log = Hochgeschwindigkeitslogge (-Geschwindigkeitsmesser). Ein spezieller Tachometer, der bei sich schnell bewegenden Objekten zum Einsatz kommt, die über keinen oder nur spärlichen Oberflächenkontakt verfügen, wodurch klassische Reibungs- oder Rotationsgeber (letztere z. B. bei Kfz. verwendet) nicht verwendbar sind.
HUD	Heads-Up Display = wörtl. Köpfe-Hoch-Anzeigegerät. Im Sprachgebrauch der Luftwaffe: *Frontsichtanzeige-* oder *Blickfelddarstellungs-Gerät*. Ein transparenter Schirm oberhalb der Cockpit-Instrumente, auf den entscheidende Flug-, Ziel- und Waffeninformationen projiziert werden, damit ein Pilot nicht, während er sich in einer Kampfsituation befindet, hinunter ins Cockpit zu blicken braucht, um Meß- und Anzeigeinstrumente abzulesen. Die derzeitige HUD-Generation verfügt auch über eine Weitwinkelanzeige für Radar- und Sensordaten.
HUMINT	→ SIGINT
IAEA	International Atomic Energy Agency = internationale Atomenergie-Überwachungsbehörde
inch	Zoll = 2,54 cm
JAST	Joint Advanced Strike Technology = im gemeinsamen Interesse der Teilstreitkräfte liegende, zusammengeführte, moderne bzw. fortentwickelte Angriffstechnik (hierzu gehört z. B. auch der → JSF)
JCS	Joint Chiefs of Staff = Vereinigte Stabschefs. Oberste Führungs-(Kommando-)ebene des US-Militärs, verantwortlich für die Beratung des Präsidenten in Dingen der nationalen Verteidigung. Die JCS setzen sich aus einem Vorsitzenden (der sog. »Chairman« der Generalstabschefs), der aus jeder Teilstreitkraft kommen kann, dem Oberkommandierenden der Marineoperationsstäbe, dem Generalstabschef der Army, dem Kommandeur (Commandant) des Marine Corps und dem Generalstabschef der Air Force zusammen.
JDAM	Joint Direct Attack Munition = Allzweck-Bomben vom Typ Mk 83 bzw. Mk 84 oder BLU-109-Streubomben mit eigenem Trägheits-Lenksystem-Paket und einem Miniatur-GPS-Empfänger in einem modifizierten Schwanzkonus. Die Einführung bei der Truppe war ursprünglich für 1997 geplant. Es ist beabsichtigt, Strike-Flugzeuge der U.S. Air Force, Navy und des Marine Corps damit auszurüsten. Es handelt sich also um taktische, d. h. Angriffsmunition, die zum gemeinsamen Einsatz und damit zur Vereinheitlichung der Systeme bei allen Teilstreitkräften konzipiert ist.
JG	Junior Grade. Speziell im Bereich der Leutnantsdienstränge bei den US-Streitkräften verwendet. → Lieutenant
JIC	Joint Intelligence Center = zusammengeführte nachrichtendienstliche Zentrale (verschiedener Truppenteile bei einer gemeinsamen Operation)
JSF	Joint Strike Fighter = Kampfflugzeug, das den Anforderungsprofilen möglichst vieler Truppengattungen entspre-

	chen soll. Das derzeitige JSF-Programm soll in erster Linie im Bereich der Marinefliegerei (Flugzeugträger wie Landstützpunkte) und des U.S. Marine Corps langsam in die Jahre kommende Muster (AV-8B, F/A-18 usw.) ersetzen und lediglich durch geringfügige Modifikationen für eine Vielzahl von Missionsprofilen verwendbar sein.
JSOW	**J**oint **S**tand-**O**ff **W**eapon = Abstandswaffe, die bei möglichst vielen Truppengattungen zur Vereinheitlichung der Arsenale Verwendung finden soll. → Stand-Off. Typenklassifiziert als AGM-154, ist die 1000-lb.-Gleitbombe mit einer Reichweite von 25 Meilen/40 km mit einem INS/GPS-Lenksystem ausgerüstet und wird voraussichtlich in den späten 90er Jahren eingeführt sein. Die Version der Air Force wird wahrscheinlich sechs BLU-108 enthalten.
J(oint)-STARS	**J**oint **S**urveillance and **T**argeting **A**ttack **R**adar **S**ystem = kombiniertes Überwachungs- und Zielverfolgungs-Angriffs-Radar-System. Ein gemeinsames Programm von U.S. Army und Air Force für den Einsatz von 20 Boeing E-8C Flugzeugen, die über ein starkes Seitenradar vom → SAR-Typ verfügen und damit über weite Entfernungen Bewegungen von Bodentruppen erfassen sollen. Zwei E-8A, die an die Front nach Saudi-Arabien geworfen wurden, waren bei Nachteinsätzen während *Desert Storm* sehr erfolgreich.
JTF	**J**oint **T**ask **F**orce = kombinierte (zusammengefaßte) Einsatz(bzw. Eingreif-)truppe. Militärische Einheit, die aus zwei oder mehr Teilstreitkräften kombiniert werden kann und unter dem Befehl eines höherrangigen (Stabs-)Offiziers steht. JTFs können für spezielle Missionen aufgestellt werden oder – wie die Anti-Drogen-JTF-4 mit Stützpunkt in Florida – als »faststständige« Organisationen arbeiten.
JTFEX	**J**oint **T**ask **F**orce **Ex**ercise = eine Übung zusammengeführter Einsatz- bzw. Eingreiftruppen.
KC-10 *Extender*	Schwerer Tanker/Transporter auf der Basis der zivilen McDonnell Douglas DC-10 Großraumflugzeuge. Zur Zeit befinden sich 59 Maschinen im Einsatz, von denen einige mit einer ausziehbaren Tankschlauchrolle, andere mit einem Schwanzausleger ausgerüstet sind. Drei CF6 Mantelstromtriebwerke. Maximales Startgewicht 590 000 lb./220 210 kg.
Knot (Knoten)	am. Abkürzung kt. Um Verwechslung mit kt = Kilotonne zu vermeiden, wird im Buch die gebräuchliche Abkürzung kn verwendet. 1 Knoten = 1 → Seemeile pro Stunde = 1,852 km/h. Häufig auch zur Angabe von Flugzeuggeschwindigkeiten, speziell im Unterschallbereich, verwendet. Die Geschwindigkeit von Schiffen wird grundsätzlich in Knoten angegeben. Lediglich bei Luftkissenfahrzeugen findet man oft Angaben in kn und km/h nebeneinander, da diese sich sowohl über Land als auch über Wasser fortbewegen können.
Konvergenz-Zone	Convergence Zone → CZ
Lance Corporal	Obergefreiter (E-3); parallel zu → PFC (NATO-Code OR-3) verwendet

LASER	**L**ight **A**mplification by **S**timulated **E**mission of **R**adiation = Gerät zur Erzeugung und Verstärkung von kohärentem Licht. Der Begriff Kohärenz beschreibt hier, daß die Phasen zweier Wellen gleicher Frequenz übereinstimmen oder mit konstantem Wert differieren.
LAV	**L**ight **A**rmored **V**ehicle = leichtgepanzertes schwimmfähiges Fahrzeug beim U.S. Marine Corps
lb.	→ Pound
LCAC	**L**anding **C**raft, **A**ir **C**ushioned = Luftkissen-Landungsboot von Bell-Textron beim U.S. Marine Corps. Bis zu 68 Tonnen Nutzlastkapazität. Höchstgeschwindigkeit über 50 kn = mehr als 90 km/h. Reichweite über 370 km bei Marschgeschwindigkeit. Derzeitiger Bestand: 91 Muster.
LCM	**L**anding **C**raft **M**edium = Landungsboot mittlerer Größe mit konventionellem Antrieb. Letzte gebaute Version ist das Mk 8, daher auch die häufig verwendete Typenbezeichnung LCM-8. Nutzlastkapazität ca. 30 Tonnen. Antrieb über zwei Marinediesel mit je 167 PS. Höchstgeschwindigkeit 10 kn = 18,5 km/h. Reichweite = ca. 350 km.
LCU	**L**anding **C**raft, **U**tility = Mehrzweck- bzw. Transport-Landungsboot. Zur Zeit das größte noch bei den amerikanischen Seestreitkräften im Dienst stehende Landungsboot und gleichzeitig größtes Oberflächenfahrzeug der Navy, das nicht unter dem Kommando eines Offiziers steht. Sehr große Reichweite = über 2200 km. Höchstgeschwindigkeit 22 kn = über 40 km/h.
LHA	**L**anding **S**hip **H**elicopter **A**ssault (bzw. **A**ttack) = taktische Hubschrauberträger für Landungstruppen der *Tarawa*-Klasse. Dabei handelt es sich um die Vorläufermuster der moderneren → LHDs der *Wasp*-Klasse.
LHD	**L**anding **S**hip **H**elicopter **D**ock = z. Zt. die größten Schiffe der U.S. Navy, die ein Offizier der amerikanischen Marine kommandieren darf, ohne selbst eine Fliegerausbildung durchlaufen zu haben (das ist die Voraussetzung für das Kommando über einen Flugzeugträger).
Lieutenant General	ranggleich mit einem Generalleutnant der Bundeswehr = Dreisterne-General (NATO-Code OF-9)
Lieutenant	Offiziersdienstränge ohne Stabsprüfung. Beginnend mit dem 2nd Lieutenant (Leutnant) (US-Code O-1). Ein First L. entspricht etwa dem Oberleutnant bei der Bundeswehr.
Lieutenant Commander	Korvettenkapitän bei der Marine der Bundesrepublik Deutschland. Entspricht bei den Luft- und Landstreitkräften dem Major (NATO-Code OF-4).
Lieutenant Colonel	Oberstleutnant (NATO-Code OF-5)
LNG	**L**iquid **N**atural **G**as = verflüssigtes Erdgas
LPD	Amphibische Kampfschiffe/Transporter (taktische Landungsschiffe) mit allerdings relativ kleinen Welldecks. Die neuste Serie (LPD-17) dieser Vielzweckschiffe der → ARGs wird etwa seit Mitte der 90er Jahre gebaut und unter anderem auch als Startbasis für die neuen → *Pioneer*-UAVs dienen. Sie soll im Laufe der kommenden Jahre nicht nur die Vorläufer-

	serien (bis LPD-16), sondern auch drei weitere in die Jahre gekommene Klassen bei den ARGs ersetzen (LST-1189, LSD-36 und LKA-113).
LPH	Schiffe dieser Klasse waren die ersten Assault Helicopter Carrier. Die ersten Schiffe dieser Kategorie waren noch umgebaute Flugzeugträger aus dem Zweiten Weltkrieg (ohne Winkeldeck), denen ab 1960 die speziell für diesen Zweck gebauten Muster der *Iwo Jima*-Klasse folgten.
LSD	Landing Ship Dock. Ein Landungsschiff mit einem in den Rumpf integrierten Trockendock. In diesem Dock (Welldeck) sind die Landungsfahrzeuge untergebracht. Es kann je nach Bedarf geflutet werden, um die Fahrzeuge aus- und einlaufen zu lassen. Nachdem die Landungsfahrzeuge wieder an Bord sind, wird das Dock leergepumpt und die Fahrzeuge zum Boden hin seefest gezurrt.
M-61 *Vulcan*	Sechsläufige Revolverkanone, Kaliber 20 mm. Arbeitet nach dem »Gatling«-Prinzip (rotierende Läufe) und ist die Standardkanone der US-Kampfflugzeuge. Sehr hohe Feuergeschwindigkeit. Wird auch auf Fahrzeugen der Army und Schiffen der Navy zur Flugabwehr auf kurze Entfernung montiert.
Mach	Die Bezeichnung erhielt ihren Namen nach dem österreichischen Physiker Ernst Mach (1838–1916). Die Mach-Zahl gibt das Verhältnis der Strömungsgeschwindigkeit eines kompressiblen Mediums (bzw. die Geschwindigkeit eines Körpers darin) zur Schallgeschwindigkeit an. Daraus folgt, daß bei Schallgeschwindigkeit auf Meereshöhe 1 Mach = 1115,5 ft pro Sekunde (= 340 m/s) ist. Die Machzahl eines Flugzeugs hängt von der Flughöhe ab, da sich der Schall in einem dünneren Medium langsamer als in einem dichteren bewegt.
MAG	Marine Air Group = Fliegereinheit der Marines, die meist mit verschiedenen Flugzeug- und Hubschraubertypen ausgerüstet ist. Einige der MAGs wie z. B. die MAG-14 betreiben die »fliegenden Tankstellen« (z. B. KC-10 *Extender*) für die Luftbetankung von Maschinen des U.S. Marine Corps.
MAGTF	Marine Air Ground Task Force = Luft-Boden-Einsatztruppe des U.S. Marine Corps. Individuell für die jeweiligen Missionsbedürfnisse zusammengestellte Task Forces aus → MAGs als → ACE und Bodentruppen als → GCE.
Major General	Entspricht einem Generalmajor der Bundeswehr, Zweisterne-General (NATO-Code OF-8)
Maneuver Warfare	Bewegliche Gefechtsführung. Die in der deutschen Militärterminologie verwendete Übersetzung des Begriffs »Maneuver Warfare« lautet: *Vorgehen unter Feuer, Stoßkraft und Bewegung.*
MARCENT	Marine Component of Central Command = Komponente des Marine Corps in einem U.S. → CENTCOM
Master Sergeant	→ Sergeant (US-Code E-8, NATO-Code OR-8), der in Deutschland sowohl auf den Stabs- als auch den Hauptfeldwebel greift

Master Gunnery Sergeant	→ Sergeant (US-Code E-9, NATO-Code OR-9). Entspricht damit sowohl dem → Sergeant Major wie bei der Bundewehr dem Oberstabsfeldwebel.
MAU	Marine Amphibious Unit = Landungstruppen des U.S. Marine Corps. Diese Bezeichnung wird heute nicht mehr verwendet. Die MAUs sind praktisch die Vorläufer der heutigen → MEUs.
MAW	Marine Air Wing = Fliegergeschwader der Marines
MEB	Marine Expeditionary Brigade = Landungsbrigade der Marines
MEDEVAC	Medical Evacuation = Verwundetentransport (bevorzugt mit Hubschraubern) von einem Gefechtsfeld zu Verbandplätzen oder Feldlazaretten
MEF	Marine Expeditionary Force = Teilbereich des U.S. Marine Corps, der als vorgesetzte Instanz der → MEUs und → ARGs fungiert
Meile	→ Mile
MEU	Marine Expeditionary Unit = Landungs(Expeditions-)einheit des U.S. Marine Corps
MEUEX	Marine Expeditionary Unit Exercise = eine Übung, bei der Landungseinheiten der Marines erstmalig unter Beweis stellen müssen, daß sie die → SOC-Ausbildung bis zu diesem Zeitpunkt erfolgreich absolviert haben.
MFD	Multi-Function-Display = Mehrfachanzeigegerät. Ein kleiner Video- oder LCD-Monitor im Instrumentenbrett eines Flugzeugs oder in Konsolen in den Operationszentren von Schiffen, der es dem Operator ermöglicht, sich verschiedene Arten von Sensor-Informationen, Statusanzeigen, Warnmeldungen und Daten der Systemdiagnose anzeigen zu lassen und sie zu bearbeiten.
Midshipman	Kadett zur See
MIL-STD-1553	US-Militärstandard, der die technischen Daten für Kabel, Anschlußstücke und Datenformate definiert, die für digitale Datenschnittstellen oder Hochgeschwindigkeits-Netzwerke der elektronischen Systeme von Flugzeugen, bei Marineeinheiten und Bodeneinheiten eingesetzt werden. Einer der erfolgreichsten Standards in der Geschichte der Luftfahrt.
Mile	statute mile = Landmeile = 5280 feet = 1,609 km
Missile	Oft nur als Rakete übersetzt, gibt Missile im Deutschen die Möglichkeit, zwei Begriffe zu verwenden, die sich aus dem technischen Zusammenhang ergeben. Folgt man dieser Definition, so sind Raketen *un*gelenkte Projektile. Werden sie aber entweder von einer Fernsteuerung oder einem eingebauten Computer gesteuert, dessen Autopilot seine Befehle von einem Sucher (meist) im Kopf des Projektils erhält, spricht man von einem Flugkörper. Werden die Steuerbefehle von einem in den Flugkörper eingebauten Computer an den Autopiloten erteilt, der ein vorher einprogrammiertes Missionsprofil abarbeitet, um auch lange Strecken zu einem Ziel zurückzulegen, spricht man von einem Marschflugkörper. Die letztgenannten sind dann auch wesentlich größer

	als die einfachen Flugkörper, da ihre Aufgabenstellung sowohl einen schwereren Gefechtskopf als auch ein größeres Treibstoffvolumen erforderlich macht. Die zur Zeit gängigen Raketenmotoren verwenden zumeist einen Festbrennstoff.
MOS	**M**ilitary **O**ccupational **S**peciality Code = diese Codes geben Aufschluß darüber, für welche Aufgabenbereiche die entsprechenden Soldaten ausgebildet und bestätigt wurden.
MOUT	**M**ilitary **O**perations in **U**rban **T**errain = militärisches Vorgehen in Stadtgebieten
Moving Map	Die »sich bewegende Karte« besteht aus digitalisiertem Kartenmaterial, das auf einem Display im Cockpit von Flugzeugen dargestellt wird. Die Moving Map ist elektronisch mit den Navigationsinstrumenten verbunden und zeigt den aktuellen Bereich an, in dem sich die Maschine befindet, und funktioniert dadurch wie ein Plotter. Da die Displays relativ klein sind, kann nur sehr begrenzt von einer Zoom-Funktion Gebrauch gemacht werden. Die Genauigkeit der Positionsangabe hängt stark davon ab, ob lediglich ein Koppelnavigationssystem seine Daten einspeist oder die Informationen via → GPS kommen.
MPF	**M**aritime **P**repositioning **F**orce = Vorpositionierungskraft in See. Schiffe dieser Flotte haben Fahrzeuge, Ausrüstungs- und Versorgungsgüter für eine komplette Expeditionstruppe an Bord. Durch die Vorpositionierung in bestimmten, vorher festgelegten Seegebieten besteht so die Möglichkeit zur Ausrüstung und Versorgung von Truppen über einen begrenzten Zeitraum hinweg, ohne deswegen auf Genehmigungen von Anrainerstaaten eines Krisengebiets angewiesen zu sein. Die mitgeführten Versorgungsgüter sind so umfangreich, daß sich eine Expeditionstruppe zumindest so lange an einem Brückenkopf halten kann, bis nachfolgende Entsatz- und / oder Verstärkungstruppen eintreffen.
MPS	**M**aritime **P**repositioning **S**hip = Schiffe, meist im → Ro-Ro-Standard gebaut, die zusammen eine → MPF bilden
MPSRON	**M**aritime **P**repositioned **S**quad**ron** = vorab auf See in Position gebrachtes (Versorgungs-)Geschwader
MRC	**M**ajor **R**egional **C**ontingency = größeres, unvorhersehbares bzw. schwer einzuschätzendes Ereignis regionaler Ausdehnung. Derzeitiger Euphemismus des Pentagon für kleinere Kriege, Feindseligkeiten oder Krisen, die einen Einsatz militärischer Kräfte der USA (falls vom Präsidenten angeordnet) notwendig machen.
MRE	**M**eals **R**eady to **E**at = Fertigmahlzeiten. Militärische Feldrationen in unterschiedlichen Darreichungsformen. Wird von Angehörigen der amerikanischen Streitkräfte im Einsatz verzehrt, bis reguläre Kantineneinrichtungen erstellt sind. Humorvoll als »Meals rejected by Ethiopians / the enemy« (»von Äthiopiern / vom Feind abgelehnte Mahlzeiten«) bezeichnet, sind sie bei den Truppen nicht sonderlich beliebt.
MSPF	**M**aritime **S**pecial **P**urpose **F**orce = seegestützte Spezialeinheit

MSSG	MAU/MEU Service Support Group = Versorgungs- und Unterstützungsgruppe für eine → MAU/MEU im Einsatz
MUGR	Miniature Underwater-GPS-Receiver = Der »Mugger« ist ein miniaturisierter Unterwasser-GPS-Empfänger, der bevorzugt von SEAL-Teams bei Kampfschwimmer-/Kommandoeinsätzen verwendet wird und ihnen die Möglichkeit verschafft, selbst bei und nach langen Tauchgängen eine Zielannäherung punktgenau durchführen zu können.
NAS	Naval Air Station = Stützpunkt der Marineflieger
NATO	North Atlantic Treaty Organization = Nordatlantisches Verteidigungsbündnis
Naval Academy	Marineakademie. Diese Institutionen dienen in den USA als Führungsakademie (Offiziersschule) für künftige Marine- als auch Marineinfanterieoffiziere.
NAVSEA	Naval Sea Systems Command = diese oberste Instanz im Bereich der amerikanischen Marinetechnik ist Entscheidungsträger bei sämtlichen technischen Änderungen und der Vergabe von Aufträgen für Neuentwicklungen, Ausschreibungen und von Bau- bzw. Produktionsverträgen.
NBC	Nuclear, Biological, Chemical = analoge deutsche Bezeichnung ABC für Atomar, Biologisch, Chemisch. Allgemeine Bezeichnung für Massenvernichtungswaffen einschließlich Atombomben oder Waffen, die darauf konstruiert wurden, radioaktives Material, Giftgase, -flüssigkeiten oder -pulver, infektiöse Mikroorganismen oder biologische Toxine zu verstreuen. Waffen dieser Art wurden durch etliche internationale Verträge geächtet, doch werden die Verträge selbst von einigen Unterzeichnerstaaten weitgehend ignoriert.
NEO	Non-Combat Evacuation Operation = (friedliche) Evakuierung außerhalb von Kriegsoperationen
NIMA	National Imaging Agency = staatlicher Bildmaterialdienst. Da in der zweiten Hälfte der 90er Jahre die Flut von nachrichtendienstlichen Informationen in Form von Bildmaterial aus den verschiedenen Institutionen einerseits immense Größenordnungen angenommen und andererseits von immer mehr eigenständigen Institutionen kam, die vom → DARO allein nicht mehr koordiniert werden konnte, wurde diese Organisation geschaffen. Sie dient als Supervisor für alle eingehenden Daten von → NRO, DARO, → CIO, → NPIC und → DMA, faßt sie »unter einem Dach« zusammen und verteilt sie an die jeweiligen Abnehmer.
NPIC	National Photographic Center (gesprochen N-Pic = Picture) = staatliches Zentralbüro für Fotomaterial, welches nachrichtendienstlich genutzt werden kann. Hierbei handelt es sich um eine Institution, die jede Art von politisch und militärisch verwendbaren Fotomaterials sammelt, interpretiert und an übergeordnete Dienststellen zur Verteilung weiterleitet.
NRO	National Reconnaissance Office = »nationales Aufklärungs-Büro« (im Sinne von nachrichtendienstlichen Informationen). Früher eine höchst geheime Organisation, die in den späten 50er Jahren als »schwarze« Dienststelle im → DoD

eingerichtet wurde. Die Existenz des NRO wurde bis in die 90er Jahre hinein offiziell nicht zugegeben. Verantwortlich für Beschaffung, Betrieb, Steuerung und Verwaltung verschiedener Typen von Aufklärungs-(»Spionage«-)Satelliten. Zum NRO gehört auch das Central Imagery Office (→ CIO).

NSA
1. **N**ational **S**ecurity **A**gency = Ein Dienst, der dem Sicherheitsberater des Präsidenten der Vereinigten Staaten von Amerika untersteht und in erster Linie die Aufgabe hat, ihn mit den nötigen nachrichtendienstlichen Informationen zu versorgen, die dieser dann entsprechend analysiert und aufbereitet und bei seiner Aufgabe, den Präsidenten zu beraten, verwenden kann. Daten dieses Diensts stehen gegebenenfalls auch Einheiten des US-Militärs zur Verfügung.
2. **N**ational **S**ecurity **A**dvisor = nationaler Sicherheitsberater des Präsidenten der Vereinigten Staaten von Amerika.

NTC **N**ational **T**raining **C**enter = Übungs- und Qualifikationsgelände der U.S. Army in Fort Irwin, Kalifornien

OPFOR **Op**posing **For**ce = gegnerische Kraft. Von eigenen Einheiten im Rahmen von Übungen gespielte feindliche Truppen, die sich in Taktiken und Strategien an den Vorgehensweisen potentieller Gegner der USA orientieren.

OpTempo **O**perational **Tempo** = Operations- bzw. Vorgehensgeschwindigkeit im Einsatz; subjektives Maß der Intensität militärischer Operationen. In einer Kampfsituation kann eine hohe Operationsgeschwindigkeit die Reaktionsmöglichkeiten eines Feindes unterbinden, allerdings mit dem Risiko, daß die eigenen Streitkräfte dabei ausgezehrt werden. In Friedenszeiten kann eine hohe Operationsgeschwindigkeit zu moralischer Ablehnung und schneller Verausgabung von wirtschaftlich vorgegebenen Mitteln führen.

PAO
1. **P**ublic **A**ffairs **O**fficer = Offizier (meist im Stabsrang) für Öffentlichkeitsarbeit bzw. Presseoffizier. PAO kann auch für
2. **P**ublic **A**ffairs **O**ffice stehen und wäre dann die Pressestelle oder das Büro für Öffentlichkeitsarbeit. Es handelt sich also entweder um Stabsoffiziere oder um Dienststellen, die für die Beziehungen zu den Medien, die Koordination mit Zivilbehörden, die Pflichten bei der Begleitung von VIPs und vergleichbaren Routinearbeiten zuständig sind.

PFC **P**rivate **F**irst **C**lass (NATO-Code OR-3) erfaßt beim deutschen Militär sowohl den Ober- als auch den Hauptgefreiten. Die darunterliegenden NATO-Codes OR-2 (E-2 in Amerika) und OR-1 (E-1 in Amerika) werden bei den US-Streitkräften beide als Private bezeichnet, denen zur Differenzierung der entsprechende Code hinzugefügt wird. In Deutschland wäre ein Private E-1 der Schütze, Grenadier oder z. B. Flieger, während der Private E-2 im Rang eines Gefreiten stehen würde.

PFT **P**hysical **F**itness **T**est = körperlicher Belastungstest, dem sich jedes Mitglied des Marine Corps einmal im Jahr ohne Anse-

	hen seines Rangs stellen muß. Wird der Test nicht bestanden, kann sein Ausscheiden aus dem Corps die Folge sein.
PHIBRON	Am**phib**ious Squad**ron** = amphibisches Kampfgeschwader, das unter dem Kommando eines Full Captain der U.S. Navy steht. Es bildet zusammen mit einer → MEU(→ SOC) die → ARG. Dementsprechend sind der Kommandeur einer MEU(SOC), der den Rang eines Full Colonel haben muß, und der Kommandeur des PHIBRON gleichberechtigte und gleichrangige Partner mit voneinander abgesetzten Kompetenzbereichen, die jedoch sehr eng zusammenarbeiten müssen, um mit einer ARG optimale Wirkung zu erzielen.
Platoon	Zug beim U.S. Marine Corps. Da er zwischen 70 und 80 Mann stark ist, entspricht er weder vom Umfang noch in seiner Aufteilung völlig einem Zug bei der Bundeswehr.
PLGR	**P**ortable **L**ight **G**PS **R**eceiver = der »Plugger« ist ein tragbarer Leichtgewicht-GPS-Empfänger, der von Rockwell International hergestellt wird und auch in »Zivilversion« (dann ohne PY-Decoder; → GPS) zu haben ist.
Pound	Maß des englischen Systems für Masse (pound weight = lb.) ebenso wie für Kraft (pound-force = Lb.). Heute wird Masse in Kilogramm (kg) angegeben, Kraft dagegen offiziell in *Newton* (1 N = 1 m kg/s^2), daneben auch in Kilopond (1 kp = 9,80665 kg/s^2 = 9,80665 N). Pound als Maß für die Masse: 1lb. = 0,453592 kg; als Kraftmaß: 1 Lb. = 0,453592 kp bzw. 4,448 N.
Private First Class	→ PFC
P(Y)-Code	→ GPS
Pylon	Mast. Aufbau, der an einen Flügel oder den Flugzeugrumpf montiert wird, um daran eine Triebwerksgondel, einen Außentank, eine Waffe oder externe Behälter bzw. Gondeln anzubringen. Ist der Pylon selbst abnehmbar, wird er an »Hard Points« (Montagepunkten) montiert, die über mechanische und elektrische Schnittstellen verfügen.
RADAR	**Ra**dio **D**etection **A**nd **R**anging = wörtl. »Funkermittlung und Entfernungsmessung«. Ein Verfahren zur Ortung von Gegenständen in freiem Raum mit Hilfe gebündelter elektromagnetischer Wellen, die von einem Sender ausgehen, von dem betreffenden Gegenstand reflektiert und über einen Empfänger auf einem Anzeigegerät wieder sichtbar gemacht werden.
Radom	Antennenkuppel. Wetterfeste Umkleidung der Antennenanlage, die den freien Durchgang von Funkwellen (speziell Radarwellen) nicht beeinflußt.
RAM	**R**adar **A**bsorbing **M**aterial = Beschichtung, die entwickelt wurde, um die Energie von Sonar-/Radarstrahlen zu »schlucken«, so daß kein Echo zum aussendenden Gerät zurückgeworfen wird. Damit wird die Möglichkeit, (ein Unterseeboot oder Flugzeug) zu orten, erheblich erschwert. Die Verwendung solcher Materialen ist fester Bestandteil der → Stealth-Technologie im Flugzeugbau.
RDJTF	**R**apid **D**eployment **J**oint **T**ask **F**orce = schnelle Eingreiftruppe verbundener Truppengattungen

Rear Admiral	Konteradmiral = ranggleich mit dem Brigade (Einstern-) General der Luft- und Bodenstreitkräfte (NATO-Code OF-7)
RECOIL	Rückstoß. Halbautomatische oder automatische Waffen sind entweder Gasdrucklader, bei denen ein Teil der Pulvergase durch Ventile umgeleitet wird und so über einen Kolben den Verschluß betätigt, oder Rückstoßlader, bei denen der Rückstoß zu einem gewissen Teil über ein Federsystem zur Verschlußbetätigung genutzt wird. Die Gasdrucklader-Systeme sind im Vergleich zu den Rückstoßladern wesentlich empfindlicher gegen Verschmutzung.
RLT	Regimental Landing Team = Regiments-Landungsgruppe in einer Stärke von etwa 3000 Mann. Die RLTs führen die → BLTs.
Ro-Ro	Roll-on-Roll-off = wörtl. »Roll hinein/roll hinaus«. Gemeint ist eine Ladesystematik, die heute in der Handelsmarine (vornehmlich bei Fähren), im Cargo-(Fracht-)Betrieb der zivilen Luftfahrt und in zunehmendem Maße auch von militärisch genutzten See- und Lufttransportern verwendet wird. Durch Ro-Ro kann einerseits der Stauraum optimal genutzt und abgesichert und andererseits die Be- und Entladegeschwindigkeit erhöht werden.
ROE	Rules Of Engagement = Regeln für Kampfhandlungen. Leitfaden, meist durch höchste Regierungsstellen festgelegt, der das Wie und Wann eines Waffeneinsatzes für Kampftruppen festschreibt. Bei Luftkämpfen z.B. benennen die ROE üblicherweise spezifische Kriterien, die erfüllt sein müssen, damit ein nichtidentifiziertes Flugzeug als feindlich eingestuft werden kann. Läuft ein Bodenkampfeinsatz, verbieten die ROE gewöhnlich Flugzeugen den Angriff auf Ziele, wenn nicht auszuschließen ist, daß auch Bereiche der Zivilbevölkerung oder religiöse Stätten zu Schaden kommen können.
RPV	→ UAV
RTR	Recruit Training Regiment = Ausbildungsregiment
S-3	Operations Officer = Einsatzoffizier auf Divisionsebene
SAM	Surface-to-Air-Missile = Boden-Luft-Lenkwaffe (Flugkörper). Lenkflugkörper mit der primären Aufgabe, ein feindliches Flugzeug anzugreifen. SAMs haben Raketenantrieb, und einige von ihnen verfügen über Radar- oder Infrarot-Lenksysteme.
SAR	1. Search And Rescue = ziviler und militärischer Such- und Rettungsdienst. Sonderform beim Militär: **CSAR** = Combat Search And Rescue (Such- und Rettungsdienst im Kampfeinsatz). In Kampfsituationen eine vordringliche und gefährliche Mission, um abgeschossene Flugzeugbesatzungen oder Überlebende aus vom Feind kontrollierten Gebieten zu bergen. Üblicherweise unter Verwendung von Hubschraubern, die im versteckten Tiefflug – mit oder ohne Jagdschutz – operieren. Nicht zu verwechseln mit der gleichen Abkürzung, die parallel in der Luftfahrt verwendet wird:

	2. **SAR** hat hier dann die Bedeutung von **S**ynthetic **A**perture **R**adar = Radar mit künstlicher Blendenöffnung.
SCRAM	**S**afety **C**ontrol **R**eactor **A**xe **M**an = Diese Bezeichnung stammt noch aus der Anfangszeit der Versuche mit Kernreaktoren an der University of Chicago. Dabei war ein Mann für die Sicherheit bei der Versuchsdurchführung verantwortlich. Seine Aufgabe bestand darin, im gleichen Augenblick, da sich Probleme ergaben, mit einer ganz normalen Axt (= *axe*) das Seil zu kappen, mit dem die Kontrollstäbe aus dem Reaktor hochgezogen wurden. Mit dem durch seinen Hieb ausgelösten Herunterfallen der Stäbe wurde die Kernreaktion sofort unterbrochen. (*Scram* ist gleichzeitig auch ein umgangssprachlicher Begriff aus dem Amerikanischen und hat die Bedeutung von »abhauen«, was die Aktion hier recht treffend beschreibt.)
SEAL	**Se**a-**A**ir-**L**and = Bezeichnung für die Elitetruppe der Kommandoeinheiten in der U.S. Navy. Kommandoeinheiten sämtlicher Teilstreitkräfte des amerikanischen Militärs sind unter der Sammelbezeichnung *Special Forces* zusammengefaßt.
Sea Sparrow	→ AIM-7
Second Lieutenant	→ Lieutenant
Seemeile	Eine nichtgesetzliche, jedoch in der See- und Luftfahrt zugelassene Längeneinheit, auch nautische Meile (nm) genannt. Um eine Verwechslung mit nm = Nanometer zu vermeiden, wird im Buch die übliche Abkürzung sm verwendet. 1 (internationale) sm = 1852 m.
Sergeant	Unteroffiziers-Dienstgrade verschiedener Abstufungen durch vor- oder nachgesetzte Bezeichnungen. *Sergeant* (NATO-Code OR-5) ohne Zusätze bezeichnet einen Dienstgrad, der bei der Bundeswehr in diesem Code sowohl den Unteroffizier als auch den Stabsunteroffizier erfaßt. Bei den amerikanischen Streitkräften wird ein eigener Codeschlüssel zur Differenzierung verwendet. Die Unteroffiziers- und Stabsunteroffiziersdienstränge beginnen dort bei Code E-5. Staff Sergeant = E6, 1st Sergeant = Master Sergeant = E-8, Sergeant Major = Master Gunnery Sergeant = E-9. Die dazugehörigen NATO-Codes und Paralleldienstränge bei den deutschen Streitkräften entnehme man bitte den einzeln aufgeführten Bezeichnungen.
Sergeant Major	→ Sergeant (NATO-Code OR-9)
Series	Eine Basisstruktur (-organisation) des U.S. Marine Corps. Eine Series setzt sich aus drei bis vier → Platoons zu einer Stärke zwischen 210 und 320 Mann zusammen. Zwei Series ergeben eine → Company.
short ton	britisches bzw. US-amerikanisches Handelsgewicht: 1 sh.tn. = 907,18 kg
SIGINT	**Sig**nal **Int**elligence = Funkaufklärung. Das Aufnehmen und Überwachen des gesamten (feindlichen) Funkverkehrs zum Zweck der Informationssammlung. Daten, die aus SIGINT-Maßnahmen gewonnen werden, können zusammen mit

	HUMINT (**Hum**an **Int**elligence), also Informationen, die von Agenten direkt vor Ort geliefert werden, unschätzbar wichtige Hinweise über den bestmöglichen Ablauf einer geplanten Operation liefern.
SINCGARS	**Sin**gle **C**hannel **G**round und **A**irborne **R**adio **S**ystem = Einband-Boden- und Luftfunkgerätesystem. Bei dieser Gerätefamilie handelt sich um die am schwersten zu störenden und abzuhörenden Sprechfunkgeräte der heutigen Zeit. Sie bieten mit entsprechenden Zusatzausstattungen auch die Möglichkeit zur Fax- und digitalen Datenübertragung.
SLEP	**S**ervice **L**ife **E**xtension **P**rogram = Verwendungsdauer-Verlängerungsprogramm. Allein schon durch die drastischen Budgetkürzungen im Militärbereich sind Neubeschaffung teurer Ausrüstungsgegenstände sehr stark beschnitten worden. Darüber hinaus wurde speziell im Bereich der Marine enormer Schiffsraum »eingemottet«, weil er zu teuer geworden war. Die Folge ist, daß man sich mit dem begnügen muß, was übriggeblieben ist. Das wiederum läßt eine stärkere Belastung des Materials und ein längeres Einsatzleben selbst schon veralteten Materials unumgänglich werden. Die Lösung stellen – zumindest in einem gewissen Rahmen – die SLEP dar, die dabei helfen sollen, die Zeit bis zur Einführung neuer Systeme zu überbrücken. Diese Programme sehen Teilmodernisierungen und Austausch- bzw. Verstärkungsmaßnahmen bei den eingesetzten Geräten vor, um so die Verlängerung des Einsatzlebens herbeizuführen.
SLGR	**S**mall, **L**ightweigt **G**PS **R**eceiver = der »Slugger« ist ein kleiner, tragbarer, netzunabhängiger GPS-Empfänger, der bei Trimble Navigation hergestellt wird
SMAW	**S**houlder-launched **M**ultipurpose **A**ssault **W**eapon = von der Schulter zu startende Vielzweck-Angriffswaffe
SOC	**S**pecial **O**perations **C**apable = eine (→ MEU) Einheit mit Spezialausbildung für die Durchführung einer Vielzahl, aber nicht aller Arten von Kommandoeinsätzen
SOCEX	**S**pecial **O**perations **C**apable **Ex**ercise = die Abschlußübung für → MEUs, die ihre Lehrgänge zur Qualifikation als → SOC-Einheit vor den Gutachtern der → SOTG absolviert haben. Bei der SOCEX wird endgültig die Entscheidung gefällt, ob eine Einheit die Bestätigung erhält, über die notwendigen Fähigkeiten für die Durchführung von Kommandounternehmen zu verfügen. Sie wird zusammen mit der → FLEETEX der Navy abgehalten.
SOTG	**S**pecial **O**peration **T**raining **G**roup = eine Spezialeinheit des U.S. Marine Corps, deren Aufgabe darin besteht, die Soldaten der → MEU für ihre → SOC-Aufgaben auszubilden und zu qualifizieren.
Sparrow	→ AIM-7
Squadron	Entspricht etwa einem deutschen Geschwader bei der Navy und einer Staffel bei der Air Force
SRBOC	**S**uper **R**apid **B**looming **C**haff = extrem schnell »aufblühende« → Düppel

SSES	**S**hips **S**ignal **E**xploitation **S**pace = Ausbeutung von Signalen, die im Erfassungsraum von Schiffen erzeugt werden
Staff Sergeant	→ Sergeant; auch Petty Officer Second Class. Im deutschen Militär in diesem Dienstrang auch heute noch gern als »Spieß« (im amerikanischen Militär als Funktionsbezeichnung auch Top Sergeant, kurz: Top) bezeichnet (NATO-Code OR-6).
Standoff	Abstand. Wenn zusammen mit *Weapon* = allgemeiner Begriff für Luft-Boden- oder Boden-Boden-Lenkwaffen, die ohne Bodenunterstützung (Laserführung) mit eigenen Navigationssystemen ausgerüstet sind und in erheblicher Entfernung vom Startpunkt ihr Ziel treffen sollen. Standoff allein bezeichnet lediglich einen erheblichen (sicheren) Abstand zwischen eigener und feindlicher Komponente.
START	**St**rategic **A**rms **R**eduction **T**reaty = Vertragsreihe über die Begrenzung von strategischen (Atom-)Waffensystemen. Diese Übereinkommen zwischen den Vereinigten Staaten von Amerika und der früheren Sowjetunion definierten Umfang und Ablauf der Verminderung einsatzfähiger Kernwaffensysteme und Sprengköpfe.
Stealth	Technik der »Heimlichkeit/Unsichtbarkeit« (auch bekannt als »Tarnkappen-Technologie«) = eine Kombination von Konstruktionsmerkmalen, Techniken und Materialien – einige davon unter strengster Geheimhaltung entwickelt –, um die Radar-, Infrarot-, optische und akustische Signatur eines Flugzeugs, Schiffs oder eines anderen Fahrzeuges auf einen Punkt zu reduzieren, der es außerordentlich unwahrscheinlich macht, daß Feinderfassung und feindliche Gegenmaßnahmen greifen, bevor das Fahr-/Flugzeug seine Mission erfüllt hat und entkommen ist. Die F-117A ist das bekannteste moderne Beispiel dafür.
STOVL	**S**hort **T**ake-**O**ff **V**ertical **L**anding = Kurzstart/Senkrechtlandung = Fähigkeit bestimmter schubvektorisierter Flugzeuge, besonders der AV-8 *Harrier*-Reihe. Das Kurzstartvermögen kann durch feste »Sprungschanzen« am Ende von Landebahnen auf Flugzeugträgern oder am Boden unterstützt werden.
Support	Der amerikanische Begriff Support hat im militärischen Sprachgebrauch sowohl die Bedeutung von Unterstützung (im Kampf) und Versorgung (nicht nur in logistischem Sinn) als auch den von Hilfeleistung (im Rahm von technischen und Rettungsmaßnahmen).
SWAT	**S**pecial **W**eapons **A**nd **T**actics. Diese Bezeichnung findet man in Amerika nicht nur beim Militär, sondern auch bei der Polizei. Mitglieder dieser Spezialeinheiten sind für eine Vielzahl von besonderen Einsatzprofilen (Terrorismusbekämpfung, Geiselbefreiung u. ä.) ausgebildet und ausgerüstet. Im deutschen Sprachgebrauch auch häufig kurz als Antiterror-Einheiten bezeichnet.
Take-Off-Weight	Startgewicht. Das Maximum Take-Off Weight ist die höchstzulässige Startmasse, also die maximale Gesamtmasse, mit

	der ein Flugzeug aufgrund seiner konstruktiven oder Betriebsgrenzwerte starten darf bzw. kann.
TO&E	Table of Organisation & Equipment = offizielles Dokument, das detailliert Aufbau und bewilligte Vollmachten einer militärischen Einheit festlegt
TOW	Tube-launched, optically-tracked, wire-guided = (z.B. bei Panzerabwehrwaffen) aus einem Rohr gestartet, optisch verfolgt und über einen Draht gelenkt
TRANS-CEIVER	Transmitter/Receiver = zusammengesetzter Begriff aus Sender/Empfänger, also ein sog. Vollduplexgerät, das gleichzeitig Signale senden als auch empfangen kann.
TRANS PONDER	Transmitter/Responder = zusammengesetzter Begriff aus Sender/Beantworter. Transponder finden in erster Linie in der Luftfahrt (inzwischen aber nicht mehr nur dort) Verwendung. Ihre Funktion besteht darin, im Augenblick einer elektronischen Erfassung ein unverwechselbares Identifizierungssignal zu senden, also eine elektronische »Anfrage« mit einer individuellen Kennung zu »beantworten«. Ohne diese Technik ist heutzutage die sichere Luftraumüberwachung durch Fluglotsen weder im zivilen noch im militärisch genutzten Luftraum möglich.
TRAP	Tactical Rescue of Aircraft and Personal = Bergung von Flugzeugen und Soldaten im Gefecht
TRUE	Training in an Urban Environment = Ausbildung in einem städtischen Umfeld. Spezialausbildung für den Stadt- und Häuserkampf, die im Rahmen eines speziellen Ausbildungsprogramms beim Marine Corps abläuft.
Turbojet	Turbinen-Luftstrahltriebwerk (auch »TL-Triebwerk«). Die gesamte Nutzleistung eines derartigen Gasturbinentriebwerks wird aus der Strömungsenergie gewonnen. Diese wird durch eine Schubdüse produziert, aus der Luft und Abgase der Turbine austreten.
Turboprop	Populäre Bezeichnung für »Propellerturbinen-Luftstrahltriebwerk« (PTL). Ein Gasturbinentriebwerk, das seine gesamte Nutzleistung aus der Strömungsenergie einer Schubdüse gewinnt, die das austretende Luft-Abgas-Gemisch als Vortriebsenergie für die Propeller liefert.
UAV	Unmanned Aerial Vehicle = unbemannter Flugkörper. Auch unter der Bezeichnung RPV = Remotely Piloted Vehicle (»auf Entfernung gesteuertes Fahr-/Flugzeug«). Z.B. ein wiedereinsetzbares Flugzeug ohne Pilot, das entweder über eine Funkdatenverbindung ferngesteuert oder über einen fortschrittlichen Autopiloten programmiert wird. Die Air Force neigt dazu, den Einsatz von UAVs – außer als Zielflugzeuge – grundsätzlich abzulehnen, da sie den Piloten Aufgaben entziehen. Außerdem bestehen schwerwiegende Bedenken bezüglich der Sicherheit beim Einsatz von unbemannten und bemannten Maschinen im selben Luftraum, weil die UAVs meist sehr klein und dadurch schwer auszumachen sind.
USMC	Unites States Marine Corps = Marineinfanterie der Vereinigten Staaten von Amerika

USS	United States Ship = Schiff der Vereinigten Staaten von Amerika. Diese Bezeichnung wird in Verbindung mit dem Eigennamen des Wasserfahrzeuges (ganz gleich ob Oberflächen- oder Untersee-) verwendet und hat nichts mit der ebenfalls zur Identifikation (im militärischen Bereich sogar an erster Stelle) herangezogenen Buchstaben/Nummern-Kombination zu tun, die einen Hinweis auf die Verwendungsart bzw. Typ des Fahrzeugs und die laufende Nummer im jeweiligen Register liefert.
USSPACECOM	Das United States Space Command hat die Aufgabe, die militärischen Weltraumunternehmungen Amerikas zu koordinieren, und hat seinen Stützpunkt auf der Peterson AFB in Colorado Springs, Colorado.
Verdrängung	→ Displacement
VSTOL	Vertical/Short-Takeoff-and-Landing = Oberbegriff für Flugzeuge, die entweder mit extrem kurzen Start- und Landebahnen auskommen (in Relation zu Größe und Gewicht des Flugzeugs) oder Senkrechtstarter im eigentlichen Sinn sind, die ähnlich einem Hubschrauber nur die eigene Fläche als Start-/Landeplatz beanspruchen.
Warrant Officer	Rangbezeichnung für eine Dienstgradgruppe beim amerikanischen Militär, die etwa mit der Gruppe der Stabsunteroffiziere in der Bundeswehr vergleichbar ist. Sie ist in die Stufen *W1* bis *W4* gegliedert. *W1* ist z. B. ähnlich dem Stabsbootsmann, während *W2* bis *W4* etwa auf der Linie des Oberstabsbootsmannes liegen. Der wichtigste Unterschied zur Bundeswehr besteht darin, daß alle *Warrant Officer*-Dienstränge zwar Unteroffiziere sind, jedoch Offiziersdienst tun!
WTB	Weapon Training Battalion = Waffen-Ausbildungsbataillon
XO	Executive Officer = Stellvertretender Kommandeur bei den Luft- und Landstreitkräften, Erster Offizier in der Navy
Waypoint	Wegpunkt. Begriff aus der Navigation, bei dem ein »Wegpunkt« auf der Strecke bzw. dem Kurs zum Ziel bereits vor dem Start in seinen Koordinaten festgelegt wird. Da in den seltensten Fällen der Weg von »A« direkt nach »B« führt, sind diese Wegpunkte praktisch Zwischenstationen, bei deren Erreichen z. B. ein Kurswechsel (oder in der Luftfahrt unter Umständen gleichzeitig auch Höhenwechsel) erfolgen muß. Das Erreichen der Wegpunkte ist entweder per klassischer Navigation (Plotten, Peilen) oder → GPS möglich.

Bibliographie

Bücher

Adan, Avraham (Bren): *On the Banks of the Suez*. Presidio Press, 1980.
Albrecht, Gerhard (Hg.): *Weyers Flotten-Taschenbuch 1992/93 (Warships of the World)*. Bernard & Graefe, 1992.
Alexander, Joseph H.; Bartlett, Merrill L.: *Sea Soldiers in the Cold War*. Naval Institute Press, 1995.
Allen, Thomas; Polmar, Norman: *Codename Downfall: The Secret Plan to Invade Japan and Why Truman Dropped the Bomb*. Simon & Schuster, 1994.
Ambrose, Stephen E.: *Pegasus Bridge: June 6, 1944*. Simon & Schuster, 1985.
  – *D-Day, June 6, 1944: The Climactic Battle of World War II*. Simon & Schuster, 1994.
Arnett, Peter: *Unter Einsatz des Lebens. Der CNN-Reporter live von den Kriegsschauplätzen der Welt*. Droemer Knaur, 1996.
Atkinson, Rick: *Crusade: The Untold Story of the Persian Gulf War*. Houghton Miffen, 1993.
Baker, A. D., III: *Allied Landing Craft of World War Two*. Naval Institute Press, 1985.
  – *Japanese Naval Vessels of World War Two*. Naval Institute Press, 1987.
  – *Combat Fleets of the World 1993*. Naval Institute Press, 1993.
  – *Combat Fleets of the World 1995*. Naval Institute Press, 1995.
Baxter, William P.: *Soviet AirLand-Battle Tactics*. Presidio Press, 1986.
Beach, Captain (a. D.) Edward L., U.S. Navy: *The United States Navy: 200 Years*. Holt, 1986.
Bin Sultan, Khaled: *Desert Warrior: A Personal View of the Gulf War by the Joint Forces Commander*. HarperCollins, 1995.
Blackwell, James: *Thunder in the Desert: The Strategy and Tactics of the Persian Gulf War*. Bantam Books, 1991.
Blair, Colonel (a.D.) Arthur H., U.S. Army: *At War in the Gulf*. A&M University Press, 1992.
Blair, Clay: *The Forgotten War: America in Korea, 1950–1953*. Times Books, 1987.
Boyne, Walter J.: *Clash of Wings: World War II in the Air*. Simon & Schuster, 1994.
  – *Clash of Titans: World War II at Sea*. Simon & Schuster, 1995.
Bradin, James W.: *From Hot Air to Hellfire: The History of Army Attack Aviation*. Presidio Press, 1994.
Braybrook, Roy: *British Aerospace Harrier and Sea Harrier*. Osprey/Motorbooks International, 1984.
  – *Harrier and Sea Harrier*. Osprey, 1984.
  – *Soviet Combat Aircraft*. Osprey, 1991.
Brown, Captain Eric M., Royal Navy: *Duels in the Sky: World War II Naval Aircraft in Combat*. Naval Institute Press, 1988.
Brugioni, Dino A.: *Eyeball to Eyeball: The Cuban Missile Crisis*. Random House, 1991.
Burrows, William E.; Windham, Robert: *Critical Mass*. Simon & Schuster, 1989.
Bywater, Hector C.: *The Great Pacific War*. Reprint der Ausgabe von 1925. Naval Institute Press, 1991.
Cardwell, Colonel Thomas A., III, USAF: *Airland Combat*. Air University Press, U.S. Air Force, 1992.
Chadwick, Frank: *Gulf War Fact Book*. Game Designers Workshop, 1992.

Chant, Christopher: *Encyclopedia of Modern Aircraft Armament*. IMP Publishing Services, 1988.
Chetty, P. R. K.: *Satellite Technology and Its Applications*. 2. Aufl. McGraw-Hill, 1991.
Chris, Bishop; David, Donald: *The Encyclopedia of World Military Power*. The Military Press, 1986.
Clancy, Tom: *Jagd auf Roter Oktober*. Goldmann, 1996.
– *Der Kardinal im Kreml*. Goldmann, 1996.
– *Das Echo aller Furcht*. Blanvalet, 1992.
– *Im Sturm*. Blanvalet, 1994.
– *Gnadenlos*. Hoffmann und Campe, 1995.
– *Ehrenschuld*. Hoffmann und Campe, 1996.
– *Befehl von oben*. Hoffmann und Campe, 1997.
– *Atom-U-Boot. Reise ins Innere eines Nuclear Warship*. Heyne, 1995.
– *Fighter Wing. Eine Reise in die Welt der modernen Kampfflugzeuge*. Heyne, 1996
– *Armored Cavalry. Die verbundenen amerikanischen Panzereinheiten*. Heyne, 1997.
Cohen, Dr. Eliot A.: *Gulf War Air Power Survey Summary Report*. U.S. Government Printing Office, 1993.
– *Gulf War Air Power Survey Report I*. U.S. Government Printing Office, 1993.
– *Gulf War Air Power Survey Report II*. U.S. Government Printing Office, 1993.
– *Gulf War Air Power Survey Report III*. U.S. Government Printing Office, 1993.
– *Gulf War Air Power Survey Report IV*. U.S. Government Printing Office, 1993.
– *Gulf War Air Power Survey Report V*. U.S. Government Printing Office, 1993.
Cohen, Dr. Eliot; Gooch, John: *Military Misfortunes: The Anatomy of Failure in War*. Free Press, 1990.
Cooling, Benjamin F. (Hg.): *Case Studies in the Development of Close Air Support*. Office of Air Force History, 1990.
Coyne, James P.: *Airpower in the Gulf*. Air Force Association, 1992.
Crampton, William: *Fahnen & Flaggen. Fahnen, Flaggen, Wimpel und Standarten aus aller Welt – Aussehen, Entstehungsgeschichte, Bedeutung*. Gerstenberg, 1990.
Crowe, Admiral William J., Jr.: *The Line of Fire: From Washington to the Gulf, the Politics and Battles of the New Military*. Simon & Schuster, 1993.
Darwish, Adel; Alexander, Gregory: *Unholy Babylon: The Secret History of Saddam's War*. St. Martin's Press, 1991.
David, Peter: *Triumph in the Desert*. Random House, 1991.
De Jomini, Baron Antoine Henri: *The Art of War*. Green Hill Books, 1992.
Doleman, Edgar C., Jr.: *The Vietnam Experience: Tools of War*. Boston Publishing Company, 1985.
Donnelly, Ralph W.: *The Confederate States Marine Corps: The Rebel Lethernecks*. White Mane, 1989.
Dorr, Robert F.: *The Imperial Japanese Navy*. Naval Institute Press, 1978.
– *Desert Shield – The Build Up: The Complete Story*. Motorbooks, 1991.
– *Desert Storm Air War*. Motorbooks, 1991.
Dunnigan, James F.; Bay, Austin: *From Shield to Storm*. Morrow Books, 1992.
Dupuy, Colonel (a. D.) Trevor N., USA: *The Evolution of Weapons and Warfare*. Bobbs-Merrill, 1980.
– *Options of Command*. Hippocrene Books, 1984.
– *Numbers, Predictions & War: The Use of History to Evaluate and Predict the Outcome of Armed Conflict*. Hero Books, 1985.
– *Understanding War: History and Theory of Combat*. Paragon House, 1987.
– *Attrition: Forecasting Battle Casualties and Equipment Losses in Modern War*. Hero Books, 1990.
– *Defeat: How to Recover from Loss in Battle to Gain Victory in War*. Paragon House, 1990.

- *Saddam Hussein: Scenarios and Strategies for the Gulf War.* Warner Books, 1991.
- *Future Wars: The World's Most Dangerous Flashpoints.* Warner Books, 1993.

Edwards, Major (a.D.) John E., USA: *Combat Service Support Guide.* 2. Aufl. Stackpole Books, 1993.

Eliot, Joshua (Hg.): *Indonesia, Malaysia & Singapore Handbook.* Passport Books, 1994.

Eshel, David: *The U.S. Rapid Deployment Forces.* Arco Publishing, 1985.

Ethell, Jeffrey; Price, Alfred: *Air War South Atlantic.* Macmillan, 1983.

Evans, Thomas J.; Moyer, James M.: *Mosby's Confederacy.* White Mane, 1991.

Flagherty, Thomas J.: *Carrier Warfare.* Time-Life Books, 1991.

Flaherty, Thomas H.: *Air Combat.* Time-Life Books, 1990.

Flintham, Victor: *Air Wars and Aircraft: A Detailed Record of Air Combat, 1945 to Present.* Facts on File, 1990.

Foster, Simon: *Hit the Beach!* Arms and Armour Press, 1995.

Francillon, Rene J.: *Tonkin Gulf Yacht Club: U.S. Carrier Operations off Vietnam.* Naval Institute Press, 1988.
- *World Military Aviation, 1995.* Naval Institute Press, 1995.

Frank, Richard B.: *Guadalcanal: The Definitive Account of the Landmark Battle.* Random House, 1990.

Friedman, Norman: *U.S. Naval Weapons.* Naval Institute Press, 1985.
- *Desert Victory: The War for Kuwait.* Naval Institute Press, 1991.
- *Naval Institute Guide to World Naval Weapons Systems. 1991/92.* Naval Institute Press, 1991.
- *Naval Institute Guide to World Naval Weapons Systems. 1994. Update.* Naval Institute Press, 1994.

Gibson, James William: *The Perfect War: Technowar in Vietnam.* Atlantic Monthly Press, 1986.

Godden, John (Hg.): *Shield & Storm: Personal Recollections of the Air War in the Gulf.* Brassey's, 1994.

Goldstein, Donald L., et. al.: *D-Day, Normandy: The Story and the Photographs.* Brassey's, 1994.

Gordon, Michael R., and Trainor, General Bernard E.: *The General's War: The Inside Story of the Conflict in the Gulf.* Little Brown, 1995.

Gray, Colin S.: *The Leverage of Sea Power.* Free Press, 1992.

Grove, Eric: *Battle for the Fiørds: NATO's Forward Maritime Strategy in Action.* Naval Institute Press, 1991.
- *Sea Battles in Close Up: World War II.* Vol. 2. Naval Institute Press, 1993.

Gumble, Bruce L.: *The International Countermeasure Handbook.* EW Communications, 1987.

Halberstadt, Hans: *Desert Storm: Ground War.* Motorbooks International, 1991.

Hallion, Dr. Richard P.: *The Literature of Aeronautics, Astronautics, and Air Power.* U.S. Government Printing Office, 1984.
- *Strike from the Sky: The History of Battlefield Air Attack.* Smithsonian, 1989.
- *Storm over Iraq: Air Power and the Gulf War.* Smithsonian, 1992.

Hammel, Eric: *Guadalcanal: Starvation Island.* Crown, 1987.

Hansen, Chuck: *U.S. Nuclear Weapons: The Secret History.* Orion Books, 1988.

Hanson, Victor Davis: *The Western Way of War: Infantry Battle in Classical Greece.* Alfred Knopf, 1989.

Hartcup, Guy: *The Silent Revolution: Development of Conventional Weapons 1945–85.* Brassey's, 1993.

Hassell, Agostino von: *Strike Force: U.S. Marine Special Operations.* Howell Press, 1991.

Hastings, Max: *Overlord.* Simon & Schuster, 1984.

Heinlein, Robert A.: *Sternenkrieger/Starship Troopers.* Bastei Lübbe, 1979/1998.

Hersh, Seymour M.: *The Samson Option.* Random House, 1991.
Honan, William H.: *Visions of Infamy.* St. Martin's Press, 1991.
Hudson, Heather E.: *Communication Satellites: Their Development and Impact.* Free Press, 1990.
Hughes, David R.: *The M16 Rifle and Its Cartridge.* Armory Publications, 1990.
Isby, David: *Weapons and Tactics of the Soviet Army.* Jane's, 1981.
Isenberg, Martin T.: *Shield of the Republic: The United States Navy in an Era of Cold War and Violent Peace, 1945–1962.* St. Martin's Press, 1993.
Jablonski, Edward: *America in the Air War.* Time-Life Books, 1982.
Jessup, John E., Jr.; Coakley, Robert W.: *A Guide to the Study and Use of Military History.* U.S. Government Printing Office, 1991.
Keany, Thomas A.; Cohen, Dr. Eliot A.: *Revolution in Warfare? Air Power in the Persian Gulf.* Naval Institute Press, 1995.
Keegan, John: *The Illustrated Face of Battle.* Viking, 1988.
– *The Second World War.* Viking, 1989.
– *Die Kultur des Krieges.* Rowohlt Berlin, 1995.
Kelly, Mary Pat: *»Good to Go«: The Rescue of Scott O'Grady from Bosnia.* Naval Institute Press, 1996.
Kershaw, Robert J.: *D-Day: Piercing the Atlantic Wall.* Naval Institute Press, 1994.
Kinzey, Bert: *U.S. Aircraft & Armament of Operation Desert Storm.* Kalmbach Books, 1993.
Knott, Captain Richard C., U.S. Navy: *The Naval Aviation Guide.* 4. Aufl. Naval Institute Press, 1985.
Koran. vollständ. Ausg. Heyne, 1992.
Krulak, Lt. General Victor H., USMC: *First to Fight: An Inside View of the U.S. Marine Corps.* Naval Institute Press, 1984.
Kyle, Colonel (a. D.) James H., USAF: *The Guts to Try.* Orion Books, 1990.
Lake, Donald, David und Jon (Hg.): *U.S. Navy and Marine Corps Air Power Directory.* Aerospace Publishing, 1992.
Lambert, Mark (Hg.): *Jane's All the World's Aircraft 1991/92.* Jane's Publishing Group, 1992.
Langguth, A. J.: *Patriots: The Men Who Started the American Revolution.* Simon & Schuster, 1988.
Liddell-Hart, B. H.: *Strategy.* Frederick A. Praeger, 1967.
Lord, Walter: *Incredible Victory: Day of Infamy.* Holt Rinehart, 1957.
– *Die Schlacht um Midway.* Naumann & Göbel, 1984.
Lundstrom, John B.: *The First Team.* Naval Institute Press, 1984.
– *The First Team and the Guadalcanal Campaign.* Naval Institute Press, 1994.
Luttwak, Edward; Koehl, Stuart L.: *The Dictionary of Modern War: A Guide to the Ideas, Institutions, and Weapons of Modern Military Power.* HarperCollins, 1991.
Macksey, Kenneth: *Invasion: The German Invasion of England. July 1940.* Macmillan, 1980.
Maroon, Fred J.; Beach, Edward L.: *Keepers of the Sea.* Naval Institute Press, 1983.
Mason, John T., Jr.: *The Pacific War Remembered: An Oral History Collection.* Naval Institute Press, 1986.
McConnell, Malcolm: *Just Cause: The Real Story of America's High-Tech Invasion of Panama.* St. Martin's Press, 1991.
McKinnon, Dan: *Bullseye – Iraq.* Berkeley, 1987.
McRaven, William H.: *Spec Ops.* Presidio Press, 1995.
Meisner, Arnold: *Desert Storm: Sea War.* Motorbooks International, 1991.
Melson, Charles D.; Hannon, Paul: *Marine Recon. 1940–90.* Osprey, 1994.
Middlebrook, Martin: *Task Force: The Falklands War, 1982.* Penguin Books, 1987.

Miller, Edward S.: *War Plan Orange: The U.S. Strategy to Defeat Japan, 1897–1945.* Naval Institute Press, 1991.
Mills, Anastasia R.: *Fodor's 96, Spain.* Fodor's, 1996.
Moore, Captain John, Royal Navy: *Jane's American Fighting Ships of the 20th Century.* Modern Publishing, 1995.
Morrocco, Jon: *The Vietnam Experience: Thunder from Above.* Boston Publishing Company, 1984.
Morse, Stan: *Gulf War Debrief.* Aerospace Publishing, 1991.
Moskin, J. Robert: *The U.S. Marine Corps Story.* McGraw-Hill, 1987.
Nalty, Bernard C.: *The United States Air Force Special Studies: Air Power and the Fight for Khe Sanh.* U.S. Government Printing Office, 1986.
Newhouse, John: *War and Peace in the Nuclear Age.* Alfred Knopf, 1989.
Nichols, Commander (a. D.) John B., U.S. Navy; Tillman, Barrett: *On Yankee Station: The Naval Air War Over Vietnam.* Naval Institute Press, 1987.
Nordeen, Lon O., Jr.: *Air Warfare in the Missile Age.* Smithsonian, 1985.
O'Ballance, Edgar: *No Victor, No Vanquish.* Presidio Press, 1978.
O'Grady, Captain Scott, USAF: *Return with Honor.* Doubleday, 1995.
Pagonis, Lt. General William, USA; zus. mit Cruikshank, Jeffrey L.: *Moving Mountains: Lessons in Leadership and Logistics from the Gulf War.* Harvard Business School Press, 1992.
Peebles, Curtis: *Guardians: Strategic Reconnaisance Satellites.* Presidio Press, 1987.
Pocock, Chris: *Dragon Lady: The History of the U-2 Spyplane.* Motorbooks International, 1989.
Polmar, Norman: *Naval Institute Guide to the Ships and Aircraft of the U.S. Fleet.* 15. Aufl. Naval Institute Press, 1993.
Potter, Michael C.: *Electronic Greyhounds: The Spruance-Class Destroyers.* Naval Institute Press, 1995.
Poyer, David: *The Med: A Novel of the Navy.* St. Martin's Press, 1988.
Pretty, Ronald T.: *Jane's Weapon Systems 1981/82.* Jane's Publishing Company, 1981.
Price, Alfred: *Harrier at War.* Ian Allen, 1984.
 – *Air Battle Central Europe.* Warner Books, 1986.
 – *Instrument of Darkness: The History of Electronic Warfare.* Peninsula Publishing, 1987.
 – *The History of U.S. Electronic Warfare.* Association of Old Crows, 1989.
Rapoport, Anatol (Hg.): *Carl von Clausewitz on War.* Penguin Books, 1982.
Reynolds, Clark G.: *The Carrier War.* Time-Life Books, 1982.
Rhodes, Richard: *The Making of the Atomic Bomb.* Simon & Schuster, 1986.
Richelson, Jeffrey: *The U.S. Intelligence Community.* Ballinger Publishing Company, 1985.
 – *Sword and Shield: Soviet Intelligence and Security Apparatus.* Ballinger Publishing Company, 1986.
 – *American Espionage and the Soviet Target.* William Morrow, 1987.
 – *America's Secret Eyes in Space.* Harper & Row Publishers, 1990.
Rommel, Erwin: *Infantry Attacks.* Presidio, 1990.
Santoli, Al: *Leading the Way: How Vietnam Veterans Rebuilt the U.S. Military.* Ballentine Books, 1993.
Scales, Brig. General Robert H., USA: *Certain Victory: The U.S. Army in the Gulf War.* Brassey's, 1994.
Schmitt, Gary: *Silent Warfare: Understanding the World of Intelligence.* Brassey's (U.S.), 1993.
Schneider, Wolfgang (Hg.): *Taschenbuch der Panzer (Tanks of the World).* 7. Aufl. Bernard & Graefe, 1990.

Serber, Robert: *The Los Alamos Primer: The First Lectures on How to Build an Atomic Bomb.* University of California Press, 1992.
Sharp, Admiral (a. D.) U.S. G., U.S. Navy: *Strategy of Defeat.* Presidio Press, 1978.
Sharpe, Captain Richard, Royal Navy: *Jane's Fighting Ships 1989/90.* Jane's Publishing Company, 1990.
Shaw, Robert L.: *Fighter Combat: Tactics and Maneuvering.* Naval Institute Press, 1985.
Sherrod, Robert: *History of Marine Corps Aviation in World War II.* Nautical and Aviation Publishing, 1987.
Smith, Gordon: *Battles of the Falklands.* Ian Allen, 1989.
Smith, Peter C.: *Close Air Support: An Illustrated History, 1914 to the Present.* Orion Books, 1990.
Spector, Ronald H.: *Eagle against the Sun: The American War with Japan.* Free Press, 1985.
St. Vincent, David: *Iran: A Travel Survival Kit.* Lonely Planet, 1992.
Stephen, Martin: *Sea Battles in Close Up: World War II.* Naval Institute Press, 1991.
Stevens, Paul D. (Hg.): *The Navy Cross: Vietnam.* Sharp & Dunnigan, 1987.
Stevenson, William: *90 Minutes at Entebbe.* Bantam Books, 1976.
Summers, Colonel (a. D.) Harry G., Jr., USA: *A Critical Analysis of the Gulf War.* Dell Publishing, 1992.
– *The New World Strategy.* Simon & Schuster, 1995.
Swanborough, Gordon; Bowers, Peter: *United States Military Aircraft since 1909.* Smithsonian, 1989.
– *United States Navy Aircraft since 1911.* Naval Institute Press, 1990.
Thornborough, Anthony: *Sky Spies: The Decades of Airborne Reconnaisance.* Arms and Armour, 1993.
Toffler, Alvin und Heidi: *War and Anti-War-Survival at the Dawn of the 21st Century.* Little Brown, 1993.
Toscano, Louis: *Triple Cross: Israel, the Atomic Bomb & the Man Who Spilled the Secrets.* Birch Lane Press, 1990.
U.S. News and World Report (Hg.): *Triumph without Victory: The Unreported History of the Persian Gulf War.* Random House, 1992.
Valenzi, Kathleen D.: *Forged in Steel: U.S. Marines Corps Aviation.* Howell Press, 1987.
Vat, Dan van der: *The Pacific Campaign, World War II.* Simon & Schuster, 1991.
Wagner, William: *Lightning Bugs and other Reconnaisance Drones.* Aero Publishers, 1982.
– *Fireflies and other UAV's.* Midland Publishing, 1992.
Walker, Bryce: *Fighting Jets.* Time-Life Books, 1983.
Waller, Douglas C.: *The Commandos: The Inside Story of America's Secret Soldiers.* Simon & Schuster, 1994.
Ward, Commander Nigel »Sharkey«, DSC, AFC, Royal Navy: *Sea Harrier Over the Falklands: A Maverick at War.* Naval Institute Press, 1992.
Warden, Colonel John A., III, USAF: *The Air Campaign: Planning for Combat.* Brassey's, 1989.
Ware, Lewis B.: *Low Intensity Conflict in the Third World.* U.S. Government Printing Office, 1988.
Watson, Bruce W.: *Erfahrungen des Golfkrieges.* Barrett, 1991.
Wedertz, Bill: *Dictionary of Naval Abbreviations.* Naval Institute Press, 1977.
Weinberg, Gerhard: *A World at Arms: A Global History of World War II.* Cambridge, 1994.
Weinberger, Caspar: *Fighting for Peace: Seven Critical Years in the Pentagon.* Warner Books, 1990.

Weisgall, Jonathan M.: *Operation Crossroads: The Atomic Tests at Bikini Atoll.* Naval Institute Press, 1994.
Weissman, Steve; Krosney, Herbert: *The Islamic Bomb.* Times Books, 1981.
Whipple, A. B.: *To the Shores of Tripoli: The Birth of the U.S. Navy and Marines.* Morrow, 1991.
Winnefeld, James A.; Johnson, Dana J.: *Joint Air Operations: Pursuit of Unity in Command and Control 1942–1991.* Naval Institute Press, 1993.
Winnefeld, James A.; Niblack, Preston; Johnson, Dana J.: *A League of Airmen: U.S. Air Power in the Gulf War.* Rand Project Air Force, 1994.
Wood, Derek: *Jane's World Aircraft Recognition Handbook.* 5. Aufl. Jane's Information Goup, 1992.
Woodward, Robert: *The Commanders.* Simon & Schuster, 1991.
Woodward, Admiral Sandy, Royal Navy: *One Hundred Days: The Memoirs of the Falklands Battle Group Commander.* Naval Institute Press, 1992.
Zaloga, Steven J.: *Red Trust: Attack on the Central Front, Soviet Tactics and Capabilities in the 1990's.* Presidio Press, 1989.
– *Target America: The Soviet Union and the Strategic Arms Race, 1945–1964.* Presidio Press, 1993.
Zumwalt, Admiral (a. D.) Elmo, U.S. Navy: *On Watch.* Admiral Zumwalt Associates, 1976.

Broschüren

Bosnia: Country Handbook. U.S. Department of Defense, 1995.
Conduct of the Persian Gulf War. U.S. Government Printing Office, 1992.
GPS – A Guide to the Next Utility. Trimble Navigation, 1989.
Japan at War. Time-Life Books, 1980.
Marine, Almanac 95.
Marine, Almanac 96.
Space Log-1993. TRW, 1994.
Special Forces and Missions. Time-Life Books, 1990.
TRW Space Data. 4. Aufl. TRW, 1992.
Wings at War Series, No. 2: Pacific Counterblow. Headquarters, Army Air Forces, 1992.
The World's Missile Systems. General Dynamics, 1988.

Zeitschriften

Air & Space
Air Force
Aviation Week and Space Technology
Command: Military History, Strategy & Analysis
The Economist
The Hook
Leatherneck
Marine
Marine Corps Gazette
Naval History
U.S. Naval Institute Proceedings
U.S. News & World Report
World Airpower Journal

Videokassetten

AAAV: Leading the Way. General Dynamics Land Systems, 1995.
AAV7A1: First to Fight. United Defense, 1995.
Advanced Amphibious Assault Vehicle (AAAV). United Defense, 1995.
AH-1W Supercobra, August 1994. Bell Textron, 1994.
Army TACMS. Loral Vought Systems, 1994.
Barrett M82A1 and M90. Barrett Firearms Mfg., Inc., 1995.
Behind Enemy Lines: USMC Reconnaisance. Headquarters, U.S. Marine Corps, 1995.
Bell Helicopters in the Gulf War. Bell Textron, 1991.
Beyond the Horizon. Litton Ingalls Shipbuilding, 1988.
BLU-109B: Penetrate and Destroy. Lockheed Missiles and Space Company.
Chaos in the Littorals – March 21st, 1995. Major General (a. D.) James Myatt, USMC, 1995.
Christening Kearsarge (LHD-3). Litton Ingalls Shipbuilding, 1992.
Customer Satisfaction through Total Quality. Texas Instruments, 1996.
Forward from the Sea. Bell Textron, 1994.
Harrier II Plus Remanufacture Program. McDonnell Douglas, 1994.
Hellfire – The Difference. Rockwell International, 1992.
Hercules and Beyond. Lockheed Aeronautical Systems Company, 1994.
Hercules Multi-Mission Aircraft. Lockheed Aeronautical Systems Company, 1994.
History of the Advanced Amphibious Assault Vehicle (AAAV). AAAV Program Manager, 1995.
It's About Performance. Sight & Sound Media, 1995.
Javelin 94. Texas Instruments / Martin Joint Venture, 1994.
Joint Stars. Grumman, 1994.
Joint Stars One System Multiple Missions. Grumman, 1993.
JSOW Update 1994. Texas Instruments, 1994.
LHD Mission Conference. Litton Ingalls Shipbuilding, 1994.
M1A1 for the USMC. General Dynamics Land Systems, 1995.
MAG-13 Music Video – Long Version. McDonnell Douglas, 1991.
Maritime Prepositioning Force. Headquarters, U.S. Marine Corps, 1994.
MLRS: In the Storm. Loral Vought Systems, 1993.
Navy ATD Narration. Lockheed Martin / Loral Vought Systems, 1993.
Navy League Music Loop '94. Newport News Shipbuilding, 1994.
Night of the Cobra. Bell Textron, 1993.
Nite Hawk F/A-18 Targeting FLIR Video. Lockheed Martin / Loral Vought Systems, 1994.
On the Road Again. Mc Donnell Douglas / Northrop / General Electric / Hughes, 1994.
Operation Desert Storm Nite Hawk and Pave Tack FLIR Video for IRIS. Loral Aeronutronic, 1991.
Paveway Stock Footage. Defense Systems & Electronics Group, 1991.
Predator Presentation. Lockheed Martin / Loral Vought Systems, 1993.
Puttin Technology to Sea. Litton Ingalls Shipbuilding, 1994.
Storm from the Sea. Naval Institute, 1991.
Systems Integration: Forging New Frontiers. Bell Textron, 1993.
Tiltrotor Technology: Taking 21st Century Flight to a New Dimension. Bell Helicopter Textron, Visual Communications Center, 1995.
Uncooled FLIR. Texas Instruments, 1995.
United Defense AAAV. Texas Instruments, 1995.
V-22s Are Coming. Bell Textron, 1994.

War in the Gulf Video Series, 1–4. Video Ordnance Inc., 1991.
Warriors From the Sea. Headquarters, U.S. Marine Corps, 1993.
Wings of the Red Star, Volume 1, 2, and 3. The Discovery Channel, 1993.

CD-ROMs/Software

Academic Year 1994 Curriculum: Multimedia CD-ROM. Air Command and Staff College, USAF, 1994.
Academic Year 1995 Curriculum: Multimedia CD-ROM. 2 CDs. Air Command and Staff College, USAF, 1995.
Atomic Age. Softkey, 1994.
Desert Storm: The War in the Persian Gulf. Warner New Media, 1991.
Distance Learning Course, Multimedia Edition. Air Command and Staff College, USAF, 1995.
Encarta 96 Encyclopedia. Microsoft, 1996.
Infopedia. Future Vision Multimedia, 1995.
Warplanes: Modern Fighting Aircraft. Maris, 1994.
Wings. 4 CDs. Discovery Communications, 1995.
World Factbook 1995 Edition. Wayzata, 1995.

Spiele

Flight Commander 2. Avalon Hill Company, 1994.
Flying Nightmares. Domark Software, 1994.
Harpoon. 3. Ausg. Game Designers Workshop, 1987.
Harpoon Classic. Vers. 1.5. Alliance Interactive Software, 1994.
Harpoon II. Three Sixty, 1995.
Phase Line Smash. Game Designers Workshop, 1993.
TAC OPS: Modern Tactical Combat 1994–2000. Arsenal Publishing, 1994.